錢穆先生全集

钱穆先生全集

［新校本］

國史大綱（上）

九州出版社

圖書在版編目（CIP）數據

國史大綱：全2冊 / 錢穆著 . -- 北京：九州出版社，2011.7（2024.1重印）
（錢穆先生全集）
ISBN 978-7-5108-0994-1

Ⅰ.① 國… Ⅱ.① 錢… Ⅲ.① 中國歷史 Ⅳ.①K20

中國版本圖書館 CIP 數據核字（2011）第 100602 號

國史大綱

作　　者　錢　穆　著
責任編輯　陳春玲　劉瑞蛟
出版發行　九州出版社
裝幀設計　陸智昌　張萬興
地　　址　北京市西城區阜外大街甲 35 號
郵　　編　100037
發行電話　（010）68992190/3/5/6
網　　址　www.jiuzhoupress.com
印　　刷　三河市東方印刷有限公司
開　　本　635 毫米 ×970 毫米　16 開
插頁印張　0.75
印　　張　66.75
字　　數　752 千字
版　　次　2011 年 7 月第 1 版
印　　次　2024 年 1 月第 4 次印刷
書　　號　ISBN 978-7-5108-0994-1
定　　價　248.00 元（全二冊）

錢穆先生與夫人錢胡美琦女士

錢穆先生印・錢穆之印

新校本說明

錢穆先生全集，在臺灣經由錢賓四先生全集編輯委員會整理編輯而成，臺灣聯經出版事業公司一九九八年以「錢賓四先生全集」為題出版。作為海峽兩岸出版交流中心籌劃引進的重要項目，這次出版，對原版本進行了重排新校，訂正文中體例、格式、標號、文字等方面存在的疏誤。至於錢穆先生全集的內容以及錢賓四先生全集編輯委員會的注解說明等，新校本保留原貌。

九州出版社

出版說明

民國二十二年秋，錢賓四先生在北京大學開授中國通史課程。其前此課由校方分延北平史學斷代專家凡十餘人，輪流作專題講演；至是改而公推先生一人獨任講授。當時為配合每週四小時課程之安排，其講授務求本諸客觀史實，對歷代之文治武功、制度經濟，皆能提綱挈領，兼羅並包，而尤要則著眼於全部國史之上下相關處，求其成一大體。第二年並就每講編一綱要；又別就所講須深入討論之問題，自二十四史、三通等古籍，選錄原文，纂為參考材料，俾聽者自加參研。綱要編至東漢止，自嫌太簡，遂未續編。而參考材料亦下迄唐五代而止，由北京大學講義部印行，專供北大學生之用。

二十六年七月，蘆溝橋事變，先生避難南下，轉香港，至湖南，隨北大加入當時與清華、南開合組之長沙臨時大學。二十七年初，學校遷昆明，命名國立西南聯合大學。而文學院則轉遷蒙自，先生隨往任教。

先生在北大講授通史，先後凡四年；後在西南聯大，續講兩年。每年所講內容皆有所增損，然其大宗旨則始終不變。其在聯大，同事陳夢家教授嘗兩度力勸先生，宜應時代之迫切需要，即為中國通史寫一教科書，俾可使全國青年受益。先生納其議，遂決意撰寫國史大綱一書。此本書撰著之最先因緣也。

二十七年秋，聯大文學院由蒙自遷返昆明，先生以昆明煩囂，不宜著述，故除半週任課外，其餘半週則卜居宜良。因友人之介，得獨自借居宜良縣長座落城外西山岩泉下寺之別墅，不接人事，專意撰著。先生自在北大講授通史，每堂先一日必寫錄所需史料，累積得五六厚册；至流遷南嶽、蒙自，又續有添寫。此則先生在宜良山中撰寫史綱所憑之惟一祖本也。

先生之撰是書，其先就北大所編綱要，自魏晉以下續編之。及初稿既成，復嫌其東漢以前舊稿文例詳略未盡相協，因又重加改寫。依先生自記，自二十七年五月十日，至二十八年六月十四日，先後凡十三月而書成。全書計凡八編，四十六章，約五十餘萬言。稿既成，以其時昆明屢遭空襲，急欲付印，乃於二十八年暑假赴香港交商務印書館出版。商務雖已遷港，惟仍須交回上海舊廠付排。先生昔就讀常州府中學堂之業師呂思勉先生，時任上海光華大學教授；先生因拜託呂先生代作最後一校。呂先生既校讀是書，特盛讚其中論南北經濟一節，又謂：「書中敍魏晉屯田以下，迄唐之租庸調，其間演變，古今治史者無一人詳道其所以然。此書所論誠千載隻眼也。」

然是書之印行，復遇曲折。蓋當時規定，書籍出版須先經中央某處審查；上海遂將書稿送重慶審查。批示謂需改「洪楊之亂」為「太平天國」；章中多條亦須重加改定後，呈請再審。稍後先生始知其事，乃作答云：「孫中山先生以得聞洪楊故事，遂有志革命，此由中山先生親言之。但中山先生排除滿清政府，創建中華民國，始是一項正式的民族革命。至於洪楊起事，尊耶穌為天兄，洪秀全自居為天弟，創建政府稱為太平天國；又所至焚燬孔子廟；此斷與民族革命不同。前後兩事絕不當相提並論。凡本書指示需改定語，可由審查處逕加改定。原著作人當保存原稿，俟抗戰事定，再公之國人，以待國人之公評。」審查處得先生函，乃改批示可一照原稿印行。然亦因之延遲半年，故其初版面世，則已至二十九年之六月矣。

是書卷首有引論一篇，凡兩萬言，揭櫫全書之精神宗旨與撰著方法。先生於稿成後，先披載之報端，一時議者鬨然。及其書出，學者交相稱譽，群推為中國通史之最佳著作；而議者遂寢。然是書出版後，僅最先一批數百本得經海運河內，轉運後方。此後海運即斷，不得再送。於是改在重慶以國難版發行。當時有人購得滬初版攜返北平，知者乃有輾轉借來整書傳鈔者。其對學界以至一般社會影響之深遠，亦於此可見一斑。

本書因用大學教科書體例寫成，不得不力求簡要，故以綱目體出之，僅舉大綱，刪其瑣節。正文為綱要，而輔以低格注文或行中夾注，為相關之論證與補充說明，務求要言不煩，綱舉目張。內容於學術思想、政治制度、社會風氣、國際形勢，兼有顧及；惟但求其通為一體，明其治亂盛衰之所由，闡其一貫相承之為統，以指陳吾國家民族生命精神之所寄。至其人物之詳、事業之備，則待教者、學者之自加參考與引伸。而所以呈現之者，則祛門戶之私見，在客觀中求實證，通覽全史探取其發展動態之所在。如戰國則重在學術思想，秦漢則重在政治制度，三國、魏、晉則重在社會經濟之類，其闡述之著眼點即在發明各時期之如何為變。蓋謂「變之所在，即歷史精神之所在，亦即民族文化評價之所繫」也。要皆不尚空論，一一歸本於史實。其主要宗旨，在以有限之篇幅，扼要之敍述，一則「能將我國家民族已往文化演進之眞相，明白示人，為一般有志認識中國已往政治、社會、文化、思想種種演變者所必要之智識」；再則「能於舊史統貫中映照出現中國種種複雜難解之問題，為一般有志革新現實者所必備之參考」。蓋欲藉歷史知識之培養，以為國人應付現時代之種種事變作根據之借鑑。以其符合時代需求，所以風行海內外數十年，歷久而彌新，其意義與價值始終不稍減也。

本書自民國二十九年六月滬初版以還，版行無數。本會亦未能盡搜，所得而知者，計有三十二年八月成都蓉一版、三十三年一月重慶一版、三十六年五月滬一版、三十七年八月滬五版、一九五二*年九月臺一版、一九五五年港特版、一九六〇年臺七版、一九七四年九月臺修訂一版、一九九一年四月臺修訂十七版等。一九七四年修訂時曾改訂第一編第一章考古部分；同時由王恢教授代繪助讀地圖，增入凡二十八幅。

先生生前嘗謂本書當與其中國文化史導論合讀，庶可對我國歷史之全體有更深入之認識，但惜其文化史未如史綱之為社會所注意，常以為憾。一九九一年，聯經出版事業公司決定出版先生全集，編委會因提前整理此兩種，並於一九九三年先交臺北商務印書館，據此最新整理者改版印行修訂二版。

*新校本編者注：原文為「民國」紀年。下同。

翌年，北京商務印書館亦同時重印此兩書之新修訂本，以為先生百年誕辰之紀念。

又一九八〇年十一月，臺北東昇文化事業公司印行中國通史參考材料一書，即先生在北大通史課所編發學生之參讀材料。先生以原編材料未完，且其後屢有增改，而其要義亦已寫入國史大綱之中，因不主再將初編材料重印。故今編全集，乃承先生遺命，不再收入此編。

本書之整理，乃以一九七四年臺北商務修訂本為底本，參考其前各本，正其綱目、注文之錯紊；原書引文起訖多無標示，今悉予補入引號；其引文亦儘量複查校覈。各版除雙行夾注用小字外，其餘字體一例無別；今則綱目別排較大字體，務求眉目清楚，更便讀者閱讀。本書內容繁富，關涉甚廣，整理工作雖力求慎重，惟錯誤疏漏，料將難免，敬希讀者不吝指正。

本書之整理，由河澤恆先生、張蓓蓓女士負責。

錢賓四先生全集編輯委員會　謹識

目次

第六編　兩宋之部……五六三

凡讀本書請先具下列諸信念：

一、當信任何一國之國民，尤其是自稱知識在水平線以上之國民，對其本國已往歷史，應該略有所知。否則最多只算一有知識的人，不能算一有知識的國民。

二、所謂對其本國已往歷史略有所知者，尤必附隨一種對其本國已往歷史之溫情與敬意。否則只算知道了一些外國史，不得云對本國史有知識。

三、所謂對其本國已往歷史有一種溫情與敬意者，至少不會對其本國已往歷史抱一種偏激的虛無主義，即視本國已往歷史為無一點有價值，亦無一處足以使彼滿意。亦至少不會感到現在我們是站在已往歷史最高之頂點，此乃一種淺薄狂妄的進化觀。而將我們當身種種罪惡與弱點，一切諉卸於古人。此乃一種似是而非之文化自譴。

四、當信每一國家必待其國民備具上列諸條件者比數漸多，其國家乃再有向前發展之希望。否則其所改進，等於一個被征服國或次殖民地之改進，對其國家自身不發生關係。換言之，此種改進，無異是一種變相的文化征服，乃其文化自身之萎縮與消滅，並非其文化自身之轉變與發皇。

引論

一

中國為世界上歷史最完備之國家，舉其特點有三。一者「悠久」。從黃帝傳說以來約得四千六百餘年。從古竹書紀年載夏以來，約得三千七百餘年。夏四七二，殷四九六，周武王至幽王二五七，自此以下至民國紀元二六八一。二者「無間斷」。自周共和行政以下，明白有年可稽。史記十二諸侯年表從此始，下至民國紀元二七五二。自魯隱公元年以下，明白有月日可詳。春秋編年從此始，下至民國紀元二六三三。魯哀公卒左傳終，中間六十五年史文稍殘缺。自周威烈王二十三年資治通鑑託始，至民國紀元凡二三一四年。三者「詳密」。此指史書體裁言。要別有三：一曰編年，此本春秋。二曰紀傳，此稱正史，本史記。三曰紀事本末。此本尚書。其他不勝備舉。可看四庫書目史部之分類。又中國史所包地域最廣大，所含民族分子最複雜，因此益形成其繁富。若一民族文化之評價，與其歷史之悠久博大成正比，則我華夏文化，於並世固當首屈一指。

然中國最近，乃為其國民最缺乏國史智識之國家。何言之？「歷史智識」與「歷史材料」不同。我民族國家已往全部之活動，是為歷史。其經記載流傳以迄於今者，只可謂是歷史的材料，而非吾儕今日所需歷史的智識。材料累積而愈多，智識則與時以俱新。歷史智識，隨時變遷，應與當身現代種種問題，有親切之聯絡。歷史智識，貴能鑒古而知今。至於歷史材料，則為前人所記錄，前人不知後事，故其所記，未必一一有當於後人之所欲知。然後人欲求歷史智識，必從前人所傳史料中覓取。若蔑棄前人史料而空談史識，則所謂「史」者非史，而所謂「識」者無識，生乎今而臆古，無當於「鑒於古而知今」之任也。

今人率言「革新」，然革新固當知舊。不識病象，何施刀藥？僅為一種憑空抽象之理想，蠻幹強為，求其實現，鹵莽滅裂，於現狀有破壞無改進。凡對於已往歷史抱一種革命的蔑視者，此皆一切眞正進步之勁敵也。惟藉過去乃可認識現在，亦惟對現在有眞實之認識，乃能對現在有眞實之改進。故所貴於歷史智識者，又不僅於鑒古而知今，乃將為未來精神盡其一部分孕育與嚮導之責也。

且人類常情，必先「認識」乃生「情感」。人最親者父母，其次兄弟、夫婦乃至朋友。凡其所愛，必其所知。人惟為其所愛而奮鬭犧牲。人亦惟愛其所崇重，人亦惟崇重其所認識與了知。求人之敬事上帝，必先使知有上帝之存在，不啻當面覿體焉，又必使熟知上帝之所以為上帝者，而後其敬事上帝之心油然而生。人之於國家民族亦然。惟人事上帝本乎信仰，愛國家民族則由乎知識，此其異耳。人之父母，不必為世界最崇高之人物；人之所愛，不必為世界最美之典型，而無害其為父母，為所愛者。惟知之深，故愛之切。若一民族對其已往歷史無所了知，此必為無文化之民族。此民族中之分子，對其民族，必無甚深之愛，必不能為其民族眞奮鬭而犧牲，此民族終將無爭存於並世之力量。今國人方蔑棄其本國已往之歷史，以為無足重視；既已對其民族已往文化，懵無所知，而猶空呼愛國。此其為愛，僅當於一種商業之愛，如農人之愛其牛。彼僅知彼之身家地位有所賴於是，彼豈復於其國家有逾此以往之深愛乎！凡今之斷脰決胸而不顧，以效死於前敵者，彼則尚於其國家民族已往歷史，有其一段眞誠之深愛；彼固以為我神州華裔之生存食息於天壤之間，實自有其不可侮者在也。

故欲其國民對國家有深厚之愛情，必先使其國民對國家已往歷史有深厚的認識。欲其國民對國家當前有眞實之改進，必先使其國民對國家已往歷史有眞實之了解。我人今日所需之歷史智識，其要在此。

二

略論中國近世史學，可分三派述之。一曰傳統派，亦可謂「記誦派」。二曰革新派，亦可謂「宣傳派」。三曰科學派。亦可謂「考訂派」。「傳統派」主於記誦，熟諳典章制度，多識前言往行，亦間為校勘輯補。此派乃承前清中葉以來西洋勢力未入中國時之舊規模者也。其次曰「革新派」，則起於清之季世，為有志功業、急於革新之士所提倡。最後曰「科學派」，乃承「以科學方法整理國故」之潮流而起。此派與傳統派，同偏於歷史材料方面，路徑較近；博洽有所不逮，而精密時或過之。二派之治史，同於缺乏系統，無意義，乃純為一種書本文字之學，與當身現實無預。無寧以「記誦」一派，猶因熟諳典章制度，多識前言往行，博洽史實，稍近人事；縱若無補於世，亦將有益於己。至「考訂派」則震於「科學方法」之美名，往往割裂史實，為局部窄狹之追究。以活的人事，換為死的材料。治史譬如治岩礦，治電力，既無以見前人整段之活動，亦於先民文化精神，漠然無所用其情。彼惟尚實證，夸創獲，號客觀，既無意於成體之全史，亦不論自己民族國家之文化成績也。

惟「革新」一派，其治史為有意義，能具系統，能努力使史學與當身現實相綰合，能求把握全史，能時時注意及於自己民族國家已往文化成績之評價。故革新派之治史，其言論意見，多能不脛而走，風靡全國。今國人對於國史稍有觀感，皆出數十年中此派史學之賜。雖然，「革新派」之於史也，急於求智識，而怠於問材料。其甚者，對於二、三千年來積存之歷史材料，亦以革新現實之態度對付之，幾若謂此汗牛充棟者，曾無一顧盼之價值矣。因此其於史，既不能如「記誦派」所知之廣，亦不能如「考訂派」所獲之精。彼於史實，往往一無所知。彼之所謂系統，不啻為空中之樓閣。彼治史之意義，轉成無意義。彼之把握全史，特把握其胸中所臆測之全史。彼對於國家民族已往文化之評價，特激發於其一時之熱情，而非有外在之根據。其綰合歷史於現實也，特借歷史口號為其宣傳改革現實之工具。彼非能眞切沉浸於已往之歷史智識中，而透露出改革現實之方案。彼等乃急於事功而偽造智識者，智識既不眞，事功亦有限。今我國人乃惟乞靈於此派史學之口吻，以獲得對於國史之認識，故今日國人對於國史，乃最為無識也。

三

所謂「革新派」之史學，亦隨時遞變。約言之，亦可分為三期。其先當前清末葉。當時，有志功業之士所渴欲改革者，厥在「政體」。故彼輩論史，則曰：「中國自秦以來二千年，皆專制黑暗政體之歷史也。」彼輩謂：「二十四史乃帝王之家譜。」彼輩於一切史實，皆以「專制黑暗」一語抹殺。彼輩對當前病證，一切歸罪於二千年來之專制。然自專制政體一旦推翻，則此等議論，亦功成身退，為明日之黃花矣。繼「政治革命」而起者，有「文化革命」。彼輩之目光，漸從「政治」轉移而及「學術思想」，於是其對國史之論鋒，亦轉集於「學術思想」之一途。故彼輩論史，則曰：「中國自秦以來二千年，思想停滯無進步，而一切事態，因亦相隨停滯不進。」彼輩或則謂：「二千年來思想，皆為孔學所掩脅。」或則謂：「二千年來思想，皆為老學所麻醉。」故或則以當前病態歸罪孔子，或則歸罪於老子。或謂：「二千年來思想界，莫不與專制政體相協應。」或則謂：「此二千年來之思想，相當於歐洲史之所謂『中古時期』。要之如一丘之貉，非現代之所需。」或則謂：「思想限制於文字，欲一掃中國自秦以來二千年思想之沉痼積痗，莫如並廢文字，創為羅馬拼音，庶乎有瘳。」然待此等宣傳成功，則此等見識，亦將為良弓之藏。繼「文化革命」而起者，有「經濟革命」。彼輩謂：「無論『政治』與『學術』，其後面常為『社會形態』所規定。故欲切實革新政治機構、學術內容，其先應從事於『社會經濟形態』之改造。」彼輩對於當前事態之意見，影響及於論史，則曰：「中國自秦以來二千年，皆一『封建時期』也。二千年來之政治，二千年來之學術，莫不與此二千年來之社會經濟形態，所謂『封建時期』者相協應。」正惟經濟改革未有成功，故此輩議論，猶足以動國人之視聽。有治史者旁睨而噓曰：「國史浩如煙海，我知就我力之所及，為博洽諦當之記誦而已，為精細綿密之考訂而已，何事此放言高論為！」雖然，國人之所求於國史略有知，乃非此枝節煩瑣之考訂，亦非此繁重龐雜之記誦，特欲於國家民族已往歷史文化有大體之瞭解，以相應於其當身現實之所需知也。有告之者曰：「中國自秦以來二千年，皆專制黑暗之歷史也。」則彼固已為共和政體下之自由民矣，無怪其掉頭而不肯顧。或告之曰：「中國自秦以來二千年，皆孔子、老子中古時期思想所支配下之歷史也。」則彼固已呼吸於二十世紀新空氣之仙囿，於孔、老之為人與其所言，固久已鄙薄而弗覩，闇曶而無知，何願更為陳死人辨此宿案，亦無怪其奮步而不肯留。或告之曰：「我中國自秦以來二千年，皆封建社會之歷史耳，雖至今猶然，一切病痛盡在是矣。」於是有志於當身現實之革新，而求知國史已往之大體者，莫不動色稱道，雖牽鼻而從，有勿悔矣。然竟使此派論者有躊躇滿志之一日，則我國史仍將束高閣、覆醬瓿，而我國人仍將為無國史智識之民族也。

四

前一時代所積存之歷史材料，既無當於後一時期所需要之歷史智識，故歷史遂不斷隨時代之遷移而變動改寫。就前有諸史言之，尚書為最初之史書，然書缺有間，此見其時中國文化尚未到達需要編年史之程度。其次有春秋，為最初之編年史。又其次有左傳，以網羅詳備言，為編年史之進步。然其時則「國之大事，在祀與戎」。祭祀乃常事，常事可以不書，兵戎非常事，故左傳所載，乃以列國之會盟與戰爭為主，後人譏之為「相斫書」焉。又其次為史記，乃為以人物為中心之新史，徵其時人物個性之活動，已漸漸擺脫古代封建、宗法社會之團體性而嶄然露頭角也。又其次為漢書，為斷代作史之開始，此乃全國統一的中央政府，其政權已臻穩固後之新需要。自此遂形成中國列代之所謂「正史」，繼此而復生「通史」之新要求。於是而有杜佑通典，此為「政書」之創作，為以制度為骨幹之新史，非政體沿革到達相當程度，不能有此。又繼而有通鑑，為編年之新通史。又次而有各史紀事本末，為以事件為中心之新史之再現。然如袁氏通鑑紀事本末，取材只限於通鑑，則貌變而實未變也。於是而有鄭樵通志之所謂二十略，其歷史眼光，乃超出於政治人物、人事、年月之外。其他如方志，如家譜，如學案，形形色色，乘一時代之新需要而創造新體裁者，不勝縷舉。要之自尚書下逮通志，此皆有志於全史整面之敘述。今觀其相互間體裁之不同，與夫內容之差別，可知中國舊史，固不斷在改寫之中矣。

自南宋以來，又七百年，乃獨無繼續改寫之新史書出現。此因元、清兩代皆以異族入主，不願國人之治史。明廁其間，光輝乍闢，翳霾復興，遂亦不能有所修造。今則為中國有史以來未有的變動劇烈之時代，其需要新史之創寫尤亟。而適承七百年來史學衰微之末運，因此國人對於國史之認識，乃愈昏昧無準則。前述記誦、考訂、宣傳諸派，乃亦無一能發願為國史撰一新本者，則甚矣史學之不振也。

今日所需要之國史新本，將為自尚書以來下至通志一類之一種新通史。此新通史應簡單而扼要，而又必具備兩條件：一者必能將我國家民族已往文化演進之真相，明白示人，為一般有志認識中國已往政治、社會、文化、思想種種演變者所必要之智識；二者應能於舊史統貫中映照出現中國種種複雜難解之問題，為一般有志革新現實者所必備之參考。前者在積極的求出國家民族永久生命之泉源，為全部歷史所由推動之精神所寄；後者在消極的指出國家民族最近病痛之證候，為改進當前之方案所本。此種新通史，其最主要之任務，尤在將國史真態，傳播於國人之前，使曉然了解於我先民對於國家民族所已盡之責任，而油然興其慨想，奮發愛惜保護之摯意也。

此種通史，無疑的將以記誦、考訂派之工夫，而達宣傳革新派之目的。彼必將從積存的歷史材料中出頭，將於極艱苦之準備下，呈露其極平易之面相。將以專家畢生盡氣之精力所萃，而為國人月日瀏覽之所能通貫。則編造國史新本之工作，其為難於勝任而愉快，亦可由此想見矣。

五

「一部二十四史，從何說起？」今將為國史寫一簡單扼要而有系統之新本，首必感有此苦。其將效記誦、考訂派之所為乎？則必泛濫而無歸。其將效宣傳革新派之所為乎？又必空洞而無物。凡近代革新派所注意者有三事：首則曰政治制度，次則曰學術思想，又次則曰社會經濟。此三者，「社會經濟」為其最下層之基礎，「政治制度」為其最上層之結頂，而「學術思想」則為其中層之幹柱。大體言之，歷史事態，要不出此三者之外。今將輕重先後，分主客取捨於其間乎？抑兼羅並包，平等而同視之乎？

曰，姑捨此。能近取譬，試設一淺喻。今人若為一運動家作一年譜或小傳，則必與為一音樂家所作者，其取材詳略存滅遠異矣。即為一網球家作小傳或年譜，則又必與為一足球家所作者，其取材詳略存滅迥別矣。何以故？以音樂家之「個性」與「環境」與「事業」之發展，與運動家不同故；以網球家之個性與環境與事業之發展，又與足球家不同故；一人如此，一民族、一國家亦然。寫國史者，必確切曉瞭其國家民族文化發展「個性」之所在，而後能把握其特殊之「環境」與「事業」，而寫出其特殊之「精神」與「面相」。然反言之，亦惟於其特殊之環境與事業中，乃可識其個性之特殊點。如此則循環反覆，欲認識一國家、一民族特殊個性之所在，乃並不如認識一網球家或足球家之單純而簡易。要之必於其自身內部求其精神、面相之特殊個性，則一也。

何以知網球家之個性？以其忽然投入於網球家之環境，而從事於網球之活動故。其他一切飲食、起居、嗜好、信仰，可以無所異於人。若為網球家作年譜，而鈔襲某音樂家已成年譜之材料與局套，則某年音樂大會，其人既無預；某年歌曲比賽，其人又不列。其人者，乃可於音樂史上絕無一面。不僅了不異人，抑且有不如無。不知其人之活動與事業乃在網球不在音樂。網球家之生命，不能於音樂史之過程中求取。乃不幸今日之治國史者，竟蹈此弊。

以言政治，求一屢爭不捨、僅而後得之代表民意機關，如英倫之「大憲章」與「國會」之創興而無有也。又求一轟轟烈烈，明白痛快，如法國「人權大革命」之爆發，而更無有也。則無怪於謂：「自秦以來二千年，皆專制黑暗之歷史」矣。以言思想，求一如「文藝復興運動」以來，各國學者蓬勃四起，各為其國家民族創造其特有新興之文學而無有也。又求一如馬丁路德，明揭「信仰自由」之旗幟，以與羅馬教皇力抗，軒然興起全歐「宗教革命」之巨波，而更無有也。則無怪於謂：「自秦以來二千年，皆束縛於一家思想之下」矣。以言經濟，求一如噶馬、如哥倫布鑿空海外，發現新殖民地之偉跡而渺不可得；求如今日歐、美社會之光怪陸離，窮富極華之景象，而更不可得。則無怪於謂：「自秦以來二千年，皆沉眠於封建社會之下，長夜漫漫，永無旦日」矣。凡最近數十年來有志革新之士，莫不謳歌歐、美，力求步趨，其心神之所嚮往在是，其耳目之所聞覩亦在是。迷於彼而忘其我，拘於貌而忽其情。反觀祖國，凡彼之所盛自張揚而誇道者，我乃一無有。於是中國自秦以來二千年，乃若一冬蟄之蟲，生氣未絕，活動全失。彼方目眵神炫於網球場中四圍之采聲，乃不知別有一管弦競奏、歌聲洋溢之境也則宜。故曰：治國史之第一任務，在能於國家民族之內部自身，求得其獨特精神之所在。

六

凡治史有兩端：一曰求其「異」，二曰求其「同」。何謂求其異？凡某一時代之狀態，有與其先、後時代突然不同者，此即所由劃分一時代之「特性」。從兩「狀態」之相異，即兩個「特性」之啣接，而劃分為兩時代。從兩時代之劃分，而看出歷史之「變」。從「變」之傾向，而看出其整個文化之動態。從其動態之暢遂與夭閼，而衡論其文化之為進退。此一法也。何謂求其同？從各不同之時代狀態中，求出其各「基相」。此各基相相啣接、相連貫而成一整面，此為全史之動態。以各段之「變」，形成一全程之「動」。即以一整體之「動」，而顯出各分部之「變」。於諸異中見一同，即於一同中出諸異。全史之不斷變動，其中宛然有一進程。自其推動向前而言，是謂其民族之「精神」，為其民族生命之泉源。自其到達前程而言，是謂其民族之「文化」，為其民族文化發展所積累之成績。此謂求其同。此又一法也。

故治國史不必先存一揄揚夸大之私，亦不必先抱一門戶立場之見。仍當於客觀中求實證，通覽全史而覓取其動態。若某一時代之變動在「學術思想」，例如戰國先秦。我即著眼於當時之學術思想而看其如何為變。若某一時代之變動在「政治制度」，例如秦漢。我即著眼於當時之政治制度而看其如何為變。若某一時代之變動在「社會經濟」，例如三國魏晉。我即著眼於當時之社會經濟而看其如何為變。「變」之所在，即歷史精神之所在，亦即民族文化評價之所繫。而所謂「變」者，即某種事態在前一時期所未有，而在後一時期中突然出現。此有明白事證，與人共見，而我不能一絲一毫容私於其間。故曰：仍當於客觀中求實證也。革新派言史，每曰「中國自秦以來二千年」云云，是無異謂中國自秦以來二千年無變，即不啻謂中國自秦以來二千年歷史無精神、民族無文化也。其然，豈其然？

七

今於國史，若細心籀其動態，則有一至可注意之事象，即我民族文化常於「和平」中得進展是也。歐洲史每常於「鬬爭」中著精神。如火如荼，可歌可泣。劃界線的時期，常在驚心動魄之震盪中產生。若以此意態來看中國史，則中國常如昏騰騰地沒有長進。中國史上，亦有大規模從社會下層掀起的鬬爭，不幸此等常為紛亂犧牲，而非有意義的劃界線之進步。秦末劉、項之亂，可謂例外。明祖崛起，掃除胡塵，光復故土，亦可謂一個上進的轉變。其他如漢末黃巾，乃至黃巢、張獻忠、李自成，全是混亂破壞，只見倒退，無上進。近人治史，頗推洪、楊。夫洪、楊為近世中國民族革命之先鋒，此固然矣。然洪、楊十餘年擾亂，除與國家社會以莫大之創傷外，成就何在？建設何在？此中國史上大規模從社會下層掀起的鬪爭，常不為民族文化進展之一好例也。然中國史非無進展，中國史之進展，乃常在和平形態下，以舒齊步驟得之。若空洞設譬，中國史如一首詩，西洋史如一本劇。一本劇之各幕，均有其截然不同之變換。詩則只在和諧節奏中轉移到新階段，令人不可劃分。所以詩代表中國文學之最美部分，而劇曲之在中國，不佔地位。西洋則以作劇為文學家之聖境。即以人物作證，蘇格拉底死於一杯毒藥，耶穌死於十字架，孔子則夢奠於兩楹之間，晨起扶杖消遙，詠歌自輓。三位民族聖人之死去，其景象不同如此，正足反映民族精神之全部。再以前舉音樂家與網球家之例喻之，西洋史正如幾幕精采的硬地網球賽，中國史則直是一片琴韻悠揚也。

八

姑試略言中國史之進展。就政治上言之，秦、漢大一統政府之創建，已為國史闢一奇蹟。近人好以羅馬帝國與漢代相擬，然二者立國基本精神已不同。羅馬乃以一中心而伸展其勢力於四圍。歐、亞、非三洲之疆土，特為一中心強力所征服而被統治。僅此中心，尚復有貴族、平民之別。一旦此中心上層貴族漸趨腐化，蠻族侵入，如以利刃刺其心窩，而帝國全部，即告瓦解。此羅馬立國形態也。秦、漢統一政府，並不以一中心地點之勢力，征服四圍，實乃由四圍之優秀力量，共同參加，以造成一中央。且此四圍，亦更無階級之分。所謂優秀力量者，乃常從社會整體中，自由透露，活潑轉換。因此其建國工作，在中央之締構，而非四圍之征服。羅馬如於一室中懸巨燈，光耀四壁；秦、漢則室之四周，遍懸諸燈，交射互映；故羅馬碎其巨燈，全室即暗，秦、漢則燈不俱壞光不全絕。因此羅馬民族震鑠於一時，而中國文化則輝映於千古。我中國此種立國規模，乃經我先民數百年慘澹經營，艱難締構，僅而得之。以近世科學發達，交通便利，美人立國，乃與我差似。如英、法諸邦，則領土雖廣，惟以武力貫徹，猶惴惴懼不終日。此皆羅馬之遺式，非中國之成規也。

談者好以專制政體為中國政治詬病，不知中國自秦以來，立國規模，廣土眾民，乃非一姓一家之力所能專制。故秦始皇始一海內，而李斯、蒙恬之屬，皆以游士擅政，秦之子弟宗戚，一無預焉。漢初若稍稍欲返古貴族分割宰制之遺意，然卒無奈潮流之趨勢何！故公孫弘以布衣為相封侯，遂破以軍功封侯拜相之成例，而變相之貴族擅權制，終以告歇。博士弟子，補郎、補吏，為入仕正軌，而世襲任廕之恩亦替。自此以往，入仕得官，遂有一公開客觀之標準。「王室」與「政府」逐步分離，「民眾」與「政府」則逐步接近。政權逐步解放，而國家疆域亦逐步擴大，社會文化亦逐步普及。總觀國史，政制演進，約得三級：由封建而躋統一，一也。此在秦、漢完成之。由宗室、外戚、軍人所組之政府，漸變而為士人政府，二也。此自西漢中葉以下，迄於東漢完成之。由士族門第再變而為科舉競選，三也。此在隋、唐兩代完成之。惟其如此，「考試」與「銓選」，遂為維持中國歷代政府綱紀之兩大骨幹。全國政事付之官吏，而官吏之選拔與任用，則一惟禮部之考試與吏部之銓選是問。此二者，皆有客觀之法規，為公開的準繩，有皇帝王室代表。所不能搖，宰相政府首領。所不能動者。若於此等政制後面推尋其意義，此即禮運所謂「天下為公，選賢與能」之旨。就全國民眾施以一種合理的教育，復於此種教育下選拔人才，以服務於國家；再就其服務成績，而定官職之崇卑與大小。此正戰國晚周諸子所極論深覬，而秦、漢以下政制，即向此演進。特以國史進程，每於和平中得伸展，昧者不察，遂妄疑中國歷來政制，惟有專制黑暗，不悟政制後面，別自有一種理性精神為之指導也。

談者又疑中國政制無民權，無憲法。然民權亦各自有其所以表達之方式與機構，能遵循此種方式而保全其機構，此即立國之大憲大法，不必泥以求也。中國自秦以來，既為一廣土眾民之大邦，如歐西近代所行民選代議士制度，乃為吾先民所弗能操縱。然誠使國家能歷年舉行考試，平均選拔各地優秀平民，使得有參政之機會；又立一客觀的服務成績規程，以為官位進退之準則，則下情上達，本非無路。晚清革命派，以民權憲法為推翻滿清政府之一種宣傳，固有效矣。若遂認此為中國歷史眞相，謂自秦以來，中國惟有專制黑暗，若謂「民無權，國無法」者已二千年之久，則顯為不情不實之談。民國以來，所謂民選代議之新制度，終以不切國情，一時未能切實推行。而歷古相傳「考試」與「銓選」之制度，為維持政府紀綱之兩大骨幹者，乃亦隨專制黑暗之惡名而俱滅。於是一切官場之腐敗混亂，胥乘而起，至今為厲。此不明國史眞相，妄肆破壞，輕言改革所應食之惡果也。

中國政制所由表達民權之方式與機構，既與近代歐人所演出者不同。故欲爭取民權，而保育長養之，亦復自有其道。何者？彼我立國規模既別，演進淵源又不同。甲族甲國之所宜，推之乙族乙國而見窒礙者，其例實夥。凡於中國而輕言民眾革命，往往發動既難，收拾亦不易，所得不如其所期，而破壞遠過於建設。所以國史常於和平中得進展，而於變亂中見倒退者，此由中國立國規模所限，亦正我先民所貽政制，以求適合於我國情，而為今日吾人所應深切認識之一事。若復不明國史真相，妄肆破壞，輕言改革，則又必有其所應食之惡果在矣。

九

其次請言學術思想。談者率好以中國秦以後學術，擬之歐洲之「中古時期」。然其間有難相比並者。歐洲中古時期之思想，以「宗教」為主腦，而中國學術界，則早脱宗教之羈絆。姑以史學言，古者學術統於王官，而史官尤握古代學術之全權。「史」者，乃宗廟職司之一員，故宗教、貴族、學術三者，常相合而不相離。孔子始以平民作新史而成春秋，「其事則齊桓、晉文」，皆政治社會實事，不語怪力亂神，故曰：「知我者其惟春秋乎？罪我者其惟春秋乎？」自有孔子，而史學乃始與宗教、貴族二者脱離。然西漢司馬氏尚謂：「文史星曆，近乎卜祝之間，主上以倡優畜之。」此非憤辭，乃實語。漢代太史屬於太常，則為宗廟職司之一員。太樂、太祝、太宰、太卜、太醫與太史，同為太常屬下之六令丞。太樂之下，自有倡優。宗廟祭祠，太史與倡優同有其供奉之職。則史學仍統於皇帝、宗廟、鬼神之下。然司馬氏不以此自限，發憤為史記，自負以續孔子之春秋；即對當朝帝王卿相種種政制事態，質實而書，無所掩飾。司馬氏不以得罪。及東漢班氏，以非史官為史，下獄，然尋得釋，所草懸為國史。自此以往，中國史學，已完全由皇帝、宗廟下脱出，而為民間自由製作之一業焉。

且王官之學，流而為百家，於是「史官」之外，復有「博士」。此二官者，同為當時政治組織下專掌學術之官吏。「史官」為古代王官學之傳統，而「博士官」則為後世新興百家學之代表。博士亦屬太常，是學術仍統於宗廟也。然太史僅與星曆卜祝為伍，而博士得預聞朝政，出席廷議而見諮詢，則社會新興百家學，已駕古代王官學而上之矣。然自秦以來，占夢、求仙之術，皆得為博士，猶在帝王所好。及漢武聽董仲舒議，罷黜百家，專立五經博士，於是博士性質，大見澄清；乃始於方技神怪旁門雜流中解放，而純化為專治歷史與政治之學者，所謂「通經致用」，即是會通古代歷史知識，在現實政治下應用。又同時兼負國家教育之責。而博士弟子，遂為入仕惟一正途。於是學術不僅從「宗教」勢力下脫離，並復於「政治」勢力下獨立。自此以往，學術地位，常超然於政治勢力之外，而享有其自由，亦復常盡其指導政治之責任。而政治亦早與宗教分離，故當時中國人所希冀者，乃為地上之王國，而非空中之天國也。孔子成春秋，前耶穌降生四百八十年。馬遷為史記，亦前耶穌降生一百年。其時中國政治社會，正向一合理的方向進行，人生之倫理教育，即其「宗教」，無所仰於渺茫之靈界；而羅馬則於貴族與軍人之對外侵略與對內奢縱下覆滅。耶教之推行，正因當時歐人無力建造合理之新國家，地上之幸福既渺不可望，乃折而歸嚮上帝。故西洋中古時期之宗教，特承續當時政治組織之空隙而起，同時又替代一部分或可說大部分。政治之任務。若必以中國史相擬，惟三國魏晉之際，統一政府覆亡，社會紛亂，佛教輸入，差為近之。然東晉南北朝政府規模，以及立國之理論，仍沿兩漢而來。當時帝王卿相，誠心皈依佛教者，非無其人；要之，僧人與佛經，特為人生一旁趨，始終未能篡奪中國傳統政治社會之人生倫理教育而與為代興。隋唐統一政府復建，其精神淵源，明為孔子、董仲舒一脈相傳之文治思想，而佛教在政治上，則無其指導之地位。西洋所謂「國家建築於宗教之上」之觀感，在中國則絕無其事。繼隋唐統一之盛運而起者，有禪宗思想之盛行。禪宗教理，與馬丁路德之宗教改革，其態度路徑，正有相似處。然西洋宗教革命，引起長期間慘酷的普遍相互屠殺，而中國則無之者，以中國佛教仍保其原來一種超世間的宗教之本色，不如西洋耶教已深染世法，包攬政治、經濟種種俗世權利於一身，因此由其教理上之改革，不得不牽連發生世態之擾動也。中國佛教雖盛極一時，而猶始終保全其原來超世間的本色者，則因中國政治社會一切世事，雖有漢末以及五胡之一段擾亂，而根本精神依然存在。東晉南北朝以迄隋唐，仍從此源頭上演進，與西洋之自羅馬帝國解紐以後，政治社會即陷入黑暗狀態者不同也。何以西洋自羅馬帝國覆亡，即陷入一黑暗時期之慘運，而中國漢亡以後幸不然？則以羅馬建國，本與漢代精神不同。羅馬乃以貴族與軍人之向外征服立國，及貴族、軍人腐敗墮落，則其建國精神已根本不存在。北方蠻族，在先既受不到羅馬文化之薰陶，及其踏破羅馬以後，所得者乃歷史上一個羅馬帝國軀殼之虛影，至於如何創建新國家之新精神，則須在其自身另自產生。要之，北方蠻族之與羅馬帝國，乃屬兩個生命，前者已老死，後者未長成，故中間有此一段黑暗。至於漢代統一政府之創興，並非以一族一系之武力征服四圍而起，乃由當時全中國之文化演進所醞釀、所締構而成此境界。換言之，秦、漢統一，乃晚周先秦平民學術思想盛興後，伸展於現實所應有之現象；並不如西洋史上希臘文化已衰，羅馬民族崛起，仍是兩個生命，不相銜接也。漢代之覆亡，特一時王室與上層政府之腐敗；而所由締構此政府、推戴此王室之整個民族與文化，則仍自有其生命與力量。故漢末變亂，特如江上風起，水面波興，而此滔滔江流，不為廢絕。且當時五胡諸蠻族，中國延之入內地者，自始即與以中國傳統文化之薰陶，故彼輩雖乘機騷動，而彼輩固已同飲此文化之洪流，以澆溉其生機，而浸潤其生命。彼輩之紛起迭興，其事乃僅等於中國社會內部自身之一種波動。惟所缺者，在其於中國文化洪流中，究竟澆漑未透、浸潤未深而已。然隋唐統一盛運，仍襲北朝漢化之復興而起。如此言之，則淵源於晚周先秦，遞衍至於秦漢、隋唐，此一脈相沿之學術思想，不能與羅馬覆亡後西洋史上之所謂「中古時期」之教會思想相比，斷斷然矣。

北宋學術之興起，一面承禪宗對於佛教教理之革新，一面又承魏晉以迄隋唐社會上世族門第之破壞，實為先秦以後，第二次平民社會學術思想自由活潑之一種新氣象也。若以此派學術與西洋中古時期之教會相比，更為不倫。元明以下，雖懸程朱經說為取士功令，然不得即目程朱為當時之宗教。明代極多遵陸王而反抗程朱者，清代尤盛以訓詁考據而批駁程朱者。社會學術思想之自由，並未為政治所嚴格束縛，宗教則更不論矣。

若謂中國學術，尚未演進達於西洋現代科學之階段，故以與西洋中古時期相比論；此亦不然。中國文化演進，別有其自身之途轍，其政治組織乃受一種相應於中國之天然地理環境的學術思想之指導，而早走上和平的大一統之境界。此種和平的大一統，使中國民族得繼續為合理的文化生活之遞嬗。因此空中天國之宗教思想，在中國乃不感需要。亦正惟如此，中國政制常偏重於中央之凝合，而不重於四圍之吞併，其精神亦常偏於和平，而不重於富強；常偏於已有之完整，而略於未有之侵獲；對外則曰「昭文德以來之」，對內則曰「不患寡而患不均」。故其為學，常重於人事之協調，而不重於物力之利用。故西洋近代科學，正如西洋中古時期之宗教，同樣無在中國自己產生之機緣。中國在已往政治失其統一，社會秩序崩潰，人民精神無可寄託之際，既可接受外來之「宗教」，（如魏、晉以下，迄隋、唐初期。）中國在今日列強紛爭，專仗富強以圖存之時代，何嘗不可接受外來之「科學」？惟科學植根應有一最低限度之條件，即政治稍上軌道，社會稍有秩序，人心稍得安寧是也。此與宗教輸入之條件恰相反。而我國自晚清以來，政治驟失常軌，社會秩序，人民心理，長在極度搖兀不安之動盪中。此時雖謀科學之發達，而科學乃無發達餘地。論者又倒果為因，謂科學不發達，則政治、社會終無出路。又輕以中國自來之文化演進，妄比之於西洋之中古時期，乃謂非連根剷除中國以往學術思想之舊傳統，即無以萌現代科學之新芽。彼乃自居為「文藝復興」、「宗教改革」之健者，而不悟史實並不如是。此又不明國史眞相，肆意破壞，輕言改革，仍自有其應食之惡果也。

一〇

請再言社會組織。近人率好言中國為「封建社會」，不知其意何居？以政制言，中國自秦以下，即為中央統一之局，其下郡、縣相遞轄，更無世襲之封君，此不足以言「封建」。以學術言，自先秦儒、墨唱始，學術流於民間，既不為貴族世家所獨擅，又不為宗教寺廟所專有。平民社會傳播學術之機會，既易且廣，而學業即為從政之階梯，白衣卿相，自秦以來即爾。既無特殊之貴族階級，是亦不足以言「封建」。若就經濟情況而論，中國雖稱以農立國，然工商業之發展，戰國、秦、漢以來，已有可觀。惟在上者不斷加以節制，不使有甚貧、甚富之判。又政府既獎勵學術，重用士人，西漢之季，遂有「遺子黃金滿籯，不如一經」之語。於是前漢貨殖、游俠中人，後漢多走入儒林、獨行傳中去。所以家庭溫飽，即從師問學，而一登仕宦，則束身禮義之中。厚積為富，其勢不長，然亦非有世襲之貴人也。井田制既廢，民間田畝得自由買賣，於是而有兼併。然即如前漢封君，亦僅於衣租食稅而止。其封邑與封戶之統治，仍由國家特派官吏。以國家法律而論，封君之與封戶，實同為國家之公民。後世如佃戶欠租，田主亦惟送官法辦，則佃戶之賣田納租於田主，亦一種經濟契約之關係，不得目田主為貴族、為封君，目佃戶為農奴、為私屬。土地既非采邑，即難以「封建」相擬。然若謂中國乃資本主義之社會，則又未是。以中國傳統政治觀念，即不許資本勢力之成長也。

西洋史家有謂其歷史演變，乃自「封建貴族」之社會，轉而為「工商資本」之社會者。治中國史者，以為中國社會必居於此二之一，既不為「工商資本」之社會，是必為「貴族封建」之社會無疑。此猶論政制者，謂國體有君主與民主，政體有專制與立憲。此特往時西國學者，自本其已往歷史演變言之。吾人反治國史，見中國有君主，無立憲，以謂是必「君主專制」無疑。不知人類政制，固有可以出於此類之外者。即如近來德、意、俄諸國，即非此等分類可包。然則中國已往政制，儘可有君主，無立憲，而非專制。中國已往社會，亦儘可非封建，非工商，而自成一格。何以必削足適履，謂人類歷史演變，萬逃不出西洋學者此等分類之外？不知此等分類，在彼亦僅為一時流行之說而已。國人懶於尋國史之眞，勇於據他人之說，別有存心藉為宣傳，可以勿論；若因而信之，謂國史眞相在是，因而肆意破壞，輕言改革，則仍自有其應食之惡果在矣。

一一

然則中國社會，自秦以下，其進步何在？曰：亦在於經濟地域之逐次擴大，文化傳播之逐次普及，與夫政治機會之逐次平等而已。其進程之遲速不論，而其朝此方向演進，則明白無可疑者。若謂其無清楚界線可指，此即我所謂國史於和平中得進展，實與我先民立國規模相副相稱，亦即我民族文化特徵所在也。

嘗謂世界羣族，其文化演進，主要者不越兩型：一者環地中海之四周，自埃及、巴比侖、愛琴、波斯、希臘、羅馬以漸次波及於歐羅巴之全部，此西方之一型也。一者沿黃河兩岸，以達於海濱，我華夏民族，自虞、夏、商、周以來，漸次展擴以及於長江、遼河、珠江諸流域，並及於朝鮮、日本、蒙古、西域、青海、西藏、安南、暹邏諸境，此東方之一型也。此二型者，其先限於地勢，東西各不相聞接。西方之一型，於破碎中為分立，為並存，故常務於「力」的鬬爭，而競為四圍之鬬。東方之一型，於整塊中為團聚，為相協，故常務於「情」的融和，而專為中心之翕。一則務於國強為併包，一則務於謀安為緜延。故西方型文化之進展，其特色在轉換，而東方型文化之進展，其特色則在擴大。轉換者，如後浪之覆前浪，波瀾層疊，後一波湧架於前一波之上，而前一波即歸消失。西洋史之演進，自埃及、巴比侖、波斯以逮希臘、羅馬，翻翻滾滾，其吞噬捲滅於洪濤駭浪、波瀾層疊之下者，已不知其幾國幾族矣。擴大者，如大山聚，羣峯奔湊，蜿蜒繚繞，此一帶山脈包裹於又一帶山脈之外，層層圍拱，層層簇聚，而諸峯映帶，共為一體。故中國史之演進，不僅自兩漢而隋、唐，而宋、明，一脈相沿，繩繩不絕；即環我族而處者，或與我相融和而同化，如遼、金、蒙古、滿洲、西藏、新疆諸族；亦有接受我文化，與我終古相依，如梁甫之與泰山然，則朝鮮、日本、安南之類是也。朝鮮、安南久屬中國而猶得自存，此尤明受中國文化之賜。將西洋史逐層分析，則見其莫非一種「力」的支撐，亦莫非一種「力」的轉換。此力代彼力而起，而社會遂為變形。其文化進展之層次明析者在此，其使人常有一種強力之感覺者亦在此。東方與西方，有絕然不同之態：西方於同一世界中，常有各國並立；東方則每每有即以一國當一世界之感。故西方常求其力之向外為鬬爭；而東方則惟求其力之於內部自消融，因此每一種力量之存在，常不使其僵化以與他種力量相衝突，而相率投入於更大之同情圈中，卒於溶解消散而不見其存在。我所謂國史於和平中見進展者在此。故西方史常表見為「力量」，而東方史則常表見為「情感」。西方史之頓挫，在其某種力量之解體；其發皇，則在某一種新力量之產生。中國史之隆污升降，則常在其維繫國家社會內部的情感之麻木與覺醒。此等情感一旦陷於麻木，則國家社會內部失所維繫，而大混亂隨之。中國史上之大混亂，亦與西方史上之「革命」不同。西方史上之革命，多為一種新力量與舊力量之衝突。革命成功，即新力量登臺，社會亦隨之入一新階段。中國史上之混亂，則如江河決隄，洪水泛濫。泛濫愈廣，力量愈薄，有破壞，無長進。必待復歸故槽，然後再有流力。中國社會，自秦以下，大體即向「力」的解消之途演進。迄於近世，社會各方平流緩進，流量日大，而流速日減。以治西史之眼光衡之，常覺我民族之嘽緩無力者在此。然我民族國家精神命脈所繫，固不在一種力之向外衝擊，而在一種情之內在融和也。蓋西方制為列國爭存之局，東方常抱天下一統之想。自東、西兩方相接觸，彼之所務於力之為爭存者，正可繼續益厲；而我之所蘄於情之為融和者，至是乃不得不卷而藏之，而追隨於彼我角力爭勝之場；此已為東方之不得不見遜於西方者矣。抑我之所以為國家社會內部一統情感之融和者，方其時，又適值麻痺墮退之際，自清中葉乾、嘉以來，川、楚、兩粵大亂迭起，洪流四泛之象已成，中國社會本苦無力，又繼之以追隨西方角力爭勝之勢，既不足以對外，乃轉鋒而內向。終於「情」的融和，常此麻木，「力」的長成，遙遙無期。不斷決隄放壩，使水流不斷泛濫，洪水遍於中國，而國人仍復有沉酣於憑藉某力推翻某力之好夢者。此又不明國史真相，應食惡果之一至可痛心之例也。

一二

一民族一國家歷史之演進，有其生力焉，亦有其病態焉。生力者，即其民族與國家歷史所由推進之根本動力也。病態者，即其歷史演進途中所時時不免遭遇之頓挫與波折也。人類歷史之演進，常如曲線形之波浪，而不能成一直線以前向。若以兩民族兩國家之歷史相比並觀，則常見此時或彼升而我降，他時或彼降而我升。祇橫切一點論之，萬難得其真相。今日治國史者，適見我之驟落，並值彼之突進，意迷神惑，以為我有必落，彼有必進，並以一時之進落為彼、我全部歷史之評價，故雖一切毀我就人而不惜，惟求盡廢故常，以希近似於他人之萬一。不知所變者我，能變者亦我，變而成者依然為我。譬之病人，染病者為我，耐病者亦我，脫病而復起者仍我也。一切可變，而「我」不可變。若已無我，誰為變者？變而非我，亦何希於變？必有生力，乃可去病。病有其起因，而非生力之謂。若醫者謂：「君病之起，起於君之有生，君當另換一無病之生」，此為何等醫耶！諱疾拒醫固不當，亦未有因人之病而從頭絕其生命以為醫者。故治史者，必明生力，明病態。生力自古以長存，病態隨時而忽起。今日之中國，顯為有病，病且殆矣，萬不容諱。然猶有所希冀者，其人雖病，尚有內部自身生力可以為抗。若如今人論史，一切好歸罪古人，不啻謂今日之病，已原於其人受氣墮地之日，非自頂至踵脫胎換骨不可。則此乃僅婉言之，直捷而道，惟有早日絕其生命之一法而已。凡此皆指「生原」為「病原」之妄說也。

「生原」者，見於全部潛在之本力，而「病原」則發於一時外感之事變。故求一民族國家歷史之生原者，貴能探其本而攬其全；而論當前之病態者，則必辨於近而審其變。國史綿歷，既四、五千年於茲，其病象之見於各時期者，推原尋因，不能全同。有沾染稍久者，亦有僅起於當前者。要而言之，國史自隋唐以來，科舉制既興，士族門第之地位消融漸盡，而社會走上平鋪散漫之境，此中國輓近世一大變也。逆溯中國當前病象，推之最遠，至於中唐安史之亂以來而極。究生力必窮之最先，診病況必詳之最後。西人論史，盛誇其文明光昌，而淵源所自，必遠本之於希臘、羅馬。國人捧心效顰，方務於自譴責，而亦一一歸罪古人，斷獄於唐虞三代之上，貌是而神非，甚矣其不知學也。

中唐以來之社會，既成一平鋪散漫之社會，而其政治，仍為一和平的大一統之政治。故一「王室」高高在上，而「社會」與「政府」之間，堂陛益遠，常易招致「王室」與「政府」之驕縱與專擅，一也。社會無豪強巨富，雖日趨於平等之境，然貧無賑，弱無保，其事不能全仰之於政府，而民間每苦於不能自振奮，二也。政府與民間之所賴以溝通者，曰惟「科舉」，然科舉既懸仕宦為鵠的，則從事於投選者，往往忘其義命而徒志於身家之富貴與溫飽，三也。此三者，厥為中唐以來中國政治、社會走入一新境後所易犯之病徵。宋儒講學，即針對此病態而發。然而宋之為病，尚不止於此。宋人不能自解救，而招致蒙古之入主，一切政制，為急劇之退轉，益與後世中國以莫大之創傷。明祖崛起草澤，懲元政廢弛，罷宰相，尊君權，不知善為藥療，而轉益其病。清人入關，盜憎主人，箝束猜防，無所不用其極，仍襲明制而加厲。故中國政制之廢宰相，統「政府」於「王室」之下，眞不免為獨夫專制之黑暗所籠罩者，其事乃起於明而完成於清，則相沿亦已六百年之久。明儒尚承兩宋遺緒，王室專制於上，而士大夫抗爭彌縫於下，君臣常若水火，而世途猶賴有所匡繫。故明之亡而民間之學術氣節，尚足照耀光輝於前古。清人又嚴加摧抑，宋、明七百年士人書院民間自由講學之風遂熸。於是士大夫怵於焚坑之酷，上之為訓詁、考據，自藏於故紙堆中以避禍，下之為八股、小楷，惟利祿是趨。於是政府與民間所賴以溝貫之橋樑遂腐斷，所賴以流通之血脈遂枯絕。中國之幸免於亂者，亦惟滿清諸豪酋猜防壓制、誘脅愚弄之力。此稍讀康、雍、乾三朝史略，可以知之。故使世運益敗壞於冥冥漠漠之中，而姑以博一時之安寧。此乃斲喪我民族永久之元氣，而以換造彼目前之榮華者也。逮滿族統治之力既衰，而中國政治、社會之百病，遂全部暴露。論者每謂自嘉、道以來，東西勢力相接觸，東方乃相形見絀；此似是而未盡之說也。縱使嘉、道以往，長得閉關自守，海道之局不開，滿洲之治權，仍必顛覆，中國仍必大亂，其病先已深中於自身之內部，而外邪乘之，其病象遂益錯出。因使庸醫操峻劑，更奏迭前，茫昧而雜投，以互期於一逞，則幾何其病之不日殆也。

一三

晚清之季，談者率自稱我民族國家曰「睡獅」，曰「病夫」，此又不知別白之說也。夫「睡」與「病」不同。睡者精力未虧，蹶然興起，猶可及人；病者不然。晚清之季則病也，非睡也。且其病又入膏肓，非輕易所能拔除。異族統治垂三百年，其對我國家、社會、文化生機之束縛與損害，固已甚矣。然中國以二千年廣土眾民大一統之局，「王室」為其客觀之最高機關，歷史沿襲既久，則驟變為難。又況自明以來六百年，政府無宰相，「王室」久握獨裁之權，則激變又難。清廷不能不去，王室不能復建，逼使中國不得不為一激劇之變動，以試驗一無準備、無基礎之新政體，而不能更於其間選擇一較緩進、較漸變之路，此為晚清革命之難局，一矣。（日本明治維新在此點較中國多獲便宜。天皇一統，於日本歷史及民眾觀念上，並無十分劇變，得漸次引上憲政軌轍。中國政制之劇變，雖幸得冒險渡過，然所嘗苦痛實深。洪憲之稱帝，宣統之復辟，幾許曲折，消損中國前進之精力與元氣者，良不少也。）

且滿清政府，自咸、同以後，其情況視前已大變。各省督、撫，擅權自專，中央無力駕馭，漸成分裂割據之局。又處五洲棣通新形勢之下，政府雖腐敗，猶得憑藉其地位，借外債，買軍火，練新兵，整理交通，加強管轄。遂使腐敗之政權，黑暗之勢力，既得外力之助，又因外患之顧忌，迄未得徹底澄清之機會。革命勢力之起，亦不得不與舊政府下之黑暗勢力相妥協，以順利其進行。革命之結果，僅為舊政權之潰爛解體而非其消滅。於是民國以來，武人弄權，地方割據，日轉增長。內亂層見疊出，斲喪社會之元氣，障阻國家之前進，其間莫非有外力焉為之呼應。此猶人身變病，未先驅解，早服補劑，病根纏綿不去，生機奄息不復。此又為民國以來締構中央統一政權之難局，二矣。

尤難者，不在武人割據之不可剷滅，而在政治中心勢力之不易產生。滿清末葉，政治中心早已逐步沒落。革命以還，所揭櫫號召者，曰「民主共和」，而實際則去民主之階程尚遠。新中國建設之大業，一時難望於民眾之仔肩。獨裁王室既倒，而不幸當時之中層階級，始從二百餘年長期異族統制下抬頭，八股小楷之素養，升官發財之習氣，淘汰未淨。而革命黨人，則只挾外來「平等」、「自由」、「民權」諸新名詞，一旦於和平處境下加入政府，乃如洪爐之點雪，名號猶是，實質遽化。其名猶曰政黨民權，其實則為結黨爭權。一時中層智識分子，無新無舊，分途依附於地方武人割據勢力之下而互為利用。此輩於前清末葉，既力阻開新之運，又於民國初年，加倍搗亂之功。此蓋滿清長期部族統治之智識階級，日愚日腐，而驟遇政治中心大動搖之後所應有之紛擾。然此特一時病態，不得謂此乃代表我民族國家數千年文化正統而為其最後之結晶。若果如是，則中國文化亦萬不能綿歷此數千年之久，而早當於過去歷史中煙消灰滅，先昔人之枯骨而腐朽矣。此又民國以來，社會中堅勢力未能形成之難局，三也。此一點，日本明治維新較中國又佔幾許便宜。日本政權遞禪，自藩府還之天皇，既不如中國變動之劇。而日本在藩府統治下之封建道德，如武士道之忠君敬上、守信立節，移之於尊王攘夷，其道為順。中國士大夫立身處世之綱領節目，久已在長期部族統治之猜防壓制、誘脅愚弄下變色。油滑、貪污、不負責任，久成滿清末年官場乃至儒林之風氣。一旦政體更革，名為「民主」，實則全須士大夫從政者良心自負責任，而中國士大夫無此素養。既昧心禍國，又以「民權」之說諉罪卸責。此其病乃深中於士大夫之良心，固非睡獅之喻所得擬也。

凡此皆輓近中國之病，而尤莫病於士大夫之無識。士大夫無識，乃不見其為病，急於強起急走以效人之所為。跳踉叫噪，踴躍憤興，而病乃日滋。於是轉而疑及於我全民族數千年文化本源，而惟求全變故常以為快。不知今日中國所患，不在於變動之不劇，而在於暫安之難獲。必使國家有暫安之局，而後社會始可以有更生之變。所謂更生之變者，非徒於外面為塗飾模擬、矯揉造作之謂，乃國家民族內部自身一種新生命力之發舒與成長。而牖啟此種力量之發舒與成長者，「自覺」之精神，較之效法他人之誠摯為尤要。不幸此數十年來，國人士大夫，乃悍於求變，而忽於謀安；果於為率導，而怠於務研尋。又復羼以私心，鼓以戾氣，其趨勢至於最近，乃繼續有加益甚而靡已。藥不對病，乃又為最近百病纏縛之一種根本病也。

一四

雖然，無傷也。病則深矣重矣，抑病之漸起，遠者在百年、數百年之間，病之劇發，近者在數年、數十年之內。而我民族國家文化潛力之悠久淵深，則遠在四、五千年以上。生機之軋塞鬱勃，終必有其發皇暢遂之一日。而果也，近者以敵國外患之深侵，而國內漸臻於統一。以一年半之艱苦抗戰，而國人遂漸知「自力更生」之為何事。蓋今日者，數十年乃至數百年社會之積病，與夫數千年來民族文化之潛力，乃同時展開於我國人之眼前。值此創鉅痛深之際，國人試一繙我先民五千年來慘澹創建之史跡，一棒一條痕，一摑一掌血，必有淵然而思，憬然而悟，愀然而悲，奮然而起者。要之我國家民族之復興，必將有待於吾國人對我先民國史略有知。此則吾言可懸國門，百世以俟而不惑也。

茫茫員輿，芸芸眾生，我不知其已歷幾何世矣！抑有始終未躋於摶成「民族」之境者；有雖摶成為一民族，而未達創建「國家」之域者；有雖摶成一民族，創建一國家，而俯仰已成陳跡，徒供後世史家為鈎稽憑弔之資者；則何歟？曰：惟視其「文化」。民族之摶成，國家之創建，胥皆「文化」演進中之一階程也。故民族與國家者，皆人類文化之產物也。舉世民族、國家之形形色色，皆代表其背後文化之形形色色，如影隨形，莫能違者。人類苟負有某一種文化演進之使命，則必摶成一民族焉，創建一國家焉，夫而後其背後之文化，始得有所憑依而發揚光大。若其所負文化演進之使命既中輟，則國家可以消失，民族可以離散。故非國家、民族不永命之可慮，而其民族、國家所由產生之「文化」之息絕為可悲。世未有其民族文化尚燦爛光輝，而遽喪其國家者；亦未有其民族文化已衰息斷絕，而其國家之生命猶得長存者。環顧斯世，我民族命運之悠久，我國家規模之偉大，可謂絕出寡儔，獨步於古今矣。此我先民所負文化使命價值之真憑實據也。以數千年民族、國家悠久偉大之憑藉，至於今而始言建國焉，又必以抗戰而始可言建國焉，此何故？曰：惟我今日國人之不肖，文化之墮落故。以我國人今日之不肖，文化之墮落，而猶可以言抗戰，猶可以言建國，則以我先民文化傳統猶未全息絕故。一民族文化之傳統，皆由其民族自身遞傳數世、數十世、數百世血液所澆灌，精肉所培壅，而始得開此民族文化之花，結此民族文化之果，非可以自外巧取偷竊而得。若不然，自古可以無亡國滅種之禍，而倖生之族，偷存之國，將充塞於天壤間也。我國人不自承其為不肖，不自承其為墮落，而謂我先民文化所貽，固不足以爭存於斯世。是既疑我先民久為倖生、偷存，而我當前之所為抗戰與建國者，是不啻仍將效法我先民繼為此倖生而偷存也。非然者，我民族國家之前途，仍將於我先民文化所貽自身內部獲得其生機。我所謂必於我先民國史略有知者，即謂此。是則我言仍可懸國門，百世以俟而不惑也。

一五

雖然，我之此書，抑不足以任此。昔有宋司馬光，以名世傑出之才，當神宗、王安石銳意變法之際，獨愀然以為未當，退而著史，既獲劉、范諸君子相從扶翼，又得政府之資助，晏居洛陽，設局從事，先後垂二十年而書成，以為可以「資治」，故名曰資治通鑑。其書衣被沾溉於後世，至今不能廢。稍知從事於國史者，恣漁獵焉。自孔子、史公而下，以通史建大業，推司馬氏，豈不偉歟！今去司馬氏又千年，史料之累積，又十、百倍於司馬氏之時，而世局之紛紜錯綜，則更非司馬氏當時所能相提並論。又加之以人不悅學，士方蔑古，競言「革新」者，謂可以絕無資於鑑往知古之勞，而治史者亦務為割裂穿鑿，以逃世笑。竊不自揆，避地來滇南，深慚偷生無補國難，獨奮私臆，竊教課之餘暇，閉居一室，妄自落筆，歷時一載，成此區區五十萬字。又復敝帚燕石，妄自珍惜，謂散亡之無日，保藏之難周，朝脫稿，暮付印。欲於我先民以往五千年慘澹經營之史跡，幸有當於其萬分之一二。以視往者司馬氏之鄭重其事，古今人度量相越，豈不足以愧殺人耶！抑余又懼世之鄙斥國史與夫為割裂穿鑿之業者，必將執吾書之瑕疵，以苛其指摘，嚴其申斥，則吾書反將以張譏國史、薄通業者之談，而為國史前途之罪人。抑思之又思之，斷斷無一國之人相率鄙棄其一國之史，而其國其族猶可以長存於天地之間者。亦未有專務於割裂穿鑿，而謂從此可以得我先民國史之大體者。繼自今，國運方新，天相我華，國史必有重光之一日，以為我民族國家復興前途之所託命。則必有司馬氏其人者出，又必有劉、范諸君子者扶翼之，又必有賢有力者獎成之。而此書雖無當，終亦必有憫其意，悲其遇，知人論世，恕其力之所不逮，許其心之所欲赴。有開必先，若使此書得為將來新國史之馬前一卒，擁篲而前驅，其為榮又何如耶！因不辭誚笑而卒布之，並申述其著作之大意焉。

民國二十八年一月錢穆屬稿於宜良西山之岩泉下寺

書成自記

民國二十二年秋，余始於國立北京大學任「中國通史」講席。是課每週四小時，一年而畢。自念講通史，非委悉周備之難，而簡要明當之尤難也。若求委悉周備，則二十五史、十通以及充棟塞屋者，其書具在，學者昕夕從事焉，斯委悉周備矣，然非一週四小時、一年之功所能赴也。欲求簡要明當，則於繁重之國史，先必有所取捨。又必先有一系統之觀點，以為其取捨之標準。必先立一「體」，乃能有所取裁。凡所裁之寬狹長短，一視與其「體」之相副相稱以為度。然而言何容易？此固古人所謂專門名家之業也。否則左右采獲，牽引拼湊，可以至於無窮。於其牽引拼湊之中，而調和斟酌焉，以求其分量篇幅之略相當，此僅似於一種狹義之類書，非史業也。大抵余於此課，以兩小時為一講，以一講畢一題，一年凡四十餘講。共畢四十餘題。欲求於此四十餘題中，敍述我先民國史大體，約略明備，則每講之標題，為尤所盡心焉。

越一年，二十二年秋至二十三年夏。學者苦於聽受，羣要余為講義。余曰：通史大業，殊不敢輕率為之。無已，姑約余所講為綱要，聊備諸生筆記之一助，可也。自是每一講，必編一綱要，僅具倫脊，悉削游辭，取便總攬。然又恐諸生久習於此，則事近策括，以謂治史可以空腹也。乃別選一參考材料以副之。凡與余所講綱要相牽涉者，採摘前史陳文或昔人考訂論著為參考，以便學者之自相闡證。綱要編至東漢，自嫌太簡，遂未繼續。並謂講堂大義，學者自可筆記，乃獨發參考材料。

如是者一年，（二十三年秋至二十四年夏。）覺參考材料，雜碎零亂，無綱要以貫通之，則如散錢無串，學者得此，華離斑爛，若可喜而未必可用也。遂又改計，另編國史讀本，供學者課堂外之閱讀。並詔諸生，治通史必貴有「系統」，然系統必本諸「事實」。見仁見智，系統可以相異，而大本大原，事實終歸一致。不先通曉事實，驟求系統，如無錢而握空串，亦復失其為串之意。大學課重，即如司馬氏通鑑，學者已苦不能終卷，而中學教課，風氣所趨，亦競為條貫，不詳實事。至大學治通史，更不能反而專講一件件的事實。如是則學者所得惟系統、條貫，而無史實。卒之所謂系統、條貫者，皆空談，皆私見。空談私見可以萬異，而歷史事實只有一眞。因再約通鑑（及續通鑑、明通鑑諸書。）提要鈎玄，編為讀本，以補學者進治通史之預備工夫。如是者又一年，（二十四年秋至二十五年夏。）自秦迄明，讀本凡得百萬字。凡讀本所取裁，一以與課堂講述相副相應為主，其詳略輕重之間，視袁氏紀事本末諸書，有大相逕庭者。以謂學者於課堂外先治此書，不僅可藥高心空腹之病，並可由此啟途，進窺史籍之原本也。

又越年，又嫌學者於本國文字素養太淺，讀本雖簡要，然皆摘錄史籍原文，學者驟覩，如入異國，轉不如其讀西書之怡悅相熟。其於文義眞際，已難領憭，至於史籍中人名、地名、官名、典章制度、文物故實，種種茫然，更屬所苦。乃擬就讀本中擇其凡為史籍專名及義有旁及者，一一加以注釋。然注釋之事多涉考訂，又求與學者領憭之學力相應，其事乃大不易。課繁力絀，卒未有成。如是則已四越年矣。（二十二年秋至二十六年夏。

二十六年秋，蘆溝橋倭難猝發，學校南遷，余藏平日講通史筆記底稿數册於衣箱内，挾以俱行。取道香港，轉長沙，至南嶽。又隨校遷滇，路出廣西，借道越南，至昆明。文學院暫設蒙自，至是輾轉流徙，稍得停蹤，則二十七年之四月也。自念萬里逃生，無所靖獻，復為諸生講國史，倍增感慨。學校於播遷流離之餘，圖書無多，諸生聽余講述，頗有興發，而苦於課外無書可讀，僅憑口耳，為憾滋深。因復有意重續前三年之綱要，聊助課堂講述之需。是年五月間，乃自魏晉以下，絡續起稿，諸生有志者相與傳鈔。秋後，學校又遷回昆明，余以是稿未畢，滯留蒙自，冀得清閑，可以構思。而九月間空襲之警報頻來，所居與航空學校隔垣，每晨抱此稿出曠野，逾午乃返，大以為苦。乃又轉地至宜良，居城外西山岩泉下寺，續竟我業。而學校開課之期已至。昆明塵囂居隘，不得已，乃往來兩地間。每週課畢，得來山中三日，籀繹其未竟之緒。既乏參考書籍，又僕僕道塗，不能有四天以上之寧定。余嘗致書友人，謂：「此書雖垂成，而非意所愜。何者？細針密縷，既苦書籍之未備，大刀闊斧，又恨精神之不屬。」蓋此書屬稿中之實況也。逮魏晉以下全稿粗具，還讀三年前東漢以前舊稿，又嫌體例、文氣、詳略之間，均有不類，乃重復改為。直至今年之六月，而全稿始竣，則先後亦十有三閱月矣。

然此書雖草略，其所以為此書之意，則頗有當為國人告者，因別為引論一篇。辭繁不殺，讀者哀其意可也。至於引論所希，此書未必足副，讀者當分別觀之。此書一本所攜筆記，綴集而成，而筆記隨時摘錄，頗多疏忽。大率未注出處，忘記篇卷。此書因一律削之，不更標舉；偶載來歷，轉成例外。其時賢文字，近人新得，多所采獲，亦不備詳，義取一律，非敢掠美。書成倉促，相知惟湯君錫予，時時讀其一、二篇，有所商討。平生撰述，每不敢輕易發布。自問以迂愚之姿，而抱孤往之見，不如久久藏之，自待其意見之定。雖不足有所淑世，亦自寬其神明之内疚。至於此書，獨有不然。若自祕藏，雖待之十年終不能定。而暴寇肆虐，空襲相隨，又時時有焚如之慮，因率爾刊布。讀此書者，無論大端小節，凡此書疏漏謬誤處，若蒙貽書相告，一字之與百章，皆吾師也。敢不虛衷拜嘉，謹誠心以禱祝之。

民國二十八年六月十二日錢穆記於宜良西山之岩泉下寺

第一編　上古三代之部

第一章　中原華夏文化之發祥 中國史之開始虞夏時代

上古史為全部歷史之起點，應須求一明瞭之知解，然人類歷史總可推溯到無人可說之一境，則上古史之探索，終不免於只成為一種比較近理之測想。

一　近代對上古史之探索

近代對上古史之探索，可分兩途述說：一、史前遺物之發掘。二、傳說神話之審訂。史前遺物發掘，可分三部分述之：

一、舊石器時代遺址之發現。

此事始於民國九年，在甘肅慶陽為首次。此後陸續發現甚多。

（一）早期舊石器時代

民國十八年在河北房山周口店發現古代猿人之完整頭骨，考古學者名之曰「北京人」。其年代距今約五十萬年，中華民族當為其直屬後裔。其時北京人已知用火，當早於歐洲人用火三十萬年以上。其他遺物，周口店發現亦甚豐。其後在陝西藍田陳家窩，發現藍田猿人，與北京猿人時期相同。又有山西芮城匼河與西侯度村等十三處。其中芮城兩址時代更早。後有廣東曲江馬壩村發現「馬壩人」，時代稍後於「北京人」與「藍田人」。則是在遠古時代，吾中華民族之祖先，殆已遍布華南、北。

（二）中期舊石器時代

在華北發現者，多在山西、陝、甘高原一帶。自汾水流域北至河套，南緣橫山山脈。甘肅慶陽所發現，亦屬此期。華南有湖北長陽出土「長陽人」。

（三）晚期舊石器時代

此期距今約不過一萬年。遺址發現，遍及南北。惟黃河、長江下游各地，則尚未發現有此等遺址。

二、新石器時代遺址之發現。

(一) 黃河中下游

一為民國十年在河南澠池縣仰韶村所發現，稱為「彩陶文化」。其分布地區，以豫西、晉南及渭水中下游為中心，西至渭水上游，東至豫中，南至漢水中上游，北達河套。遺址發現，多在河流兩岸之臺地，分布極稠密，已發現者約達千處以上。其中如西安半坡最早遺址，據測定，距今可達六千年。陝縣廟底溝早期遺址，距今亦逾五千年。其時已知經營原始鋤耕農業，兼事漁獵。

二為龍山「黑灰陶文化」。分布地區較「仰韶文化」為廣。西起陝西，東至海濱，東北至遼東半島，東南至江蘇，發現遺址三百餘處。此一期之文化，乃自仰韶文化發展進步而來。又可分較早「形成期」與較晚「典型期」之兩期。如河南陝縣廟底溝，即在仰韶文化之上層。安陽後岡則在殷墟之下層。此皆屬「龍山文化」之較早形成期。如山東歷城龍山鎮城子崖及日照西城鎮諸地，是為「龍山文化」之較後典型期。此時期之文化，鋤耕農業已甚進步。陶器開始採用輪製，並以精造黑色光薄的蛋殼陶為其特色。並已有城堡建築，以牛、羊、豬之肩胛骨為卜。

(二) 長江中下游

有湖北京山縣屈家嶺之發現。其分布範圍，為以長江及武當山、桐柏山、大別山所環繞之江漢地區。其時期晚於仰韶，而早於龍山。其中如淅川遺址，據測定距今可達四千至五千年。此一地區之文化，已普種水稻。狩獵、紡織均相當發達，有豐富多彩的繪畫藝術。

如黃河上游，川、滇西南地區，東南沿海，塞北草原及東北地區，西北高原，青藏高原各處，皆有新石器時代遺址之發現，在此不備及。

（三）其他

由於此等發現，遂使國人古史觀念，漸漸脫離了三皇五帝之舊傳說，轉移到有物可稽之新研尋，此不可不謂是近六十年來吾國人古史知識上一大進步。

國人此六十年來之發掘考古工作，因於材料陸續發現，遂使因之而起之推論亦陸續改變。如仰韶、龍山兩期文化，以前認為其各自獨立發展，今已遭一致之否定。至西方學者早有中國民族與中國文化西來之臆測。民國十年發現仰韶彩陶上繪幾何花紋，西方學者仍認其與中亞、南歐一帶有關係，但今亦無人置信。據最近考古學家一般之意見，綜合舊石器、新石器兩時代遺址之發現，大體認為中國文化最早開始，應在山、陝一帶之黃土高原。東至太行山脈，南至秦嶺山脈，東南至河南西北山地，西北至河套地區。自此逐步向東南發展。及至新石器時代，當轉以渭水盆地及黃河大平原為中心。由仰韶彩陶文化向東發展，形成龍山文化。向西傳播，乃至黃河上游以抵西北高原。在此六十年之發現中，尚不見西北地區有舊石器時代之遺址，則中國民族中國文化西來之說，可以不攻而自破。

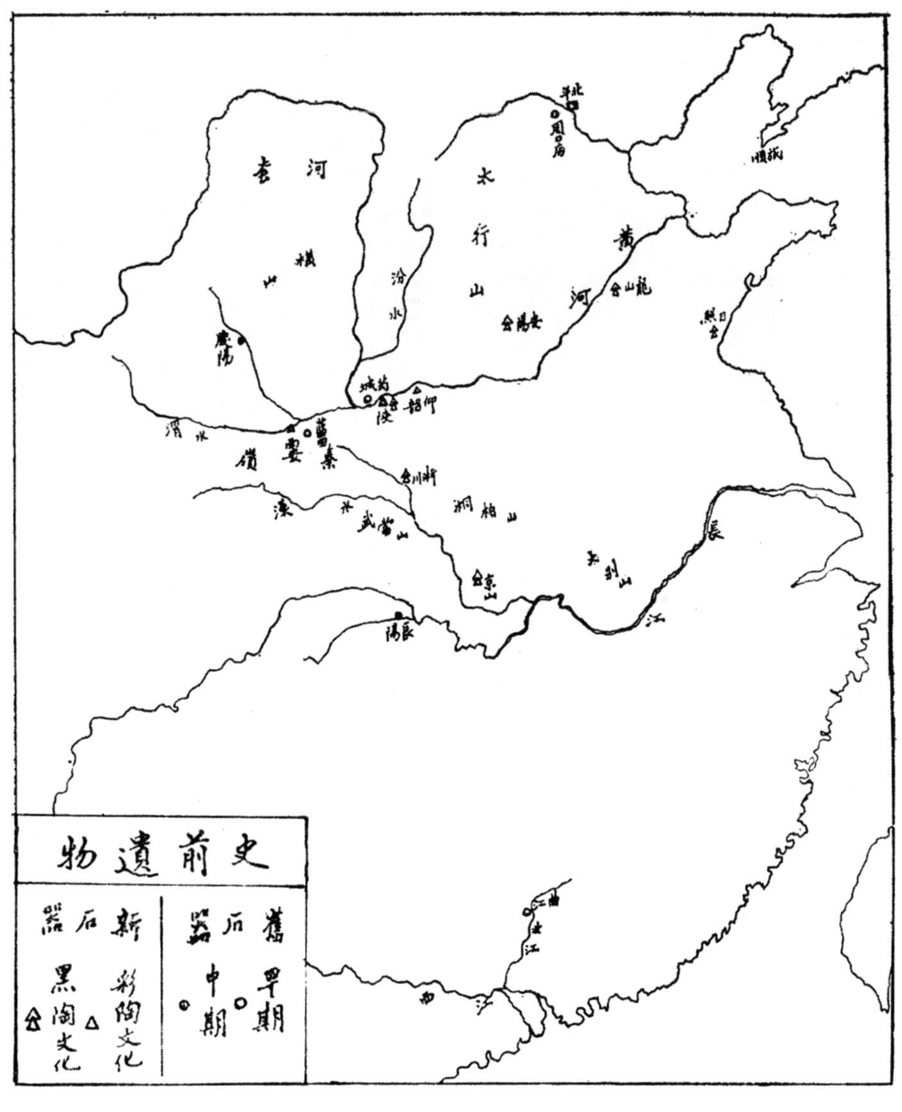

史前遺物
舊石器
早期
中期
新石器
彩陶文化
黑陶文化
河套
橫山
汾水
太行山
黃河
龍山
安陽
北平
周口店
日照
慶陽
渭水
秦嶺
仰韶
淅川
漢水
武當山
桐柏山
大別山
京山
長江
長陽
曲江
西江

三、殷墟之發現。

遠在清末，已有人在河南安陽發掘殷代所用龜甲占卜文字，而發現其地為古代之殷墟。此一遺址之年代，已遠在有文字記載之歷史以後。在此遺址所得器物，已遠後於石器時代，而代表了很進步的青銅器時代。其間有一部分遺物，可證其直接因襲於龍山文化而來者，如卜骨、如黑陶皆是。在殷墟之後岡，上層有白陶，今稱之曰「小屯文化」。中層黑陶，即代表「龍山文化」。下層彩陶，乃代表「仰韶文化」。是其地乃不斷有陶文化。

目前關於考古發掘之成績，大略可言者止此。

傳說神話之審訂，近人為之尤力。如顧頡剛等所編集之古史辨。

然中國民族本為一歷史的民族，中國古史早已歷經古人不斷努力，有一番卓越謹嚴而合理的編訂。

最著者莫如孔子之作春秋，與司馬遷之為史記。子不語怪力亂神，春秋「其文則史，其事則齊桓、晉文」，已為一部極謹嚴的編年史，歷史觀念至是已絕對超出「神話」之範圍而獨立。司馬遷為史記，謂：「學者載籍極博，猶考信於六藝」，自負以史記繼春秋之後。五帝首黃帝，三皇傳說早未列入。至史記所載五帝帝繫，後人亦多駁辨。(如三國時秦宓、北宋時歐陽修等。)故三皇五帝之舊傳說，在中國歷來史學界，本未嚴格信守。

今求創建新的古史觀，則對近人極端之懷疑論，亦應稍加修正。

從一方面看，古史若經後人層累地造成；惟據另一方面看，則古史實經後人層累地遺失而淘汰。層累造成之偽古史固應破壞，層累遺失的眞古史，尤待探索。此其一。各民族最先歷史無不從追記而來，(卽後代史亦強半由傳說追記，未必皆出歷史事變時人當身之記載。)故其中斷難脫離「傳說」與帶有「神話」之部分。若嚴格排斥傳說，則古史卽無從說起。此其二。且神話有起於傳說之後者，(如先有關羽之傳說，而漸變成神話。)不能因神話而抹摋傳說。(如因看三國演義而懷疑及於陳壽三國志。)此其三。假造亦與傳說不同，如後起史書整段的記載與描寫，或可出於假造，(以可成於一手也。如尚書之堯典、禹貢等。)其散見各書之零文短語，則多係往古傳說，非出後世一人或一派所偽造。(以其流傳普遍。如舜與禹其人等。)此其四。欲排斥某項傳說，應提出與此傳說相反之確據。否則此傳說卽不能斷其必偽或必無有。亦有驟視若兩傳說確切相反，不能並立，(如謂某人某日在北平，而另一說則謂見其某日在南京。)而經一番新的編排與新的解釋，而得其新鮮之意義與地位者。(如知某人乃以是日乘飛機自北平往南京也。)此其五。

而且中國古代歷史傳說，極富理性，切近事實，與並世其他民族追述古史之充滿神話氣味者大不相同。如有巢氏代表巢居時期，燧人氏代表熟食時期，庖犧氏代表畜牧時期，神農氏代表耕稼時期。此等名號，本非古所本有，乃屬後人想像稱述，乃與人類歷史文化演進階程，先後符合。此見我中華民族之先民，早於人文演進，有其清明之觀點與合理的想法。

大體上研究古史，應有其相當之限度，凡及年歷、人物、制度、學術等等，過細推求，往往難得眞相。

一因古代文化演進尚淺，不够按年逐月推求。後世如劉歆三統曆以下迄於皇甫謐帝王世紀、邵雍皇極經世等書，無論其推算不可信，即謂推算無誤，亦往往歷數十百年無一事可考，豈不於研治古史仍屬徒勞。二則因古代文化演進尚淺，人物個性活動之事業尚少，若專從人物言行上研求古史，則仍是黄帝、堯、舜、禹、湯、文、武、周公一套舊觀念，不免多帶有神話與教訓之意味，亦不得古史眞相。三則因古代文化演進尚淺，並不如後代有種種政治制度、學術思想等之並起，若從此方面研尋古史，則不脫漢代經學家「三代質文相禪」種種假想之範圍，所謂儒者託古改制，亦不能得古史之眞相。

然古史並非不可講，從散見各古書的傳説中去找尋，仍可得一個古代中國民族活動情形之大概。此種活動情形，主要的是文化狀態與地理區域。

凡古書傳說中某王某國起某地、都某城，與某國某君戰於某地，某氏族來自某方等，實為研尋古史地理之較有線索者；然亦有須經審細考訂處。如史記言黃帝：「東至海，西至空桐，南至江，登熊湘，北逐葷粥，合符釜山，而邑於涿鹿之阿。」後人遂疑其行踪之超逴，近於神話。不知崆峒本在河南境，莊子所言襄城、具茨、大隗、廣成，地望皆近。熊湘即熊耳山。與崆峒同在一省。釜山者，覆釜山，一名荆山，見唐書地理志。與華潼為近，所謂黃帝「采首山銅，鑄鼎荆山」是也。黃帝又與神農「戰於阪泉之野」，阪泉在山西解縣鹽池上源，相近有蚩尤城、蚩尤村及濁澤，一名涿澤，即涿鹿矣。然則黃帝故事，最先傳說只在河南、山西兩省，黃河西部一隈之圈子裏，與舜、禹故事相差不遠。司馬遷自以秦漢大一統以後之目光視之，遂若黃帝足迹遍天下耳。此就黃帝傳說在地理方面加以一新解釋，而其神話之成分遂減少，較可信之意義遂增添。將來若能與各地域發掘之古器物相互間得一聯絡，從此推尋我民族古代文化活動之大概，實為探索古史一較有把握之方向。

二　中原華夏文化之發祥

現在講比較可靠的古史，姑從虞、夏起。尚書始於堯、舜，論語道古亦僅及堯、舜，史記乃上溯黃帝。此從孔子與六經，實不失為謹嚴之態度。

唐、虞時代的情形，決不能如尚書堯典所記之美盛。

堯典虞廷九官，（上有百揆，即宰相。）禹為司空，（主治水而司內政。）棄后稷，（司農政。）契司徒，（司教化。）皋陶為士，（主司法與軍事。）垂共工，（司工務。）益掌虞，（司山澤。）伯夷為秩宗，（司郊廟祭祀。）夔典樂，（司詩歌音樂助祭。）龍納言，（司出納詔命，如周之內史、漢之尚書。）較之秦、漢九卿，意義深長遠矣。此正見為儒者之託古改制。否則唐、虞時中國政制已如此完美，何以二千年後至秦、漢之際，轉倒退乃爾。

大抵堯、舜、禹之禪讓，只是古代一種君位推選制，經後人之傳述而理想化。

唐、虞當為今山西南部之兩部落。

陶唐氏殆為今山西南部（堯都平陽。）一精於燒窯的氏族。（「陶」、「唐」、「堯」，皆指燒窯事業言。）有虞氏則為一山澤漁獵的氏族，（「虞人」掌山澤獵事。）而與陶唐氏居地略相近。（舜都蒲阪，相近有虞鄉縣。）

而夏人則起於今河南省中部，正是所謂中原華夏之地。

鯀與禹又別為一族，其居地殆起於河南嵩山山脈中。曰「有崇伯鯀」，崇即嵩也。山海經「南望禪渚，禹父之所化」，禪渚在河南陸渾。禹都陽城，世本。陽城在嵩山下。又有言禹都陽翟者。陽城，河南登封；陽翟，今禹縣，出入數百里間。游牧之民習於移徙，古人都邑，同時有兩三處，不足異。華夏連稱者，嵩山山脈亦得華名。國語「前華後河，右洛左濟」，華在洛東，即今嵩山。又史記魏有華陽，司馬彪曰：「華陽，亭名，在密縣。」周禮職方豫州「其山鎮華」。皆其證。即舜之故事，其先亦起於與夏氏族相近之地。世本「舜居嬀汭」，在漢中西城縣。舜二女為湘神，湘即襄水，乃今漢水也。四岳、三塗齊稱，亦皆在嵩山山脈。夏氏族自此北向移動，河南、陝西、山西三省相交環黃河西部之一隈，謂「西部」者，對此下稱「東部」而言。有幾許天然之渡口，殆為古代虞、夏氏族活動之區。史記虞、夏皆顓頊後，明其血統相近。少康奔虞，虞思妻之以二姚。虞、夏或如姬、姜。

當時尚未有國家之組織，各部落間互推一酋長為諸部落之共主。即尚書所謂「岳牧咸薦」也。

此如烏桓、鮮卑、契丹、蒙古，其君主皆由推選漸變而為世襲，唐、虞時代之禪讓，正可用此看法。

禹之後有啟，蓋至是而始進於君位世襲之時代，則已儼然有國家之規模矣。此猶契丹之有耶律阿保機。蒙古自成吉思汗後，大汗之位，雖非成吉思汗之子孫莫屬，然而忽必烈仍由合辭推戴，至仁宗始自建儲。啟以後因君位世襲之制既定，遂有夏朝之建立。

三　夏代帝系及年歷

史記夏本紀載夏帝王名及系次，而無年數。大戴禮記少閒篇：「禹崩十七世，有末孫桀。」國語周語：「孔甲亂夏，四世而隕。」皆與史記合。

夏代帝系表

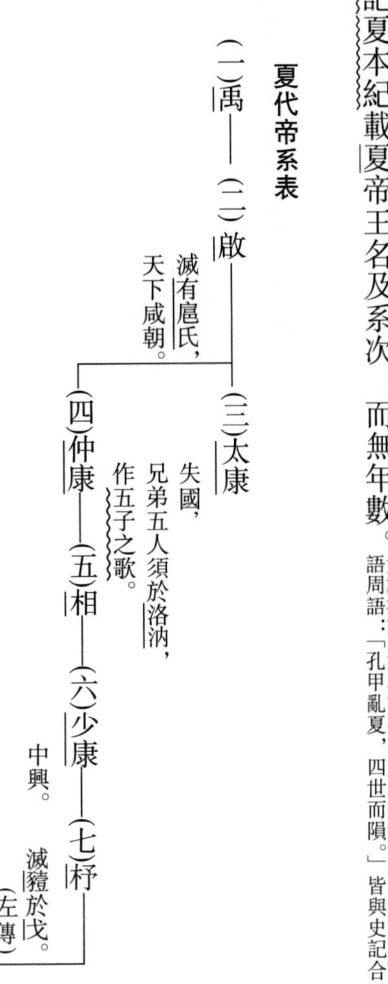

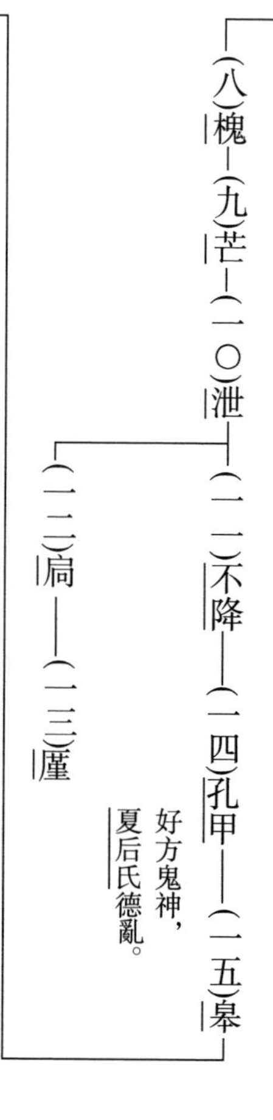

大體夏代年歷在四百、五百年之間。

史記僅謂：自禹至桀，十七君，十四世。（此見司馬氏成書之謹嚴。若非有據，此十七君、十四世之名字系次，何從憑空撰出？憑空撰之，又有何意義耶？）劉歆三統曆（見漢書律曆志引。）則謂夏四百三十二年。竹書紀年（史記集解引。）謂夏四百七十二年。今按：史記商本紀所載商代帝王已有殷墟所得甲文為證，知其不虛。商本紀諸帝王可信，夏本紀諸帝王即不必不可信。（自湯以前商代先王先公，正與自禹以下年世相當。史記所載商先王先公已有甲文為證，史記載夏事，自可不必證而信。）以三十年一世計之，則十四世、十七君，四百七十餘年，亦約略近似。孟子云：「由堯舜至於湯，五百有餘歲」是也。

四　虞夏大事

虞、夏大事最要者，厥為舜、禹與苗族之鬪爭。

舜、禹征三苗，屢見尚書、（堯典、皋陶謨、禹貢、呂刑皆言之。）戰國策、（秦策一見，魏策二見。）墨子、（二見。）荀子、（二見。）韓非子、賈子新書、淮南子、（三見。）鹽鐵論、說苑諸書，必為古代一大事。舊說三苗為九黎蚩尤氏之後。（尚書呂刑及楚語。）又謂三苗、九黎皆顓頊之後。（山海經大荒北經。）若然，則三苗與虞、夏為同族相爭矣。史記謂：昌意取蜀山氏女而生顓頊。蜀山殆即涿鹿之山，涿鹿又即蚩尤故國。然則虞、夏與三苗之爭，正猶黃帝與蚩尤之爭，皆近在今河南西境北及山西兩省黃河中游之兩岸也。魏策吳起之言曰：「昔三苗之居，左彭蠡之波，右洞庭之水，汶山在其南，衡山在其北。」後世誤謂在湖湘之間。惟洞庭、彭蠡地位既左右互易，又古衡山不指湖南，且不當在三苗北。古河域亦有名彭蠡者。（見呂氏春秋愛類、淮南人間訓。）江北漢水流域亦有名洞庭者。（楚辭所詠洞庭是也。）春秋河東有茅戎，又有陸渾蠻氏，亦稱戎蠻子。杜註云：「在河南新城縣。」苗與茅、蠻同聲。古三苗疆域大率南北以此為度，正與虞、夏壤地雜處。舜、禹驅逼苗民，漸遷而西，所謂「竄三苗於三危，以變西戎」也。若三苗在湖湘間，不應驅至今甘肅境。舊說又謂：三苗，姜姓之別。尚書呂刑言及苗民制刑，呂國河南南陽，正古代四岳姜姓居地，本古昔苗土，故引以為誡耳。范氏後漢書西羌傳：「西羌之本出自三苗，姜姓之別，其國近南岳。」漢人多指南陽衡山為南岳也。

又有禹、啟與有扈之戰事。

啟伐有扈，見尚書甘誓、呂覽先己諸篇。鄭玄以為在魏。大戰於甘，即左氏王子帶邑也。見僖二十四年。地在今洛陽東南。尚書甘誓，墨子引作禹誓，莊子人間世亦云：「禹攻有扈。」呂氏召類云：「禹攻曹魏、屈驁、有扈以行其教。」是禹時勢力東侵已及於扈。漢書地理志：右扶風鄠縣，古有扈國。特以同音說之，恐不如鄭玄以為在東者為信。高誘注：「有扈乃夏啟庶兄，以堯、舜舉賢，禹獨與子，故伐啟。」則與墨子、莊子均不合，恐出後人臆說。是舜、禹、啟以來，虞、夏氏族驅逐苗民以固西陲，又攻略有扈以擴東土也。

大抵夏人先起今河南嵩山山脈中，在伊、洛上流，其勢力逐次沿伊、洛向東北下游而移殖。一方自河南省西部北渡黃河而達今山西省之南部，東及太行山南端盡頭之迤西。

故其地皆稱大夏。史記言：「禹鑿龍門，通大夏」。又云：「齊桓公伐大夏。」左傳祝佗曰：「唐叔封於夏墟。」昔人又謂禹都安邑，皆指山西南部中條山以南沿河一帶言之。

又一方則沿河南岸東下，漸次達於今山東、河北境，遂與東方黃河下游諸民族勢力相接觸。

此可以后羿、寒浞與少康中興之事說之。此事見左傳襄公四年、哀公元年。后羿本國在鉏，史記正義引括地志：「故鉏城在滑州衛城縣東十里。」即今滑縣東十五里之鉏城。入為夏朝之卿士而遷有窮。史記正義引晉地記：「河南有窮谷，本有窮氏所遷。」左傳定公七年：「單武公、劉桓公敗尹氏於窮谷」，文選洛神賦注引華延洛陽記：「城南五十里有通谷」，即其地。後人因「窮」名不美而易之。因太康之畋於洛表，水內為汭，外為表。洛表，洛之南。拒太康而入居斟尋。史記夏本紀正義引臣瓚漢書音義：「斟尋在河南。」竹書紀年：「太康居斟尋，羿亦居之，桀又居之。」左傳（昭二十三年）：「郊、尋潰」，杜注：「鞏縣西南有地名鄩中。」張儀列傳正義引括地志：「鞏縣西南五十八里故鄩城。」代夏為王，又為其臣寒浞所滅。寒國名，本在東方。杜預云：「北海平壽縣東有寒亭。」今山東濰縣東北五十里。浞既代羿，又滅夏之斟灌。「斟灌」殆即「武觀」，夏后相（太康子）為羿所逼，出依斟灌，見吳世家集解，及左哀元年疏引賈逵說。觀臨河津，故亦曰「觀津」。為斟姓之墟，故曰「斟觀」。在今山東曹縣西故觀城。即春秋衛地。其時夏都蓋自斟尋東北退至斟灌。使其二子澆處過，殪處戈。「斟灌」或作「斟戈」，則「戈」即「灌」也。則「過」或即是「鄩」。蓋寒浞滅此二邑而分使二子處之。而夏后相之子少康出奔有虞，在河南。左傳杜注：「梁國有虞縣。」夏臣伯靡自有鬲氏水經注：「大河故瀆西流經平原鬲縣故城西。」地理志曰：「鬲津，故有窮后羿國。」殺寒浞，而少康自綸，漢書續志：「梁國虞有綸城，少康邑。」在今歸德。復國。少康滅澆於過，至其子杼又滅殪於戈，寒氏遂亡。此一事見夏代國家規模已頗擴大。有共主、屬邑、分國、敵國等等關係，不得僅以游牧部落看待。而其間自太康失國迄於少康復國，綿歷數十年，戰爭蔓延及於大河南北兩岸，誠古代一大事也。此事史記夏本紀失載，而旁見於吳世家。又楚辭離騷、天問亦言之。又有夏人與東夷之交涉。見後漢書東夷傳引竹書紀年。夏之放武觀，見竹書紀年及逸周書。滅寒浞，逐東夷，皆見其勢力之逐步東伸。

商民族亦在東方，初似服屬於夏人勢力之下，繼則起而革命，遂代夏為當時之王朝而稱商代。古史已難詳論，然夏、商兩代就文化大體言之，似是一系相承，並無甚大顯著之不同，則夏、商殆我漢民族之兩支，而非兩民族也。惟嚴格言，中國民族之摶成，當在春秋乃至先秦。若言夏國、商國，則此時政治組織尚未臻十分凝定。若言夏氏族、商氏族，或夏部族、商部族，則似含義又過狹小。姑以民族稱之，以指當時之兩種結集，如云「夏人」、「殷人」，可勿以嚴正的異民族視之。（下言周民族亦然。）若以虞夏時代為中國上古史之第一期，以其始建君位世襲之王朝。則殷商可謂中國上古史之第二期。以其在近代已有直接史料發見，較虞、夏之純為傳說追記者更進一層。

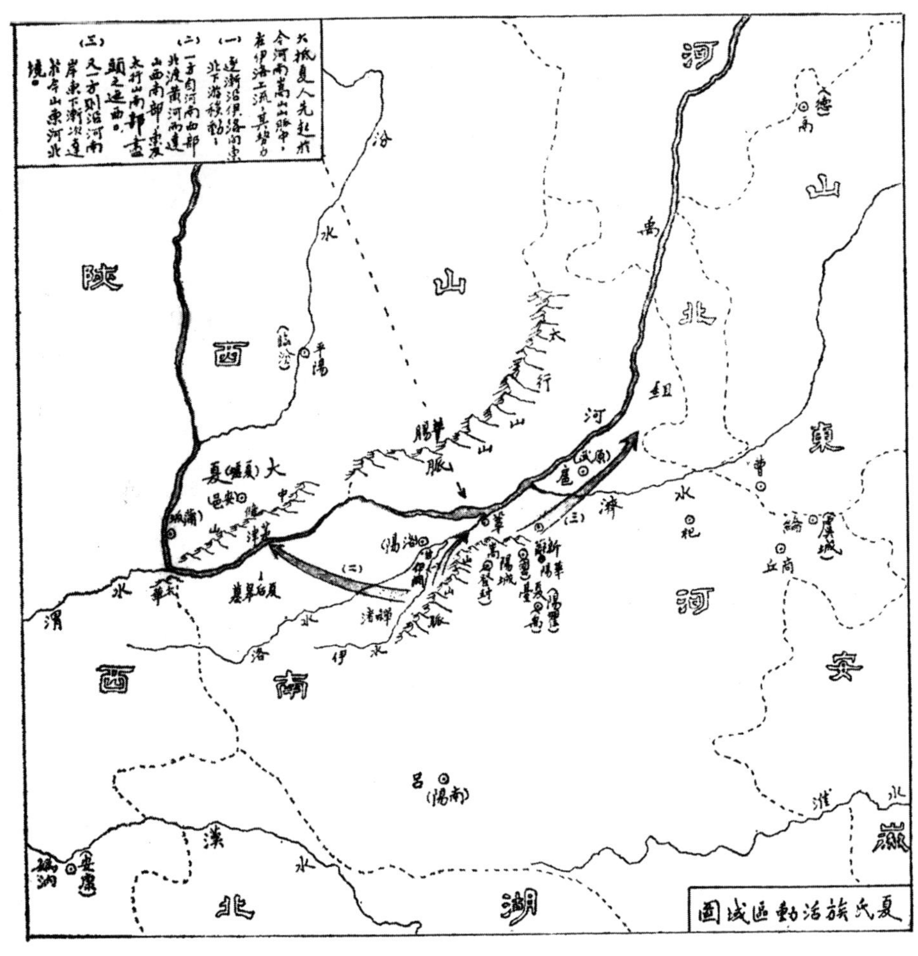
大抵夏人先起於今河南嵩山脈中，在伊洛上流，其勢力
(一)逐漸沿伊洛向東北下游移動；
(二)一方自河南西部北渡黃河而達山西南部，東及太行山南部盡頭之迤西。
(三)又一方則沿河南岸東下漸次達於今山東河北境。
陝西
山西
河南
河北
山東
安徽
湖北
河
汾水
渭水
洛水
伊水
濟水
漢水
淮水
太行山
平陽
夏后皋墓
杞
曹
商丘

夏氏族活動區域圖

第二章　黄河下游之新王朝殷商時代

夏王朝建築在黄河上游，為高地居民所建之王朝，而商王朝則建築在黄河之下流，為低地居民所建之王朝。

商王朝繼夏王朝而起，最近有關於該時代直接史料之發見，對於中國古代史之可信價值，有甚大之貢獻。

關於殷商一代新發現的直接史料，其主要者為殷墟甲骨文字。其發見在清光緒戊戌、己亥間，出於河南安陽西北五里之小屯。地在洹水南，洹水三面環之，正合史記項羽本紀所謂「洹水南殷墟上」也。此等甲骨，大體乃殷代帝王盤庚以後。用以命卜之辭，刻於龜甲及牛骨之上者。

一　殷代帝系及年歷

史記載殷帝王有名字世次，無年數，略如夏代。

史記殷本紀：自契至湯，十四世，國語周語：「玄王勤商，十四世而興。」荀子成相：「契玄王，生昭明，居於砥石，遷於商。十有四世，乃有天乙，是成湯。」皆與史記合。湯至紂三十一帝，除太丁為三十帝。十七世。三代世表、古今人表均作十六世。

商代（湯以下）帝系表 大戴記少閒篇：「成湯卒崩，二十二世，武丁即位；卒崩，九世，末孫紂即位。」國語周語：「帝甲亂之，七世而亡。」與史記皆合。晉語謂：「商之享國，三十一世。」或數太丁，或數武庚，不可知。孟子云：「由湯至於武丁，賢聖之君六、七作。」亦與史記合。

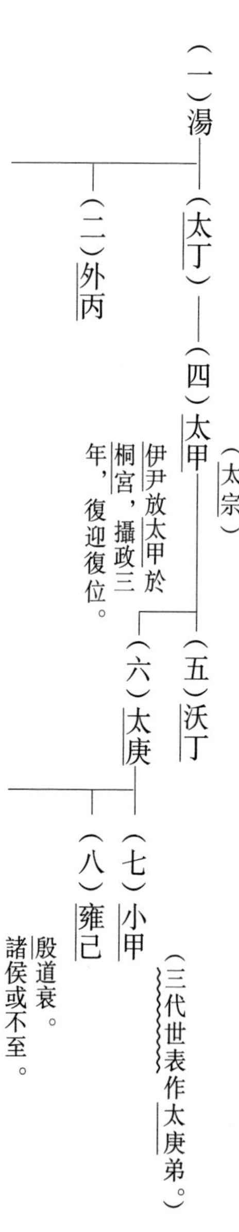

(三)中壬

(九)太戊(中宗)
伊陟為相，巫咸治王家。
殷復興，諸侯歸之。

(一〇)中丁(古今人表作太戊弟。)
遷隞。

(一一)外壬

(一二)河亶甲
居相。
殷復衰。

(一三)祖乙(古今人表作河亶甲弟。據甲文當為中丁子。)
遷邢。
巫賢任職。
殷復興。

(一四)祖辛——(一六)祖丁

(一五)沃甲——(一七)南庚

(一八)陽甲
殷衰，
中丁以來九世衰，
諸侯莫朝。

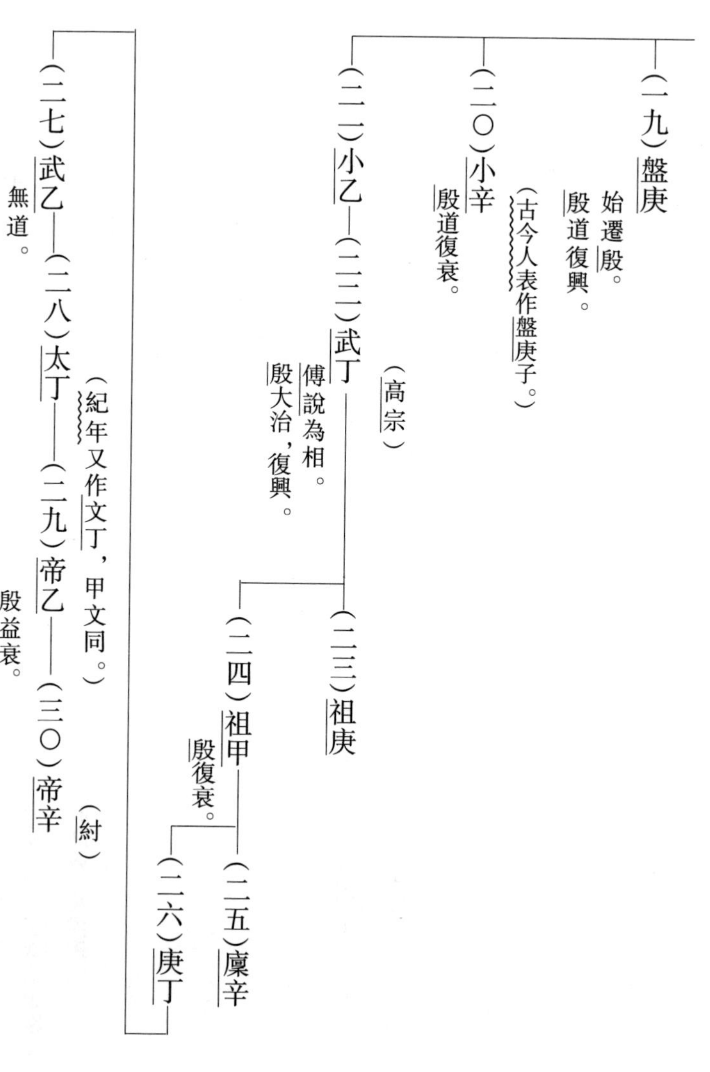
(一九)盤庚
始遷殷。
殷道復興。
（古今人表作盤庚子。）
(二〇)小辛
殷道復衰。
(二一)小乙
(二二)武丁
（高宗）
傅說為相。
殷大治，復興。
(二三)祖庚
(二四)祖甲
殷復衰。
(二五)廩辛
(二六)庚丁
(二七)武乙
無道。
獵於河、渭之間，暴雷震死。
(二八)太丁
（紀年又作文丁，甲文同。）
(二九)帝乙
殷益衰。
(三〇)帝辛
（紂）

大體論之，殷商一代年歷，應在五百年左右。

劉歆三統曆殷代六百二十九年，竹書紀年（史記殷本紀集解所引。）則謂湯滅夏至紂二十九王，四百九十六年。今以三十年一世推之，商十七世，踰五百年，亦非大遠情實。（左宣三年，王孫滿言：「商祀六百。」孟子謂：「由湯至於文王，五百有餘歲。」是也。）

最要者，史記所記載，乃為最近新發見之殷墟甲骨文字所證實。

首為此項工作者，為王國維氏之殷卜辭中所見先公先王考及續考。（見觀堂集林卷九。）其最要之發見如次：

一、推證殷人出自帝嚳之說。據此則史記殷本紀、世本、山海經、左傳、魯語、皇甫謐帝王世紀種種傳說可以參證連貫，均因卜辭之發見而重新估定此等書籍在古代史料上之價值。（可見中國古代書籍記載，不僅如史記等見稱為謹嚴之史書者有其可信之價值，即素目為荒誕不經之書如山海經等，其中亦有可信之史料。而近人乃轉謂除直接發見之物證外，上古流傳文字記載，皆不可信，豈不顛倒之甚！）又據此知五帝之系統雖出戰國後人之編造，而五帝之個別傳說，則各有淵源，決非亦出後人所捏造。如殷商之出帝嚳，即其一例。（虞、夏出顓頊，殷商出帝嚳，本屬東、西兩系統，此後中國漸趨統一，乃謂雙方皆出黃帝。古史之新系統，隨時代精神之新需要而轉變。今殷商出帝嚳之說，既有甲骨卜辭為之證實，則夏本紀謂夏人出自顓頊，司馬遷亦應自有其根據，不得因吾儕未發見此等直接材料，而遂疑其不可信。）

二、發見卜辭有王亥，即史記中之振。（「振」乃「亥」字之譌。）據此則山海經、竹書紀年、呂氏春秋、楚辭、天問、世本、管子、漢書古今人表種種傳說記載，盡可參證連貫。

三、又自王亥而發見王恆。此為史記、世本、竹書紀年所不詳。以卜辭證天問，可以補古史之缺。

且所證者均在成湯之前，因此史記所載夏代古史，亦同樣提高其可信之地位。

史記自契至湯十四世，而夏代自禹至桀，亦十四世。桀與湯同時，則禹與契亦略同時。史記所載殷代湯以前事，既有甲骨文為之證明，則史記載夏代桀以前事，雖此時尚無同樣直接之史料為之作證，而史記之非嚮壁虛造，則可不證自明矣。尚書堯典說禹與契同在虞廷，史記五帝本紀說夏、殷同出黃帝，此等說法可出後人偽造。然史記載夏、殷歷世帝王名字、世次，乾燥無味，未必亦出後人之偽造。史記可以有漏脫，有譌誤（例如前舉），而大體則可信。此即前節所辨，「傳說」有來歷，與憑空假造不同也。

至成湯以下之世系大略，史記與卜辭亦可相證。

繼王氏研治殷墟甲文以證論古史者有郭沫若氏。郭氏疑王氏之考證不可信，其說有三：見郭氏中國古代社會研究。一謂自盤庚遷殷至紂，殷本紀凡八世十二君，而竹書言有七百七十三年，推算不合。二謂卜辭中有多數人名疑如帝王，如祖丙、祖戊、小丁、小癸等，均為殷本紀所無。三謂盤庚以下世系年數既可疑，以前更不敢遽信。此三點中，最要在第一點。史記殷本紀集解引竹書紀年云：「湯滅夏至受四百九十六年。」惟又一條則云：「自盤庚至紂七百七十三年。」此兩條自相矛盾，知其中必有誤字。朱右曾竹書紀年存眞，徑自改盤庚至受為「二百七十三年」，並無根據，而殊近情理。郭氏據此一條有誤字的。而推翻王氏之證論，實嫌論據不充分。第二點則根據第一點而來，王氏於此已有解說。謂殷人王位兄終弟及，故諸兄弟雖早世未踐君位，而祭時亦與君同祀，其推想殊近情理。第三點又根據第一、第二點而來，前兩項既有解答，第三疑自難成立。據此史記載殷代帝王世系實大致可信，即無從推翻夏代的，謂是全不可信也。除非有相反的確證發見。

二　殷人居地之推測

殷人居地，大率似在東方。自湯以前，大體皆在今河南省大河南岸商邱所謂「宋」。之附近。

帝嚳居亳史記五帝本紀集解引皇覽：「帝嚳冢在東郡濮陽頓邱城南亳陰野中。」與湯居之亳，漢書地理志臣瓚注：「山陽郡薄縣，湯所都。」均即宋地。契居蕃，見世本。即漢書地理志之魯國蕃縣。史記殷本紀謂「契封於商」，則宋國商邱。邱，虛也。商邱，即商墟也。相土居商丘，顓頊之虛，又謂帝丘，即春秋之衛。左傳定公四年。祝鮀曰：「取於相土之東都，以會王之東蒐」是也。舊說湯以前八遷，大率皆東方地。史記六國表謂「湯起亳，在西方」，後頗有主之者。緯書（商頌正義引雒予命，又藝文類聚引尚書中候。）有「天乙（即湯）在亳，東觀於洛」之說。然緯書後起不可信。鄭玄云：「契封商，在太華之陽。」（即戰國之商於地，今陝西商縣。）然古本竹書紀年謂：「秦封衛鞅於鄔，改名曰商。」（水經濁漳水引。）則陝西商地，其名後起。孟子：「伊尹耕於有莘之野。」東方宋地亦有莘。然則謂殷起西方，惟史記一說，孤證難立。

至河亶甲居相，祖乙遷耿，乃至大河之北岸。

亶甲城在安陽縣西北五里洹水南岸，帝王世紀。又呂覽音初篇：「殷整甲徙宅西河。」此西河在衛地，整甲即亶甲也。自是殷人始北遷。耿史記殷本紀作「邢」，即左宣六年及魏策之「邢丘」。杜注：「河內平皋縣。」亦在河北，今河南省溫縣東二十里。史言紂「廣沙丘苑臺」，沙丘、邢丘，是自河亶甲、祖乙、盤庚至紂，其實皆在數百里間之地也。

至盤庚徙殷，即漢書項羽傳所謂「洹水南殷墟」，今甲骨出土地也。此據竹書紀年。史記則謂：盤庚重遷河南，居亳，至武乙始遷殷。至紂更不遷都。

自湯至盤庚，十世十八帝。自盤庚至帝辛，七世十二帝，此一期大率當過二百年。故至商紂時，商邑日大，南距朝歌，北據邯鄲及沙丘，皆為離宮別館。此據竹書紀年。聚眾百萬，左飲淇水竭，右飲洹水不流，此據戰國策。其盛況可想。

古代黃河自河南東部即折而北向，經今之漳河流域而至今河北之滄州境入海。商民族則正居此河南、山東、河北三省相交黃河下游一隈之四圈，恰與夏民族之居於河南、陝西、山西三省相交黃河上游一隈之四圍者東西遙遙相對。春秋伯陽父曰：「昔伊、洛竭而夏亡，河竭而商亡。」見夏、商根據地之東西相對峙。大抵下游低地，氣候土壤均較佳，生活文化較優，而居民較文弱，亦易陷於奢侈淫佚。上流高地，氣候土壤均較惡，生活文化較低，而居民較強武，勝於軍事與政治方面之團結。夏人勢力逐次東移，漸漸往下，征服下游居民，而漸漸習染其驕侈淫佚之習氣，如太康之游畋忘歸，以及夏桀之荒淫皆是。於是下游民族，乘機顛覆此統治者而別自建立新王朝。如后羿、寒浞與商湯皆是。夏、商既同為漢民族之兩支，則夏、商以前中國民族最先居地應何在，此亦難詳論。殷人自商湯滅夏，漸漸形成規模較更像樣之國家，至周人則又起於西方，仍循夏人形勢，東侵征服殷人，而漸次移殖於大河下流一帶之平原。如此則黃河上下游相互綰結而造成中國古代更完備、更像樣之王國，是為周代。

漢人傳說「夏尚忠，商尚鬼，周尚文」，此論三代文化特點，雖屬想像之說，然以古人言古史，畢竟有幾分依據。大抵尚忠、尚文，全是就政治、社會實際事務方面言之，所謂「忠信為質而文之以禮樂」，周人之「文」，只就夏人之「忠」加上一些禮樂文飾，為歷史文化演進應有之步驟。其實西方兩民族皆是一種尚力行的民族，其風格精神頗相近似。商人尚「鬼」，則近於宗教玄想，與夏、周兩族之崇重實際者迥異。故虞書言禹為司空治水，棄后稷司稼穡，而契為司徒主教化。禹、稷皆象徵一種刻苦篤實力行的人物，而商人之祖先獨務於教育者，仍見其為東方平原一個文化優美耽於理想的民族之事業也。厥後至春秋、戰國時，宋人猶每有不顧事實騁於理想者。惟孔子以宋人而祖世居魯，一面抱有偉大高遠之理想，而一面又深受周文化之陶冶，極慕周公以來之政制，切於實際，可見之於行事，遂成中國古代集文化思想大成之聖人焉。又按：中國古代文化孕育於北溫帶黃河兩岸之大平原，以農業為主要之生活，因此其文化特別具有「著實」與「團結」與「和平」之三要素，不如印度之耽於玄想，亦不如波斯、希臘、羅馬之趨於「流動」與「鬬爭」與「分裂」。吾人若一遊西安、洛陽、安陽、商邱以及濟南、曲阜諸平野，溯大河，歷廣土，茫茫乎，蒼蒼乎，徘徊俯仰之間，必能想像我民族先民偉大創基之精神於依稀彷彿中也。

三　殷人文化之推測

根據殷墟甲骨文字，知商代耕稼、種植、牧畜、建造，關於人類生事各方面之文化程度，已頗像樣。

關於耕稼方面，甲文中有田、疇、禾、穡、黍、粟、來、麥等字，又有酒、鬯等字，祭鬯至百卣，見其時釀酒之盛。種樹方面，有圃、果、樹、桑、栗、絲、帛等字，知其時已有養蠶業。牧畜方面，有馬、牛、羊、犬、豕、豚、鷄、彘等，家畜、家禽之名稱極夥，知其時畜事亦甚盛。建造方面，有宮、室、宅、家、舟、車等字，知其時家屋建築與交通工具皆已相當進展。卜辭中行獵次數特多，此因卜、獵本屬相關，同為屬於祭祀下之一種典禮。古代貴族以行獵為典禮，亦即以為娛樂，此直到春秋乃至西漢仍然。不能據此謂其時「正從漁獵初進為農耕」。卜文小不及黍米，甲骨至堅，契刀必極鋒利，則其時鍊金術必已經相當之演進，不能說商代「正在從石器進至金器」。至其時尚有用石器者，則自屬事實。鹽鐵論載漢武帝以後有「木耕手耨」之事，豈可據此以推論漢中葉之社會文化？至謂商代方在一「母系中心的氏族社會」，此據商代帝王「兄終弟及」之制度推論。然此最多可謂此種制度淵源於此種社會，不能便謂仍是此種社會也。且商代三十一帝十七世，直接傳子者亦十二、三，幾佔半數。春秋時吳通上國，其王位繼承亦仍是兄終弟及，豈得謂其亦為母系中心時代？又如以卜辭有「諸父」、「諸母」之稱，而認其時為羣婚制，則此種稱呼至春秋猶然，豈得謂春秋亦羣婚時代乎？又謂其乃一「原始共產制的氏族社會」云云，更屬無據臆測。此皆郭氏中國古代社會研究一書中語。只就商代所表現於政治規模之進步論之，即知此種說法之無稽也。

根據商代傳世鐘鼎彝器之多與精，更見其時文化程度之高。

據殷文存一書所收殷器銘文在七百種以上，惟一因有周器濫入，二因有器、蓋不分，恐無此數。要之已甚為可觀。

若以殷代文化與周初相較，則頗見其有一脈相承之迹。

周代銅器款識，與殷墟文字同出一原，一也。殷墟有骨笄、骨梳，知商人已有束髮之俗，二也。甲骨文及銅器中畫人坐作卩形，則席地乃殷、周同俗，三也。尊、罍、觚、爵、鼎、鬲諸器，殷、周皆同其形制，四也。兵器戈、矛、弓、矢、刀等，甲文與銅器無殊。殷墟所得弓、矛亦與周器大同，五也。周代冊字，甲文作冊冊等，同有編簡之制，六也。殷、周同用貝為貨幣，「貝」字常見於甲文及銅器中，七也。

蓋古代此黃河東、西兩隈之交通，早已殷繁，故於商人中亦時見舜、禹故事之流傳。夏、殷兩代文化已見交融，更何論於後起之殷、周。

四　殷周關係

周人滅殷前，兩國在政治上早已發生關係，並非為不相聞問之兩個民族。謂殷、周之先本無關係者，乃崔述豐鎬考信錄說。

據傳說，周王季曾命為殷牧師，後漢西羌傳注引竹書紀年。其後文丁殺季歷。呂覽首時、晉書束晳傳、劉知幾史通疑古、雜說兩篇。西伯與九侯、文王世子：「西方有九國焉。」詩：「我征徂西，至於艽野。」「九」、「鬼」同聲。禮記明堂位作「鬼侯」。鬼方正在西方也。鄂侯史記晉世家集解引世本：「叔虞居鄂。」即大夏。左隱六年：「翼嘉父逆晉侯於隨，納諸鄂。」此在晉南。三公皆在殷西。又為紂三公，而西伯見囚於羑里。左傳襄二十一年、趙策、韓非子、尚書大傳、史記、褚先生補史記龜策列傳等書。則殷、周關係已夙有之。或武乙之暴雷震死於河、

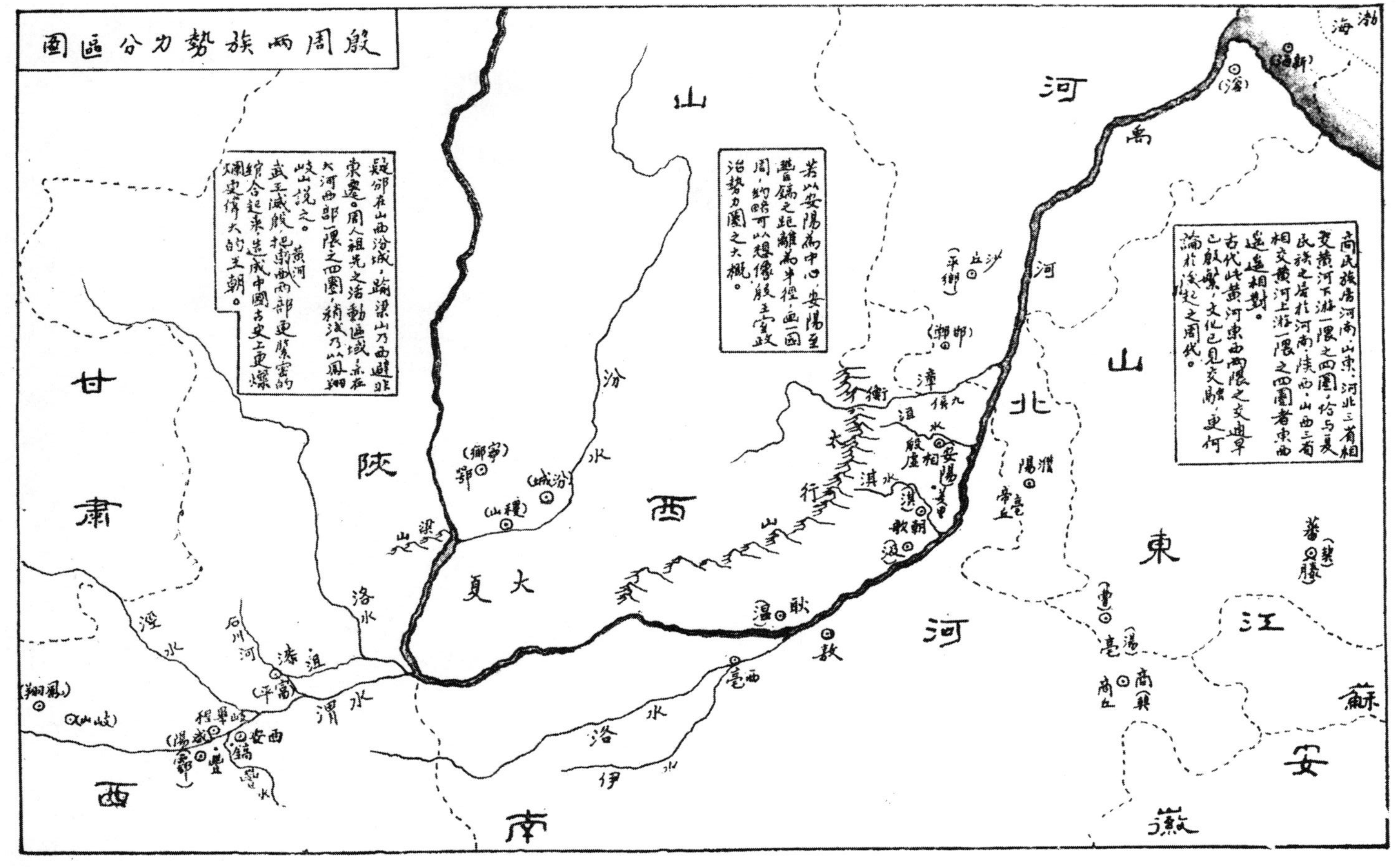
殷周兩族勢力分區圖
疑邠在山西汾城，踰梁山乃西避北東遷。周人祖先之活動區域，亦在大河西部一隈之四圍，稍後乃以鳳翔岐山說之。
武王滅殷，把黃河東西兩部更緊密的綜合起來，造成中國古史上更燦爛更偉大的王朝。
若以安陽為中心，安陽至豐鎬之距離為半徑，畫一圓周，約略可以想像殷王室政治勢力圈之大概。
商民族居河南、山東、河北三省相交黃河下游一隈之四圍，恰與夏民族之居於河南、陝西、山西三省相交黃河上游一隈之四圍者東西遙遙相對。
古代此黃河東西兩隈之交通早已頻繁，文化已見交融，更何論於後起之周代。
甘肅
陝西
山西
河北
山東
河南
江蘇
安徽
渤海
大夏
汾水
洛水
涇水
渭水
漆沮
石川河
伊水
淇水
洹水
漳
衛
太行山
梁山
安陽
殷虛
朝歌
耿
溫
敖
西亳
商丘
濮陽
豐
鎬
西安
岐山
邰
亳
商

渭之間，殆如周昭王之南征而不復也。據此則殷之忌周已甚，而周之蓄志翦商亦已久矣。文王死未葬，武王奉文王木主以伐紂，蓋以乘紂之不備。及周人得志，並其先世事皆諱之，若伐紂盡出弔民伐罪之公，並無一毫私意存於其間。此猶滿清初以告天七大恨興師叛明，及入關後亦諱不復道也。

而且殷、周之關係，已顯如後代中央共主與四方侯國之關係。

此證之周人之自述。詩大雅：「摯仲氏任，自彼殷商，來嫁於周，曰嬪于京。乃及王季，維德之行。」此見王季時與殷畿諸侯通婚姻也。尚書召誥召公語。稱「大國殷」，多士周公語。稱「天邑商」，大誥成王語。稱「小邦周」，顧命康王語。稱「大邦殷」。此皆周人已滅商後之文告。可見以前殷、周國際上地位名分確有尊卑，決非敵體之國，為並世所共認，故周人亦不能自諱也。

更據周人所稱述，知當時之殷、周，乃略如以前之夏、商，夏、商、周三代之觀念，起源甚早。

召誥云：「皇天上帝，改厥元子，茲大國殷之命，惟王受命。相古先民有夏，今時既墜厥命。今相有殷，今時既墜厥命。今王嗣受厥命，我亦惟茲二國命。」

在夏時已有所謂中央共主與四方侯國之國際關係，此種政治上名分之成立與維持，為考論中國古史文化演進一極端重要之問題，不可忽視。及至殷末周初，此等共主與侯國之政治演進至少已有七、八百年以上之歷史。而且殷在安陽，周在豐鎬，相去千里外，若以安陽為中心，安陽至豐、鎬之距離為半徑，畫一圓周，約略可以想像殷王室政治勢力圈之大概。今殷墟發掘所得海濱居民之器物甚多，知殷人與東方海岸之關係，必甚密切。商亡，有箕子避至朝鮮之傳說，或殷王室勢力本自及於朝鮮半島也。政治上能有此名分上之維繫與分別，只據此點，即可推想當時一般文化之程度。實則此層與上論史記列載夏、殷帝王名字世次一節，只是一事之兩面。自禹、啟以來，中國古史上已有中央共主傳世相承千年之久，雖王朝有夏、商之別，政治演進，則仍是一脈相沿。治古史者每忽略此點，好將中國古代文化壓低，好將古代年歷縮短，遂至周代有突飛猛進，不知其所從來之感。

第三章　封建帝國之創興　西周興亡

周人起於西方。

此所謂西方，亦比較而言。文王處岐，即在畢程岐周，當咸陽之東北數里而遥。則所謂太王去邠，踰梁山邑於岐山之下者，即文王之岐。後世又謂岐豐之地。所謂周平王賜秦襄公以岐西之地者，此岐自決不在鳳翔。竊疑邠在山西汾城，踰梁山乃西避，非東遷。周人祖先之活動區域，亦在大河西部一隈之四圈，稍後乃誤以鳳翔岐山説之。

較之夏、商似為後起。

史記言周文王以前世系，不如殷商之詳。惟周語太子晉謂：「自后稷始基，十五王而文始平之。」衛彪傒謂：「后稷勤周，十有五世而興。」皆與史記合。今自文王上推十五世，僅與商湯略同時，則史記謂周先后稷子不窋適當夏后氏政衰者近是，謂后稷在陶唐、虞、夏之際則非矣。似周乃文化後起之族，而強上推其先世至虞代以與夏、商並比耳。又據史記周本紀所引太誓及逸周書世俘解諸篇觀之，知其時殷王室已極奢靡淫佚，而周人則似文化初啟，尚不遠邊鄙獷野剛果之風。

武王滅殷，把黃河東、西兩部更緊密的綰合起來，造成中國古史上更燦爛、更偉大的王朝，是為西周。

一　西周帝系及年歷

西周史有詩、書可徵，史料較殷更備。然史記尚不詳其年歷，其帝王世次如下：

（一）武王——（二）成王——（三）康王——（四）昭王——（五）穆王

- （一）武王：滅殷。
- （二）成王：周公攝政，東征誅武庚。
- （三）康王：西周全盛期。
- （四）昭王：南征沒於漢。周中衰。
- （五）穆王：征犬戎。遠遊。周室復振。

（一二）幽王

死於犬戎之難，周室東遷。

西周十一世十二君，其年歷大約不出三百年。

史記十二諸侯年表自共和元年起，迄幽王末共七十一年，以上周年無考。然魯世家載魯諸君年自伯禽以下迄共和前一年，共一百五十七年，惟缺伯禽一代。若以劉歆三統曆伯禽四十六年補之，共二百七十四年。自周開國至伯禽封魯尚有十許年，故知西周不出三百年也。

二　周初之封建

西周三百年歷史，最重要者為封建政體之創興。周人封建，亦由當時形勢之實際需要逐步逼拶而成，同時亦是周民族對於政治組織富於一種偉大氣魄之表見。

王國維殷周制度論觀堂集林。謂：「殷人兄終弟及，周人父子相傳，封建制從父子相傳制來。」此說頗嫌看史事太鬆弛，不見力量，只把天下依著家庭的私關係隨宜分割，無當於周初建國之嚴重局勢。只是一種隔絕史實之空想而已。且殷人自庚丁後已五世傳子，殷本紀、三代世表、古今人表皆同。未知何故。亦可是五世單丁無兄弟，然亦可不傳弟而傳子。史文缺佚，已難詳論。惟史記殷本紀謂：「帝乙長子曰微子啟，啟母賤，不得嗣。少子辛母為正后，得嗣。」則其君位傳襲之法，已開周人先聲矣。至周初君位，頗有立賢之迹象，或以便於爭強而然。如太王捨太伯、虞仲而立王季，為第一次立賢。文王長子伯邑考，次子發，即武王。捨伯邑考而立武王，為第二次立賢。伯邑考果係先卒與否不可知。周人乃一種極長於實際政治上爭強之民族，大有捨長立賢之可能。

武王滅紂以後，並不能將殷人勢力徹底剷除，因此仍封紂子祿父即武庚。於殷，孟子謂：「殷自武丁以來，賢聖之君六、七作，尺土莫非其有，一民莫非其臣」，可見殷代政治勢力之韌固。盤庚至紂二百餘年，王朝系統相承，其政治成績必有可觀也。同時則設立三監，管叔、霍叔、蔡叔。以監督武庚之近旁。

武王行二，次管叔鮮，行三。次周公旦，行四。次蔡叔度，行五。又次霍叔處，行八。次康叔封。行九。武王封管、蔡而周公不預，以諸弟中周公最賢，武王引之助治國政，統籌大局，故不出封在外也。史記魯世家：「周公不就封，留佐武王。」

其他如魯、燕、齊諸國，始封皆在成周之南。

今河南有魯山縣。詩閟宮：「居常與許，復周公之宇。」許、鄭密邇，亦在河南。「燕」字本作「郾」，今河南有郾縣，與召陵密邇，當是召公初封之地。齊為周之外戚，國語：「齊、許、申、呂由大姜」，許、申、呂三國皆在今河南境，則齊之初封，亦應與三國近。或本即是呂，故太公稱呂望，丁公稱呂伋，顧命。後乃分封於齊。

此乃西周第一期之封建。

大概周人勢力，逐步東侵，分為兩線，由豐、鎬向東南經營漢水上流，漸及淮域，此文王已開其基。故曰文王「三分天下有其二」，擣虛批亢，未能直犯殷邦，乃先南下。由豐、鎬向東北，經營河、洛，及於殷商，則為武王之新猷。周初封建，即為此兩線展擴之初步成績也。

武王克殷二年，天下未寧而崩。封禪書。又禮記文王世子云：「文王九十七而終，武王九十三而終。」武王崩於文王崩後五年，豈文王十齡生武王耶？此決不可信。大抵武王年壽並不甚高。此乃周初一個最嚴重的局面。不得已乃有周公之攝政。

若傳子，則成王尚幼，不足支此危局。若傳弟，先應及管叔，周公知管叔亦不足膺此重任。若傳賢，自屬周公，周書度邑：「武王謂周公曰：『乃今我兄弟相及。』」則武王固有意傳周公。然周公居中主政，嫌於自取，不得已乃奉孺子王而攝政。書大誥：「王若曰」，鄭玄云：「周公居攝，命大事則權稱王。」

管叔不瞭解周公之苦心，武庚乘機煽惑，三監轉聯殷同畔。此見當時王位繼承法尚未明定，管叔本非決不可立，疑周公奉成王而攝政，乃以排管叔而終謀自取之也。

當時東方整個舊殷王期的勢力，一時俱起。

計有三監、殷、奄、即以後之魯。熊盈族、凡十七國。淮夷、在淮北。徐戎。在魯東薛。

周公親自東征，殺管叔。定亂，乃重定封國。

一、魯　周公子伯禽伐淮夷、徐戎，遂封於魯。今山東之曲阜，得殷民六族。伯禽既能專師主討伐，知成王亦不甚幼弱。周公慮其不能應付當時危局，故乃毅然攝政。管叔亦因此疑周公而遂叛。

二、齊　封太公子丁公於齊。自有魯、齊之新封，周人勢力始越殷而東達海濱。

三、衛　封康叔於衛，得殷民七族。自此殷朝自盤庚以來歷八世十二君垂三百年之河北根據地，始拱手而讓之周人之治下。

四、宋　封微子啟於宋。周人尚不能完全宰制殷遺，乃封其王族之賢者於自湯以來之故土，仍表示周人之無意於滅殷族也。

五、晉　封唐叔於夏墟，此為溝通周人自大河北岸直通殷墟即新衛。之要道。

六、蔡　封蔡仲於蔡，此為周人經營南國之極東點。自此北繞而與魯、齊相呼應，以及於衛、晉，而宋人自在大包圍中。

七、東都　周公又營洛邑為東都。置殷頑民焉。殷遺民大部瓜分，即魯、衛、宋、洛邑是也。天子常自臨駐，以鎮攝東方，而與新封諸邦相聯絡。

此可謂周人的第二次封建。魯、齊諸國皆伸展東移，其時燕亦移於河北，大約在齊、衛之間。鎬京與魯曲阜，譬如一橢圓之兩極端，洛邑與宋則是其兩中心。周人從東北、東南張其兩長臂，抱殷宋於肘掖間，這是西周的一個立國形勢，而封建大業即於此完成。夏、殷之際，雖已有共主、諸侯之名分，然尚不能有如此强有力的建國形勢，故曰封建制度起於周代，實乃中國古史上一重要之進展也。史記三代世表謂：「自殷以前諸侯不可得而譜，周以來乃頗可著。」亦因殷以前所謂諸侯，大體僅為部族，不能如周室封建各國之文化規模耳。

左僖二十四年載富辰之言曰：「昔周公弔二叔之不咸，故封建親戚以蕃屏周。管、今河南鄭縣。蔡、今河南上蔡。後遷新蔡。又遷州來，今安徽壽縣。郕、山東汶上縣。霍、山西霍縣。魯、山東曲阜。衛、河南淇縣。後遷楚邱，今河南滑縣。又遷帝丘，今河南濮陽。毛、河南宜陽。聃、湖北荊門。郜、山東城武。雍、河南修武。曹、山東定陶。滕、山東滕縣。畢、陝西咸陽。原、河南濟源。酆、陝西鄠縣。郇，山西臨晉。文之昭也。邘、河南懷慶。晉、山西翼城。後遷曲沃，今山西聞喜。又徙絳，今曲沃。應、河南寶豐。韓，陝西韓城。武之穆也。凡、河南輝縣。蔣、河南固始。邢、河北邢臺。後遷夷儀，今山東聊城。茅、山東金鄉。胙、河南汲縣。祭，河南鄭縣。周公之胤也。」又左昭二十八年載成鱄之言曰：「武王克商，光有天下，其兄弟之國者十有五人，姬姓之國者四十人。」荀子儒效則曰：「周公兼制天下，立七十一國，姬姓獨居五十三人。」左昭二十六年謂：「武王克殷，成王靖四方，康王息民，並建母弟，以蕃屏周。」又昭九年亦云：「武王、成、康之建母弟。」此周初封建發展之大勢，其詳則不可得而說矣。

周公攝政七年，而始歸政於成王，非成王至是始長，乃大局至是始定也。於是周人傳子之制亦因而確定。王氏謂因先有傳子之制而始封建，未窺周人政治上之偉大能力所在也。

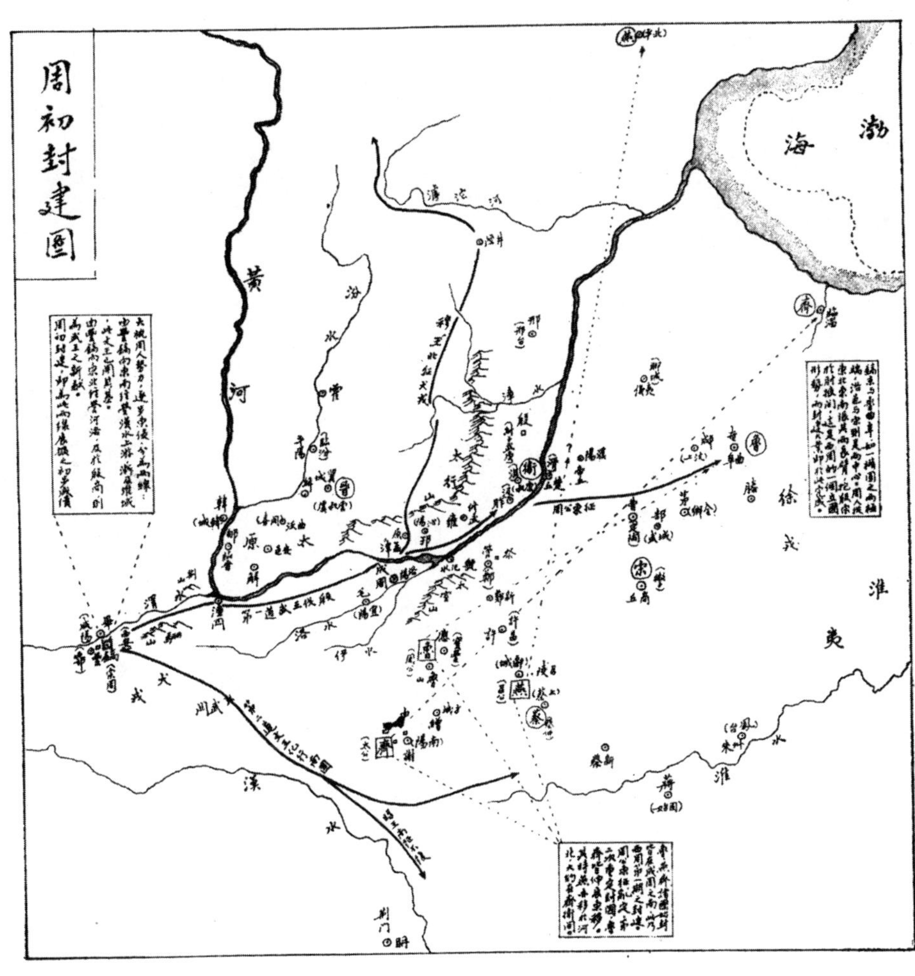
周初封建图
黄
河
汾
水
渤
海
卫
鲁
宋
蔡
齐
晋
徐
戎
淮
夷
渭
洛
水
汉
水
淮

三　西周勢力之繼續東展

西周的封建，乃是一種侵略性的武裝移民與軍事佔領，與後世統一政府只以封建制為一種政區與政權之分割者絕然不同。因此在封建制度的後面，需要一種不斷的武力貫徹。此種形勢，正如近代國家海外殖民，亦需有不斷的一種力量貫徹連繫其間也。若此種力量一旦消失，則全體瓦解矣。周人立國，是一個坐西朝東的形勢。任何一個國家，必有其立國之形勢。此種形勢須由國力來支撐。不斷用力支撐此種形勢，而求其强韌與擴大，即所謂「立國精神」與「立國理想」。相當於此種形勢之各項措施，即所謂「立國規模」。一個國家知有此形勢與規模而繼續不懈，此為國家之「自覺」。待此國家理想消失，精神懈靡，陷於不自覺之睡眠狀態，則規模漸壞，形勢日非，而國遂不國。其國力的移動，大勢可分兩道。

第一道由陝西出潼關，向河、洛，達東都，經營黃河下流。此武王伐殷、周公東征之一線。

第二道由陝西出武關，向江、漢，經營南陽、南郡一帶，以及淮域。此文王化行南國之一線。

昭王南征不復，是周人勢力東展在第二線上之挫折。

穆王西征，是周人勢力東展在第一線上之擴大。

穆王西征之傳說，據穆天子傳所載，係自洛邑渡漳水，絕太行，鈃山，即井鈃。循滹沱，北征犬戎，依然為第一線之繼續伸展。其循而西行，恐不出陝西西北部，至遠及於甘肅。秦、漢以後，中國一統，立國形勢大變，以前之向外發展，至是變成只在腹裏活動，與當時人之想像不合，故說古史者無意間都將地理方向倒了。一說到穆王西征，則想像其直去西域新疆。雖與古史眞相不合，亦見當時人自有其很深的國家理想與國家精神。

宣王中興，其力征經營者，依然是此兩路。

詩江漢，召穆公平淮夷也。詩常武，尹吉甫征徐戎也。此乃宣王之南征，循上述第二線。詩出車，南仲城朔方，伐玁狁、西戎。詩六月，尹吉甫伐玁狁至太原。朔方、太原，大體均在今山西省南部黃河北岸。「方」，疑即「舜陟方乃死」之方山，近安邑。太原者，春秋昭元年：「晉荀吳敗狄於太原。」公羊云：「此大鹵也。」穀梁云：「中國曰太原，夷狄曰大鹵。」正指今解縣鹽池，則方與太原近在一地。詩采芑，方叔征蠻荊也。此詩之蠻荊，疑即指玁狁，非後世楚地荊州之蠻。虢季子白盤記伐玁狁事，亦云「用政蠻方」，禹貢「荊、岐既旅」，又曰「導汧及岐，至於荊山，逾於河」，此荊山在陝西不在湖北。方叔征蠻荊，亦當在陝西、山西，不在湖北也。此乃宣王之北征，循上述第一線。

周人勢力不斷向此兩路線展擴，而周人之封建事業亦遂不斷推進。

詩江漢，召虎徹疆土，錫山土田；詩崧高，封申伯邑於謝；詩烝民，封仲山甫於東方。據此諸詩，見西周封建工作，至宣王時，尚不斷在進展中。蓋封建即是周人之一種建國工作，不斷向東方各重要地點武裝移民，武裝墾殖，而周代的國家亦不斷的擴大與充實。（相應於周人此種軍事政治之推進者，則尚有其「宗法制度」。必三者並觀，乃可以明瞭當時之所謂「封建」。）

四　幽王見殺與平王東遷

西周三百年來之力征經營，其面向常對東南，不對西北，（因其時周人之敵，多在東南，不在西北也。）幽王遭犬戎之難，見殺於驪山下，似犬戎居地亦在周之東南。（或偏近西南，而非西北。）

左傳昭公四年：「周幽為太室之盟，戎狄叛之。」此等戎狄正近在河南省西南太室山一帶，證一。犬戎由申侯召來，申在南陽宛縣，（漢書地理志。）今河南南陽城北二十里。有申城故址。宣王時申遷於謝，在今南陽稍南。大率其國在周東南千數百里。如犬戎在周西北，相距遼遠，申侯何緣越周附戎，戎亦何緣越周合申，形勢不合，證二。據鄭語，當時申、西戎、繒相結。左傳：（哀公四年。）「楚人致方城之外於繒關。」則繒近方城，與申接壤，證三。幽王與申、繒、西戎之聯軍遇於驪山，（故驪戎國。證戎不在周之外而在內。此內外本是後人見解也。）其地在周鎬京與申、繒之間，證四。（鄭語，史伯之告鄭桓公曰：「四方之國，非王母弟甥舅，則夷狄。」亦華戎雜處，幽王前已然之證。）

幽王既死，周室遂分裂。

竹書紀年：見左傳昭公二十六年疏引。「申侯、魯侯、許文公立平王於申，虢公翰立王子余臣於攜。周二王並立。二十一年，攜王為晉文侯所殺。」此事史記失載。新唐書大衍曆議謂：「豐、岐、驪、攜，皆鶉首之分，雍州之地。」是攜乃岐、豐相近之地名。虢公立攜王，實為主持正義。許與申為同姓，故助平王。又今本紀年，同立平王者尚有鄭。鄭桓公為周司徒，見周將亂，早謀東遷。鄭武公娶申侯女，為夫人，曰武姜，即鄭莊公之母。故鄭、申亦同謀。鄭桓公死於驪山之難，而武公遂與申同護平王東遷也。魯乃周室東方封建最親、最主要之國家，故申、許、鄭三國乃假託其名義。觀於平王東遷後，魯國採取不理態度，知以前決不主張立平王也。晉文侯覬覦黃河西岸之土地，乃起兵殺攜王，自為兼并。平王德其殺讎，而無力索還故土，立於申乃暫局，於是東遷洛邑。史記不知其間曲折，謂平王避犬戎東遷。犬戎助平王殺父，乃友非敵，不必避也。又按：史公言幽王寵褒姒，褒姒不好笑，幽王舉烽，諸侯悉至，至而無寇，褒姒乃大笑；幽王為之數舉烽。及犬戎至，舉烽，諸侯救不至，遂殺幽王。此委巷小人之談。諸侯兵不能見烽同至，至而聞無寇，亦必休兵信宿而去，此有何可笑？舉烽傳警，乃漢人備匈奴事耳。驪山之役，由幽王舉兵討申，更不需舉烽。史公對此番事變，大段不甚了了也。鄭武公則藉此并虢自大，故曰：「周之東遷，晉、鄭焉依。」左傳隱公六年。秦人亦乘機侵佔岐西地，與晉連壤通好。此乃西周東遷時西方一部分諸侯情勢之大概。

及平王東遷，以弒父嫌疑，不為正義所歸附，而周室為天下共主之威信亦掃地以盡，此下遂成春秋之霸局。

平王宜臼乃申侯甥，申侯為其甥爭王位，故聯犬戎殺幽王。凡擁護平王諸國，如許、申、鄭、晉、秦、犬戎等，皆別有野心，形成一非正義之集團，為東方諸侯所不齒。因此周室東遷後，政令亦驟然解體。

第二編　春秋戰國之部

第四章　霸政時期（春秋始末）

西周末葉，中國已有明確可據的編年歷史記載。

史記三代世表：「孔子因史文，次春秋，紀元年，正時月日，蓋其詳哉。至於序尚書，則略，無年月；或頗有，然多闕，不可錄。故疑則傳疑，蓋其慎也。」今按：春秋託始魯隱公元年，實周平王四十九年，而史記三代世表則始於西周共和元年，相距百十有九年。史公既極稱孔子傳疑之慎，則史公記年自必有所本。故知中國古史紀年，至遲造始於西周末葉，必已明確可依據也。（惟不得據此謂西周共和以前必無明確年歲。如史記魯世家載伯禽以下諸君年數是也。豈有魯室已有諸君年歲之記載，而周天子王家顧無之？蓋因史文散佚，史公未之見。史公既師孔子之慎，故遂不之論耳。）

孔子作春秋，則為中國第一部完整的編年史，後世即名此時期為「春秋時期」。

一 春秋年歷及分期

春秋時期可以說是東周史之第一段落。此段落約占三百年。

春秋自魯隱公元年迄魯哀公十四年，凡二百四十二年。左傳記載史事較春秋為明備，又下續至哀公二十七年終，凡二百五十五年。若自周平王東遷一并計入，共三百零三年。

此三百年的歷史，可以稱為「霸政時期」的歷史，仍可本此分三段落：

一、霸前時期　迄魯莊公八年，翌年齊桓公立。凡八十五年。

二、霸政時期　自魯莊公九年齊桓公元年。起，迄魯襄公十五年，晉悼公卒。凡一百二十八年。

三、霸政衰微時期即大夫執政期。　凡九十年。

附春秋時期周室帝系表

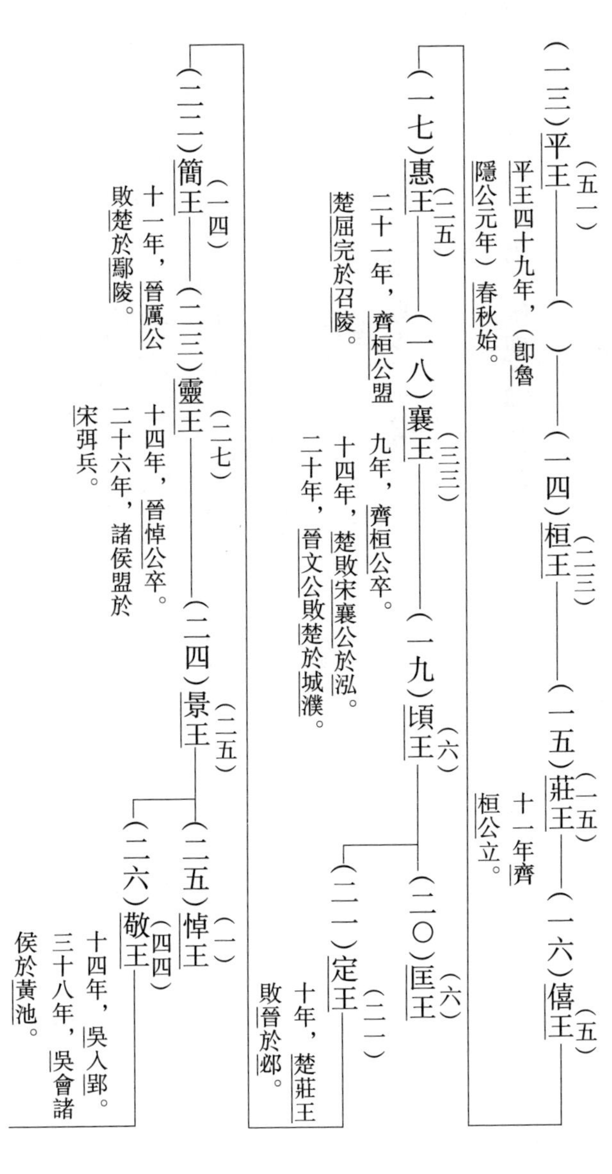
(一三)平王(五一)
(一)
(一四)桓王(二三)
(一五)莊王(一五)
(一六)僖王(五)
平王四十九年，(即魯隱公元年)春秋始。
十一年齊桓公立。
(一七)惠王(二五)
(一八)襄王(三三)
(一九)頃王(六)
(二〇)匡王(六)
(二一)定王(二一)
二十一年，齊桓公盟楚屈完於召陵。
九年，齊桓公卒。
十四年，楚敗宋襄公於泓。
二十年，晉文公敗楚於城濮。
十年，楚莊王敗晉於邲。
(二二)簡王(一四)
(二三)靈王(二七)
(二四)景王(二五)
(二五)悼王(一)
(二六)敬王(四四)
十一年，晉厲公敗楚於鄢陵。
十四年，晉悼公卒。
二十六年，諸侯盟於宋弭兵。
十四年，吳入郢。
三十八年，吳會諸侯於黃池。

三十九年，（卽魯哀公十四年）春秋終。

（二七）元王（七）——（二八）貞定王（二八）

元王：三年，越滅吳。

貞定王：元年（卽魯哀公二十七年），左傳終。以下為戰國。

二　霸前時期之形勢

周室東遷，引起的第一個現象，是共主衰微，王命不行。

平王崩，魯不奔喪。桓王二十餘年，五聘魯。魯為東方姬姓諸侯之宗國，平王之立，魯蓋不之擁戴，王室命令因此不行於東諸侯。故桓王繼位，乃竭意聯歡於魯也。鄭莊公射桓王中肩。平王之東，以晉、鄭諸國相狼狽，惟至平王晚年，似有轉親虢國之意。（殆惡鄭之專。）故左傳謂：「王貳於虢，鄭伯（莊公）怨王，王曰：『無之。』周、鄭交質。」及平王卒，周人終用虢公，與陳、蔡、虢、衛伐鄭，為鄭所敗。蓋王室既東，亦漸有意轉變其往日之地位與關係，而卒於不能自拔也。虢於惠王二十二年為晉所滅，申則於莊王時為楚所滅，自是王室益不振。

王命不行下引起的第一個現象，則為列國內亂。

魯為周室所封東方最親、最有地位之諸侯，史記謂：「成王命魯得郊祭文王，有天子禮樂，以褒周公之德。」禮記明堂位則謂：「成王以周公有勳勞於天下，是以命魯公世世祀周公以天子之禮樂。」其說信否不可知，要之魯在東諸侯中，實居首領之地位，則可斷言也。惟周室之東，魯即表示不擁戴之態度。此以平王得政之來歷言之，亦不可為非，惟魯、衛諸邦亦並不能對王室有所盡力匡正。而不久魯亦內亂，桓公以弒兄隱公自立，鄭首先承認。於是列國篡亂相乘。宋華督弒殤公，桓二年。晉曲沃伯殺哀侯，三年。陳公子佗殺太子免自立，五年。曲沃伯又弒小子侯，七年。鄭祭仲逐昭公立厲公，十一年。復逐厲公納昭公，十五年。衛逐惠公，十六年。鄭高渠彌弒昭公，十七年。齊襄公殺魯桓公，十八年。前後十九年之內，禍變迭起有如此。

王命不行下引起的第二個現象，則為諸侯兼并。

見於春秋國數凡五十餘。見公羊疏。若並見左傳者計之，有百七十國。其中百三十九國知其所居，三十一國亡其處。此據晉書地理志。然舉其大者，不過十餘。史記十二諸侯年表為魯、衛、齊、晉、楚、宋、鄭、秦、陳、蔡、曹、燕、吳。（索隱：「篇言十二，實敍十三。」）據顧棟高春秋大事表所載，楚并國四十二、晉十八、齊十、魯九、宋六，其他不具舉。

又自列國內亂、諸侯兼并下引起一現象，則為戎狄橫行。

當時中國本為一種華、夷雜處之局。

舊說東夷、南蠻、西戎、北狄，各遠居四裔，而諸夏在中原；此觀念殊不可恃。當時蓋為一種華、夷雜處的局面。如左文九年秋：「楚自東夷伐陳」，似東夷在陳、楚間。魏策：「楚破南陽九夷」，則九夷在南陽。陸渾蠻在伊、洛上源，故晉荀吳欲滅陸渾，先有事於三塗。哀四年夏，楚謀北方，襲梁，圍蠻氏。隱二年春，「公會戎於潛」；（今山東曹縣境）秋，「公及戎盟於唐」。（今山東魚臺縣）僖二十四年，王子帶以狄人伐王。上舉諸例皆可見。而此局面自始即然，亦並非自周王室東遷，四裔異族乃始交侵而入中國。此觀上篇論周人封建眞相便知。

蠻、夷、戎、狄亦非四種絕不同的民族，故蠻夷可兼稱。楚武王自謂「我蠻夷也」。戎狄、管仲云：「戎狄豺狼。」魏絳云：「戎狄荐居。」夷狄、燕策有「北夷」。蠻戎，春秋有「戎蠻子」。皆可兼稱。

諸夏與戎狄亦多種姓相同，如晉獻公娶大戎狐姬，生重耳，即晉文公。又娶小戎子，生夷吾，即晉惠公。又娶驪戎女驪姬，則戎有姬姓，時人謂「同姓相婚，其生不蕃」，遂以晉文公為異徵。又齊靈公有戎姬。又有子姓。姜戎自稱四岳之後。左傳襄公十四年。國語富辰曰：「盧有荊媯」，韋昭曰：「盧，媯姓國。荊媯，盧女，為荊夫人。」春秋稱盧戎，楚滅之，為盧邑。漢置中盧縣，屬南郡。是戎亦有媯姓。左傳子魚曰：「任宿、須句、顓臾，風姓也，實司太皞與有濟之祀以服事諸夏。」則此諸族，當時亦目為夷，不與諸夏伍。

華、夷通婚，尤為習見。周襄王娶狄后。齊桓三夫人，曰王姬、徐嬴、蔡姬。徐則當時目為夷者。晉獻公娶戎女，已見前。晉文公娶叔隗，以季隗嫁趙衰，生子盾，隗係北戎姓也。潞子嬰兒之夫人，乃晉景公姊。呂相謂：「白狄，我之婚姻。」趙襄子姊為代（北狄）王夫人。狐犯為晉文公外舅，其子狐毛、狐偃，偃子射姑，即賈季，晉亂仍奔狄。

因此華、戎聯盟之事亦屢見。殽之役，晉有姜戎。鄢陵之戰，楚有東夷。齊、衞、魯、鮮虞聯師伐晉。尤著者，則如申、繒、西戎聯師殺幽王。

所謂諸夏與戎狄，其實只是文化生活上的一種界線，乃耕稼城郭諸邦與游牧部落之不同。

當時華、戎分異，自生活上言，則如姜戎氏云：「我諸戎飲食衣服不與華同」是也。左襄十四年。自言語上言，則如姜戎氏又稱「言語不達」，史記由余「其先晉人，亡入戎，能晉言」是也。自禮服上言，則如平王東遷，辛有適伊川，見被髮而祭於野者，曰：「不及百年，此其戎乎？其禮先亡矣！」孔子曰：「微管仲，吾其被髮左衽矣！」是也。自戰事上言，則如鄭人與北戎戰，曰：「彼徒我車」是也。凡此諸別，言語一項似不重要。齊、楚南北方言即不同。至生活、禮服諸端，其重要關鍵，實在耕稼與游牧之別。故曰：「狄之廣莫，於晉為都。」左莊二十八年。又曰：「戎狄荐居，貴貨易土，土可賈。」左襄四年。國語謂「與之貨而易其土」。惟其為耕稼的社會，故有城郭、宮室、宗廟、社稷、衣冠、禮樂、車馬、貨賄，此則為諸夏。惟其為游牧的社會，故無上述城郭、宮室諸文物，而飲食、衣服種種與諸夏異，而成其為蠻夷戎狄。耕稼與游收，只是一種經濟上、文化上之區別，故曰：諸夏用夷禮則夷之，如春秋僖二十七年杞桓公來朝，用夷禮，故曰「子」。杞乃禹後也。夷狄用諸夏禮則諸夏之。如楚自稱「蠻夷」，其後與於中原諸侯之會盟，蓋不復有以蠻夷視楚者。

西周封建，本為一種耕稼民族之武裝拓殖。（此已詳前篇。又樂記謂：「武王既克殷，未及下車而封黃帝之後於薊，封帝堯之後於祝，帝舜之後於陳；下車而封夏后氏之後於杞，封殷之後於宋。」蓋耕稼城郭之國，本已先周而有。周人不能盡滅之，以與周之諸侯並存，而此諸邦亦力不敵周人，認為共主，以天子禮奉事之。）除卻錯落散處的幾十個（乃至百數十個。）城郭耕稼區域以外，同時還存有不少游牧部族縱橫出沒，只不侵犯到城郭諸邦的封疆以內，雙方可以相安無事。現在則乘城郭諸邦之內外多事而來肆其侵擾。

舉其著者，如隱九年，北戎侵鄭。（鄭伯曰：「彼徒我車。」是戎皆步卒。如舊說，北戎在無終，（今河北玉田西）不能遠侵及鄭；敗後亦將不獲仍返故居。）桓六年，北戎伐齊。莊十八年，公追戎於濟西。（此戎東侵齊、魯，南侵鄭，居地蓋略可推。）三十年，山戎病燕。（此當為南燕，與宋、衛地相近，即在今黃河北岸。舊說謂在薊，（今河北北平）易，（今河北雄縣）亦非。）三十一年，齊伐山戎。（公羊傳：「齊侯來獻戎捷，旗獲而過我。」正義：「凡言『過』，謂道所經過。」齊伐山戎過魯，則此山戎不在齊北。）三十二年，狄伐邢。（閔元年，齊救邢。）閔二年，狄入衛。（僖元年，邢遷夷儀，齊師、宋師、曹師城邢。二年，諸侯城楚邱，封衛。）其時狄勢正盛，又滅溫、伐齊、伐魯、伐鄭、伐晉，並蹂躪王室。自今山西迄河北、河南、山東諸省，皆其所出沒。蓋閔、僖之世狄最盛。

當時諸夏所最感威脅者，南方有抱帝國主義兼幷政策之楚國。

楚之先亦顓頊後，（史記楚世家。）始起在漢水流域丹、淅二水入漢處，曰丹陽。（依宋翔鳳過庭錄所考。）至楚武王始大，號武王。武王立在周平王三十一年。自謂：「我蠻夷也。今諸侯皆為叛，相侵，或相殺，我有敝甲，欲以觀中國之政。」於是自號武王。漢陽諸姬，楚實盡之。地方千里，最為當時強國。

北方有抱掠奪主義的山中之北戎。

此種戎狄，大部在黃河北岸太行山脈中，故曰山戎。其戰鬪皆徒步。又稱北戎者，據當時中原諸夏之稱呼。後人以見有「北」稱，遂謂必遠在北塞之外，此皆以後代眼光讀古史之誤也。

故云：「南夷與北狄交，中國不絕若線。」語見公羊傳。在此形勢下，產生齊桓、晉文之霸業。

三　齊桓晉文之霸業

霸者標義，大別有四。

一、尊王。穀梁傳葵丘之盟，「壹明天子之禁」。當時霸者號令，即替代已衰之王權也。周王使宰孔賜齊侯胙，命「無下拜」，齊侯卒為下拜。（僖九年。）管仲平戎於王，「王以上卿禮饗之，仲辭，受下卿之禮而還。」（僖十二年。）此皆當時齊桓、管仲竭力尊王之表示。

二、攘夷。

三、禁抑篡弒。凡某國遇篡弒，同盟諸國互不承認，並出兵平亂，另立新君。葵丘盟辭：「毋易樹子，毋以妾為妻，毋使婦人與國事」，皆為此發。

四、裁制兼并。凡在同盟，互不侵犯，有爭端，請於盟主，公斷。某國遇外寇，同盟諸國出兵相救。葵丘盟辭：「毋壅泉，毋遏糴」，皆為此發。

正為針對上列時代病之特效藥。

自周室東遷，西周封建一統之重心頓失，諸侯如綱解紐，內（篡弒。）外（兼并掠奪。）多事，亟亟不可終日。自有霸政，而封建殘喘再得苟延。霸政可以說是變相的封建中心。其事創始於齊，（其霸業之大者，為伐山戎、救燕、存邢衛、伐楚、盟於召陵，定襄王之位。）贊助於宋，而完成於晉。（其霸業之大者，為納襄王、殺王子帶、（召狄攻周者。）救宋、敗楚城濮、召周天子盟於踐土。）

齊桓會諸侯十五次，宋每次必預。其次為魯、鄭、陳三國，各得十次。又次為衛，得九次。又次為曹、許，各得七次。其間尤以齊、魯、衛、曹、鄭、宋六國，可謂諸夏之基本結合。此為諸夏結合之第一期，大率在東部與中部，乃黃河下流東部一帶及黃河中游南岸之結合也。晉自曲沃篡位，專務侵吞，其實平王之東，晉已開始為兼幷之野心企圖。曲沃篡位，正從晉人向外作非義之兼幷所引起。齊桓會盟，晉人不預。然晉國內部爭篡迭起，晉公子重耳逃亡在外，遍歷齊、宋、曹、衛、鄭諸國，南至楚，西至秦，而返國得位。其在外及見齊桓、宋襄，既熟知天下大勢，返國後乃一變晉國以前之態度，晉滅同姓國極多，然皆在獻公前。參加諸夏集團，而為齊、宋霸政之代興。自是霸業常在晉。由襄、(禦秦、侵鄭，又敗狄。)靈、成、景、(為楚敗於邲。)厲，(勝楚鄢陵。)而至悼，抗楚和戎，復霸。平公立，與楚平，弭兵。此為諸夏結合之第二期，東部、中部之外，又加入中北部，即黃河中游之北岸也。

齊在臨淄，太公封營丘，六世徙薄姑，七世徙臨淄，地望皆近，即今山東臨淄縣也。東負海，魚鹽蠶桑，已樹富強之基。惟西南適值魯、衛諸邦，為姬姓主要國家，文化既較高，與齊關係亦密，齊於道義及勢力兩方，皆無法幷吞。齊孝公伐魯，魯使展喜犒師，曰：「魯人何恃？」曰：「恃先王之命。昔周公、太公股肱周室，夾輔成王，盟曰：『世世子孫，無相害。』恃此不恐。」齊竟回師。柯之盟，曹沫劫桓公反魯侵地，桓公亦卒聽管仲諫許之。周天子以南陽賜晉，陽樊不服，圍之，或呼曰：「此誰非王之親姻，其俘之耶？」乃出其民。此可見當時諸夏間之關係。惟楚曰：「我蠻夷也」，坦白主兼幷，到底因此失諸夏同情，不能心服，而楚之勢力亦終難北進。齊桓既於國內篡弒紛亂中得國，故轉而創建霸業。宋為周室之賓，先朝勝國，其勢最孤，又處四戰之地，入春秋以來，內亂外患更迭相乘，無時或息，故贊助齊桓，獨出誠意。齊桓亦屬其太子孝公焉。惟宋國四圍，無可發展，其勢本弱，故謀霸不成，為楚所敗。晉人自稱：「居深山之中，戎狄之與鄰」，滅國既多，國力已強。然重耳出奔，狄人勢力已瀰漫於晉之四周。晉文公初居蒲，又從狄君田渭濱，是「奔狄」在晉西。在狄十二年，去狄，行過衛，是「去狄」在晉東。晉國不啻在狄懷抱。其所至如齊桓、宋襄，優禮有加者，皆有志摶結諸夏以成霸業者也。如衛、曹、鄭諸國，凡不禮於重耳者，皆目光短淺，惟力是從者也。楚既野心勃勃，秦亦刻意東伸。韓原之敗，秦始征晉河東。左傳。楚之圍宋，曹、衛、鄭諸國皆已折而入於楚矣。晉非圖霸，亦幾不能自全。圖霸則可挾諸夏之力以抑楚、秦，而吞狄自廣也。

惟齊桓僅能阻止狄勢不侵入大河之南岸。孔子曰：「微管仲，吾其披髮左衽矣！」其時苟非諸夏之大團結，則狄患不可設想。管仲告桓公：「戎狄豺狼，不可厭也；諸夏親暱，不可棄也。」實為當時一最重要之觀念，可以使歷史命運為之轉變，故孔子力稱管仲之仁。

北岸自邢、衛淪陷，諸夏勢力竟難復興，而晉、狄鬬爭，遂為當時一要事。

僖二十七年，晉人作三行以禦狄。此在勝城濮後，以狄皆步卒，便於山險，故晉亦編練步軍也。三十三年，狄伐晉，晉侯惠公獲白狄子。此在文公死之翌年，晉雖倖勝，而元帥先軫死之。宣十一年，郤成子求成於眾狄，眾狄疾赤狄之役，遂服於晉。據此狄人雖各分部落，而亦戴共主，別成系統，故得與諸夏抗衡。此下狄勢遂衰。十五、六年，晉景公滅赤狄。潞氏、甲氏及留吁。成三年，伐廧咎如。自是上黨為晉有。襄四年，晉悼公和諸戎。魏絳謂：「戎狄荐居，貴貨易土。」可見其時戎狄尚是游牧，而其勢猶強，故絳曰：「戎狄事晉，四隣震動。」是後有肥、鮮虞、鼓、中山，皆為晉所逐滅。昭十二年晉伐鮮虞，入昔陽。滅肥。又十五年，伐鮮虞，圍鼓。二十二年，滅鼓。杜注：「樂平沾縣東有昔陽城。昔陽，鼓都。」「鉅鹿下曲陽縣西有肥累城，今正定東。」此諸狄包赤狄之北，舊說謂是白狄，因前赤狄已滅，而推測言之。惟狄是否只分赤、白，殊無據。在太行山東麓平地，且亦儼然漸趨於城郭耕稼化矣。晉既廓土於羣狄，其勢力日漸東伸，遂與齊接壤，而以前邢、衛故土淪沒於戎者，至是乃重歸諸夏之統治。

大體西自河、渭之間，東達太行山兩麓，黃河北岸，皆為頑強之羣狄所出沒，其勢又時時越大河而南。諸夏得齊桓、晉文之霸政而稍稍抑其兇焰，實為春秋時期華、戎交鬭一極劇烈之戰陣。

晉人所以能勝此廓清羣狄之重任者，一則因久為諸夏盟主，（自文公至平公，凡八世。）多得貢賦，國力充盈。

參加聯盟諸國，在內可保持政府之安寧，亂臣賊子有所顧忌，不敢輕行篡弒。在外可保國際之平衡，相互間不得輕啟釁端，有事付之仲裁，以和平為職志。是為聯盟國應得之權利。其義務則如國際間之服役，一國有寇患，各國在霸主領導下會師戍守，或助城築，及共同作戰。每逢盟主出師，例得向同盟國乞師。平時則需對盟主納相當之貢幣。諸侯官受方物，（諸侯官司各於齊受其方所當貢天子之物，齊桓責楚：「爾貢包茅不入」，即責其貢周天子以方物也。）始見於僖七年齊桓寧母之盟。「黃人不歸楚貢，楚伐之。」（僖十一年。）其後諸夏亦以貢幣輸盟主。晉文、襄之伯，令諸侯：「三歲而聘，五歲而朝，有事而會，不協而盟。」（昭三年鄭子太叔語。）其後朝、聘彌數，故乃「歲一聘，間歲一朝，再朝一會，再會一盟。」（昭十三晉叔向語。）朝、聘既數，而幣亦日重。晉范宣子為政，子產寓書告以幣重。（襄八年。）平丘之會，子產爭貢賦多寡，自日中至於昏。（昭十三年。）魯之於晉，「職貢不乏，玩好時至，府無虛月。」（襄二十九年女叔侯語。）子產謂：「用幣必百輛，百輛必千人。」（昭十年。）此其大概也。

一則晉自獻公以來，即不畜羣公子。（獻公聽士蔿說，盡誅羣公子。在惠王八年。）故晉大夫多用異姓，得因材器使，較之魯、衛、齊、宋諸邦多用宗臣者為優。

晉文公以下，諸卿位次屢有更易，故其臣各務於以事功顯。惟自厲公見弒以後，大夫漸強，（史記趙世家。）平公後益甚。韓、趙、魏、范、中行、知氏稱「六卿」，皆非公室也。

一面北方的狄患逐次解除，一面南方的楚人亦逐漸覺悟，（亦可說是逐漸同化。）改變其以前極端的武力兼并主義，（即「我蠻夷也」的主義。）而漸次要求加入諸夏之集團。

楚莊王滅陳縣之，以申叔時諫，乃復陳。既克鄭，亦退而與之平。既敗晉於邲，其圍宋，宋人告以「易子而食，析骸而爨」之實況，亦退師與盟而反。其時楚人意態已與前不同。

宋向戌提倡弭兵，晉、楚交懽，城郭諸邦的和平聯盟益形擴大。

此可謂諸夏結合之第三期，於東、中、北三部以外，又加入中南部，即南方之中部，江、漢流域之楚國也。自有此弭兵之會，（在襄二十七年。）而諸夏得一相當時期之和平。宋自襄十二年（楚公子貞侵宋。）至定十五年，（鄭罕達伐宋。）凡六十五年。魯自襄二十五年（齊崔杼伐北鄙。）至定七年，（齊國夏伐西鄙。）凡四十五年。衛自襄二十三年（齊侯伐衛。）至定七年，（齊侵衛。）凡四十七年。曹自襄十七年（衛石買伐曹。）至定十二年，（衛公孟彄伐曹。）凡五十九年。鄭自襄二十六年（楚子、蔡侯、衛侯伐鄭。）至定六年，（魯定公侵鄭。）凡四十三年。均不被兵。

總觀當時霸政，有二大要義：

一則為諸夏耕稼民族之城市聯盟，以抵抗北方遊牧部落之侵略，因此得保持城市文化，使不致淪亡於游牧之蠻族。

二則諸夏和平結合以抵抗南方楚國（西方秦國。）帝國主義者之武力兼并，因此得保持封建文化，使不致即進為郡縣的國家。

其大勢為文化先進諸國逐次結合，而為文化後進諸國逐次征服。（如晉代齊，楚代晉，吳、越代楚，最後統一於秦。）同時文化後進諸國，雖逐次征服先進諸國，而亦逐次為先進諸國所同化。（此為第二種衝突之消解。）其文化落伍諸部族，則逐次消滅，或逐次驅斥。（此為第一種衝突之消解。）在此進展中，諸夏結合之團體亦遂逐次擴大，為中國逐次形成中央大一統郡縣國家之醞釀，而上古史亦逐次宣告結束。（第一、第二、第三期結合已於前言之，第四期則加入吳、越。吳、越本東南方小蠻夷，武力既勝，轉慕文事，亦爭為諸夏盟主，於東、中、南、北諸部外又加入東南部，即長江下流是也。自戰國秦孝公後，秦人又漸次加入諸夏團體，為第五期；又加入西中部，即河、渭流域是也。）

四　霸政衰微後之大夫執政

霸政衰微，變而為大夫執政。大夫執政，一方面可說為封建制度繼續推演所產出，一方面亦可說是封建制度卻因此崩倒。

封建初期的國家，其先只限於一個城圈。

此即所謂「國」。國有三訓：周禮：「惟王建國」，「以佐王治邦國」，「大曰邦，小曰國」，是也。齊語：「參其國而伍其鄙」，國指郊以內，鄙指郊以外，是也。又周禮小司徒：「稽國中及四郊、都鄙之夫家」，質人：「國中一旬，郊二旬，野三旬」，城中曰國，是也。此三義可會為一義，即一國只限於一城是也。魯頌閟宮：「錫之山川，土田附庸。」左定四年，衛祝佗謂：「分之土田陪敦。」召伯虎敦：「余考止公，僕墉土田。」附庸、陪敦、僕墉，乃一事。然則西周初封，惟周、召大國始許有附墉，即一國可以不止一城圈。

因此當時的中國，其實大體只限於今豫、魯、晉、燕、陝、鄂、皖、吳諸省，而猶非其全部。可以有近二百國。春秋大事表并古國計，凡二百有九。

其時列國人口極少，閔公二年：「衛為狄滅，遺民七百有三十人，益之以共、滕之民為五千人，諸侯為立戴公以廬於曹。」僖十八年：「梁伯益其國而不能實，秦取之。」梁君以擴城而無民以實之，梁民以譌言而遽潰，梁竟以亡，則梁之戶口可知。曠地極多，封疆郊關之外皆成棄地，此即戎、狄所由出沒，華、夷所由雜處也。左襄四年，魏絳稱虞人之箴曰：「茫茫禹迹，畫為九州，經啟九道，民有寢廟，獸有茂草，各有攸處，德用不擾。」此蓋於茂草之中，經啟九道以通往來。故周語單襄公謂周制「列樹以表道」，道路非列樹表明，即茫茫不可辨。「司空不視塗」，即道茀不可行。「膳宰不致餼，司里不授館」，即行李有困乏之患。故各國亦常見遷徙。如衛、晉、楚、（自丹陽遷郢，（江陵）遷鄀。（宜城））蔡、許、（自許遷葉，遷夷，遷白羽，（內鄉）遷容城。（葉縣））鄭、齊、吳、（自梅里（無錫）遷姑蘇。（吳縣））秦（見後。）諸國，不勝舉。亦有以外力強遷者，如齊師遷紀郱、鄑、郚；（莊元。）宋人遷宿；（莊十。）齊人遷陽；（閔二。）晉遷陸渾之戎於伊川（僖二十二年。）之類。

以後人口漸繁殖，國家規模日擴大，不僅對舊的有吞并，對新的亦有城築。

春秋二百四十二年，魯凡城二十四邑，惟鄆一邑書「築」，其二十三邑曰「城」。（見舊唐書禮儀志。）「築」者增舊，「城」者新立。春秋書「築」八，書「城」二十三，而定、哀之間凡八城邑，則國家規模之擴大，彌後而彌烈也。

於是列國遂各自分封其大夫。

春秋初，大夫尚無世爵，其後漸有賜氏。

隱、桓時大夫賜氏者尚少，國君之子為大夫者稱「公子」，公子之子為大夫者稱「公孫」，其次（公曾孫以下）只稱名，如魯在隱、桓之間有無駭、柔挾是也。無駭卒，羽父為之請族，公命以字為展氏。公子展之孫。眾仲曰：「天子建德，因生以賜姓，如舜居嬀汭，姓嬀氏。胙之土而命之氏。」古孝經緯：「古之所謂氏，即國也。」禹貢「錫土姓」，土即氏。「諸侯以字為謚，因以為族。官有世功，則有官族。邑亦如之。」可見世卿、采邑和氏族，乃相聯並起之事。大夫有氏，即有世襲封邑如小國矣。於是魯有仲孫、叔孫、季孫、臧孫，齊有高氏、國氏、崔氏、陳氏，衛有孫氏、寧氏，晉有欒氏、郤氏、韓氏、趙氏、魏氏，鄭有罕氏、駟氏、游氏，皆世卿也。

漸稱「子」。

僖公以前，大夫並以伯、仲、叔、季為稱，三桓如共仲、僖叔、成季。雖貴不稱「子」。僖、文以後，晉、齊、魯、衛之執政皆稱「子」。鄭間稱之，餘則否。魯惟三家稱「子」，餘亦否。稱「子」則即為封君矣。其後學者稱「子」，如孔子是也。又後學者之門人稱「子」，如有子、曾子、樂正子是也。於是原先的侯國，儼然如一新中央，而大夫采邑則儼然成一小侯國，所以說是西周封建的繼續推進。

又因當時聯盟各國，會聘頻仍，諸侯畏勞，常使卿大夫代行。

會有三例：一曰「特會」，兩君相見也。初諸侯特會，多在隱、桓以前。次大夫特會諸侯，多在文、宣以後。又次大夫特會大夫。二曰「參會」，三以上為參。三曰「主會」，伯者主之。初諸侯主會，始自齊桓北杏之會。次大夫主諸侯之會，自鍾離之會始。先有大夫特會，乃有大夫主會。又次則大夫主大夫之會，而諸侯高拱不預矣。

卿大夫既有外交，往往互相援結，漸漸形成大權旁落之勢，於是大夫篡位，造成此後戰國之新局面。

魯大夫逐君始於昭公。襄元在魯僖三十三年。鄭卿自僖公之立，始見於傳。僖元在魯襄三年。宣公時，季氏始專政。定公時，則家臣有囚大夫者。晉卿專政始襄公。

五　春秋時期之一般文化狀態

春秋二百四十二年，一方面是一個極混亂緊張的時期；但另一方面，則古代的貴族文化，實到春秋而發展到它的最高點。春秋時代常為後世所想慕與敬重。

大體言之，當時的貴族，對古代相傳的宗教均已抱有一種開明而合理的見解。左傳所記天道、鬼神、災祥、卜筮、夢等事跡雖多，然當時一般見解，實已不見為十分迷信。所謂「天道遠，人道邇」、「鬼神不享非禮」等諸觀念，已普遍流行。

因此他們對於人生，亦有一個清晰而穩健的看法。

當時的國際間，雖則不斷以兵戎相見，而大體上一般趨勢，則均重和平，守信義。因此能造成國際間的和平團體，繼續歷有二百年之久；而當時的國際公法，亦極為高明可貴。

外交上的文雅風流，更足表顯出當時一般貴族文化上之修養與瞭解。當時往往有賦一首詩，寫一封信，而解決了政治上之絕大糾紛問題者。左傳所載列國交涉辭令之妙，更為後世豔稱。

即在戰爭中，猶能不失他們重人道、講禮貌、守信讓之素養，而有時則成為一種當時獨有的幽默。一披讀當時諸大戰役之記載，隨處可見。道義禮信，在當時的地位，顯見超出於富強攻取之上。此乃春秋史與戰國史絕然不同處。

左傳對於當時各國的國內政治，雖記載較少，此指涉及一般平民社會者而言。而各國貴族階級之私生活之記載，則流傳甚富。一部左傳，盡於列國君卿大夫私生活之記載，以及其相互間之交涉。（即是內政與外交。）故可稱當時十足是一貴族社會也。

他們識解之淵博，對於古代歷史文化的遺傳之認識與闡發。人格之完備，對於實際政治、人事問題之應付與理想。嘉言懿行，可資後代敬慕者，到處可見。亦復普遍於各國，幾乎稍有名的幾國，均有他們極可敬慕的人物。

春秋時代，實可說是中國古代貴族文化已發展到一種極優美、極高尚、極細膩雅緻的時代。

貴族階級之必須崩潰，平民階級之必須崛興，實乃此種文化醞釀之下應有之後果。

此下戰國興起，浮現在上層政治的，只是些殺伐戰爭，詭譎欺騙，粗糙暴戾，代表墮落的貴族；而下層民間社會所新興的學術思想，所謂中國學術之黃金時代者，其大體還是沿襲春秋時代貴族階級之一分舊生計。精神命脈，一氣相通。因此戰國新興的一派平民學，並不是由他們起來而推翻了古代的貴族學，他們其實只是古代貴族學之異樣翻新與遷地為良。此是中國文化一脈相承之淵深博大處。

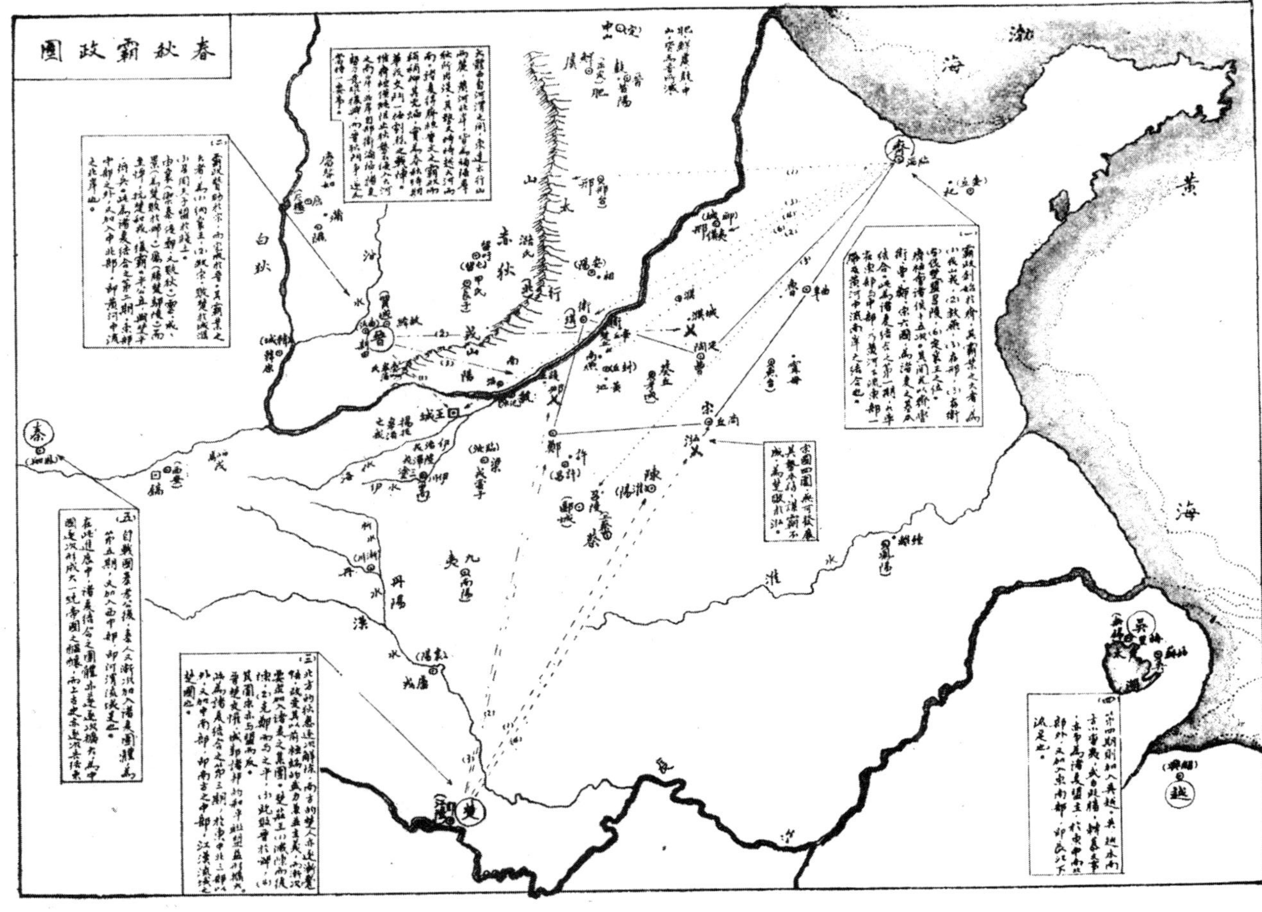

春秋霸政图
白狄
赤狄
晋
齐
秦
楚
吴
越
宋
卫
郑
陈
蔡
许
鲁
王城
太湖
渤海
黄海
汾
淮水
汉水
丹水
伊水
洛

第五章　軍國鬭爭之新局面（戰國始末）

春秋以下，（自周貞定王二年，即魯悼公元年始。）迄於秦始皇二十六年統一告成，其間共二百四十六年，後世目為「戰國時期」。

一　戰國年歷及分期

本時期的歷史記載，因秦廷焚書，全部燬滅。西漢中葉司馬遷為史記，已苦無憑。

史記六國表自序曰：「秦既得意，燒天下詩、書，諸侯史記尤甚，為其有所刺譏也。其後詩、書復見。（此以流布民間，故雖經秦火而未絕，春秋及左傳等皆幸存。）而史記獨藏周室，以故滅。（此云「藏周室」者，乃以偏概全之辭，當時各國史記各藏其國之政府，而民間無流傳，故一火而滅也。）獨有秦記，不載日月，其文略不具，然亦有可頗采者。余因秦記，踵春秋之後，起周元王，表六國時事。」按：

史公本秦記表六國時事，本屬不得已。惟秦自孝公以前，僻在雍州，不與中國諸侯之會盟，中國諸侯以夷翟遇之。此亦史記語。其時秦與東方各國交涉既疏，故秦記載東方事必略而不免於多誤。今六國表於秦孝公前幾於無事可載者以此。至宋司馬光為通鑑，託始周威烈王二十三年，自左傳終至通鑑始，中間缺去六十四年，無詳確之編年史。又通鑑雖託始周威烈二十三年，而記載殊疏略，至周顯王三十五年魏、齊會徐州相王之歲。以下，記載始可得而詳。故顧炎武日知錄謂此一百三十三年，史文缺佚，考古者為之茫昧也。

晉代太康時。於汲縣古冢當時考知係魏襄王冢。發見竹書，共七十五車。內有紀年十五篇，實為未經秦火以前東方僅存之編年史，惟後亦散失。今世流傳之竹書紀年，乃宋後蒐輯之本，多有改亂。

因此本時期史事，較之上期，春秋時代。有些處轉有不清楚之感。著者曾據紀年佚文，校訂史記六國表，增改詳定不下一、二百處，因是戰國史事又大體可說。惟頗有與史記相異處。一切論證，詳所著先秦諸子繫年一書。此下論戰國大勢，即據此書立論，故與舊說頗不同。讀者欲究其詳，當參讀該書也。

大略言之，本時期歷史，又可分為前、後兩期。

第一期是周代宗法封建國家之衰滅。

此承春秋晚期大夫專政之局面而來。晉分為三家，魏、韓、趙。齊篡於田氏，田氏本陳公子，因亂奔齊。「田」、「陳」同音之轉。魯則三桓強於國內，公室僅如小侯。衛勢日削，自貶其號曰侯。吳滅於越，陳、蔡滅於楚，鄭滅於韓。史記所譜春秋十二諸侯，能繼續保持其重要地位者惟楚、秦二國而已。越、宋雖存，於戰國全時期不甚重要。大抵春秋宗法封建國家之文化，最高者為魯、衛兩國，魯得周室大量文物之分封，衛則承襲殷商舊都之流風餘韻。故詩經所收十五國風，以邶、鄘、衛為盛。河北之衛雖為狄破而遷河南，惟文化依然可觀。故孔子曰：「魯、衛之政，兄弟也。」又曰：「衛多君子。」孔子出亡在外十四年，大半淹留於衛國。其次為齊，故孔子曰：「齊一變至於魯，魯一變至於道。」孔子弟子，魯、衛最多，次則齊人。又其次為晉。故孔子曰：「齊桓公正而不譎，晉文公譎而不正。」孔門弟子，晉籍甚少，孔子亦未過其境。秦、楚則自始即以蠻夷見外於諸夏。春秋時期羣目楚人為蠻夷，以楚主武力兼并最烈，與諸夏宗法封建勢力根本相衝突也。及戰國中期以後，羣目秦人為夷翟，而再不見斥楚為蠻夷者，因其時抱兼并野心者乃秦，而楚人則久與東方諸國聯盟一體也。可見當時所指斥為夷翟者，並非就種族血統立說。魯、衛以文化維持當時宗法封建國家之傳統尊嚴，齊、晉則以武力維持當時宗法封建國家之傳統地位。楚、秦則代表相反對之一種勢力也。諸國中受封建傳統文化束縛愈深者，其改進愈難，故魯、衛遂至積弱不振。其受封建傳統文化束縛較淺者，其改進較易，故齊、晉相繼稱霸於春秋，亦不能如魯、衛之久保其君位之傳統，而見篡於大夫；而經君統篡弒以後，更得急速改變其國家之內部組織，自宗法封建國家激轉而為新軍國。秦、楚則以受封建傳統文化之薰陶更淺，故其國家可以不經內部君統篡易而亦追隨改進為新軍國焉。

最要的是齊、晉兩國之君統篡易，維持春秋以來二百數十年封建文化之霸業，遂以中歇。「諸夏親暱，尊王攘夷」之後面，有一姬、姜宗姓之觀念。及晉、齊篡奪後，此觀念遂不復有。諸夏和平聯盟之鎖鏈已斷，各國遂爭趨於轉換成一個新軍國，俾可於列國鬥爭之新局面下自求生存。

此一時期中，春秋城郭聯盟之舊國際形勢已破壞，以後軍國鬭爭之新形勢未完成，在中間成為一個過渡時期。卽是春秋末以迄於魏武侯卒年，周烈王五年。凡共九十年。前一段亦可說是越國的稱霸期；春秋末乃至戰國初之吳、越稱霸，即是「霸政時期」之尾聲，「軍國時期」之先兆，而為其間之過渡也。後一段則是三晉分立，魏國漸盛期。

第二期是新軍國成立以後之相互鬭爭時期。

此時期又可分為四期：第一期是梁惠王稱霸時期，魏之全盛期。自惠王遷大梁，魏亦稱梁。亦可說是梁、齊爭強時期。

此期自梁惠王元年至齊、魏徐州相王，凡三十七年。

魏承文侯、武侯長時期之國內建設，文侯五十年，武侯二十六年，父子前後共七十六年。文侯自正式稱侯（在第二十二年。）以來，亦已五十四年。史記誤短二十二年。任用李克、吳起諸人，成為入戰國以後第一個簇新的新軍國。其後吳起入楚、商鞅入秦，皆承襲魏國已成規模而變法。地處中原，又為四戰衝要之區。魏初居安邑；文侯都在鄴；武侯則都魏縣；惠王即位，遷大梁。自謂承襲晉國，開始第一個起來圖霸；遷都大梁以爭形勢。此在梁惠王早年，史記誤謂在梁惠王晚年，畏秦而避。其時舊的國際形態已變動，新的國際形態未完成，各國皆遷都以爭形勢。如趙則自晉陽遷中牟，（此中牟在河北。）又遷邯鄲，志滅中山以抗齊、燕。韓則自平陽遷陽翟，又遷新鄭，意在包汝、潁以抑楚、魏。秦孝公自雍遷咸陽，以便東侵。宋亦自歸德遷彭城，以承越之衰而圖泗上諸小國。皆是也。次謀統一三晉，恢復春秋時代晉國之全盛地位。不幸伐趙、伐韓，皆為齊乘其後。梁惠王初起即攻趙，圍邯鄲三年，拔之。韓則懾於梁威而相從。齊乘其弊，敗魏桂陵，秦亦乘間取梁河西地。梁不得不仍歸趙邯鄲以和。此為梁國圖霸初次所受之挫折。其後韓亦不復服梁，梁遂伐韓，為再謀統一三晉之奮鬪。五戰五勝，韓幾不國，而齊又徐起乘其弊，敗梁馬陵。梁之霸業再挫。梁既再敗於齊，乃與齊會徐州相王，史記誤以為是襄王時。平分霸業。當時惟楚自春秋以來已稱王，梁亦先自稱王，至是乃與齊互稱，為國際相王之開端。自是各國相繼稱王，共凡九國，即梁、齊、楚、秦、宋、韓、趙、燕、中山是也。

第二期是齊威、宣、湣三世繼梁稱霸期，齊之全盛期。亦可說是齊、秦爭強時。此期自齊、魏相王下迄齊滅宋，凡四十八年。

齊自田和篡位稱侯，後魏文稱侯四十年。傳兩世，侯剡與桓公。史記漏田和以前悼子，及田和以後侯剡，凡兩世。故六國表齊年亦多誤。至威王，兩敗梁國，桂陵與馬陵。遂繼梁惠而稱王。史記誤以為在宣王世。其子宣王繼之，國勢大盛。而其時秦亦漸強，秦孝公用商鞅變法，至子惠王亦稱王，後齊、梁相王九年。用張儀，專務離間梁、楚以孤齊。時梁尚强，惠施為相，主與齊和，梁、齊聯和則可以弭兵息爭。惠王誤信張儀，折而入秦，欲滅西顧之慮，東向報齊。又齊、楚方睦，張儀兩使楚，楚懷王亦誤信儀，絕齊入秦。此當時外交上形勢也。史記誤謂在張儀前有蘇秦合從，並謂蘇秦合從以趙為盟主。趙武靈稱王最在後，其時為趙肅侯，尚未稱王，無為盟主資格。又其時大國有九，若東方合從，應有八國，不應預先排除以後先亡之宋、中山二國。孟子僅言公孫衍、張儀「一怒而諸侯懼，安居而天下熄」，以兩人更迭為秦、梁二國相，在國際形勢上足以引起變動也。蘇秦僅為燕往來奔走於齊，無牽動國際力量。於是漸漸造成秦、齊勢力均衡之局面。秦昭王約齊湣王稱東、西帝，其事未果，正猶梁約齊稱王，皆畏齊，不敢一國獨稱也。而齊則志在北進侵燕，南進侵宋以自廣。齊為第一等强國，故積極的主侵略。齊宣王告孟子「有大欲，欲幷諸侯一天下」是也。（齊宣王伐燕，史記誤以為齊湣王。）秦次於齊，故僅在外交上用手段孤削齊勢。其時若燕、趙欲合從，當合從對齊，用不著合從對秦。至蘇秦時梁勢尚强於齊，故知蘇、張從橫乃此後策士偽造，非當時情實。至齊湣王滅宋，國際均勢破裂，此下遂起大變局。

第三期為秦昭王繼齊稱強期，秦國全盛期。亦可說是秦、趙爭強時期。此期自齊滅宋下至趙邯鄲圍解，凡二十九年。

齊宣王滅燕，國際均勢動搖，各國環顧不安，宣王終於不敢吞燕而止。及齊湣王滅宋，國際均勢再度破壞，燕人崛起，乘機復仇，樂毅聯合秦、魏、韓、趙五國之師入齊。湣王走死，自是齊遂不振，而秦勢獨強。其時趙國經武靈王胡服騎射滅中山，其事在齊滅宋前十五年。趙、中山皆第二、第三等以下國，故兩國相并，對整個時局，不如齊滅燕、齊滅宋之足以惹人忌嫉。國勢驟盛。蘇秦說趙曰：「山東建國，莫如趙強。」移之此時，乃合情實。其時東方有力抗秦者遂推趙，六國（宋、中山已滅。）合從抗秦，以燕為發動，以趙為盟主，必此時期中策士所偽造。於是有長平之戰，此為戰國二百年最大、最烈之戰事。趙為秦敗，於是秦并天下之形勢遂成。

第四期為秦滅六國期。此期自秦解邯鄲圍後迄秦始皇二十六年，凡三十六年。按：史記載戰國事，於初期最晦，如越勾踐遷都，韓、魏、趙分晉，魏文、武兩世霸業之經營，皆未備。故於戰國中期事亦多昧於情勢，於當時各國國勢升降及離合聚散之間，往往不能言。而梁惠之霸業，齊威、宣與梁爭衡，徐州會後之各國稱王，與夫秦人之因利乘便以培植其東侵之基礎者，皆不能詳。獨於晚世策士偽造蘇、張縱橫之說，娓娓道之，去實遠矣。以上分期，庶稍近當時眞相。讀者欲知其詳，當閱先秦諸子繫年。

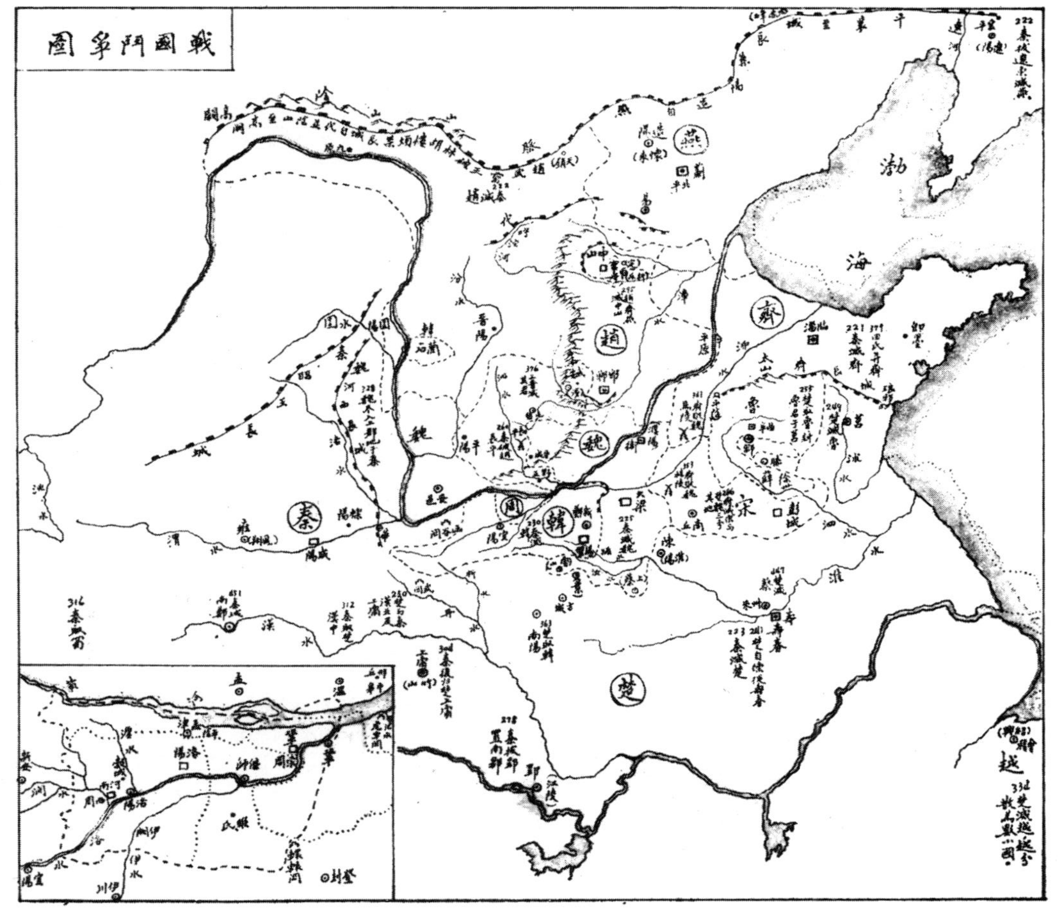

戰國鬥爭圖
秦
韓
魏
趙
齊
燕
楚
宋
越
周
渤
海

附戰國時期周室帝系表

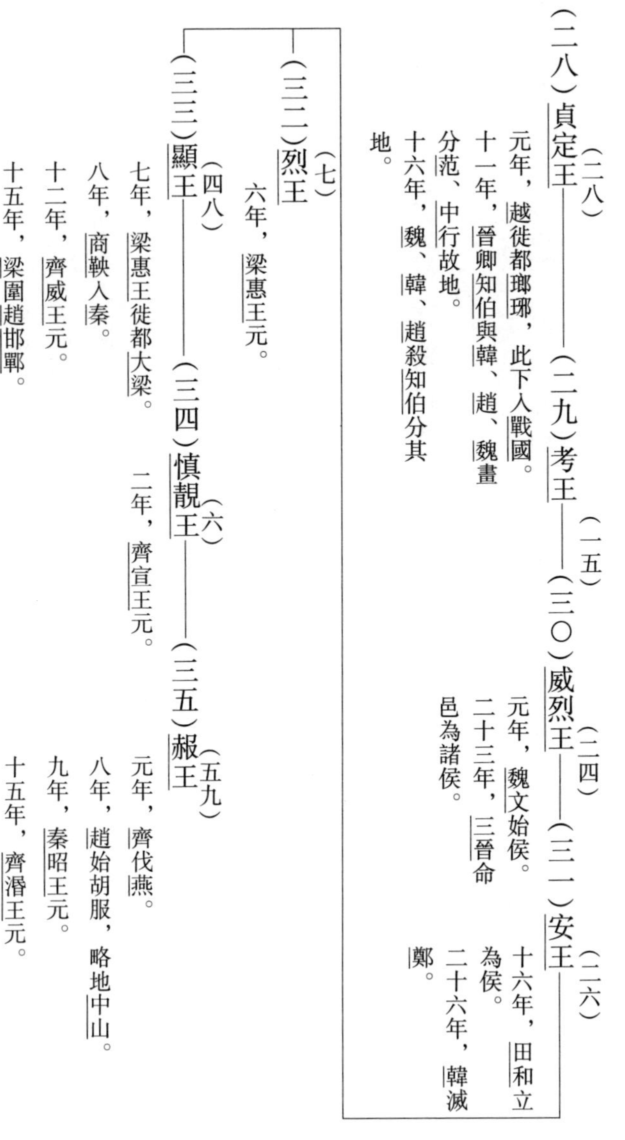

(二八)貞定王(二八)
元年，越徙都瑯琊，此下入戰國。
十一年，晉卿知伯與韓、趙、魏晝分范、中行故地。
十六年，魏、韓、趙殺知伯分其地。
(二九)考王(一五)
(三〇)威烈王(二四)
元年，魏文始侯。
二十三年，三晉命邑為諸侯。
(三一)安王(二六)
十六年，田和立為侯。
二十六年，韓滅鄭。
(三二)烈王(七)
六年，梁惠王元。
(三三)顯王(四八)
七年，梁惠王徙都大梁。
八年，商鞅入秦。
十二年，齊威王元。
十五年，梁圍趙邯鄲。
(三四)慎靚王(六)
二年，齊宣王元。
(三五)赧王(五九)
元年，齊伐燕。
八年，趙始胡服，略地中山。
九年，秦昭王元。
十五年，齊湣王元。

十六年，齊敗魏桂陵。
二十六年，齊敗魏馬陵。
三十五年，齊、魏會徐州相王。
四十四年，秦惠王始稱王。

十六年，楚懷王入秦不反。
二十七年，秦昭、齊湣約稱東、西帝，未果。
二十九年，齊滅宋。
三十一年，燕樂毅以五國師入齊。
三十七年，秦拔楚郢，楚東遷陳。
五十五年，秦破趙長平。
五十八年，諸侯救趙，解邯鄲圍。

二　從宗法封建到新軍國之種種變遷

從春秋以前之宗法封建，轉移到戰國時代之新軍國，相應而起的，有政治、社會各方面激劇之變動。

第一是郡縣制之推行，政府直轄下的郡縣，代替了貴族世襲的采地。

郡縣制已見於春秋。晉自曲沃篡統，獻公患桓、莊族逼，盡殺羣公子；驪姬之亂，又詛「無畜羣公子」，故晉無公族。而幷地日大，於是遂行縣制。僖二十五年，晉文公「問原守於寺人勃鞮」，僖三十三年，齊襄公「以先茅之縣賞胥臣」，皆其證。及頃公時，六卿弱公室，又盡滅公族，分其邑為十縣，各令其子為大夫。左昭五年，楚薳啟彊言：「韓賦七邑，皆成縣。」又曰：「因其十家九縣，長轂九百，其餘四十縣，遺守四千。」則晉制一縣出兵車一百乘，大率萬戶方百里為一縣，則十戶而出長轂一乘也。則晉之推行縣制已久，故三家分晉，即變成新的郡縣國家。如吳起為西河守，西門豹為鄴令。楚亦久行縣制，宣十一年，「縣陳」。十二年，鄭伯出降，曰：「使改事君，夷於九縣。」蓋內廢公族，外務兼幷，為封建制破壞、郡縣制推行之兩因。郡則其先為邊方軍區，較縣為小。周書作雒：「千里百縣，縣有四郡。」四郡蓋指百里之四邊也。故趙簡子之誓曰：「上大夫受縣，下大夫受郡。」及後邊郡日見大，腹縣日見小，甘茂言於秦王曰：「宜陽，大縣也，上黨、南陽，積之久矣，名曰縣，其實郡也。」亦為軍國進展應有之現象。

郡縣政令受制於中央，郡縣守令不世襲，視實際服務成績為任免進退，此為郡縣制與宗法封建性質絕不同之點。自此貴族特權階級分割性之封建，激變而為官僚統治之政府。故相隨於郡縣制度而起者，第一即為貴族世卿與游仕勢力之更迭。

宗法封建時代，君權未能超出於宗族集團之上。故君、卿、大夫之位，相去僅一間，孟子：「君一位，卿一位，大夫一位。又上士、中士、下士，凡六等。」君位廢立，常取決於卿、大夫之公意。公羊隱元年：「諸大夫扳隱而立之。」左定元年：「若立君，則有卿士、大夫與守龜在。」國語：「厲王虐，國人逐王。」左傳：「晉惠公虜於秦，國人卜立其太子圉。」孟子：「貴戚之卿，君有過，諫不聽，則易位。」周禮有「致萬民詢國危、詢國遷、詢立君」。此種改變，一在君位繼承法之漸趨確定，一在兼幷與郡縣之日漸推行。郡縣制的國家，則君權漸脫親屬關係之束縛，並非以一宗族建國。一面是君權之演進，而又一面則是游仕之得勢。戰國游仕分析，一大學者及其弟子，如荀卿、李斯等。

二庶孽公子及先世仕宦，如商鞅、樂毅等。三資產在中人以上，如吳起、呂不韋等。四貧士，如張儀、范雎、虞卿等。五賤臣下吏，如申不害、趙奢等。要之非親屬貴族。貴族地位降低，世臣消滅，君位轉尊，實為郡縣新國家一要徵。

其次，則有軍民之漸趨分治。

翟璜曰：「君（魏文侯。）謀欲伐中山，臣進樂羊。中山已拔，無使守之，臣進李克。」將軍與守臣之分職特派，此即軍民分治之見端。封建時代貴族即軍長，無此分別也。

又有食祿之新制度。

既不與采邑，則官吏必食祿。魏成子為文侯親弟，「食祿千鍾」，則亦無封土矣。史記趙奢傳：「奢，趙之田部吏，收租稅，平原君家不肯出，趙奢以法治之，殺平原君用事者九人。曰：『縱君家不奉公則法削，法削則國弱。諸侯加兵，君安得有此富？』平原君賢之，言於王，使治國賦。」據此則戰國貴族縱有封邑，仍必向公家納租稅，與春秋封建采邑不同。（亦與漢代封邑制有別。）

食祿者必受職，其有祿無職者，則惟當時之養賢制為然。

此始於魏文侯之於子夏、田子方、段干木之倫，而極盛於齊之稷下制度，為尚賢觀念代親親貴貴而起之徵象。

第二是井田制之廢棄。

古者方百里為大國，百里之地有城郭邑落、山澤林藪、封疆棄地，不能盡墾。即盡墾，亦不過萬井，九百萬畝。其間尚有君、卿、大夫、士等諸級，各有分地。則百里大侯，有田無多，亦如後世一業主。其民若今之佃戶。分田還受，並非難事。即如近世一墾牧公司，圈地招墾，亦必均派一家若干畝，不令隨便多少。故封建制度下之農民無兼并，無貧富。若已有兼并貧富，則封建制亦復失其存在矣。欲明古代井田制度之眞相，必先瞭解古代封建國家之規模。（已詳前篇。）井田乃是一種小方格塊內之劃分；周禮所言，則大整塊千萬頃耕土，已非封建時代之形態也。

分封貴族之采地漸次取消，則直屬國家之耕土漸次擴大，於是以前貴族圈地分區小規模的井地，不得不解放為整塊的農田。

商鞅廢井地而開阡陌封疆，「阡陌」即是大田岸，「封疆」猶如大圍牆，為古代貴族封建分割性之主要標幟。一方方的井地，相互隔絕在此種格子線之裏。現在政治上已由封建變為郡縣，自可打開格子線，剷除田岸圍牆，化成一片。此即李悝「盡地力」之教。大整塊農田之形成，即是封建井地之破毀也。

此外尚別有促成之原因。一、人口之繁殖。左襄十年：「子駟為田洫，司氏、堵氏、侯氏、子師氏皆喪田焉。」襄三十年：「子產使都鄙有章，上下有服，田有封洫，廬井有伍。一年輿人誦之，曰：『取我衣冠而褚之，取我田疇而伍之。孰殺子產，吾其與之。』三年又誦之，曰：『我有子弟，子產誨之；我有田疇，子產殖之。子產而死，誰其嗣之？』」此必鄭國地狹民稠，故已漸破棄井田之格子線，乃至於田無封洫，廬井不伍，而子產為之整頓也。二、耕器之進步。孟子云：「許子以鐵耕乎？」以鐵耕，則一夫之治田能力隨之增大。國策：「秦以牛田通水糧。」牛耕，春秋晚期已有，（如孔子弟子司馬耕，字牛。）亦到戰國而漸盛。三、水利工程灌溉事業之發達。如魏有西門豹、（文侯時。）白圭、（惠王時。）史起。（襄王時。）秦有李冰、（孝文王時。）鄭國。（始皇時。）周禮遂人所記遂、溝、洫、澮、川等制度，亦是井田制破棄以後，大規模水利網之描寫也。其先所謂井田，「井」或乃灌溉單位，八家共一井，即是一井之灌溉量也。（公羊傳有此說。）

井田制度之破壞，另一原因，則在稅收方法之改變。

大抵最先有一種公田制的「助」法。

方里而井，井九百畝，其中為公田，八家皆私百畝，同養公田。公田所入歸公，私田所入歸私。此制度之最要意義，厥為田畝所有權之全屬於貴族封君。所謂「四封之內，莫非王土；食土之毛，莫非王臣」也。方方正正的一井九百畝，此為一種標準的敘述。制度皆有活變，記載則不能盡詳。其實一井亦儘可為七百畝、八百畝或一千畝。一井之內，主要者為公田。依理言之，正因助耕公田，始得享有其私田之收穫。此乃為一種雇傭性質，如近代為富家看守墳墓而得耕食其墓田也。其時貴族特置農稷之官，頒曆明時，辨土壤，擇穀種，教稼恤農，巡野督耕。如周官大司徒、司稼、草人、庶氏、剪氏、赤龙氏、蟈氏、壺涿氏諸官，可覘其消息。呂氏春秋有任地、辨土、審時諸篇，即古代農稷之官之農學也。蓋正因視四封之內皆其私物，故勤懇教督。而農民智昧力弱，失卻貴族之指導扶助，亦無以善其私田。若叛離此封疆邱邑之外，則茫茫禹迹，夷狄禽獸，縱橫交偏，更非家人夫婦生活之區。因此貴族、農民在此制度下相安於一時。

其次，則為「履畝而稅」。

履畝而稅者，廢公田，轉就私田徵稅，視其田畝之實收而抽收額定之比率。周禮地官司稼所謂「巡野觀稼，以一年之上下出歛法」也。此相當於孟子所謂「徹」。至「貢」法，則只就數年中數立一稅額，較更簡單。論語：「魯哀公問：『年饑，用不足，如之何？』有若曰：『曷徹乎？』哀公曰：『二，吾猶不足，如之何其徹也？』」其時魯已用田賦，賦與稅為二。有若欲哀公因歲饑薄歛，故曰：「民不足，君孰與足？」孟子言貢、助、徹三制，皆非憑空私造；惟附會之夏、商、周三代，則誤。蓋貴族階級田畝日廣，則生活日奢淫，志行日懶惰，不肯再理農事。而農民階級則智慧日開，能力日強，於是各自盡力於私田，而公田收成轉惡。此亦公羊說。至是乃廢去公田，履畝而稅。如是則不必方里而井，亦不必嚴格還受。雖便於大數量之徵收，而已為井田制度破棄之先聲矣。春秋宣十五年，「初稅畝」，此即履畝而稅也。魯國如此，各國先後可推。云「初」稅畝，則其先不然，故知應為公田而助矣。

履畝而稅，則可以只認田，不認人，於是民田得自由買賣，而土地所有權，無形中轉移，成為耕者所自有，而兼幷亦隨之而起。或謂：助法時期，公田外之土地，為村落所公有，及至履畝而稅，則田土盡歸公有。然履畝而稅，則耕者可以活動。八家共一井，則死徙不出鄉，同井相助，耕者無活動餘地。又公田為助之制度下，田里不鬻，一家百畝。履畝而稅，則耕者各自獨力經營，可以超過百畝之上。故履畝而稅，確為自由私產形成之先聲也。

第三則為農民軍隊之興起。

封建時代，貴族為采邑之大地主，同時亦即成一武裝集團。

春秋時代軍隊之組織，即本族制。城濮之戰，晉有「中軍公族」；鄢陵之戰，楚有「中軍王族」。楚若敖氏有「六卒」，晉「欒、范以其族夾公行」，可見一軍隊即一宗族也。「宗」指同一廟宇下祭祀，「族」指同一旗幟下作戰。

軍器製造，如車、如甲，及戰馬之養育等，皆為貴族保持地位之一種事業，平民無力參與。

鄭莊公伐許，「授兵於太宮」。衛懿公禦狄，「使國人即城圈子中人，皆貴族也。受甲」。鄭子產「授兵登陴」。楚武王「授師孑焉以伐隨」。事在莊四年，為楚用兵車之始。考工記：「兵車戈、殳、戟、矛四等。」吳子圖國篇：「長戟二丈四尺，短戟一丈二尺。」此皆甲仗兵器不在民間之證。僖十五年，「晉作州兵」；昭四年，「鄭作邱賦」；成元年，「魯作邱甲」，皆是一種額外增賦，以造甲兵。然仍是貴族別使專匠造之，非民間自造也。

農民耕田納稅，遇戰事徵車、非戰車。牛，挽夫力，非甲士。謂之「賦」。農民只為軍隊中之附隨，並無正式編配入軍隊之權利與資格。

隨武子云：楚國「荊尸而舉，商、農、工、賈不敗其業」，此農不為軍也。城濮之戰有「輿人」，左襄三十年有「輿尉」，淮南兵略訓云：「吏卒辨，兵甲治，正行伍，連什佰，明鼓旗，此尉之官也。收藏於後，遷舍不離，無淫輿，無遺輜，此輿之官也。」輿尉者，輿人之尉。僅稱「尉」，則軍尉。輿人即隨軍之輜重與夫力也。

貴族階級漸次奢侈安逸，國際戰爭漸次擴大劇烈，農民軍隊之編製，遂成一種新需要。車戰漸進而為步戰，即為貴族軍隊與農民軍隊交替之一種表記。

左傳所載諸大戰役，如秦、晉「韓」之戰，晉、楚「城濮」、「邲」、「鄢陵」之戰，晉、齊「鞍」之戰等，皆當時貴族式的戰爭，可說為一種藝術化的戰爭。即尚禮的戰爭。楚子玉告晉文公，謂：「請與君之士戲，君馮軾而觀之，得臣與預目焉。」交戰如游戲，眞可道出此中情況。惟晉為禦狄，已有步兵。僖二十八年，「晉侯作三行以禦狄」是也。昭元年，「晉中行穆子敗無終及羣狄於太原」，亦以步卒。「魏舒請毀車為行，荀吳之嬖人不肯即卒，斬以徇」，見車、徒有貴賤之分。鄭亦有步兵。見隱四年、襄元年、昭二十年。至戰國則全以農民步兵為主。亦有騎兵，車戰遂變成不重要之地位。至是始有眞賭生命之劇烈戰爭也。

三晉與田氏以大夫篡位，舊貴族失其地位，漸次設立以軍功得官之制度。

左哀二年，趙簡子誓眾：「克敵者，上大夫受縣，下大夫受郡，士田十萬，庶人、工、商遂，人臣隸圉免。」遂者得進仕，免者去廝役，此即商鞅「尚首功」之先聲。是役公孫尨以徒五百人宵攻鄭師。「徒」即平民軍隊也。蘇秦說齊：

「三軍之良，五家之兵，進如鋒矢，戰如雷霆，解如風雨。」又荀子議兵篇：「齊人隆技擊，其技也，得一首，賜贖錙金，無本賞矣。」注：「斬首，雖戰敗亦賞；不斬首，雖戰勝亦不賞。故曰無本賞。」是齊亦尚首功。五家之兵，疑猶秦之一甲首而隸五家。

吳起在楚，商鞅在秦，亦嚴行以軍功代貴族之新法。

起相楚，使封君三世，而收其爵祿，以撫養戰鬬之士。商鞅相秦，所定二十級爵，即以代古者貴族五等封爵之制。此皆欲以戰士為新貴族也。

以前是貴族任戰士，現在是戰士為貴族。農民軍隊之配練與井田制之廢棄，為新軍國圖謀富強之兩要端，而卽以促進宗法封建貴族之崩潰。

第四是工商業大都市之發展。

春秋時，工商皆世襲食於官，蓋為貴族御用，非民間之自由營業。

左昭十六年，鄭子產告晉韓宣子：「我先君桓公與商人皆出自周，世有盟誓，相保至今。」晉語：「公食貢，大夫食邑，士食田，庶人食力，工商食官，皁隸食職，官宰食加。」昭二十二年，王室亂，

「單子盟百工於平宮。百工叛，伐單氏之宮，敗焉。反伐之東圉。」杜注：「百工所在。洛陽東南有圉鄉。」故知工商皆居國中，世襲，食於官，僅去貴族一等也。

封建貴族漸漸崩潰，而自由經商者乃漸漸興起。

子貢「不受命而貨殖」，即自由經商也。其後如范蠡、段干木、白圭諸人，類皆賴藉政府上之地位，（惟非貴族。）而幹商販之新事業。

舊貴族沒落，「商賈」與「軍人」二者代之而興。而商業大都市亦陸續興起。

自春秋以迄戰國中期，歷時三、四百年，人口繁殖，耕地日闢，遊牧之戎狄漸次同化，或消滅，或避去，此疆彼界之封建，已變為壤地相連的幾個大國，此皆當時商業都市驟盛之原因也。舉其著者，如臨淄、邯鄲、大梁、郢、陶等。其間惟陶因交通關係，特殊發展，餘皆各國之首都。（是中國古代封建制度漸崩潰，而商業都市乃漸興起，非由商業都市興起而封建制度崩潰也。）

大抵東方各國，漸從商業資本轉入文學游仕，始終獎勵農戰的國家惟有秦。（秦以地勢關係，可以閉關不與東方通貿易。）

因此竟以并吞東方。

第五是山澤禁地之解放。

與商業發展有相互關係者，尚有禁地解放一層，亦為當時一種極重要之變遷。

封建時代之貴族采邑，除井地外，一應山林藪澤，大概全列為禁地，農民惟有耕稼為生。

周官有山虞、林衡、川衡、澤虞，（又有迹人、圃人等。）皆掌山澤之守禁。齊語亦謂：「山立三虞，澤立三衡。」晏子春秋謂：「山林之木，衡鹿守之。澤之萑蒲，舟鮫守之。藪之薪蒸，虞侯守之。海之鹽蜃，祈望守之。」此乃貴族封地之私產。孟子所稱「文王之政，澤梁無禁」，晏嬰謂「山林陂澤，不專其利」，則皆一種理論也。

農民漸漸游離耕地，侵入禁地，尋求新生業，貴族不能禁阻。

其先目之為盜賊，如鄭子大叔「興徒兵以攻萑苻之盜」是也。（昭二十年。）攻之不能止，乃不得已而加以一種征收。故「征商」之征，即「征誅」之征，古人目工商業為姦利者由此。秦漢政府「大司農」與「少府」分職，大司農掌田租，為國家公入，少府掌山澤之稅，為王室私入，亦由此種禁地觀念演變而來。

新生業之分化，與民間工業之進步，亦為自由商業促進之一因。

如捕魚、煮鹽、燒炭、採鐵、鑄錢、伐木，種種新生產事業，皆由農民侵入禁地而始有。

第六是貨幣之使用。

因商業發展而貨幣之使用遂興，亦為戰國一新形態。

左傳所記列國君臣相餽贈、賂遺、贖罪、納權，大抵為車馬錦璧鐘鼎寶玩，乃至女妾樂師而止，絕無以黃金貨幣相投報者；有之，皆自戰國始。六國表秦惠文王二年「始行錢」，距春秋末已一百五十五年。蓋其時東方諸國已先有錢貨，齊、燕刀幣，三晉布幣，楚鬼臉錢，近代出土極多。而秦踵行之也。

總之春秋以至戰國，為中國史上一個變動最激劇的時期。政治方面，是由許多宗法封建的小國家，變成幾個中央政權統一的新軍國。社會方面，則自貴族御用工商及貴族私有的井田制下，變成後代農、工、商、兵的自由業。而更重要的，則為民間自由學術之興起。

第六章　民間自由學術之興起（先秦諸子）

由春秋到戰國的一段劇變中，最要的，是民間自由學術之興起。

一　春秋時代之貴族學

上古學術，其詳難言。據春秋而論，學術尚為貴族階級所特有。貴族封建，立基於宗法。國家即是家族之擴大。宗廟裡祭祀輩分之親疏，規定貴族間地位之高下。宗廟裡的譜牒，即是政治上之名分。

大祭前有會獵，（即相傳之「巡狩」。）「天子祭禮，諸侯畢至助祭。（「封禪」為祭天地之禮，惟天子始得祭天地，表示服從者亦畢來助祭，故巡狩、封禪為古帝王大禮也。）」祭後有宴享，表示相互間的聯絡與名分。宗廟的「宰」，和掌禮的「相」，便是主持這些名分的人。臨祭有歌頌，有祈禱，有盟誓。頌詞、禱文、誓書的保存，便成後來之歷史。

宗廟裡的祝史，還兼掌占星候氣，布曆明時，使民間得依時耕稼。諸侯皆受共主所頒時曆，曰「奉正朔」，故以改曆表示易代與革命。並記載著祖先相傳的災異及其說明。如周廟所藏周公金縢，是其例。

大抵古代學術，只有一個「禮」。古代學者，只有一個「史」。卽廟祝。瞽史司天，祝史司鬼神，史巫司卜筮、司夢，皆廟祝也。故左傳載天道、鬼神、災祥、卜筮、夢特多，由史官職掌如此。

史官隨著周天子之封建與王室之衰微，而逐漸分布流散於列國，卽為古代王家學術逐漸廣布之第一事。

古者諸侯無私史，祝佗言成王賜魯「祝、宗、卜、史」，定公四年。此魯之史也。衛太史柳莊死，獻公告尸曰：「柳莊非寡人之臣，社稷之臣也。」檀弓。狄入衛，囚史華龍滑與禮孔。二人曰：「我太史也，實掌其祭。」閔公二年。此衛之史也。齊、晉亦各有史官，書曰「趙盾弒其君」、「崔杼弒其君」，明非史官之君。故曰：「春秋，天子之事。」史官其先皆自周室逐漸分布於列國。司馬遷自稱先世：「世典周史。惠、襄之間，司馬氏去周適晉。其時有子頹、叔帶之難。分散，或在衛，或在趙，或在秦。」史記太史公自序。昭十五年，周景王謂晉籍談曰：「昔而高祖孫伯黶，司晉之典籍，以為大政，故曰籍氏。及辛有之二子董之，晉於是乎有董史。」杜註：「辛有，周人，二子適晉，為太史。」柏常騫去周之齊，見晏子春秋。太史儋去周入秦，見史記。晉亂，太史屠黍以其圖法歸周。見呂氏春秋。此皆史官由中央流布列國之事也。列國有史，先後不同，春秋凡諸侯書卒者，皆有國史以考其世次者也。其不書卒；或國滅，失其本史；或國雖在，而未有史，皆無所考其世次。其世次有入春秋即見者，有近後方有者，此皆史之所起有久近也。

禮本為祭儀，推廣而為古代貴族階級間許多種生活的方式和習慣。此種生活，皆帶有宗教的意味與政治的效用。宗教、政治、學術三者，還保著最親密的聯絡。祭禮的搖動，即表示著封建制度之崩潰。

春秋時魯有郊禮，此天子之禮也。魯人則謂成王所以賜周公。季孫氏祭泰山，此諸侯之禮也。八佾舞於庭，三家者以雍徹。

一切非禮，逐漸從貴族之奢僭中產生。一方面貴族對禮文逐次舖張，一方面他們對禮文又逐次不注意，於是貴族中間逐漸有「知禮」與「不知禮」之別，遂有所謂學者開始從貴族階級中間露眼。

春秋時代貴族階級之逐步發展，其禮節儀文之考究，可以列國君卿間以賦詩相酬答之一事證之。見於左傳者，賦詩凡六十七次。始於僖公，僖一次，文九次，成二次。盛於襄、昭，襄二十九次，昭二十五次。而衰歇於定、哀。定一次，哀無。子犯告晉文公曰：「我不如趙衰之文，請使衰從。」此後因列國間會聘頻繁，於是各國間遂產生一輩多文知禮之博學者，如晉有叔向，齊有晏嬰，鄭有子產，宋有向戌是也。

在貴族階級逐漸墮落的進程中，往往知禮的、有學問的比較在下位，而不知禮的、無學問的卻高踞上層。

於是王官之學漸漸流散到民間來，成為新興的百家。

二　儒墨兩家之興起

「王官」是貴族學，「百家」是民間學。「五帝官天下，三王家天下」，「官」是公義，「家」是私義。所謂百家之言，只是民間私議而已，與後世所謂「成家」、「專家」不同。

百家的開先為儒家。

說文：「儒，術士之稱。」禮記鄉飲酒義注：「術，猶藝也。」列子周穆王篇：「魯之君子多術藝。」術士猶謂藝士，由其嫻習六藝。周官保氏「教國子六藝、六儀」。六藝者，五禮、六樂、五射、五御、六書、九數。大戴禮保傅篇：「王子年八歲，學小藝；束髮，學大藝。」保氏六藝兼通大小，殆為當時貴族子弟幾種必修之學科也。其擅習此種藝能以友教貴胄間者，則稱「藝士」，或「術士」，或「儒」，即以後儒家來源也。藝士不僅可任友教，知書、數可為家宰，知禮、樂可為小相，習射、御可為將士，亦士人進身之途轍。晉趙盾田於首山，見靈輒餓，曰：「宦三年矣。」左宣二年。杜注：「宦，學也。」曲禮：「宦學事師。」則二者俱是學，蓋宦、學俱是習為職事。此如今之藝徒，即以學習為行業也。越語句踐與范蠡「入宦於吳」，韋注：「為臣隸。」為臣隸與友教，同需嫻習六藝。貴族家中之師傅、宰相，其先地位亦本相當於臣隸也。既有宦學事師之人，必有為之師者。藝士於是又可以為求宦游學者之師，而後藝士之生活，乃漸脫離貴族之豢養而獨立。

儒家的創始為孔子。

孔子宋人，其先亦貴族，避難至魯，其父叔梁紇，獲在魯國貴族之下層。

孔子曾為委吏，主倉積出納。又為乘田，主飼養牛羊。常在貴族家裡當些賤職。此即孔子之宦。然而孔子卻由此習得當時貴族階級種種之禮文。

孔子幼年既宦於貴族，故孔子自稱：「我少賤，多能鄙事。」孔子又自稱「好學」，其弟子稱其「學無常師」。郯子來魯，孔子即從之問古官制，是其一例。事在魯昭公十七年，孔子年二十七。周室東遷，豐、鎬舊物，散失無存。昭王二十六年，王子朝奉周之典籍以奔楚。其後子朝見殺，未聞取典籍以歸者；或亡於柏舉兵燹中矣。否則左傳成於吳起之徒，起相楚，或猶有見者。東方諸國，猶得存周禮者惟魯。衛遭狄禍，渡河而南，殷、周故事亦鮮有存者。故仲孫湫謂魯「秉周禮」。閔元年。祝佗言伯禽封魯，「祝、宗、卜、史，備物、典冊。」定四年。韓宣子至魯，始見易象與春秋，而有「周禮盡在魯」之嘆。哀三年，桓、僖二宮災，「命周人出御書，宰人出禮書。」注：「周人，司周典籍之官。」孔子對魯哀公曰：「文武之道，布在方第。」（中庸）又曰：「杞、宋文獻不足徵。」（論語）「吾觀周道，幽、厲傷之，吾舍魯何適矣！」（禮運）又曰：「吾學周禮，今用之，吾從周。」

孔子居文獻之邦，故得大成其學。莊子天下篇：「其在於詩、書、禮、樂者，鄒、魯之士，搢紳先生，多能明之。」

孔子不僅懂得當時現行的一切禮，包括禮、樂、射、御、書、數六藝。孔子還注意到禮的沿革和其本源。此包括古經典之研尋，所謂「詩、書文學」。

孔子遂開始來批評當時貴族之一切非禮。

子入太廟，每事問。或曰：「孰謂鄹人之子知禮？」子曰：「是禮也？」蓋孔子非不知魯太廟中種種禮器與禮事，特謂此等事與器皆不應在魯太廟中，如八佾舞於庭、三家者以雍徹之類。故特問以發其意。此如衛甯武子不答魯文公賦湛露、彤弓，（文四年）魯穆叔不拜晉奏肆夏、歌文王（襄四年）之類。魯昭公四年，楚靈王會諸侯於申，使問禮於宋向戌與鄭子產。向戌曰：「小國習之，大國用之，敢不薦聞？」獻公合諸侯之禮六。子產曰：「小國共職，敢不薦守？」獻伯子男會公之禮六。子產、向戌皆當時所稱知禮者，然僅止於實際上之因應而止。此亦如術士僅以六藝進身貴族，藉為宦學友教而止。孔子所謂「小人儒」也。孔子則對於當時貴族之禮，不僅知道，實別有一番理想，別有一番抱負，欲以改革世道也。孔子勉子夏為「君子儒」者在此。儒道之不能產生於當時貴族階級中者亦在此。

孔子的批評，一面是歷史的觀念，根據文王、周公，從禮之本源處看。故曰：「久矣！吾不復夢見周公。」一面是人道的亦可說哲學的。觀念，根據天命、性、仁、孝、忠恕等等的觀點，從禮的意義上看。故曰：「知我者其天乎？」

禮之最重最大者惟祭，孔子推原祭之心理根據曰「報本反始」。此即原於人類之孝弟心。孝弟心之推廣曰「仁」，曰「忠恕」。孔子以「忠」字積極的獎進人類之合作，以「恕」字消極的弭解人類之衝突。故曰：「忠恕違道不遠。」是為人與人相處最要原理，即所以維持人類社會於永久不弊者。孔子指出人類此等心理狀態，認為根於天性，如此則生死、羣己、天人諸大問題，在孔子哲學中均已全部化成一片。驟觀孔子思想，似有偏於復古之傾向，如孔子屢言「好古」。又似有偏於維持宗法封建階級之傾向，如孔子謂「君君、臣臣、父父、子子」等。其實孔子已指出人類社會種種結合之最高原理。即仁。苟能明此，直古直今，無所謂復古，孔子之好古，只是注重歷史與文化。亦決不致為階級權力所僵化。孔子之好禮，只是注重大羣體之融結，故曰：「人而不仁如禮何？人而不仁如樂何？」孔子雖不直斥鬼神，如曰：「敬鬼神而遠之。」或則疑孔子仍為宗法社會時代人之見解，如孔子主三年之喪等。其實孔子對於人世與天國，即性與命之問題所解答。現實界與永生界，即孝與祭之問題所解答。並已有一種開明近情而合理之解答也。故孔子思想實綰合已往政治、歷史、宗教各方面而成，實切合於將來中國摶成一和平的大一統的國家，以綿延其悠久的文化之國民性。孔子思想亦即從此種國民性中所涵育蘊隆而出也。

孔子在魯國做過司寇，主墮季孫、叔孫、孟孫三家的都城。（大夫執政，為孔子所反對。）然而孔子未獲竟其志。自此出遊衞、宋、陳、楚諸國，（其先曾已至齊。）十四年而返魯，孔子已老。

孔子周遊，其抱負並不在為某一國、某一家，故曰：「天下有道，丘不與易。」孔子實已超出當時狹義的國家與民族觀念之上，而貢獻其理想於當時之所謂「天下」。（在今人視之，孔子只在中國境界內活動。在孔子當時，則實為對整個人類之文化世界而服務也。）此種遊仕精神，為後起學者所仍襲，到底造成了一個大一統的中國。（當時則已為「天下」。）

孔子一面在政治上活動，一面卻招收許多學生。

孔子因抱改革天下之宏願，故政治活動之外更注意於教育，開中國史上民間自由講學之第一聲。孔子在未為魯司寇以前，已有許多弟子，如顏淵、子路、冉有、宰我、子貢之徒是也。孔子老年返魯以後，又有許多弟子，如子游、子夏、曾子、子張、有子之徒是也。大抵孔門前輩弟子，多頗有意政事實際的活動；後輩弟子，則多偏向於詩、書文學之研討。（孔門四科，惟「文學」一科屬後輩弟子，如「德行」、「言語」、（即今之外交。）「政事」，（包括財政、軍事等。）皆孔門前輩弟子也。所謂「德行」，只是有才而肯不用的人，非不通政事、外交者。）而孔子卻喜懽其前輩弟子。（故曰：「如用之，則吾從先進。」先進即前輩先及門之弟子。孔子殆以其有體有用。而尤重顏淵，則因有才而肯不用。故曰：「用之則行，舍之則藏，惟我與爾有是夫！」子貢已差一肩。冉有不肯藏，孔子曰：「非吾徒，小子鳴鼓而攻之。」「小子」即游、夏之輩，其時皆不過二十歲左右之青年也。孔子死後，他們的聲名都掩蓋在諸前輩之上。）

孔子的政治活動失敗了，而孔子的教育事業卻留下一個絕大的影響。孔子是開始傳播貴族學到民間來的第一個。孔子是開始把古代貴族宗廟裡的知識來變換成人類社會共有共享的學術事業之第一個。

舊說孔子修詩、書，訂禮、樂，贊易而作春秋，此所謂六經。其先皆官書也；即王官學。章實齋謂「六經皆史」，即謂六經皆政府中（或衙門中）一種檔案或文卷。章氏所謂「史」，即政府中掌管檔案文卷者，如周官中之五史皆是，與最先廟祝之史不同。因之史之所掌亦謂史，故曰「六經皆史」。經孔子之手而流布於民間。其間經過孔子一番整理與解說，如上舉孔子論禮之類。而春秋則為中國第一部民間史之創作。「春秋，天子之事」，謂民間本無作私史之權也。又曰「其事齊桓、晉文」，則孔子雖據魯史，（即國別史。）而所記注重當時霸業，即國際史、世界史也。孔子開始為平民社會創作流傳一部世界史，而寄託了孔子對政治、社會的許多意見，故又曰「其義丘竊取之矣」。中國民族乃一歷史的民族，而孔子即為中國最偉大之史學家，又為第一史學家也。

繼續儒家而起者為墨家，墨家的創始人為墨子。

墨子家世不可考，似乎是一勞工。古代往往以刑徒為工人，「墨」是五刑墨、劓、腓、宮、大辟。最輕之第一種，俘虜與罪人作工役者必受墨刑。即面額刺字，或刺花紋，以為標幟，漢人謂之「黥」。五代、宋人犯罪配軍必先刺面。墨子蓋以墨徒即漢人所謂「黥奴」，宋人所謂「配軍」。而唱新義，故曰「墨家」。（猶今云「勞工學派」。）墨為家派之稱，非墨子之姓氏。（古非貴族，往往無姓氏可考。如介之推、燭之武、師曠、卜偃、屠羊說之類，其名字著於史冊而不知姓氏者，不知其數。因男子稱氏不稱姓，非貴族則無氏也。）

孔子有教無類，據說墨子亦在孔門受過教，（此淮南子說，必在孔子身後。）後來他卻自創教義。

孔子所傳多係儒士，雖非貴族，亦與貴族為近。（孔子常稱「君子」，即當時貴族之稱也。）墨為工人，亦居國，（即城市中人。）較之農民（鄉裏人。）易受學術空氣之薰染；又工人集團而居，更易自成家派。（墨家亦頗有似後世江湖祕密結社的樣子。）

墨子對於當時貴族階級的一切生活，抱著徹底反對的態度，因此有「非禮」、「非樂」的主張。

儒家講究禮、樂，（儒家所講與當時貴族階級所守，貌同而實不全同。「恤由之喪，魯哀公使孺悲之孔子學士喪禮，士喪禮於是乎書。」此等皆儒家所創新禮也。）墨子非禮、樂，故亦「非儒」。

墨子反對禮、樂的主要觀念，在反對其奢侈。墨子的正面理論為「節用」。墨子認為貴族禮中最無用即最奢侈的莫如喪葬之禮，（以奉養生人的奉養死人。）故墨子提倡「節葬」。

儒家比較承認貴族禮的成分多，儒家只要把當時通行的貴族禮重新整理一番，使他包有社會全人類的共同含義。儒家極重喪葬之禮，為其可以教孝、教忠、教仁。儒家認為惟有對於已死的人盡力，最可發明人類自有的孝弟忠仁之內心。墨家則站在一般貧民勞工經濟的觀點上看，覺得貴族的喪禮和葬禮，最為浪費，最屬無謂。

儒家說喪葬之禮乃人子之自盡其孝，墨家卻說應該「視人之父若其父」，與其用在死人的身上，不如用在活人的身上，所以墨家說「兼愛」。「兼愛」與「仁」不同。仁非不愛人，特有親疏等差，故說「孝弟為仁之本」。人決無不能愛其父母而能愛別人者。「兼愛」異於「別愛」，乃一種無分別之愛，亦可說是一種大同之愛，抹撥個人，只就大羣著眼。儒家提倡孝弟，根據於人性之「仁」，仁只指人類內心之自然的傾向與自然的要求。故稱之曰人之性。墨家提倡兼愛，卽無差別之愛。反乎人心，所以墨家要說「天志」。墨子說：你的父母和我的父母，在你我看固若不同，在天的意思看，卻全是一樣。人本於天，所以應該「兼愛」，卽應該「視人之父若其父」。近人常謂墨子有似耶穌，其實兩家精神亦不同。耶穌對他母親說：「婦人，在你與我之間，有何關係？」當耶穌聞其母和兄弟們要找他說話時，耶穌說：「誰是我的母親？又誰是我的兄弟？」於是耶穌展其兩臂向諸門徒說：「你們看，此處是我的母親和兄弟。」耶穌又說：「不論誰到我之前，若不自恨棄他的父母、妻子、兄弟、姐妹，甚至於他自己的生命，他不够做我門徒。」初期的基督教，其對人類家庭之教誡如此。今墨子謂「視人之父若其父」，依然是地上人間的關係。故墨子僅成一社會改革家，而非宗教教主。要依照天志而兼愛，要視人之父若其父，便絕不該在個人或家庭生活上浪費和奢侈。墨子在兼愛的主張下面，要人類全過一種平等的生活。「禮」是一種帶有階級意義的生活，墨家自然要徹底反對。墨家要把當時社會上最勞苦的生活，卽刑徒役夫的生活，作為全人類一律平等的標準生活。

他們在理論的組織上提出天志，（天志乃墨家理論，非信仰。）在歷史的教訓裏提出大禹。他們說：「非大禹之道，不足為墨。」（禹之治水，「腓無胈，脛無毛，沐甚雨，櫛疾風」，為歷史上最勞苦之模範人物。）所以墨家以兼愛為始，而以自苦為極。（儒家可稱為「良心教」，墨家可稱為「苦行教」。良心與苦行，皆代表中國民族精神之一部。惟苦行究極必本於良心，若專本諸天志，則其事為不可久。而良心則不必限於為苦行。故儒可以兼墨，墨不足以代儒。）

但是儒、墨兩派，有他們共同的精神，他們全是站在全人類的立場，（即天下的、人類社會的立場。）來批評和反對他們當時的貴族生活。儒家精神比較溫和，可說是反對貴族的右派；墨家較激烈，可說是左派。

以下戰國學派，全逃不出儒、墨兩家之範圍。

極端右派，則為後起之法家。極端左派，則為後起之道家。法家、陰陽家、縱橫家，皆屬右。道家、農家、名家，皆屬左。惟從另一面看，右派皆積極而向前，因其比較溫和，得保持樂觀故。而左派常偏於消極與倒轉，因其比較激烈，易陷於悲觀故。（參看另論古代宗教之一章。）

三　學術路向之轉變

孔子死後，貴族階級，墮落崩壞，益發激進，儒家思想暫轉入消極的路去，如子夏、曾子等是。

曾子處費，受季孫氏之尊養；子夏居魏，為文侯師。魏文侯與季孫氏，一篡位，一擅國，依儒家精神言，全該打倒。惟那時的儒家，不僅無力推翻他們，仍不得不受他們的尊養奉事。此因當時儒家的勢力和地位，仍需賴貴族扶護。於是漸漸轉成一種高自位置、傲不為禮的態度，這是一種變態的士禮。子夏、曾子、田子方、段干木、子思全是這樣，此與孔子所謂「禮」絕異。

從此等消極狀態下又轉回來，重走上積極的新路，他們開始再向政治上幹實際的活動。便成後來之所謂法家。李克、子夏弟子。吳起、曾子弟子。商鞅李、吳之後起。可為代表。

季孫氏固不能眞欣賞孔子，然他們卻佩服孔門之冉有、子路。魏廷亦未必能眞尊事子夏、田子方，然卻不能不用李克、吳起。因用李克、吳起，不得不虛敬子夏、田子方。孔子、子夏同采一種不合作的態度，來保持他們學術上的尊嚴。冉有、李克之徒，則以眞實的事功，換取當時的信仰與地位。此孔子所謂「具臣」。然亦有一個限度，相助篡君謀國，則不為也。

法家用意，在把貴族階級上下秩序重新建立，此仍是儒家精神。他們只避去最上一層不問。此孔子所謂「一成事不說」也。然而吳起在楚、商鞅在秦，都因此受一般貴族之攻擊而殺身。

吳起、商鞅皆不過以東方魏國行之已效之法移用於楚、秦。惟晉國公族本弱，魏新篡位，更無貴族，故變法易。楚、秦雖受封建文化薰陶較淺，然傳統貴族勢力則較東方三晉新國為大，故以東方當時新法推行於楚、秦，而受一輩舊勢力之打擊。

游仕的勢力與地位，漸漸提高，他們拚命苦幹的精神，卻漸漸消沉。地位高了，自然不願做犧牲。自吳起、商鞅以下，漸漸變成以術數保持祿位的不忠實態度，其人如申不害。

申不害教韓昭侯，以術數駕馭臣下，為君者自己沉默不見所好，不表示眞切態度。使羣下無可迎合，只好各竭其才，各盡其誠，而後為君者以刑賞隨其後。此等理論，見出已在貴族政府徹底破壞，官僚政治代興之時。然申不害自己卻以術數窺君私，為迎合。故申不害相韓近二十年，並無赫赫之功。以後游仕對各國皆不能有眞實偉大之貢獻，與商鞅、吳起異矣。

游仕逐漸得勢，他們不僅以術數保持祿位，不肯竭誠盡忠，他們還各結黨羽，各樹外援，散布在列國的政府裏，為他們自身相互間謀私益。國君有國界，游仕無國界。游仕為自身謀，因此造成一種各國政府裏層之聯合。國內的進退，引起國際的變動，使君權退削，臣權轉進。這便成所謂「縱橫」之局。蘇秦、張儀的故事，雖不可信，其編造故事之心理背景則可信。蘇秦在東方，張儀在西方，各為國相，互相默契，而保持祿位。這一派的代表如公孫衍、張儀。

此雖表現游仕之逐層腐化。然從另一方面看，實為平民學者地位與勢力之逐步伸張，乃至轉駕於列國君權之上。

墨家本該與政治絕緣，然而墨家亦依然走上接近政治的路。此亦事勢所限。

墨子常常保送其弟子到各國政府去。當時各國君相貴族，未必眞能欣賞墨子的理論，然墨家善守禦，最著者如墨家鉅子孟勝，為楚陽文君墨主兼愛，因主非攻。墨主非攻，乃變為為人守禦。亦因墨家本屬工黨，善為守禦之機械也。惟為人守禦，與天志、兼愛之理論，相去已遠。因此遂為各國掌政權者所樂用。

守城事。此並非墨家兼愛眞精神，墨家正因此等處大為當時貴族有權者所重視，而換取其自身在社會上之地位。

大體儒家近乎是貴族的清客，墨徒卻成了貴族的鏢師。然而貴族階級的特殊地位和特殊勢力，卻漸漸從儒、墨兩家的活動潮流裏剝削了。

四 士氣高張

游仕逐漸得勢，他們的學說，亦逐漸轉移，他們開始注意到自身的出處和生活問題。這已在戰國中期。

他們注意的精神，已自貴族身上轉移到自己一邊來。此可見那時貴族與游仕在社會上地位之倒轉。約略言之，可分五派：

一、勞作派。墨家苦行教之嫡系。此可以許行、陳仲為代表。

此派主張「君民並耕」，尚未主張無政府。此派思想往往注意社會問題，而忽略了政治情態。主張「不恃人而食」，各為基本的生活勞動。似乎是墨家精神最高之表現。陳仲子之生活，直是近世托爾斯泰晚年所想慕也。

二、不仕派。滑頭的學士派。此可以田駢、淳于髡為代表。

此派安享富貴生活，寄生在貴族卵翼之下，而盛唱其不仕之高論。此必當時先有不仕之理論，而彼輩竊取之，如儒家田子方、段干木之徒，以及墨家大部分，殆均以不仕見高也。齊稷下先生皆不仕而議論，而淳于髡、田駢為之首。

三、祿仕派。為以法術保持祿仕之進一步活動，即縱橫家也。此可以公孫衍、張儀為代表。

此派積極的惟務祿仕，「縱橫」即聯絡各國祿仕主義者，以外交路線互結成一勢力，以期於不可倒。

四、義仕派。儒家之正統。此可以孟軻為代表。

此派一面反對陳仲、許行，主張「分功易事」，承認政治的生活。推廣言之，即承認士君子禮樂的生活，亦可謂是文化的生活。此與貴族奢侈生活貌同而情異。一面反對田駢、淳于髡，即反對游談寄生之生活，亦即學者之貴族生活也。主張士「不託於諸侯」，須把官職來換俸祿。一面又反對公孫衍、張儀專以妾婦之道來謀祿位，主張以禮進退。若義不可仕而受貴族之周濟，則以不餓死為限度。

五、退隱派。

亦可稱玩世派，乃道家之正統。此可以莊周為代表。其先已有楊朱「為我」。楊朱、莊周，皆對儒、墨之犧牲自己以為社會之態度而懷疑其功效也。

此派從理論上徹底反對政治事業，此層比許行、陳仲激烈。卻不一定主張刻苦的勞作生活。比較許、陳溫和。既不願有禮樂文化，從反對政治事業必然引伸到此。又不願為勞苦操作，更不願為寄生祿仕，此派所以雖屬玩世，而終成為一種嚴正的學派。只有限於冥想的生活中。其先冥想皇古生活，進則冥想自然生活。皇古生活則以黃帝時代為寄託；自然生活則為神仙吸風飲露，可以不入世俗，不務操勞，不事學問，而自得其精神上之最高境界。

以上諸派，主張雖不同，然而他們思考和討論的中心，則全從自身著眼，並不像孔、墨兩家多對貴族發言。此正可見平民學者之地位已逐步高漲，而貴族階級在當時之重要性已逐步降落。

公孫衍、張儀「一怒而諸侯懼，安居而天下熄」，其勢力可想。次之如淳于髡，遨遊齊、梁，遍受極優之敬禮。田駢貲養千鍾，徒百人。孟軻稱連蹇，謂其「所如不合」，然亦「後車數十乘，從者數百人，傳食諸侯」。莊周雖隱淪，亦與大國君相時通聲氣。其友惠施，即為梁惠王相，與張儀、公孫衍為政敵。陳仲子餓於於陵，「三日不食，耳無聞，目無覩。」而聲名足以震鄰國。趙威后問齊使，特說為何至今不殺。許行亦有徒數十人。當時平民學者的聲氣和地位，實更超孔、墨之上。

五　貴族養賢

平民學者逐步得勢，貴族階級對他們亦逐加敬禮。於是從國君養賢進一步到公子養賢。從另一面看，此仍屬貴族階級之奢僭，所以自趨滅亡之路也。

國君養賢始如魏文侯、魯繆公，而大盛於齊威、宣王時之稷下。如齊宣王之於王斗、顏斶，燕易王之讓位於子之，秦昭王之跪見張祿先生，燕昭王之築黃金臺師事郭隗，皆當時國王下士之極好榜樣。

公子養賢，以孟嘗、平原、信陵、春申四人為著。

孟嘗君尤開風氣之先。其父靖郭君為齊威王弟，父子為齊威、宣、湣三朝相。孟嘗又相秦昭王、魏哀王，封於薛，稱薛侯，中立。即自為一獨立國。其聲勢地位如此，然孟嘗君卻極端下士。其意殆欲效魏文侯、田太公。

惟四公子門下，眞士少，偽士多。（所謂「偽」者，謂其不够尊養之資格。）只見游仕氣燄之高張，而不見他們的眞貢獻。

四公子惟平原得賢最多。如趙奢、虞卿、公孫龍之類，是也。信陵君之有侯嬴、朱亥、毛公、薛公，已不如平原矣。孟嘗則雞鳴狗盜之雄，僅一馮煖，亦縱橫策士耳。春申門下最闒淡，惟「珠履三千」而已。此非當時之無士，四公子爭以養士為名高，（或則別有懷抱，如孟嘗、春申。）動稱「門下食客三千人」，何來有如許士？偽濫雜進，則眞士不至。即如魯仲連，如天外游龍，豈四君子所能致耶？然仲連以一游士，立談之頃，能挽回秦、趙交爭國際向背之大計，此等氣魄意境，後代社會殊不易見。亦正因在士氣高張之時代下，故得成此偉蹟耳。

六　平民學者間之反動思想

從此激而為反游仕、反文學之思想，則為戰國晚年學術之特徵。（孔、墨初起時思想，皆針對批評貴族階級，此則否。第二期孟子、許行時代之思想，多偏重於學術界如何對付政治界之問題，（即士之出處問題。）而此則適相反，乃為政治界應如何對付學術界之問題。（即思想智識之統治問題。））其著者有三家：一老子，（關於老子傳說之考訂，見先秦諸子繫年。此處不能及，只就其思想與時代關係列之。二荀卿，三韓非。

老子的理論，其要者，反尚智，「智慧出，有大僞。」「絕聖棄智，民利百倍。」反好動，如「小國寡民」一節。反游仕食客，如「朝甚除，田甚蕪」一節。皆針對當時的現象。此種現象，皆春秋時代所無。

老子主張在上者無治，其思想有似申不害，而系統大體則異。在下者歸耕。此與許行、莊周各不同。

荀子則主禮治。禮為人倫，荀子則要把他的新人倫觀來重定社會秩序，主去世襲之貴族而以才智為等級。與孔、孟所言禮，其內容各不同。秦、漢以下政治，漸走上此路。

荀子分人為四等：一、大儒，知通倫類，明百王之道貫，為天子、三公，惟此可以「法先王」。此如今云「先知先覺」。二、小儒，奉法守法，為諸侯、大夫、士，此僅當「法後王」。此如今云「後知後覺」。三、眾人，為工、農、商、賈，安職則畜，不安職則棄。此如今云「不知不覺」。四、姦人，才行反時，殺無赦。此如今云「反動分子」。

荀子主以聖王為師，以王制為是非之封界，主定學術於一尊。

韓非主法治，他是一個褊狹的國家主義者，主張一階級的權益而謀富強。他抱有強烈的階級觀念，徹底主張貴族階級統治者之私利。

韓非為韓之諸公子，殆未忘情於其自身之私地位者。戰國除韓非外，尚有屈原，亦為代表貴族意識的學者。屈氏為楚之大族，故屈原寧失志，不肯為游仕。此皆專志於一國一宗，與其他學者不類。

他說上下利害相衝突，詭使與六反。他說聖人之治道三，曰利、名、威。他引用性惡論，韓非乃荀卿門人，荀為力唱性惡論之大師也。提倡反恩主義。即尚權力的反人道主義也。他要驅民於耕戰，徹底反對文學言談之士。五蠹。韓非極重老子，然與老子意境大別。他理想中的境界，是「無書簡之文，以法為教；無先王之語，以吏為師；無私劍之捍，以斬首為勇。」即尚首功。老、荀、韓三家立論各不同，然主裁抑戰國末年游仕高張之氣燄則一。又三家議論，皆已為秦、漢統一政府開先路。此緣其時已達天下混一之境界，故其意想自與戰國中期人議論別。

戰國學術思想之轉變，從孔子、墨子到荀卿、韓非，恰恰是貴族階級逐步墮落，平民學者逐步高張的一段反影、一幅寫照。

第三編　秦漢之部

第七章　大一統政府之創建 秦代興亡及漢室初起

經過戰國二百四、五十年的鬭爭，到秦始皇二十六年滅六國，而中國史遂開始有大規模的統一政府出現。漢高稱帝，開始有一個代表平民的統一政府。武帝以後，開始有一個代表平民社會、文治思想的統一政府。中國民族的歷史正在不斷進步的路程上。

一　秦漢帝系及年歷

秦之帝系

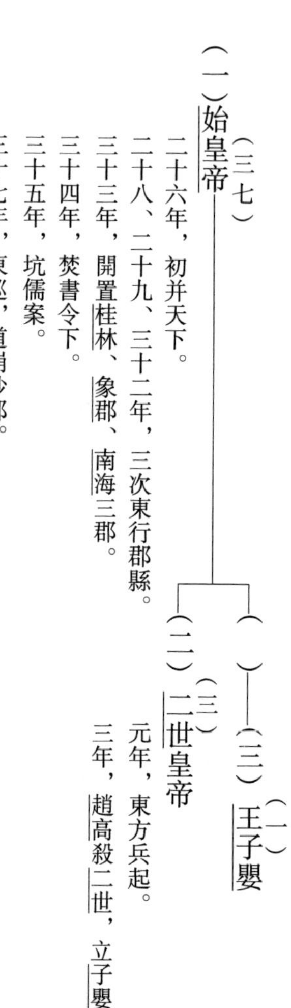

秦自統一稱帝至亡，凡三君，十五年。

西漢帝系

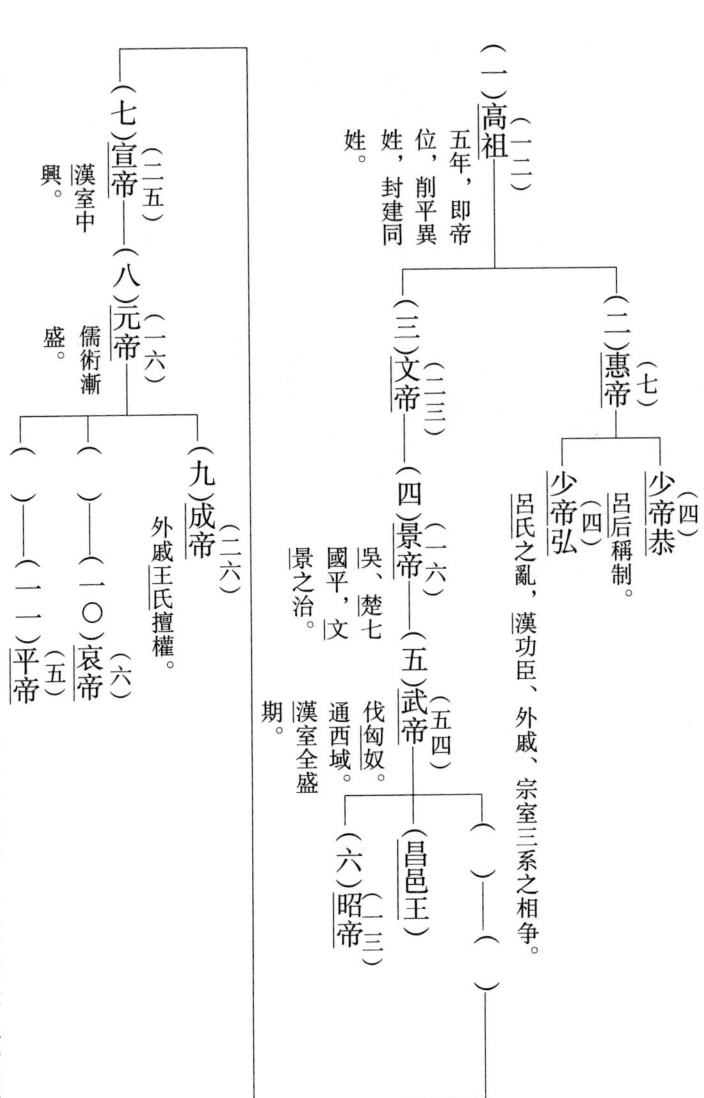
(一)高祖(一二)
五年，即帝位，削平異姓，封建同姓。
(二)惠帝(七)
少帝恭(四)
呂后稱制。
少帝弘(四)
呂氏之亂，漢功臣、外戚、宗室三系之相爭。
(三)文帝(二三)
(四)景帝(一六)
吳、楚七國平，文景之治。
(五)武帝(五四)
伐匈奴。通西域。漢室全盛期。
(昌邑王)
(六)昭帝(一三)
(　)—(　)
(七)宣帝(二五)
漢室中興。
(八)元帝(一六)
儒術漸盛。
(九)成帝(二六)
外戚王氏擅權。
(　)—(一〇)哀帝(六)
(　)—(一一)平帝(五)
王莽立孺子嬰攝政，又三年篡位，稱新朝。

漢自高帝至平帝凡十一君，二百一十一年。王莽自攝政至建新朝迄亡，共十八年。

二　國家民族之摶成

秦人統一，此期間有極關重要者四事：

一、為中國版圖之確立。秦并六國，分建四十二郡，（詳下。）造成此下二千年中國疆域之大輪廓。

二、為中國民族之摶成。春秋時代華、夷雜處之局，逐漸消融，而成一「車同軌，書同文，行同倫」之社會。

春秋時華、夷雜處之大勢，粗略言之，徐有淮夷，青有萊夷，雍有犬戎、義渠，豫有陸渾之戎，冀有鮮虞、赤狄、白狄、山戎，荆揚有蠻。經春秋至戰國，西北諸國有漸次城郭化者，亦有漸次驅逐而北避者。秦、趙、燕三國競務拓邊：燕開漁陽、右北平、上谷、遼西、遼東諸郡；趙滅中山，其先為鮮虞國，先滅於魏，為魏別封。開雁門、代、雲中諸郡；秦開九原、隴西、北地諸郡，魏開上郡亦入秦。中央諸戎則以韓、魏滅伊、洛諸戎，楚破南陽九夷而漸就消滅。東方淮海諸夷，率與諸夏同化。南方則有楚、越兩國之闢地。大抵今浙江、福建兩省為越人所闢；秦始皇使王翦定楚江南地，又降越君，置會稽郡，由是越失無餘故都。其子孫或都東甌，為今溫州等處；或都東冶，君閩中，為今福州等處。始皇薨，閩越君無諸、東越君搖，率兵助諸國滅秦。其後東甌悉眾徙中國，處江、淮間。閩越分立東越，又徙其民江、淮。其湖南、雲、貴為楚所闢。楚襄王時，使莊蹻將兵循江上，略巴、蜀、黔中以西，定滇，欲歸報，會秦奪楚巴、黔中郡。道塞不通，因以其眾王滇。惟湖南湘西，自秦昭王置黔中郡，漢改武陵郡，而其地蠻族仍各自為部落，開化有反緩於川、滇者。巴、蜀則開於秦。在惠王時。兩廣、安南則在秦并六國後始為中國郡縣。羣居生息於同一版圖，沐浴寢饋於同一文化，以中國人治理中國疆土，發展中國文化，蓋自此始大定其基礎。

三、為中國政治制度之創建。封建制破棄，郡縣制成立，平民、貴族兩階級對立之消融。

封建制逐步破壞，郡縣制逐步推行，自春秋至戰國已然。秦以下，雖封建遺形尚未全絕，然終不能再興。且其勢如危石轉峻阪，不墮於地不止。漢初先則有異姓封王，繼則封王惟限於同姓，又次則諸王惟得衣租食稅，同於富人；此自景、武下逮東漢，封建名存實亡，尺土一民，皆統於中央，諸封王惟食邑而已。至魏則并邑入亦薄。晉矯魏孤立，大封同姓，並許自選官屬，然劉頌言其「法同郡縣，無成國之制」。蓋亦徒享封土，不治吏民，乃西漢景、武以後法度耳。至晉惠帝立後，諸王或鎮雄藩，或專朝政，遂有八王之亂；然此乃權臣之擅政，非古代封建之比。下至南朝，宋、齊、梁諸代，宗室諸王皆出為都督、刺史，星羅棋布，各據強藩，假以事任，矯東晉中央衰替之勢；然此特援引親族以踞要位，其權重在為守令，不在為王侯。唐封諸王不出閣，有名號，無國邑，空樹官僚而無蒞事，聚居京師，亦僅衣稅食租。惟明初封諸王，欲以封建、郡縣相雜，然一、再傳即廢。終明之世，仍是分封而不錫土，列爵而不臨民，食祿而不治事也。再以封侯論，漢初諸侯亦猶有君國子民之意，景帝後事權即皆歸國相，侯國與郡縣無異；然尚裂土以封。東漢則多未與國邑，僅佩印受廩，列侯殆全同於關內侯。又漢初丞相選用列侯，武帝時始有拜相封侯之制。東漢位三公者亦不復有茅土封。然漢人猶常稱「萬戶侯」，言其封食之大。至魏，雖親王所食未有及萬，諸將封多不滿千戶。張繡封二千戶，時謂例外。亦因其時戶口耗減。晉、宋以下，門第既盛，朝廷封爵乃不為重。至唐則並廢封爵世襲之制，爵僅及身而止；而所謂爵土亦祇是虛名。受封者於內府給繒布，惟同俸賜，絕不足以擬古之胙土矣。唐太宗貞觀十一年，令諸功臣世襲刺史，長孫無忌等十四人辭曰：「違時易務，曲樹私恩，謀及庶僚，義非僉允。方招史册之誚，有紊聖代之綱。一也。臣等非才，愈彰濫賞。二也。孩童嗣職，寧無傷錦？一掛刑網，自取誅夷。三也。求賢分政，寄在共理。封植兒曹，失於求瘼，百姓不幸，將焉用之？四也。」於是遂止。唐初屢議封建，李百藥、馬周諸人皆反對之。觀於此，則知封建制度已不能復行於後世。以唐太宗之英武，唐初文、武諸功臣之出眾，誠使君臣割地，各自專制一方，相與和好連結，徽租訓武，亦足各傳百年、數百年之外。所以不能爾者，由國人對於政治意義之認識，久已不許復有貴族世襲封建制度之存在。此乃中國史進程中一極要綱目，不可不特別注意也。

四、為中國學術思想之奠定。此就態度傾向而言。

大要言之，中國學術思想之態度與傾向，大體已奠定於先秦。一曰「大同觀」。王道與霸術，即「文化的世界主義」與「功利的國家主義」之別也。先秦思想趨嚮前者，以人類全體之福利為對象，以天下太平為嚮往之境界，超國家，反戰爭。秦漢大一統政府，在當時中國人心目中，實已為超國界之天下也。二曰「平等觀」。階級與平等，即「貴族主義」與「平民主義」之辨。先秦思想趨嚮後者，而以仁愛中心的人道主義為之主。舉其著者，如孔子之孝弟論、忠恕論，墨子之兼愛論，惠施之萬物一體論，莊周之齊物論，許行、陳仲之並耕論、不恃人食論，（此即均等勞作論。）孟子之性善論，荀子之禮論，（即新人倫主義，以才智德行為君子、小人之新判別。其弟子韓非，持論雖褊狹，然亦可謂是一種在國家法律下之平等論也。）皆就全人類著眼，而發揮其平等觀念之深義者也。三曰「現實觀」。天道與人道，即「宗教」（此指狹義的宗教。）與「社會」之辨。先秦思想趨嚮後者。莊老之自然哲學，其反宗教之思辨最為徹底。人生修養之教訓，社會處世之規律，為先秦學說共有之精采。教育主於啟發與自由，政治主於德感與平等，對異民族主於與我同化與和平，處處表示其「大同」之懷抱。此乃先秦學術共有之態度，所由形成中國之文化，摶成中國之民族，創建中國之政治制度，對內、對外，造成此偉大崇高之中國國家，以領導東亞大地數千年之文化進程者，胥由此數種觀念為之核心，而亦胥於先秦時期完成之也。

此四者，乃此期間中國民族所共同完成之大業，而尤以平民社會之貢獻為大。即秦人之統一，亦為此種潮流所促成。

秦之先世本在東方，史記秦本紀敘述甚詳。為殷諸侯。及中潏始西遷。其母乃西土酈山氏女。周孝王時，大駱適子成居犬丘，今陝西興平。而庶子非子始別封秦。今陝西隴縣東南。其後犬丘一族為西戎所滅，非子一族邑秦者遂又東兼犬丘故地。諸嬴姓如江、黃、左莊十九年正義、史記陳杞世家索隱。徐、奄、左昭元年正義。梁、左僖十七年有梁嬴。又潛夫論。葛、左僖十七年有葛嬴。譚、史記、潛夫論。莒、潛夫論。鄖、左桓十一年、宣二年。終黎、史記伍子胥傳索隱。鍾離、史記秦本紀集解、水經淮水注。淮夷，路史後記注。及戰國之趙，皆在東方。秦、晉於春秋時世為婚姻，時無以秦為夷翟者。戰國之秦乃如春秋之楚，不得即此謂秦果夷翟。

三 第一次統一政府之出現及其覆滅

秦并六國，中國史第一次走上全國大統一的路。此不專因於秦國地勢之險塞及其兵力之強盛，而最要的還是當時一般意向所促成。

秦之富強，得東方遊仕之力為多，如商鞅、張儀、公孫衍、甘茂、范睢、蔡澤、呂不韋，皆東方人也，彼輩皆不抱狹義的國家觀念。即如魯仲連力反帝秦，亦就文化上立論，並非狹義的愛國主義。若使東方貴族機體不推翻，當國者盡如平原、信陵、屈原、韓非之徒，平民學者不出頭，遊仕不發跡，一般民眾皆受狹義的貴族政體之支配，則秦人力量便不够并吞東方。即以始皇一朝相臣言之，相國呂不韋、始皇即位拜，十年免。昌平君、九年拜，二十一年貶。索隱曰：「昌平君，楚之公子。」昌文君、九年拜。丞相王綰、二十六年拜。隗林、二十八年拜。李斯、三十四年拜。去疾三十七年拜。諸人，似乎全非秦之貴族。如呂不韋、昌平君、李斯則明屬東方人；呂、李明是平民階級。秦政府實一東西混合的政府，即超國界的。亦是一貴族秦王室。與平民合組的政府。所謂「布衣卿相」之局。秦藉東方人力得天下，自不能專以秦貴族統治。故始皇雖為天子，子弟下儕齊民為匹夫，更不封建。雖係始皇卓識，亦當時情勢使然。

秦政府對統一事業，亦大有努力，舉其要者，如廢封建行郡縣。

此種趨勢，雖自春秋、戰國以來即然，然明白肯定的廢封建則自秦始皇統一後始。時丞相王綰即請立諸子，封王荆、齊、燕諸地，李斯不謂然。時斯為廷尉。始皇曰：「天下共苦戰鬭不休，以有侯王。天下初定，又復立國，是樹兵也。」卒從李斯議。其後博士齊人淳于越又主封建，謂：「事不師古而能長久者，非所聞。」郡縣政治在當時實是有史以來之創局也。丞相李斯力斥之，至為請焚書。封建、郡縣兩政體之爭論，乃當時最要一大事。李斯學術上承荀卿，始皇亦本於息戰弭兵之見地，不復封建。郡縣則天下為一家，可望永久和平，封建則依然列國竝立，難免兵端。此實當時一種極純潔偉大之理想，所謂「平天下」是也。秦君臣此番建樹，於中國史上政體之躍進有大功績。後人空以專制譏秦，殊欠平允。

又按：秦始皇二十六年即從廷尉李斯議，分天下為三十六郡。今略考之，隴西、昭王二十八年置。北地、亦昭王置。以上二郡當在今甘肅境。上郡、昭王三年置。雲中、始皇十三年因趙置。漢中、惠王後十二年置。以上三郡當在今陝西境。蜀郡、惠王二十七年置。巴郡、亦惠王時置。以上二郡當在今四川境。

邯鄲、始皇十九年取趙置。鉅鹿、始皇二十五年滅趙置。廣陽、始皇二十一年滅燕置。漢志失載。漁陽、始皇二十二年因燕置。右北平、始皇二十年因燕置。上谷、始皇二十三年因燕置。遼西、始皇二十二年因燕置。遼東、始皇二十二年因燕置。以上諸郡略當今河北、熱河、遼寧境。河東、昭王二十一年置。太原、莊襄王四年置。上黨、昭王四十八年置。雁門、始皇十三年因燕置。代郡、始皇二十五年因趙置。以上諸郡略當今山西境。三川、莊襄王元年置。潁川、始皇十七年置。南陽、昭王三十五年置。以上諸郡略當今河南境。南郡、昭王二十九年攻楚置。此略當今湖北境。黔中、昭王三十年置。漢志失載。長沙、始皇二十三、四年滅楚置。以上二郡當今湖南境。楚郡、亦始皇滅楚置。治陳，亦曰陳郡。漢志失載。九江、始皇二十四年置。泗水、始皇二十三年置。碭郡、始皇二十二年置。薛郡、始皇二十三、四年置。會稽、始皇二十五年置。以上諸郡，略當今江蘇、安徽、浙江境。齊郡、始皇二十六年滅齊置。琅邪、亦始皇二十六年滅齊置。東郡、始皇五年置。以上諸郡，略當今山東境。閩中與會稽同年置，當今福建境。漢志失載。是也。又增九原、始皇三十三年闢河南地置。略當今綏遠境。南海、桂林、象郡、始皇三十三年略取陸梁地置。略當今兩廣乃至安南境。東海，始皇三十四年置。今江蘇、山東境。共四十一郡。邊郡十八，近邊二郡，黔中、長沙。內郡二十一，境土略與今相當，惟北盛於南，與後世異。

收軍器，隳城郭，決川防，夷險阻，以解消封建時代之武裝。

當時國境，皆築長城為防。魏有兩長城：一曰「固陽長城」，在今陝西境，由今華縣達榆林，南北千餘里；一曰「滎陽長城」，在今河南境，由陽武達密縣，南北數百里。齊亦有長城，在今山東境，由平陰達諸城、琅邪，盡海濱，東西千餘里。燕亦有兩長城：一曰「外長城」，由今河北懷來達遼寧之遼陽，東西二千里；一曰「長城」，在今河北易縣西南，延袤數百里。趙則有「扞關」，在今陝西膚施西北，北捍胡，西捍秦，長千五百里。楚自春秋已有「方城」，入戰國益增築，在今河南境，以方城縣為中樞，南經南陽達泚陽，北達葉縣魯山，亦有遺跡，屈曲數百里。割地裂疆，遠者五、六百年，近亦一、二百年。又有堤防齊與趙、魏以河為境，各自築堤。禦水，而以鄰國為壑。亦有壅水不下，以害鄰國。中國之支離破碎，固若自古已然。秦廷努力剷削決通，於中國大一統之形成，良有大功也。收兵器，鑄金人十二，各重二十四萬斤。此蓋均為一種弭兵理想之實施。後人專以專制說之，殊非事實。

又建設首都，移東方豪家十二萬戶於咸陽，興建築。宮殿與陵寢。

秦每破諸侯，寫放其宮室，作之咸陽，則咸陽之新建築，實匯合當時營造藝術之大成也。其經營陵寢，亦承儒家理論，而藉以充實中央。因有陵寢移民。漢承其制。於物質上即文物上。造成全國共仰之新首都，於統一精神亦殊重要。

巡行郡邑，築馳道。

始皇凡五巡狩。二十七年首巡隴西、北地，出雞頭山，過回中（今甘肅固陽）。二十八年始東行，上鄒嶧山（今山東鄒縣）、泰山，南登琅邪，還過彭城，西南渡淮至南郡，浮江（即漢水）由武關入。（後人誤謂始皇至湖南。）二十九年再東巡，經陽武登之罘，遂登琅邪，道上黨入。三十二年四次出巡，東北至碣石（今河北昌黎縣），從上郡入（今陝西延綏一帶）。三十七年第五次，至雲夢（今湖北境），浮江下過丹陽，至錢塘，上會稽，還過吳，並海北上，至琅邪、之罘渡河至沙丘（今河北平鄉縣），遂道卒。車轍馬迹徧中國，賈山謂：「秦為馳道，東窮燕、齊，南極吳、楚，道廣五十步，三丈而樹，厚築其外，隱以金椎，樹以青松」，其制度之壯麗可想。

統整各地制度文化風俗。

此觀秦各地刻石文辭可知。秦刻石辭傳者凡七：曰嶧山、泰山、琅邪、之罘、之罘東觀、碣石門、會稽。會稽刻石特提男女淫佚之防，此就各地風俗為矯正也。琅邪刻石尚孝、重農，為此後漢治之本。又始皇二十六年云：「一法度衡石丈尺，車同軌，書同文字」，此亦統一工作上極重要之事務。

開拓邊境，防禦外寇。築長城及戍五嶺。此皆為完成大一統的新局面所應有之努力。大體言之，秦代政治的後面，實有一個高遠的理想，此項理想，淵源於戰國之學術。秦政不失為順著時代的要求與趨勢而為一種進步的政治。

至於秦以一皇帝異乎以前之所謂「王天下」。高出乎公、卿、守、令百僚異乎以前之貴族世臣、封建列侯。之上，固若王室益尊，異乎前軌，然亦事勢推遷所必至，公、卿、守、令百僚若世襲，則仍是往者封建覆轍。若王位不世襲，則易啟紛爭，非長治久安之局。非秦君臣處心積慮欲為此以便專制也。為君者無此力量，為臣者無此心理。秦廷有集議之制，如始皇時議帝號、議封建、議刻石頌功德、議封禪。二世時議尊始皇廟。為兩漢所承。西漢，如議立君：昭帝崩，羣臣議立廣陵王，霍光承太后詔立昌邑王，又議廢之。如議儲嗣：成帝召丞相翟方進、御史大夫孔光等入禁中，議立嗣。議封建功賞：如甘延壽、陳湯元帝時，矯詔誅郅支單于，朝廷屢議其功賞。民政法制：如昭帝時議鹽鐵。獄訟：同姓者如淮南王獄；異姓者如魏其、武安侯相爭。邊事：如馬邑

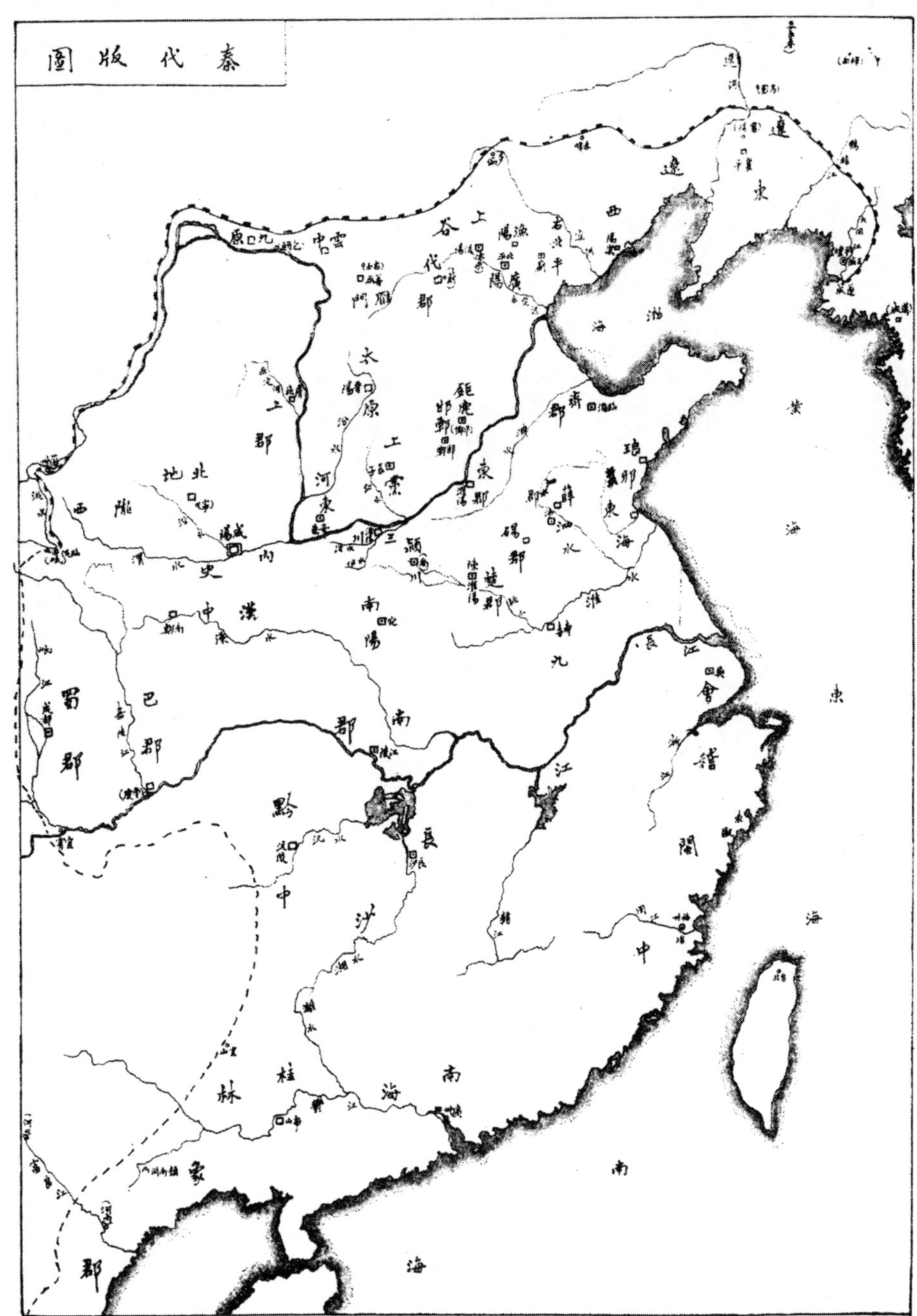

秦代版圖
雲中
九原
上谷
漁陽
右北平
遼西
遼東
代郡
雁門
太原
上郡
北地
隴西
河東
上黨
鉅鹿
邯鄲
東郡
齊郡
琅邪
薛郡
東海
碭郡
潁川
三川
內史
漢中
南陽
泗水
九江
蜀郡
巴郡
南郡
黔中
長沙
會稽
閩中
南海
桂林
象郡
渤海
黃海
東海
南海
長江
淮水
渭水
漢水
湘水
沅水

之謀。皆付廷臣羣議。東漢，如議立君：質帝崩，大集議立桓帝，梁冀主之，而李固、杜喬强守立清河王蒜不屈。董卓議廢少帝立陳留王，袁紹橫刀而出。議遷都：如董卓議遷長安。議食貨：肅宗議復鹽鐵。其他如議宗廟郊祀典禮、議選舉刑法等，不勝舉。朝廷每逢大事，君臣集議，猶與春秋列國貴族世卿之世略似。就此種政制風格言之，亦非一君權專制獨伸之象。

秦代政治的失敗，最主要的在其役使民力之逾量。

秦人以耕戰立國，全國民眾皆充兵役，名曰「黔首」。魏有「蒼頭」，為平民軍隊之一種，「黔首」殆與「蒼頭」義近。惟在戰國兵爭時代，以軍功代貴族，秦民力戰於外，歸猶得覬功賞。及天下統一，秦之政治亦漸上文治軌轍，而一面仍恣意役使民眾，如五嶺戍五十萬，長城戍三十萬，阿房役七十萬；此等皆為苦役，與以前軍功得封爵不同。古代封建小國，四境農民行程相距最遠不出三、四日，每冬農隙，為貴族封君服力役三日，往返不過旬日，其事易勝。秦得天下，尚沿舊制，如以會稽戍漁陽，民間遂為一大苦事。又有「七科謫」「七科謫」者，一吏有過，二贅壻，三賈人，四嘗有市籍，五父母有市籍，六大父母有市籍，七發閭左。閭左既空，當及閭右，其濫可知。秦自以農戰立國，役不足乃謫賈人，此與東方社會經濟情態亦不合。與「閭左戍」，陳勝、吳廣即由此起。

秦室本是上古遺留下來的最後一個貴族政府，依然在其不脫貴族階級的氣味下失敗，役使民力逾量，即是十足的貴族氣味。依然失敗在平民階級的手裏。

秦之統一與其失敗，只是貴族封建轉移到平民統一中間之一個過渡。

四 平民政府之產生

秦滅六國，二世而亡，此乃古代貴族封建勢力之逐步崩潰，而秦亡為其最後之一幕。直至漢興，始為中國史上平民政權之初創。

高祖父稱太公，無名。母曰劉媼，幷亡其姓。高祖行三，故曰劉季，既有天下，因名邦。一時羣臣，如蕭何為沛主吏掾，曹參為獄掾，任敖獄吏，周苛泗水卒史，申屠嘉材官，陳平、王陵、陸賈、酈商等皆白徒，周勃織薄曲、吹簫給喪事，樊噲屠狗，灌嬰販繒，婁敬挽車，惟張良為韓相貴胄。漢初王后亦多出微賤。項羽、田橫之徒皆貴族，而皆不能成事，此可以覘世變。

平民政府必然創建，殆為當時歷史趨勢一種不可抗之進程。然在平民政府創建的過程中，卻屢次有「封建」思想之復活。

秦始皇二十六年丞相王綰等議復封建，三十四年博士淳于越等又議復封建。至二世皇帝元年，東方革命軍起，各為六國立後。漢高平項王，封韓信、彭越、黥布諸人為王；迨異姓諸王逐漸剷滅，又封宗室同姓諸王。

直到景帝削平吳、楚七國之亂，平民政府之統一事業始告完成。當時平民政府的第二個反動思想則為「無為而治」。

漢初政府純粹代表一種農民素樸的精神，無為主義即為農民社會政治思想之反映。因此恭儉無為、與民休息，遂為漢初政府之兩大信念。因亂後社會經濟破產，人心厭亂，戰國晚年黃老一派消極思想，遂最先在農民政府裡面得勢。

「無為」之實則為「因循」。因此漢初制度、法律一切全依秦舊。即如蕭何定律，而夷三族、訞言令、挾書律等皆存在。至孝惠、高后、文帝時逐漸廢除。惟精神上漢則恭儉，秦則驕奢，此其異。戰國晚年申韓一派的法家思想，遂繼黃老而為漢治之指導。太史公謂申韓本於黃老，亦自就漢代情形言之。

此種趨勢，在文、景時逐漸開展。一面漢廷削平吳、楚七國之亂，一面又漸漸有所謂「酷吏」出現，用朝廷法令來裁抑社會上的「游俠」與「商人」。功臣、列侯、宰相、大臣，亦不斷受朝廷法令制裁。中央統一政府之權力與尊嚴，逐漸鞏固，而後醞孕出漢武一朝之變法。

平民政府有其必須完成之兩大任務，首先要完成統一，其次為完成文治。漢政府之實際統一，始於景帝。漢政府文治之蒸，則始於武帝。

第八章　統一政府文治之演進 由漢武帝到王莽

要明白西漢文治政府之意義，先應注意到當時的一般情態。

一　西漢初年之社會

古代封建社會，到戰國已逐步消失。軍人、遊仕、商人，不斷由平民社會中躍起，他們攀登政治舞臺，而攫得了古代貴族之特權。秦代統一政府在此種劇變過程中產生，因其歷年甚暫，那時的社會情態現在無可詳說。就漢初情況而論，似乎秦漢之際雖經歷了幾次戰亂，而戰國以來社會變動的趨向，依然照樣進行。

（一）農民與奴婢

社會上一般生活，都起了絕大變動，只有農民，還比較呆滯在陳舊的狀態下過活。封建時代的農民，對其上層統治者，約有如下幾種負擔：

一曰稅。

此即地租。農民耕地，在政治觀念上，係屬於其地封君之所有，故農民對其封君每年應納額定之租稅。

二曰役。

因土地所有權的觀念，轉移到農民的身分，耕地者對其所耕地之封君有臣屬之關係。所謂「四封之內，莫非王土；食土之毛，莫非王臣」。因此每年於農隙，又須對其封君為額定的幾天勞役。如浚河渠、築城防、起墳墓、建宮殿等。

三曰賦。

遇封君貴族對外有戰事，農民須對其封君貢獻車牛，或勞力。農民不能有披堅執銳之榮耀身分，僅在軍隊中服勞役，乃至追逐車後助威作勢。

四曰貢。

此出農民情感上之自動，如逢年節，向其封君獻羔、兔、雞、鵝或絲、布之類。

上四項，一為粟米之征，二、三為力役之征，四為布帛之征。此皆已為一種規定之義務。一一沿襲到秦漢無變。就漢初情形言，農民對政府負擔大體如次：

一、田租。即稅。

戰國以來租額無考，惟孟子屢言什一之稅，知戰國租額決不止什一。漢制則什伍稅一，又時減半徵收，則為三十稅一。自文帝十三年除民田租，至景帝元年復收半租，其間凡十一年未收民租，為歷史所僅見。

二、算賦。（即後世之「丁口稅」。）

「賦」本出車牛、供夫役之義。戰國以來，兵爭連年不息，於是非常的、（即臨時的。）無定期的賦，漸變為按年的經常項目。亦不必眞出車牛、夫役，而徑以錢幣替代，各處按人口輪派，遂成後代之所謂「人口稅」。（秦人「頭會箕斂」，即此。派人持大箕到各鄉村按人頭算繳納也。）漢代出賦錢人百二十為一算。（十五至五十六。）其未滿年齡者，（七歲至十四。）出口賦錢人二十。（武帝征伐四夷，重賦於民，民產子三歲則出口錢，人二十三，三錢以補車騎馬，（即戰馬。）民至生子輒殺。又賈捐之云：「文帝時民賦四十，武帝時民賦數百」，蓋亦時有輕重。）

三、更戍。（即兵役。）

古代農民本無武裝，戰國以下，既徵其賦，又編其丁壯為軍隊，於是農民於納賦外又須從軍；而「從軍」與「從役」兩事，在當時觀念上，往往不易分析。故漢人更戍凡分三項：

（一）中央政府之防衛　此名「正卒」，年二十三乃為之，以一年為期。（古制二十成丁，授田百畝，三年耕有一年之畜，故至二十三乃可為正卒。三輔來者為「北軍」，掌衛京城；郡國來者為「南軍」，掌衛宮門。漢帝以正月行幸曲臺，臨饗罷衛士。）又郡國材官、（即步兵。）騎士，亦為「正卒」，期亦一年。（農民正式服兵役者凡二歲。於每年之九月有「都試」，即大操也。）

（二）邊疆戍守　此名「屯戍」，亦名「繇戍」。天下人皆直戍邊三天。（雖丞相子亦在戍邊之列。亦每年輪值。）不行者出錢三百入官，官以給戍者；是為「過更」。（戍邊以三日者，古代封建侯國，四境相距不甚遠，故國人得輪值三日以均勞佚。秦既一統，乃謫會稽戍漁陽，陳勝、吳廣遂以揭竿而起。漢人變通其制，許有過更，則可無秦禍。）

漢兵出於民，往來繇戍衣裝皆自補，遠征則食其郡國之粟，惟衛士得衣食縣官，罷遣侑享。因此漢無養兵之費。

（三）地方勞役　此名「更卒」，一月一更。（即每年輪值一月。）次直不往，出錢雇貧者，月錢二千。親服役曰「踐更」。（賈捐之云：「文帝時，丁男三年而一事。」）

此種負擔，在當時已為極重。（尚有郡國對中央之貢獻，其詳不可考。）

漢書食貨志載李悝盡地力之教，謂：「一夫挾五口，治田百畝，歲收畝一石半，為粟百五十石，（晁錯並謂：「百畝之收，不過百石。」）除十一之稅十五石，餘百三十五石。食，人月一石半，五人終歲為粟九十石，餘四十五石。石三十，為錢千三百五十。除社閭嘗新春秋之祠，用錢三百，餘千五十。衣，人率用錢三百，五人終歲用千五百，不足四百五十。不幸疾病死喪之費，及上賦斂，又未與此。此農夫所以常困，有不勸耕之心。」（盡地力之教未必眞李悝語。且農民經濟變動較少，可以推見漢初情形。）董仲舒則謂：「月為更卒，已復為正，一歲屯戍，一歲力役，三十倍於古。田租、口賦、鹽鐵之利，二十倍於古。」

農民在無可聊賴中，首先是出賣耕地，出賣耕地後生活不免更苦。

董仲舒云：「或耕豪民之田，見稅什五，較國稅重十五倍。故貧民常衣牛馬之衣，而食犬彘之食。」荀悅云：「官收百一之稅，民輸大半之賦，官家之惠優於三代，豪強之暴酷於亡秦。」故漢文之輕徭薄賦，仍無救於社會之兼并。

其次只有出賣妻子乃至於出賣自身。如此則算賦、更役等負擔皆免。漢制奴婢倍算，然自有主人負之，與奴婢不涉也。此為漢代奴婢盛多之來源。

漢代公私皆盛畜奴，蜀卓氏至僮千人，程鄭亦數百。武帝時，楊可告緡，得民奴婢千萬數。元帝時，貢禹言官奴婢十餘萬。蓋有犯法沒為奴者，而不能完租賦、踐更役亦屬犯法。則自賣為奴與沒官為奴亦正等耳。自賣為奴猶較自由，有樂生之望，毋怪漢民自願賣身之多。後代不徵丁口稅，則不需出賣為奴。

否則亡命。即脫去籍貫，流亡他鄉。舍匿亡命有罪；而或則冒罪藏匿，因其別有可圖之利。是為「任俠」。商賈必盛蓄奴婢，任俠必多匿亡命，二者形成漢初社會之中層。

（二）商賈與任俠

當時商賈經營事業，據史記貨殖傳所載。約可分為採治、製造、種殖、畜牧、運輸諸項。這些事業，第一有待於山澤禁地之解放，詳第五章。第二則有賴於大規模之奴隸運用。

貨殖傳所舉當時大富，如鐵冶、鼓鑄、燒鹽、轉轂即運輸。諸業，均有待於眾多之人力。即其所言末業為貧資，如種樹果菜，如畜養豕魚，如屠沽，如販糴，如製器漆髹，如皮革雜工等，亦待奴役以為操贏之算。大抵其時所謂商賈，以工虞農牧為本，以轉販居積為副，故奴婢為治產一要素。齊刁間收取桀黠奴，使逐魚鹽商賈之利，或連車騎、交守相，然愈任之，終得其力，起富數千萬。班固以「馬蹄噭千，牛千足，羊彘千雙，童手指千」並舉。張安世家僮七百人，皆有手技作事，遂富於大將軍霍光。漢樂府：「孤兒命當苦，兄嫂令我行賈，南到九江，東到齊與魯。」王褒僮約，列舉操作項目。諺曰：「千金之子不死於市」，則作於家賈於市者，皆奴也。其時奴隸率利用於製造及商業，而農業則已進為小規模的耕作，並無附著於土地，隨土地而買賣之「農奴」。奴隸生活待遇亦優，可以有家室、財產、兒女，甚至連車騎、交守相，此與歐洲羅馬農奴不同。

以錢幣買奴力以逐利長產，經營貨殖者為商賈。以意氣情誼收匿亡命共為姦利，甘觸刑辟而市權勢者則為任俠。墨經：「任士損己而益所為。」韓非八說：「棄官寵交謂之有俠。」史記游俠傳謂：「近世延陵、孟嘗、春申、平原、信陵之徒，皆因王者親屬，藉於有土卿相之富厚，招天下賢者，顯名諸侯，不可謂不賢。此如順風而呼。而布衣之俠靡得而聞。」是戰國任俠本指四公子輩廣招賓客而言。漢書季布傳注：「俠之言挾也。」其時貴族階級猶未全泯，故有力挾眾。漢興，而閭巷之俠起，正可見世變。儒、墨皆不重俠，後人即認儒、墨為俠，非也。

任俠之所舍匿，則曰「賓客」，然賓客與奴婢身分無殊。同樣逃避國家課稅，失其為公民之資格。任俠既以意氣肝膽匿亡命，則亡命者亦出肝膽意氣感激相報，乃至作姦剽攻、鑄錢掘冢之類，無所不為。後人乃漸以此等為「俠」。而此一團體之生活亦得維持。任俠之權勢與富厚，乃與商賈亦略相當。濮陽周氏舍匿季布，置之廣柳車中，並與其家僮數十人至魯朱家所賣之。則任俠間亦自有大批奴僮相賣買矣。

任俠與商賈，正分攫了往者貴族階級之二勢。一得其財富，一得其權力。吳、楚七國反，周亞夫至洛陽，得劇孟，曰：「吳、楚舉大事而不求劇孟，吾知其無能為已。」天下騷動，大將軍得之，若一敵國，其權力可想。皆以下收編戶之民，而上抗政府之尊嚴，只要政治上沒有一個辦法，此等即是變相的貴族。故司馬遷稱貨殖富人為「素封」也。

二　西漢初年的政府

現在再看上層政府裏面的人物。

漢高得天下，大封同姓及功臣，並明約「非劉姓不得王，非有功不得侯」。所謂有功，大體上只指軍功而言。即相助劉氏得天下者，此即商鞅在秦所定「尚首功」之制也。漢二十級爵承襲秦制，自步卒到封侯，皆以戰功為階級，是漢亦以軍人代貴族，明矣。此為政府的最上層。其次的官僚，則大半由郎、吏出身。

郎官是隨從在皇帝近旁的一個侍衛集團，掌守門戶，出充車騎，無員，多至千人。其制度略近於戰國時代國君乃至於貴族卿相門下的食客與養士。或曰：「郎之為言廊也」，因侍衛宮殿廊廡之下而得名；或則曰：郎之得名，蓋猶周官鬱人、鬯人、雞人之「人」。

郎官來歷，不出下列數途：

一、廕任。

吏二千石以上視事滿三歲，得任同產若子一人為郎，如蘇武、韋玄成皆由此出身。此即戰國策趙老臣觸讋見趙太后，願其少子「得補黑衣之數」之類也。

二、貲選。

家貲滿五百萬，得為常侍郎，如張釋之、司馬相如皆以貲為郎。蓋高貲者得上書自請宿衛，祿不豐而費大，故張釋之為郎十年不得調，謂其兄曰：「久宦減仲產」，欲自免歸也。楊惲傳：「郎官故事，令郎出錢市財用，給文書，乃得出，名曰『山郎』。移病盡一日，輒償一沐。或至歲餘不得沐。其豪富郎日出游戲，或行錢得善部。貨賂流行，轉相倣傚。」是郎署多富人，武帝後猶然。

三、特殊技能。

衛綰以戲車為郎，荀彘以御見侍中，此如戰國策馮煖欲為孟嘗君客，孟嘗君先問「客何能」也。東方朔上書自衒鬻，用三千奏牘，武帝讀之，輒乙其處，二月乃盡，得為常侍郎。然史謂東方朔「與枚皋、郭舍人俱在左右，詼嘲而已」。其先東方朔待遇乃與侏儒等。文士之與侏儒，同樣為皇帝一時好奇心所愛好，而畜之宮中，則與戲車、善御皆一例也。此外尚有以孝廉為郎者，如王吉、京房、蓋寬饒、杜鄴、師丹之類。有射策為郎者，如蕭望之、馬宮、何武之類，皆後起。

第一項是變相的貴族世襲，第二項是封建貴族消滅後的新貴族，富人。第三項則是皇帝私人。郎官集團性質之分析，不過如此。然而政治上之出身，卻正在此。後漢書明帝紀，館陶公主為子求郎，不許，而賜錢千萬，謂羣臣曰：「郎官上應列宿，出宰百里，苟非其人，則民受其殃。」又按：郎官制度蓋為政制淺演之民族所必經之一級，如後世金人以世冑或士人為內侍，（見斜卯愛實傳。）又如元之四怯薛制等，皆略相似。

郎以外有吏，吏是各官署的幫辦人員。吏的來歷，亦無一客觀標準，大體仍多為富人所得。

漢制吏途凡三：一曰郡縣吏，不限資格，平民自願給役者皆得為之。賈誼、張湯、王吉、龔勝、翟方進、谷永，皆由吏出身。然韓信「以家貧無行，不得推擇為吏」，大抵在上者擇家貲，在下者推有行，如高帝以長者得為亭長是也。則小吏亦復有貲選也。二曰中都官掾屬，自丞相以下各官府皆可自辟署，或先為郡吏，或本為布衣，亦不限資格，優者則薦於朝。如楊敞、蔡義、揚雄，皆由此進。

三曰獄吏，猶今時法官，以明習法令名。公孫弘、于定國、丙吉、尹翁歸、薛宣，皆曾為之。然景帝後二年詔，謂：「今貲算十以上乃得宦，應劭曰：「十算，十萬。」漢一金值一萬，文帝云：「百金中人十家之產」，則中人一家產當十萬也。減為貲算四得宦。」董仲舒言：「長吏多出於郎中、中郎，吏二千石子弟，選郎、吏又以富貲，未必賢，此即「廕任」與「貲選」二途。是以廉恥貿亂，賢不肖渾殽。」是當時吏途，亦大率為富人也。

如是則當時的政治組織，第一層是宗室，封建諸王。第二層是武人，以軍功封侯。漢制非封侯不得拜相；亦有以外戚恩澤侯者。第三層是富人，得以貲選為郎、吏，謀出身。第四層是雜途。無論為郎為吏，皆須憑機緣進身而得在上者之歡好。文學、儒術亦雜途之一。

三　西漢初年的士人與學術

要論漢初學術，必推溯及於先秦。

從另一觀點言之，則先秦學術可分為一古官書之學，即漢初人所謂「詩、書古文」之學，亦中漢以後人所謂「六藝」之學，或「六經」之學，乃由早起儒、墨兩家所傳播，所謂「稱詩、書，道堯、舜，法先王」，為先秦較舊之學派。又一百家之學。「家」乃私家之稱，此乃民間新興學。儒、墨以後，百家競起，率自以其所見創新說，不必依據古經典，寓言無實，為戰國較新之學派。

若以時期言，古官書之學在前，百家言在後。若以地域言，古官書之學盛於東方齊、魯，所謂「鄒、魯之士，搢紳先生，多能言之」也。百家言遍及中原三晉。三晉之士，急功好利，率務趨時，不樂為純粹學理之研討。兵、刑、農、法、縱橫皆在是。道家如莊、老，陰陽家如鄒衍，持論運思較玄遠者，皆近東之士。荀卿以趙人而遊齊，雖深染東方學風，而不脫三晉氣習。其弟子韓非、李斯，則皆中原籍也。遊秦者以中原功利之士為多，東方齊、魯學人，少有入秦者。

秦代焚書，最主要者為六國史記，即當代官書。其次為詩、書古文，即古代官書之流傳民間者。而百家言即後起民間書。非其所重。按：此三類分法，已見莊子天下篇，漢書藝文志因之。謂秦焚書而詩書古文遂絕者，有史記六國表序、太史公自序、劉歆移書讓太常博士、揚雄劇秦美新、王充論衡書解、佚文、正說諸篇。謂秦焚書不及諸子者，有論衡上述諸篇、趙岐孟子題辭、王肅家語後序、後漢天文志、劉勰文心雕龍諸子篇、逢行珪注鬻子敘等。此乃自漢以下相傳之說，至唐後而失之。漢武立五經博士，罷黜百家，則正是秦始皇焚書，禁以古非今後一反動也。

焚書本起於議政衝突，博士淳于越東方齊人。稱說詩、書，引據古典，主復封建，李斯極斥之，遂牽連而請焚書。李斯請史官「非秦紀皆燒之，即第一類。非博士官所職，天下敢有藏詩、書、百家語者，悉詣守尉雜燒之」，即第二、第三類。而又附禁令數項：一、敢偶語詩、書棄市。百家語不在內。二、以古非今者族，此即依據古官書、歷史成典，法先王而議新政，如淳于越之徒是也。偶語詩、書，迹近以古非今，故亦棄市。至百家言往往與時政不涉，故不預。吏見知不舉與同罪。此二條為重法。三、令下三十日不燒，黥為城旦。此一條為輕法。可見當時重禁議政，輕禁挾書也。坑儒亦為誹謗、訞言亂黔首，不為求仙藥。

漢興，學統未嘗中斷。

秦雖焚書，史官、博士官仍未廢，史官乃古代政府中之學官，即掌官書者。博士官掌新興百家民間學，為後代政府新設之學官也。著述亦未中輟。漢書藝文志有儒家羊子四篇，名家黃公四篇，皆秦博士。又有成公生，游談不仕，著書五篇。零陵令信著書一篇。下迄漢惠。四年除挾書律，前後祇二十三年。漢廷羣臣，亦多涉學問，如張良、陳平、韓信、張蒼、酈食其、陸賈、婁敬、朱建、叔孫通之徒皆是。名人巨德，雜出其間。如申公、穆生、白生在楚，蓋公在齊，四皓在朝，魯兩生在野。

惟漢室初尚黃老無為，此乃代表一時民眾之心理要求。繼主申韓法律，既主黃老無為，則勢必因循秦舊，乃至以法為治。學問文章非所重，平民政府不注意學術，為當時歷史演進一頓挫。學術尚未到自生自長的地位，至文帝時，始下求書之詔。其時則古文六經之學，不免因亂衰微，有所缺失。於是遊仕食客散走於封建諸王間，以辭賦導獎奢侈，以縱橫捭闔是非，辭賦、縱橫本屬一家。辭賦又兼神仙。安居奢侈則為神仙，雄心闊意則務縱橫。依然是走的破壞統一的路。文學之與商賈、游俠，同樣為統一政府之反動。

漢初諸王招致游士，最先稱盛者如吳王濞，有鄒陽、齊人。嚴忌、枚乘吳人。諸人。吳既敗，繼起者為梁孝王，鄒、枚諸人皆去吳歸梁。又有羊勝、公孫詭皆齊人。之屬。司馬相如亦去中朝而來梁。再下則有淮南王安，招致賓客方術士數千人。著淮南王書，已在武帝世。此為南方之一系，大抵皆辭賦、縱橫文辯之士也。曹參相齊，召齊諸儒以百數，而得蓋公。景、武之間，有河間獻王德，盛招經術士，多得古文舊書。蓋河間偏重於古官書之學，而淮南則慕百家言，南北兩王國，正分得先秦學統之兩系。

中央王室恭儉無為之治，不能再掩塞社會各方之活氣。經秦末大亂，經濟破產之後，最先起者為商人與游俠；次之有諸侯王之富盛驕縱；再次有文學游仕之活動。在此種種不安定不合理之狀態下，中央政府覺悟到必須改變其態度，而要一積極勇敢的革新。於是遂有漢武一朝之復古更化，為西漢文治政府立下一規模。

四　中央政府文治思想之開始

西漢中央政府之文治思想，最先已由賈誼發其端。

賈誼陳政事疏，提出好多重要的見解，除卻裁抑諸王國和捍禦匈奴此兩事為當時維持統一政府的必要條件，主法治者亦贊成，如以後晁錯等。外，尤要者在教育太子，當時諸王、列侯家庭俱已有腐敗墮落的景象，農民純樸之本色已失，貴族生活之薰染日深，非有教育，不足維持長久。尊禮大臣，農民政府之好處在眞樸，壞處在無禮貌；可愛處在皇帝、宰相如家人，其弊處則皇帝待宰相如奴僕。闡揚文教，黃、老清淨無為，僅足暫度一時，漸漸政事待理，則走上申、韓刑法一路，沿襲秦人「以吏為師，以法為教」之餘習。要革除秦弊，則須另開文教。轉移風俗。朝廷只講法令，社會只重錢財，風俗無自而美。闡揚文教，為轉移風俗之前提。此諸點均針對當時病象，其議論漸漸從法律刑賞轉到禮樂教化，此即由申、韓轉入儒家。亦即由亡秦轉而為三代之隆，即由百家法後王轉入六經法先王也。以後之復古更化，賈誼已開其先聲。

賈誼雖以洛陽少年為絳、灌功臣所抑，然賈誼的主張，一一為漢廷所採用。漢文雖極賞賈誼，然其時內則功臣元老，外則諸王長親，尚非漢廷大有為之時。景帝師晁錯，武帝師王臧。王臧乃儒生，武帝卽位，大興儒術，其早年所受教育亦是一因。

先秦諸子注意教育問題者莫如儒。道家根本主張絕學不教。法家僅主刑名法律，如趙高之教二世是也。墨家、農家之教，不適於實際。其他皆所以用世，非所以教幼。故荀主幼小必教，則儒業必興。中國無宗教，儒士本自友教貴族子弟起，故漢文用賈誼，則以為長沙王太傅，又以為梁王相，武帝之用董仲舒亦然。儒家在漢初，仍以友教青年貴族為第一任務。

五　漢武一朝之復古更化

武帝以英年卽位，只十七歲。卽銳意革新，用其師王臧及臧之同學趙綰，又召趙、王師申公。謀興禮樂。其事雖經一度挫折，武帝祖母竇太后尚黃、老，不樂帝所為，趙、王皆下獄死。終於走上復古更化的路。

這時最要的人物是董仲舒。董仲舒天人三策與賈誼政事疏，兩篇大文，奠定了西漢一代政治之規模。

武帝一朝政治上重要改革，舉其要者，第一是設立五經博士。

博士遠始戰國，公儀休為魯博士，賈山祖父祛為魏王時博士弟子。齊之「稷下先生」亦博士之類。故漢初叔孫通以博士封「稷嗣君」，謂其嗣稷下。鄭玄稱「我先師棘下生子安國」，「棘下生」即稷下先生。以孔安國為博士，故云。秦博士七十人，掌通古今，備問對。漢承之。稷下先生亦七十餘人，蓋以孔門弟子七十七人為法。

博士為太常屬官，太常掌宗廟禮儀，史官、博士官皆屬太常，即古代「學術」統於「宗教」之遺制。

博士並無政治上實際任務，只代表著古代貴族政府、軍人政府下一輩隨從的智識分子。因此其性質極雜，占夢、卜筮皆得為之。略如當時之郎官，後代之翰林供奉，惟視帝王所好。

秦廷以博士議政興大獄，伏生之徒抱書而逃。伏生亦東方學者，治尚書，焚書案中，殆與淳于越諸人同失官而去。秦廷既禁以古非今，則焚書後之博士，必多屬之後起百家言也。主復封建，固為不智，然以吏為師，以法為教，抑低學術，提高法令，較之復封建，亦相去無幾。東方學者之失在迂闊，而中原三晉之士，則失在刻急。各有所長，亦各有所短。自此迄於漢初，博士闇淡無生色，而政府益少學術之意味，此則李斯之大錯。

武帝從董仲舒請，罷黜百家，只立五經博士，從此博士一職，漸漸從方技神怪、旁門雜流中解放出來，純化為專門研治歷史和政治的學者。

六經為古官書之流傳民間者，故章學誠謂「六經皆史」。秦火焚之不盡。漢儒所謂「通經致用」，即是從已往歷史與哲學裏來講政治。法家只守法令，經學則進一層講道義。法家只沿習俗，襲秦舊，經學則稱古昔，復三代。「五經」與「儒家」亦有辨，故文帝時有孟子博士，至武帝時亦罷。漢書藝文志儒家在「諸子」，與「六藝」別。

他們雖不參加實際政務，但常得預聞種種政務會議，漢大政事廷議有博士。因此他們對政治上漸漸會發生重大的影響。自秦人之「以吏為師，以法為教」，漸漸變成朝廷採取博士們的意見，即是「政治」漸受「學術」指導。此項轉變，關係匪細。

第二是為博士設立弟子員。其議始於公孫弘。

額定五十人，一歲輒課，能通一藝即一經。以上，得補吏。高第可以為郎中。

自此漸漸有文學入仕一正途，代替以前之廕任與貲選，士人政府由此造成。同時政府負有教育國家青年之責，較之賈誼專言教育太子者又進一步。

第三是郡國長官察舉屬吏的制度。其議創於董仲舒。

博士弟子考試中第，亦得補郡國吏，再從吏治成績升遷，又得察舉為郎，從此再走入中央仕途。此制與博士弟子相輔，造成此下士人政府之局面。郡國長吏同時不僅負有奉宣政令之責，並有為國求賢之責，此亦重大意義也。

第四是禁止官吏兼營商業，其議亦始董仲舒。並不斷裁抑兼并。此層自賈誼、晁錯以來均主之。

漢武一代鹽鐵官賣等制度，均由此意義而來。觀鹽鐵論桑弘羊為政府方面之辯護可知。漢武外朝尊博士，而內廷則多用文學侍從之人，故漢武一代政治，亦兼「儒術」與「辭賦」二者。其所行雖援經典古義，而多浪費，功實不稱，為後人所不滿，非在其制度本身也。從此社會上新興的富人階級，漸漸轉向，儒林傳中人物，逐次超過於貨殖傳，故曰：「遺子黃金滿籯，不如一經。」實為武帝以下社會一大轉變。此等處可見學術指導政治，政治轉移社會。當時中國史，實自向一種理想而演進。

第五是開始打破封侯拜相之慣例，而宰相遂不為一階級所獨佔。

自秦以來，中央最高首領為天子，而實際負行政之責者則為丞相。以字義言，「丞」、「相」皆副貳之意，丞相即「副天子」也。天子世襲，而丞相不世襲。天子為全國共戴之首領，不能因負政治責任而輕易調換；貴族政治既隨封建制度而俱滅，全國民眾在一個大一統國家下亦無法運用公議推選等制度。天子世襲，乃代表國家之一種恆久精神，「始皇帝」之稱，不足深怪。丞相乃以副貳天子而身當其衝。最好固為君、相皆賢，否則天子以世襲不必賢，而丞相足以彌其缺憾。縱使君、相不皆賢，而丞相可以易置。如是則一代政治不致遽壞。此秦政之又一特色也。有丞相即非「君主獨裁」，即非「專制」。宋人洪咨夔有言：「往古治亂之原，權歸人主，政出中書，（即宰相。）無不治。權不歸人主，則廉級一夷，奚政之問？政不出中書，則腹心無寄，奚權之攬？」判劃政、權，分屬君、相，實中國政治自秦以下一重要之進向也。漢初政治，往往有較秦為後退者，此因平民政府缺少學術意味之故。故漢之代秦，一面固為歷史之轉進，一面卻自有其頓挫。此種例，各時期皆有。歷史下之進退，往往輕易不能遽斷。如宰相必用封侯階級，即軍人。即其一例。非封侯不拜相，此乃漢初一種不成文法，雖無明制，實等定律。如蕭何、高帝時。曹參、王陵、陳平、審食其、惠帝、呂后時。周勃、灌嬰、張蒼、申屠嘉，文帝時。皆軍人也。陶青、陶舍子。周亞夫、周勃子。劉舍，劉襄子，景帝時。皆功臣子嗣侯，其先亦軍人也。則漢初丞相，顯為軍人階級所獨佔。武帝始相公孫弘，其先如衛綰、竇嬰、許昌、田蚡、薛澤，惟田蚡為以外戚相，然亦先封侯。其他仍皆以軍功得侯；否則其先世以軍功得侯者。以布衣儒術進，既拜相乃封侯，此又漢廷政制一絕大轉變也。漢武一朝，自公孫弘以後，如李蔡、莊青翟、趙周、石慶、公孫賀、劉屈氂、車千秋，仍不出往者軍功得侯或嗣侯為相之例。此由一時人選之難，物望之不孚，歷史之變以漸不以驟。昭、宣以下，非儒者乃絕不能居相位。其先惟軍人與商人，為政治上兩大勢力，即廕任與貲選。至是乃一易以士人，此尤見為轉向文治之精神。

此為漢武一朝復古更化之最有關係者。如郊祀、巡狩、封禪等，皆虛文無實際，此則漢武誤於方士神仙家言，以及文學辭賦之士之務為鋪張誇大。然亦因當時儒生，自不能與此兩派劃分清楚之界線。

其實所謂「古」者亦非純粹盡本於古，學校、察舉、黜陟諸制，貴族世襲時代另是一套。漢所襲，其論雜出於先秦諸子，而備見於王制篇中；王制乃漢文時博士所為。周禮三百六十官，獨缺學校。然則漢武一朝之復古更化，正是當時一種嶄新之意見也。儒家託古改制，當在此等處看。

六　士人政府之出現 昭宣元成一段

漢政府自武帝後，漸漸從宗室、軍人、商人之組合，漢制雖禁商人入仕，然以貲選，富人其先皆商人也。轉變成士人參政之新局面。

公卿朝士，名儒輩出。

仍舉丞相一官言之，昭帝時有王訢、郡縣吏積功。楊敞、給事大將軍幕府，為軍司馬。蔡義。以明經為博士，拜相封侯。宣帝時有韋賢、以詩教授，稱大儒。魏相、少學易，為郡卒史。丙吉、獄吏。黃霸、入財得官。于定國。獄吏。元帝時有韋玄成、以父任為郎，亦稱名儒。匡衡。射策除掌故。成帝時有王商、外戚。張禹、郡文學。薛宣、廷尉書佐。翟方進、射策為郎。孔光。以明經舉議郎。哀帝時有朱博、亭長。平當、治禮學。王嘉、（射策為郎。）孔光、馬宮。（射策為郎。）蓋自宣帝後，儒者漸當路。元、成、哀三朝，為相者皆一時大儒。其不通經術而相者，如薛宣以經術淺見輕，卒策免；朱博以武吏得罪，自殺，皆不得安其位。

且即庶僚下位，亦多學者。

即前舉丞相亦多由下僚進身，其外如王吉、（郡吏。）鮑宣、（嗇夫。）韓延壽、（郡文學。）王尊、（郡決曹史。）蓋寬饒、諸葛豐、（均郡文學。）孫寶、（郡吏。）谷永、（長安小吏。）梅福（郡文學。）之儔，皆名臣也。

士人在政府裏漸漸佔到地位，一半是憑藉武帝時董仲舒、公孫弘諸人所創建的種種制度，一半是讀書博通之士在政治上所表現的成績，究竟比貴族軍人和商人們來得強。

武帝時，兒寬為廷尉奏讞掾，以古法義決疑獄見重。昭帝時，雋不疑為京兆尹，以春秋義縛訊偽衛太子。宣帝時，蕭望之為御史大夫，引春秋義主弔匈奴喪。皆為一時推尊。霍光廢昌邑王，先問於古有否先例，可見士人學者逐漸在政治上佔到地位和勢力，實為當時一種自然之趨勢。

自此漢高祖以來一個代表一般平民社會的、素樸的農民政府，現在轉變為代表一般平民社會的、有教育、有智識的士人政府，不可謂非當時的又一進步。

七　漢儒之政治思想

士人們在政治上逐漸得勢，他們所抱的政治思想，要逐漸發揮效力。

漢儒論政，有兩要點。

一為變法和讓賢論。

此派理論遠始戰國晚年之陰陽學家，鄒衍五德終始論鄒衍思想另詳下論古代宗教思想章。下及董仲舒公羊春秋一派「通三統」的學說。董氏說詳春秋繁露。大抵主張天人相應，政治教化亦須隨時變革，並不認有萬世一統之王朝，亦不認有歷古不變之政制。

他們根據歷史觀念，主張如下一套之進程：此據漢儒所傳鄒衍第二說，與第一說呂氏十二紀、淮南時則並不同。

一、聖人受命。地上各代開國之君，皆符應於天上某帝之某德（如青帝木德、赤帝火德、黃帝土德、白帝金德、黑帝水德。）而降生。

二、天降符瑞。（受命必有符瑞，如以土德王者黃龍見之類。）

三、推德定制。（包括易服色、更制度、改正朔等。如水德王者服色尚黑，以十月為歲首，數尚六之類。董仲舒所謂「天不變，道亦不變」，乃指政治上最高原理言，與制度更易並行不悖。）

四、封禪告成功。（聖人受天命為地上君，故定制度，蘄太平，成功則必祭天（封禪。）報告。）

五、王朝德衰，天降災異。（天運循環，成功者去，如春、夏、秋、冬之更迭互乘，無不衰之德。董仲舒謂：「雖有繼體守文之君，不害聖人之受命。」）

六、禪國讓賢。（見災異降，知天命改，應早物色賢人讓國；否則革命起，終無以保其位。）

七、新聖人受命。（此下循環不息，中國已往五帝三代，皆在此公式支配下演進。）

武帝以前，漢儒鼓吹變法；武帝以後，漢儒漸漸鼓吹讓國，始終是循著上述的理論。

眭弘、（在昭帝天鳳三年。）蓋寬饒（在宣帝神爵二年，相距不二十年。）均以請漢室讓位伏誅，然其後谷永等仍主天運循環、漢德已衰之說，漢廷乃無從裁抑。（永之言曰：「天生蒸民，不能相治，為立王者以統理之。方制海內，非為天子，列土封疆，非為諸侯，皆以為民也。垂三統，列三正，去無道，開有德，不私一姓。天下乃天下人之天下，非一人之天下也。」即漢宗室劉向亦言：「王者不可不通三統，明天命所授者博，非獨一姓。自古及今，未有不亡之國。」可見此為當時普遍信仰之理論。）

二為禮樂和教化論。

另一派漢儒，認為政治最大責任，在興禮樂，講教化；而禮樂和教化的重要意義，在使民間均遵循一種有秩序、有意義的生活，此卽是古人之所謂「禮樂」。在此點上，西漢中葉以後的學者，頗不滿於漢武之郊祀、封禪種種奢侈的浮禮。此等乃對上帝、對天，而非對民眾、對人；一虛一實，一恭儉一驕奢，意義迥殊。要達此境界，不僅朝廷應恭儉自守，又應對社會一般的經濟不平等狀態加以調整。武帝對當時社會經濟不平衡之狀態，並不能有所矯救。特以對內、對外浪費無度，使社會一時走上共同破產而已。經昭、宣之休養生息，社會經濟復蘇，如閒日之瘧，舊病復發。故當時學者，頗主還復王朝之恭儉，而轉移目光，對社會經濟有所整頓。

此派理論，亦遠始戰國晚年之荀卿。如其禮論篇即可為代表。惟禮論並不主帝王之恭儉，是其異。直至漢儒賈誼、晁錯亦時言之。董仲舒，董氏大體為齊學，而議論有近魯學處。下及王吉、貢禹等皆是。前一派於漢為「齊學」，後一派於漢為「魯學」。皆先秦東方學之傳統。齊學恢奇，魯學平實，而皆有其病。齊學流於怪誕，其病在不經。魯學流為訓詁，其病在尊古。立論本意非不是，而不能直湊單微，氣魄、智慧皆不够，遂不足斡旋世運，而流弊不免。

王莽的受漢禪而變法，卽是此兩派學說之匯趨。

八　王莽受禪與變法

王莽受禪，一面循著漢儒政治理論之自然趨勢，一面自有其外戚的地位及王莽個人之名譽為憑藉。

王莽姑母為孝元皇后。元帝後，成、哀、平三君皆不壽，莽諸父鳳、音、商、根相繼執政而及莽，莽之地望已尊。莽又不失書生本色，治禮，務恭儉，迂執信古而負大志，又恰合時代潮流。漢儒羣主讓賢，而苦無一種明白的選賢制度，王莽在政治上、學術上均足膺此選格，遂為一時羣情所歸嚮。（莽為宰衡辭封，上書者吏民四十八萬七千五百七十二人，反莽者惟劉崇、翟義。）

王莽居攝及受禪後之政治，舉其尤要者，如王田、（盡收天下田畝為國有，而均之耕者。）廢奴，（解放奴隸。）用意在解決當時社會兼并，（此乃自先秦以來早待解決之一重要問題也。）消弭貧富不均，為漢儒自賈、董以來之共同理想。其他如「六筦」、（一、鹽，二、酒，三、鐵，四、名山大澤，五、錢布銅治，六、五均賖貸；皆歸國家管理，故曰「六筦」。）「五均」，（徵工商百業所得稅為母金，國營賖貸，使無重利盤剝，為「六筦」之一。）有似武帝時之鹽鐵、酒榷、算緡、均輸。五均亦主平市價，與均輸略似。實亦一種如近世所謂之「國家社會主義」，仍為裁抑兼幷著想。

王莽又屢次改革貨幣，使民間經濟根本發生動搖，極為擾民。然原其用意，仍為求達裁抑兼幷、平均財富之目標而起。當時人見解，以為財富不均由於商人兼幷，商人兼幷由於利用貨幣；故有主張根本廢棄貨幣者。晁錯、貢禹之徒，皆有此想，而王莽承之。

王莽政治失敗，約有數端：

一、失之太驟，無次第推行之計畫。

二、奉行不得其人，無如近世之政治集團來擁護其理想。

三、多迂執不通情實處。復古傾向太濃厚。莽之得國，多本齊學，有太涉荒誕者。莽之新政，多本魯學，有太過迂闊者。

王莽的政治，完全是一種書生的政治。

王莽失敗後，變法禪賢的政治理論，從此消失，漸變為帝王萬世一統的思想。至少是希望能如此。政治只求保王室之安全，亦絕少注意到一般的平民生活。後世對王莽的批評，全是沿著東漢王室之意見。這不是王莽個人的失敗，是中國史演進過程中的一個大失敗。

第九章　統一政府之墮落（東漢興亡）

王莽失敗，漢宗室光武復興，是為東漢。然不久即走上衰運，東漢只是秦、漢以來統一政府之逐漸墮落。

一　東漢諸帝及年歷

(一)光武帝(三三)——(二)明帝(一八)——(三)章帝(一三)　以上全盛期。

(四)和帝(一七)——(五)殤帝(一)　此下始衰。

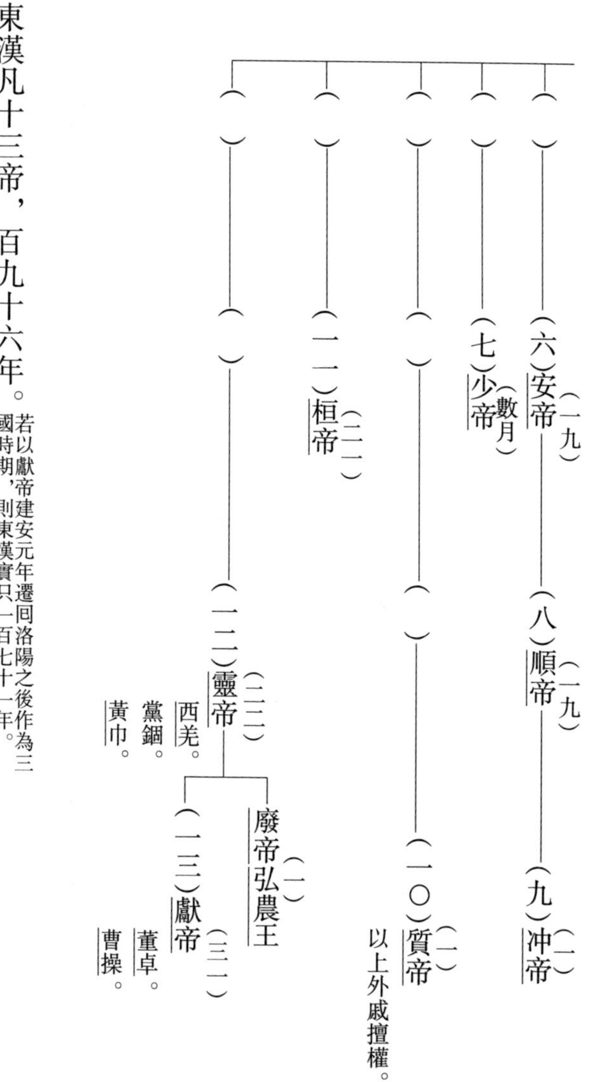

東漢凡十三帝，百九十六年。若以獻帝建安元年遷回洛陽之後作為三國時期，則東漢實只一百七十一年。

二　東漢之王室

所謂統一政府之逐漸墮落，可分兩部言之：一王室，二政府。「王室」與「政府」之分詳下。王室又可分三部言之：一王室自身，二外戚，三宦官。

東漢王室之墮落，只看東漢諸帝年壽即知。

東漢諸帝年壽略表

帝	年壽	在位年	即位年	子嗣
光武	六二	三三	初起年二十八，三十為帝。	一〇
明	四八	一八	三〇	九
章	三三	一三	一九 按：此差一年，或即位年二十，或壽三十二。	八

和	殤	安	少	順	冲	質	桓	靈	獻
二七	二	三二		三〇	三	九	三六	三四	五四 自遜位至卒又十四年。
一七	一	一九	立凡七月。	一九	一	一	二一	二二	三一
一〇	誕育百餘日。	一三		一一	二	八	一五	一二 按：此差一年，非即位年十一，即年壽三十三。	九
二 長子勝有痼疾，次子即殤帝。	〇	一 即順帝。		一 即冲帝。	〇	〇	〇	二 長子弘農王，次子即獻帝。	

一個貴族特殊的家庭，和大自然隔離，總不免要走上墮落衰敗的命運，此乃以下中國歷代王室共有之趨勢，而東漢最可示例。

三　東漢之外戚與宦官

因東漢諸帝多童年即位、夭折，及絕嗣，（絕嗣外立，又多擇童年。）遂多母后臨朝，（外立者四帝：安、質、桓、靈。臨朝者六后：竇、鄧、閻、梁、竇、何。）而外戚、宦官藉之用事。

東漢外戚宦官更迭用事略表

帝	后	外戚	宦官
和帝	竇太后（帝為太后養子。）	竇憲（竇太后兄。）	和帝永和四年，與宦者鄭眾謀誅憲。
殤帝	鄧太后（帝母。）	鄧騭（鄧太后兄。）	安帝建光元年，鄧太后薨。安帝乳母王聖、宦者李閏、江京譖諸鄧自殺。

安帝	閻后 帝妻。	閻顯 閻后兄。	安帝崩，閻后與兄顯矯詔立章帝孫懿，是為少帝；不一年薨，宦者孫程等十九人誅閻顯，立順帝。
順帝	梁后 帝妻。帝崩臨朝。	梁商 后父。 梁冀 后兄。	質帝為冀所弒。桓帝延熹二年，與宦者唐衡、單超、左悺、徐璜、具瑗誅梁氏。
桓帝	竇后 帝妻。	竇武 后父。	為宦者曹節、王甫所殺。
靈帝	何后 帝妻。	何進 后兄。	為宦者張讓、段珪所殺。

其先則因母后臨朝而外戚得以專政，君主與外朝不相親接，乃謀諸宦官。自鄭眾後宦者始用事。自梁冀誅而權勢專歸宦者。

東漢外戚權勢，以鄧、梁二氏為尤盛。鄧家累世寵貴，封侯者二十九人，位至三公者二人，大將軍以下十三人，中二千石十四人，列校二十二人，州牧、郡守四十八人，侍中、將、大夫、郎、謁者不計其數。然猶以漸致。梁冀一門，前後七侯、三皇后、六貴人、二大將軍，夫人女食邑稱君者七人，尚公主者三人，其餘卿、將、尹、校五十七人。冀秉政二十餘年，跋扈無比。與桓帝謀殺梁冀五宦者，單超、左悺、徐璜、具瑗、唐衡，皆封侯，當時稱「五侯」，又稱左回天、具獨坐、徐臥虎、唐兩墮。自後，宦者氣燄遂張，則實外戚有以助成之也。

此後則外朝名士與外戚相結以圖謀宦官。及何氏敗，袁紹（名士之領袖。）盡誅宦官，而漢亦亡。外戚與宦官，其實都還是代表了王室的一部分，其來歷則原自西漢。

四　外戚參加王室之由來

西漢初年，宗室、功臣、外戚，為朝廷之三大系。

當西周時，外則封建，內則世卿，王室之與貴族，相去祇一間耳。秦則天下盡為郡縣，舉國統於一王。天子世襲，而丞相、御史大夫以下不世襲，然後天子乃高高在上，其勢孤危易倒。漢鑒於秦亡之速，變更秦法，稍稍復古，故以宗室、外戚、功臣三系與王室相夾持而為治。外既大封同姓為王國，與郡縣相雜，內則丞相、御史大夫諸要職，雖不世襲，而大例非列侯莫得當，則為一階級所專有，體勢近於世襲。歷史進化以漸不以驟，古代貴族封建政體一變而為平民的統一政府，廣土眾民，孤危之勢不足以持久，故外有封王，內有列侯，粗為等次，以相扶護。猶嫌王室單微，則援用外戚以為之輔。高祖雖愛戚夫人、趙王，而終不廢呂后、惠帝者，以呂氏族大勢盛，呂后又久在兵間，身後緩急可依仗也。呂后之卒，宗室、功臣內外相結，鋤去諸呂，而迎立代王，即文帝。則利其外家勢弱，出中央功臣一系之意。其時則外戚一系勢最衰。文帝既立，潛移默運，外撫馴諸王，內調狎功臣，卒使王室漸尊漸安，漢室之終臻穩固，蓋非易也。吳、楚七國亂後，宗室地位日削，宗室衹宜封建，不宜輔政，以其地近而勢逼。封建政制既不能復活，則宗室地位自難再興。功臣傳世漸久，亦不保其位，世臣與封建相扶翼，封建既不可復，世襲之制，亦不足持久。於是王室依仗乃惟有外戚。如景帝平吳、楚兼用周勃（功臣）、竇嬰（外戚）。武帝初立，竇嬰、田蚡繼相，皆外戚又漸得勢之徵。

武帝以後，中朝、王室。外朝政府。始分。於是宰相為外朝領袖，政府代表。而大司馬大將軍為內朝輔政，王室代表。其職大司馬大將軍。則胥由外戚為之。

宰相其先本為天子私臣。「宰」者，古代封建社會宗廟祭祀事前主宰牲之任，此非親貴莫當。既主祭職，故掌禮書，左傳：「命宰人出禮書」，此即漢卿太常掌禮之祖也。然宰職雖高，實兼治膳。故周禮，天官太宰為五官長，而其所屬，猶多宮中治膳之職。若膳夫、庖人、內饔、外饔、烹人、獸人、漁人、鼈人、腊人、酒正、酒人、漿人、籩人、醢人、醯人、鹽人，皆治庖宰之事。春秋時列國宰夫猶是庖人。左傳：「宰人胹熊蹯不熟」，國語：「膳宰不致餼」，是也。「宰」從本職則為庖人，為祭司，或從差遣則為執政。孟子與呂氏春秋：「伊尹以割烹要湯」，即庖人也。元人亦以宰膳為親貴要職，可以證古制。臨祭主宰牲，平時則總理家務，是為家宰。及化家為國，則家宰成國宰矣。「相」則封建貴族祭祀相禮之人，亦親貴為之。臨祭為相，朝聘、宴享、盟會之禮亦為相。化家為國，則以家相為國相矣。故「宰相」原係宗法社會中天子之宗屬私人也。漢初宰相皆列侯為之，此皆相互戮力以爭天下者，在當時亦為皇帝之私人也。故御史大夫為副丞相，而御史有中丞，得治王宮之政令。此猶周禮天官冢宰，其屬官得統及皇帝內廷。此非古人立法之善，乃係當時「王室」與「政府」公私性質不分明也。此則所謂「朕即國家」，以其去封建時代未遠也。及武帝以下，宰相始由士人特起，漸有其尊嚴之地位，此由宰相一職之意義言之。而與王室亦漸分離。此由賈誼敬禮大臣之論，及於公孫弘起徒步以經術為相，大開東閣，延賓客賢士以與天子內廷侍從諸臣議論政事相往復，實為宰相地位在意義上之一種變遷也。又按：漢制，丞相謁見，天子御坐為起，乘輿為下；有疾，天子往問；（均見翟方進傳注。）薨則車駕往弔。其制不知起何時，似漢初並不爾。而王室不得不仍有其私臣，武帝初，嚴助、朱買臣等皆以侍中貴幸用事，得與聞朝政。凡侍中、左右曹、諸吏、散騎、中常侍等加官（即兼差），漢代所謂「中朝官」者，皆是。武帝以之與外朝大臣辯論政事，蓋此輩猶為皇帝之私人秘書也。於是遂有大司馬大將軍輔政之制，此制始武帝末年，以霍光為大司馬大將軍輔政，蓋由新帝方幼，（昭帝。武帝又先殺昭帝生母，恐其居中用事。）宰相地位漸隆，與王室關係漸疏，而宰相之威望則轉不如前，（以多平地特起而非貴冑世襲，武帝用相亦率取其易制，天下務初不關決。）以外戚輔政，正以彌補此缺陷也。於是「中朝」、「外朝」判而為二。大司馬、左右前後將軍、侍中、常侍、散騎、諸吏為中朝，丞相以下至六百石為外朝。（見劉輔傳孟康注。）霍光謂車千秋曰：「光治內，君侯治外」；時光為大將軍，千秋為丞相也。霍光廢昌邑王而丞相楊敞事前不預知，光謂：「此內朝事，即王室自身事。無關外朝也。」內朝諸臣之領袖以「大司馬大將軍」為號者，正見軍人本為王室私屬，今已由軍人政府轉變為士人政府，故軍職不為外朝之丞相而為內朝之輔政。以外戚為之者，外戚有客觀之尊嚴，而無世襲，以隨新天子為轉移，其事最少弊。又內、外朝既分，內朝用私臣，非宗室則必屬外戚矣。

封王、封建。列侯，世卿。漸次在政治上消失其地位，漢武以後的文治政府漸次形成，「王室」與「政府」漸次分開，此亦中國政制史上一大進步。而外戚卻由此得到他政治上的地位。只要政治情態一時不變更，則外戚地位繼續有其存在。故外戚擅政，已起西漢，而尤以武帝以後為甚。崔駰疏：「漢興以至哀、平，外家三十餘，保全者四家而已。」東漢亦惟光武郭后、陰后，明帝馬后無禍。所以不能懲前毖後，而覆轍相尋者，亦時代情態使然。

西漢外戚略表

帝后					
呂后	呂產	呂祿（呂后諸子。）			
武帝	竇嬰（祖母竇太后諸子。）		田蚡（母王太后同母弟。）	衛青（衛后弟。）	霍去病（衛后姊子。）
					霍光（去病弟。）
宣帝	史高（祖母史良娣弟。）		許延壽（許后諸父。）		
元帝	許嘉（許延壽子。）				
成帝	許嘉（許后父。）		王鳳（母王太后弟。）	王音（鳳從弟。）	王根（音弟。）
					王莽（根兄子。）
哀帝	傅喜（祖母傅太后從弟。）		丁明（母丁太后弟。）		
平帝	王莽（遂受漢禪。）				

光武中興，又減削外朝政府之權力，一移之內朝王室，於是外戚勢任愈大。

西漢雖以外戚輔政，而外朝丞相體尊，猶為對峙之局。漢初以丞相主文，太尉主武，御史大夫為丞相之副。武帝寵太尉為大司馬，主內朝，則丞相於外朝為獨尊也。王莽之篡，則以王氏久盛，王莽又自為外朝所歸嚮故。光武躬親庶務，內朝尚書位微而權重，外廷三公並峙，以丞相為司徒，太尉為司馬，（後又稱太尉。）御史大夫為司空，稱三公並列；而太尉公序在司徒公之上。（此元帝時三公位已然。）僅有虛位，無實權。東漢事無巨細，皆由尚書行下三公，或徑下九卿，故東漢九卿權亦重。故外戚用事於內，外朝即無以相抗。

政府漸漸脫離王室而獨立，為當時統一政府文治上之進步。王室削奪政府權任，而以私關係的外戚代之，則顯然為統一政府之墮落。然外戚與宦官較，則外戚猶為稍愈。

五　宦官參加王室之由來

西漢初年，王室、政府界限不清，而當時官吏組織中亦無宦者之特殊集團。朝廷自皇帝以下，官吏最要者有三公、九卿。

丞相　輔助天子，總理庶政。

御史大夫　副丞相。

太尉　丞相為文官長，太尉為武官長。

以上為三公。

太常　掌宗廟禮儀，屬官有太樂、太祝、太宰，（主宰牲牢。）太史、太卜、太醫等，此為天子宗廟之守官。太常始名「奉常」，蓋即「奉嘗」借字。（「宰」本百官之首，此乃以「奉常」為九卿之長，猶其遺意也。）

光祿勛　掌宮殿掖門戶，屬官有大夫、郎、謁者等。大夫掌論議；郎掌守門戶，出充車騎；謁者掌賓讚受事。「光祿」即古言「大麓」，「勛」則「閽」也。古天子居山邱，則守門者居麓，故曰大麓，即猶後世之閽人。然則光祿勛為天子守宮殿之官。

衛尉　掌宮門屯衛兵，屬官有公車司馬、衛士、旅賁等。旅賁，虎士成羣而奔也。衛尉與光祿勛同掌宮衛，惟衛尉乃武職。然則光祿勛猶大門房，而衛尉則為衛隊長。九卿先廟祝而後門房、衛隊，此古人敬祖尊先之義。

太僕　掌輿馬。皇帝居則需光祿勛、衛尉之侍衛，出則需太僕之車馬，故以太僕次此三卿，皆主皇帝之生活。

廷尉　掌刑辟。

大鴻臚　掌諸歸化蠻夷。

宗正　掌宗屬。對皇帝有犯逆則歸廷尉，賓服則歸大鴻臚。先中國而後四夷，故廷尉在大鴻臚前。其同宗外戚則屬宗正，先公後私，故在廷尉、大鴻臚後。此三卿皆主皇帝之交際。

大司農　掌穀貨，主田租之入，以給國家之公費。

少府　掌山海池澤之稅，以給天子之私供養。大司農為大賬房，少府為小賬房；此二卿皆主皇帝之財務。

以上為九卿。論其性質，均近於為王室之家務官，乃皇帝之私臣，乃私的僕隸。而非國家之政務官，非政府正式之官吏。非公的僚屬。推而上之，可知宰相、御史大夫、太尉三公，其初實亦帝王私臣。漢政宰相、太尉已論如前。御史者，國策謂：「獻書於大王御史」，又曰：「御史在後，執法在前」，其先亦宮職，非府職，是家臣，非朝臣也。故昔人以丞相擬周禮中之太宰，以御史大夫擬小宰，以御史中丞、少府、尚書擬宰夫。少府之下有大長秋，則猶內宰也。本襲秦舊，漢君臣來自田間，未能創建。秦廷有些處脫不了古代貴族家庭的遺習，故秦漢初年政府，有幾處亦只是一個家庭規模之擴大。

整個朝廷，初從家庭狀態中蛻化而出，尤其如九卿中之光祿勳與郎官。那時自不需另要內廷私臣乃至於宦官。

宦官在當時，與普通士人，亦並不歧視。如趙高為秦二世師，又為郎中令。司馬遷受腐刑後乃為中書令。蓋古者貴族階級之旁，常有刑人服事執役。此等刑人，或由俘虜，或因罪罰，而多半亦出貴族階級，有聰明技藝，故刑而用之，其地位較之工、賈、農、牧一般平民為高。稱曰「宦」者，宦本宦學、仕宦，非惡稱也。

漢武以雄才大略獨攬事權，於是重用內朝尚書，秦少府遣吏四人，在殿中主發書，謂之「尚書」。尚，猶主也。漢初有六尚，屬少府，曰尚衣、尚冠、尚食、尚浴、尚席、尚書，可見其職位之卑，然皆由士人為之；後世（除尚書外）則全變為宦官之職矣。奪宰相權。其時則趙禹、張湯等為九卿，直接奏事，宰相束手。

漢御史大夫有兩丞，即兩副官。一曰御史丞，一曰御史中丞。御史中丞亦謂御史中執法，居殿中，外督部刺史，內領侍御史十五人，受公卿奏事，舉劾案章。天子事下中丞而至大夫以及丞相。中丞屬於大夫，大夫職副丞相，故宮中事丞相無不可制。文、景時丞相欲誅鄧通、晁錯，其權擬天子矣。武帝用尚書，中丞不得居中制事，侍御史、部刺史皆廢。末年霍光為大司馬領尚書事，號「內府」。宣帝中興，復舊制，魏相為御史大夫，外遣丞相掾吏按事郡國，不遣中使，內則奏封事不經尚書，去副，又加給事中，得宴見，而霍氏以敗。然元帝時，宦者石顯用事，丞相權復盡歸尚書。成帝時，何武建言設三公官，御史大夫改大司空，中丞遂為御史臺長官，出居外臺。東漢中丞遂為臺率，始專糾察之任，為後世御史之職所昉。漢初御史大夫副丞相而得統治宮中事，後世御史為天子糾察百寮。蓋因政府與王室既分，則二者間權任自有移轉也。

晚年又用中書。

武帝晚年常宴遊內廷，不復多與士大夫接，遂用宦者主中書，（司馬遷曾為之長。）典尚書章奏。元帝時遂有弘恭、石顯，而宦者逐漸用事。（自御史至尚書，又自尚書至宦官，其間凡三折。）光武中興，宮中悉用閹人，不復參以士流，於是正式遂有一個宦官的集團。

東漢郎官已全為郡國察舉「孝廉」到京待轉之一階，則自不能仍以為皇帝內侍。王室與政府之性質既漸分判明晰，則光武之制實不為非。光武又盡幷天下財賦於大司農，而少府遂專掌中服御諸物，衣服、寶貨、珍膳之屬，此亦在王室、政府逐漸分離下應有之調整。故自御史中丞出居外臺，光祿勛移至外朝變為閒職，三署郎更不值事內廷，（魏以後即無三署郎，而光祿勳為散官。自唐以後，三署郎全為武職，而光祿寺掌膳食。皆與兩漢異。）少府不預聞天下賦稅財政，皆兩漢間政府組織與體統上之絕大改革也。（光武之病，在輕三公權任而移之尚書。）

宦官亦在當時「王室」與「政府」之判分下得到其地位。一面是文治政府之演進，一般官吏漸漸脫離王室私人的資格，而正式變成為國家民眾服務的職位；一面則是王室與政府。（士人）逐漸隔離而易趨腐化與墮落。

陳蕃諫桓帝：「采女數千，食肉衣綺，脂油粉黛，不可貲計。」荀爽諫桓帝：「後宮采女五、六千人，從官、侍使復在其外。」此與西漢初年恭儉為治之王室，乃至東漢初年明、章二帝以儒術自飭之王室，均迥乎不侔。東漢一代外戚、宦官種種事變，亦惟表示此王室之日趨腐敗而已。

第十章　士族之新地位（東漢門第之興起）

在東漢政治上佔有地位的，一面是代表「王室」的外戚和宦官；另一面則是代表「政府」的新興士族，便是當時之所謂「名士」。

一　士族政治勢力之逐步膨脹

士人在政治上佔有地位，自西漢武、宣以來，已逐步顯著，而到東漢益甚，這裏有幾層因緣。

一、朝廷帝王之極端提倡。

光武天鳳中至長安受尚書，略通大義，其自身本為王莽時代之太學生，故在軍中猶「投戈講藝，息馬論道」。（樊準語。）其一朝功臣，亦多屬儒生。鄧禹為光武同學，寇恂、馮異、馬援、賈復、祭遵、耿弇諸人，大半皆通儒。光武子明帝及其同母弟東平王蒼，皆深受儒學之陶冶。明帝為太子時，師桓榮，（榮亦習尚書。）止宿宮中五年，薦門人胡憲侍講，始得出入。永平二年臨辟雍，引師桓榮及其弟子升堂，明帝自講說，諸儒執經問難，圜橋門聽講者萬數。章帝師張酺，（酺亦習尚書，其祖父充，光武同學也。酺又師事桓榮。光武、明、章一家三代尚書之學，蓋深受王莽時代之影響。）元和二年東巡，張酺為東郡太守進謁，先備弟子禮，使張酺講尚書一篇，然後再修君臣禮。當時王室外戚、功臣子弟，下及期門、羽林之士，莫不受學。（匈奴亦遣子入學。）朝廷對儒術之極端提倡，較之西漢遠過。

二、民間儒業之普遍發展。

陳留劉昆治易，王莽世，教授弟子恆五百餘人。南陽洼丹傳易，王莽時，避世教授，徒眾數百人。樂安歐陽歙，八世為博士，傳尚書，光武時為汝南太守。在郡教授數百人，徵為大司徒。發覺在汝南贓罪千餘萬，下獄。諸生為求哀者千餘人，至有自髡剔者。平原禮震年十七，自繫求代死。書奏，歙已死獄中。（贓罪至千餘萬，而為之求哀者尚多至千餘人，可見當時儒生在社會地位之崇高。）濟陰曹曾從歙受尚書，門徒三千人。樂安牟長，少習歐陽尚書，諸生講學者常千餘人，著錄前後萬人。山陽丁恭習公羊嚴氏春秋，教授常數百人，建武時為少府，諸生自遠方至，著錄數千人。北海甄宇習嚴氏春秋，教授常數百人。沛桓榮，少學長安，習歐陽尚書，事博士九江朱普，王莽篡位乃歸。會朱普卒，榮奔喪九江，因留教授，徒眾數百人；後復客授江、淮間。以上桓榮見本傳，餘見後漢書儒林傳。晉陽劉茂習禮經，教授常數百人，哀帝時察孝廉。東郡索盧放以尚書教授千餘人，更始時，以敢言顯名。（見獨行傳。）趙翼陔餘叢考有「兩漢時受學者皆赴京師」條，謂：「及東漢中葉以後，學成而歸者各教授門徒，每一宿儒，門下著錄者至千百人，由是學遍天下。」今以劉茂、劉昆、洼丹、索盧放之事觀之，可知民間學風，自西漢哀、平下迄王莽時已大盛，光武、明、章亦自受此等風氣之薰染也。其他又如范升、鄭興、（從劉歆講正左氏大義。）陳元、（父欽為王莽左氏師。）賈逵、（父徽從劉歆受左氏春秋。鄭、賈學行數百年，為諸儒宗。）杜林、（從張竦受學。）衛宏、（從謝曼卿受毛詩。）此等皆東漢初年大儒，皆成學在王莽世。

三、博士弟子額之日益增添。

博士弟子武帝初設僅五十人；昭帝時百人；宣帝末二百人；元帝好儒，增至千人；成帝末至三千人，歲餘復如故。王莽秉政，奏起明堂、辟雍、靈臺，為學者築舍萬區。五經博士領弟子員三百六十人，六經三十博士，弟子一萬八百人，主事高弟侍講各二十四人。學士同舍，行無遠近皆隨檐，雨不塗足，暑不暴首。

而尤要者則在當時之地方察舉以及公府徵辟制。

二　東漢之察舉與徵辟制度

地方察舉與公府徵辟，為東漢士人入仕之兩途。此兩制皆起於西漢。

兩漢的察舉制，大體可分為在先的「賢良」與後起的「孝廉」兩大項。

漢廷每詔舉「賢良方正、能直言極諫」之士，簡稱則曰「賢良」。其制初意，似仿戰國招賢，於世胄貲選外別開一格。高帝十一年詔：「賢士大夫有肯從我遊者，吾能尊顯之」，即此制最先之濫觴也。文帝十五年始親策試。此制無一定之期限，所舉大抵為現任官，漢士頗慕應其選，一時號得人，如晁錯、董仲舒、嚴助、公孫弘，皆賢良也。漢詔又有舉「明當世之務、習先聖之術」、武元光五年。「茂材異等可為將相及使絕域者」、元封五年。「文學高第」、昭始元五年。「明陰陽災異者」、元初元三年。「可充博士位者」、成陽朔二年。「勇猛知兵法者」元延元年。等，皆可與「賢良」歸入一類，皆為朝廷特意延訪此類人才也。「孝廉」為孝子廉吏之簡稱，武帝元光元年，初令郡國舉孝廉各一人，是為漢室令舉孝廉之始。元朔元年詔：「朕深詔執事，興廉舉孝，今或至闔郡而不薦一人，是化不下究，其議不舉者罪。」可見舉孝、興廉，係屬兩事。乃由朝廷設意獎進此項風氣，與延訪人才諮詢政事之意各別。宣帝地節三年詔：「朕既並舉賢良方正，而俗化闕焉，其令郡國舉孝弟有行義者各一人」，亦可證此意。其先文帝十二年，已詔：「孝悌、力田、廉吏，朕甚嘉此。今萬家之縣，云無應令，豈實人情？」於「孝廉」外復有「力田」一項。是年文十二年。並詔以戶口率置三老、孝悌、力田常員。蓋「孝廉」出於鄉官小吏，非有才學，恐不足以應天子之詔，故郡縣率不樂舉，而求應此選者亦少。宣帝黃龍元年詔：「舉廉吏，誠欲得其眞，吏六百石，位大夫，毋得舉。」可見漢廷意在獎進小吏，而郡國乃以大吏充數。而當時舉廉吏若已成例事，亦可於此詔中體味得之。

至東漢初，則「茂材」、「孝廉」定為歲舉。

光武建武十二年，詔三公舉茂材各一人，廉吏各二人。光祿歲舉茂材四行一曰德行高妙，志節清白。二曰經明行修，能任博士。三曰明曉法律，足以決疑，能案章覆問，才任御史。四曰剛毅多略，遭事不惑，明足照姦，勇足決斷，才任三輔令。各一人，察廉吏三人。中二千石歲察廉吏各一人。廷尉、大司農各二人。將兵將軍歲察廉吏各二人。監察御史、司隸、州牧歲舉茂材各一人。按：詔中無孝，惟明帝時樊儵上疏，已有「郡國舉孝廉，率取年少能報恩者」之語，則似孝、廉並舉，成為例事，明帝時已然。

循至歲以百數。

章帝建初元年詔：「刺史守相，不明眞僞，茂材孝廉，歲以百數。」二年：「陳事者多言郡國貢舉率非功次。」則知其時郡國察舉，頗已多弊。

嗣後「孝廉」遂為察舉惟一項目，遂至勒為定額。

和帝時，大郡口五、六十萬舉孝廉二人，小郡口二十萬並有蠻夷者亦舉二人。帝以為不均，丁鴻、劉方上言：「郡國率二十萬口歲舉孝廉一人，（本為孝子、廉吏，此則「孝廉」特為貢舉之一目矣。）四十萬二人，上至百二十萬六人。不滿二十萬，二歲一人；不滿十萬，三歲一人。」

又繼之以限年，並別標行能，加以考試。

順帝陽嘉元年，初令郡國舉孝廉，「限年四十以上，諸生通章句，文吏能牋奏，乃得應選，其有茂材異行，不拘年齒。」（按：至是則儒生、文吏、茂材、異行全與孝廉混并不分矣。又諸生試家法，文吏課箋奏，則變薦舉為課試，與舉孝興廉原意全違矣。）蓋其先以茂材異能訪人才，以孝子廉吏獎風俗。及孝廉漸成例舉，郎官雖無員，亦自有限，郡國各舉孝廉一人，歲已二百許人。自是孝廉獨行，諸科漸廢。又社會文風日開，郡縣吏亦多彬彬儒雅，雖孝廉之選，其實無異於茂材，人競趨之，惟求出路耳，不問其為孝廉、茂材也。遂至有請託舞弊，而朝廷亦以種種條件限之，亦惟求人才耳，不限於得孝廉也。限年之議始自尚書左雄，雖與舉孝興廉原意不合，亦整頓選法之不獲已也。

逐步漸近於後世之科舉。

當時反對者有黃瓊、胡廣、張衡、崔瑗等。然雄在尚書，天下不敢妄選，十餘年間號為得人。其後黃瓊為尚書令，以前左雄所上孝廉之選，專用「儒學」、「文吏」，於取士之義猶有所遺，乃奏增「孝悌」及「能從政者」為四科。至是則前漢賢良、孝廉兩項目，已同歸入歲舉中，而不過統以「孝廉」目之而已。

此項制度之演進，一面使布衣下吏皆有政治上的出路，可以獎拔人才，鼓舞風氣；一面使全國各郡縣常得平均參加中央政局，對大一統政府之維繫，尤為有效。而更要的，則在朝廷用人，漸漸走上一個客觀的標準，使政府性質確然超出乎王室私關係之上而獨立。

與察舉制相輔並行的尚有徵辟制。

兩漢二千石長吏皆可以自辟曹掾，而東漢公卿尤以辟士為高。

選舉多循資格，辟召則每以高才重名躐等而升，故當時尤以辟召為榮。崔寔政論北堂書鈔六十八引。謂：「三府掾屬，位卑職重，及其取官，又多超卓，或期月而長州郡，或數年而至公卿。」崔語止此。於是名士養望，有被命不遽出，至五府俱辟如黃瓊，四府並命如陳紀者。以外戚秉權者曰大將軍，以老臣錄尚書者為太傅，並外朝三公稱四府、五府。

亦有朝廷聞高名，直接辟召。

如樊英被徵初至，「朝廷設壇席，待若神明。」李固語。陳寔少從樊英遊。官僅太邱長，家居後，朝廷每三公缺，議者多歸之。太尉楊賜、司徒陳耽，每以寔未登大位而身先之自愧。鄭康成公車徵為大司農，給安車一乘，所過長吏送迎。董卓徵荀爽，初拜平原相；途次又拜光祿勳；視事三日，策拜司空。自布衣至三公，凡九十五日。

此等制度，使在野的聲名，隱然有以凌駕於在朝的爵位之上，而政府亦得挾此自重，以與王室相頡頏。

在太平治安之世，而有此等情形者，惟東漢及兩宋為然。戰國列強紛爭，事當別論。秦漢創建大一統政府以下，王室高高在上，民眾遠隔在野，封建世臣之勢力取消，民間起布衣為公卿，朝進暮退；所由得與數百年遞禪之王室為抗衡者，魏晉南北朝以迄隋唐為門第，東漢、兩宋為士風，元、明、清三代，皆汲宋儒遺脈，而所得淺深不同。

自有此項制度之存在，而士人在政治上遂能佔有其地位。

三　太學清議

士人在政治、社會上勢力之表現，最先則為一種「清議」。此種清議之力量，影響及於郡國之察舉與中央之徵辟，隱隱操握到士人進退之標準。

東漢自光武、明、章，雖云崇奬儒業，然光武勤治，明帝好吏事，風聲相勸，俗頗苛刻。明帝永平七年，以東海相宗均為尚書令，均謂人曰：「國家喜文法廉吏，以為足以止姦，然文吏習為欺謾，廉吏清在一己，無益百姓流亡，盜賊為害也。均欲叩頭爭之，時未可改也。久將自苦之，乃可言耳。」章帝時，陳寵上疏，建初元年。主改前世苛俗。第五倫上疏，建初二年。亦謂光武「承王莽後，加嚴猛為政，因以成俗，是以郡國所舉，多辦職俗吏，不應寬博之選」。王充論衡亦極辨世俗常高「文吏」，賤下「儒生」之非。程材篇。稍後郡國察舉，漸移趨向。言事者謂郡國貢舉不以功次，功次即朝廷法令標準也。養虛名者，名即社會清議之所歸許也。故守職者益懈，而吏事陵遲。韋彪議曰：「國以賢為本，賢以孝為行。按：彪傳謂其「孝行純至，父母卒，哀毀三年，不出廬寢。建武末，舉孝廉」。彼謂「賢以孝為行」，直將西漢求賢一路并入奬孝之中，東漢「孝廉」獨盛，「賢良」漸廢，亦此等議論有以助成之也。忠孝之人，治心近厚；鍛鍊之吏，治心近薄。故士雖不磨吏職，有行美材高者，不可純以閥閱取。」史記：「明其等曰閥，積日曰閱。」閥閱即吏治成績也。韋彪此事在建初七年。自是以往，東漢士風，競以名行相高，而郡國之察舉，中央之徵辟，亦隨一時清議為轉移，直至東漢末葉，此風弗衰。

而清議勢力之成熟，尤其由於太學生之羣聚京師。

東漢自明帝雖宏獎儒教，然至安帝而儒風寖衰。其時博士倚席不講，朋徒相視怠玩，學舍頹敝。順帝更修黌舍，凡所造構二百四十房，一千八百五十室，至桓帝時太學生三萬人。然漢武立五經博士，本為通經致用。至宣帝時，博士之學已漸流於「章句」。漢初治經，有「訓詁」，有「傳」，而無「章句」，學者常兼通，務求大義。「章句」之興，始於小夏侯（建）尚書。自有章句，乃有分經專治之「家法」。家法之起已晚，若早各恪守家法，則歐陽尚書之傳統下何來有大、小夏侯？至東漢而益甚，此即所謂今文學「家法」也。西漢所謂「古文」，如史記言「詩書古文」之類，蓋通指五經，以別於後起之「百家言」，故謂之「古文」，其意猶云「舊書」也。劉歆爭立古文尚書、毛詩、左傳、逸禮諸經，移書讓太常博士，曰：「其為古文舊書，皆有徵驗。」此亦爭其同，非故翹其異。正以非古文舊書，（即為後起「百家言」。）即不得在朝廷立博士。故劉歆言此諸書亦皆古文可徵驗也。迨王莽敗，光武興，劉歆所爭立諸經仍罷博士不立，於是乃指遵朝廷功令守博士家法者（即當時所立十四博士）為「今學」，而以自相傳習、兼治未立博士諸經者（即劉歆所爭諸種）為「古學」。故今學皆有「家法」，守朝廷博士章句，古學則多云「不守章句」也。此兩漢「今、古學」眞分別，清儒張皇其說而多誤。章句繁瑣比傳，殊不足以饜賢俊之望，故博士至於倚席不講，學者或自遍謁名師，會通羣經，治求大義，如馬融、鄭玄輩，則所謂「古文家」也。「古文家」之為學，大體上欲復反宣帝以前舊門路，即務兼通、求大義是也。馬、鄭則再從此工夫下創為新章句，以簡當易舊章句之繁瑣比傳。然大多數居京師，目擊世事之黑暗汙濁，轉移其興趣於政治、社會實際問題，放言高論，則為清議。

此輩太學生與朝廷大臣聲氣相通。

桓帝時，太學諸生三萬餘人，而郭林宗、賈偉節為其冠，並與李膺、陳蕃、王暢更相褒重。學中語曰：「天下模楷李元禮，膺。不畏强禦陳仲舉，蕃。天下俊秀王叔茂。暢。」按：東漢行察舉、徵辟之制，故重人倫品鑒，如「天下模楷」、「不畏强禦」等語，皆襲當時品藻人物之格套也。

其言論意氣，往往足以轉移實際政治之推移。

苻融遊太學，師事少府李膺。膺夙性高簡，得通謁者稱為「登龍門」。膺每見融，輒絕他賓客，聽其言論。融幅巾奮袖，談辭如雲，膺每捧手歎息。郭林宗始入京師，時人莫識，融介於李膺，由是知名。按：史亦稱林宗：「善談論，美音制。」既尚人物品藻，又學者羣集，不事編簡，則必因而尚談論。既尚談論，必牽連及於考究談吐之音節，又牽連而及於體貌之修飾。如李固，已見譏為「胡粉飾貌，搔頭弄姿，盤旋俯仰，從容冶步」，為後來曹植、何晏輩之先聲。如是則譏評政俗之清議失敗後，極易轉而為玄虛之清談。蓋一為積極，一為消極，其他全相似也。如孔融父孔公緒，即以「清談高論，噓枯吹生」見稱。（鄭太傳。）而青州刺史焦和，亦見稱為「能清談」。（臧洪傳。）其他如馬融、崔瑗之徒，亦開魏晉王衍一流之奢風。大抵三國以下人物風流，全已於東漢啟之。其時漢中晉文經、梁國黃子艾，並恃才智，臥託養疾，洛中士大夫，承聲坐門，猶不得見。三公辟召，輒以詢訪，隨其臧否以為予奪。融到太學，并見李膺，曰：「二子行業無聞，特宜察焉。」膺然之。二人自是名論漸衰，賓徒稍省，旬日之間，漸歎逃去。今按：苻融、郭泰之與晉、黃兩人，雖智愚、賢不肖有別，其以名士傾動天下，上足以與朝廷之祿位相抗衡，則一也。大抵東漢至桓、靈之際，朝廷祿位已不如處士虛聲，社會重心在下不在上，此亦自秦統一以來世運一大轉變也。

朝廷有大議，例亦得預。

桓帝時，永壽三年。或言改鑄大錢，事下四府郡僚，及太學能言之士，劉陶議云云。是其時太學生得與議朝政，乃與前漢博士同。

因此清議在當時政治上有其不可侮之勢力，從此促成黨錮之獄。

四　黨錮之獄

黨錮由於朝士與宦官之衝突，而在黨錮獄以前，朝士與外戚衝突早已循環發生過好幾次。

外戚依附於王室，外朝士人地位不親接，正議徒招禍殃。往往一帝即位，必袒外戚誅鋤朝士。逮朝士喪氣，外戚益橫，而舊帝崩，新帝立，與舊帝之外戚關係轉疏，乃自謀之宦官。此幾為東漢前半段政治上一種循環狀態。如和帝時有郅壽、樂恢、皆以疏彈竇憲致死。袁安、任隗、韓棱、丁鴻、何敞、張酺。皆以劾竇氏得罪。惟班固、傅毅黨竇氏。安帝時有杜根、以上書請鄧太后還政，盛以縑囊，於殿上撲殺，載出城外得蘇，逃為宜城山中酒家保。積十五年，後鄧氏廢，杜根始起用。楊震、翟酺、陳忠。皆諫閻氏擅權，不納，楊震為之自殺。順帝時有張綱、朱穆、皇甫規、皆諫梁氏擅權。陳蕃、延篤。以殺梁冀賓客遷免。惟馬融為冀作表，崔瑗亦黨冀。此等皆不畏強禦，耿耿忠直，以正氣大義與黑暗勢力相鬬爭，雖屢受摧挫，然士人勢力之逐步成長，實胥賴之。當時士大夫自有一段不可磨滅之精神，亦不可純由外面事態說之也。

及宦官勢盛，朝士爭彈對象，乃始轉向。

順帝時，孫程等徙遠縣，司徒掾周舉謂司徒朱倀：「朝廷非程等豈立？如道路夭折，使上有殺功臣譏」，倀遂諫止之。時稱「五經縱橫周宣光」，周亦名儒。自此以前，朝士尚有祖宦官者。及梁冀敗，宦者勢盛，朝士鋒鋩，乃始轉嚮宦官。

惟東漢宦官勢力，不僅盤踞內廷，其子弟親黨布散州郡，亦得夤緣察舉，進身仕宦。李固順帝陽嘉初對：「詔書禁侍中、尚書中臣子弟，不得為吏察孝廉，以其秉威權，容請託故也。而中常侍在日月之側，聲勢振天下，子弟祿仕，曾無限極。雖外託謙默，不干州郡，而諂偽之徒，望風進舉。」從此遞相攀引，根枝纏結，日益繁滋。故士族清流與宦人衝突，不限於中央而遍及州郡。

如濟北相滕延，捕殺侯覽、段珪賓客，徵詣廷尉免。左悺兄滕為河東太守，皮氏長趙岐即棄官歸。唐衡兄玹為京兆尹，將岐家屬宗親陷以重法盡殺之，岐逃難四方。（此均在桓帝延熹三年。）

而中朝、外朝之別，又使宦官與外戚同樣得蔭附王室，為外朝權法所不及。

太尉楊秉奏誅侯參，（覽兄。）並奏免覽官。書奏，尚書召對秉掾屬，詰之曰：「設官分職，各有司存，三公統外，御史察內；今越奏近官，經典、漢制，何所依據？」（秉以「申屠嘉召詰鄧通」為對，桓帝不得已，為免覽官。然此乃西漢文帝時故事，東漢自光武改制，公府外職，固不得問內廷事，帝自為優容也。又按：楊秉此次劾奏宦官仕人及子弟為外官貪淫者，刺史、郡守以下凡五十餘人，或死或免。可見當時宦官之惡遍天下矣。）

因此宦官之勢，乃非外朝士人之力所能摧陷廓清，名士不得不內結外戚，（如陳蕃之與竇武，袁紹之與何進。）而外戚到底亦為一種腐敗的因襲體，名士遂終與之兩敗。

竇武傳謂武：「在位，多辟名士，清身疾惡，禮賂不通，妻子衣食裁足，得兩宮賞賜，悉散與太學諸生。」（此特見竇武之與名士相結納耳。）而陳蕃傳則記王甫讓蕃語，謂：「先帝（桓）新棄天下，山陵未成，竇武何功，兄弟父子，一門三侯。又多取掖庭宮人，作樂飲讌。旬月之間，貲財億計。公為棟樑，枉撓阿黨。」（此可見竇家仍不脫外戚腐敗氣。恐所言非盡無據。陳薦處士徐稺、姜肱、袁閎、韋著、李曇、魏桓，皆不至。韋之言曰：「後宮千數，其可損乎？廐馬萬匹，其可減乎？左右權豪，其可去乎？」是其時王室腐敗已極，固非朝士所能彌縫。至何進不可依恃，更屬一時共知。

且名士對付宦官，態度亦自有過激處。

桓帝延熹八年，李膺復拜司隸校尉。中常侍張讓弟朔，為野王令，貪殘，畏罪，逃匿讓家合柱中。膺率吏破柱取朔殺之。桓帝詰以不先請便加誅之意，此下遂有第一次之黨錮獄。事在延熹九年，張成以方技交通宦官，推占有赦令，教其子殺人，果遇赦，李膺竟殺之。成弟子牢脩誣告膺養太學游士，交結生徒，誹訕朝廷。此兩事一則未請先誅，一則遇赦仍殺，於膺皆不為無失之過激也。此為宦官與名士直接衝突之尖銳化。蓋至此名士已成團體，與以前零零碎碎出頭反對外戚者不同。而宦官亦借部黨之名，部黨始於甘陵南、北部。桓帝師甘陵周福為尚書，而同郡河南尹房植有名當朝，鄉人為之謠曰：「天下規矩房伯武，因師獲印周仲進。」二家賓客互相譏揣，各樹朋徒，由是甘陵有南、北部，而黨人之議自此始。牽連逮捕至二百餘人。翌年，以竇武等表請赦歸，猶禁錮終身。靈帝即位，竇武、陳蕃謀殺宦官不成，此為外戚與名士同謀宦官之第一次。轉為曹節、王甫所殺。事在建寧元年，去第一次黨錮獄三年。翌年，建寧二年。遂有第二次黨錮之獄。事始山陽東部督郵張儉，舉劾中常侍侯覽，上書，為覽遮截，卒不得上。儉行部逢覽母，呵不避路，竟使吏卒收殺之，追擒覽家屬、賓客，死者百餘人，皆僵尸道路；伐其園宅，雞犬無餘。張儉此事更為非理。靈帝以儉郡吏，不先請擅殺無辜，詔收儉。儉亡命，逃竄，所經歷皆伏誅。遂幷捕前黨李膺、杜密、范滂等百餘人，皆死獄中，附從者錮及五族。建寧四年，又捕太學諸生千餘人，幷詔黨人門生故吏、父兄子弟在位者，皆免官禁錮。直至黃巾賊起，始得赦。（在中平元年。）又五年，（中平六年。）何進與袁紹等謀盡誅宦官，而董卓入京。（此為外戚與名士同謀宦官之第二次，而漢亦亡矣。）

而漢代上下用法，本亦有過酷之弊。

漢襲秦舊，用法太嚴，以殊死為輕典，獄吏以深竟黨與為能事。西漢時，義縱為定襄太守，獄中重罪二百餘人，及賓客、昆弟私入相視者，亦二百餘人，縱一切捕鞫，曰「為死罪解脫」，是日皆報殺，四百餘人。此雖極端之例，可見漢代刑法之一斑矣。故成瑨為南陽太守，宛富賈張汎倚恃後宮中官之勢，功曹岑晊等勸瑨收捕。既而遇赦，瑨竟誅之，并收其宗族、賓客，殺二百餘人，後乃奏聞。此較之張儉之誅侯覽一家，同為慘酷非人道。（在當時不自知也。）在名士正義一面者如此，在宦官惡勢力一面者可想。故張儉亡命所經歷，伏重誅者數十家，宗親殲殄，郡縣殘破。（西漢亦每輕用族誅，如晁錯、主父偃、郭解諸人皆是。）雙方相激相盪，皆受用法不平之禍也。（又按：東漢刑訊之酷，亦可駭人。獨行傳載楚王英坐反誅，其所疏天下名士，有會稽太守尹興，乃徵詣廷尉獄。其門下掾陸續、主簿梁宏、功曹史駟勳，及掾史五百餘人，詣洛陽詔獄就拷。諸吏不堪楚痛，死者大半。惟續、宏、勳拷掠五毒，肌肉消爛，終無異辭。又，戴就仕郡倉曹掾，刺史歐陽參奏太守成公浮贓罪。遣部從事按之，收就於錢塘縣獄，幽囚拷掠，五毒慘至。又燒斧使就挾於肘腋。每上彭考。肉焦毀墮地，掇而食之。又令臥覆船下，以馬矢薰之，一夜二日不死。又復燒地，以大鍼刺指爪中，使以把土，爪悉墮落。訖明公浮之誣，乃舍之。崔寔政論猶病漢治之寬，豈為知病者？其後曹操父子頗欲以法治革漢弊，竟不永祚。及東晉以下，刑典始寬。就唐、宋言，則唐重而宋輕，大體視士權之消長為進退。）

積此數因，造成慘毒的黨錮之禍，「人之云亡，邦國殄瘁」，黑暗腐敗的漢王室，終於傾覆，依附於王室的外戚與宦官，亦同歸於盡。而名士勢力到底還可存在，便成此後之門第。大一統政府不能再建，（因無共戴之王室。）遂成士族多頭之局面。

五　門第之造成

士人在政治社會上勢力之表現，「清議」之外，更要的則為「門第」。門第在東漢時已漸形成。

第一是因學術環境之不普遍，學術授受有限，往往限於少數私家，而有所謂「累世經學」。

其最著者莫如孔子一家之後，自伯魚、子思以下，再五世孔順為魏相。順子鮒，為陳涉博士。鮒弟子襄，漢惠時博士，為長沙太傅。襄孫武及安國。武子延年。安國、延年皆武帝時博士；安國至臨淮太守。延年子霸，昭帝時博士，宣帝時為大中大夫。霸子光，歷成、哀、平三帝，官至御史大夫、丞相。自霸至七世孫昱，卿相牧守五十三人，列侯七人。安國後亦世傳古文尚書、毛詩有名。其次西漢大儒伏生，世傳經學，歷兩漢四百年。（詳東漢伏湛傳。）又次如東漢桓氏，自桓榮以下，一家三代為五帝師。（榮授

（明帝，郁授章、和，焉授安、順；又焉兄孫彬，亦有名。）

經學既為入仕之條件，於是又有所謂「累世公卿」。

累世公卿亦始西漢。如韋、平再世宰相，（韋賢、玄成，父子相宣、元。平當、平晏，亦父子繼相。）于氏為兩世三公，（父定國為丞相，其子永為御史大夫。）時為僅事。東漢則有四世三公者為楊氏，（楊震為太尉，子秉、子賜（司徒）、子彪凡四世皆為三公。）又四世五公者為袁氏，（袁安為司空，又為司徒，子敞及京，京子湯，湯子逢，逢弟隗，四世五公，比楊氏更多一公。）氏族之盛，西漢較之蔑如矣。

「累世經學」與「累世公卿」，便造成士族傳襲的勢力，積久遂成門第。

門第造成之另一原因，則由於察舉制度之舞弊。地方察舉權任太守，無客觀的標準，因此易於營私。一面是權門請託，一面是故舊報恩。兩者遞為因果，使天下仕途，漸漸走入一個特殊階級的手裏去。

明帝中元二年詔，已云：「選舉不實，權門請託。」樊儵上言，則謂：「郡國舉孝廉，率取年少能報恩者。耆宿大賢，多見棄廢。」順帝時，河南尹田歆謂：「今當舉六孝廉，多得貴戚書命，不宜相違。欲自用一名士，以報國家。」遂舉种暠。風俗通記南陽五世公為廣漢太守，與司徒長史段遼叔同歲。遼叔大子名舊，小子髡。到謂郡吏曰：「太守與遼叔同歲，幸來臨郡，當舉其子。如得至後歲，貫魚之次，敬不有違。」主簿柳對曰：「舊不如髡。」世公厲聲曰：「丈夫相臨，兒女尚欲舉之，何謂高下之間！」竟舉舊。世公轉南陽，與東萊太守蔡伯起同歲，欲舉其子。伯起自乞子瓚尚弱，弟琰幸已成人。是歲舉琰，明年復舉瓚。瓚十四未可見眾，常稱病，到十八始出治劇平春長，上書：「臣甫弱冠，未任宰御，乞留宿衛。」尚書劾奏：「增年受選，減年避劇，請免瓚官。」此一事尤可見當時察舉情況也。

及門第勢力已成，遂變成變相的貴族。自東漢統一政府傾覆，遂變成變相之封建。長期的分崩離析，而中國史開始走上衰運。

六　東漢士族之風尚

東漢士大夫風習，為後世所推美。他們實有儘多優點。但細為分析，似乎東漢士大夫常見的幾許美德高行，不外如下列，其間都和當時的察舉制度有關係。

一、久喪。此為孝行。西漢重孝，尚少行三年喪者。東漢則「謂他人父」，對舉主、故將亦多行孝三年，而父母之喪有加倍服孝者。

三年之喪，自西漢中葉始漸見推行。公孫弘後母卒，服喪三年。哀帝時，河間王良喪太后三年，為宗室儀表，益封萬戶。原涉父死，行喪冢廬三年，由是顯名京師。薛宣後母死，弟修為臨淄令，去官持服。宣為丞相，謂弟：「三年服少能行者。」兄弟相駁，修遂竟服。綏和二年，詔博士弟子父母死，予寧三年。平帝時，王莽令吏六百石以上皆服喪三年。見此制始重，已在西漢末年。東漢則行喪三年為常事，甚有加倍服喪者。光武子東海王臻，喪母服闋，又追念喪父時幼小，哀禮有闕，乃重行喪制。袁紹母死去官，三年禮畢，追感幼孤，又行父喪。甚至有行服二十餘年者。青州民趙宣，葬親不閉埏隧，居其中，行服二十餘年，鄉里稱孝；然五子皆服中生，陳蕃致其罪。孔融殺父死墓哭不哀者。其變乃有阮籍臨喪食肉，上與戴良同風。（見范書逸民傳。）

二、讓爵。父有高爵，長子應襲，逃避不受，以讓其弟。

此亦始西漢，韋賢卒，子玄成讓爵於庶兄弘。宣帝高其節，許之。東漢更多見。如鄧彪、劉愷、桓郁、丁鴻、郭賀、徐衡，皆是。蓋時重孝廉，讓爵、推財，則孝與廉兼盡矣，故人爭慕為之。然讓者固高，受者斯卑。臨深為峻，以人之污，形己之潔，實非平道。范蔚宗丁鴻傳論已譏之。

三、推財。兄弟異財析居，推多取少。讓爵、推財，同為推孝以及弟也。

其人如薛包、建光（安）中，徵拜侍中，稱疾，賜告歸，蓋恬退人也。李充。家貧，兄弟六人，同食遞衣。妻曰：「有私財，願思分異。」充偽酬曰：「如欲別居，當醞酒具會。」婦信充，置酒宴客。充乃跪白母，遣斥其妻。延平（殤）時，詔舉隱士大儒，務取高行，以勸後進，特徵為博士。充以異析為不義，何不開譬其妻？妻設不淑，亦不當偽許，借斥妻而博高名，似非中和之道。而故相反者有許武。太守第五倫舉為孝廉。武以二弟晏、普未顯，欲令成名，於是分財三分，自取肥田廣宅、奴婢强者，二弟所得悉劣少。鄉人皆稱弟克讓，晏等以此並得選舉。武乃會宗親，泣白其事，所理產增三倍，悉以推二弟。今按：許武之為弟謀，賢矣；然當時自為謀而推財讓產者，當亦不乏也。

四、避聘。

避聘不就，以讓親屬，則與讓爵、推財，迹異心同。

如劉矩、以叔父叔遼未得仕進，遂絕州郡之命。太尉朱寵、太傅桓焉嘉其志義，叔遼以此為諸公所辟，拜議郎；矩乃舉孝廉。魯恭。亦憐弟丕小，欲先就其名，託疾不仕，郡數以禮請，謝不肯應。皆與讓爵、推財，迹異心同也。至其他卻聘為高者，不勝具舉。

五、報仇。

家庭有仇怨，奮身圖報，此亦孝弟之激發也。

其事如崔瑗、兄為人害，手刃報讐，亡去。魏朗、兄為人害，朗白日操刀，殺其人於縣中。蘇不韋父謙為司隸校尉李暠按罪死獄中。不韋與賓客掘地道至暠寢室，值暠如廁，殺其妾與子；又疾馳至暠父墓，掘得其父頭以祭父。等。古者刑不上大夫，故貴族階級相互有隙，不得直於法庭，則以私鬭決之。墨家非禮亦非鬭，儒家重禮故不非鬭。故荀子謂：「狗、彘尚有鬭。」然至秦漢以下，自可訴於官，不理於官而輒自讐殺，此為慕古而失其意矣。

六、借交報仇。朋友有仇怨，亦許身代報，此推己孝弟以及人也。

其事如何容、友有父讎未報，將死，泣訴於容，容即為復讎，以頭祭其父墓。郅惲惲友父讎未報，病將死，對惲歔欷。惲將賓客殺其人，以頭示友；友見而氣絕。等。禮有之：「父母存，不許友以死」，則父母而亡，固可以死許友。以死許友，即指借交報仇也。

七、報恩。此皆故吏對舉主，弟子對業師，移孝作忠，亦家庭道德之推擴也。此又分兩類。

（一）**急難**舉主、業師有患難，挺身護救。

其事如李固弟子郭亮、固被戮，亮負斧鑕上書，請收固尸。杜喬故掾楊匡、喬被戮，匡守護其尸不去。第五種門下掾孫斌、種劾宦官單超兄子匡，坐徙朔方，朔方太守董援，乃超外孫。斌知種往必遇害，格殺送吏，與種俱逃。劉瓆郡吏王充、瓆考殺小黃門趙津，下獄死。充為瓆郡吏，送喪還，終畢三年乃歸。劉君吏公孫瓚；詳下。而廉范之於鄧融，尤為壯烈。隴西太守鄧融，在職不稱，廉范為功曹，知其必獲罪，乃謝去；融甚望之。范改姓名，求為廷尉卒。無何，融果徵下獄，范衛侍異常，融曰：「卿何類我功曹？」范曰：「君誤耳，非也。」融繫出困病，范隨養視；及死，終不自言，身將車送喪至南陽，葬畢而去。今按：廉范尚在東漢早年。又前如沛人趙孝、彭城人劉平、北海淳于人淳于恭，此等皆在王莽時。信古而陷於愚，勵誠而幾於偽，正與王莽上下相應。此等立節敦行之風，蓋自王莽世已然，並不為受光武提倡。光武實亦自受當時風氣之影響也。自此演而愈烈，如廉范事儘難能，然終似非正辦。

（二）服喪

舉主、故將死，為之服喪。

如李恂、樂恢為郡將，荀爽為舉主，袁逢舉爽，不應。逢卒，為服喪三年。侯苞、馮冑為業師等。並有棄官行喪者，如吳匡、風俗通：「弘農太守吳匡，為黃瓊所舉。班詔勸耕，道聞瓊薨，即發喪制服，上病，還府。論之曰：『剖符守境，勸民耕桑，肆省寃疑，和解仇怨，國之大事；而猥顧私恩，若宮車晏駕，何以過茲？論者不察，而歸之厚。』」若此類者非一。傅燮、桓典等。又崔寔以期喪去官。荀攸祖父曇卒，故吏求守墓，推問乃殺人亡命。

八、清節。

一介不取，推財與人。東漢重廉吏，社會亦尚廉節。

如廉范、父客死於蜀，范年十五，入蜀迎喪。其父故吏太守張穆資送，不受；船觸石破沒幾死，穆追送前資，竟不受。范家入蜀，以良田百餘頃屬故吏毛仲；范歸，仲子奉仲遺命以田歸范。范以物無常主，在人即有，悉推田與之。今按：范自守甚高，然推田與毛，似屬矯情，並非愛人以德也。肅宗崩，范奔赴。廬江郡掾嚴麟奉章弔國，乘小車，塗深馬死，不能自進。范命從騎下馬與之，不告而去。麟事畢，不知馬所歸，乃緣蹤訪之。或曰：「當是廉叔度。」麟即牽馬造門，謝而歸之。此見當時風尚已成，故人盡勉為而不自覺。种暠、父早亡，有財三千萬，暠以賑鄉里貧者，遂知名。范冉。受業於樊英、馬融。史稱：「好違時絕俗，為激詭之行。」看姊病，姊設食，冉留錢二百。此等良可詫笑。袁奉高不修異操而致名當時，為可貴矣。

其他高節異行不勝舉。大體論之，則東漢士風，亦自有其缺點：

一則在於過分看重道德。

道德自為人生不可缺少之要素，然亦只是人生中一端。過分看重，不免流弊。譬如健康，亦人生一要端，若其人惟一看重健康，即不免種種流弊也。過分看重道德之流弊，又可分兩端言之：一則道德乃人人普遍所應有，並非可以爭高鬭勝。道德乃起碼條件，非終極標準。人不應不道德，(此乃消極的嚴重性。)卻不能定要比人更道德。(積極的便成不自然性。)若專以道德來分別人高下，便造成社會上種種過高非常不近人情的行為，而其弊且導人入於虛偽。宋蘇軾謂：「上以孝取人，則勇者割股，怯者廬墓；上以廉取人，則弊車羸馬，惡衣菲食。」是也。二則道德乃事事各具的一種可循之軌轍。若做事太看重道德，便流於重形式虛名而忽略了內容與實際。將軍死綏，亦是一種道德。若過重道德，或只重道德，則往往可以軍隊尚未徹底敗北，而早圖從容自殺，忘了最後的反鬭。漢士人名列黨錮，束手就縛，自覺心安理得，亦是同樣心理。

二則東漢士人的道德似嫌褊狹。

他們似乎只注重個人、家庭和朋友，而忽略了社會和國家。西漢儒生頌莽功德，要求漢室讓位，從君臣私人的友誼論為不道德，從對社會、國家全體論，未見其為不道德。即如王莽、劉歆，後人皆以不道德目之，皆受東漢人影響也。「孝」與「廉」為東漢士人道德之大節目，然此二者全屬個人和家庭的，非國家和社會的。廉只是消極的。為吏不可不廉，不能僅廉而止。不孝、不廉固然不够做人和從政的標準，然只是孝、廉，亦不够得做人和從政的條件。

因東漢士人只看重形式的道德，不看重事實的效果，所以名士勢力日大，而終不能剷除宦官的惡勢力。及袁紹盡誅宦官，而事已潰爛，不可收拾。

因東漢人只看重私人和家庭的道德，故王室傾覆後，再不能重建一共戴的中央，而走入魏晉以下之衰運。

然東漢士人正還有一種共遵的道德，有一種足令後世敬仰的精神，所以王室雖傾，天下雖亂，而他們到底做了中流砥柱，個別的保存了他們門第的勢力和地位。

第十一章　統一政府之對外（秦漢國力與對外形勢）

中國自秦漢統一，大體上版圖確定，民族摶成，中國史遂開始有其對外問題。（以前只是中國內地華、夷雜處，部族相爭，不成為對外。）

中國以民族之優秀，疆土之超越，使中國國力常卓然高出於四圍外族之上。因此中國史上對外之勝負、強弱，幾乎完全視國內政治為轉移。（外患只是內政動亂所招致之一種事態。嚴格言之，只要國內政治有辦法，國外絕不足患。）講述中國史上歷來之外患，毋寧應該多注意於國內之自身。

一　兩漢國力之比較

兩漢是中國史上第一次因統一而臻國力全盛之時期，但因種種關係，東漢國力已不如西漢。先就建都而論。

中國古史活動場面，大體上主要的在黃河流域。其西部上游武力較優，東部下流則文化、經濟較勝。此種形勢，自虞、夏、殷、周直到秦并六國皆然。

西漢承秦而都關中，長安為全國之頭目，東方的文化、經濟不斷向西輸送，使與西方武力相凝合，而接著再從長安向西北伸展。驅逐匈奴，開通西域。西漢的立國姿態，常是協調的、動的、進取的。

光武中興，關中殘破，因王莽末年乃至更始赤眉的大騷擾。改都洛陽，從此東方的經濟、文化不免停滯，不再向西移動；中國國力以政治推動，則常向西北發展，由外寇强敵所在也；此如西漢與唐皆是。若社會自由進展，則常向東南，以氣候較佳，土壤較肥，又無强敵臨前；如東漢、宋、明皆是。而西方武力失其營衛，亦不免於轉弱。因而雖小小的西羌，竟成東漢西邊之大患。東、西兩方人口密度不調節，社會經濟易生動搖，正如在一端極熱、一端極冷的不調和空氣下激起了大旋風，東漢國運遂於東方的饑荒黃巾與西方的變畔涼州兵與董卓。兩種勢力衝盪下斷送。東漢的立國姿態，可以說常是偏枯的、靜的、退守的。

此乃兩漢國力盛衰一總關鍵。

自秦以及西漢，都有大規模的向西移民。

秦徙東方大族十二萬戶於咸陽。漢高祖又徙楚昭、屈、景，齊田及燕、趙、韓、魏諸強族於關中。文帝聽鼂錯謀移民實邊。武帝徙關東貧民於隴西、北地、西河、上郡，一次凡七十餘萬。

漢諸帝並有陵寢徙民的制度。

景帝五年作陽陵，募民徙陵，戶賜錢二十萬。武帝初置茂陵，賜徙者戶錢二十萬，田二頃。昭帝為母起雲陵，募徙者賜錢、田、宅。此僅徙民，不皆富人也。帝又徙三輔富人平陵，始專徙富人矣。宣帝募吏民貲百萬以上徙於昭帝平陵，以水衡錢為起第宅；宣帝自作杜陵，徙丞相下將軍、列侯、吏二千石貲百萬以上者，則為高官矣。元帝築壽陵，乃勿徙，曰：「今所為陵，勿置縣邑。」成帝為昌陵，又徙郡國豪傑貲五百萬以上者。哀帝作義陵，又詔勿徙。帝王厚葬固非美事，然漢都長安，屢移東方戶口實之，主父偃謂：「茂陵初立，天下豪傑兼并之家皆可徙茂陵，內實京師，外消姦猾」，此與秦徙東方大族用意正同。惟長安充實而後西北武功得繼續發展，不如東漢一有邊警，即議棄幷、涼，棄三輔。故前漢奪朔方，開西河，而匈奴、西域皆服；東漢視關陝如塞外，而羌禍遂日蔓延。東方食少而有黃巾，西邊多事而有董卓，此誠兩漢興亡一大關鍵也。

至東漢便不然。

東漢諸儒，對邊防空虛，亦屢有論奏。虞詡請復三郡疏謂：「禹貢雍州之域，厥田上上，沃野千里，穀稼殷積。又有龜茲鹽池以為民利，水草豐美，土宜產牧。牛馬銜尾，羣羊塞道。因渠以溉，水舂河漕，用功省少而軍糧饒足。故孝武皇帝及光武築朔方，開西河，置上郡，皆為此。衆羌內潰，郡縣兵荒二十餘年，三郡未復，園陵單外，公卿選懦，容頭過身，張解設難，但計所費，不圖其安。」時在順帝永建四年，前因羌寇徙隴西、安定、北地、上郡四郡，此言「復三郡」，當以隴西尚遠，故未及之。書奏，漢廷始復三郡。又崔寔政論謂：「古有移人通財，今青、徐、兗、冀人稠土狹，不足相供，而三輔左右及涼、幽州內附近郡，皆土曠人稀，厥田宜稼，皆不墾發。人情安土重遷，寧就饑餒，猶羣羊聚畜，須主者牧養處置。置之茂草，則肥澤繁息；置之磽鹵，則零丁耗減。」又仲長統昌言損益篇：「諸夏有十畝共桑之迫，遠州有曠野不發之田。世俗安土，有死無去，君長不使，誰能自往？」蔡邕上封事陳政要謂：「幽州突騎，冀州強弩，為天下精兵，四方有事，未嘗不取辦於二州。頃連年荒饉，穀價一斛至六、七百，故護烏桓校尉夏育出征鮮卑，無功而還。士馬死傷，弓兵散亡殆盡。」據蔡文，東漢末葉幽、冀二州均見荒殘；崔氏政論則幽已荒曠，而冀尚稠實。東漢邊區凋荒，蓋自西北逐步侵向東北矣。與移民運動相應者，尚有築路、開渠、墾殖諸端，亦西漢盛而後漢衰。史、漢皆志溝洫、河渠，而范書無之。

茲略舉兩漢西北邊區戶口變動顯著的數字如下：

（一）關中三輔

三輔名	西漢戶口及轄縣數（地理志平帝元始二年）		東漢戶口及轄縣數（郡國志順帝永和五年）	
	戶口	轄縣	戶口	轄縣
京兆	戶 一九五、七〇二 口 六八二、四六八	一二	戶 五三、二九九 口 二八五、五七四	一〇
馮翊	戶 二三五、一〇一 口 九一七、八二二	二四	戶 三七、〇九〇 口 一四五、一九五	一三
扶風	戶 二一六、三七七 口 八三六、〇七〇	二一	戶 一七、三五二 口 九三、〇九一	一五
合計	戶 六四七、一八〇 口 二、四三六、三六〇	五七	戶 一〇七、七四一 口 五二三、八六〇	三八

蔡邕京兆尹樊陵頌碑：「長陵前漢戶五萬，口十七萬，王莽後十不存一，至光和（靈帝）領戶不盈四千。」

（二）西北沿邊諸郡

郡名	西漢戶口及轄縣數 戶	口	轄縣	東漢戶口及轄縣數 戶	口	轄縣
遼東	五五、九七二	二七二、五三九	一八	六四、一五八	八一、七一四	一一
遼西	七二、六五四	三五二、三二五	一四	一四、一五○	八一、七一四	五
右北平	六六、六八九	三二○、七八○	一六	九、一七○	五三、四七五	四
漁陽	六八、八○二	二六四、一一六	一二	六八、四五六	四三五、七四○	九
上谷	三六、○○八	一一七、七六二	一五	一○、三五二	五一、二○四	八
代	五六、七七一	二七八、七五四	一八	二○、一二三	一二六、一八八	一一
雁門	七三、一三八	二九三、四五四	一四	三一、八六二	二四九、○○○	一四
定襄	三八、五五九	一六三、一四四	一二	三、一五三	一三、五七一	五
雲中	三八、三○三	一七三、二七○	一一	五、三五一	二六、四三○	一一

郡名	戶	口	縣	戶	口	縣
五原	三九、三二二	二三一、三二八	一六	四、六六七	二二、九五七	一〇
朔方	三四、三三八	一三六、六二八	一〇	一、九八七	七、八四三	六
西河	一三六、三九〇	六九八、八三六	三六	五、六九八	二〇、八三六	一三
上郡	一〇三、六八三	六〇六、六五八	二三	五、一六九	二八、五九九	一〇
北地	六四、四六一	二一〇、六八八	一九	三、一二二	一八、六三七	六
金城	三八、四七〇	一四九、六四八	一三	三、八五八	一八、九四七	一〇
武威	一七、五八一	七六、四一九	一〇	一〇、〇四三	三四、二二六	一四
張掖	二四、三五二	八八、七三一	一〇	六、五五二	二六、〇四〇	八
酒泉	一八、一三七	七六、七二六	九	一二、七〇六	未詳	九
敦煌	一一、二〇〇	三八、三三五	六	七四八	二九、一七〇	六

右表惟漁陽略增，餘均銳減。敦煌一郡六城，僅有七百餘戶，尤覺荒涼。

東漢邊郡荒殘至此，此又東漢國力不如西漢一大原因。東漢人口較西漢特見激增者，一為今湖南、江西兩省；一為今河南南部南陽一帶；其次為江蘇三吳平野；又則嶺南及雲南地帶。郡國轄縣亦三輔、邊郡皆激減，而長江流域縣數有增。

再就人才言之。

西漢適當古代貴族階級破壞之後，各色人物平流競進，並無階資，亦無流品。即以漢武一朝言，儒生如公孫弘、兒寬，大將如衛青、霍去病、李廣，理財如桑弘羊，司法如張湯，出使如張騫、蘇武。大抵是一個雜色的局面。東漢則漸漸從雜色的轉變成清一色，即以光武一朝論，其「雲臺二十八將」已大半是書生出身。此種轉變，已起西漢末葉。西漢儒、吏未分，賢能儒雅不嫌以吏進，東漢吏職漸輕而尊辟舉。西漢文、武一道，大臣韓安國之徒亦出守邊；東漢流品始分，故劉巴輕張飛。人才走歸一路，為東漢國力向衰之又一原因。其他次要者不列舉。

西漢用人不分流品，視其才能、勳績為等第，無有限格。張釋之十年不得調；揚雄三十不徙官；賈誼超遷，歲中至太中大夫；公孫弘徒步，數年至宰相封侯；王仲翁大將軍長史，三歲至光祿大夫；亦不如後世資歷之嚴。然其入仕之始，亦自有品節。其以明經文學進者，多除博士或大夫、侍中，如嚴助、朱買臣、疏廣、平當之徒是也。其以材武勇猛進者，率除太僕或中郎將、騶乘，如夏侯嬰、公孫賀、衛綰之徒是也。張湯以法律進，則始為內史，後為廷尉，皆法官也。黃霸以入粟補官，則始為卒史，後為均輸長，皆掌財也。然其始雖有分別，而積功累勤則無不可任。此種風氣，東漢後漸不可見。經魏、晉、南北朝以至隋、唐，而後有所謂「流品」之目。太宗置官品令，謂房玄齡曰：「朕設此官員以待賢士，工商雜色之流，假令術踰儕類，止可厚給財物，不可授之官秩。」貞觀六年馬周疏：「致化之道，在於求賢審官；為政之本，必於揚清激濁。王長通、白明達本自樂工，韋槃提、斛斯正則獨解調馬，豈得列在士流，超授高爵？」貞觀十二年褚遂良疏：「為政之本，在於擇人。漢家以明經拜職，或四科辟召，市井子孫，不居官吏。大唐制令，憲章古昔，商賈之人亦不居官位。」此皆所謂「流品」之辨也。惟金、元淺化，頗不知此。然唐代適當南北混一之際，其一時人才亦頗不拘一格，至宋則又有清一色之趨勢。唐、宋國力進退，正猶兩漢之比也。

二　西漢與匈奴

中國史上的外患，因地勢及氣候關係，其主要者常在北方。

北方乃一大草原，其居民游牧為生，易於團結。又其地高寒苦瘠，居民強悍，常思南侵。西南山嶺崎嶇，其居民散隔，不易團結；又地氣溫暖，生活較易自給，亦減其侵略之野心。

秦、漢大敵便是北方之匈奴。

史記匈奴傳：「匈奴，夏后氏之苗裔。」其說信否不可詳論。又謂：「唐、虞以上有山戎、獫狁、葷粥，居於北蠻，隨畜牧而轉移。」獫狁、葷粥、匈奴蓋一音異譯；又稱昆夷、犬夷，則胡之音轉。此族蓋自古即與漢族雜居於大河流域者。迄經驅攘，至戰國晚季，遂有圍繞於秦、趙、燕三國外之諸戎。史記匈奴傳謂：「自隴以西有緜諸、緄戎、今甘肅天水縣。翟、獂之戎。在今陝西南鄭縣。岐、梁山、涇、漆以北有義渠、今甘肅寧縣、慶陽縣。大荔、今陝西大荔縣。烏氏、今甘肅涇川縣。朐衍之戎。今甘肅靈武縣。而晉北有林胡、今陝西馬邑縣。樓煩之戎。今山西嵐縣。燕北有東胡、山戎。各分散居谿谷，自有君長，往往而聚，百有餘戎，莫能相一。」是也。按：史記秦厲公十六年，「伐大荔，取王城。」又秦惠王時，「拔義渠二十五城」。昭王時，義渠始滅。則義渠、大荔西北諸戎，在戰國初年均已城郭化矣。東北諸狄之城郭化，已詳前春秋章。又如趙襄子滅代，魏文侯滅中山，皆以城郭為國。此諸侯之見并於中國而同化者必不少。其奔迸外竄者，則失其城郭耕稼之新化，而復歸於遊牧之故習，此如春秋時山戎皆徒步作戰，及戰國晚年趙武靈王乃以騎射破林胡、樓煩。民族演化未深，其生活極易受環境之支配而轉變也。（如匈奴郅支單于西遷，乃為城居；元人為明所驅，仍返遊牧是也。）

逮中國秦代統一，而北方諸族亦逐次統一於匈奴。若如上說，則秦、漢與匈奴之對峙，特為虞、夏、商、周以來中國華、夷雜處局面之正式剖分，即「耕稼」與「游牧」兩種文化方式之各自判劃獨立，而最先民族血統之為同為異，轉非所重也。史記以匈奴為夏後，氐、羌為姜姓，皆可以是觀之。

秦始皇對付匈奴，採用一種驅逐政策。

秦始皇三十二年，統一政府完成後之六年。使將軍蒙恬北擊胡，斥逐匈奴，悉收河南地。河套以南。因河為塞，築四十四縣城臨河，徙謫戍充之。漢侯應議罷邊塞事，曰：「北邊塞外有陰山，東西千餘里，草木茂盛，多禽獸，冒頓單于依阻其中，治作弓矢，來出為寇，是其苑囿也。」據是則漢初匈奴居陰山中。本居河南，平夷無險，至是則依山為阻。又通直道自九原。河套。至雲陽，陝西淳化北。又渡河據陽山北假中。

漢高祖以一時輕敵致敗，冒頓佯敗誘漢兵，漢悉兵三十二萬北逐之，多步兵。高祖先至平城，步兵未盡到，匈奴縱精騎四十萬圍高祖於白登。白登在今大同東。遂聽婁敬策以和親緩敵。

匈奴之對中國，一時尚無政治上統治之野心，故高祖見圍而得脫。其舉眾入塞，所重在經濟財物之掠奪。和親政策之後面，即為賄賂與通商。藉胡、漢通婚之名義，匈奴上層貴族，每年既得漢廷之贈遺，其下層民眾，亦得定期叩塞貿易。其物質上之需要既滿足，亦可暫時解消其武力侵略之慾望。此所謂「明和親約束，厚遇，通關市饒給之」，其時匈奴所尤需者，為酒、米、繒絮之類。

但和親政策終於不可久。

文帝時，宦人中行說降匈奴，教之曰：「匈奴人眾，不能當漢一大郡，然所以強者，以衣食異，無仰於漢也。今單于變俗，好漢物，漢物不過什二，則匈奴盡歸於漢矣。其得漢繒絮，以馳草棘中，衣袴皆裂弊，以視不如旃裘之堅善也。得漢食物皆去之，以視不如湩酪之便美也。」然衣食美惡，人情所同，中行說欲強返芻豢於茹毛飲血，其事不可能。匈奴既知通商之失利，苟漢邊防稍疏，仍必出於掠奪。而漢國力充盈，自亦不甘出此屈辱而不徹底的和親政策也。

漢、匈奴一旦破裂，則漢之形勢實利攻而不利守。

漢與匈奴邊界遼闊，匈奴飄忽無定居，乘我秋冬農稼畢收，彼亦馬肥弓勁，秋高則馬壯，風勁則弓燥。入塞侵掠，攻者一點，防者千里。中國疲於奔命。就匈奴全國壯丁言，不出三十萬，史記稱匈奴：「控弦之士三十餘萬。」又云：「自左、右賢王以下至當戶，大者萬餘騎，小者數千，凡二十四長，立號曰『萬騎』。」又曰：「士力能彎弓，盡為甲騎。」則匈奴騎士至多不越三十萬也。壯丁盡為甲騎不出三十萬，以五口一壯丁計之，匈奴全部人口不出百五十萬，故中行說謂「匈奴人眾不能當漢一郡」。其社會組織並不如中國之強韌，則可以尋其主力一擊而破。此所謂一勞永逸，較之消極的防禦，為利多矣。大抵中國史上對外問題，莫不然也。

於是遂先有漢武帝之誘敵政策。

事在元光二年，用王恢策，使馬邑人聶翁壹間闌出物與匈奴交易，陽為賣馬邑城誘單于，漢伏兵三十萬馬邑旁，單于覺而去，自是遂失和。史稱「馬邑之謀」。

誘敵政策失敗，於是不得不大張撻伐，開塞出擊。

漢、匈奴失和以來，彼大寇邊凡十六、七，此大出兵亦十五、六，大抵彼先發，此應之；則匈奴勢尚強，未可驟服也。（匈奴統於一單于，並亦父子世襲，其政治組織，已相當進步。中行說教單于左右疏記，以計識其人眾畜數。漢與單于書以尺一牘，中行說令單于以尺二寸牘，及印封皆令廣長大。今傳有匈奴相邦印，形制文字，均類先秦，然則並知用漢文。其文化程度，當不甚低。唐初突厥較之，為不侔矣。）

漢擊匈奴，採用兩種步驟：

一是遠出東西兩翼造成大包圍形勢，以絕其經濟上之供給與援助。

匈奴諸左王將居東方，直上谷（今河北懷來境。）以東，接濊貉、朝鮮，右王將居西方，直上郡（今陝西膚施境。）以西，接氐、羌，而單于庭直代、（今山西大同。）雲中。（今綏遠托克托境。）冒頓子老上單于擊破西域，置僮僕都尉，賦稅諸國，取富給焉。（匈奴破西域在漢文三、四年間。）漢置蒼海郡，在元朔元年；（馬邑之謀後五年。）張騫使西域在元狩元年。（馬邑之謀後十一年。）

一是正面打擊其主力。

大者在元朔二年衛青之取河南地築朔方郡，遂復繕故秦時蒙恬所為塞，因河為固。（徙民朔方凡十萬口。是時漢都長安，匈奴據河套，實為最大壓迫，自是始無烽火通甘泉之警。又按：漢、匈奴東西橫亙，匈奴單于庭偏在東，漢都長安偏在西，故匈奴利於東侵，漢便於西出。漢既城朔方，而同時棄上谷之造陽地予胡，此為漢廷決計改取攻勢後之策略。此後匈奴西部遂大受威脅。）後六

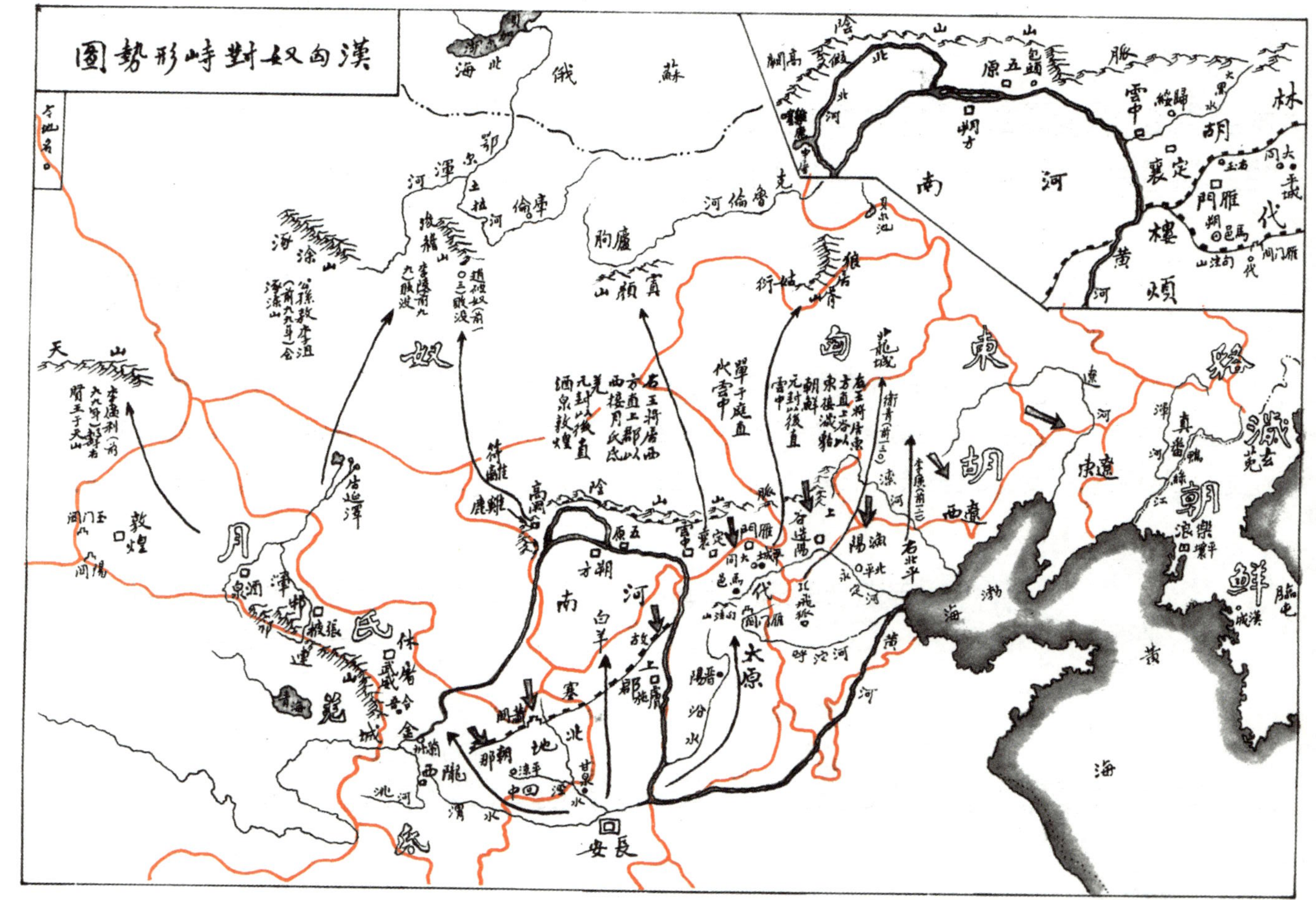
漢匈奴對峙形勢圖
敦煌
月氏
匈奴
東胡
朝鮮
南河
長安
太原
雁門
雲中
代
五原
朔方
北地
上郡
酒泉
張掖
武威
西河
渤海
黃海
蘇俄
北海
天山

楚漢之際，冒頓大破滅東胡，西擊走月氏，南并樓煩、白羊河南王，悉復收蒙恬所奪地，與漢關故河南塞，至朝那、膚施，遂侵燕代。

漢擊匈奴，北開西域，步驟：一是遠出塞西向開戰，進成大包圍形勢，以絕其對河上之供給與援助；一是正面打擊其主力。

①武帝元朔二年（前一二七）衛青出雲中至高闕，取河南地，築朔方郡，復秦時蒙恬故塞，因河為固。

②元狩二年（前一二一）霍去病出隴西擊匈奴。渾邪王殺休屠王降漢，漢以其地為武威、酒泉郡。

③衛霍出塞之進一步，則為絕漠遠征。元狩四年衛青出定襄，追至寘顏山趙信城。霍去病出代二千餘里，封狼居胥山，禪於姑衍，臨瀚海而還。

④元封三年（前一〇八）拔樓蘭，破姑師，舉兵威以困烏孫、大宛之屬，其後置四郡。宣帝時，匈奴一於漢服，而漢以西域都護見戰之效。

年，元狩二年。匈奴西方渾邪王殺休屠王降漢，漢以其地為武威、酒泉郡。後分武威為張掖、酒泉為敦煌，在元鼎六年；此為河西四郡。遂開漢通西域之道，而羌、胡之交通遂絕。匈奴西方既失利，為防漢，且求財富接濟故，不得不日移其力而西，主客倒轉，為漢勢有利一要端。

開塞出擊之進一步則為絕漠遠征。

中國之對匈奴，非不知出擊之利於坐防，然而不能決然出擊者，則以騎兵之不足為一要因。此下唐強、宋弱皆因此。史稱漢初「天子不能具鈞駟，一車四馬不能純色。將相或乘牛車，馬一匹則百金」。至漢武休養生息已七十年，其時則「眾庶街巷有馬，阡陌之間成羣，乘字牝者擯不得聚會」。漢武為伐胡，又盛養馬，廄馬至四十萬匹。馬畜既盛，騎兵之訓練自易。匈奴既失利，用漢降人趙信本胡小王，降漢。計，北絕漠，誘漢，漢乃發兵十萬騎，私負從馬凡十四萬匹，糧重不與。令衛青、霍去病分擊匈奴。衛青軍出定襄，今綏遠和林格爾境。遇單于，追北至寘顏山趙信城。去病出代二千里，封狼居胥，禪於姑衍，臨瀚海而還。事在元狩四年，馬邑之謀後十五年。史稱「冒頓之盛，控弦之士三十萬」，而是役也，兩將所殺虜凡八、九萬，是幾耗其種三之一矣。然漢亦馬少，自後遂無以遠往。

自是匈奴遠遁，而漠南無王庭。

漢渡河自朔方以西至令居（今甘肅平蕃縣。）往往通渠置田官，吏卒五、六萬人，稍蠶食，地接匈奴以北。漢以騎兵任先鋒之掃蕩，繼以步卒屯田為後勁，步步為營而前進，匈奴乃不能復轉側。

到宣帝時，匈奴終於屈服，而漢廷一勞永逸之戰略卒以見效。

亦會其時漢多人才，大將最著者莫如霍去病。去病以皇后姊子，少貴，年十八為侍中。初從大將軍衛青出塞，為票姚校尉，與輕勇騎八百直棄大軍數百里赴利，斬捕首虜過當，遂封侯，時為元朔六年，去病年二十三。其後屢以敢深入建奇功。匈奴渾邪王謀降漢，武帝（恐其詐。）命去病將兵往迎。去病渡河，與渾邪眾相望。渾邪見漢軍而多不欲降，頗遁去。去病乃馳入匈奴軍，得與渾邪王相見，斬其欲亡者八千人，獨遣渾邪王乘傳先詣行在所，盡將其眾渡河，降者四萬。時為元狩二年，去病年二十五。史稱去病為人少言，有氣敢往。武帝嘗欲教之孫、吳兵法，對曰：「顧方略何如耳，不至學古兵法。」帝為治第，令視之，曰：「匈奴未滅，無以家為。」其卒在元狩六年，時年二十九也。（觀去病之將兵，較之項王未多遜。故唐人詩「借問漢將誰？恐是霍票姚」，獨數其人，非虛也。時李廣亦稱名將，衛、霍皆以親貴任用，而李廣則為豪傑從軍。（時稱「良家子」從軍，即今之義勇隊也。）衛、霍雖以女寵進，而重以建功絕域自顯，其一種進取勇決無畏之風，亦可敬矣。惟當時親貴與豪傑判為兩黨，衛、霍雖貴盛，豪傑不之重；李廣父子愈擯抑，豪傑亦愈宗之。史公親罹其禍，故為史記抑揚甚顯。然兩黨各有奇材，史公於霍去病雖寥寥落筆，而亦精神畢顯矣，誠亦良史才也。）

中國以優勢的人力和財力，對付文化較低、政治組織較鬆的民族，採用主力擊破的攻勢，自比畏葸自守為勝。漢武帝撻伐匈奴並不誤，惟惜武帝內政方面有種種不需要的浪費，如封禪、巡狩等。所以匈奴雖敗，而中國亦疲，故為後人所不滿。

昭、宣以下，武士練習，斥候精審，胡勢已衰，入則覆亡，居又畏逼，收跡遠徙，窮竄漠北；乃漢廷不能乘武帝遺烈，而轉師劉敬故智，啟寵納侮，傾竭府藏，歲給西北方無慮二億七十萬。後漢袁安封事云：「漢之故事，供給南單于費直歲一億九十餘萬，西域歲七千四百八十萬。」此據文獻通考引劉昫說。賞賜之費、傳送之勞尚不計。則尤為失策矣。觀揚雄諫不許單于朝書，可見西漢晚年氣弱志苶之象。然亦由武帝浪費國力太過，有以致此。大抵中國對外，其病每不在決心討伐，而在好大喜功，窮兵黷武，以及從此引起之種種浪費。此仍然是內政問題，昧者乃專以開邊生事為大戒。

三　東漢與西羌

自匈奴主力為武帝徹底擊破，直到東漢，實際上中國並無嚴重的外患。竇憲北伐（和帝永元元年），雖獲勝利，並不像衛、霍之費力。然而東漢卻意外的遭受到西羌之侵擾。此乃東漢整個建國形勢之弱點的暴露，以及應付的失策，並不在於西羌之難敵。羌人叛漢，起和帝時，護羌校尉鄧訓卒後，由於邊疆吏治之不整飭。其勢並不能與西漢初年之匈奴相提並論，而漢廷早議放棄涼州。安帝永初二年龐參主議，嗣得虞詡諫而止。羌叛凡十餘年，漢兵屯邊二十餘萬，曠日無功。羌虜皆騎兵，漢以步卒追之，勢不能及，則彼能來我不能往。西漢屯田之所以見效，以先有騎兵之驅逐掃蕩，敵已遠遁，乃以屯田繼之。軍旅之費二百四十餘億，并、涼二州為之虛耗。

虞詡教任尚：「罷諸郡屯兵，各令出錢數千，二十人共市一馬，以萬騎逐數千之虜，追尾掩截，其道自窮」，任尚竟以立功。可見西羌並非強寇，只在漢廷應付之不得當。

第二次羌變在順帝永和後，羌寇遍及并、涼、幽、冀四州，用費八十餘億。第三次羌變在桓、靈時，段熲前後一百八十戰，大破東羌，用費四十四億。羌禍雖歇，而漢力亦疲，接著便是不救的衰運之來臨。

當時士大夫見朝事無可為，惟有擁兵以戮力邊徼，尚足為功名之一徑，如張奐、皇甫規、段熲，皆於此奮起。北虜、西羌斬馘至百萬級，以其餘力驅芟黃巾，漢之末造，乃轉以兵強見。一時士大夫既樂習之，士民亦競尚之，此乃東漢晚季清談以外之另一風尚也。以此造成此下三國之局面。（專務清談，不競武功，乃兩晉事。）

黃河西部的武力與東部的經濟、文化相凝合，而造成秦、漢之全盛；（所謂「關東出相，關西出將」，即足表示其意義之一部分。）東漢以來，東方人漸漸忘棄西方，（中央政府在洛陽，東方人之聰明志氣至是而止。）西方得不到東方經濟、文化之潤澤而衰落。而東方的文化、經濟，亦為西方武力所破毀。

> 鄭太說董卓：「山東承平日久，民不習戰；關西頃遭羌寇，婦女皆能挾弓而鬭。天下所畏，無若幷、涼之人。」（皇甫規、張奐、段熲亦皆涼州人也。）一個國家，內部自身存在兩種極相違異的社會情態，無有不致大亂者。

董卓領著涼州兵東到洛陽，中國歷史，便從此走上中衰的路去。

第四編　魏晉南北朝之部

第十二章　長期分裂之開始（三國時代）

一　魏晉南北朝之長期分裂

秦、漢的大一統，到東漢末而解體。從此中國分崩離析，走上衰運，歷史稱此時期為魏晉南北朝。

自漢獻帝建安二十五年，（即魏文帝黃初元年。）下至魏元帝咸熙二年，凡四十六年而魏亡。此下十五年，至西晉武帝太康元年吳亡，中國又歸統一。

然吳亡後十年，武帝卒，不二年晉室即亂。吳亡後三十一年，為晉懷帝永嘉五年，劉曜陷洛陽，帝被虜。又五年，愍帝建興四年，劉曜陷長安，帝出降。自此西晉覆滅，中國分南、北部。

東晉南渡，自元帝至恭帝凡一百零四年。宋六十年，齊二十四年，梁五十六年，陳三十三年，共一百七十年為南朝。

北方五胡競擾，起晉惠帝永興元年，（劉淵僭號。）迄宋文帝元嘉十六年，（沮渠牧犍為魏所滅，即魏拓跋燾太延五年。）共一百三十六年，此後北方復歸統一。

元魏凡一百四十九年，而北方歸其統一者先後僅九十六年，又分東、西魏。東魏十七年，西魏二十三年。繼東魏者曰北齊，二十八年；繼西魏者曰北周，二十五年，為北朝。

此長時期之分裂，前後凡三百九十四年。（起自建安。）三百九十四年中，統一政府之存在，嚴格言之，不到十五年。放寬言之，亦只有三十餘年，不到全時期十分之一。

將本期歷史與前期（秦、漢。）相較，前期以中央統一為常態，以分崩割據為變態；本期則以中央統一為變態，而以分崩割據為常態。

二　舊政權之沒落

這時期的中國，何以要走上分崩割據的衰運？這可以兩面分說：一是舊的統一政權必然將趨於毀滅，二是新的統一政權不能創建穩固。

一個政權的生命，必須依賴於某一種理論之支撐。此種理論同時卽應是正義。正義授與政權以光明，而後此政權可以綿延不倒。否則此政權將為一種黑暗的勢力，黑暗根本無可存在，必趨消失。

東漢王室逐步脫離民眾，走上黑暗的路，此有兩因：一則王室傳緒既久，一姓萬世的觀念使其與民眾隔離。一則內朝、外朝的分別，使其與士大夫民眾之上層。隔離。因此外戚、宦官得以寄生在王室之內邊而促其腐化。舊的統治權必然滅亡，已在前幾講說過。

舊統治權因其脫離民眾而覆滅，新統治權卻又不能依民眾勢力而產生。秦、漢間的社會，距古代封建社會不遠，各方面尚保留有團結的力量。所謂「山東豪傑」羣起亡秦，此輩豪傑，一面代表的是貴族封建之遺骸，另一面代表的卻是社會之組織力。

王莽末年之亂，除卻光武一宗及隗囂、公孫述等帶有古貴族（即豪傑。）之氣味外，其餘如綠林、銅馬、赤眉之類，全是饑民的集團。

沿積到三、四百年以上的統一政府，統治著許大的廣土眾民的國家，散漫的農民（農民因生活關係，不能不散漫。）在饑餓線上臨時結合起來，其力量不夠得推翻他。

秦、漢以來的統一政府，日趨龐大，其事可舉當時地方行政單位（郡、縣。）及戶口數論之。秦時全國分四十餘郡。西漢平帝時，凡郡國一百三，縣邑千三百一十四，道三十二，侯國二百四十一。地東西九千三百零二里，南北萬三千三百六十八里；民戶千二百二十三萬三千六十二，口五千九百五十九萬四千九百七十八。東漢順帝時，凡郡國百有五，縣邑、道、侯國千一百八十；民戶九百六十九萬八千六百三十，口四千九百一十五萬二百二十。

且以中國疆域之展布，縱使大饑荒，亦必夾有豐收的地帶，要一般農民一致奮起，事亦不易。於是無可團結的社會，乃借助於「宗教」與「迷信」。農民結合於宗教與迷信的傳播之下，而一致奮起，成為東漢末年之黃巾。

黃巾蔓延靑、徐、幽、冀、荊、揚、兗、豫八州，置三十六方，大方萬餘人，小方六、七千。

然而迷信成分太多，宗教質地太差，容易發動，數年內即傳播成熟。不容易成功。

東漢王室並沒有為黃巾所傾覆。

東方的黃巾，乃至西方的邊兵，董卓一系的涼州兵。均已逐次削平。若使當時的士族河北有袁紹、公孫瓚、劉虞；四川有劉焉；荊州有劉表；淮南有袁術等。有意翊戴王室，其時外戚、宦官均已撲滅，獻帝亦未有失德。未嘗不可將已倒的統一政府復興。然而他們的意興，並不在此。

漢末割據的梟雄，實際上卽是東漢末年之名士。尤著者如袁紹、公孫瓚、劉表諸人。

> 袁紹喪母，歸葬汝南，會者三萬人，其盛況不下陳寔。又母喪禮畢，追感幼孤，又行父喪。其去官而歸，車徒甚盛。許劭為郡功曹，紹入郡界，曰：「吾豈可使許子將見。」謝車徒，以單車歸家。公孫瓚與劉備同受學於盧植，為郡吏，太守劉君坐事徙日南，瓚身送之，自祭父墓，曰：「昔為人子，今為人臣，送守日南，恐不得歸，便當長辭。」劉表，「八及」之一，在荊州，尤為一時名士所歸趨。

國家本是精神的產物，把握到時代力量的名士大族，他們不忠心要一個統一的國家，試問統一國家何從成立？

當時士族不肯同心協力建設一個統一國家，此亦可分兩面說：一則他們已有一個離心的力量，容許他們各自分裂。二則他們中間沒有一個更健全、更偉大的觀念或理想，可以把他們的離心力團結起來。

離心力的成長，大體為兩漢地方政權所演變。

三 離心勢力之成長

（一）地方長官之權位

兩漢地方行政長官，卽郡太守。太守之下，為縣令與縣長。其地位本甚高，秩二千石。與中央政府之九卿略相等。平時得召見，天子有事，用賜璽書。成績好高第者。得入為公卿。如張蒼、申屠嘉等。東漢益重，或自尚書、僕射出典一郡，或自典郡入為三公。在郡得自辟屬官，掾屬限用本郡人，惟三輔得用他郡人。得自由主持地方之政事，得自由支配地方財政，惟每歲盡，須派員至中央（丞相府）上計，「計簿」即治理成績之統計與報告書也。得兼治地方軍政。西漢有郡尉，為地方武官，而轄於太守。東漢省之。

兩漢的郡太守，權位既重，並得久任，儼如古代一諸侯，所異者只是不能世襲。

中央政府對地方行政有分派督察之人，曰刺史。

西漢刺史秩六百石，居部九歲乃得遷守、相，（郡曰「守」，國曰「相」，權位略同。）「位微而權重。」每歲八月巡行所部，歲盡詣京師奏事。東漢刺史秩增至二千石，但因計吏還奏，不復詣京師，（西漢刺史奏二千石長吏不任職，事先下三公，遣掾吏按驗。東漢不復關三府，權歸刺舉之吏。）位任益尊。

靈帝時，地方變亂紛起，宗室劉焉建議改刺史為州牧，（模倣封建時代之霸者。）乃有地方行政實權。關東義兵起，討董卓，太守亦各專兵柄。中央大權墮落，地方政權乘之而起，遂成三國初年之割據。

（二）二重的君主觀念

地方政權漸漸成長，亦有一種道義觀念為之扶翼。

因郡吏由太守自辟，故郡吏對太守，其名分亦自為君臣。

汝南太守歐陽歙，欲舉督郵繇延，主簿將引延上，功曹郅惲曰：「明府以惡為善，主簿以曲為直。此既無君，亦復無臣。」（會稽太守成公浮以臧罪下獄，倉曹掾戴就幽囚拷掠，曰：「奈何令臣謗其君，子證其父！」）

或稱太守曰「府君」，乃至為之死節。州、郡又得稱「本朝」。司隸從事郭究碑：「本朝察孝，貢器帝廷。」豫州從事尹宙碑：「綱紀本朝。」

漢末廣陵太守張超為曹操所殺，其故吏臧洪，袁紹任為東郡太守，怨紹不救超，遂與紹絕。與紹書，謂：「受任之初，志同大事，掃清寇逆，共尊王室。豈悟本州被侵，請師見拒。使洪故君淪滅，豈得復全交友之道，重虧忠孝之名乎？」

除非任職中央，否則地方官吏的心目中，乃至道義上，只有一個地方政權，而並沒有中央的觀念。

劉表遣從事韓嵩詣許，嵩曰：「若天子假一職，則成天子之臣，將軍之故吏耳；不能復為將軍死也。」

甚至即已進身為中央官，仍多為其舉主即其舊日太守，所由察舉而得進身者。去官奔喪。吳匡、傅燮等；已詳前。

又趙咨拜東海相，道經滎陽。令敦煌曹暠，咨之故孝廉，迎路謁候，咨不為留。暠送至亭次，望塵不及，謂主簿曰：「趙君名重，今過界不見，必為天下笑。」即棄印綬追至東海，謁咨畢，辭歸家。僅為一謁輕去其官，較之奔喪，抑又甚矣。

當時的士大夫，似乎有兩重的君主觀念，依然擺不脫封建時代的遺影。國家觀念之淡薄，逐次代之以家庭。君臣觀念之淡薄，逐次代之以朋友。此自東漢下半節已有此端倪，至三國而大盛。然而此種趨勢，苟有一個更合理、更偉大的思想起來，未嘗不可挽回。惜乎魏、晉以下的思想，又萬萬談不到此，中國於是只有沒落。南史宋武陵王誕反，或勸其長史范義出走。義曰：「吾人吏也，吏不可以叛君。」柳慶遠傳，梁武初為雍州刺史，辟慶遠為別駕，慶遠謂人曰：「天下方亂，定霸者其在吾君乎！」因盡誠協贊，遂成帝業。則所謂「二重君主觀念」者，在南朝猶然。北朝周、齊稍革，至隋、唐而絕，而中國亦復趨統一矣。

四　新政權之黑暗

歷史的演變，並不依照一定必然的邏輯。因不斷有人類的新努力參加，可以搖動邏輯之確定性。倘使當時的新政權，能有較高的理想，未嘗不足以把將次成長的離心力重新團結起來，而不幸魏、晉政權亦只代表了一時的黑暗與自私。

曹操為自己的家世，父嵩為宦者曹騰養子，官至太尉。陳琳為袁紹作檄云：「操贅閹遺醜，本無懿德。」對當時門第，似乎有意摧抑。楊、袁皆東漢最著之名族。曹操欲殺太尉楊彪，孔融曰：「孔融魯國男子，明日當拂衣而去，不復朝矣。」然孔融與彪子修，卒皆被戮。操與孔融手書曰：「孤為人臣，進不能風化海內，退不能達德和人，然撫養戰士，殺身為國，殺浮華交會之徒，計有餘矣。」則操之意態可想。有名的魏武三詔令（建安十五年下令：「天下未定，求賢之急時也。若必廉士而後可用，齊桓其何以霸？今天下得無盜嫂受金，未遇無知者乎？二三子其惟才是舉，吾得用之。」十九年令：「有行之士，未必能進取；進取之士，未必能有行。陳平豈篤行？蘇秦豈守信？有司明思此義，則士無遺滯，官無廢業矣。」二十二年令：「韓信、陳平，成就王業。吳起貪將，殺妻自信，散金求官，母死不歸；然在魏，秦不敢東鄉，在楚，三晉不敢南謀。今天下得無高才異質，負汙辱之名，見笑之行，不仁不孝，而有治國用兵之術。其各舉所知，勿有所遺。」今按：西京重「賢良」，東京重「孝廉」。魏武三令，亦若有欲返「孝廉」而歸「賢良」之意。此等思想，孔融諸人已早發之。惟此三令之措辭明白破毀道德，益趨偏激，前固無例，後亦少偶。）明說「惟才是舉」，雖「不仁不孝」亦所勿遺。他想要用循名責實的法治精神，來建立他的新政權。（故云：「喪亂以來，風教凋薄，謗議之言，難用褒貶。」（魏志劉矯傳。）直至魏明帝猶云：「名如畫地作餅，不可啖。」蓋尚「名」則其權在下，尚「法」則其權在上也。）但是曹家政權的前半期，挾天子以令諸侯，借著漢相名位剷除異己，依然仗的是東漢中央政府之威靈。（袁紹借討董卓之名為關東州牧盟主，亦是仗借中央。）下半期的篡竊，卻沒有一個坦白響亮的理由。

魏武述志令自稱：「天下無有孤，不知幾人稱王，幾人稱帝？」此不足為篡竊之正大理由。曹氏不能直捷效法湯、武革命，自己做周文王，三分天下有其二；而其子依然不能做周武王，（既已大權在握，漢獻亦無罪過。）必做堯、舜禪讓；種種不光明、不磊落。總之，攘奪政權的後面，沒有一個可憑的理論。

乘隙而起的司馬氏，暗下勾結著當時幾個貴族門第再來篡竊曹氏的天下，更沒有一個光明的理由可說。

司馬懿殺曹爽，何晏諸名士同時被戮。晏，魏外戚。何進孫，尚魏太祖女金鄉公主，賜爵列侯。於當時朝政，實欲有所更張。孫資別傳謂：「大將軍爽專事，多變易舊章。」蔣濟論丁謐、鄧颺等「輕易法度」。皆其證。傅咸云：「正始中，任何晏以選舉，內外眾職，各得其才，粲然之美，於斯可觀。」據此則董昭所論當時浮偽朋黨之風，似未足專為何晏諸人罪矣。是彼輩於政治上，亦確有成績。荀勖傳謂：「正始中幷合郡、縣。」亦當時新政設施之一。及司馬政權既定，此等眞相遂不白於後世。王廣（王淩子）謂：「曹爽驕奢失民，何平叔虛而不治。（此乃指其無政治上實濟之幹材。）丁、畢（軌）、桓（範）、鄧，並有宿望，變易朝典，政令數改，所存雖高，事不下接。民習於舊，眾莫之從。同日斬戮，名士減半，失民故也。」（語見魏志卷二十八。）此所謂「民」，實乃當時朝士門第之不樂新政者耳。魏、晉之際，眞眞民意，何嘗能浮現到政治上層來？至史稱何晏「依勢用事，附會者升進，違忤者罷退」，傅嘏譏晏「外靜內躁」，此皆晏之解散私門，欲為曹氏厚植人才，以求有所建樹，不足為晏病也。繼晏受禍者有夏侯玄，亦魏宗室。惇、淵之族孫。曹操父本夏侯氏，為曹騰養子。其論政制，上追賈、董，蓋非東漢所逮，其論「中正」利弊亦甚切至。然「中正」足為門第護符，當時自不喜玄論。而亦為司馬氏所忌。曹爽誅，玄徵為太常，內知不免，不交人事，不畜筆研。及司馬懿卒，或曰：「子無憂矣。」玄曰：「子何不見事？此人猶能以年少遇我，子元、子上（師、昭兄弟）不吾容也。」夏侯玄如此韜匿，尚不免禍，則何晏諸人之死固宜。傅嘏謂夏侯玄「能合虛譽，利口覆國」，亦非公允之論。玄、晏諸人，人格自高，所存自正，晉人於玄尤推重，謂其「肅肅如入廊廟中，不修敬而人自敬」。和嶠（玄外孫）「常慕玄為人，於朝士中峨然不羣，眾憚其風節」。何晏論學與王弼同稱「王、何」，皆晉人所師尊也。惟不脫名士清玄之習，魏略：「何晏粉帛不去手，行步顧影。」傅粉之習，自東漢李固至三國曹植，皆謂有之。世說並謂：「何平叔美姿儀，面白，而明帝疑其傅粉。」則不必眞有「粉帛不去手」事。惟玄、晏諸人自有當時名士氣派，則決然無疑。史稱何晏、王弼謂：「天地萬物以無為本。無也者，開物成務，無往不存者也。」王衍好其說。後人以懷、愍之禍，歸罪王、何，非無由矣。乃不敵司馬父子之權譎狠詐。當時朝士雖慕敬玄、晏風流，此所以成將來所謂之「正始風流」。晉應詹奏：「魏正始之間，蔚為文林。元康以來，賤經尚道，以玄虛宏放為夷達，以儒術清儉為鄙俗；永嘉之敝，未必不由此。」則正始與晉代風氣，仍有不當相提並論者。要之清玄之習，開自正始，乃每況而愈下也。而以家門地位私見，於玄、晏政治主張，不能擁護。亦由司馬氏兵權在握。至晉室佐命功臣如賈充、王沈之流，皆代表門第，而私人道德極壞無比。

司馬氏似乎想提倡名教，來收拾曹氏所不能收拾的人心。然而他們只能提出一「孝」字，所以說司馬氏「以孝治天下」，晉室開國元老如王祥等皆以大孝名。而不能不捨棄「忠」字，依然只為私門張目。

他們全只是陰謀篡竊。陰謀不足以鎮壓反動，必然繼之以慘毒的淫威。如曹操之對漢獻帝與伏后。伏氏與孔氏，皆兩漢經學名門也。

曹操迎獻帝都許，帝謂操曰：「君能相輔則厚，不爾幸垂恩相捨。」操以事誅董貴人，帝以貴人有孕，累請不得。又勒兵收伏后，華歆發壁牽后出，后披髮徒跣行泣過帝，曰：「不能相活邪？」帝曰：「我亦不知命在何時。」

司馬師、昭兄弟之對曹芳。齊王與曹髦。高貴鄉公。

司馬師逼魏太后廢齊王芳，時年二十三。太后欲見師有所請說，郭芝曰：「何可見？但當速取璽綬。」太后意折。高貴鄉公自討司馬昭，賈充率眾逆戰南闕下。帝自用劍，昭眾欲退，充謂太子舍人成濟曰：「司馬公畜養汝輩，正為今日。」濟即抽戈刺帝。

正惟如此，終不足以得人心之歸嚮。

直到五胡時的石勒，尚謂：「曹孟德、司馬仲達以狐媚取人天下於孤兒寡婦之手，大丈夫不為。」法治的激變而為名士清談。東漢清議尚是擁護政府，魏晉清談則并置政府之安危於不問。魏武、魏明之深惡名士，僅能使士大夫不復有忠於朝廷之節操，卻不能根本剷絕社會好名之風，遂釀西晉名士之禍國。要之中央新政權不能攫得人心，離心勢力依然發展，天下只有瓦解。

五　思想界之無出路

舊政權必然沒落，新政權不能穩定，而作為當時社會中堅的智識分子，所謂「名士」之流，反映在他們思想上者，亦只是東漢黨錮獄以後的幾許觀念，反動回惑，消沉無生路。所以謂之「反動」者，以其自身無積極之目的，只對前期思想有所逆反。

過分重視名教，其弊為空洞，為虛偽。於是有兩派的反動產生：

一、因尚交游、重品藻，反動而為循名責實，歸於申、韓。

抱朴子名實篇謂：「品藻乖類，名不準實。」審舉篇謂：「舉秀才不知書，舉孝廉父別居。」「寒素清白濁如泥，高第良將怯如鷄。」又正郭篇云：「廢職待客，比之周公。養徒避役，擬之仲尼。棄親依豪，同之游、夏。」此皆當時風氣。故劉梁有破羣論，謂：「仲尼作春秋，亂臣賊子懼；此論之作，俗士豈不媿心也？」

二、因尚名節、務虛偽，反動而為自然率眞，歸於莊、老。

青州人趙宣居墓行服二十餘年，生五子；陳蕃致之罪。孔融為北海相，有遭父喪哭泣墓側，色無憔悴者，融殺之。又有母病思食新麥，盜而進者，融特賞，曰：「無有來討，勿復盜也。」路粹奏孔融與白衣禰衡跌蕩放言，云：「父之於子，當有何親？論其本意，實為情欲發耳。子之於母，亦復奚為？譬如寄物瓶中，出則離矣。」此等狂論，皆下開魏晉風氣。惟孔融尚未正式棄孔孟歸莊老，正式主張莊老者，為王弼、何晏。然何晏尚務實幹，王弼則早死。以莊老為玄虛者，乃阮籍、嵇康。然阮、嵇皆別具苦心。此下則又自玄虛轉成放誕矣。

這兩個趨勢，早起於漢末。崔寔政論代表前一個，仲長統樂志論代表後一個。

但要提倡法治，起碼的先決條件，在上應有一個較穩定的政權。政權不穩定，法治精神無所倚依而生根。政權之穩定，亦應依附於此政權者先有一番較正義，至少較不背乎人情的理想或事實。東漢末年乃至曹魏、司馬晉的政權，全是腐化黑暗，不正義、不光明、不穩定，法治精神如何培植成長？於是崔琰、毛玠之反激，變為阮籍、嵇康。此乃從積極轉入消極也。

崔、毛二人皆仕魏，典選舉，任法課能，以清節自勵，士大夫至故汚其衣，藏其輿服，朝府大吏或自挈壺餐以入官市。然試問仕魏者捨為私家幸福外，復有何公共理想乎？何晏、夏侯玄自與魏廷有私關係，故欲為魏盡力。阮籍浮沉仕宦而持身至慎，史稱籍：「本有濟世志，屬魏、晉之際，天下多故，名士少有全者，由是不與世事，酣飲為常。曹爽輔政，召為參軍，籍以疾辭，屏於田里，歲餘而爽誅。晉文王欲為武帝求婚於籍，籍醉六十日，不得言而止。」蓋既不願為何晏、夏侯玄，亦不肯為賈充、王沈也。又籍父瑀避魏武辟，逃山中，魏帝使人焚山得之。（見文選注引文士傳。）籍諸父武，為正論，深嫉交游朋黨，則阮氏家風有自矣。出言玄遠，絕不臧否人物。嵇康隱淪，然自謂：「非湯武薄周孔，會顯世教所不容」，果以殺身。世語：「毌丘儉反晉，康有力焉，且欲起兵應之，以問山濤。濤止之，儉亦已敗。呂安亦至烈，有濟世志力，故康與同禍。」

他們不願為黑暗政權有所盡力，然他們自身亦多半是門第世族中人，依然不能脫身世外。以市朝顯達而講莊老，其勢不得不變為虛無，為浮沉，為不負責任。最先只是自謹慎，保全門第，而以後不免於為汰侈驕逸，如何曾、石崇、王愷之徒皆是。否則為優游清談。如王戎、王衍之徒皆是。風尚如此，宜乎不能挽時代之頹波，而門第自身終亦同受其禍。

何曾侍晉武帝宴，退告其子遵等曰：「國家應天受禪，創業垂統，吾每宴見，未嘗聞經國遠圖，惟說平生常事，非貽厥孫謀之兆也。汝等猶可獲免」；指諸孫曰：「此輩當遇亂亡也。」然曾既歷仕魏晉，且為晉重臣。日食萬錢，猶云「無下箸處」。平居奢汰如此，曾父夔，史稱：「於節儉之世最為豪汰」，則曾亦承其家風。而不聞為國事有獻替。永嘉之亂，何氏滅亡無遺。傅玄著論盛推何曾、荀顗，謂：「能以文王之道事其親」，家門私德，何補於大局？王衍為石勒所執，臨死乃曰：「吾曹雖不如古人，向若不祖尚浮虛，戮力以匡天下，猶可不至今日。」然而晚矣。又按：王濟以人乳蒸豚。王愷使妓吹笛，小失聲韻便殺之；使美人行酒，客飲不盡亦殺之。時武帝在朝，而貴戚敢於汰縱如此，晉室奈何不亂！東坡謂：「晉病由於士大夫自處太高，而不習天下之辱事。」如此等，又豈僅如東坡所云而已耶！

西漢初年，由黃、老清淨漢初「黃老」，代表純粹的平民觀念，故能清淨無擾，與魏晉「莊老」之代表名士門第者氣脈本不同。變而為申、韓刑法。漢初刑法，要摧抑封建反動勢力，集權中央，其意氣亦與崔琰、毛玠之助逆成篡，賈充、荀勗之助晉為逆者不同。再由申、韓刑法變而為經學儒術。西漢儒術，在通經致用，亦與東漢名士之訓詁、清談不同。一步踏實一步，亦是一步積極一步。法家目光只在治權階級，儒家目光較大，放及全社會，故較法家猶為積極也。現在是從儒術轉而為法家，再由法家轉而為道家，正是一番倒捲，思想逐步狹窄，逐步消沉，恰與世運升降成為正比。

在此時期，似乎找不出光明來，長期的分崩禍亂，終於不可避免。

六 三國帝系

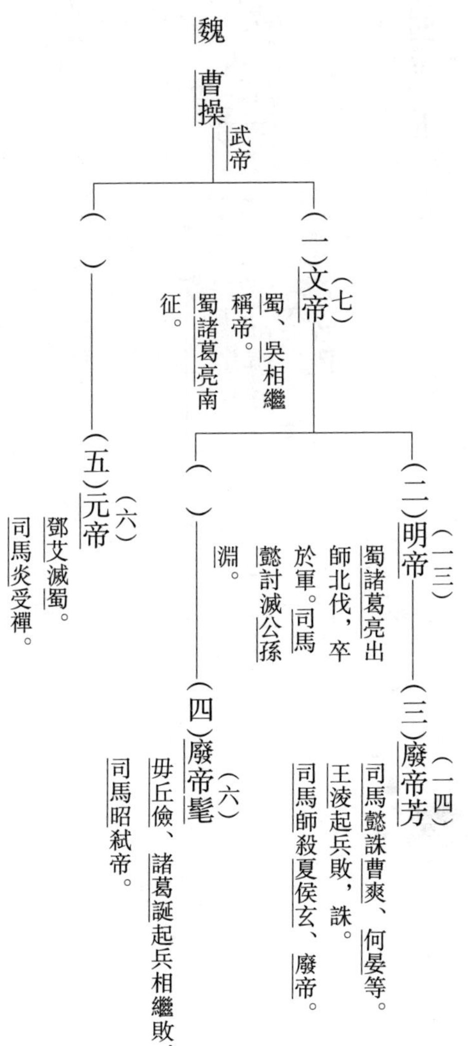

魏共五帝，四十六年而亡。

蜀（一）昭烈帝（三）——（二）後主（四一）

蜀共二帝，四十三年。

吳（一）大帝權（三一）
- （）——（四）烏程侯皓（一七）復取交趾，九眞、日南皆降。
- （二）廢帝亮（五）
- （三）景帝休（六）

吳共四帝，五十九年。

第十三章　統一政府之迴光返照 西晉興亡

秦、漢統一政府，尚有一段迴光返照，便是西晉。

一　西晉帝系及年歷

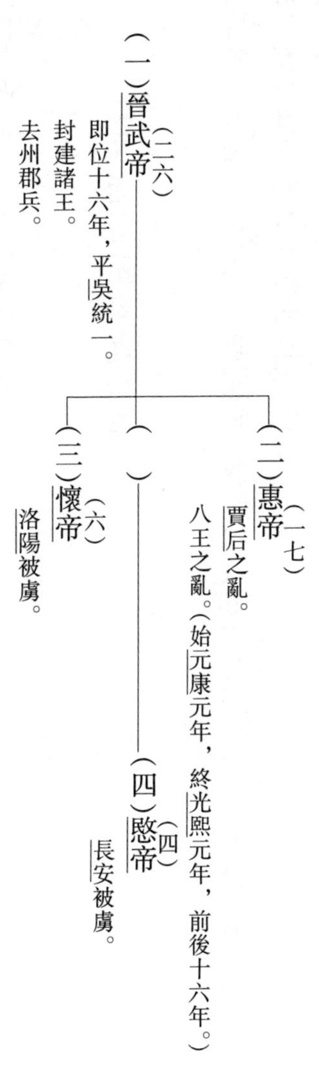

西晉共四帝，五十二年而覆滅。

二　西晉王室之弱點

西晉統一不到十二年，朝政即亂，賈后、八王，乃至懷、愍被虜，不幸的命運接踵而至。分析晉室自身，亦有種種弱點：

一、沒有光明的理想為之指導。

二、貴族家庭之腐化。

一個貴族家庭，苟無良好教育，至多三、四傳，其子孫無不趨於愚昧庸弱。西漢王室，不斷有來自民間的新精神。

高、惠、文三帝皆可說來自田間，經景帝至武帝，始脫去民間意味。然宣帝又從民間來，遂成中興。經元帝至成帝而漢始衰。東漢光武、明、章三世後即弱。

司馬氏則在貴族氛圍中已三、四傳，歷數十年之久。懿、師、昭父子狐媚隱謀，積心篡奪。

晉武帝坐享先業，同時亦深染遺毒。

晉書胡貴嬪傳：「武帝多內寵，平吳後，復納孫皓宮人數千，掖庭殆將萬人，並寵者甚眾。帝莫知所適，常乘羊車恣其所之。宮人乃取竹葉插戶，以鹽汁灑地，而引帝車。」是晉武之荒怠可知。後宮妃妾之多，始漢靈帝。次則吳歸命侯，又次宋蒼梧王、齊東昏侯、陳後主，而晉武尤甚。此下惟唐玄宗。以開國皇帝而論，則未見如晉武之荒怠者。

其時佐命功臣，一樣從幾個貴族官僚家庭中出身，並不曾呼吸到民間的新空氣。

而且家庭傳統風習若不相當壞，便不易適應漢末經曹魏而至晉初，尚得巍然為佐命之功臣。

故晉室自始只是一個腐敗老朽的官僚集團，與特起民間的新政權不同。

武帝子惠帝即以不慧稱，聞人餓死，曰：「何不食肉糜？」而其后賈氏，乃賈充女，家教可知。元康元年，賈后不肯以婦道事太后，又欲干政，遂啟帝作詔，誣太后父楊駿謀反，殺之，夷三族，并及其妻龐。太后抱持號叫，截髮稽顙，上表詣賈后稱妾，請全母命。不省。董養遊太學，升堂歎曰：「朝廷建斯堂，將以何為？天人之理既滅，大亂將作矣。」自此遂召八王之亂。

王室既有此弱點，又兼社會元氣之凋喪，此層後詳。譬如大病之後，眞陽不復。而當時又有胡人之內地雜居。外邪乘之，遂至沉篤。

其時論者皆以晉武封建，遂召八王之亂。不知魏室孤立，亦以早覆，根本病症不在此。

三　胡人之內地雜居

胡人內地雜居，其事遠始於兩漢。

（一）**匈奴**　宣帝納呼韓邪，居之亭障，委以候望，此後遂有所謂「保塞內附」。光武時，徙南匈奴數萬衆入居西河美稷。靈帝時，助漢平黃巾，南徙離石。董卓之亂，寇略太原、河東，遂屯聚於河內。魏武時，分其衆為五部，皆居晉陽汾澗之濱。左部可萬餘落，居太原茲氏縣。（今山西汾陽。）右部六千餘落，居祁縣。（今祁縣。）南部三千餘落，居蒲子縣。（今隰縣。）北部四千落，居新興縣。（今忻縣。）中部六千落，居太陵縣。（今文水。）左部帥劉豹，即劉淵父。

（二）**氐羌**　趙充國擊西羌，徙之金城郡。漢末，關中殘破，魏武徙武都氐於秦川，欲借以禦蜀。陳琳檄吳將校部曲文：「大舉天師百萬之眾，與匈奴南單于呼完廚，及六郡烏桓、丁令屠各、湟中羌僰」，其時乃借以揚威。

晉初，遼東、西為鮮卑，句注之外、河東之間為匈奴，北地、上郡、隴西諸郡胡，鮮卑、氐、羌諸種，皆以「保塞」名雜居。

劉貺曰：「東漢至曹、馬招來羌、狄，內之塞垣，資奉所費，有踰於昔。百人之酋，千口之長，金印紫綬，食王侯之俸者，相半於朝。」

自三國時鄧艾，至晉初郭欽、（武帝時上疏。）江統，（惠帝時作徙戎論。）皆建議徙戎，不果。

一因自東漢以來中國西北境居民荒殘，經漢末董卓、馬騰、韓遂等亂於關、涼，黑山賊劉虞、公孫瓚等戰於河北，荒殘之勢有加無已。二因國內戰爭，無心他及。

八王亂後，接著便是胡人南下，懷、愍蒙塵。

四　懷愍被虜與人心之反映

晉一天下後三十一年，劉曜、石勒入洛陽，懷帝（武帝第二十五子。）被虜，諸王公、百官、士民死者三萬餘人。

懷帝被虜後五年，劉曜入長安，愍帝（武帝孫。）被虜，晉室遂亡。

懷、愍二帝的被虜，本是本期歷史中應有的現象，不過如漢弘農王、陳留王，魏齊王、高貴鄉公一般，同其遭遇。只證明了帝王之末路，中央統一政府在本時期中之無可存在。

然而懷、愍被虜，還夾雜有胡、漢種族的問題。我們試一看當時中國人心對此事件之反映。

（一）**帝王**（如晉懷帝。）劉聰（淵第四子。）封懷帝為會稽郡公，從容謂曰：「卿昔為豫章王，朕與王武子造卿，頗記否？」帝曰：「臣安敢忘？恨爾日不早識龍顏。」聰曰：「卿家何骨肉相殘？」帝曰：「故為陛下自相驅除，此殆天意。」（懷、愍二帝皆為聰青衣行酒。聰出獵，令愍帝戎服執戟為導，百姓聚觀，曰：「此故長安天子也。」故老或歔欷流涕。）

（二）**皇后**（如羊皇后。）劉曜（淵族子。）納惠羊皇后，問曰：「我何如司馬家兒？」后曰：「胡可並言？陛下開基之聖主；彼亡國之暗夫，有一婦一子及身三耳，不能庇。妾何圖復有今日？妾生於高門，（后，羊元之子。）謂世間男子皆然。自奉巾櫛，始知天下有丈夫。」

（三）**大臣**（如王衍。）石勒執王衍，問以晉故。衍為陳禍敗之由，云「計不在己」，又謂「少不豫事」，因勸勒稱尊號。勒曰：「君名蓋四海，少壯登朝，至於白首，何言不豫事！破壞天下，正是君罪。」遂殺之。（時庾敳、胡母輔之、郭象、阮修、謝鯤等，與王衍同在東海王越軍中。敳等皆尚玄虛，不以世務嬰心，縱酒放誕，而名重一世。越敗，同被執。石勒曰：「此輩不可加以鋒刃」，遂夜使人排牆殺之。）

（四）**將軍**（如索綝。）愍帝被圍長安，使侍中宗敞送降牋。索綝潛留敞，使其子說劉曜，曰：「城中食猶支一年，若許綝以車騎、儀同、萬戶郡公，請以城降。」曜斬而送其首，曰：「帝王之師以義行，綝言如此，天下之惡一也。若兵食未盡，可勉強固守。」後既降，劉聰以索綝不忠，斬於東市。

（五）**世族**（如王浚。）浚，王沈子，（沈即奔告司馬昭以高貴鄉公之謀者，與賈充同為晉室元勳。）承賈后旨害太子。及亂起，為自安計，以女妻鮮卑務勿塵，並謀僭逆。（其部下有大量的鮮卑烏丸兵。）石勒偽上尊號，浚信之，為所執而死。（惠帝蕩陰之難，死節者有嵇紹，文天祥正氣歌所謂「嵇侍中血」也。紹乃嵇康子。又劉聰大會羣臣，使懷帝青衣行酒，侍中庾珉號哭，帝遂遇弒。珉，庾峻子。史稱：「峻舉博士，時重莊老，輕經史，峻乃潛心儒典。疾世浮華，不修名實，著論非之。」峻弟純於宴席斥賈充：「高貴鄉公何在？」大抵晉人高下，多可以其家庭風教判之。聰又使愍帝行酒洗爵，又使執蓋，尚書郎隴西辛賓抱帝大哭，聰命引出斬之。此則偏陬小臣，殆未染當時中原所謂士大夫之風教者。）

「名教」極端鄙視下之君臣男女，無廉恥氣節，猶不如胡人略涉漢學，粗識大義。

五　文化中心之毀滅

兩漢統一時期，代表中國政治中心而兼文化中心的地點有兩個：一是長安，一是洛陽。長安代表的是中國東、西部之結合；首都居在最前線，領導著全國國力向外發展的一種鬭爭形勢。洛陽代表的是中國的穩靜狀態，南、北部的融洽；首都居在中央，全國國力自由伸舒的一種和平形態。

長安自王莽末年之亂而殘破，繼以董卓之亂；至愍帝遷都，其時長安戶不滿百，牆宇頹毀，蒿棘成林，公私有車只四乘。

洛陽則自三國鼎立以來，仍為中國文物中心。正始之際，名士風流盛於洛下。至劉曜陷洛陽，諸王公、百官以下，士民死者三萬餘人。

王彌縱兵大掠，曜禁之不從，斬其牙門王延以徇，彌遂與曜阻兵相攻。

晉室南渡，五胡紛起，燕、趙在東，秦、涼在西，環踞四外，與晉、蜀對峙。譬如一環，而恰恰留下一個中心點洛陽，大家進退往來，棄而勿居。那時的洛陽，號為荒土。

陳慶之語梁武帝：「自晉末以來，號洛陽為荒土。」桓溫議遷都洛陽，孫綽上疏非之，謂：「自喪亂以來，六十餘年，蒼生殄滅，百不遺一。河洛丘虛，函夏蕭條。井堙木刊，阡陌夷滅。生理茫茫，永無依歸。」

譬如大旋風的核心，四圍狂飆驢氣，而中心虛無所有。這一個形勢，延續幾及二百年，直到魏孝文重營洛都，中國始漸漸再有一個文化復興的中心。以後又經爾朱榮之亂，機運中絕。直到隋、唐，依然是起於西北，統一中國，而並建長安、洛陽為東、西都，兼有了向外鬪爭進取以及向內平和伸舒的兩種形勢，十足的象徵出中國大一統盛運之復臨。

六　新宗教之侵入

代表此期中國之衰弱情態者，一為中國文化中心之毀滅，又一則為異族宗教之侵入。此事分章別詳。

第十四章　長江流域之新園地 東晉南渡

中國史的主要部分，兩漢以前偏在黄河流域。東漢一代，西北進展衰息，東南開發轉盛。曹操依次蕩平北方羣雄，獨留下長江流域的吳、蜀，這證明北中國之疲弊與南中國新興勢力之不可侮。

東晉南渡，長江流域遂正式代表著傳統的中國。

一　東晉帝系及年歷

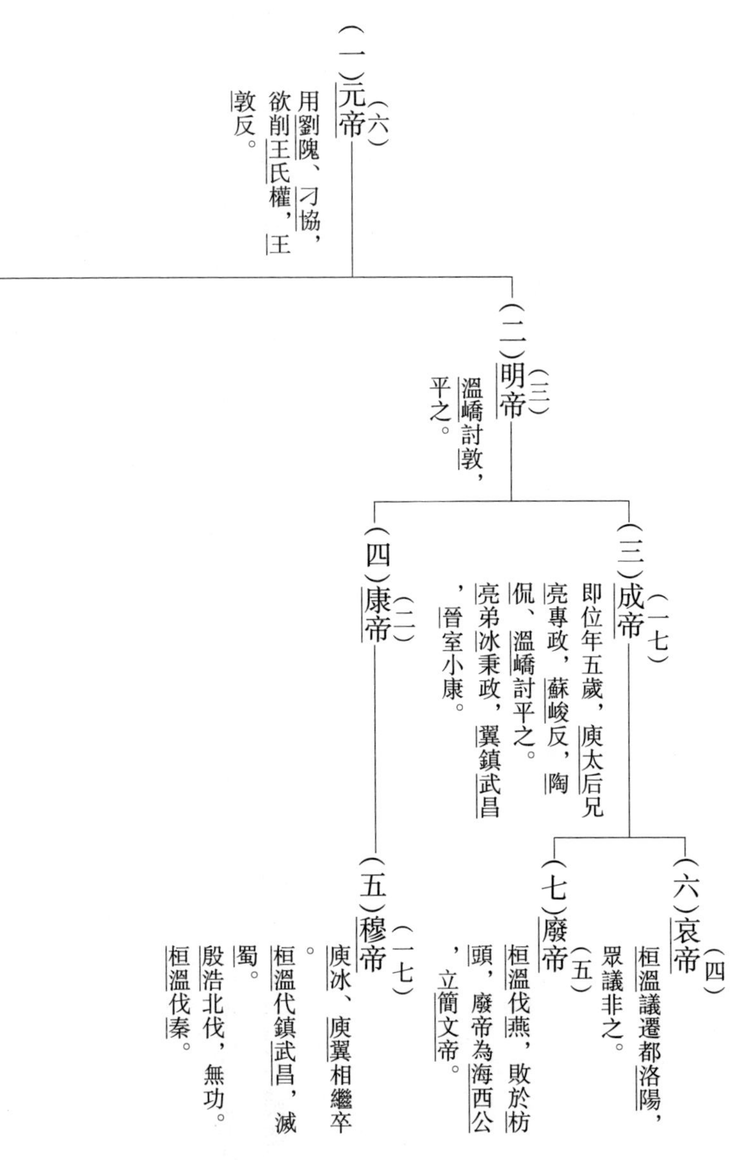

(一)元帝(六)
用劉隗、刁協，欲削王氏權，王敦反。
(二)明帝(三)
溫嶠討敦，平之。
(三)成帝(一七)
即位年五歲，庾太后兄亮專政，蘇峻反，陶侃、溫嶠討平之。亮弟冰秉政，翼鎮武昌，晉室小康。
(四)康帝(二)
(六)哀帝(四)
桓溫議遷都洛陽，眾議非之。
(七)廢帝(五)
桓溫伐燕，敗於枋頭，廢帝為海西公，立簡文帝。
(五)穆帝(一七)
庾冰、庾翼相繼卒。
桓溫代鎮武昌，滅蜀。
殷浩北伐，無功。
桓溫伐秦。

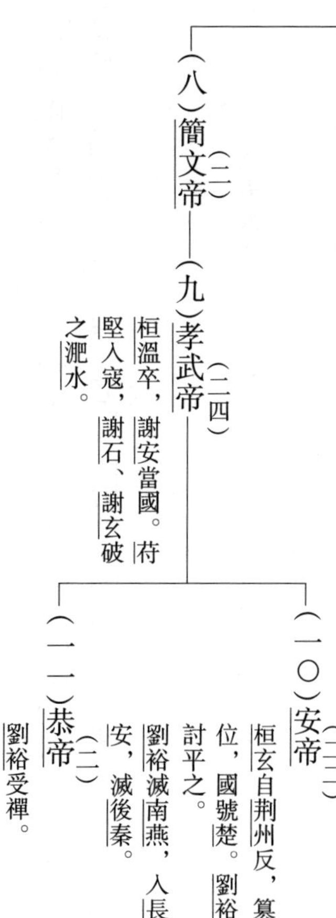

東晉凡十一帝，一百零四年。

二　東晉一代之北伐與內亂

在此一百零四年中，北方五胡雲擾，始終未寧定，東晉常有恢復中原之機會。然東晉並無北取中原的統一意志。東晉曾四次北取洛陽。其先劉曜、石勒對抗時，祖逖一度恢復河南諸郡。石虎盛時，庾亮出兵挫敗。

一、穆帝永和七年，石氏亂，晉得洛陽，殷浩北伐無功。十年，桓溫表廢殷浩。自伐秦，由襄陽趨長安，破姚襄於藍田，進次灞上，食盡而還。冉閔降將周成自宛襲踞洛陽。

二、穆帝永和十二年，姚襄自許昌攻周成於洛陽。桓溫北伐姚襄，敗之，復有洛陽。桓溫請還都不成。哀帝興寧三年，慕容恪據之。苻堅滅燕，洛陽入秦。

三、孝武太元九年，苻氏亂，晉再有洛陽。安帝隆安三年，復為姚興所陷。

四、安帝義熙十二年，劉裕北伐，復取之。

大抵豪族清流，非主苟安，即謀抗命。寒士疏門，或王室近戚，始務功勤，有志遠略。晉主雖有南面之尊，無統馭之實，韋華告姚興語。遂使「北伐」與「內變」兩種事態，更互迭起。

西晉立國，本靠門閥的勢力。

時人語曰：「賈、裴、王，亂紀綱；裴、王、賈，濟天下。」指賈充、王沈、裴秀言之；皆世族也。司馬氏亦故家，故能與當時舊勢力相沆瀣。曹爽、何晏、夏侯玄輩思有所革新者皆失敗；而司馬氏篡志遂成。

東晉南渡，最依仗的是王敦、王導兄弟，所以說：「王與馬，共天下。」

王敦統兵在外，王導執政在內，導號為「仲父」。元帝登尊號，百官陪位，詔王導升御座，固辭而止。

成帝幼沖，見導每拜，又嘗與導書手詔，則云「惶恐」。王敦反，元帝手書乞和，有「不能共安，當歸琅邪，以避賢路」之語。宋武帝即位告天策：「晉自東遷，四維不振，宰輔憑依，為日已久。」此東晉立國形勢也。

北方的故家大族，一批批的南渡，借著晉室名義，各自占地名田，封山錮澤，做南方的新主翁。

元帝過江，謂顧榮曰：「寄人國土，心常懷慚。」直至南齊丘靈鞠尚云：「我應還東掘顧榮冢。江南地方數千里，顧榮忽引諸傖輩度，死有餘罪。」周玘將卒，謂子勰曰：「殺我者諸傖，子能復之乃吾子。」時南人目北人為「傖」。

當時諸族擁戴晉室，正如曹操迎漢獻帝，挾天子以臨諸侯，把南方的財富，來支撐北方的門第。

諸名士初到江南，形勢未定，不免為新亭之對泣。及家計粗安，則「此間樂，不思蜀」，無復恢復之意。王導領袖羣倫，時人稱為「江左夷吾」，桓溫父桓彝語。正謂其能安定新邦，並不許其能恢復故土。

晉室若要團聚國力，經營北伐，首先不免與門第的要求與希望相衝突。

諸門第只為保全家門而擁戴中央，並不肯為服從中央而犧牲門第。

元帝正位後，親用劉隗、刁協，崇上抑下。王敦即舉兵內向，王導有默成之嫌，陶侃、庾亮皆曾欲起兵廢導而未果。蔡謨、孫綽、王羲之皆當代名流，蔡謨駁庾亮北略，絀亮以伸王導。綽、羲之亦皆以清議反恢復。

門第自有其憑藉與地位，並不需建樹功業，故世家子弟，相率務為清談。

清談精神之主要點，厥為縱情肆志，不受外物屈抑。

王坦之著沙門不得為高士論，謂：「高士必在於縱心調暢。沙門雖云俗外，反更束於教，非情性自得之謂也。」祖約好財，阮孚好屐，一時未辨其得失。有詣祖，正料視財物，屏當未盡，餘兩小簏，傾身障之，意未能平。或詣阮，方自吹火蠟屐，因嘆曰：「未知一生當著幾量屐！」神色閑暢。於是勝負遂判。是時人不論是非，只問自己心下如何。若貪財而心無不安，即亦為高情勝致矣。兩晉名士貪者極多，時論不見以為鄙也。能一切不在乎，自然更佳。祖後叛晉投石勒，為勒所殺。

對於事物世務，漠不關心，便成高致。

王徽之作桓冲騎兵參軍，桓問：「卿何署？」答：「不知何署。時見牽馬來，似是馬曹。」桓又問：

「官有幾馬？」曰：「不問馬，何由知其數？」又問：「馬比死多少？」答：「未知生，焉知死？」桓謂：「卿在府久，比當相料理。」初不答，直高視，以手版拄頰。云：「西山朝來，致有爽氣。」

有志遠略者，非晉室近戚，如庾亮、庾冰、庾翼兄弟。卽寒族疏士，如陶侃、桓溫，皆南人寒士。桓父彝死難，家貧。溫母病，須羊為解，無由得，溫乃以弟沖為質。常招清談派卽苟安派。之反對。

諸庾為政，頗欲任法裁物，而才具微不足，皆不能自安其位。庾翼報兄冰書謂：「江東政以傴僂豪強，以為民蠹，時有行法，輒施之寒劣，事去實此之由。」其意態可想。

不僅利害衝突，卽意趣亦相背馳。

桓溫乘雪欲獵，劉惔問：「老賊裝束單急，欲何作？」桓曰：「我若不為此，卿輩亦那得坐談？」

故桓溫欲立功業，而朝廷實際是名流苟安派之盤踞地。引殷浩相抗。

庾翼已謂殷浩輩只可束高閣，而許桓溫以寧濟之業。朝士以氣味相投，故引殷浩。浩父殷洪喬，人託寄書，盡投江水；為政貪殘。其叔父融與浩同好老、易，一門玄虛。溫平生喜自擬劉琨，而憎言貌似王敦，其素所蓄積可知。

桓溫主徙都洛陽，正為清流故發快論。

桓疏：「請自永嘉之亂，播流江表者，一切北徙，以實河南。」如此則江南門第盡矣。孫綽上表反對。綽與王羲之輩皆卜居會稽，盡情山水。桓溫令人致意，謂：「何不尋君遂初賦，而彊知人家國事？」時議以溫弟雲為豫州刺史，王彪之謂：「雲非不才，然溫居上流，弟復處西藩，兵權萃一門，非宜。」乃改用謝萬。萬傲誕未嘗撫眾，卒失許、潁、譙、沛，雒陽遂孤。

而出師敗衂，談士快心。

孫盛與殷浩談，奮麈尾，盡落飯中；亦名士有聲者。作晉陽秋，桓溫謂其子曰：「枋頭誠為失利，何至如尊公所說？」其子懼禍，私改之。盛乃以一本寄慕容儁。先是溫伐燕，燕臣申允料之曰：「晉之廷臣，必將乖阻，以敗其事。」史不著乖阻之實。惟觀孫盛陽秋，則溫敗為晉臣所深喜而樂道也。枋頭，今安陽南。溫敗蓋有兩因：一者糧運不繼，二則水陸異便。此後魏孝文欲圖江南，先遷洛陽。就當時情勢言，非緩進無以見功。惟桓溫以廷臣反對，則不得不主激進。蓋未有國內自相水火而可以收功於外者。盛為長沙太守，贓私狼藉。大抵名士多自顧家室，能以談辯擅名，即不須再經綸世業。

對外之功業，既不得逞，乃轉而向內。

溫既敗於枋頭，其謀主郗超勸之廢立。曰：「外無武、宣之勛，內無伊、霍之舉，何以易視聽、鎮異同？」

且晉室有天下，其歷史本不光明，故使世族與功名之士皆不能忠心翊戴。

王導嘗具敘晉宣王創業及文王末高貴鄉公事於明帝前，帝聞之，覆面著床，曰：「若如公言，祚安得長？」

惟世族但求自保家門。

孫盛告庾亮：「王導有世外之懷，豈肯為凡人事？」此可代表門第中人意態也。

英雄功名之士，意氣鬱激，則竟為篡弒。

桓溫常臥語：「作此寂寂，將為文、景所笑。」此魏、晉以來人見解。可取而不取，真成大獃子。桓溫自身亦帶書生名士氣，故曰：「既不能流芳後世，亦不足復遺臭萬載耶？」然其心尚存有君臣名教，故篡逆終不成。一傳為桓玄，再進為劉裕，則晉祚不保矣。

直到桓玄、劉裕，一面篡位，一面還是痛抑權門。

南史宋武本紀謂：「自晉中興，朝綱弛紊，權門兼幷，百姓不得保其產業。桓玄頗欲釐改，竟不能行。帝既作輔，大示軌則，豪強肅然。」又按：晉義熙。安帝九年，劉裕上表請依桓溫庚戌土斷。可見桓溫、桓玄、劉裕實是走的同一路線也。胡藩言：「一談一咏，搢紳之士，輻湊歸之，不如劉毅。」蓋裕粗人，不為名士所歸。裕之北伐，在廷之臣，無有為裕腹心者。裕所以不能從容據長安以經營北方者亦在是。裕能篡位，而桓溫不能，亦在是。

要之江南半壁，依然在離心的傾向上進行。諸名族雖飽嘗中原流離之苦，還未到反悔覺悟的地步。

第十五章　北方之長期紛亂（五胡十六國）

晉室東遷，衣冠南渡，北方中國便陷入長期的紛亂狀態中。史稱為五胡十六國，先後凡一百三十六年。

一　五胡十六國撮要

五胡：

一、匈奴。

一支居山西，建國為前趙。（初稱「漢」。）

又一支在河西張掖，建國為北涼。（先世為匈奴左沮渠，遂以沮渠為氏。）

又一支自山西西走，建國為夏。赫連氏，其先右賢王去卑，曹操命其監五部。

二、羯。乃匈奴別部。晉書：「匈奴以部落為種類，其入居塞內者有『屠各』等十九種。皆有部落，不相錯雜。」最後一種曰「力羯」，即五胡之所謂「羯」也。史稱石勒：「匈奴別部，羌渠之胄」，則此種雖屬匈奴，而與西羌為近。王隱晉書稱「羯賊劉曜」。（文選劉越石勸進表注引。）時多連稱「胡羯」，則以羯久屬匈奴故也。

散居上黨羯室，今山西遼縣，蓋以為羯族所居，故曰「羯室」。建國為後趙。

三、鮮卑。

慕容氏　建國曰前燕、後燕、南燕。

拓拔氏　建國曰元魏。不在十六國內。

段氏　建國曰遼西。不在十六國內。

宇文氏　建國曰北周。不在十六國內。鮮卑奉以為主。按：晉書以宇文莫槐為鮮卑，惟魏書、北史則謂是匈奴南單于之遠裔，而又謂：「其語與鮮卑頗異。」則宇文氏或是匈奴而雜有鮮卑之血統也。

禿髮氏　居河西，建國曰南涼。

乞伏氏　居隴西，建國曰西秦。

鮮卑自遼東至河西，無所不居，以慕容、拓拔兩氏為最盛。

四、氐。御覽五九八引石崇奴券：「元康之際，買得一惡羝奴。」則「氐」原作「羝」。太平廣記二四五：「晉鍾毓兄弟行，一女子笑曰：『中央高，兩頭低。』蓋言羝也。鍾兄弟多髯，故云。」知氐多髯。

略陽。天水蒲氏　建國曰前秦。

略陽呂氏　建國曰後涼。

略陽清水氏　建國曰仇池。不在十六國內。

五、羌。

燒當羌姚氏　建國曰後秦。時人常稱「六夷」。殆「五胡」外，增「賨」（又號「巴氐」）言之。苻堅叱姚萇曰：「五胡次序，無汝羌名。」謂是無姚萇名；斥姚萇曰「汝羌」，非謂羌不在五胡之列。

十六國以割據地言，亦約略可分五別：

一、前趙，漢。後趙。

二、前燕，後燕，南燕，北燕。

三、前秦，後秦，西秦，夏。

四、前涼，後涼，南涼，北涼，西涼。

五、蜀。

二　十六國前後形勢之大概

十六國前後形勢，可分五期言之：

一、晉、趙、蜀三國鼎立期。

前趙。（匈奴）劉豹居晉陽。劉淵居離石，後遷平陽。劉聰居平陽。劉曜居長安。

前趙最先興，據燕、晉、豫、秦四省之各一部，晉稱趙、蜀為「二寇」。

後趙。（羯）石勒居襄國。（邢臺）石虎居鄴。

石勒滅劉曜，據中國北部之半，北方幾成一統。

石虎死，鮮卑、氐、羌諸族乘機起，北方局勢大變。時桓溫已滅蜀，北方不久成燕、秦分據之局。

二、第一次燕、秦分據期。

前燕。（鮮卑）慕容皝居龍城。（朝陽）慕容儁居薊，遷鄴。

據燕、齊、晉、豫四省及遼寧之一部。

前秦。（氐）苻健居長安，苻堅仍之。

桓溫伐燕不利，燕內亂，慕容垂奔秦，秦進師滅燕。自此苻秦全盛，入第三期。

三、苻秦全盛期。

苻秦據中國北部之大半，地廣為五胡冠，遂南侵而有淝水之敗，北方再分裂。

四、第二次燕、秦對峙期。

後燕　慕容垂。鮮卑居中山。

疆土略如前燕。馮跋篡後燕，據和龍，為北燕；為魏所滅。南燕為晉所滅。

後秦。羌　姚萇居長安。

疆土掩有陝、甘、豫三省。滅於劉裕。

五、劉裕滅秦後之北方三國。

魏在平城。大同。魏人崔浩之言曰：「裕必克秦，歸而謀篡。關中華、戎雜亂，風俗勁悍，必不能以荆、揚之化施之，終必為我有。」夏在統萬。橫山縣西百里白城子。其疆土掩有今陝西北部及河套之地。夏人之言曰：「裕必滅泓，然不能久留。裕南歸，留子弟守關中，取之如拾芥。」涼在姑臧。武威。其疆土當今甘肅河西之一部。涼主聞裕入秦，大怒。其臣劉祥入言事，蒙遜曰：「汝聞劉裕入關，敢研研然也！」遂斬之。

劉裕入長安，北方未定而回，急於篡晉，是為宋。夏主赫連勃勃遂取長安。嗣夏、涼相繼幷於魏，而成南北朝。

三　五胡十六國大事簡表

年代	事
304—313	西晉惠帝永興元年，至愍帝建興元年。
314—323	愍帝建興二年，至東晉明帝太寧元年。
324—333	明帝太寧二年，至成帝咸和八年。

漢 劉淵據離石，稱漢王，旋徙平陽。劉聰取洛陽。石勒據襄國，遣石虎據鄴。 成 李雄據成都，稱成。
前趙 劉曜取長安，徙都，改號趙。石勒陷幽、薊、并三州；又取青州。 燕 慕容廆取遼東。 前涼 趙封張茂為涼王。
後趙 石勒殺劉曜，稱帝。

334—343	成帝咸和九年，至康帝建元元年。	後趙 石虎徙都鄴。
344—353	康帝建元二年，至穆帝永和九年。	後趙 石虎卒，冉閔殺胡羯二十萬人。燕克鄴，趙亡。
354—363	穆帝永和十年，至哀帝興寧元年。	
364—373	哀帝興寧二年，至孝武帝寧康元年。	

燕　慕容皝稱燕王，遷龍城。	代　什翼犍都雲中。	成　李壽改號漢。
燕　慕容儁滅冉閔。	秦　苻健入長安，稱秦王。	成漢　桓溫滅之。
燕　徙都鄴。	秦　桓溫伐秦，討姚襄，入洛陽。苻堅立，用王猛。	
燕　慕容垂奔秦。秦入鄴，燕亡。	秦　王猛取洛陽，滅燕。	

374—383	孝武帝寧康二年，至太元八年。	秦　王猛卒。
384—393	孝武帝太元九年至十八年。	秦　伐晉，敗於淝水。
394—403	孝武帝太元十九年，至安帝元興二年。	後秦　姚興滅前秦。
404—413	安帝元興三年，至義熙九年。	後秦　姚興滅後涼。

前涼、代為秦所滅。	
後燕 慕容垂自洛陽入鄴，都中山，稱後燕。 西燕 慕容沖入長安。慕容永據長子，稱帝。 後秦 姚萇取長安，稱帝。	西秦 乞伏國仁稱單于。 魏 代拓拔珪復興，徙盛樂。
後燕 慕容垂卒，魏入鄴。 南燕 慕容德稱帝於滑臺，為南燕。 魏 拓拔珪稱帝，遷都平城。	西燕亡。後涼、南涼、西涼、北涼起。
後燕 馮跋篡之，亡。 南燕 劉裕討滅之。 北燕 馮跋立為北燕。 魏 拓拔珪被弒。	夏 赫連勃勃稱夏王。

年代	南朝	北方
414—423	晉安帝義熙十年，至宋營陽王景平元年。	後秦 劉裕入長安，後秦亡。 夏 赫連勃勃入長安。 南涼亡於西秦。 西涼亡於北涼。
424—433	宋文帝元嘉元年至十年。	魏 拓拔燾立。 西秦亡於夏。 夏亡於魏。
434—443	文帝元嘉十一年至二十年。	魏 北燕、北涼亡於魏。

四 胡人之漢化與胡漢合作

胡人所以能統治北方中國者，亦有數故：

諸胡雜居內地，均受漢族相當之教育，此其一。（詳後北方儒統。）

北方世家大族未獲南遷者，率與胡人合作，此其二。

諸胡以客居漢地而自相團結，此其三。

傅奕曰：「羌胡異類，寓居中夏，禍福相恤。中原之人，眾心不齊，故夷狄少而強，華人眾而弱。石季龍死，羯胡大亂，冉閔令胡人不願留者聽去；或有留者乃誅之，死者二十餘萬。氐、羌分散，各還本部，部至數萬，故苻、姚代興。」

諸胡中匈奴得漢化最早，如劉淵、聰曜父子兄弟一門皆染漢學，故匈奴最先起。鮮卑感受漢化最深，故北方士大夫仕於鮮卑者亦最多。鮮卑並得統一北方諸胡，命運較長，滅亡最後。次於鮮卑者為氐。

劉琨傳：「內收鮮卑之餘穀，外抄殘胡之牛羊。」則鮮卑亦務農作，而胡羯仍事游牧。元康四年，慕容廆徙大棘城（今遼寧義縣）。教部族以農桑法制，同於上國。此鮮卑受漢化甚深之證。廆子皝又自大棘城徙居龍城，時鮮卑已早為城郭之邦矣。鮮卑其先有檀石槐、（東漢桓帝時。）軻比能，勢已盛。軻比能當漢末，部落近塞。自袁紹據河北，中國人多亡叛歸之。教作兵器鎧楯，頗學文字。故其勒御部眾，擬則中國。則鮮卑之染漢化，淵源既久。慕容、拓拔兩氏，其先皆屬檀石槐也。

魏志三十裴註引魏略：「氐人各自有姓，亦如中國之姓，多知中國語，由與中國雜居故也。」又魏志九夏侯淵傳：「淵擊武都氐羌下辯，收氐穀十餘萬斛」，是氐亦有農事。

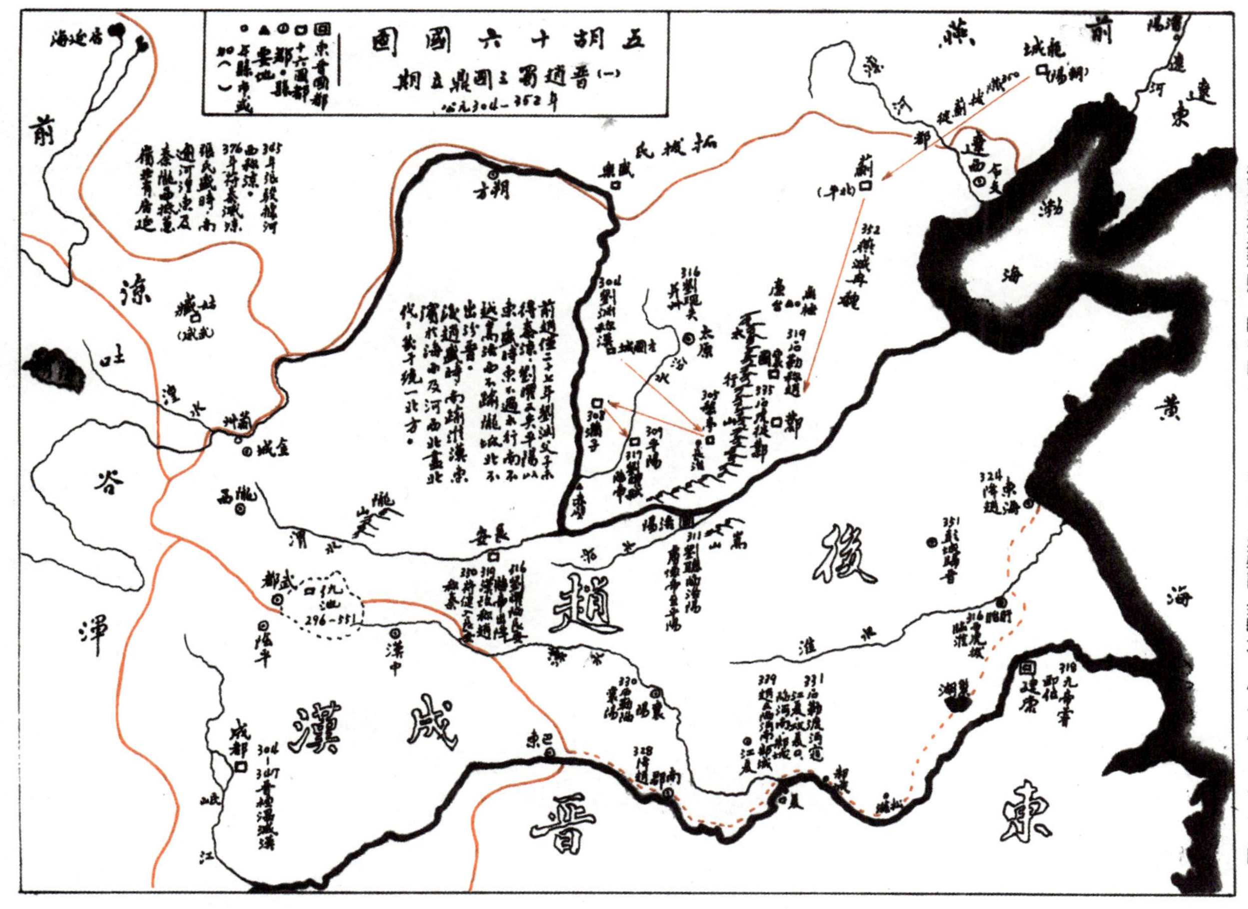

江淮荆襄郡縣，時得時失，前後錯出，殊難訂其疆域，僅作虛線，示其大略。

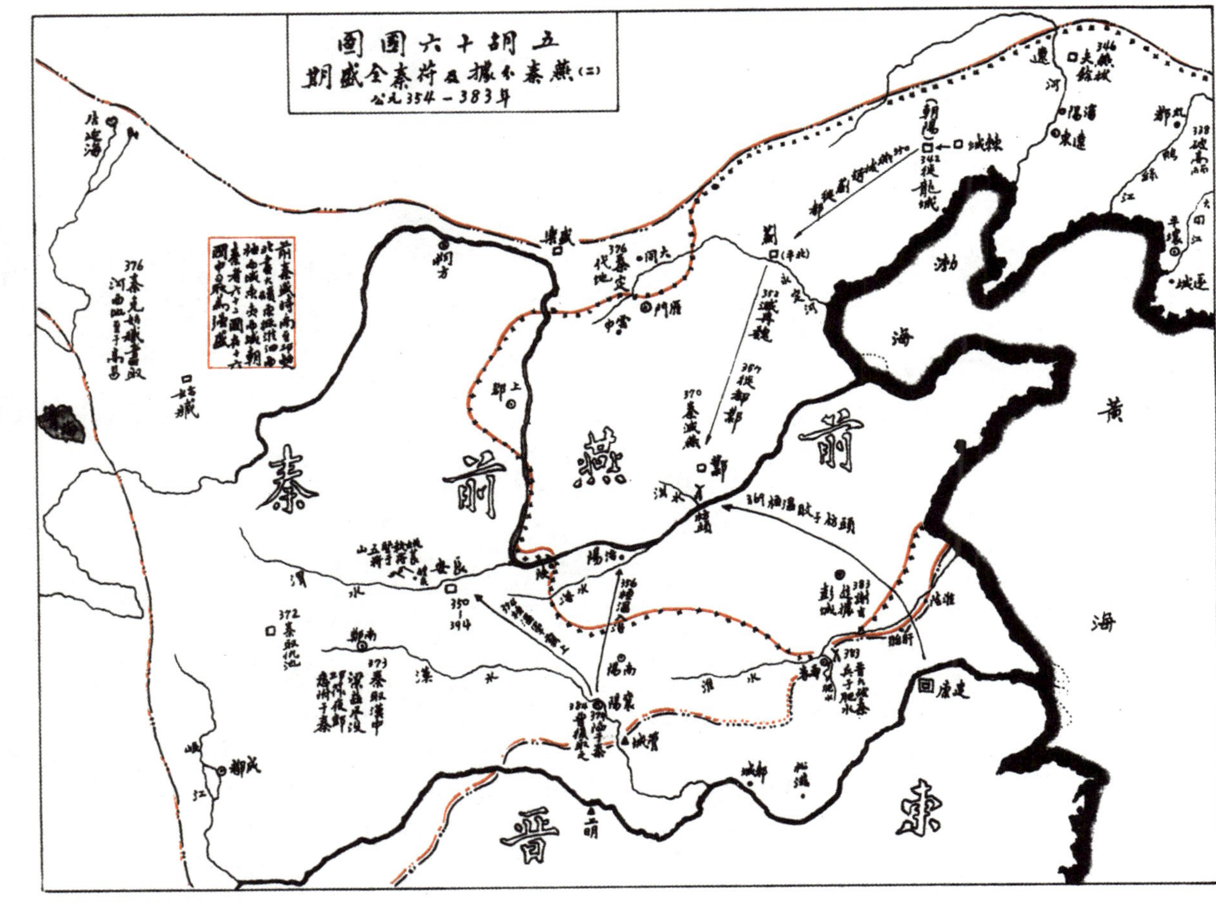
五胡十六国图
燕秦分据及苻秦全盛期(二)
公元354—383年
前秦
前燕
东晋
黄海
渤海
长安
邺
蓟
朔方
彭城
建康
寿春
襄阳
洛阳
平壤

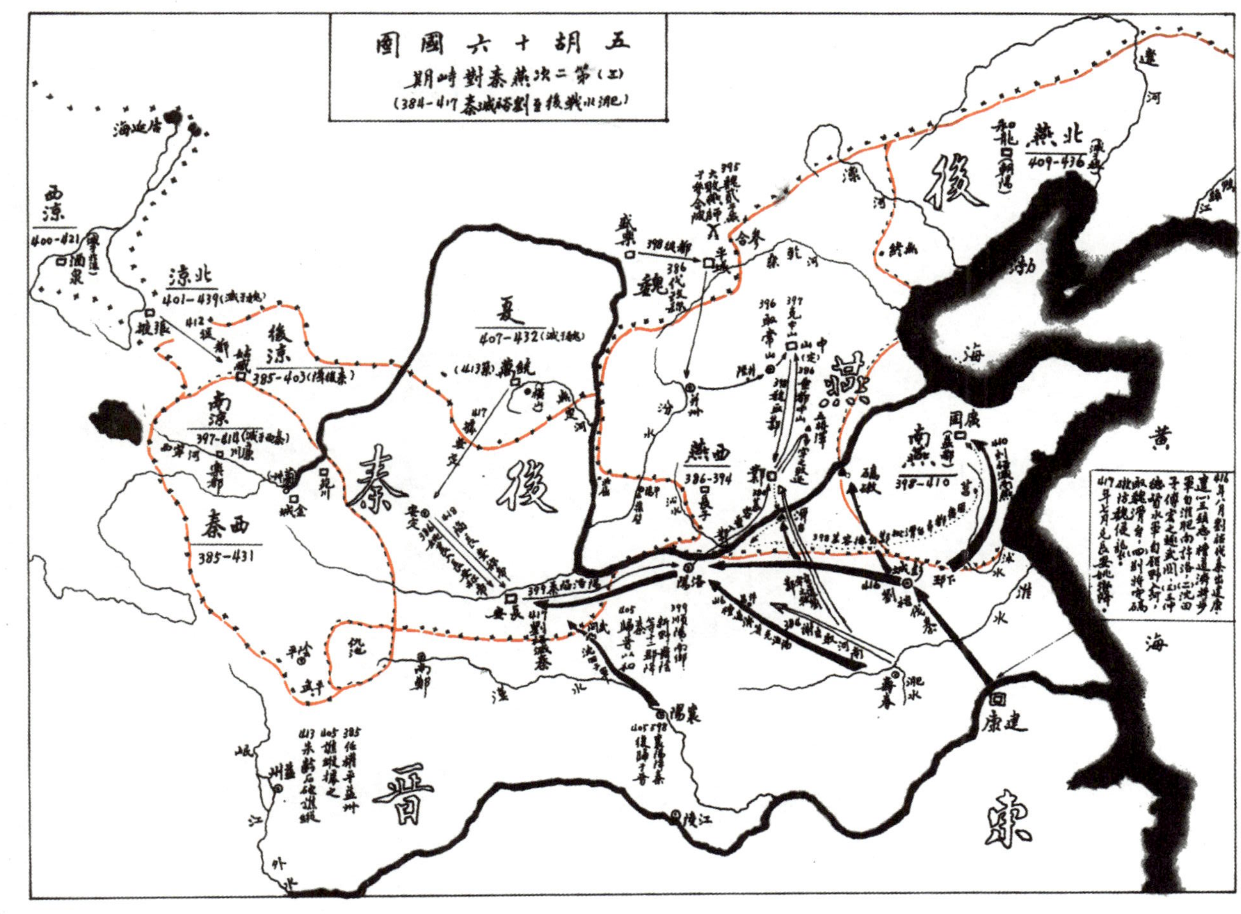

五胡十六國圖
（五）第二次燕秦對峙時期
（淝水戰後至劉裕滅秦 384-417）
後燕 409-436
北燕
西涼 400-421
北涼 401-439
後涼 385-403
南涼 397-414
西秦 385-431
夏 407-432
後秦
魏
西燕 386-394
南燕 398-410
燕
晉
東
建康
洛陽
長安
平城
中山
酒泉
張掖
姑臧
廣固
襄陽
壽春
江陵
黃
海
淮
漢
河

故繼鮮卑而盛者為氐。鮮卑在東北，氐在西北，於五胡中建設皆可觀。羯附匈奴而起，羌則附氐而起。故二族勢最促，文化建設最遜。

諸胡雖染漢化，然蠻性驟難消除，往往而發。最顯見者曰淫酗，曰殘忍。殘忍之例，莫逾石虎。虎，勒從子。既篡石弘位，盡誅勒諸子；以邃為太子，而愛韜。邃疾之，嘗謂左右：「我欲行冒頓之事。」虎遂收邃及其妻妾、子女二十六人，同埋一棺中。立宣為太子。宣復疾韜，殺之佛寺。入奏，將俟虎臨喪而殺之。會有人告變，虎幽宣於庫，以鐵環穿其頷鎖之。取害韜刀箭舐其血，哀號震動宮殿。積柴薪焚宣，拔其髮，抽其舌，斷其手足，斫眼，潰腸，如韜之傷。虎從後宮數千，登高觀之，並殺妻、子二十九人。宣小子年數歲，虎甚愛之，抱之而泣，欲赦之。其大臣不聽，遂於抱中取而戮之。兒猶抱虎衣大叫，虎因此發疾。蓋淺化之民，性情暴戾，處粗野之生活中，尚堪放縱自適。一旦處繁雜之人事，當柔靡之奉養，轉使野性無所發舒，衝盪潰決，如得狂疾。石虎之後，最以殘暴著者有苻生。惟其淫酗，故政治常不上軌道；惟其殘忍，諸胡間往往反覆屠殺，迄於滅盡。石勒滅劉曜，坑其王公以下萬餘人，南匈奴遂滅。冉閔誅胡羯，死者二十餘萬，殺石虎三十八孫，盡滅石氏。

第十六章　南方王朝之消沉（南朝宋齊梁陳）

一　南朝帝系及年歷

（一）宋

（一）武帝裕（三）

（二）少帝義符（一）
即位年十七。徐羨之、傅亮、謝晦以顧命大臣廢殺之，立文帝。

（四）孝武帝駿（十一）
翦落宗室，昏暴無倫理。

（五）前廢帝子業（一）

（三）文帝義隆（三〇）
殺徐、傅、謝并及檀道濟。元嘉之治。宋、魏交兵。洛陽、虎牢、滑臺三城不守。以彭城為重鎮。太子劭弒立，少子駿討誅劭，自立。

├（六）明帝彧（八）失彭城，以淮陰為重鎮。——（七）後廢帝昱（四）

└（　）——（八）順帝準（三）

宋八帝，六十年。凡四世，六十六男。骨肉相殘，無一壽考令終者。

（二）齊

（六）廢帝（二）（東昏侯）寶卷
為蕭衍所弒。

（　）——（五）明帝鸞（五）
　　殺高、武子孫無遺類。
　　└（七）和帝寶融（二）
　　　　為蕭衍所弒。

（一）高帝道成（四）——（二）武帝賾（一一）——（　）
　　後宮萬餘人。豫章王嶷後房亦千餘人。
　　├（三）廢帝（鬱林王）昭業（不踰年）
　　│　　為蕭鸞所弒。
　　└（四）廢帝（海陵王）昭文（不踰年）
　　　　　為蕭鸞所弒。

齊七帝，二十四年。人物歷運，於南朝為最下。

（三）梁

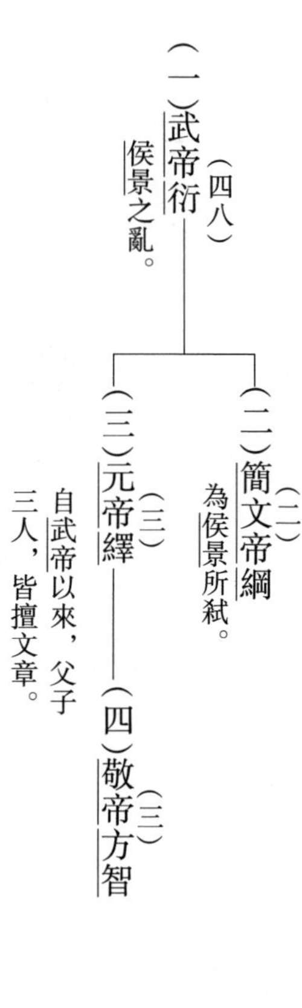

梁四帝，五十六年。

(四) 陳

- (一)武帝霸先(三)
- ( )
  - (二)文帝蒨(六) —— (三)廢帝(臨海王)伯宗(三)
  - (四)宣帝頊(一四) 無道。 —— (五)後主叔寶(七)

陳五帝，三十三年。

前後凡一百七十年，為南朝。

在此時期中，北方中國亦臻統一，為北朝。

以五胡與東晉相比，五胡不如東晉。以南朝與北朝相比，北朝勝於南朝。

晉室東遷，衣冠盛族相率渡江，其留北者力量薄弱，不足以轉世運，而諸胡受漢化之薰陶尚淺，故其時南勝於北。南渡人物，皆魏、晉清流，自身本多缺點，（否則不致南渡。）歷久彌彰，逐次消沉，故南朝世運不如東晉。

漢族留北者，在當時皆以門第稍次，不足當「清流雅望」之目。（否則亦追隨南渡矣。）然正惟如此，猶能保守幾許漢族較有價值之真文化，（即名教反動以前之兩漢思想。在魏晉清流視之，則為落伍趕不上時代潮流也。）經動亂艱苦之磨勵而精神轉新轉健。諸胡亦受漢化較久較熟，能與北方士大夫合作，政治教化皆漸上軌道，故北朝世運勝於五胡。

南北相較，北進而南退，南朝終併於北。

二　南朝王室之惡化

門第精神，維持了兩晉二百餘年的天下，他們雖不戮力世務，亦能善保家門。名士清談，外面若務為放情肆志，內部卻自有他們的家教門風。推溯他們家教門風的來源，仍然逃不出東漢名教禮法之傳統。

劉、蕭諸家，族姓寒微，與司馬氏不同。

劉裕少時伐荻新州，又嘗負刁逵社錢被執。蕭道成自稱「素族」，臨崩遺詔：「我本布衣素族，念不到此。」蕭衍與道成同族。陳霸先初館於義興許氏，始仕為里司，再仕為油庫吏。

他們頗思力反晉習，裁抑名門，崇上抑下，故他們多以寒人掌機要。

時寒族登要路，率目為「恩倖」。齊武帝則謂：「學士輩但讀書耳，不堪經國，經國一劉係宗足矣。」此可見當時雙方之心理。梁武帝父子最好文學、玄談，然舉世怨梁武帝父子愛小人而疏士大夫，顏之推讖為「眼不能自見其睫」也。

但門第精神，本是江南立國主柱。蔑棄了門第，沒有一個代替，便成落空。落空的結果，更轉惡化。南朝寒人擅權，殆無一佳者。阮佃夫、王道隆等，權侔人主，乃至官捉車人為虎賁中郎，傍馬者為員外郎。茹法亮在中書，語人曰：「何須覓外祿，此戶內歲可辦百萬。」阮佃夫豪奢，雖晉之王、石不能過，遂至弒君。梁政壞於朱异，侯景圍臺城，周石珍輒與相結，遂為景佐命。至陳末，施文慶、沈容卿用事，隋軍臨江，猶曰：「此常事。」以致亡國。

南朝諸帝，因懲於東晉王室孤微，門第勢盛，故內朝常任用寒人，而外藩則託付宗室。然寒人既不足以服士大夫之心，而宗室強藩，亦不能忠心翊戴，轉促骨肉屠裂之禍。

宋、齊之制，諸王出為刺史，立長史佐之，既復立典籤制之。諸王既多以童稚之年，膺方面之寄，而主其事者則皆長史、典籤也。一、再傳而後，二明帝宋劉彧、齊蕭鸞。皆以旁支入繼大統，忮忍特甚。前帝子孫雖在童孺，皆以逼見讐。其據雄藩、處要地者，適足以殞其身命於典籤之手。當時任典籤者，率皆輕躁傾險之人，或假其上以稱亂，或賣之以為功，威行州部，權重藩君。梁諸王皆以盛年雄材出當方面，非宋、齊帝子之比。然京師有變，亦俱無同獎王室之忠。侯景圍臺城，如綸、如繹、如紀、如詧之徒，皆擁兵不救，忍委其祖、父以餧寇賊之口。蓋南朝除門第名士外，人才意氣率更不成。

宋諸帝自屠骨肉，誅夷惟恐不盡。宋武九子、四十餘孫、六十七曾孫，死於非命者十之七、八，無一有後於世。其宮闈之亂，無復倫理，尤為前史所無。而宋、齊兩代諸帝之荒蕩不經，其事幾乎令人難信。

宋代則如元凶劭，弒父。文帝欲廢太子，告潘淑妃。妃告其子始興王濬，濬以告劭。劭弒父，并殺潘淑妃，謂濬曰：「潘淑妃遂為亂兵所殺。」濬曰：「此是下情由來所願。」

前廢帝，年十七為帝。為姊山陰公主謂帝曰：「妾與陛下，男女雖殊，俱託體先帝。陛下六宮萬數，妾惟駙馬一人，事大不均。」置面首三十人。自以在東宮時，不為孝武所愛，將掘其陵，太史言不利，乃縱糞父陵。稱叔父湘東王彧。為「豬王」。以其體肥。以木槽盛飯并雜食，掘地為坑，實以泥水，裸彧納坑中，使以口就槽食。一日忤旨，縛手足，貫以杖。欲擔付太官屠豬。建安王休仁請俟皇子生，乃殺豬取肝肺，始得釋。又令左右逼淫建安王休仁母楊太妃。帝之叔祖母。休仁呼「殺王」，尚有山陽王休祐呼「賊王」，東海王禕呼「驢王」。

後廢帝。母陳貴妃，名妙登，建康屠家女。年十五為帝。

五、六歲能緣漆帳竿而上。去地丈餘，食頃方下。太后數訓誡帝，帝不悅。端午，賜帝毛扇，不華，欲煮藥酖太后。左右曰：「若行此事，官便應作孝子，豈得復出入狡獪？」曰：「汝語大有理。」乃止。一日直入蕭領軍府，道成方晝臥裸袒。帝立道成於室內，畫蕭道成腹作箭垜。引滿將射。左右王天恩曰：「領軍腹大，是佳箭堋。一箭便死，後無復射，不如以雹箭射之。」正中其臍。帝投弓大笑，曰：「此手何如？」夜至新安寺偷狗就曇度道人。烹食。醉還遇弑。

齊則如鬱林王，年二十一為帝。亦為其母王太后置男左右三十人。帝慧美，善矯情。父病及死，帝哀哭，見者為之嗚咽，纔囘內室即懽笑。為其妻報喜。紙中央作一大「喜」字，作三十六小「喜」字繞之。妻何妃即山陰公主之女。縱淫恣。帝自與左右無賴二十餘人共衣食臥起，妃擇其中美者，皆與交懽。見錢，曰：「吾昔思汝一箇不得，今日得用汝未？」賜左右動至百數十萬。

東昏侯。年十九為帝。嘗夜捕鼠達旦。父喪不哭，諉云喉痛。明帝臨崩，囑以後事。以鬱林王為戒，曰：「作事不可在人後。」以鬱林不殺蕭鸞也。按：武帝臨終亦戒鬱林，曰：「五年中一委宰相，五年外勿復委人。若自作無成，無所多恨。」此可見當時王室之家教矣。東昏既受父誡，遂以誅戮宰臣為務。嘗習騎至適，曰：「江祏常禁我乘馬，小子若在，吾豈能得此？」因問祏親戚餘誰，曰：「江祥今在冶。」即於馬上作敕，賜祥死。臺閣案奏，宦者裹魚肉還家。一月出遊二十餘次。入樂遊苑，人馬忽驚，問左右朱光尙。（其人云能見鬼。）對曰：「曩見先帝大瞋，不許數出。」帝大怒。拔刀與光尙尋之，不見，乃縛菰為父。明帝形，北向斬首，懸之苑門。鑿金為蓮花帖地，令潘妃行其上，曰：「步步生蓮花。」

此等皆荒誕，疑非人情。然賦與一種可以窮情極意的環境，又習聞到一些一切不在乎的理論，即虛無放達的人生理論。而不加以一種相當的教育，其趨勢自可至此。

古代貴族階級，本有其傳統甚深微的教育。西漢以平民為天子，諸侯王不皆有教育，不數傳盡縱恣不法，多為禽獸行。故賈誼力言治道首重教育太子。而兩漢宮廷教育亦皆有法度。

南朝的王室，在富貴家庭裏長養起來，但是並非門第，無文化的承襲。他們只稍微薰陶到一些名士派放情肆志的風尚，而沒有浸沉到名士們的家教與門風，又沒有領略得名士們所研討的玄言與遠致。在他們前面的路子，只有放情胡鬧。

由名士為之則為雪夜訪友，王徽之居山陰，夜大雪，眠覺，開窗命酌酒，四望皎然，因起彷徨，詠左思招隱詩。忽憶戴安道，時戴在剡，即便夜乘小船就之，經宿方到，造門不前而返。人問其故，曰：「吾本乘興而來，興盡而返，何必見戴？」無知識，無修養，則變為達旦捕鼠。

由名士為之則為排門看竹，王徽之過吳中，見一家有好竹。主已知王當往，灑掃施設，在廳事坐相待。王肩輿徑造竹下，諷嘯良久，主已失望，遂直欲出門，主人大不堪，便令左右閉門不聽出。王更以此賞主人，乃留坐盡懽而去。無知識，無修養，則變為往寺廟偷狗吃。莊、老放言，破棄「名教」，復歸「自然」，本來不教人在家庭團體、政治組織裏行使。魏、晉名士，一面談自然，一面還遵名教，故曰名教與自然「將毋同」。南朝的王室，既乏禮教之薰習，因其非世家。又不能投入自然之樸素。因其為帝王，處在富貴不自然之環境中。蔑棄世務的，大抵幼年皇帝為多。則縱蕩不返；注意實際的，大抵中年皇帝居多。則殘酷無情，循環篡殺，勢無底止。獨有一蕭衍老翁，儉過漢文，勤如王莽，可謂南朝一令主。然而他的思想意境，到底超不出並世名士的範圍。自身既皈依佛乘，一面又優假士大夫，結果上下在清談玄想中誤了國事。

史稱梁武敦尚文雅，疏簡刑法，優假士人太過，牧守多侵漁百姓。即宗室諸王如臨川王宏、武陵王紀等，皆恣意聚斂，盛務貨殖，而武帝不問。又謂其好親任小人。王偉為侯景草檄，謂：「梁自近歲以來，權倖用事，割剝齊民，以供嗜慾。如曰不然，公等試觀今日國家池苑，王公第宅，僧尼寺塔，及在位庶僚，姬姜百室，僕從數千，不耕不織，錦衣玉食。不奪百姓，從何得之？」此可見當時之政俗矣。

當時帝王可能的出路止此。中央政府的尊嚴，既久不存在。宋順帝禪位時，逃入宮內，王敬則將輿入宮，啟譬令出。順帝謂敬則曰：「欲見殺乎？」答曰：「出居別宮耳。官昔取司馬家亦如此。」順帝泣曰：「惟願生生世世，不復與帝王作姻緣。」宮內盡哭。曹孟德、司馬仲達作祟，至此未已。秦、漢以來的政治理論，亦久已廢棄。除非恢復那些政治理論，中央纔可再有尊嚴，帝王亦纔可再有新出路。魏、晉以下世運的支撐點，只在門第世族身上。當時的道德觀念與人生理想，早已狹窄在家庭的小範圍裏。既已無國，復何中央？復何帝王？南朝諸帝王崛起寒微，要想推翻門第世統之舊局面，卻拿不出一個新精神來，先要懂得帝王在國家、在政府裏的眞地位與眞責任，彼輩自所不能，而卻把貴族門第的家庭教育亦蔑棄了。結果只有更惡化。

三　南朝門第之衰落

門第雖為當時世運之支撐點，然門第自身，實無力量，經不起風浪。故胡人蠭起，則引身而避；權臣篡竊，則改面而事。既不能戮力恢復中原，又不能維持小朝廷偏安的綱紀。在不斷的政局變動中，犧牲屠戮的不算，其幸免者，亦保不住他們在清平時代的尊嚴。

南朝世族無功臣，亦無殉節者。侯景敗，王克迎王僧辯，僧辯北人南附，克則王氏世家。僧辯勞克曰：「甚苦，事夷狄之君。」克不能對。又問：「璽紱何在？」克良久曰：「趙平原持去。」趙思賢，景腹心，授平原太守。僧辯曰：「王氏百世卿族，一朝而墜。」

積久優越舒服的生活，只消磨糜爛了他們自爭生存的機能。

顏氏家訓：「江南朝士，至今八、九世，未有力田，悉資俸祿。假令有者，皆信童僕為之。未嘗目覩起一撥土，耘一株苗。不知幾月當下，幾月當收，安識世間餘務乎？」又曰：「梁朝全盛之時，貴游子弟，多無學術。至於諺云：『上車不落則著作，體中何如則祕書。』無不燻衣剃面，傅粉施朱，駕長簷車，跟高齒屐，坐棊子方褥，憑斑絲隱囊，列器玩於左右，從容出入，望若神仙。」

自經侯景之亂，而貴族門第漸滅殆盡。侯景羯族，南奔濟淮，僅得步騎八百。稱亂渡江，有馬數百匹，兵八千人而已。此乃南方社會之熟極而爛，腐潰內訌，而景乘之耳。

顏氏家訓：「梁世士大夫，皆尚褒衣博帶，大冠高履。出則車輿，入則扶侍。郊郭之內，無乘馬者。及侯景之亂，膚脆骨柔，不堪行步；體羸氣弱，不耐寒暑。坐死倉猝者，往往而然。」又曰：「建康令王復，性既儒雅，未嘗乘騎，見馬嘶歕陸梁，無不震懾。乃謂人曰：『正是虎，何故名為馬乎？』其風俗至此。」又曰：「離亂之後，朝市遷革，銓衡選舉，非復曩昔之親；當路秉權，不見昔時之黨。鹿獨戎馬之間，轉死溝壑之際。諸見俘虜，雖千載冠冕，不曉書記者，莫不耕田養馬。」

陳霸先以微人躍起稱帝，一時從龍之士，皆出南土，於是北方貴族之地位更促。

蕭詧亡而江陵貴族盡。

南渡之衣冠全滅，江東之氣運亦絕。

第十七章　北方政權之新生命（北朝）

北方中國經歷五胡長期紛擾之後，漸漸找到復興的新機運，是為北朝。

一　北朝帝系及年歷

鮮卑拓拔氏當曹魏世始居匈奴故地，（時匈奴內徙。）嗣遷定襄、盛樂，（歸綏南。）始朝貢於晉。劉淵僭號，拓拔猗盧入居平城，以盛樂為北都。（劉琨與結兄弟，表封代公。）七傳至什翼犍，為苻堅所敗。（堅使匈奴劉庫仁、劉衛辰分攝其眾。）其孫珪（幼依劉庫仁。）始建國。（稱道武帝。）

（一）北魏帝系表

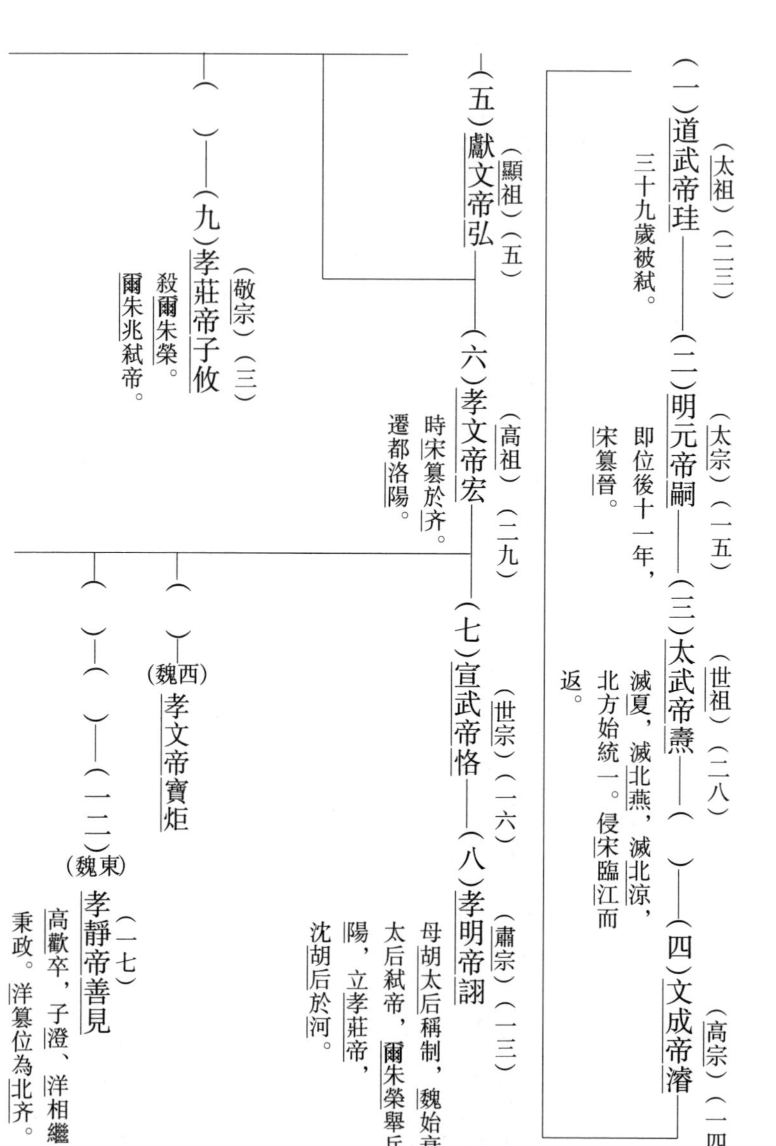
(太祖)(二三)
(一)道武帝珪
三十九歲被弒。
(太宗)(一五)
(二)明元帝嗣
即位後十一年，宋篡晉。
(世祖)(二八)
(三)太武帝燾
滅夏，滅北燕，滅北涼，北方始統一。侵宋臨江而返。
(　)
(高宗)(一四)
(四)文成帝濬
(顯祖)(五)
(五)獻文帝弘
(高祖)(二九)
(六)孝文帝宏
時宋篡於齐。遷都洛陽。
(世宗)(一六)
(七)宣武帝恪
(肅宗)(一三)
(八)孝明帝詡
母胡太后稱制，魏始衰。太后弒帝，爾朱榮舉兵晉陽，立孝莊帝，沈胡后於河。
(　)
(敬宗)(三)
(九)孝莊帝子攸
殺爾朱榮。爾朱兆弒帝。
(　)
(西魏)
孝文帝寶炬
(　)
(　)
(一二)
(東魏)
(一七)
孝靜帝善見
高歡卒，子澄、洋相繼秉政。洋篡位為北齐。

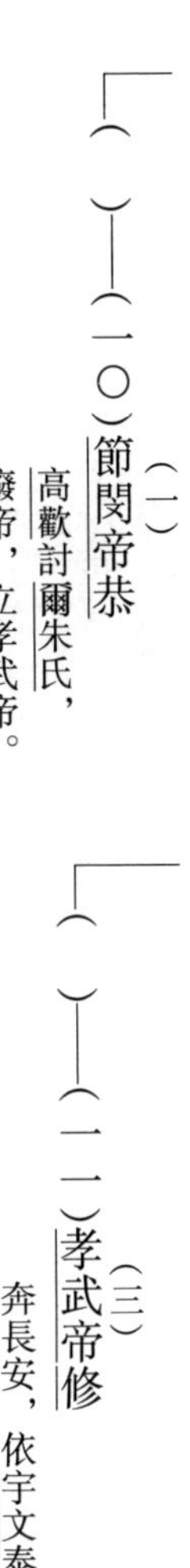

元魏自道武帝至孝武帝入關，凡十一主，一百四十九年，分為東、西。

東魏一主，十七年，先亡。

（二）西魏帝系表

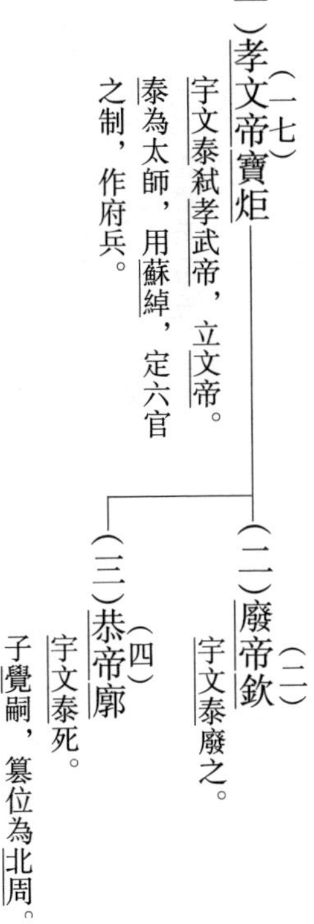

西魏三主，二十三年。

（三）北齊帝系表

神武帝歡
- （一）文宣帝洋（一〇）——（二）廢帝殷（一）
- （三）孝昭帝演（二）
- （四）武成帝湛（四）——（五）後主緯（一二）

齊自高洋篡位，五主，二十八年。

（四）北周帝系表

- （一）孝愍帝覺（一）未踰年而卒。

周自宇文覺篡位，五主，二十五年。

二　北方之漢化與北方儒統

五胡雜居內地，已受相當漢化。但彼輩所接觸者，乃中國較舊之經學傳統，而非代表當時朝士名流之清談玄理。南渡以還，士大夫淪陷北方者，不得不隱忍與諸胡合作，而彼輩學術塗轍，亦多守舊，絕無南渡衣冠清玄之習。

劉淵父子皆粗知學問，淵師事上黨崔游，習毛詩、京氏易、馬氏尚書，皆是東漢的舊傳統。

石勒徙士族三百戶於襄國，名崇仁里。置公族大夫領之。郡置博士祭酒二人，弟子百五十人，又定秀、孝試經之制。勒軍中特有「君子營」，集衣冠人物為之。史稱：「盧諶、崔悅、荀綽、裴憲、傅暢並淪陷非所，雖俱顯於石氏，恆以為辱。」

慕容廆益大興文教，以劉讚為東庠祭酒，世子皝率國胄束脩受業。廆覽政之暇，親臨講肄。

慕容氏於五胡中受漢化最深。

苻秦文教尤盛，諸經皆置博士，惟闕周禮，乃就太常韋逞母宋氏傳其音讀，卽其家立講堂，置生員百二十人，隔絳紗幔受業。號宋氏曰「宣文君」。

王猛死，特詔崇儒，禁老、莊、圖讖之學。詔曰：「權可偃武修文，以稱武侯雅旨」，則必猛生前時時稱說其意也。

姚興時，耆儒姜龕、淳于岐等教學長安，諸生自遠而至。興每與龕等講論道藝。胡辯講授洛陽，關中諸生赴者，興敕關尉勿稽其出入。

姚泓親拜淳于岐於牀下，自是公侯見師傅皆拜。

是五胡雖雲擾，而北方儒統未絕。

時河、洛一帶久已荒殘，山西亦為東西交兵之衝，石虎之亂，屠割尤慘，故東方惟慕容，西方惟苻、姚，為北方文化殘喘所託命。

元魏先受慕容氏影響，自拓拔珪時已立太學，置五經博士，初有生員千餘人，後增至三千。道武帝命梁越授諸皇子經，官上大夫。

拓拔嗣信用崔浩，至拓拔燾又徵盧元、高允，文化漸盛。

時范陽盧元、博陵崔綽、趙郡李靈、河間邢穎、渤海高允、廣平游雅、太原張偉等皆集代都。高允徵士頌謂：「名徵者四十二人，就命者三十五人。」盧醜當太武監國時入授經，以師傅恩賜公爵。張偉以通經官中書侍郎，受業者常數百。張吾貴門徒千數。高允居家教授，受業者千餘人；郡國建學校，立博士，皆出允議。史稱梁越「博綜經傳」，盧醜「篤學博聞」，張偉「學通諸經」，李同軌「學綜諸經」，崔浩「博覽經史」，高允「博通經史」，李安世「博綜羣言」，此證北儒學風，主經史實濟，務博綜，不似江南以清虛為貴也。

別有河西儒學，以諸涼兵禍較淺，諸儒傳業不輟，又為苻、姚喪亂後諸士族避難之所。至拓拔燾并北涼，羣士始東遷，遂與東方慕容燕以來儒業相匯合，而造成元魏之盛況。

劉延明就博士郭瑀學，瑀弟子五百人，通經業者八十餘人。涼武昭王以延明為儒林祭酒，蒙遜拜為祕書郎，牧犍尊為國師，學徒數百。常爽明習緯候，五經百家，多所研綜。門徒七百人，索敞為之助教。敞入魏以儒學為中書博士，貴游子弟成就顯達者數十人。蒙遜時又有宋繇、闞駰均見禮待。可見河西儒學之盛。又游明根、高閭皆以流寓入魏，特被孝文禮遇。游子肇，亦名儒。閭與高允稱「二高」。

在此漢化深濃、儒業奮興之空氣下，乃醞釀而有魏孝文之遷都。

太祖元興元年至鄴，即有定都意，乃置行臺。太宗神瑞二年又議遷鄴，以崔浩等諫而止。漢化愈進，即遷都動機愈成熟，兩事連帶而來。

三　魏孝文遷都及北魏之覆滅

魏孝文遷都，自有其必然的動因。

一則元魏政制，久已漢化，塞北荒寒，不配做新政治的中心。

孝文太和十五年始親政，是年即建明堂，改營太廟。明年壞太華殿，改建太極殿。十七年改作後宮。北魏的國力，到此已盛，與其在平城因陋就簡的改造，不如逕遷洛陽，可以徹底興築，以弘規制。洛陽的新規模，可看洛陽伽藍記。其分區建築之計劃，創於韓顯宗，見北史韓傳。又孝文語其臣曰：「朕以恆、代無運漕之路，故宗邑民貧。今移都伊、洛，欲通運四方。」（見魏書成淹傳。）此皆經濟上原因，使魏不得不遷都也。崔浩諫拓拔珪遷鄴，則謂：「分家南徙，恐不滿諸州之地。」此見前後北魏國力之膨脹。

二則北方統一以後，若圖吞并江南，則必先將首都南移。

太和十五年始親政；十七年南伐，是年即議遷都，並起宮殿於鄴。是後連年南伐，直到孝文之卒。可知孝文遷都，實抱有侵略江南之野心也。

三則當時北魏政府，雖則逐步漢化，（此只是北方漢士族的文化力量之逐步抬頭。）而一般鮮卑人，則以建國已踰百年，而不免暮氣漸重，（此卻是淺演民族一種根本的慘運。）魏孝文實在想用遷都的政策來與他的種人以一種新刺激。

史稱：「魏主將遷都，恐羣臣不從，乃議大舉伐齊以脅之。至洛陽，霖雨不止，羣臣泣諫。魏主曰：『今者興發不小，苟不南伐，當遷都於此。』時舊人雖不願內徙，而憚於南伐，無敢言者。遷都之計遂定。」其時一般鮮卑人之暮氣沉沉，固不待南遷而衰象已見矣。孝文太子恂，既南來，深苦河、洛暑熱，每追樂北方。（此皆淺演民族之暮氣表示也。）帝賜之衣冠，常私著胡服，杖數百，囚之。又謀輕騎奔代，廢為庶人，賜死。（為自己一種高遠的政治理想，而引起家庭父子慘劇者，前有王莽，後有魏孝文。）時孝文南遷，所親任多中州儒士，（其時北方漢士族文化力量已不可侮。惟孝文知之，鮮卑種人多不知也。）宗室及代人，往往不樂。孝文嘗謂陸叡曰：「北人每言北俗質魯，何由知書？（此乃鮮卑暮氣對漢文化之反應。）朕聞之，深用憮然。今知書者甚眾，豈皆聖人？顧學與不學耳。朕為天子，何必居中原？正欲卿等子孫，漸染美俗，聞見廣博。若永居恆北，復值不好文之主，不免面牆耳。」孝文之開闢深切如此，然陸叡、穆泰終以反對南遷，謀亂伏誅，則知當時鮮卑人一般之意態，實距孝文理想甚遠也。

孝文遷都後的政令，第一是禁胡服，屏北語。

帝謂：「三十以上，習性已久，容不可猝革；三十以下，語言不聽仍舊。」又曰：「如此漸習，風化可新。若仍故俗，恐數世之後，伊、洛之下，復成被髮之人。」又曰：「朕嘗與李沖論此，沖曰：『四方之語，竟知誰是？帝者言之，即為正矣。』沖之此言，其罪當死。」觀顏之推家訓，當時北方士族，仍有以教子弟學鮮卑語得奉事公卿為榮。直至高歡，必遇高敖曹在軍中，乃為漢言。則魏孝文之理想，竟未得達。

其次則禁歸葬，變姓氏。

自是代人遷洛者，悉為河南洛陽人。拓拔改氏元，其他如長孫、拔拔。奚、達奚。叔孫、乙旃。穆、丘穆陵。陸、步六孤。賀、賀賴。劉、獨孤。樓賀樓。等，皆胡姓改。凡一百十八姓。詳魏書官氏志。

又次則獎通婚。孝文自納范陽盧氏、清河崔氏、滎陽鄭氏、太原王氏四姓女充後宮。

孝文明知鮮卑游牧故習，萬不足統治中華，又兼自身深受漢化薰染，實對漢文化衷心欣慕，乃努力要將一個塞北游牧的民族，一氣呵熟，使其整體的漢化。

而一時朝士，文采、經術尤盛。此與當時暮氣的鮮卑人兩兩對照，即知魏孝文遷都之一種內心激動矣。

如高允、尤好春秋公羊。李安世、祖曾，治鄭氏禮、左氏春秋。叔父孝伯，少傳父業。李沖、李彪、上封事七條，極識治體，殆其時之賈生也。為中書教學博士，述春秋三傳，合成十卷。王肅，自南朝來。尤其著者。所謂：「劉芳、李彪諸人以經書進，崔光、邢巒之徒以文史達，其餘涉獵典章，關集詞翰，斯文鬱然，比隆周、漢也。」魏書儒林傳序。

惜乎孝文南遷五年卽死。孝文五歲即位，初權在太后。二十五歲始親政，二十九歲遷都，三十三歲即卒。他的抱負未能舒展，鮮卑人追不上他的理想，而變亂由此起。

初，元魏在馬邑、雲中界設「六鎮」以防柔然。

六鎮：酈道元傳：「明帝以沃野、懷朔、薄骨律、武川、撫冥、柔玄、懷荒、禦夷諸鎮並改為州，會諸鎮叛，不果。」

沃野，沃野、薄骨律在西北邊，略當河套、寧夏境，為六鎮最西第一鎮。懷朔，最西第二鎮，今綏遠五原、固陽境。武川，從西第三鎮，今綏遠武川。撫冥，武川、柔玄之間，約相距各五百里之地。柔玄，懷荒東，近天鎮北，今綏遠興和。懷荒。今地未考，當在興和、沽源間。又有禦夷，今察哈爾沽源、多倫二縣地。後置，在「六鎮」外。

鮮卑高門子弟，皆在行間，貴族卽是軍人，當兵卽是出身，鮮卑自己規模本如此。

北史廣陽王建傳：「昔皇始以移防為重，盛簡親賢，擁麾作鎮，配以高門子弟，以死防遏。不但不廢仕宦，至乃偏得復除。當時人物，忻慕為之。」按：六鎮亦有柔然降人，及內地漢人徵發配戍。故明帝正光五年八月詔，有「元非犯配，悉免為民，鎮改為州」之語。

及遷洛陽，政治情勢大變，文治基礎尚未穩固，而武臣出路卻已斷塞。

廣陽王傳謂：「及太和在歷，豐、沛舊門，仍防邊戍。自非得罪當世，莫肯與之為伍。一生推遷，不過軍主。然其往世房分，留居京者，得上品通官；在鎮者，便為清途所隔。」北齊書魏蘭根傳亦謂：「中年以來，有司號為府戶，役同廝養，官婚班齒，致失清流。而本宗舊族，各各榮顯。顧瞻彼此，理當憤怨。」按：道武平中山，多置「軍府」以相威攝，凡有八軍。軍各配兵五千，食祿主帥，軍各四十六人。自中原稍定，八軍之兵漸割南戍，一軍兵裁千餘，然帥如故，費祿不少。楊椿表罷四軍，減其主帥百八十四人。六鎮亦稱「府戶」，蓋體制略同。西魏「府兵」之名殆本此。秦、漢軍民分治，故於郡守外置都尉。北朝其先純係軍治，故府設帥，而稱軍府。（此猶秦南海、桂林、象郡僅設一尉，不更置守也。）及後文治漸蒸，軍主鎮帥，遂無出路，羣加簡蔑，目為府戶，以別於中朝搢紳門閥焉。

一輩南遷的鮮卑貴族，盡是錦衣玉食，沉醉在漢化的綺夢中。

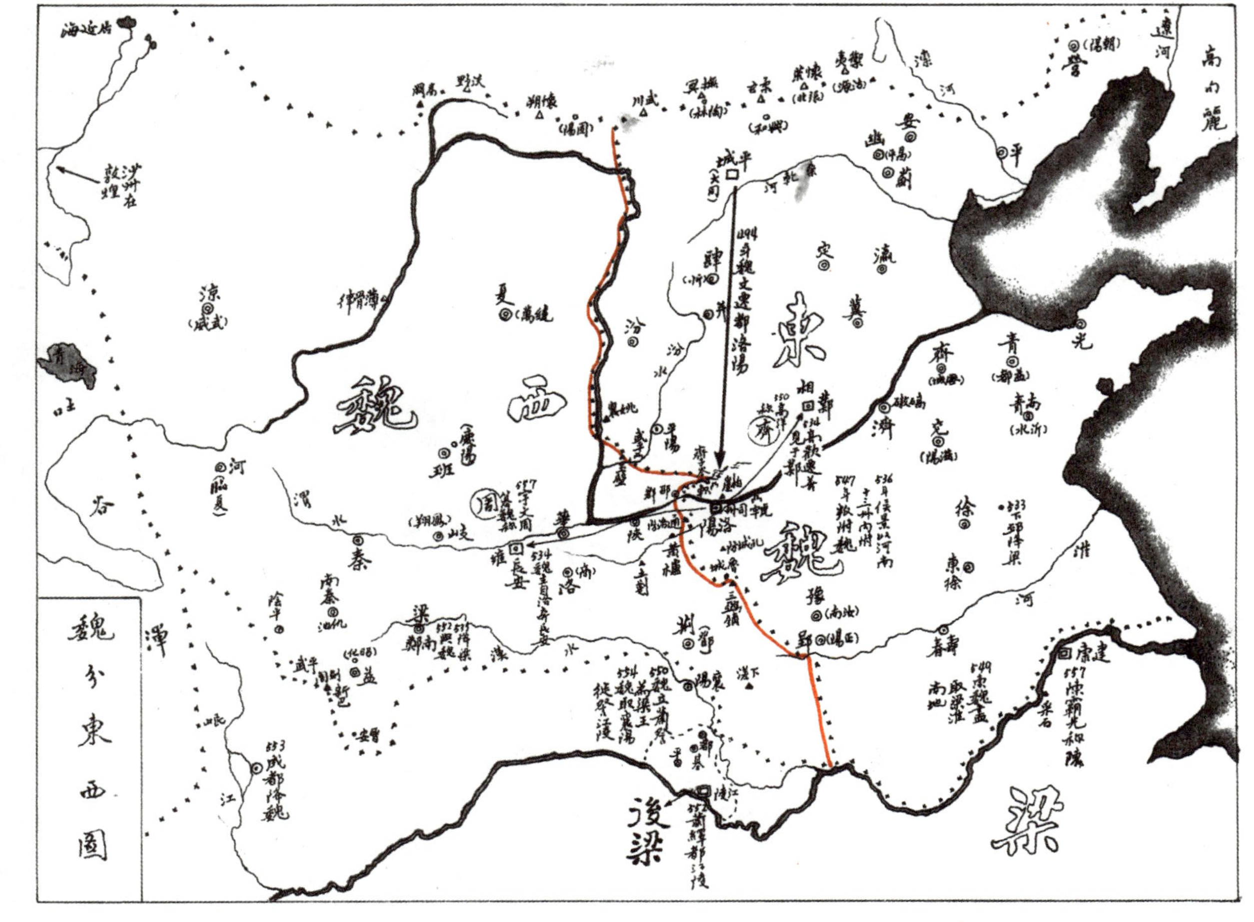

魏分東西圖
西魏
東魏
梁
後梁
齊
周
長安
洛陽
鄴
建康
高句麗

洛陽伽藍記謂：「當時帝族王侯、外戚公主，擅山海之富，居川林之饒，爭修園宅，互相誇競。崇門豐室，洞戶連房，飛館生風，重樓起霧，高臺方樹，家家而築；花林曲池，園園而有。而河間王琛最為豪首，常與高陽王雍爭衡。」高陽正光中為丞相，童僕六千，妓女五百，漢、晉以來，諸王豪侈未之有。河間亦妓女三百，常語人云：「晉室石崇，乃是庶姓；況我大魏天潢，不為華侈。」（此等漢化，豈魏孝文所想望！）

而留戍北邊的，卻下同奴隸。貴賤懸分，清濁斯判。朝政漸次腐敗，遂激起邊鎮之變亂。

胡太后時，（明帝神龜二年。）羽林、虎賁作亂，殺尚書郎張仲瑀及其父張彝，而朝廷不能問，（仲瑀上封事，請詮別選格，排抑武夫，不使預清品。及父子見殺，詔誅兇強者八人，餘並大赦以安之。）其事已為清流文治派與武人勢力之顯著衝突。在中央政府下之羽林侍衛尚無出路，何論邊鄙鎮兵？六鎮叛變，正為此種形勢之繼續擴大。南中文治派與北邊武人之衝突，其後面不啻即是漢化與鮮卑故俗之衝突也。（史又稱：「代人遷洛，多為選部所抑，不得仕進。及六鎮叛，元叉乃用代來人為傳詔以慰悅之。」是可見當時南、北界劃矣。）

爾朱榮入洛陽，沉王公以下二千餘人於河。洛陽政府的漢化暫見頓挫。

爾朱榮世為領民酋長，部落八千餘家，有馬數萬匹，（元天穆說之曰：「世跨并、肆，部落之民，控弦一萬。」）此乃代表鮮卑遺留在北方之舊傳統、舊勢力，與洛陽漢化後之新朝貴絕不相同。一個國家，同時擺著兩個絕不相同的社會，勢必釀亂。

而鮮卑命運，亦竟此告終。

凡歷史上有一番改進，往往有一度反動，不能因反動而歸咎改進之本身；然亦須在改進中能善處反動方妙。魏孝文卒後，鮮卑並不能繼續改進，並急速腐化，豈得以將來之反動，追難孝文！

四　北齊北周文治勢力之演進

然北魏洛陽政府之覆滅，只是拓拔氏一家統治權之解體，對於當時北方文治勢力之進展，依然無可阻礙。魏孝文只是認識了此種力量，要把鮮卑的統治權與之融合一體。洛陽的鮮卑貴族，以及北方的六鎮軍人，都不瞭解此意，他們只有先後做時代潮流下之犧牲品。

史稱：「世宗時，天下承平，學業大熾。燕、齊、趙、魏之間，橫經著錄，不可勝數，多者千餘人，少者亦數百，州舉茂異，郡貢孝廉，每年逾眾。」此魏孝文遷都後北方學術界氣象也。

北齊在地理和人物上，都承襲著洛陽政府之遺傳。

爾朱榮居晉陽，為孝莊帝所殺。榮從子兆弒莊帝，高歡殺兆，孝武帝奔關中。高歡以洛陽西逼西魏，南近梁境，乃議遷鄴。洛陽四十萬戶，令下三日，狼狽即行。

高歡一家，雖是一個漢、鮮混雜的家庭，

史稱高歡渤海蓨人，其六世祖隱，為晉玄菟太守，則高歡應為漢人。惟自五世祖慶，已三世事慕容氏，曾祖湖仕北魏，祖謐坐法徙懷朔。史稱歡遂「習其俗」，至其后婁氏則鮮卑豪族也。高澄婁出，故侯景呼以「鮮卑小兒」。高洋問杜弼：「治國當用何人？」弼對：「鮮卑車馬客，會須用中國人。」洋以為「此言譏我」。又斬高德政，謂：「德政常言宜用漢人除鮮卑，此即合死。」洋后李氏出趙郡，其子廢帝殷，洋謂其：「得漢家性質，不似我。」

然而漢人的勢力，很快在北齊的政府下擡頭。

史稱：「高歡時，鮮卑共輕中華朝士，惟憚高昂。歡每申令三軍，常為鮮卑言；昂若在列時，則為華言。」然高洋即位，羣臣皆漢、魏衣冠。直至末年，洋乃數為胡服，微行市里。則知文宣時齊朝早已漢化。又齊文宣誅諸元二十五家，殺三千人，餘十九家並禁錮，嗣又大殺元氏，魏後竟無遺種，亦為漢人得勢一因。（其後隋文帝亦盡殺宇文子孫，無遺種。）

楊愔尤稱當時經學名儒，（一門四世同居，昆季就學者三十餘人。）事高洋，時稱：「主昏於上，政清於下。」（常山王高演殺楊愔，高殷（廢帝母李皇后，趙郡李氏女。）見廢，亦當時胡、漢界線相爭之一幕。）

李鉉、邢峙、（齊文宣詔授太子經。）馮敬德、（武成為後主擇師，命為侍講。）馮元熙，（敬德子，以孝經授緯太子。）皆以經學為帝室師。（史稱：「孝昌之後，海內淆亂，四方學校，所存無幾。至於興和、武定之世，寇難既平，儒業復光。」其間相去不過十年。）後魏崔亮年勞之制，至是見革。

後魏自張彝見殺，武官皆得依資入選，官員少而應調者多。崔亮為吏部尚書，乃奏為格制，官不問賢愚，以停解日月為斷，年月久則先擢用，世謂之「停年格」。魏之失人自此始。高齊自高澄、袁聿修、楊遵彥、辛術相繼掌大選，頗革魏弊，而辛術管庫必擢，門閥不遺，衡鑒之美，尤為見稱。

士人為縣，尤見齊政漸上軌道。

北齊制縣為上、中、下三等，每等又有上、中、下，凡九等。（此亦為隋、唐所襲。）然猶因循後魏，用人濫雜，至於士流恥居。元文遙遂奏於武成帝，密搜世胄子弟，恐其辭訴，總召集神武門，宣旨慰諭而遣。自是縣令始以士人為之。

齊律尤為隋、唐所本。

南北朝諸律，北優於南。北朝尤以齊律為最。由唐及清，皆本隋律，隋律則本於齊。（魏拓拔燾定律，出崔浩、高允之手。浩長於漢律，為之作序。（史記索隱引。）高允史稱其「尤好春秋公羊」，蓋治漢董仲舒、應劭公羊決獄之學者。其後代有名家。太和中，改定律令，君臣聚議一堂，考訂之勤，古今無比。此為北系諸律之嚆矢。淵源當自漢律，不盡襲魏、晉之制也。）則齊政雖稱昏亂，其士大夫之貢獻亦甚大。

西魏則宇文泰雖係鮮卑，（或匈奴。）然因傳統勢力入關者少，更得急速漢化。蘇綽、（少好學，博覽羣書。）盧辯（累世儒學。魏太子及諸王皆行束脩禮受業。叔父同，註小戴，辯註大戴。）諸人，卒為北周創建了一個新的政治規模，為後來隋、唐所取法。將來中國全盛時期之再臨，卽奠基於此。

綽依周禮定官制，未成而卒，辯續成之。（西魏正式行周禮建六官，在恭帝三年。同脩者尚有崔猷、薛寘。）

蘇綽的六條詔書，

一、先治心，（「治民之本，莫若宰守。治民之體，先當治心。其要在清心，次在治身。躬行仁義、孝弟、忠信、禮讓、廉平、儉約，繼之以無倦。」）二、敦教化，三、盡地利，四、擢賢良，五、恤獄訟，六、均賦役。

懸為當時行政官吏的新經典。

文長數千言，周主常置座右。又令百司誦習。綽又制文案程式，朱出墨入，及計帳戶籍之法。（此如漢初張蒼為計相事，隋室之盛即本此。）牧守、令長，非通六條及計帳者，不得居官。

官吏在政治上的責任，現在又明白的重新提出。

而當時官吏的任用，尤能打破歷來氏族門第的拘絯。

六條之四曰「擢賢良」，其言曰：「自昔州郡大吏，但取門資，不擇賢良。夫門資乃先世之爵祿，無妨子孫之愚。今之選舉，不限資蔭，惟在得人。」

於是以前的官吏，為門資所應得；而此後的官吏，則將為民眾負責任。此種意識，不可不說是當時一個極大的轉變。

北史盧愷傳：「自周氏以降，選無清濁。愷攝吏部，與薛道衡、陸彥師等甄別氏流。」又北史陸彥師傳：「轉吏部侍郎。隋承周制，官無清濁，彥師在職，凡所任人，頗甄別於士庶。」蓋北周僻在關西，洛陽鮮卑貴族，去者無幾，故蘇綽得教宇文泰打破門第，拔才任用。如此，則鮮卑族自見湮沉，漢人自見騰驤，實為北周漢化一更要關鍵。隋文非有大功盛業，而北周大臣如韋孝寬、楊惠、李德林、高熲、楊穆，皆翕然歸奉，此恐亦有種姓之見存。至隋時，政治轉換，已上軌道，故盧愷、薛道衡等重提士庶之別；此並非反對北周之制，實為依照蘇綽用意，作更進一步之甄別也。

周禮是他們政治理論的根據，一時君臣皆悉心討究。

此書在魏孝文時已見重。西魏因推行周禮，故公卿多習其業。北齊熊安生精治此經，名聞於周。周武帝滅齊，安生遽令掃門，曰：「周帝必來見我」，已而果至。

僚吏俊彥，旦理公務，晚就講習。

北周文帝於行臺省置學，取丞郎及府佐德行明敏者充生。悉令旦理公務，晚就講習，先六經而後子、史。又於諸生中簡德行淳懿者侍讀書，河東薛愼等十二人應其選。

從學術影響到政治，回頭再走上一條合理的路，努力造出一個合理的政府來。此指能切實貢獻於民眾，而非專為保門第、固權榮而言。

從此漫漫長夜，開始有一線曙光在北方透露。到隋、唐更見朝旭耀天。

第十八章　變相的封建勢力（魏晉南北朝之門第）

貴族世襲的封建制度，早已在戰國、秦、漢間徹底打破。然而東漢以來的士族門第，他們在魏晉南北朝時代的地位，幾乎是變相的封建了。

一　九品中正制與門閥

東漢士族地位之獲得，本由當時的察舉制度。三國喪亂之際，「人士流移，考詳無地。」（衛瓘語。）用兵既久，人材自行伍雜進。「郎吏蓄於軍府，豪右聚於都邑。」（李重語。）兩漢文治精神所託命的州、郡察舉制，一時逆轉，而倒退為秦、漢初年之軍功得官。要對此種情況加以救挽，於是有魏尚書陳羣之「九品官人」法。（事起延康元年。始議則自何夔。）

朝廷用人委之尚書，然尚書「不能審核天下人才士庶，（劉毅所謂：「一吏部、兩郎中，而欲究鑑人物，何異以管窺天？」）但又不願漫無標準，一切委之軍隊或私人關係。

於是委中正銓第等級，上上、上中、上下，中上、中中、中下，下上、下中、下下九級。憑之授受。」通典語。州置「大中正」，郡置「小中正」。自漢末設置州牧，於是州在郡上，自成一級。大中正以「本處人任諸府公卿及臺省郎吏有德充才盛者為之。」通典語。故「中正」乃中央官之兼職。故晉書職官志別無「中正」之官。中正何以必須本處人任之？因非此無以熟知各本處之人才。中正何以必須中央官兼職？因亂離之際，人才集中中央，就近訪察為便。

各地郡中正可以各就所知，匯報各本州大中正。大中正得根據鄉評，定其品級與進退。

通典云：「其有言行修著，則升進之；或以五升四，以六升五。倘或道義虧闕，則降下之；或自五退六，自六退七。」

此雖為軍政狀態下一時之權宜，然其初「猶有鄉論餘風」。衞瓘語。故其後有「正始勝流」之目。李重語。

今按：此制與州、郡察舉有相異者兩點：

一、州、郡察舉之權在地方官，而州大中正則為中央官之兼職。故士庶求出身者，於察舉制度下必須歸於地方，而在中正制度下則須奔集中央。

此制本因人才不在鄉里而立。但既立此制，則有使人才永不反歸鄉里之勢。

二、州、郡察舉只為士人進身之初步，至於以後在官職位之升降與轉移，則與察舉無關。九品中正於各本州人士，無論已仕、未仕，皆以入品。

魏志常林傳註引魏略，謂：「中正差敍，自公卿以下至於郎吏，功德材行所任。」衛瓘謂：「其始鄉邑清議，不拘爵位」，故居官者因清議而進退。諒陳羣初意，蓋欲藉此澄清當日濁亂之官場也。陳壽父死有疾，使婢丸藥，鄉黨貶議，遂致沉滯。後又因遵遺囑葬母洛陽，坐不以母歸葬，再致廢辱。東晉溫嶠為丹陽尹，平蘇峻有大功，司徒長史以嶠母亡遭喪不葬，下其品。

如是則官位之升降，乃不係於居官服務之成績，而操於中正之「品狀」。

「品」者履行，「狀」者才能、績效。中正可得定「品」，不能知「狀」。應於入仕之後，別有考課之法。今品、狀均付於中正。如王嘉敍吉茂雖在上第而狀甚下，云其「德優能少」是也。此制初意，本欲使官人之權不操於在下，而結果轉使在下者持官人進退之柄。故劉毅謂：「雖職之高，還附卑品；無績於官，而獲高敍。是為抑功實而隆虛名，上奪天朝考績之分，下長浮華朋黨之士。」又按：州、郡察舉，每歲不過數人，故易識別；中正品狀，同時網羅合境人才，勢難周悉。於是只憑門第，兼採虛譽，雖欲中正，亦不能得。此又為察舉制與中正制相異之一點。

關於第二點，魏夏侯玄已求矯正。

謂：「中正但當考行倫輩，銓衡專於臺閣，不必使中正干銓衡之機。衆職各有官長，但使官長各以其屬能否獻之臺閣；臺閣則據官長能否之第，參以鄉閭德行之次，擬其倫比，勿使偏頗。」

但當魏、晉之際，司馬氏正結懽強族，自謀篡竊，夏侯玄不免殺身之禍，集權中央之政見，難見實施。

關於第一點，西晉統一以後，劉毅、衛瓘、李重諸人均有論列。九品中正本係三國軍政時代之權宜辦法，今天下復歸一統，自當仍將察舉權付之地方長官，不必再要一個中正。

此亦所謂「土斷」。衛瓘云：「臣等以為宜擬古制，以土斷定。自公卿以下，皆以所居為正，無復懸客，遠屬異土。如此則同鄉鄰伍，皆為邑里，郡縣之宰，即以居長。盡除中正九品之制，使舉善進才各由鄉論。如此則下敬其上，人安其教也。」

然而當時世族門第之勢力已成，九品中正制正為他們安立一個制度上之護符。中正「計資定品，惟以居位為貴。」亦衛瓘語。「據上品者，非公侯之子孫，即當途之昆弟。」段灼語。「上品無寒門，下品無勢族。」劉毅語。高門華閥，有世及之榮；庶姓寒人，無寸進之路。此為當時盡人皆知之事實。在此形勢下，故家大族，雖無世襲之名，而有世襲之實，因此這一個制度終於不能廢棄。陸機薦賀循、郭訥表，謂：「伏思臺郎所以使州州有人，非徒以均分顯路，惠及外州而已。誠以庶士殊風，四方異俗，壅隔之害，遠國益甚。至於荊、揚二州，戶各數十萬，今揚州無郎，而荊州、江南乃無一人為京城職者，誠非聖朝待四方之本心。」觀此知西晉北方士族專擅朝政之概。宜乎元帝渡江，有「寄人國土，心常懷慚」之語也。

二　學校與考試制度之頹廢

兩漢官人，與察舉制相輔並行者，尚有學校與考試。東漢的累世經學，即為造成門閥之一因。但到門閥勢力一旦長成，學校與考試制度即不見重要，難於存在。

漢末喪亂，天下分崩，學校自無存立之地。魏黃初、文帝。太和、青龍明帝。中，屢次想振興學校，然而「高門子弟，恥非其倫」。齊王芳時劉馥語。博士既無高選，來者只為避役而已。

兩漢由博士入官者，多至公卿。魏高柔疏：「博士遷除，限不過長。」最低級之地方官。其陞遷既有限，宜遴選不得其人矣。

中央的尊嚴已倒，王政轉移而為家教，自然高門子弟不願進國立的太學。國立太學的傳統教育為六經與禮樂，而當時名門世族的家族風尚，是莊老與清談。六經禮樂本求致用，此兩漢之學風。莊老清談則務於自娛。中央政府無權駕馭世族，世族亦不願為中央所用。直到東晉成帝時，咸康三年。還有人國子祭酒袁瓌、太常馮懷。以為江左寖安，請興學校。遂重立太學，徵求生徒。然當時士大夫多講莊老，看不起儒術，終於沒有人來理會。

宋文帝立玄、史、文、儒四學，乃以玄為首，國立太學改講莊老玄談。然莊老根本理論便不承認國家有教育人民之必要。宜乎南朝立學，皆旋立旋廢，亦僅為具文而已。

中央既無登用人才之權，如何再能鼓舞人心來受中央的教育？

三　南渡後之僑姓與吳姓

九品中正制已為門第勢力安置一重政治上外在的護符。晉室東遷，中原衣冠，追隨南渡者，依借勤王之美名，又在政治上自佔地步。故當時有僑姓、吳姓之別。

過江者為「僑姓」，王、謝、袁、蕭為大。東南則為「吳姓」，朱、張、顧、陸為大。吳姓不如僑姓。

東南本為勝國，自不敢比望中原。南士無僕射，多歷年所。齊孝武帝欲以張緒為右僕射，以問王儉，儉曰：「緒少有清望，誠美選，然南士由來少居此職。」乃止。褚彥回曰：「江右指東晉。用陸玩、顧和，皆南人也。」儉曰：「晉氏衰政，不可為則。」

而僑姓中又分早、晚渡江之不同。

杜驥兄坦告宋文帝：「臣本中華高族，亡高祖因晉氏喪亂，播遷涼土。直以南渡不早，便以荒傖賜隔。」

中央政府本屬虛置，只得對之優借。

故「甲族以二十登仕，後門以過立試吏」。梁書高帝紀。宋、齊以來，甲族「起家卽為祕書郎」。南史張纘傳。帝王偶爾破格用人，便足自傲。

梁武帝以張率為祕書丞，謂曰：「祕書丞天下淸官，東南望胄未有為之者，今以相處，為卿定名譽。」

這都是當時政治上的不成文法，為故家世族擁護權益。

四　當時之婚姻制度與身分觀念

故家世族為要保守他們的特權，亦復處處留神，一步不放鬆。最緊要的自屬婚姻制度，這是保守門閥一道最重要的防線。齊代王源嫁女富陽滿氏，沈約至特上彈章。沈文云：「自宋氏失御，禮教凋衰，衣冠之族，日失其序。」可見當時門第勢力已日就隳弛。又云：「源見告窮盡，因與滿為婚，聘禮五萬。源先喪婦，以所聘餘直納妾。」是門第之混淆，大率由於貧富之顛倒也。侯景請娶於王、謝，梁武帝謂：「王、謝門高非偶，可於朱、張以下訪之。」

不僅他們對於婚姻制度如此謹嚴，即日常私人交接，亦復故意的裝身分、擺架子，好像他們果然與別人有一種不可踰越的界線。

中書舍人王弘為宋太祖所愛遇，謂曰：「卿欲作士人，得就王球坐。若往詣球，可稱旨就席。」及至，球舉扇曰：「若不得爾。」弘還啟聞，帝曰：「我便無如此何。」紀僧眞幸於宋孝武帝，曰：「臣小人，出自本州武吏，願就陛下乞作士大夫。」帝曰：「此事由江斆、謝瀹，我不得措意，可自詣之。」紀承旨詣斆，登榻坐定，斆命左右移吾牀讓客。紀喪氣而還，帝曰：「士大夫固非天子所命。」

士大夫在政治上的官爵以外，別有其身分與地位，此事從東漢以來已有之。除卻道德、學問等問題不論。惟東漢尚為名士，而至此遂成貴族。名士及身而止，貴族世襲罔替。然而士大夫特意裝身分的故事，至宋、齊以下而轉盛，永明中，王儉與賈淵撰百家譜，譜學亦自此乃盛也。這便是告訴我們，當時士族門第的界線，實已將次破壞了。

還有一事可以見出當時士族門第勢力消長之朕兆者，便是朝廷御史官之輕重。御史本為朝廷振肅紀綱之官，當時士族既目無中央，自不樂於有此職。此在宋、齊時極顯見。

宋顏延之為御史中丞，在任縱容，無所舉奏。王球甚矜曹地，從弟僧朗除中丞，謂曰：「汝為此官，不復成膏粱矣。」齊甲族多不居憲職，王氏分枝居烏衣者為官微減，王僧虔為中丞，曰：「此是烏衣諸郎坐處，我亦試為耳。」故齊明帝謂「宋世以來無嚴明中丞」。

但梁、陳以下，御史官遂多稱職，此亦世族漸失地位之一徵。

江淹彈中書令謝朏等，齊明帝稱為「近世獨步」。張緬居憲司，號勁直，梁武帝至遣工圖其像於臺省。其他如張綰、到洽、孔休源、臧盾、江革、（皆在梁。）孔奐、袁憲、徐陵、宗元饒等，（皆在陳。）皆以任御史舉職稱。

五　北方的門第

士族門第同時亦在北方留存，但北方的士族其境遇與南方不同。

一、南渡者皆勝流名族，在當時早有較高之地位，其留滯北方不能南避者，門望皆較次。（故思想上南渡者皆能言清玄，而留北者，皆較篤實。（時稱「鄙俗」。））

二、南渡衣冠，藉擁戴王室之名義，而朘削新土，視南疆如殖民地。北方士族則處胡族壓逼之下，不得不厚結民眾，藉以增強自己之地位，而博得異族統治者之重視。故南士借上以凌下，北族則附下以抗上。情勢既異，其對各方態度亦全不同。

三、南方士族處於順境，心理上無所忌憚，其家族組織之演進，趨於分裂而為小家庭制。

宋孝建時（孝武帝。）周朗（魏書劉駿傳以為周殷。）上書獻讜言，謂：「今士大夫父母在而兄弟異計，十家而七。庶人父子殊產，八家而五。其甚者，乃危亡不相知，饑寒不相卹。」隋盧思道聘陳，嘲南人詩曰：「共甑分炊飲，同鐺各煮魚。」（日知錄卷十三有「分居」一條論及此。）

北方士族處於艱苦境況下，心理上時有戒防，時抱存恤之同情，其家族組織之演進，趨於團結而為大家庭制。

宋書王仲德傳：「北土重同姓，謂之骨肉，有遠來相投者，莫不竭力營贍。」（南人則有比鄰而各自為族者。）河北有薛、馬兩姓，各二千餘家。（北史薛允傳。）薛安都，河東汾陰人，世為彊族，族眾有三千餘家。（宋書。）楊播、楊椿兄弟，「一家之內，男女百口，緦服同爨。」（其家仕魏有七郡太守、三十二州刺史。）魏書節義傳：「博陵李氏七世共居同財，家有二十二房，一百九十八口。」其他六世、五世、四世同居者甚多。又顏氏家訓謂：「北土風俗，率能恭儉節用，以贍衣食。江南奢侈，多不逮焉。」南北奢儉之風，亦因處境積慮而異。（家訓又云：「江左不諱庶孽，喪室之後，多以妾媵終家事。」）

河北鄙於側出，是以必須重娶。」此亦因家庭制度之大小而異也。

故南方士族直是政治權利上之各自分佔，而北方士族則幾成民族意識上之團結一致。當時異族視之，亦儼如一敵國，比之劉淵、石勒，不敢輕侮。

宋孝王關東風俗傳謂：「文宣之代，政令嚴猛，羊、畢諸豪頗被徙逐。至若瀛、冀諸劉，清河張、宋，并州王氏，濮陽侯族，諸如此輩，一宗近將萬室，煙火連接，比屋而居。獻武初在冀郡，大族蝟起應之。侯景之反，河南侯氏幾為大患，有同劉元海、石勒之眾也。」南齊書：「劉懷珍，北州舊姓，門附殷積，啟上門生千人充宿衞，孝武大驚。」以為南方所少有也。又按：北史畢義雲傳：「畢家兗州北境，常劫掠行旅為州里患。其家私藏工匠，有十餘機織綿，自造金銀器物。」又北齊書循吏宋世良傳：「清河東南曲堤，為成公一姓蟠居。羣盜多萃此。諺云：『寧度東吳、會稽，不歷成公曲堤。』」北方豪姓亦多仗暴力為姦利者。要之其自身具有一種力量，與南方貴族仰賴於政治勢力者不同。

四、南方士族早有地位，故不願再經心世務，高門大族門戶已盛，令、僕、三司可安流平進，故不屑竭智盡心，以邀恩寵。乃相尚為莊老玄虛。北方士族處異族統治之下，既不能澄清驅攘，只有隱忍合作，勉立功業以圖存全，故相尚為經術政務。處異族統治下，惟經術可以進退自全；如刑名、縱橫，皆危道也。

故南方士族不期而與王室立於對抗之地位，其對國事政務之心理，多半為消極的。北方士族乃轉與異族統治者立於協調之地位，其對國事政務之心理，大體上為積極的。因此南方自東晉以至南朝，歷代王室對士族不斷加以輕蔑與裁抑，而南方士族終於消沉。北方自五胡迄元魏、齊、周，歷代王室對士族逐步加以重視與援用，而北方士族終於握到北方政治之中心勢力，而開隋、唐之復盛。（唐代士大夫多沿北朝氏族。）

六　郡姓與國姓

北方門第至元魏時亦有郡姓、國姓之目。「郡姓」為漢族。

山東以王、崔、盧、李、鄭為大。關中以韋、裴、柳、薛、楊、杜首之。

「國姓」即鮮卑。

亦稱「虜姓」，代北以元、（拓拔。）長孫、（拔拔。）宇文、于、（勿忸于。）陸、（步六孤。）源、（禿髮賀，太武賜姓。）竇（紇豆陵。）為首。

魏孝文遷都，詔以門第選舉。

詔曰：「代人先無姓族，雖功賢之胤，無異寒賤；故宦達者位極公卿，其功、衰之親仍居猥任。其穆、陸、賀、劉、樓、于、嵇、尉八姓，且下司州、吏部，勿充猥官，一同四姓。（范陽盧、清河崔、滎陽鄭、太原王。）自此以外，應班士流者，尋續別敕。其舊為部落大人，而皇始以來，三世官在給事以上，及品登王公者為姓。若本非大人，而皇始以來，三世官在尚書以上，及品登王公者，亦為姓。其大人之後，而官不顯者為族。若本非大人而官顯者亦為族。凡此姓族，皆應審覈，勿容冒僞。」

在孝文之意，一面因為忻慕漢化，重視漢士族之門第；一面則實欲援借漢族門第制度來保護鮮卑族的政治地位。當時北方門第有「膏粱」、（三世有三公。）「華腴」、（三世有令僕。）「甲姓」、（三世有尚書領、護。）「乙姓」、（三世有九卿、方伯。）「丙姓」、（三世有散騎常侍、太中大夫。）「丁姓」（三世有吏部正員郎。）之目，（秀才、州主簿、郡功曹，非四姓不在選。）亦幾乎是一個變相的世襲。（孝明時，清河王懌上表，謂：「孝文制出身以門品，高下有恆。若準資蔭，自公、卿、令、僕之子，甲、乙、丙、丁之族，上則散騎、祕、著，下逮御史、長、兼，皆條例昭然，無有虧沒。」魏帝用意，皎然可見。）

當時君臣討論，諸臣皆請惟拔才用，不論門品，而孝文不以為是。

北史韓顯宗傳，李沖曰：「未審上古以來，置官列位，為欲為膏粱兒地，為欲益政贊時？」帝曰：「俱欲為人。」沖曰：「若欲為人，今日何為專崇門品，不有拔才之詔？」帝曰：「苟有殊人之技，不患不知。然君子之門，假使無當世之用者，要自德行純篤。」沖曰：「傅巖、呂望，豈可以門見舉？」帝曰：「如此者希，曠代有一、兩耳。」李彪曰：「陛下若專以地望，不審魯之三卿，孰若四科？」帝曰：「猶如向解。」韓顯宗曰：「陛下不應以貴承貴，以賤襲賤。」帝曰：「若有高明卓爾，才具儁出者，朕亦不拘此例。」

蓋若惟才是用，則鮮卑自不如漢人；論門品，則鮮卑以王室親貴，尚可保其優勢；所以較之南朝君臣的意態，恰相反對。（北朝學校制度，亦較南朝像樣。）

但是魏孝文只能在門第的觀念與制度上，設法使鮮卑漢化，（故既改其姓氏，又獎勵與漢族高門通婚姻。）而與中原故家士族同操政柄；並不能排除漢族，讓鮮卑獨鞏其治權。

當時在上者既力主門品，則門第在政治上的地位自然穩固。

他們已然經歷長時期的驚風駭浪，現在居然能苦撐穩渡，慢慢見岸。中國文化，賴藉這些門第的扶護保養而重得回生。北方士族所遭境遇，視南方士族遠為艱苦；而他們所盡的責任，亦較南方士族遠為偉大。

然平情而論，南方門第對於當時傳統文化之保存與緜延，亦有其貢獻。一個大門第，決非全賴於外在之權勢與財力，而能保泰持盈達於數百年之久；更非清虛與奢汰，所能使閨門雍睦，子弟循謹，維持此門戶於不衰。當時極重家教門風，孝弟婦德，皆從兩漢儒學傳來。詩文藝術，皆有卓越之造詣；經史著述，亦燦然可觀；品高德潔，堪稱中國史上第一、第二流人物者，亦復多有。而大江以南新境之開闢，文物之蔚起，士族南渡之功，尤不可沒。要之，門第之在當時，無論南北，不啻如亂流中島嶼散列，黑夜中燈炬閃耀。北方之同化胡族，南方之宏擴斯文，斯皆當時門第之功。固不當僅以變相之封建勢力，虛無之莊老清談，作為褊狹之抨擊。

第十九章　變相的封建勢力下之社會形態（上）（在西晉及南朝）

一　漢末之荒殘

靈、（黃巾之亂。）獻（董卓之亂。）以來，海內荒殘，人戶所存，十無一、二。分別言之，如：

洛陽　董卓西遷，悉驅餘民數百萬口至長安。盡燒宗廟、官府、居家，二百里內，室屋蕩盡，無復鷄犬。後獻帝還洛，百官披荊棘，依牆壁間。百僚饑乏，尚書郎以下自出採稆，或饑死牆壁間，或為兵士所殺。（吳志一注引江表傳：「舊京空虛，數百里中無煙火。」庾峻謁蘇林，林曰：「鄢陵舊五、六萬戶，聞今裁有數百。」）

長安　董卓初死，三輔民尚數十萬戶。李、郭相鬭，放兵劫略，加以饑饉，獻帝脫逃，長安城空四十餘日。強者四散，羸者相食，二、三年間，關中無復人迹。

徐州　徐方百姓殷盛，流民多歸之。曹操父嵩避難瑯琊，為陶謙別將所殺。初平四年，操攻謙，凡殺男女數十萬人，泗水為之不流，五縣（彭城、博陽、取慮（下邳）、睢陵、夏邱（沛）。）無行迹。三輔遭李傕亂，流依謙者皆殲。曹操亦自謂：「舊土人民死喪略盡，國中終日行，不見所識，使吾悽愴傷懷。」（建安七年軍譙令。）

荆州　劉表在荆州，關西、兗、豫學士歸者千數；表沒，亦遭殘破。

壽春　袁術在江、淮，取給蒲蠃，民多相食，州里蕭條。

其他如山東，（為黃巾所殘。）河北，（為黑山賊所殘。又有劉虞、公孫瓚、袁紹父子相繼屠戮。孟達薦王雄曰：「涿郡領戶三千，孤寡之家，參居其半。」（魏志崔林傳注））甘隴，（為馬騰、韓遂所殘。蘇則云：「金城郡為韓遂屠剝，戶不滿五百，到官撫鳩，見戶千餘。」（魏志蘇則傳注））靡不凋殘。

以赤壁之戰言，三方大較不到三十萬人。

曹操合中國（即北方人，共十五、六萬。）及劉表眾（七、八萬。）共二十餘萬。（號稱「水步八十萬」。）孫權遣周瑜，謂「五萬眾難卒合，已選三萬人」。諸葛亮自稱有「關羽水軍萬人，劉琦江夏戰士亦萬人」。（以戰國、楚漢之際，及王莽末年，乃至黃巾初亂時幾次戰爭相比。）可見當時壯丁之缺乏。

陳羣謂：「喪亂後人民比漢文、景時不過一大郡」，殆非虛語。（杜恕亦謂：「大魏奄有十州之地，計其戶口，不如往昔一州。」）

附　三國季年戶口數

		戶	口	
蜀亡時		二八〇、〇〇〇	九四〇、〇〇〇	內帶甲將士十萬二千，占全數九之一。
吳亡時		五三〇、〇〇〇	二、三〇〇、〇〇〇	內兵二十三萬，占全數十之一；吏三萬二千；後宮五千。
魏平蜀時		六六三、四二三	四、四三二、八八一	
三國合計約得		一、四七三、四二三	七、六七二、八八一	

就全史而言，戶口莫少於是時。大體當盛漢南陽、汝南兩郡之數。既備載後宮、將士、吏諸項，其數大約可靠。三國晚季如此，其大亂方熾時可想。

二　農民身分之轉變

農民在大動亂中，地方政權隨著中央政權而解體，他們無所託命，不得不依存於當地或附近的強宗豪族。強宗豪族把他們武裝起來，成為一種自衛的集團，他們便成為強宗豪族的「部曲」。

> 如李典居乘氏，有宗族部曲三千餘家，萬三千餘口。袁、曹相拒官渡，李典輸穀帛供曹軍，後遂全部徙居鄴。李典之眾自有武裝，故稱「部曲」。亦有避地較僻，不需武裝，而以政令約束相安者，如田疇率宗族避難無終山，百姓歸之，數年間至五千餘家。袁氏亡，疇將其家族宗人三百餘家居鄴。亦有相聚而為寇盜者，如李通拜汝南太守時，賊張赤等五千餘家聚桃山，通攻破之。（此等例不勝舉。）

如是則農民由國家的公民，（編戶籍，納租稅。）一變而為豪族的私屬。（納質任，稱部曲。「質任」即抵押，凡為部曲，必納其親屬子女為抵押品，以表誠信。）實在是農民身分之降低。

局勢逐漸澄清，各地的強宗豪族，逐漸消并其勢力於幾個大勢力之下，再建政府，這便是三國。當時最嚴重的問題，是只有兵隊而無農民。（吳、蜀臨亡時，兵籍均占全人口十分乃至九分之一。婦女去其半，老弱去其半，大體仍是有夫皆兵也。曹操得冀州，按籍自喜得兵三十萬，亦指全冀丁壯言。）

> 兵隊無終歲之計，饑則寇掠，飽則棄餘。農民非加入軍隊，無以自全。其後則兵隊非仍轉為農民，亦

不能存活。袁紹在河北，軍人仰食椹棗。袁術在江、淮，取給蒲蠃。

暫時對此問題的解決辦法，便是屯田制度。尤著者如曹操之屯田許下。

獻帝建安元年，曹操用棗祗、韓浩議建屯田，募民屯田許下。州、郡例置田官，所在積穀。征伐四方，無運糧之勞，遂能兼并羣雄。

鄧艾之屯田淮南、北。

齊王芳正始四年，鄧艾建議屯田淮南、北：「淮北二萬人，淮南三萬人，十二分休，常有四萬人，且田且守。」即五萬兵隊中常有四萬兵輪番田種，以十分之二即一萬兵專任防禦也。自壽春到京師，農官兵田，阡陌相屬。其他如劉馥之在揚州，賈逵之在豫州，均興屯田水利。吳、蜀亦然。

兵隊代替農民做了國家的基本公民，管督屯田的典農中郎將，暫時便等於地方行政長官。

魏末咸熙元年，始正式罷屯田官，以典農為太守，都尉為令長。至晉初泰始二年，又詔罷農官為郡縣。但以後復有農官。當時要把軍政的變態，轉移到民政的常態，頗非易易。

這是一個「復兵於農」的偉大運動。在中央首都許。的附近，乃至中國的腹地，淮南、北。都施行起屯田來。從整個政治問題而論，不得不說是一個絕路逢生的好辦法。但專從農民身分而論，卻又是一個大低落。

兩漢以來的農民，以公民資格自耕其地，而向政府納租。田地為農民所有，故農民得自由買賣。其出賣田地而變為私家佃戶者，此暫不論。現在是政府將無主荒田指派兵隊耕種，無形中，農田的所有權，又從農民手裏轉移到政府去。

這一個轉變最顯著的影響，便是農民的租稅加重。

漢代租額，通常是十五稅一，乃至三十稅一。魏、晉的租額是「持官牛者官得六分，百姓得四分；私牛而官田者，與官中分」。此據傅玄奏疏，及封裕諫慕容皝語。這便是王莽所謂「豪民劫假，收什五之稅」。現在是政府自做豪民。鄧艾疏：「四萬人且田且守，除眾費，歲完五百萬斛」，是屯田全入於官，而一人責百二十斛矣。其後歲課六十斛，就鄧之初計則正是什伍之稅。咸寧三年杜預上疏：「乞分種牛付兗、豫二州將吏士庶，穀登之後，頭責三百斛」，其額重如此。

經過長期的大騷亂，農民本已失去耕地，現在他們是以國家兵隊的身分把屯田來代替吃餉。直到西晉統一，軍事狀態告終，這個情形實現到制度上來，便成西晉初年之「戶調」。

同時商業亦徹底破壞。

魏文帝黃初二年罷五銖錢，（此是漢武以來社會通行的標準幣。）命百姓以穀、帛為市。（曹操時戶賦已只納絹綿，不納錢幣。）可證明當時商業之不振。

商業不振之主因，在於長期兵爭之過分破壞。

楚、漢之際，商人乘機漁利，可證其時社會經濟動搖不如三國、五胡諸紛亂為甚。

而因商人階級之消失，更顯明的形成農民與貴族世家之對立。（此後南方商業較盛，北朝殆至魏孝文遷洛後始有起色。史稱梁初「揚、荆、郢、江、湘、梁、益七州用錢；交、廣用金銀；餘州雜以穀帛交易」。魏初民間皆不用錢，高祖太和十九年，始鑄太和五銖錢。）

三　西晉之戶調制與官品占田制

晉武帝平吳後，置「戶調式」：「丁男之戶，歲輸絹三疋，綿三斤；（按：此亦如魏制，輸絹綿，不納錢幣。）女及次丁男為戶者半輸。男子一人占地七十畝，女子三十畝。其外丁男課田五十畝，丁女二十畝；次丁男半之，女則不課。」男女年十六以上至六十為「正丁」；十五以下至十三、六十一以上至六十五為「次丁」；十二以下、六十六以上為「老小」，不事。這是戶調式的條文。

「調」本是調發之義，故戶調仍沿三國以來兵士屯田之舊規。

「戶調」二字始見於魏志趙儼傳。對懷附者收其綿絹，此為袁紹在河北所行之制度。此與「部曲」之納「質任」，乃同樣為中央政府解體下一種亂世之臨時辦法也。曹操得河北，令田租畝四升，戶出絹二匹、綿二斤，他不得擅興發；則「戶調」與「田租」尚分兩項。晉制於戶調下兼田租，則時漸平康，由兵屯變為農民，故戶必帶田矣。

男子占田七十畝，女子三十畝，合一百畝，即古者一夫百畝之制。云「其外丁男課田五十畝，丁女二十畝」者，並非佔地百畝之外別給七十畝，乃是在其佔地百畝之內以七十畝為課田。「課」是課其租收。云「其外」者，乃承上文輸絹、輸綿而來，謂輸絹、輸綿之外，再課田租。換辭言之，即是課其十分之七的田租。

泰始四年，傅玄上疏：「舊兵持官牛者，官得六分，士得四分；自持私牛者，與官中分；施行來久，眾心安之。今一朝減持官牛者，官得八分，士得二分；持私牛及無牛者，官得七分，士得三分；人失其所，必不懽樂。宜佃兵持官牛者與四分，持私牛者與官中分。」可見晉室當時本有十七收租之制，傅玄雖有建議，晉室未能聽受。戶調制仍依私牛及無牛例收租，故百畝課七十畝也。

與戶調制相附並行者，尚有「官品占田」制。令官品第一者占五十頃，第二品四十五頃，依次減五頃，至九品十頃而止。又各以品高卑蔭其親屬，多者及九族，少者三世。宗室、國賓、先賢之後，及士人子孫，亦如之。又得蔭人以為衣食客及佃客。品第六以上得衣食客三人，第七、第八品二人，第九品一人。其應有佃客者，官品第一、第二者佃客無過五十戶，三品十戶，四品七戶，五品五戶，六品三戶，七品二戶，八品、九品一戶。

按：「蔭」者皆私屬，無公家課役。即是國家允許將此一部分民眾田地劃歸私有；同時國家對百官亦不更班祿，其制甚似古代之封建。史稱：「自晉至梁、陳，都畿民皆為王公貴人佃客、典計、衣食客之類，皆無課役，佃穀與大家量分。」既役其力，又食其租。可見此等皆不屬政府。是雖有官品占田制明令相限，未必切實有效。直至南渡後情況猶然也。

這一個制度的用意，並不是授與強宗豪族以私占的特權，乃是要把當時強宗豪族先已私占的戶口及田畝括歸公有，而許他們一個最高限度的私占額。在當時的政治狀況下，此事難能辦到。惟自農民言之，則大體上一樣是二八收租、三七收租，在公在私，無所別擇。

晉武帝泰始元年詔復百姓繇役，罷部曲將、長吏以下質任。咸寧三年大赦，除部曲督以下質任。「質任」乃部曲對其私主所呈之抵押信物，大抵以子女為之。此均在頒行戶調制以前，用意均不外要將強宗豪族的私民眾奪歸公家。然晉武以開國之君，對民眾絕無絲毫善意與德政，戶調稅收，依然與屯田兵一律，只想憑王室威嚴，向其下強奪豪取，豈能有成？晉室不永，只此等處可見。

四　南渡之士族

東晉南渡，一輩士族，又大批的結集著宗親、部曲流徙南來。

祖逖傳：「逖，范陽人，率親黨數百家避地淮泗，推逖為行主。達泗口，元帝逆用為徐州刺史，又以為豫州。逖將本流徙部曲百餘家渡江。」又如林、黃、陳、鄭四姓之入閩，見陳振孫書錄解題。明何喬遠閩書，謂林、黃、陳、鄭、詹、丘、何、胡八族。

他們在南方未經墾闢的園地上，著手做他們殖民侵略的工作。「擅割林池，專利山海。」任昉語。「富彊者兼嶺而占，貧弱者薪蘇無託。」宋書羊玄保傳。「貴勢之流，亭池第宅，競趨高華。至於山澤之人，不敢採飲其水草。」（南齊書顧歡傳。）活是一幅古代封建貴族的摹本畫。

尤著者如宋書孔季恭傳：「其弟靈符於永興立墅，周回三十三里，水陸地二百六十五頃，含帶二山，又有果園九處。為有司所糾，詔原之。」

雖王室頗思裁抑，然力量不够，頹勢難挽。

晉壬辰（成帝時。）詔書：「占山護澤，以強盜律論」，然並不能禁。占山封水，漸染復滋。（羊玄保傳。）百姓薪採漁釣，皆責稅直。宋武帝又禁斷之，（見南史本紀。）然仍不絕。（齊高帝、齊廢帝鬱林王、梁武帝，又屢詔及之。）

相應於此種情勢下之賦稅制度，則自度田收稅轉成口稅。

成帝咸和五年，始度百姓田，取十分之一，率畝稅米三升。至孝武太元二年，除度田收稅制，王公以下，口稅三斛，惟蠲在身之役。八年，又增稅米口五石。此蓋豪右田多，特為優饒。稅田則富多貧少，稅口則富少貧多也。（馬端臨云：「晉制，丁男一人，授田七十畝，以畝收三升計，當口稅二斛一斗；今除度田收租之令，而口稅二斛增至五石，則賦頗重矣。豈所謂『王公以下』云者，又非泛泛受田之百姓歟？待考。」）

今按：晉初戶調，一家丁男丁婦田租六十斛，馬氏亦以畝收三升說之，誤也。口稅五石，並有無田者，此制自不為輕。然較之西晉戶調，亦未見特重。馬氏疑口稅只及王公貴人，則更誤矣。

如此則貴族盛占田地，而無賦稅之負擔。梁武帝天監四年，大舉伐魏，令「王公以下各上國租及田穀以助軍資」，此租穀歸屬私家之證。惟按陳宣帝太建三年、六年詔，似其時又行田租。

宋孝武為特設「官品占山」之制。

官品第一、第二聽占山三頃；第三、第四品，二頃五十畝；第五、第六品，二頃；第七、第八品，一頃五十畝；第九品及百姓，一頃。

其用意與西晉官品占田令一樣，但效果依然很少。見上引齊顧歡、任昉語。占山封水的士族們，不僅自己借著僑寓名義，不肯受當地地方政府的政令；其附隨而來的民眾，亦依仗他們逃避課役。所以自咸康以下，晉室屢唱「土斷」之論。

晉書成帝紀：「咸康七年，實編戶，王公以下皆正土斷白籍。」又哀帝隆和元年三月庚戌，天下所在土斷。

「土斷」是要僑寓的人，亦編入所在地的籍貫，一樣受所在地方政府之政令。然咸康土斷黃、白分籍，僑戶土斷者白籍，土著實戶黃籍。玉海引晉令：「郡國諸戶口黃籍。」石虎詔：「先帝創臨天下，黃紙再定。」是也。依然有土斷之名，而無土斷之實。

> 孝武時范寧為豫章太守，上疏極論其非。謂：「古者分土割境，以益百姓之心。聖王制作，籍無黃、白之別。昔中原喪亂，流寓江左，庶有旋反之期，故許其挾注本郡。今宜正其封疆，以土斷人戶，明考課之科，修閭伍之法。難者必曰：『人各有桑梓，俗自有南北，一朝屬戶，長為人隸，君子則有土風之慨，小人則懷下役之慮。』斯誠并兼者之所執，而非通理者之篤論也。」按：范疏不主分黃、白籍，謂「一朝屬戶，長為人隸」，即指服從地方政府一切政令言。謂「小人懷下役之慮」，即要其一致應課役也。據范疏可知僑寓小人，亦不應役，蓋皆為白籍廕庇耳。

此後桓溫、劉裕又屢主其事。

> 安帝義熙九年劉裕上表：「大司馬桓溫庚戌土斷，於時財阜國豐，實由於此。自茲迄今，漸用頹弛。離居流寓，閭伍不修。請依庚戌土斷之科。」於是依界土斷，諸流寓郡、縣，多被并省。

然一弊方彌，他弊又起。宋、齊以後，僑寓的特待，似算取消，而因士庶不公平的影響，又引起更紛擾的冒僞問題。只要僞注籍貫，竄入士流，便可規避課役。這一種情形，越來越甚。

齊高帝建元二年詔：「黃籍民之大紀，國之治端。按：黃籍即擔當國課之民籍也。自頃氓俗巧僞，至乃竊注爵位，盜易年月，此皆政之巨蠹，教之深疵。」同時虞玩之上黃籍革弊表，亦謂：「孝建以來，入勳者眾，其中操干戈衛社稷者，三分無一。又有改注籍狀，詐入仕流。昔為人役，今反役人。」梁武帝時沈約上疏，亦有「落除卑注，更書新籍，以新換故，不過一萬許錢。宋、齊二代，士庶不分，雜役減闕，職由於此」之說。按：虞表又云：「宋元嘉二十七年八條取人，孝建元年書籍，眾巧之所始也。宜以元嘉二十七年籍為正。」沈約則謂「宋元嘉二十七年始以七條徵發，姦僞互起」，又曰「自元嘉以來，籍多假僞」。蓋宋制一面抑豪强，一面則伸寒微，武帝永初元年已有「先有資狀，黃籍猶存者，聽復本注」之詔，晉代士庶籍貫之改動，必自此始。此可為南朝與東晉截分界線之一事也。惟苟不能確立一種制度，而僅以寬假為討好，宜乎不久流弊即滋矣。

擔當國家課役的，依然盡是些赤貧下戶。

南齊書陸慧曉傳：「山陰一縣，課戶二萬，貲不滿三千者殆將居半。凡有貲者，多是士人，復除，其貧極者悉皆露戶役民。三五屬官，蓋惟分定，百端輸調，又則常然。」

大規模的僞竄冒改，使黃籍理無可理，究無可究。卻告訴我們：那時一般的民眾，已不讓文酒清談的貴族們獨自安享其特益了。

沈約諸人不能根本設法消泯士、庶界線，（北朝政制即向此路走。）乃欲究據晉籍，用來重新釐定，這眞可算是代表了南朝士大夫的眼光與見識。

五　兵士的身分及待遇

軍人從三國以來，卽已與農民截然分途。

此事魏、蜀、吳皆然。

劉頌奏：「昔魏武帝分離天下，使人役、居戶，各在一方。既事勢所需，且意有曲為，權假一時以赴所務，非正典也。然逡巡至今，積年未改。」魏嘉平六年詔，有劉整、鄭像賜爵關中侯，各除士名。又鍾毓傳：「為廷尉，創制士為侯，其妻不復配嫁。」又盧毓傳：「重士亡法，罪及妻子。」高柔傳亦有士逃法。曹植奏：「臣初受封，得兵百五十人。士息前後三送，兼人已竭。尚有小兒，七、八歲以上，十六、七以還，三十餘人。」是魏制士、民異籍，並各家世相襲也。吳、蜀亡後納籍，皆士、民異貫。

大抵「強者為兵，羸者補戶」。（此語見陸遜傳，可據以推魏、蜀，大抵不甚相遠。）尤強者隸中央，其次則配私家，更羸瘁者則留南畝。

華陽國志：「諸葛亮移南中勁卒青羌萬餘家於蜀，為五部，置五部都尉。分其羸弱，配大姓為部曲。」

吳志陳武傳：「武庶子表，受賜復人得二百家，在會稽新安縣。簡視皆堪好兵，上疏陳讓，乞以還官。謂：『枉此勁銳，以為僮僕，非表志。』吳主權嘉之，下郡縣，料正戶羸民補其處。」

其先入士籍者得優廩，又可免役，其時則兵勝於民。漸次軍旅之事，不為時重，則士伍惟以供役，又廩給日薄，其時則農勝於兵。

陸凱傳：「先帝（孫權。）戰士，不給他役，使春惟知農，秋惟收稻，江渚有事，責以死效。今（亮、晧以後。）之戰士，供給眾役，廩賜不贍。」

晉武帝平吳，詔悉去州、郡兵，此乃復兵歸農之意，惜不久天下卽亂。

咸寧五年伐吳，詔：「調諸士家，二丁、三丁取一，四丁取二。」是其時依舊士、民異籍。去州、郡兵，即是去士籍也。晉政之病，在田租照屯田額徵收，不復兩漢什伍稅一之制，又無兩漢都尉肄民戰陣之制，使農不知兵，則武備一切廢弛。

東晉民歸豪強，政府對兵役需要，殊感缺乏。

吳志：陳武庶子表，受賜復人得二百家，乞還官，孫權嘉之。他如朱桓部曲萬口，潘璋妻賜復客五十家。鄧艾傳云：「吳名宗大族，皆有部曲，阻兵仗勢，足以違命。」此等部曲、僮客，皆是私戶，為國家課役所不及。

於是有所謂「發奴為兵」。

發奴為兵之議，起於刁協、戴淵。刁、戴皆南人，晉元帝依仗以謀抑王氏者也。自後每有征討，往往發奴。庾翼發所統六州奴北伐，庾翼亦晉室外戚，頗欲為強幹弱枝之謀者。可見發奴為兵，正是中央與豪族爭奪民眾之一事。宋武時詔：「先因軍事所發奴僮，各還本主，若死亡及勳勞破免，亦依限還直。」此正以僮奴為豪族私產，故見發而還其直。

又有所謂「料隱為兵」。

庾冰傳：「隱實戶口，料出無名萬餘人，以充軍實。」毛璩傳：「討得海陵縣界亡戶近萬，皆以補兵。」此等隱匿之戶，其背後亦多有豪強廕庇。

復有「罪謫為兵」。

范寧疏：「兵役既竭，枉服良人，牽引無端，以相充補。」又云：「舊制謫兵不相襲代，頃者小事便以補役，一愆之違，辱及累世，親戚旁支，罹其禍毒，戶口減耗，亦由於此。」又宋制劫同籍期親補兵，見何承天傳。又以罪謫兵，亦見王弘傳、何承天傳。

並及其家口。罪人家口補兵，見劉秀之傳。

又強逼世襲兵役。見前引范寧疏。

宋武帝詔：「兵制峻重，務在得宜。役身死叛，輒考傍親，流遷彌廣，未見其極。自今犯罪充兵，合舉戶從役者，便付營押領。其有戶統及謫止一身者，不得復侵濫服親，以相連染。」按：兵役世襲亦見於三國時，魏志注引魏略，「陳思王以近前諸國士息已見發，其遺孤稚弱者無幾，而復被取」云云是也。

因此有所謂「兵家」梁王琳本兵家。與「營戶」沈慶之前後所獲諸山蠻並移京邑以為營戶。、「軍戶」董回以有功免軍戶。諸稱。那時的衣冠士族，既不受國家課役，自然談不到從軍。

此乃魏晉以下貴族與春秋先秦絕異之點。他們在政治上佔有特權，而他們並無武裝兵力以自保衛，不僅自己不能武裝，即其所屬部曲家兵等，亦已解散武裝，與三國時士大夫不同。

另有一部分則受衣冠士族之廕庇而為其佃客、衣食客等，他們亦對國家逃避課役及從軍之義務。

而且因有衣冠士族的特權階級壓在上面，從軍作戰的武裝兵卒，亦沒有他們的出身。要為軍人謀出身，勢必與貴族特權勢力相衝突，如戰國吳起在楚、商鞅在秦之事。

因此兵卒在當時的社會上變成一種特殊卑下的身分，固與貴族封建時代兵隊即是貴族者（此北朝部族兵略近之。）有異，亦與西漢定制，凡國家公民皆需服兵役者（此北齊兵制亦然；北周府兵則略為變通。）不同。軍人的地位，只與奴隸、罪犯相等，從軍只是當苦役。國家的軍隊，實質上亦如私門的部曲與僮客。他們沒有公民的地位，（此正如西晉戶調，只從部曲屯田兵變成州縣民戶，而實際上的待遇，還是屯田兵，不是農民。）政府亦常常將他們賜給私家。

當時大臣有賜千兵百騎者，如衛瓘、（此據北堂書鈔、御覽引晉起居注。）汝南王亮、荀組、陸曄等。至於賜親兵數百人乃至班劍數十人，亦不勝指數。

私家亦公然佔公家兵戶為己有。

范寧奏：「方鎮去官，皆割方鎮精兵器仗為送故。送兵多者至千餘家，少者數十戶。既力入私門，復資官廩布。」（宋書劉敬宣傳：「宣城多山縣，郡舊立屯以供府郡費用，前人多調發工巧，造作器物」，此即官兵亦供私用也。）

軍人的地位如此，如何可以為國宣勞，擔負光復中原的重任？

只有荊、襄上流，因糧食較充，鎮兵稍稍可用。

元帝時「使軍各自佃，即以名廩」。至武帝咸寧初，詔「以奚官奴代甲兵種稻」。當時國家並未為軍隊特定餉糈，江南農事尚未發達，故襄、漢上流遂得獨有重兵。

而每為權臣內亂之利柄。

直待謝玄鎮廣陵，創為招募，號「北府兵」，兵人地位始見提高，遂建淝水奇績。東晉王位拱手而讓於此系軍人之手。

王、謝雖同稱東晉盛族，但兩家情形稍有不同。王以擁立為業，謝以攘卻為功。一則惟守門第，一則尚建勳績。江北、河南之眾，紀瞻嘗用以拒石勒，祖逖嘗用以嚮汝洛，而王導弗能任，以專倚王敦於上流，不欲權勢之分也。王敦、桓溫以外重內輕之資，常挾荊湘以起內亂。謝安任桓沖於荊江而別使謝玄監江北軍事，北府兵強，權重始歸朝廷。中原南徙之眾，本多磊落英多之士，謝玄擇將簡兵，六年而有淝水之捷，實非幸事。苻堅軍隊，則亦係簽兵雜湊，宜乎雖多而不能與晉為敵。

惜乎劉宋以後，社會依然在士、庶階級的對立下面，軍人依然找不到他們應有的地位。直要到侯景之亂，梁室覆亡，南人皆以兵戎紛起。然既失士族之領導，南方新政權亦不久即滅。

第二十章　變相的封建勢力下之社會形態（下）在五胡及北朝

北方初起的情形，和南方差不多，又加上一個種族的複雜問題。

一　五胡時代的情況

五胡時代，田租的收納，依然是八二乃至六四。

慕容皝以牧牛給貧家田于苑中，公收其八，二分入私。有牛無地者，亦田苑中，公收其七，三分入私。記室參軍封裕諫，以為宜罷諸苑以業流人，持官牛者，官六私四；私牛官田，與官中分。皝依之。此雖一例，然當時北方田租，大體正可以此類推。魏孝文太和十二年，李彪請立農官，取州郡戶十分一為屯民，一夫之田，歲責六十斛。魏書釋老志：「曇曜奏：平齊戶及諸民，能歲輸穀六十斛入僧曹者為『僧祇戶』，粟為『僧祇粟』。」北史魏收傳：「收在并作一篇詩，云：『打從叔季景出六百斛米，亦不辨此。』」此皆北人以六十斛、六百斛為一單位之證。宋元嘉中，徐豁亦言：「武吏年滿十六，便課米六十斛」，「武吏」亦指屯田言。以畝收一石計，六十斛正是六四收租也。

至於軍隊，主要是胡人的部族兵，漢人更處不重要的地位，只遇需要時用抽丁的辦法。

石虎討慕容皝，令五丁取三，四丁取二。征士五人出車一乘，牛二頭，米十五斛，絹十匹。調不辦者腰斬。慕容儁欲經營秦、晉，令州、郡校閱見丁，精覈隱漏，率戶留一丁，餘悉發，欲使滿一百五十萬。劉貴上書極諫，乃改為三五占兵。苻堅平代，亦三五取丁。優復三年，無稅租。王猛用秦，始主十丁一兵，使有羨夫，最號寬仁。

到元魏時，政治漸上軌道，在南朝無可奈何的情形，在北朝卻一一有了辦法。

二　北魏均田制

最重要的是北魏的「均田」制度。其議起於李安世。太祖天興元年、太宗永興五年，皆有「計口授田」之詔。高祖太和元年，詔：「敕在所督課田農，一夫制治田四十畝，中男二十畝，無令人有餘力，地有遺利。」此皆北魏均田先聲。

史稱：「時民困饑流散，豪右多有占奪，安世上疏云：『井稅之興，其來日久。蓋欲使雄擅之家，不獨膏腴之美；單陋之夫，亦有頃畝之分。所以恤彼貧微，抑茲貪欲，同富約之不均，一齊民於編戶。竊見州郡之民，或因年儉流移，棄賣田宅，漂居異鄉，事涉數世。三長既立，始返舊墟，廬井荒毀，桑榆改植。事已歷遠，易生假冒。強宗豪族，肆其侵凌。遠認魏晉之家，近引親舊之驗。羣證雖多，莫可取據。今雖桑井難復，宜更均量，審其徑術，令細民獲資生之利，豪右靡餘地之盈。所爭之田，宜限年斷，事久難明，悉屬今主。然後虛妄之民，絕望於覬覦；守分之士，永免於凌奪矣。』帝深納之。」均田之議起於此。今按：李疏云「三長既立，始返舊墟」，則應在十年立三長後，而均田詔尚在九年。據魏書，立三長同時定「調」法，「調」法正須與均田相附而行，則九年有均田詔，信矣。蓋均田非一年可成，李安世亦恐不止一疏，通典、通考、玉海皆以李安世上疏在太和元年，亦因有詔均田也。然恐非此疏。上引則似確在立三長後也。

劉道元曰：「劉、石、苻、姚喪亂之後，土田無主，悉為公田。除兼并大族外，貧民往往無田可耕，故孝文分官田以給之。」今按：李疏正為豪右冒認此項田畝而發，則明在推行均田以後。

均田詔在孝文太和九年十月。詔首即云：「朕承乾在位，十有五年。」是時孝文尚未親政。可知北朝政治走上漢化之路，並不自孝文始。

大意謂：富強者並兼山澤，貧弱者望絕一廛，致令地有遺利，民無餘財。今遣使者循行州郡，與牧守均給天下之田，還受以生死為斷。

要行均田，必先審正戶籍。十年二月，遂立黨、里、鄰三長，定民戶籍。此議本於李沖。

未立三長前，民多隱冒，五十、三十家方為一戶，謂之「蔭附」。蔭附者皆無官役，豪強徵斂，倍於公賦。韓卓疏謂：「百姓迭相蔭冒，或百室合戶，或千丁共籍」，是也。

五家一鄰長，復一夫。五鄰一里長，復二夫。五里一黨長，復三夫。

時羣臣多不贊同。太后曰：「立三長，則包蔭之戶可出，僥倖之人可止，何為不可？」

翌年京都大饑，韓麒麟表陳時務，又乞「制天下男女，計口受田」。可證均田制推行尚有在後。

均田制的大概如次：

諸男夫十五以上，受「露田」四十畝，婦人二十畝，奴婢依良。丁牛一頭，犢及老牛不得援例。受田三十畝，限止四牛。一本作「四年」。

所授之田率倍之，三易之田再倍之，以供耕休及還受之盈縮。民年及課則受田，老免及身沒則還田。

奴婢、牛隨有無以還受。

諸「桑田」不在還受之限，但通入「倍田」分。謂桑田有盈，充在倍田內。即諸受田者，男夫一人給田二十畝。課蒔餘，種桑五十樹，棗五株，榆三根。奴各依良。亦得給桑田。

諸應還之田，不得種桑、榆、棗果。

諸「桑田」皆為世業，身終不還。有盈者，無受無還；不足者，受種如法。盈者得賣其盈，不足者得買所不足。不得賣其分，亦不得買過所足。

此制用意並不在求田畝之絕對均給，只求富者稍有一限度，貧者亦有一最低之水準。

丁牛有限，而奴婢無限；又授田率一倍、再倍。若以一夫一婦十奴四牛計，其田已在千畝外。若丁牛限四年，則并牛亦無限矣。又北齊河清三年詔：「奴婢受田，親王限三百人，嗣王二百人。第二品嗣王以下及庶姓王一百五十人。正三品以上及皇宗一百人，七品以上八十人，八品以下至庶人六十人。」據北齊以推元魏，可見奴婢受田之多。北齊尚有限，元魏并限無之。又魏書源賀傳有云：「主將參僚，專擅腴美；瘠土荒疇給百姓。」北史常爽傳謂：「三長皆豪門多丁為之。」然此等皆不足為此制深病，治史者當就大體著眼也。

尤要者則在絕其蔭冒，使租收盡歸公上。

還受之田，舊說以不栽樹故曰「露」。見杜佑通典注。恐露是「蔭冒」之反義，以其屬諸公上，故曰「露」。以其為露田，故須還受。以其須還受，故不得樹桑榆；並不以其不樹桑榆，始稱「露田」。時有「露戶役民」，正對復蔭之家而言。均田制之最高意義，還是要將豪彊蔭冒一切出豁，還是與西晉「戶調」用意略似，依然是中央政府與豪彊爭奪民眾之繼續表演。

而且在北朝的三長與均田制，更有一層重要的意義。北魏本以部落封建制立國，逮三長、均田制行，則政體上逐漸從氏族封建變為郡縣一統，而胡、漢勢力亦因此逐漸倒轉。

北魏宗室封郡為王公，部落大人降附者封縣為列侯。宗室封者先後共九十餘人，部落大人封者則達一百八十餘人。此等世襲封爵，為封建意味之割裂。至三長、均田制行，則漸次形成中央一統之郡縣制。魏立三長之年，即議定民官依戶給俸；高閭云：「懼蒸民之姦宄，置鄰以牧之。究庶官之勤劇，班俸爵以優之。」蓋民田租收既歸公上，則百官自應給俸。當時對百官給俸制甚多反對，此與反對立三長制用意正同，亦賴文明太后力持而定。又按：北史太和八年詔：「朕顧憲章舊典，始班俸祿，罷諸商人，以簡民事。」可見其前商人皆隸屬官府。如崔寬傳：「其治弘農，往來販賣漆蠟竹木致富。」今百官班俸，則隸官商人可罷，而民間自由商業亦因此再興。北方社會重行使用貨幣，亦在此後也。（又孝明帝時張普惠上疏：「州郡一匹之濫，一斤之惡，則鞭戶主，連及三長。百官請俸，人樂長闊，并欲厚重，無復準極。」亦可見立三長與班祿制兩者間之關係。）是年又分置州郡，凡三十八州，二十五在河南，十三在河北，蓋河北尚多部落勢力也。是其證。自是中國士族逐漸得勢，因其多為中央統一政府下之官吏。而諸胡部落大人逐漸失其地位。因其均為封建小主。此後魏孝文命鮮卑氏族全改漢姓，正以氏族之優越地位早已在政治上消滅也。

南方屢唱土斷僑寓及釐正譜籍，然他們始終要在保全士族的特權下剝下益上，不如北方政治理論之公平。因此北方的均田制可以做成一規模，而南方的黃籍積弊，終難清理。這可為北勝於南之顯例。

其次再論均田制下之租額。

據魏書食貨志，李沖上言立三長，並定「調」法。

> 其民調，一夫一婦帛一匹，粟二石。民年十五以上未娶者，四人出一夫一婦之調。奴任耕、婢任績者，八口當未娶者四。耕牛二十頭，當奴婢八。

此所謂「調」，即包舉田租在內。一夫一婦六十畝，（倍田不計。）納粟二石；以畝收一石計，六十石收二石，便是漢代三十稅一之制。若以當時稅收慣例，百畝收六十斛比論，相差已到十八倍。

> 舊調，戶以九品混通，戶調帛二匹，絮二斤，絲一斤，粟二十石；又入帛一匹二丈，供調外費。較現行調法亦大重。然三十、五十家方為一戶，其蔭冒者皆歸私門。

此層在農民實為甚大惠澤，因此易見推行。

李沖求立三長，與新制調法同時推行，謂：「若不因調時，百姓徒知立長校戶之勤，未見均徭省賦之益，心必生怨。宜及課調之月，令知賦稅之均。既識其事，又得其利，因民之欲，為之易行。」初百姓咸以為不若循常，豪富并兼者尤弗願。事施行後，計省昔十有餘倍，海內安之。此與南朝因檢定黃籍至激起民間變亂者迥不侔矣。

在豪彊方面，亦仍有優假。

奴婢受田與良民等，而所調甚少，八奴婢始當一夫一婦之調。此乃魏廷故意優假豪族，已奪其蔭冒，不可不稍與寬縱也。

惟在國庫則課調驟減，一時頗感其窘。

太和十一年韓麒麟即表陳「租賦輕少，不可長久」。韓表：「往者校比戶貫，租賦輕少。雖於民為利，而不可長久。」此謂「校比戶貫」，即指立三長、出蔭附而言。此謂「租賦輕少」，即指新定調法而言。十二年因大旱，用李彪議，仍取州郡戶十分一為屯田，一夫歲責六十斛。惟蠲其正課、征戍及雜役。孝昌二年，稅京師田租，畝五升；借賃公田者，畝一斗。畝五升，以一夫一婦受田六十畝計，則為三石，較孝文定制增一石。畝一斗，則六十畝須六石，然亦不過什一之稅。

然豪強蔭附，一切歸公，政府到底並不吃虧。所以此制直到北齊、北周，依然沿襲。北齊制，人一牀（一夫一婦。）墾租二石，義租五斗。（奴婢准半，牛租一斗，義米五升。）於正租外又加「義租」。正租入中央國庫，義租納郡縣，備水旱災。（設倉名「富人倉」。）於政府收入外，再注意到平民災歉救濟之準備，這一個制度亦為將來隋、唐所取法。

隋文帝開皇五年，工部尚書長孫平奏請「諸州百姓及軍人，勸課當社，共立義倉。收穫之日，隨其所得，勸課出粟及麥，於當社造倉窖貯之」。十六年，詔社倉准上、中、下三等稅，上戶不過一石，中戶不過七斗，下戶不過四斗。唐太宗時，詔：「畝稅二升粟、麥、秔、稻，隨土地所宜。商賈無田者，以其戶為九等出粟，自五石至五斗為差。」天寶中，天下諸色米積九千六百餘萬石，而義倉得六千三百餘萬石。義租、義倉，與漢代「常平」不同者，常平由官糴，義租由民輸，其為留意民食之良政則一。又按：其制亦先起於魏之李彪。魏書釋老志有「僧祇戶」、「僧祇粟」，於儉歲賑給饑民，意亦略同。

並因租稅輕減，社會經濟向榮，民間學術文化事業得有長足之進展。

北齊書儒林傳：「北齊引進名儒，授皇太子諸王經術。然爰自始基，暨於季世，惟濟南之在儲宮，頗自砥礪，以成其美；餘多驕恣傲狠，動違禮度。世胄之門，罕聞強學。胄子以通經仕者，惟博陵崔子發、廣平宋遊卿而已。幸朝章寬簡，政網疏闊，遊手浮惰，十室而九。故橫經受業之侶，遍於鄉邑；負笈從宦之徒，不遠千里。入閭里之內，乞食為資；憩桑梓之陰，動逾千數。燕、趙之俗，此眾尤甚。」

北周租額，較之元魏、北齊皆稍重。

周制：「司均掌田里之政令。凡人口十以上，宅五畝；七以上，宅四畝；五以上，三畝。有室者田百四十畝，丁者田百畝。司賦掌賦均之政令。凡人自十八至六十四，與輕疾者，皆賦之。有室者歲不過絹一匹，綿八兩，粟五斛。丁者半之。」今按：有室者授田百四十畝，即魏制露田男四十、婦人二十，倍受共一百二十畝，又桑田二十畝也。魏調二石，今五斛，為已重矣。

然上比晉代，尚輕減十餘倍。比古制什一之稅，亦輕至四、五倍。

而主事者蘇綽，常引為憾事。至其子蘇威，卒能幹父之蠱，助成隋代之郅治。

北史蘇威傳稱：「威父綽在魏，以國用不足，為征稅法，頗稱為重。既而歎曰：『所為正如張弓，非平世法也。後之君子，誰能弛乎？』威聞其言，每以為己任。至隋文帝時，奏減賦役，務從輕典，帝悉從之。」按：隋制，丁男一牀租粟三石。此其證。唐「租庸調」制租粟二石，則仍依北魏也。又按：史稱：「江表自東晉以來，刑法疏緩，世族凌駕寒門。隋平陳後，牧民者盡變更之。蘇威又作五教，使民無長幼悉誦。民間訛言，隋欲徙之入關，陳故境大抵皆反。」此江南世族不慣北朝制度也。南北社會不同，於此可見。

這一種政治道德的自覺，南朝亦復少見。

繼均田而起的新制度有「府兵」。自行「均田」而農民始有樂生之意；自行「府兵」，而農民始無迫死之感。（不教民戰，是謂棄之。臨時抽丁，皆棄之也。）必待下層農民稍有人生意味而後世運可轉。隋、唐復興，大體即建基於均田、府兵的兩個柱石上。

三　西魏的府兵制

北朝軍隊，一樣以鮮卑種人為主體。羽林、虎賁為中央宿衛，六鎮將卒為邊境防戍，皆係代北部落之苗裔。

其他胡人亦多充兵役，而漢人則務耕種。太武太平眞君十一年南伐，圍盱眙，遺臧質書：「吾今所遣鬬兵，盡非我國人。城東北是丁零與胡，南是氐、羌，卿殺之無所不利。」延興三年將南討，詔：「州郡十丁取一充行」，然此出非常。故高歡據邊鎮為變，每語鮮卑，猶謂：「漢民是汝奴，夫為汝耕，婦為汝織，輸汝粟帛，令汝溫飽，何為陵之？」其語華人則曰：「鮮卑是汝作客，得汝一斛粟、一匹絹，為汝擊賊，令汝安寧，何為疾之？」

及孝文南遷，軍士自代來者皆為羽林、虎賁。事在太和二十年冬十月。而又詔選天下勇士十五萬人為羽林、虎賁，充宿衛。事在太和十九年秋八月。是當時羽林宿衛中，已有非鮮卑人甚多。至北齊則兵隊主體漸漸轉移到漢人身上。

齊文宣受禪，六坊之內徙者，更加簡練，每一人必當百人，任其臨陣必死，然後取之，謂之「百保鮮卑」。又簡華人之勇力絕倫者，謂之「勇士」，以備邊要。是齊兵亦不復專仗胡人。至河清定制，男子十八受田，輸租調，二十充兵，六十免力役，六十六退田免租調，此則儼然已是兩漢的全民兵役制。又按：傅奕云：「周、齊每以騎戰，驅夏人為肉籬，詫曰：當剉漢狗飼馬，刀刈漢狗頭，不可刈草也。」然高敖曹在軍，高歡為之華言。歡嘗以敖曹所將皆漢兵，欲割鮮卑兵千餘相雜。敖曹曰：「所將前後格鬪，不減鮮卑，不煩更配。」要之，齊、周時華人已不可侮，傅言正可見其轉變前之情態。

魏武西遷，六坊之眾從而西者，不能萬人，餘皆北徙。

西魏立國，本依關隴漢人為基本，其軍隊主體早屬漢人。

其先賀拔岳輔爾朱天光入關，眾不滿二千。其後戰勝降服，大率以西人為主。宇文泰接統岳軍，知其部下主力，皆西土關隴人矣。魏武西奔，特為客寄，且其禁兵，皆由宇文泰諸壻分掌。如李遠子基、李弼子暉、于謹子翼，皆漢族也。時西魏宗室凋零，泰遂以其部下諸將改賜胡姓。洪邁曰：「西魏以中原故家易賜番姓，著者如李弼、趙肅、趙貴、劉亮、楊忠、王雄、李虎、辛威、田弘、耿豪、楊紹、侯植、竇熾、李穆、陸通、楊纂、寇儁、段永、韓褒、裴文舉、陳忻、樊深。」可知宇文雖胡族，而其勢力實依漢人，不如高歡以漢族而實依仗胡人。故北周漢化，北齊胡化，風尚之異，亦由其立國基礎而判也。

宇文泰用蘇綽言，創為「府兵」，籍六等之民，擇魁健材力之士以充之。民戶分九等，六等乃中等以上之家，凡有三丁者選材力一人。合為百府，每府一郎將主之。分屬二十四軍，開府各領一軍。大將軍凡十二人。每一將軍統二開府，一柱國主二大將，將復加持節都督以統焉。凡柱國六員，眾不滿五萬人。

按：蘇綽卒在大統十二年，六柱國李弼、獨孤信拜於十四年，于謹、趙貴、侯莫陳崇在十五年。另有李虎。綽傳謂綽「置屯田以資軍國」，此即府兵也。惟府兵之統於六柱國，則為綽卒後事，可見此制亦非一時完成。

自相督率，不編戶貫，盡蠲租調。有事出征，無事則歲役一月。

十五日上，則門欄陛戟，警晝巡夜；十五日下，則教旗習戰，無他賦役。此後隋唐府兵，則僅役二十日。

其甲槊弓弩，並資官給。

遇出征，衣馱牛驢及糗糧，皆由公備。

這卽是府兵制之大概。

府兵制長處，只在有挑選、有教訓；而更重要的，在對兵士有善意，有較優的待遇。將此等兵隊與臨時的發奴為兵、謫役為兵，以及抽丁為兵相敵，自然可得勝利。古人所謂「仁者無敵」，府兵制度的長處，只在對自己的農民已表見了些人道意味。史稱：「撫養訓導有如子弟，故能以寡克眾」是也。從此軍人在國家重新有其地位，不是臨時的捉派與懲罰。

府兵制另一個意義在把北方相沿胡人當兵、漢人種田的界線打破了。中國農民開始正式再武裝起來。

周書文帝紀：「西魏大統九年，廣募關隴豪右，以增軍旅。」按：此云「豪右」，即六等之民，下戶三等不得與，亦三國壯者補兵之意也。又隋書食貨志：「周武帝建德二年，周書在三年。改軍士為侍官，募百姓充之，除其縣籍。是後夏人半為兵矣。」此皆周代兵制多徵漢人之證。又元魏本屬部族軍隊制，史稱魏初「統國三十六，大姓九十九」，至西魏時多絕滅。恭帝元年，宇文泰以諸將功高者為三十六國後，次者為九十九姓後，所統軍人亦改從其姓。及大定元年下令，前賜姓皆復舊。是先以漢軍功賜為胡貴族，後則并去胡復漢。此處正可看出當時胡、漢勢力之推移。此下恭帝三年，即正式行「六官」之制。自鮮卑舊制貴族國姓一變而為六官，此尤政治組織之一大進步也。

從此北齊、北周東西兩方的漢人，均代替到鮮卑族的武裝與兵權。

北齊是全農皆兵，北周是選農訓兵，此為二者間之不同。

所以自行「均田」，而經濟上貴族與庶民的不平等取消；自行「府兵」，而種族上胡人與漢人的隔閡取消。北方社會上兩大問題，皆有了較合理的解決。中國的農民，開始再有其地位，而北周亦遂以此完成其統一復興的大任務。

一種合理的政治制度的產生，必有一種合理的政治思想為之淵泉。北朝政治漸上軌道，不能不說是北方士大夫對政治觀念較為正確之故。北周書文帝紀魏大統十一年春三月令：「古之帝王所以建諸侯、立百官，非欲富貴其身而尊榮之，蓋以天下至廣，非一人所能獨治，是以博訪賢才，助己為治。若知其賢，則以禮命之。其人聞命之日，則慘然曰：『凡受人之事，任人之勞，何捨己而從人？』又自勉曰：『天生儁士，所以利時。彼人主欲與我共為治，安可苟辭？』於是降心受命。其居官也，不惶恤其私而憂其家，故妻子或有饑寒之弊而不顧。於是人主賜以俸祿、尊以軒冕而不以為惠，賢臣受之亦不以為德。為君者誠能以此道授官，為臣者誠能以此情受位，則天下之大，可不言而治。後世衰微，以官職為私恩，爵祿為榮惠。君之命官，親則授之，愛則任之。臣之受位，可以尊身而潤屋者，則迂道而求之。至公之道沒，而姦詐之萌生。天下不治，正為此矣。今聖主中興，思去澆僞。在朝之士，當念職事之艱難。才堪者審己而當，不堪者收短而避。使天官不妄加，王爵不虛受，則淳素之風庶幾可返。」按：大統十年秋七月，魏帝以宇文泰前後所上二十四條及十二條新制，方為中興永式，乃命尚書蘇綽更損益之，總為五卷，班於天下。於是搜簡賢才，以為牧守令長，皆依新制而遣焉。則是令乃蘇綽筆也。魏書道武紀天興三年十二月乙未天命詔、丙申官號詔，陳義皆至高卓。官號詔云：「官無常名，而任有定分。桀紂南面，雖高可薄；姬旦為下，雖卑可尊。一官可以效智，蓽門可以垂範。故量己者，令終而義全；昧利者，身陷而名滅。故道義，治之本；名爵，治之末。名不本於道，不可以為宜；爵無補於時，不可以為用。」此等語殆是崔宏筆。北朝士大夫對於政治見解遠勝南士，於此可徵。周武帝保定二年詔：「樹之元首，君臨海內，本乎宣明教化，亭毒黔黎；豈惟尊貴其身，侈富其位？是以唐堯疏葛之衣，麤糲之食，尚臨汾陽而永歎，登姑射而興想。況無聖人之德，而嗜慾過之，何以克厭眾心，處於尊位？朕甚恧焉。」此等皆辭旨深醇，不媿兩漢。馬周之告唐太宗曰：「自魏晉以還，降及周隋，多者不過六十年，少者纔二、三十年而亡，良由創業之君不務廣恩化，當時僅能自守，後無遺德可思，故傳嗣之主政教少衰，一夫大呼而天下土崩矣。」此等意境，直遜北朝諸儒遠矣。

第二十一章　宗教思想之瀰漫（上古至南北朝之宗教思想）

代表魏晉南北朝長時期之中國衰落情態者，有一至要之點，為社會宗教思想之瀰漫，同時又為異族新宗教之侵入，卽印度佛教之盛行於中國是也。

一　古代宗教之演變

古代的中國人信仰上帝，可說是一種「一神教」。（或說是等級的多神。）但人民只信仰上帝之存在而對之尊敬，至於禮拜上帝之儀節，則由天子執行。

公羊曰：「天子祭天，諸侯祭土。」（僖三十一年。）上帝之愛下民，乃屬政治的、團體的，而非私家的、個人的。上帝公正無私，乃愛下民之全體，故亦不需私家個人之祭報。楚語言：「少皞之衰，九黎亂德。夫人作享，家為巫史。民匱於祀，而不知其福。」是也。（後代中國祭孔，亦以大羣的、公的敬禮事之。如關公等神祠，則與觀音等同為各個人的私祈求所歸向。論中國宗教思想，必分辨此兩種之不同。）

相應於此種宗教信仰，而有地上大王國之建立。

所謂：「普天之下，莫非王土，率土之濱，莫非王臣。」又曰：「天視自我民視，天聽自我民聽。」上帝、人民、皇帝，三位一體，而皇帝乃為上帝與人民兩者間之仲介。皇帝能盡此責任，斯為聖君。遇其不能盡此職者，則有革命。召誥曰：「嗚呼！皇天上帝，改厥元子。茲大國殷之命，惟王受命。相古先民有夏，今時既墜厥命。今相有殷，今時既墜厥命。今王嗣受厥命，我亦惟茲二國命。」是也。

「天道遠，人道邇」（鄭子產語。）此項觀念，漸漸在春秋時代開展，乃產生偏重人道的儒家思想。

孔子曰：「丘之禱久矣。」又曰：「敬鬼神而遠之。」曰：「祭神如神在。吾不與祭，如不祭。」又曰：「未知生，焉知死？」又曰：「人而不仁，如禮何？人而不仁，如樂何？」此皆孔子漸漸撇去天道而以人道代之之思想也。孟子曰：「保民而王，莫之能禦。」又曰：「推此心足以王天下。」竟以人心代天意，即直承孔子思想而來。

墨家偏於古宗教之維護。

如其天志、明鬼諸論皆是。其尚同論仍本天志以建立地上之大王國，與古代宗教觀念極似。此為墨家與基督教相異之點。基督教之王國乃在天上，人人可向上帝直接奉事。墨家尚同思想，則依然為一政治的、團體的，與個人的、私家的有別。基督教人人直接信奉上帝，則不容於上帝外別有鬼神。墨家依然為一種相應於地上王國政治的宗教，故天之下仍可有鬼。如天子祭天、諸侯祭其境內名山大川之例。

而道家則對於鬼神上帝，為激烈的破壞。

莊老皆主無治，故曰「小國寡民」。又主「不教」。蓋大一統之地上王國，統治於一聖君之下，推行一種聖賢政治，亦可說哲學政治。以道德理論原本於天。教化人民，此為儒、墨所同。此等見解，徹底為道家所反對。故道家對於舊傳宗教觀念，即與此等政治理論相應者。亦皆根本推翻。道家可說是一種消極的、無為的反神論。

比較最後起的一派為陰陽家。陰陽家原於鄒衍，齊人，與燕惠王、趙平原君同時。其成學著書，當在老子後。陰陽家依然根據實際的政治興味，即為建立地上王國所需要的團體的興味。來修改古代的宗教觀念，而造成他們著名的

「天人相應」的學說。

陰陽與五行，並非兩派，此派以陰陽五行說明宇宙萬物，已為採用道家莊老言自然萬物的說法。史記孟荀列傳詳載鄒衍學說。其推而廣之以言地理，又推而遠之以言歷史，皆與莊子齊物、秋水路徑相似。以一氣分陰陽，其論採於道家；五行則由當時新發現天空金、木、水、火、土五行星而起。惟其主要精神，則仍本於儒家。即偏重於政治的興味而言仁義是也。其學說大約可分兩部分。一見於呂氏春秋十二紀、淮南時則訓及禮記月令，此主「五行相生」說，如春為木，夏為火，木生火是也。大抵主王者行政，須隨時節為轉移。故曰「時則」，又曰「月令」。今俗稱時令、節令，此「令」字即王者之號令，所謂政令是也。政令當與時節相應，即為天人相應之一主要義。此種學說，似頗導源於孟子，所謂「勿奪民時」也。古者以大會獵教戰，必於農隙，因之此派主用兵、用刑必在秋冬。又古人役民築城、浚川及修墳墓等大工役，亦在農事已畢之後，故此派主葬埋及開掘動土必在冬季。農業社會之政治，處處與天氣節候有關。惟孟子偏重人道觀念，以「不忍人之心」及「保民而王」等說之。鄒衍又折向古代宗教意味，偏重天道觀念，遂另造一套五行相生相剋的說法。如謂冬行水令，利於用兵，用刑之類是也。荀子謂：「孟子、子思造為五行」，以晚起五行學說根本要義實導源孟子，非孟子自身即有五行學說也。（此種思想，直至最近俗傳時憲書，仍有某日宜某事、某日不宜某事等，由古人以干支紀日，五行家以干支分配五行，於是再以相生相剋說之，即見有宜、不宜。）

又一部分則為漢儒所傳之「五德終始論」。此主「五行相剋」，如周為火德，秦滅周，故自謂水德，水剋火是也。又時則、月令乃一王每年循環行五德之令；此則為歷史上諸王朝循環各當一德之令。如周為火德，尚赤（此在時則、月令屬夏）；秦為水德，尚黑（此在時則、月令屬冬）。兩派學說互自不同，而皆源自鄒衍。大抵前者先起，故呂氏春秋已采之；後者晚出，故秦始皇并六國而采其說。此所謂「五德之運」，此「運」字似從孟子「如水益深，如火益熱，亦運而已矣」來。「運」只是因民心之轉移而影響到政權之推遷。五行學家又從民心折返天意，天上無不變之四時，地下亦無一姓之王統。此老子所謂「四時之運，功成者退」，而董仲舒引伸之曰：「雖有繼體守文之君，不害堯、舜之禪讓。」於是王室更迭，為一種必然的循環。不重在人道上，而轉重到天道上去。此又是天人相應之例。（今俗傳命運說，即由此來。「運」即是「命」之必然的轉動。一國一王政治制度之必然轉動，漸降為一人一家之禍福的命運。）故知鄒衍學說原本孟子，不過天道、人道畸輕畸重之間，兩人不同而已。上述二說中，無論從何一說，已由惟一的上帝觀念而演化成青、赤、黃、白、黑五色帝。

古代的宗教，便利於大羣體之凝合，而過偏於等級束縛，一般個人地位不存在。除却王帝以及諸侯貴族一部分特權階級。儒家以「仁」濟「禮」，「禮」為等級的，而「仁」則平等的。一般個人各自以「仁」為一切之中心；「禮」則只能最高結集於王帝，為惟一外在之中心。在大羣體之凝合中，充分提高了一般個人的地位。古人言禮本於天，極於王帝。儒家言禮本於仁，由於個人。惟仁即顧及羣體，即仍有禮之存在，仍不能無等第。（單體可以無分別，羣體不能無分別；等第即分別也。）墨家一面注重大羣之凝合，一面反對等第的束縛，故唱「兼愛」。而其缺點，則在個人之依然無地位。故唱「天志」，抑且較古宗教為甚。道家則專意要向大羣體中解放個人，故言「道德」，不言「仁義」。道德是各個的，仁義是融和的。而結果達於羣體之消失。古宗教以上帝、天子、民眾為三位一體；儒家則以個人、大羣與天為三位一體。墨家並不注重個人，只以大羣與天合體。道家則以個人徑自與天合體而不主有羣；故於歷史文化皆主倒演，卽返到原始的無羣狀態。陰陽學家的缺點，第一在由儒家之偏重人道觀又折返古代之偏重天道觀；如此則個人地位又趨模糊。第二在由儒家之正面的、積極的觀念裏，又羼雜進許多道家的反面的、消極的觀念，如此則個人地位勢必與羣體衝突。因此遂有神仙思想之混入。「神仙」即是由大羣體解放出來的個人最高理想。

神仙思想之產生，蓋有兩地。一在汝、淮、江、漢、陳、楚之域，其地山川景物，均與中原河域不同。其居民活潑而富想像，散居野處，巫鬼祭祀，男女相悅，其意態與北方殷、周之嚴肅奉事一上帝者有別。此為自由的、個人的，而彼則團體的、大羣的也。其徵見之於楚辭、九歌、大招、招魂、離騷諸篇之所賦。其一則在燕、齊濱海之區，海上神山，縹渺無稽，亦同為神仙思想所蘊孕。燕、齊濱海，故其想像常超脫向外；淮、漢居陸，故其想像亦就地著實。燕、齊之所想望在世外，故以求仙為宗；淮、漢之所追求在地上，故以降神為主。要之，同為個人的，非團體的；又同為方術的主要泉源，以與中原河域大羣教之重禮樂者為別。其後秦滅六國，此等思想同為中原民族所吸收，而被編配於大羣教上帝一神之下。（如湘君、山鬼之類，此不過一水神、一山神耳。其後以湘君、湘夫人為堯之二女；又以屈原為水神；皆以南方民間素樸的自然神，溶入歷史文化中，即是南方思想被吸收、被編配而與北方思想同化之證。）其神仙思想之正式為學者所採用，則似始於莊子。儒稱「守死善道」，墨號「赴湯蹈火」，儒、墨皆以其輕生尚義之精神，逐漸使平民學者在社會上嶄然露頭角而佔到其地位。如子路、孟勝之徒皆是。繼起者遂有楊朱主為我尊生，以反對儒、墨之輕生為人。莊子思想承接楊朱，既主為我尊生，因此不願有團體與社會之壓迫，又不樂為團體社會而犧牲，所謂「魚相忘於江湖」，理想的社會，正如江湖然。使羣魚各得獨自游行之樂，而無絲毫拘礙束縛。遂於人事方面，政治、教育諸要端，皆抱消極反對之意態。因此想慕及於一種自然的、超人的即離俗出世的，亦即不受羣體拘束的。生活，所謂「吸風飲露」，如藐姑射之「神人」，乃可無所賴於人而獨全其天。而寄託於神仙之冥想中。陰陽學家既主天人相應，以人事訢合於自然，自易接受道家此派意見，惟於陰陽學家本意，則相違殊遠。故史記謂：「燕、齊海上之方士，為方僊道，形解銷化，依於鬼神之事，傳鄒衍之術而不能通也。」蓋鄒衍著眼在大羣體，神仙思想則只是個人主義。要之即是儒、道兩家之別也。及漢初淮南王，即匯合此陳楚巫鬼、燕齊神仙與道家思想而融為一體者，遂為此後道家之新宗。

秦、漢方士遂以變法改制、封禪長生說成一套。

說文：「儒，術士之稱。」方、術、道三名同義。儒稱「術士」，陰陽家名「方士」，道家為「道士」，實一義相承也。方士求僊捷徑，厥為禮祠鬼神，期由感召而得接引；此等感召，須遵一定之方術。即禮。如漢武帝時方士李少君有「祠竈方」，即祠竈神之禮。謬忌奏「祠太一方」，即祠太一之禮。祭祠鬼神，不以其道不至。道即術，即方，亦即禮也。故知方士其先與禮家同源，即儒之所習而微變焉者。變法改制以順天利人，此亦禮家研討之業。惟謂王者改制太平，封禪告成功，而得升天長生，以黃帝為證。則史記所謂「怪迂阿諛苟合之徒」，其間羼以道家神仙思想，為儒術所未有也。由上述一說，上帝之性質又漸從「鬼神」的神轉換到「神仙」的神。此兩種變化，即惟一的上帝變成五帝、天神變成神仙，皆由羼進道家思想而來。

古代一種嚴肅的、超個人的相應於團體性與政治性的。宗教觀念，由是產生一種君主的責任觀念。遂漸漸為一種個人的、私生活的樂利主義尤甚者為神仙長生術。所混淆。

純理的即超我的。崇敬與信仰墮落，方術的由我操縱的。權力意志擴張。惟一的上帝，分解為金、木、水、火、土五行；死生大命，亦以理解自然而得解脫，別有長生久視之術。

團體性的政治、社會、歷史、文化的。束縛鬆解，個人自由發舒。此兩種機栝，完全在道家思想之演進中完成。道家思想過於偏激，陰陽家不過為道家接濟，使之漸達彼岸。

古代以王帝代表著上帝，因此王帝的性質，不重在權力而重在原理。以地上之王國，代表著天上之神國。因此人生只在現實，不在未來。政治、社會、風俗、經濟、教育、文化，此一切即儒家之所謂「禮樂」。一切羣體的事業之發展與生長，消融了個人的小己的。對立，而成為人生共同之期求。此即當時之一種宗教。孔子指出人心中一點之「仁」，此即儒家所謂「性」。來為此種共信畫龍點睛。只就仁孝基本，可以推擴身、家、國、天下以及於天人之際，而融為一體。此即儒家所謂「盡性」。孟子於「仁」外言「義」，因仁字稍有偏於內在性與軟性，可以用此補正，使之外立與硬化。所以人生之歸宿，即在身、家、國、天下之融洽與安全。此即儒家所謂「天」與所謂「命」。而人生之期求，即在政治、社會、風俗、經濟、教育、文化各方面之合理與向上。此即儒家所謂「道」與所謂「禮樂」。

此種意識，與秦、漢大一統政府相扶互進，不必再要另一個宗教。後儒論禮樂，必從井田、封建、學校諸大端求之，其義在是。若專從死喪哭泣祭拜歌蹈，儀文細節處，謂儒家禮樂在是，古代宗教在是，則失之遠矣。

二 東漢以下之道教與方術

逮乎大一統政府逐漸腐敗，此亦因儒家思想未能發揮盡致，而自有其病痛。人生當下現實的理想與寄託毀滅，羣體失其涵育，私的期求奮興，禮樂衰而方術盛。當此時期的社會，則自然捨儒而歸道。其時的政府（或為政府打算的學者），往往想應用法家的手段來牢籠，而終於牢籠不住。

王莽時代即是走上此種歧途惶惑之頂點。

王莽之受禪與變法，實為西漢政治社會已走上衰運後之一種最後掙扎。當時一面崇興禮樂，一面又盛事避忌。陰陽家本兼採儒、道兩家思想而成，王莽時代為陰陽學家思想之極盛時期，亦即陰陽學家思想內部破裂之時期。「禮樂」與「方術」，到底不能融合為一。王莽之失敗，一面即是陰陽學派思想之失敗。自此以往，儒、道兩家，依舊分道揚鑣，而陰陽家思想遂一蹶不振。惟陰陽家思想已有不少滲入儒、道兩家之血液中。

光武、明、章雖粉飾禮樂於朝廷，而社會上則方術思想日盛一日。只觀王充論衡所批斥，即可考見其一斑。東漢一方面是王綱之解紐，即大一統政府之瓦解。又一方面則是古人一種積極的全體觀念即天的信仰。之消失。相應於亂世而起者，乃個人之私期求，方術權力之迷信，段熲表薦樊志張，謂其：「有梓慎、焦（延壽）、董（仲舒）之識。」何進表薦董扶，謂其：「內懷焦、董消復之術。」晉韓友「行京、費厭勝之術」。當時人對學術，全以一種方術視之。而此種方術，大體為個人消殃避禍，求福延年。與物質的自由需要。最著者，人可不死，鉛汞可變黃金。以不死之生命而濟之以無量之黃金，則物質上之需要可以十分自由而無憾矣。於是後世之所謂道教，遂漸漸在下層社會流行。

陰陽家雖亦擅神仙方術，然其精神仍偏於政治；故西漢人以鄒衍與孔子並提。以私人的福利觀念普遍流傳於社會下層者，則非鄒衍而為老子；此亦自西漢已然。故方士偏於向上活動，道士則偏於向下活動。秦皇、漢武之所想望，變而為東漢以下一般平民之期求。比讀史記封禪書與後漢書的方術傳，正可以看出這一個轉變。

初期佛教輸入，亦與此種社會情態相適協，而漸漸佔有其地位。

史稱：楚王英晚節喜黃老學，為浮屠齋戒祭祀。明帝詔之曰：（事在永平八年。）「楚王誦黃老之微言，尚浮屠之仁祠，潔齋三月，與神為誓，何嫌何疑，當有悔吝。其還贖，以助伊蒲塞桑門之盛饌。」是其時喜黃老者已兼祠浮屠之證。又桓帝時，襄楷上書，「聞宮中立黃老、浮屠之祠」云云，依然以黃老、浮屠並舉。二事相去約百年，可見當時佛教僅如黃老之附庸也。又靈帝熹平二年，陳國相師遷追奏前相魏愔與陳王寵共祭天神，希幸非冀，愔辭「與王共祭黃老君，（當作「黃帝、老君」。）求長生福而已，無他冀幸」。是當時以黃帝、老子為天神，謂祠黃老可得長生之證。

逮乎東方黃巾之亂，（順帝時，琅邪宮崇詣闕，上其師于吉於曲陽泉水上所得神書百七十卷，號「太平清領書」。（後稱「太平經」。）其言以陰陽五行為家，而多巫覡雜語。桓帝時，平原襄楷又上之。其後張角頗有其書。蓋本之天文星象而附以符籙巫道。）以及漢中張魯之亡，（張魯，沛人。祖父陵，順帝時客於蜀，學道鵠鳴山中，造符書，為人治病。陵子衡，衡子魯，以法相授。自號「師君」，其眾曰「鬼卒」，曰「祭酒」，曰「理頭」。此派道學亦自東土流衍，與黃巾蓋同源，皆遠始先秦，所謂燕、齊方士，即黃老學、陰陽學之故鄉也。又漢末有魏伯陽著參同契，為道家言服食修鍊者所宗，亦在東方。）方術信仰漸漸在士大夫階層中失其勢力。

曹植、曹丕兄弟，皆不信方士神仙之術。（曹丕典論，曹植辯道論，皆辯其事。）及嵇康為養生論，乃從哲理的見解謂：「導養得理，可以延年」，不啻為方術信仰開新生命。至葛洪著抱朴子，仍信服食長生。嵇、葛處境與曹氏兄弟不同。厭世無聊，乃有託於此也。

大的羣體日趨腐敗毀滅，既不能在政治社會大處著力，希圖補救，常自退縮在個人的私期求裏，於是只有從方術再轉到清談。

此即自黃老轉入莊老也。黃老尚帶有政治意味，（即牽涉羣體。）與陰陽學家相羼混。莊老則全屬個人主義。東漢治老子學者常兼通天文圖讖，清談家則否。清談家一方面似較合理，另一方面，則對全體觀念更為淺狹。

相應於此種形勢下之佛教，乃亦漸漸有學理之輸入。

佛教與莊老，自有其本原相似處。即均為各個人打算，以各個人融解入大宇宙，不注重為大羣體打算。（以各個人融解入大人羣。）晉釋道安注經錄序云：「佛教延及此土，當漢之末世，晉之盛德。」正指思想上之傳播而言。

名士世族在不安寧的大世界中，過著他們私人安寧的小世界生活，他們需要一種學理上的精神方面、內心方面的。解釋與慰藉。瞿曇與莊老，遂同於當時此種超世俗的學理要求下綰合。

魏晉之際，則先求孔子與莊老之綰合。裴徽問王弼：「無者誠萬物之所資，然聖人莫肯致言，而老子申之無已者何？」弼曰：「聖人體無，無又不可以為訓，故不說。老子是有者，故恆言無，所不足。」何晏以為「聖人無喜怒哀樂」，弼與不同，以為「聖人之情，應物而無累於物」。王衍問阮脩，老莊、聖教同異，對曰：「將無同。」衍辟之為掾。世謂之「三語掾」。此皆當時要求綰合孔子於超世俗之學理之證。直至郭象注莊猶爾。

東晉名族，並多信持「天師道」。

史稱王氏世事「五斗米道」。王羲之既去官，與道士許邁共修服食，採藥石，不遠千里。郗愔事天師道，與羲之、愔姊夫。許詢俱棲心絕穀，修黃老之術。其子超轉奉佛。王凝之信道彌篤，孫恩亦世奉五斗米道而作亂。攻會稽，僚佐請為之備。凝之不從，方入靖室請禱，出語諸將佐曰：「吾已請大道，許鬼兵相助，賊自破矣。」遂為恩所害。殷仲堪少奉天師道，精心事神，不吝財賄，而怠行仁義，嗇於周急，及桓玄來攻，猶勤請禱。此等名士，皆理解超卓，而猶信此等道術者，蓋彼輩於世俗事既不肯多所盡力，則個人的私期求自難捨棄。個人不投入大人羣，則必求投入大自然。故超世必希長生，猶幸其術之一驗；否則鼓琴燒香，常樂我淨，亦與彼輩私生活之閒適相諧。孫策云：「昔南陽張津，為交州刺史，嘗著絳帕頭，鼓琴燒香，讀邪俗道書，云以助化，卒為南夷所殺。」絳帕猶黃巾之類，是此教以鼓琴焚香為事之證。又其道須自首過失，王獻之遇疾，家人為之上章，道家法應首過，問其有何過失。對曰：「不覺，惟憶與郗家離婚。」是其教有首過之證。凡度出世生活者，必以此為調節。經營世務，過則改為，其良心上之罪惡感，常不如超世離羣者之迫切。且此等求長生、樂清淨、自首過失諸端，亦復與當時門第之克綿其世澤者有補。彼輩既不經營世務，又安富累世，而能清淨自守者，固為於莊老玄理薄有所得，亦由此等外在的律行，有以助之。將來之轉而佞佛，理亦有由是者。守之既有素，一旦臨禍變，則亦惟有乞靈以自慰也。如王凝之、殷仲堪。

可見當時南方名士，彼輩對國家民族，政教大業，雖儘可捉麈清談，輕蔑應付，然涉及其個人私期求，則仍不免要乞靈於從來方術之迷信。這一種風氣，直要到宋、齊以下，始漸漸消失，而其時則佛教思想遂一躍而為時代之領導者。兩晉以清談說莊老；宋、齊以下，則以佛義說莊老。

三　魏晉南北朝時代之佛教

佛教入中國，遠在東漢初年，或尚在其前。

漢明帝永平中，遣使往西域求法，其事始見於牟子理惑論及四十二章經序等書，是為我國向所公認佛教最先之傳入。或其事尚可前溯，然要之於中國社會未見影響。

惟佛法之流佈，則直到漢末三國時代而盛。其時則多為小乘佛法之傳譯，高僧多屬外籍。

如安世高、支婁迦讖、康僧會之類是也。中國僧人見於慧皎高僧傳者以朱士行為最早，然已在三國時。知其先佛法極少與中國上流學術界相接觸。

東晉南渡，佛學乃影響及於中國之上層學術界，其時則僧人與名士互以清談玄言相傾倒。

如竺法深、支道林其著也。殷浩北伐既敗，大讀佛經，欲與支道林辯之。孫綽以名僧七人匹竹林七賢。（道賢論。）此名士與僧人合流之證。故深公評庾亮，謂：「人謂庾元規名士，胸中柴棘三斗許。」庾冰創議沙門宜跪拜王者，桓玄繼之，並主沙汰沙門。（至宋、齊，此二議皆曾為朝廷采納。）庾、桓兩家，固與名士清談氣味不相投。可知東晉僧人，實與名士站在同一路線，一鼻孔出氣也。

直到南朝，梁武帝信佛，而佛法遂盛極一時。

其時京師寺剎，多至七百。宮內華林園，為君臣講經之所；宮外同泰寺，為帝王捨身之區。（梁武帝三度捨身入寺，與眾為奴，羣臣以一億萬錢奉贖。南齊竟陵王，亦先有其事。此後陳武帝幸大莊嚴寺捨身。陳後主即位年，亦在弘法寺捨身。）為無遮大會，道、俗會者五萬。（中大通元年。）郭祖深輿櫬上疏，謂：「僧尼十餘萬，資產豐沃。道人又有白徒，尼則皆畜養女。天下戶口，幾亡其半。恐方來處處成寺，家家剃落，尺土一人，非復國有。」荀濟亦上疏云：「傾儲供寺，萬乘擬附庸之儀。肅拜僧尼，三事執陪臣之禮。寵既隆矣，侮亦劇矣。」（此等皆由大羣體政治觀點排斥佛教，即唐代韓愈亦然。反而論之，大羣體政治有辦法，佛教自會衰落，則為宋代歐陽修之本論。自理學家起，則是為新儒學。）

以前的名士們，感世事無可為，遂由研玩莊老玄學而曲折崇信佛法。現在如梁武帝，則是大權在握，正可展布，卻由崇佛而致世事敗壞。（以前如阮籍、嵇康等，皆是政治上不得志，遂轉向莊老。梁武帝高踞帝位，豈得崇奉出家人法？）北方五胡君主，崇佛尤殷。最著者為二石（勒與虎。）之於佛圖澄。

五胡雖染漢化，其淺演暴戾之性，驟難降伏，一旦錦衣玉食，大權在握，其臨境觸發，不能自控制者，最大有兩端：一曰好淫，二曰好殺。惟佛法，適如對症之藥。人自慕其所乏，故五胡君主於佛法所嘗雖淺，而敬信自深。高僧傳謂：「竺佛圖澄（西域人。）憫念蒼生，常以報應之說，戒二石之兇殺，蒙益者十有八、九。」（支道林謂：「澄公以石虎為海鷗鳥。」）又五胡君主，自謂本胡人，當奉胡教。高僧傳又謂：「佛圖澄道化既行，民多奉佛，營造寺廟，相競出家。中書著作郎王度奏禁之，石虎下書曰：『度議佛是外國之神，非天子諸華所宜奉。朕生自邊壤，君臨諸夏，饗祀應兼從本俗，佛是戎神，正所應奉。』」（遼、金、元、清四朝奉佛，皆帶有此兩因緣。）

稍後至姚興迎鳩摩羅什，而北方佛法如日中天。

羅什，龜茲人。苻堅先命呂光將兵西征，欲迎之，適堅被殺，羅什停於涼州。直至姚興敦請始來。興既託意佛道，公卿以下，莫不欽附，自遠至者五千餘人，坐禪者有千數，州、郡化之，事佛者十室而九。

大乘經典之宏揚，亦多出其手。高僧傳：「什在長安譯經三百餘卷。僧佑著錄三十五部，二百九十四卷。」自此以往，佛學在中國，乃始成為上下信奉的一個大宗教。

原佛學流行，固由於當時時代之變動，而尚有其內在之條件。

第一佛法主依自力，不依他力。

世界諸大宗教，率本天帝神力，惟佛教尊釋迦，則同屬人類。此與中國儒家，尊崇人文歷史、敬仰古先聖哲之教義大同。亦復與道家徹底破壞天神迷信之理論不相違背。釋迦之可尊，在其「法」，故佛家有「依法不依人」之教。當知得此大法者不止釋迦一人，故佛書屢言「諸佛」，又言「人皆有佛性」，則盡人皆有可以成佛之理，此與儒家「人皆可以為堯舜」義又相似。

第二佛法主救世，不主出世。

諸教率嚮往塵俗以外之天國，故其精神率主出世，而又同時亦兼帶一種濃重的個人主義。佛法雖亦主有一「涅槃」境界，但同時主張「三世因果輪迴報應」。人生宿業，纖微必報，故主於當身修行，勇猛精進。又佛義主張「無我」，一切以因緣和合為法，故「眾生不成佛我亦不成佛」。又曰：「生死即涅槃，煩惱即菩提。」如是則成為一積極的救世主義者。此與諸教主張個人出世、以天國為樂園者自別，亦復與中國莊老道家一派有厭世、玩世意味者迴異；此又與儒家側重大羣主義之人文教相似。

故佛教在其消極方面，既可與中國道家思想相接近，在其積極方面，亦可與中國儒家思想相會通。

其時名德高僧如慧遠、僧肇之徒，皆精研莊老義，而釋道安二教論廣弘明集卷八。乃抑老於儒下。此後竺道生「一闡提亦具佛性」與「頓悟成佛」之說，更為與儒義相近。謝靈運和之，其與諸道人辨宗論廣弘明集卷十八。以孔、釋兩家相擬立論。而孫綽喻道論乃謂牟尼為「大孝」，「周、孔即佛，佛即周、孔」。是其時名士僧人，又俱黜老崇孔。故其先兼通老、釋，至是乃並擬儒、佛。此種界線，大體相當於晉、宋之際，可以僧肇與生公時代為劃分。

而當時佛法之所以盛行，尚有一積極的正因，則由其時中國實有不少第一流人物具有一種誠心求法、宏濟時艱之熱忱是也。

其間品德學養尤著者，如道安，（常山扶柳人，師事佛圖澄，居河北，後南投襄陽，遂赴長安而卒。道安為中國第一個嚴正的佛徒，（其先如支道林等，只是出家的名士。）其徒眾南北分張，始為佛教樹獨立之地位。）如僧肇，（京兆人，師事鳩摩羅什，為什門四大弟子之一。早死，其所著肇論，為極精卓之佛教論文。）如慧遠，（雁門樓煩人，道安弟子，高隱廬阜，始開佛教講壇，為南朝佛教大師。）如法顯，（平陽武陽人，西行求法，先後凡十五年，為我國至印度第一僧人，足與後來玄奘西行相媲美。）如竺道生，（鉅鹿人，學於鳩摩羅什，亦什門四大弟子之一也。後為南方佛教大師。）此等皆以極偉大之人格，極深美之超詣，相望於數百年之間。蓋以當時中國政教衰息，聰明志氣無所歸嚮，遂不期而湊於斯途。此皆悲天憫人，苦心孤詣，發宏願，具大力，上欲窮究宇宙眞理，下以探尋人生正道，不與一般安於亂世、沒於污俗，惟務個人私期求者為類。故使佛教光輝，得以照耀千古。若僅謂佛講出世，與一時名士清談氣味相投；而社會民眾，亦以身丁荼毒，佛講未來，堪資慰藉；並出家可以逃役，即獲現實福益。凡此種種，固亦當時佛法盛行之世緣，然論其主要原因，則固在彼不在此。

故當時之第一流高僧，若論其精神意氣，實與兩漢儒統貌異神是，乃同樣求為人文大羣積極有所貢獻。惟儒家著眼於社會實際政教方面者多，而當時之佛學高僧，則轉從人類內心隱微處為之解紛導滯，使陷此黑暗混亂中之人生得寧定與光明；則正與儒家致力政教之用心，異途同歸也。惟此等高僧，亦多興起於北方，南方則受其波及而已。

四　北方之道佛衝突

佛教來中國，最先乃依附於莊老道家而生長。但南渡後的學者，則已漸漸由莊老義轉向佛教。其著者，如當時名士羣從支道林逍遙遊義，而不從向、郭舊義，即其一證。詳見世說新語。其後則道教又模倣佛教，亦盛造經典儀範，而逐漸完成為一種新道教。為此工作之尤著者，為宋代之陸修靜。

於是道、佛兩教遂開始互相競長，而至於衝突。但在南方，一輩名士世族，本在一個不安寧的大世界中過著他們私人安寧的小世界生活。他們所需要者，乃為一種學理上之自己麻醉、自己慰藉。彼輩在其內心，本無更強的衝動力，所以南方佛學多屬「居士式」。其高僧亦與隱士相類，如慧遠、生公之類是也。

卽如梁武帝，崇信佛法達於極點，其在政事上亦僅有貽誤，並無鬭爭。

故在南方之所謂道、佛衝突，大體僅限於思想與言辯而止，如顧歡道士夷夏論之類是也。與政治實務更無涉。

在北方則不然。當時北方是一個強烈動盪的社會，一切與南方自別。故南方人乃在一種超世絕俗的要求下接近佛法，北方則自始即以佛法與塵俗相糾合、相調洽。（如二石之於佛圖澄，苻、姚之於鳩摩羅什，其內心動機，便與梁武帝不同。）而北方高僧，其先亦往往以方術助其義理，（如佛圖澄常以方術歆動二石，羅什亦通陰陽術數。）遂與北方舊學統治經學而羼以陰陽家言者（即東漢以前風氣。）相糾合。（若南方則以莊老清談與佛義和會，正猶南方經學亦盛染清談氣味也。）至北魏太武帝時，遂以實際政治問題，而引起道、佛之強烈鬭爭。

崔浩（清河人。）父宏因苻氏亂，欲避地江南，為張願所獲，本圖不遂，乃作詩自傷。其詩以嬰罪不行於世；及浩誅，收浩家書，始見此詩。則浩之家門，必父子相傳，有一種種姓之至感矣。（北方士大夫大都有此，須深觀。）浩見王慧龍，數稱其美，司徒長孫嵩不悅，言於太武，以其嗟服南人，則有訕鄙國化之意。太武怒責之，浩免冠陳謝得釋。從弟崔模，雖在糞土之中，禮拜形像，浩笑曰：「持此頭顱，不淨處跪是胡神邪？」浩大欲整齊人倫，分明姓族。（惟此可以維持當時北方之中國文化。）外弟盧玄勸之曰：「創制立事，各有其時。樂為此者，詎幾人也？宜三思之。」浩不納。則崔浩之為人及其意氣，居可見矣。浩既博覽經史，精通術數，而性不好莊老之書，（史又稱：「浩父疾篤，浩乃剪爪截髮，夜在庭中，仰禱斗極，為父請命，求以身代。」浩之為學，蓋上承兩漢，以儒生而兼陰陽術數，不樂魏、晉以下之莊老清談。此即北方當時之舊學派也。）遇寇謙之，（謙之父修之，為苻堅東萊太守，其地正為齊土道術盛行之地，寇家蓋亦世傳其教者。謙之自謂遇太上老君，命之繼天師張陵之後。）每與浩言，聞其論治亂之迹，常自夜達旦，（可見浩之熱心政治。）

因謂浩曰：「吾行道隱居，不營世務，忽受神中之訣，今當兼修儒教，輔助太平眞君，繼千載之絕統。黃老道術，本注意政治問題；兼修儒教，即成秦、漢陰陽學家路脈矣。此是寇、崔學術接榫處。而學不稽古，臨事闇昧，卿為吾撰列王者治典，並論其大要。」此是黃老與莊老大異處。黃老注意政治，有需稽古，於是有陰陽家五德終始之論出。莊老僅為私人生活著想，自然無需稽古，即不要歷史往迹，因此與陰陽家判袂。（佛家亦不重歷史，因道、佛皆欲解化人類歸自然，不欲凝人類成羣體。）今只看寇謙之與陸修靜兩人之事蹟，便可見南、北雙方道教精神之不同，並亦可以由此推想南、北雙方之佛教精神，以及一切政教實況也。浩乃著書二十餘篇，上推太初，下盡秦、漢變弊之迹。此等全是陰陽家以歷史講法制因革之舊路徑。浩因上疏太武曰：「臣聞聖王受命，則有天應。而河圖、洛書，皆寄言於蟲獸之文。未若今日人神接對，手筆燦然。清德隱仙，不召自至。斯誠陛下侔蹤軒黃，應天之符也。」拓拔燾欣然，乃始崇奉天師，寇謙之。遂改元為太平眞君。「太平」二字，即源本秦、漢陰陽家言；漢末有太平經。此後北魏每帝即位，必求符籙，以為故事，而又信佛法。此如梁武帝信佛法，同時亦受陶弘景圖讖。以佛法僅重出世福利，帝王世業不得不借靈於道家（黃老一派）之符籙也。自是遂有「諸佛圖形像及胡經盡皆擊破焚燒，沙門無少長悉坑」之詔。太平眞君七年。蓋陰陽學家一面有其應天受命之說，一面又有其長生久視之術，足以歆動時君，使其接受聽行彼輩所預擬的一套歷代帝王變法創制必然因革即「五德終始」。之順序，而變法創制，彼輩遂得為王者師，而遂其政治上之另一種期求。西漢陰陽學家即爾。北方學者，飽經兵荒胡亂，始終不忘情於政治上之奮鬪，此為與南方士族絕不相同處。崔浩即其一例。王猛死，苻堅下詔為之「增崇儒教，禁老莊、圖讖之學」，與崔浩可謂迹異心同。後崔浩為修國史被殺，時高允（信佛）與浩同修國史；觀允傳，知浩史頗稱實錄，死非其罪。宋書柳元景傳謂：「拓拔燾南寇汝、潁，浩密有異圖，謀泄被誅。」此恐南朝傳聞亦有未的。大抵如王猛、崔浩之倫，皆欲在北方於擁戴一異姓主之下而展其抱負者。（猛之未肯隨桓溫南歸，殆知來南之無可展布耳。）浩則樹敵已多，得罪不專為修史也。

相應於此種情勢下的北方僧人，亦常在政治、經濟上切實自佔權地。

崔浩於毀法四年後被誅。太武卒，文成帝立，佛法又興。佛法之廢，積凡七年。主其事者為沙門師賢罽賓國人。與曇曜。涼州僧人。魏書釋老志：「曇曜奏：平齊戶討平青、齊所徙民戶。及諸民，有能歲輸穀六十斛入僧曹者，師賢為「道人統」，賢卒，曇曜代之，更名「沙門統」。僧曹即僧官之曹也。即為『僧祇戶』，粟為『僧祇粟』。儉歲賑給飢民。又請民犯重罪及官奴，以為『佛圖戶』，供諸寺掃灑，歲兼營田輸粟。高宗並許之。於是僧祇戶、粟及寺戶，遍於州鎮。」如是則僧寺自有力量，別成一種封建勢力。是北方僧人始終不脫經營世務之興趣，亦因非此不足自存也。

自此朝廷上下奉佛，建功德，求福田饒益，造像立寺，窮土木之力。此為北朝崇佛特徵，與南朝偏重義理思想者微有別。今存大同雲崗及洛陽龍門石窟造像，猶可見其時北方佛教藝術之超卓及其氣魄之偉大。又按：北方自羅什逝世，研尋義理之風即衰，高僧則尚禪行，如曇曜即以禪業見稱。敦尚實際行業，為北方佛門一貫風格也。僧人亦代有增加，茲據釋老志表如下：

年代	寺數	僧尼數	附註
孝文帝 太和元年	平城 約百所 四方 六、四七八	平城 二千餘人 四方 七七、二五八人	太和十年，遣僧尼還俗者一、三二七名。

時代	地域	寺數	僧尼數	備考
宣武帝 延昌中	天下	一三、七二七	徒侶益眾。	
孝明帝 神龜元年	洛陽	五百		
魏末 正光以後，天下多虞，王役尤甚，所在編民，相與入道，假慕沙門，實避調役。	洛陽 天下	一、三六七（伽藍記） 三萬有餘	天下 二百萬	佛經流通，大集中國，有四一五部，合一、九一九卷。

甚至沙門謀叛之事亦屢見。

孝文延興三年，有慧隱；太和五年，有法秀；太和十四年，有司馬惠御。宣武永平二年，有劉慧汪；永平三年，有劉光秀；延昌三年，有劉僧紹；四年，有法慶。孝明熙平二年，有法慶餘黨。四十餘年中，沙門謀亂者凡八見。

北齊僧眾，其勢仍盛。

天保五年，文宣帝詔問秀才對策，及於沙汰釋、李，文見廣弘明集。謂：「緇衣之眾，參半於平俗；黃服之徒，數過於正戶。國給為之不充，王用因此取乏。積競由來，行之已久。頓於中路，沙汰實難。」

而北周則道、佛衝突再起，在武帝時，又有魏太武以來第二次之毀法舉動。然其事則實已自道、佛之爭，轉而為佛、儒之爭矣。此種意味，實沿崔、寇而來，惟此益臻明顯耳。

北方佛、道衝突，始終暗波未斷。至武帝時，衛元嵩上書事在天和二年。請立延平大寺：此下皆譬說，即建立一理想的地上王國，以代天上之佛國也。「容貯四海萬姓，不勸立曲見伽藍，偏安二乘五部。無選道俗，罔擇疏親。以城隍為寺塔，即周主是如來；用郭邑作僧坊，和夫妻為聖眾。則六合無怨紂之聲，八荒有歌周之詠。飛沉安其巢穴，水陸任其長生。」衛雖佯狂不經，此疏卻有力量，蓋正指出了儒、佛兩家的根本相異點。儒在融個我入大羣、佛在脫大羣完個我。武帝本有志於「捨末世之弊風，蹈隆周之叡典」，即位元年下詔。遂入衛言。屢集百僚及沙門、道士等討論三教先後。至建德三年，乃下敕：「斷佛、道二教，經像悉毀，罷沙門、道士，悉令還俗。」周書本紀。「三寶福財，散給臣下；寺觀塔廟，賜給王公。」廣弘明集。及建德六年周滅齊，武帝入鄴城，召僧人赴殿，帝謂：「六經儒教，弘政術，禮義忠孝，於世有宜，故須存立。佛教費財，悖逆不孝，並宜罷之。」僧眾五百，默默無聲，俛首垂淚。有爭者，帝謂：「佛生西域，朕非五胡，心無敬事。既非正教，所以廢之。」廣弘明集。以周武帝此等語還視石虎所云，可知北方社會之前後大不同矣。當時謂：「前代關山西東數百年來官私所造一切佛塔，掃地悉盡。融括聖容，焚燒經典。八州寺廟，出四十千；三方釋子，減三百萬，皆復軍民，還歸編戶。」房錄。

此後北方的政治情態，慢慢恢復到秦、漢大一統的傳統局面，而東漢、三國以下相應於分崩離析而一時崛起的兩種新宗教，遂亦漸漸失其在社會上眞實的力量，而退處於他們較不緊要的地位。

五 隋唐時期佛學之中國化

隋、唐盛運復興，其時則佛學亦有新蛻變。教義精神，逐漸中國化，而佛法重心，亦逐步南移。

南北朝佛學，北尚禪行，南重義解。周武毀法，北方禪宗亦避而至南。所謂「佛學中國化」運動，亦至是始成熟。其後禪學崛興，則全以南方為策源地。

舉其要者，則有天台、（起北齊慧文，傳南岳慧思，又傳天台智顗，適當隋代，而天台宗遂大盛。此後有灌頂（五祖）、左溪（八祖）、荊溪（九祖），已值中唐。）華嚴、（起唐杜順，再傳至賢首（三祖）、澄觀（四祖）、宗密（五祖）。）禪宗（起達摩，經慧可、僧璨、道信、弘忍至慧能（六祖）而正式成立，當唐武后至玄宗時。）三家。

今若以魏晉南北朝佛學為「傳譯吸收期」，則隋唐佛學應為「融通蛻化期」。

佛法在中國，應可分三時期。初為「小乘時期」，以輪迴果報福德罪孽觀念為主，與中國俗間符籙祭祀陰陽巫道，專務個人私期求者相依附，此第一期也。自道安、鳩摩羅什以下，宏闡大乘。先為「空宗」，（此始印度龍樹。羅什來中國，盡譯三論。（十論、百論、十二門論。）至隋代嘉祥大師吉藏，而南地三論宗於以大成。）次及「有宗」，（此始印度無著、世親兄弟。此宗之盛行於中國較遲，直至玄奘西行，受法戒賢，歸而傳之窺基，而此宗始大盛。是名法相宗，亦名唯識宗。其入中國，亦稱慈恩宗，以窺基住慈恩寺也。然此宗大盛，固在唐初，而唯識經典之傳譯，則已先而有之矣。）是為「大乘時期」。時則以世界虛實、名相有無之哲理玄辯為主，與中國莊老玄言相會通，此為第二時期。若台、賢、禪諸宗之創興，則為第三時期。其一切義理，雖從空、有兩宗出，而精神意趣、輕重先後之間，則不盡與印度之空、有兩宗同。今若以小乘佛法為宗教，大乘佛法為哲學，則中國台、賢、禪諸家特重自我教育與人生修養。小乘偏教、偏信，大乘偏理、偏悟，中國台、賢、禪諸宗則偏行、偏證。是其蛻變處也。故必有台、賢、禪三家興，而後印度佛法乃始與中國傳統文化精神相融洽、相和會。

而尤以禪宗之奮起，為能一新佛門法義，盡泯世、出世之別，而佛教精神乃以大變。

禪宗自稱「教外別傳」，不著言語，不立文字，直指本心，見性成佛。而其後推演愈深，乃至無佛可成，無法可得，無煩惱可除，無涅槃可住；無眞無俗，本分為人，呵佛罵祖，得大解脫；如是則世、出世之界劃盡泯，佛氏「慈悲」乃與儒家之「仁」，同以一心為應世之宗師。故論綰合佛義於中國傳統之大羣心教者，其功必歸於禪宗也。

蓋當隋、唐盛世，政教既復軌轍，羣體亦日向榮，人心因而轉趨。私人之修行解脫，漸退為第二義，大羣之人文集業，又轉為第一義。傑氣雄心，不彼之趨而此之歸，則佛門廣大，乃僅為人生倦退者逋逃之一境。唐賢多信佛，而意味與東晉、南北朝名士大異。東晉以下必以佛義自安於靜退；唐賢則功業煊赫之餘，乃轉依佛法求歸宿也。繼此而開宋儒重明古人身、家、國、天下全體合一之教，一意為大羣謀現實，不為個己營虛求。人生理想，惟在斯世，而山林佛寺，則與義莊、社倉同為社會上調節經濟、賑贍貧乏之一機關。此種情勢，自唐中葉以下即日趨顯著。元和以來，累勑天下州府不得私度僧尼。李德裕論奏徐州節度使王智興「於所屬泗州置僧尼戒壇，江、淮之民，戶有三丁，必令一丁落髮，意在規避王徭，影庇資產。臣於蒜山渡點其過者，一日一百餘人。訪聞泗州置壇次第，凡僧徒到者，人納二緡，給牒即回，別無法事。若不特行禁止，比到誕節，計江、淮以南，失却六十萬丁壯，此事非細。」即日詔徐州罷之。及唐武宗會昌五年，惡僧尼耗蠹天下，毀寺四千六百餘區，歸俗僧尼二十六萬五百。毀招提、蘭若四萬餘區，收良田數千萬頃，奴婢十餘萬人。杜牧杭州新造南亭子記謂：「良人枝附為使令者，倍僧尼之數，奴婢口率與百畝，編入農籍」，蓋為北周以來第三次著名之毀法也。五代周世宗顯德二年又勅廢天下寺院，存者二千六百九十四，廢者三萬三百三十六，見僧十萬餘，尼一萬餘。北宋以下，義莊，社倉等社會事業逐次發達，佛寺亦不為惟一的貧窮藏身之所，佛寺之收容量亦減，而國家毀法之事亦益少見矣。

此下佛、道兩教事迹，乃不復足以轉動整個政治社會之趨嚮。

第五編　隋唐五代之部

第二十二章　統一盛運之再臨（隋室興亡及唐初）

中國經過四百年的分崩動亂，終於盛運再臨，而有隋唐之統一。

一　隋代帝系及年歷

(一)文帝堅(二四)——(二)煬帝廣(一四)——(　)——恭帝侑 / (三)恭帝侗(二)

文帝堅：盡殺宇文氏，滅陳，服突厥。

煬帝廣：營建東都，開通濟渠，南遊揚州。北巡榆林，至突厥啟民可汗帳。築長城。開永濟渠，通涿郡。三征高麗，天下遂亂。

隋代三帝，三十九年。

自開皇九年滅陳，統一中國，迄於滅亡，不過三十年。下開唐室，正與西漢前的秦代一樣。

二　隋代國計之富足

隋室雖祚短運促，然其國計之富足，每為治史者所豔稱。自漢以來，丁口之蕃息，倉廩府庫之盛，莫如隋。

自晉至隋戶口一覽

晉武帝太康元年	戶 二、四五九、八〇〇 口 一六、一六三、八六三
宋孝武帝大明八年	戶 九〇六、八七〇 口 四、六八五、五〇一
齊梁	未詳
陳	戶 五〇〇、〇〇〇 口 二、〇〇〇、〇〇〇
魏孝文遷洛	比晉太康倍而有餘，約五百萬戶。
爾朱之亂	戶 三、三七五、三六八 小郡戶 二〇；口一百而已
北齊	戶 三、〇三二、五二八 口 二〇、〇〇六、八八〇
北周	戶 三、五九〇、〇〇〇 口 九、〇〇九、六〇四
隋大業二年	戶 八、九〇七、五三六 口 四六、〇一九、九五六

按：當時齊、周戶數合計，已超踰魏孝文遷洛時一百萬，較之江南陳氏所有，踰十二倍。口數踰陳氏

幾及十五倍，較西晉太康全國統一時，幾踰一倍。此亦北方政治已上軌道之證。又按：後周禪隋，有戶三五九九六〇四，開皇九年平陳，又收戶五〇〇〇〇〇；至大業二年，前後二十六年，戶增四八〇七九三二。通典謂：「時承周、齊，人依豪室，禁網隳紊，姦僞尤滋。高熲建輸籍之法，定名輕數，使人知為浮客，被彊家收大半之賦；為編氓，奉公上，蒙輕減之征。先敷其信，後行其令，烝庶懷惠，姦無所容。隋氏資儲，遍於天下，人俗康阜，熲之力焉。」蓋隋政仍沿北魏均田制以來用意，脫私戶，歸公家，而達於完全成功也。

隋制多沿於周，然周時酒有榷，鹽池、鹽井有禁，市有稅，隋初（開皇三年。）盡罷之，所仰惟賦調，亦復甚輕。

調絹一匹者減為二丈，役丁十二番者減為二十日。九年平陳，給復十年。自餘諸州，並免當年租稅。十年，百姓年五十者，輸庸停役。十二年河北、河東田租三分減一，兵減半，功調全免。

所以府庫充盈者則有數端：

一、周滅齊，隋滅陳，均未經甚大之戰禍，天下寧一，已有年數。

二、自宇文泰、蘇綽以來，北朝君臣大體均能注意吏治。隋承其風而弗替。

帝受禪，楊尚希上表，以為：「今郡國倍多於古，或地無百里，數縣並置；或戶不滿千，二郡分領；人少官多，十羊九牧。」帝嘉之，遂罷天下諸郡。時刺史多任武將，不稱職，柳彧上表諫，多為罷免。又制刺史不督軍，別置都尉，使軍民分治。又使彧持節巡河北五十二州，奏免長吏贓汚不稱職者二百餘人。開皇三年，長孫平為度支尚書，奏令民間立義倉，自是州里豐衍。其他長吏，多有吏幹惠政，為當時所稱。如岐州刺史梁彥光、相州刺史樊叔略、新豐令房恭懿等。惟惜隋史遺闕，不能詳載。如劉仁恩、韓則等見張煚、高構諸傳。又如蘇威之責五品不遜，立「餘糧簿」，威好立條章，每歲責民間五品不遜，或答云：「管內無五品家。」又為「餘糧簿」，欲使有無相贍，時議以為煩迂，罷之。威嘗謂：「江南人有學業者，多不習世務」，此可見當時南、北學風之異也。辛公義、劉曠之聽訟，公義露坐獄中以聽訟，訟者繫獄，則宿廳事，不歸寢閤。曠則稱說義理，曉諭訟者，而不決其是非。王伽之縱囚，伽罷遣防送卒，縱流囚李參等七十餘人，與約期至京，曰：「如致前却，當為汝受死。」參等皆如期。至唐太宗縱囚，亦承此等風氣而來也。此等儼如在王莽、光武之世。自非社會經學儒術流行既久，不能有此。當時如牛弘、薛道衡、李諤、高熲、李德林、蘇威之徒，皆以學人而通達政術。裴政定律，尤為後所依用。宇文、高氏之世，死刑有五，曰磬、絞、斬、梟、裂；又有門房之誅。隋律死刑斬、絞二者；非謀反大逆無族刑；改鞭曰杖，改杖為笞；定笞、杖、徒、流、死五等。若知隋代學風世化如此，則吏治之漸上軌道，自不足奇。

三、其尤要者，則為中央政令之統一，與社會階級之消融。古代之貴族封建，以及魏、晉以來之門第特權，至此皆已消失。全社會走上一平等線，而隸屬於一政權之下。故下層之負擔尚甚輕，而上層之收入已甚足。

此層乃隋代與西漢不同之點。西漢積高、惠、文、景三世四帝六十年之休養，至武帝而始盛；隋則文帝初一天下，即已富足。蓋漢初尚未脫封建遺蛻，有異姓、同姓諸王侯，自韓、彭葅醢，迄於吳、楚稱兵，財富不能集於中朝。中央政權所直轄者，不及全國三分之一。王室雖恭儉，而諸王侯封君莫不驕奢自縱，與隋初形勢大不同。

至於王室生活之節儉，僅其餘事。

惟吏治已上軌道，社會上特殊勢力已趨消失，對外無強敵之脅迫，此時的統治權所急切需要者，乃為一種更高尚、更合理的政治意識，而惜乎隋文帝說不到此。

隋文奮勵為政，坐朝或至日昃，五品以上引之論事，宿衛傳飧而食，勤於吏治而無大度。開皇十四年大旱，是時倉庫盈溢，乃不放賑，令民逐糧。唐太宗謂其「不憐百姓而惜倉庫」。仁壽元年，詔減國子學生只留七十人，太學、四門、州、縣並廢，雖有諫者不聽。隋文殆以空設學校為糜費也。

在其末年，天下儲積，足供五、六十年，遂以招來煬帝之奢淫。

煬帝大業二年置洛口倉，倉城周圍二十餘里，穿三千窖。又置回洛倉，倉城周圍十里，穿三百窖，窖容八千石，共可積米二千六百萬石。李密藉以為亂，憑人負取，羣盜來就食者并家屬近百萬口。

三　煬帝之誇大狂

煬帝即位，即營建東都，每月役丁二百萬。

煬帝詔：「南服遐遠，東夏殷大，因機順動，今也其時。」為適應大一統之局面而建設新中央，自魏孝文已有此計畫矣。

元年開通濟渠，引穀、洛水達河，引河入汴，引汴入泗以達淮。

魏孝文告李沖：「欲自鄴通渠於洛，從洛入河，從河入汴，從汴入清，以至於淮。南伐之日，下船而戰，猶開戶而鬭。此乃軍國之大計。」則魏孝文亦已先有此意，至隋煬而實現。此乃為貫通中國南、北兩方新形勢之偉大工程也。

遂南遊揚州。

> 渠廣四十步，旁築御道，自長安至江都築離宮四十餘所。造龍船四重，高四十五尺，長二百尺，挽船士八萬，舳艫相接二百里，騎兵翼兩岸。

三年，北巡榆林，甲士五十萬。幸啟民可汗帳，築長城。四年又築。

四年，開永濟渠，引沁水南達河，北通涿郡。發河北諸郡男女百餘萬。

六年，通江南河，自京口至餘杭，長八百里，廣十丈。

八年，親征高麗，發兵踰百萬，分二十四軍。九軍渡遼凡三十萬，還至遼東者不足三千人。

九年、十年，再伐高麗，天下遂亂。

這是煬帝的誇大狂。一面十足反映出當時國力之充實，一面是煬帝自身已深深染受了南方文學風氣之薰陶。

隋文平陳，以煬帝為揚州總管，鎮江都，置學士至百人，常令修撰，成書萬七千餘卷。此等皆沿齊、梁故習。又按：煬帝在揚州，聚書至三十七萬卷。在此時期，煬帝殆已深深呼吸到南方文學的新空氣。

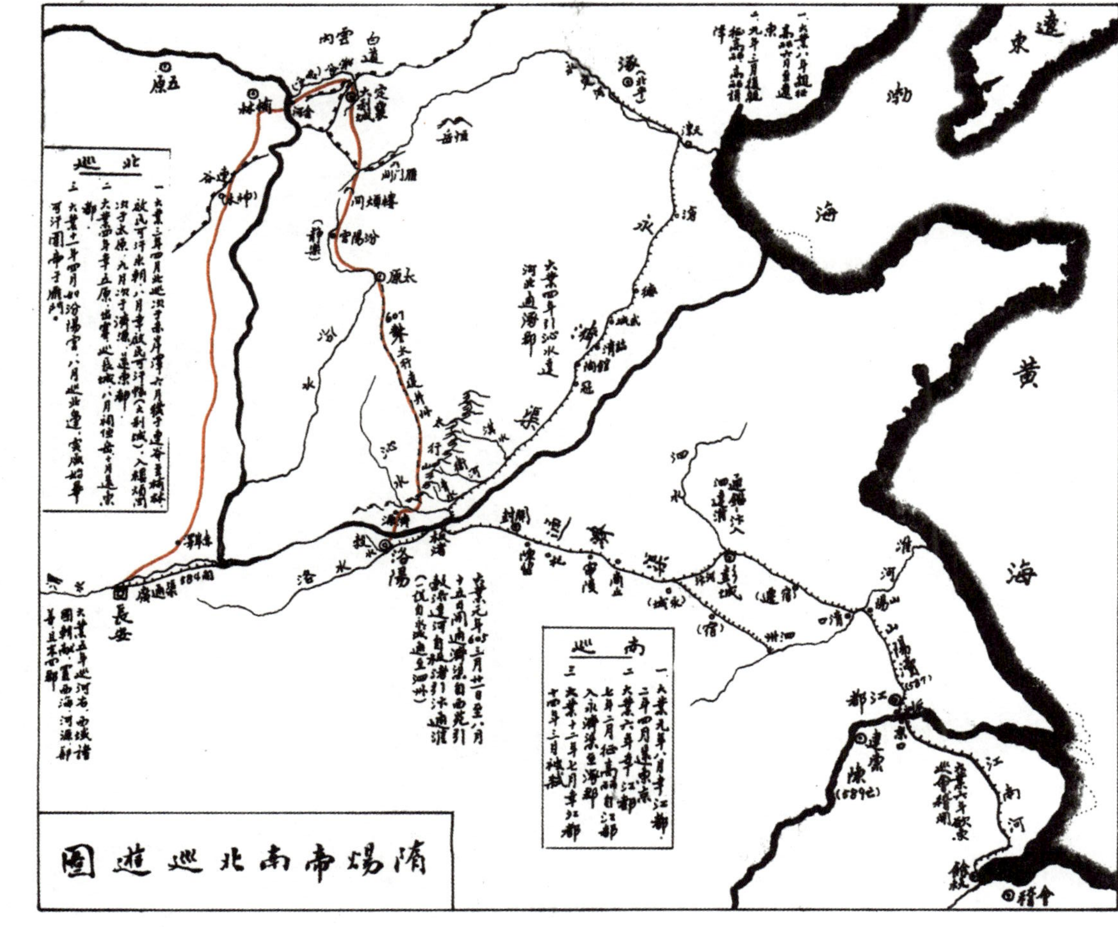

隋煬帝南北巡遊圖
北巡
南巡
長安
洛陽
江都
渤海
黃海

史稱煬帝早年「沉深嚴重，史亦以此四字描寫文帝。朝野屬望。文帝幸其第，見樂器弦多斷絕，又有塵埃。尤自矯飾，時稱仁孝。」則煬帝此時意態尚不同。帝好吳語，正見其染南風之深。在江都謂蕭后曰：「儂不失為長城公，卿不失為沈后」，其欣慕南朝可想。

其後常以文學自負。

謂：「天下皆謂朕承襲緒餘，以有四海；設令與士大夫高選，亦當為天子矣。」

朝臣至有以文詞見忌死者。

薛道衡死，帝曰：「能作『空梁落燕泥』否？」王胄死，帝誦其佳句曰：「『庭草無人隨意綠』，復能作此語邪？」惟此均不載於隋史，而通鑑收之。

當時北朝雖以吏治、武力勝過南方，若論文學風流，終以南朝為勝。

北齊書魏收傳：「魏收、邢卲更相訾毀，各有朋黨。卲云：『江南任昉，文體本疏，魏收非直模擬，亦大偷竊。』收曰：『伊常於沈約集中作賊，何意道我偷任昉！』時人謂：『見邢、魏之臧否，即是任、沈之優劣。』」又元文遙傳：「濟陰王暉業嘗大會賓客，有人將何遜集初入洛，諸賢皆贊賞之。」

文帝只知有吏治，光武亦尚吏治，而能文之以儒術，為隋文所不如。並無開國理想與規模。若使有蘇綽、王通諸人佐之，必然另有一番氣象。煬帝則染到了南方文學風尚，看不起前人簡陋。此在文帝時，朝廷一切儀注禮文，早有擺棄北周，改襲齊、陳者。一因北周模古，簡陋之中雜以迂怪，風尚所趨，轉嚮齊、陳，一也。二則文帝篡周，盡屠宇文氏，蓋自有私意欲超出其上，不甘因循，二也。然文盛之弊，則至煬帝時而始著。

隋書文學傳謂：「煬帝初習藝文，有非輕側之論。暨乎即位，一變其風。其與越公書、建東都詔、冬至受朝詩及擬飲馬長城窟，並存雅體，歸於典制。雖意在驕淫，而詞無浮蕩。故當時綴文之士，遂得依而取正焉。」此謂「意在驕淫」，即承南方文學風尚也。謂「詞無浮蕩」，則承北朝蘇綽諸人之影響。又按：唐天授時，左補闕薛謙上疏，謂：「晉、宋祇重門資，有梁雅愛屬辭，陳氏特珍賦詠。逮至隋室，餘風尚存。開皇中，納李諤之論，下制禁斷文筆浮辭。煬帝嗣興，又變前法，置進士等科。於是後生之徒，相復倣效，緝綴小文，名之策學。不以指實為本，而以虛浮為貴。」是煬帝之設進士科，雖非專考詩賦，然要為沿襲南朝尚文之風氣，在唐初尚多知之者。

狂放的情思，驟然為大一統政府之富厚盛大所激動，而不可控勒。於是高情遠意，肆展無已，走上了秦始皇的覆轍。

煬帝雄才大略不如始皇，而同為帶有極度的貴族氣分，故兩人皆不能卹民隱。當時南方文學，本為變相貴族之產物也。煬帝外慕經術，內好文學，則頗似漢武。

能把南方的文學與北方吏治、武力綰合，造成更高、更合理的政權，則是唐太宗。隋代政制兼承南、北，大抵政風頗沿北周，禮文兼採齊、陳。唐承其後，猶漢之襲秦，唐制即隋制也，惟運用者之精神特為有殊耳。其隋制兼承南、北之詳，當讀隋書各志。

又按：唐君臣多出貴胄，唐高祖，西魏八柱國唐公李虎孫，周明敬、隋文獻皇后之外戚，娶周太師竇毅女。毅，周太祖壻。宰相蕭瑀、陳叔達，梁、陳帝王之子。裴矩、宇文士及，齊、隋駙馬都尉。竇威、楊恭仁、封德彝、竇抗，並前朝師保之裔。其將相裴寂、唐儉、長孫順德、屈突通、劉政會、竇軌、竇琮、柴紹、殷開山、李靖等，並是貴胄子弟。故唐制得斟酌南、北，開國即規模宏遠，漢、宋所不逮。

四 唐代帝系及年歷

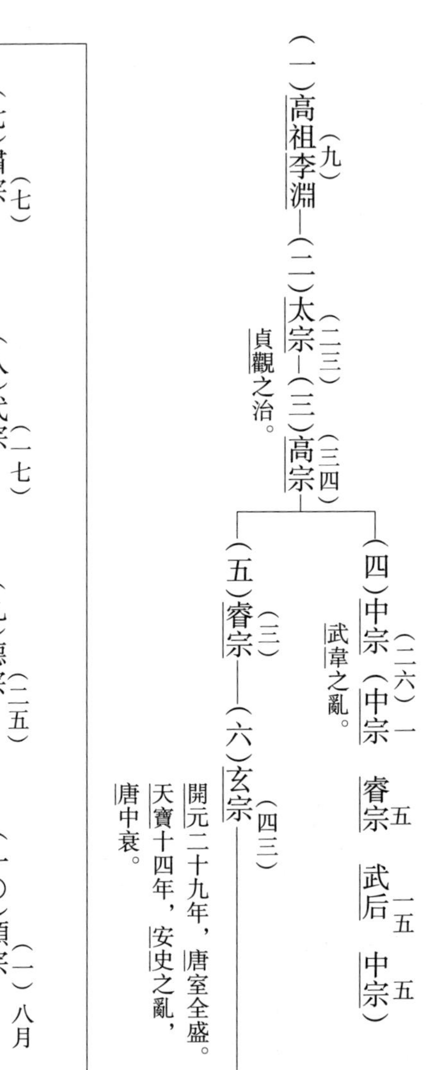
（一）高祖李淵（九）
（二）太宗（二三）
貞觀之治。
（三）高宗（三四）
（四）中宗（二六）（中宗一 睿宗五 武后一五 中宗五）
武韋之亂。
（五）睿宗（三）
（六）玄宗（四三）
開元二十九年，唐室全盛。
天寶十四年，安史之亂，
唐中衰。
（七）肅宗（七）
安史亂平。
（八）代宗（一七）
河北諸鎮成立。
回紇、吐蕃入寇。
（九）德宗（二五）
討魏博、淮西。
涇原兵變，吐蕃
勢熾。
（一〇）順宗（一）八月

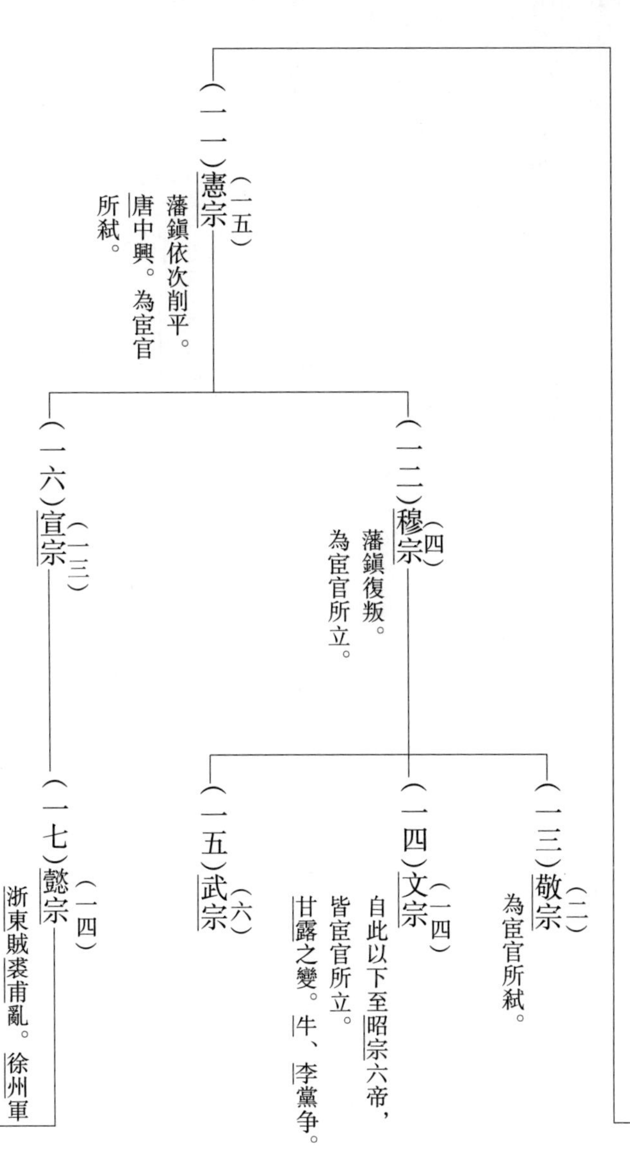
（一一）憲宗（一五）
藩鎮依次削平。唐中興。為宦官所弒。
（一二）穆宗（四）
藩鎮復叛。為宦官所立。
（一六）宣宗（一三）
（一三）敬宗（二）
為宦官所弒。
（一四）文宗（一四）
自此以下至昭宗六帝，皆宦官所立。甘露之變。牛、李黨争。
（一五）武宗（六）
（一七）懿宗（一四）
浙東賊裘甫亂。徐州軍龐勛帥桂州戍卒亂。

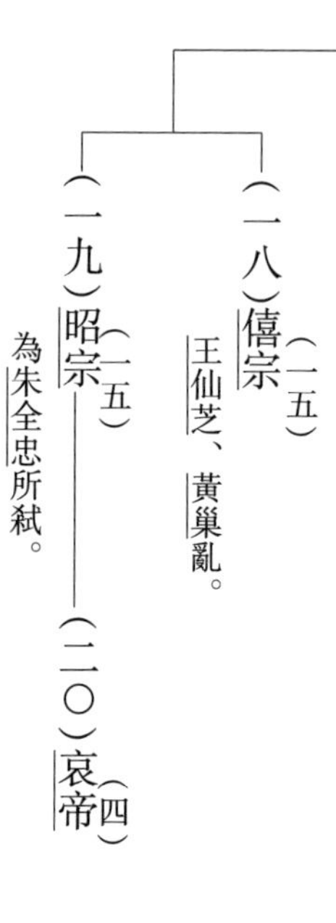

唐代凡二十帝，二百九十年。

五　貞觀之治

唐太宗是中國史上一個傑出的君主。自稱：「年十八便為經綸王業，北剪劉武周，西平薛舉，東擒竇建德、王世充。二十四而天下定。二十九而居大位。四夷降伏，海內乂安。」自謂：「古來英雄撥亂之主，無見及者。」

貞觀之治，尤為後世所想望。其一朝賢臣，如王珪、房玄齡、杜如晦、溫彥博、李靖、魏徵、戴胄之類，指不勝屈。太宗既英才挺出，又勤於聽政。

錄刺史姓名於屏風，坐臥觀之。得其在官善惡之迹，皆注名下。又常遣員巡察。命百官五品以上，得上封事，極言得失。又命更宿中書內省，數延見問民疾苦。

其君臣上下，共同望治，齊一努力之精神，實為中國史籍古今所鮮見。（其詳見吳兢著「貞觀政要」一書。）然貞觀時代之社會情況，實未必勝於大業。自隋大業七年至唐貞觀二年，（朔方梁師都部下降。）前後十八年，羣雄紛起者至百三十餘人，擁眾十五萬以上者，多至五十餘，民間殘破已極。貞觀元年關中饑，米斗直絹一匹。二年，天下蝗。（戴胄謂：「每歲納租，未實倉廩。隨時出給，纔供當年。」）三年，大水。四年，始大稔，流散者得歸。

是年，高昌王麴文泰入朝，謂：「見秦隴之北，城邑蕭條，非復有隋之比。」（史稱是年「米斗不過三四錢，終歲斷死刑纔二十九人。東至海，南極五嶺，皆外戶不閉，行旅不齎糧，取給於道路」，恐有過分渲染。）亦見復蘇不易。

六年，羣臣請封禪，魏徵諫，謂：「自伊、洛以東，至於海、岱，煙火尚稀，灌莽極目。」適會河南、北數州大水，事遂寢。太宗即位僅六年，免離饑饉僅二年，倖破突厥，遽議封禪，苟非魏徵直諫，貞觀治績，恐即自此衰矣。十一年，魏徵上疏，尚謂：「隋之府庫、倉廩、戶口、甲兵之盛，考之今日，安得擬倫！」馬周上疏亦謂：「今之戶口，不及隋之十一。」

貞觀初，戶不滿三百萬。永徽元年，戶部奏：「去年進戶十五萬，今見有戶三百八十萬。」而隋開皇中有戶八百七十萬。直至玄宗天寶十三載，始有戶九百六十一萬九千餘，為唐之極盛，乃始與隋氏相比。歷代戶口數，雖有隱漏或誇飾，不可盡信，然大體可資以見世運之盛衰升降。

正惟如此，故太宗一朝君臣，每每以有隋相警惕，不敢驕縱荒佚，而成治世。

魏徵所謂：「隋以富強動之而危，我以寡弱靜之而安。」馬周謂：「貞觀初率土荒儉，而百姓不怨。今十一年。比年豐穰，匹絹得粟十餘斛，而百姓怨咨。以為陛下不憂憐之，又所為營者，頗多不急之務也。」此皆從上下心理上說明貞觀之治之真實背景。

一到唐玄宗時，社會富庶已與隋代相似，而天寶之亂，亦乃與隋煬相差不遠。

第二十三章　新的統一盛運下之政治機構 盛唐之政府組織

中國經歷四百年的長期分裂，而重新有統一政府出現，是為隋、唐。但那時的統一政府，其內容機構又與四百年前不同。

舉其要者言之，第一是中央宰相職權之再建，第二是地方政治之整頓。

一　宰相職權之再建

西漢初年的丞相、御史大夫，漸漸轉移而為後漢以降之尚書，事已詳前。

魏世，中書監始參大政。

漢代尚書乃士人，而中書以宦者為之。魏佐漢，初建魏國，置祕書令，仍典尚書所奏。尋改為中書，文帝受禪後。有令、有監，而亦不廢尚書。然中書親近，尚書疏遠。曹操自以漢相擅政，則魏之祕書，乃漢廷之陪臣。後遂以中書替尚書，此亦化家為國之一例。

東晉則侍中始優。

侍中本與中常侍齊體，亦內朝卑職。魏、晉置侍中四人，君出則護駕負璽或騎從，登殿則與散騎常侍對扶。備具顧問，且管門下眾事。東晉以後，皇帝以侍中常在左右，多與之議政事，不專任中書。於是又有門下，而中書權始分。

下逮宋、齊，尚書、中書、侍中三者皆為輔臣。

機要在中書、侍中，尚書執行政務。於是尚書轉為外朝，而中書、門下獨為天子所私近人。

這是秦、漢以來中央政府機構上一個極有重要意義的轉換。君權、相權即王室與政府。本為兩漢文治政體相輔為治之兩面。其間雖有畸輕畸重，如東漢之事歸臺閣，而公卿位望，依然為外朝冠冕。君、相對立，大體無變。魏、晉以來，政治意識墮落，政府變成私家權勢之爭奪場，於是君、相不相輔而相制。權臣篡竊，即剝奪相權，歸之私屬。如魏之用中書。然君臣猜忌無已，私屬所居，馴為要位，朝臣進一步，則王室退一步。又不得不別用私屬以為防。如東晉之轉任侍中。就其時之王室言，則削去相位，似乎便於專制；就其時之士族言，則各成門第，亦復迹近封建。結果則王室亦僅等一私家，如是則王室私人，亦只與封建時代家宰、家相一般。政府解體，君權、相權均不存在。直要到政治意識再轉清明，政府漸上軌道，則君臣相與之意態亦變。其君不敢以私屬待其臣，其臣亦不復以私屬自居。君不以防制為事，臣不以篡奪為能。君、相仍為相輔成治，而非相剋成敵。其時則魏、晉以來的私機關，又一變而成政府正式的首領官，完全實替了秦、漢時代的相權，而卽以扶翼君權，共同組成一個像樣的政府。其內包有王室。這便是隋、唐統一之復現。

此種轉變，無異乎告訴我們，中國史雖則經歷了四百年的長期紛亂，其背後尚有活力，還是有一個精神的力量，即是一種意識，或說是一個理性的指導。依然使中國史再走上光明的路。

唐代中央最高機關，依然是魏、晉以來的尚書、中書、門下三省。但他們現在已是正式的宰相，而非帝王之私屬。其職權分配，則中書掌定旨出命，命令權。門下給事中掌封駁，審駁權。尚書受而行之；施行權。古代的宰相權，現在是析而為三。

> 貞觀三年，「太宗謂羣臣曰：『中書、門下，機要之司，詔敕有不便者，皆得論議。比來但覩順從，不聞違異。但行文書，誰不可為！』房玄齡等皆頓首謝。故事：凡軍國大事，中書舍人各書所見，中書侍郎、中書令省審之，給事中、黃門侍郎駁正之。上始申明舊事。」蓋此制亦始周、隋，非唐代新

創也。

三者之中，又以侍中、（門下省長官。）中書令（中書省長官。）為眞宰相。

凡軍國大事，中書舍人得先各陳所見，謂之「五花判事」，而中書侍郎、中書令審定之。（此開明代九卿會議之始。惟九卿各有典司，即各有一成之見。如大兵大役，兵部、工部惟求其成，戶部則務求其省。中書舍人得其選，則歷中外，通眾理，彼此不致相妨。）

自高宗晚節以來，天下文章道盛，中書舍人為文士之極任，朝廷盛選，諸官莫比。（政事堂有後門通中書舍人院，宰相時得咨訪政事自廣。代宗時常袞為相，始塞絕之。）

敕旨既下給事中，黃門侍郎復得有所駁正。（此開明代抄參封駁之始。）

通典：「百官奏抄，侍中既審，則駁正違失。詔勑不便，則塗竄奏還。此所謂『塗歸』也。」實際給事中即可行使「塗歸」之權。如德宗貞元中，給事中袁高不肯草制復召盧杞，封還詞頭，揭杞罪狀。文宗開成初，給事中盧載封還以郭任嘏出任刺史詔書，稱為「封駁稱職」是也。（其他例不勝舉。又按：漢哀帝封董賢，丞相王嘉封還詔書。後漢鍾離意為尚書僕射，數封還詔書。此唐之門下封駁，即漢相權之證。）又按：則天垂拱三年，鳳閣侍郎（即中書侍郎改名。）劉禕之嘗謂：「不經鳳閣鸞臺宣過，何名為勅！」劉竟以此賜死。然可見天子詔勅，必經中書宣出，又必經門下副署。以相權節制君權，即以政府節制王室。唐制實淵源於漢代文治政府之意義而演出也。然中宗仍可以有「斜封墨勅」，可見無「徒法自行」之法。

因此宰相常於門下省議事，謂之「政事堂」。兩省先議定後奏聞，以免紛爭。

其後政事堂遷至中書省。

高宗時，裴炎以中書令執政事堂筆，「執筆」猶今之主席。遂有此舉。門下給事中所居，不於門下議事而於中書，乃相臣志在自專，先不使給事知之，待取中旨然後封還，其勢較難，則塞默者多矣。然此下給事中封駁詔書仍時有其事。玄宗時，政事堂改稱「中書門下」，其政事印亦改「中書門下」之印。直到宋代，以為故事。

宰相分直主政事堂筆。

肅宗時，每一人主十日；德宗時，改每日一人執筆。

尚書僕射尚書省長官。加「同中書門下三品」，後稱「同平章事」及「參知機務」等名，始得出席政事堂，方為眞宰相。

自貞觀末無不加者，開元以來則罕見。

其餘他官參掌者無定員。

玄宗先天以前員頗多，開元以來常以二人為限，多則三人。加「同中書門下三品」、「平章事」、「知政事」、「參知機務」、「參與政事」、「平章軍國重事」等。以官未及而人可用者參預朝政，略如近代之不管部大臣也。

尚書省有都堂，大廳。以左、右僕射為領袖。下分六部：東為吏、戶、禮三部，左丞主之。西為兵、刑、工三部，右丞主之。共二十四司，分曹共理，全國政務畢萃。

諸司官兼知政事者，午前議政於朝堂，午後理務於本司。

開元以來，宰相員少，資地崇高，又以兵、吏尚書，權位尤美，宰相多兼領之。但從容衡軸，不自銓綜。其選試之任，皆侍郎專之，尚書通署而已。

尚書六官，各有所職，儻無折中，則恐互相推避，互相炫匿，故總攝以宰相。宰相亦慮有未周，見有所偏，（或則專且私。）乃先之以中舍之雜判，庶得盡羣謀而伸公論。又繼之以給事之駁正，復得塞違而繩愆。此等制度，可謂宏大又兼精密。

以中書、門下較漢代之宰相，以尚書六部較漢代之九卿，在政制上，不可謂非一種絕大之進步。

一則尚書六部，乃政府公職，（吏、戶、禮、兵、刑、工，莫非國家政務要項。）而九卿則是王室私屬。（九卿性質已述說於前。）從九卿轉變到六部，正是政府逐步脫離王室獨立之明證。

隋文開皇中，明令國子寺不隸太常。此等改變，正可反映時代之進展，以及當時人對政治意識之轉變。（至於六部之外仍存九寺，（即九卿遺蛻。）舊名不廢，新資日加，職權重疊，自為一弊。）

二則漢初封建、郡縣雜行，中央直轄部分有限，後雖逐步統一，而郡國守相之權尚大，千里王畿，僅如一省。隋、唐則九州攬於一握，考課、獄訟、兵財諸端，繁不勝記。總以六卿，分以郎署，中央政府之擴大，為事勢演進所逼出。於是六卿之上，必有佐天子以總理之者。一相嫌於專擅，且亦事冗不給；多相則互委，不專責，易生同異，以致撓敗。尚書置左、右僕射，分判六部，各治三官，可免上述之弊。而尚書惟在政務之推行，至於出命覆奪，尚有中書、門下。故曰三省之於宰相，六部之於九卿，不得不說是政制上之一進步。如此宏大而精密的政治機構，正好象徵當時大一統政府之盛況。至於政府無立法機關，則因中國政治，自秦、漢以下，本有一種理性之指導，法度紀綱粗建，無豪強之兼并，無世胄、僧侶之專政；教育、選舉、考試與統治權常有密切之聯繫，不斷吸收社會俊秀分子，公開參政，使其新陳代謝，政府與民眾，即以此為連鎖。舊朝以積久腐敗而傾覆，則新朝鼎新，去其泰甚，與民更始。歷史常在和平中進展；而民間大動亂則往往只有倒退，別無長成。

從北朝儒學逐步轉變，而有唐代政府之規模，此便是中國史在和平中進展一顯例。至於隋末羣雄擾亂，只加時代以一種不可磨滅之傷痕。

代議制之所起，由於宰輔之權不重，無參署之制，政府負責無人，君主易於為惡。此其一。中國自明代始無參署。稅法不夙定，輕傜薄賦不垂為典則，掊克之術易施。此其二。中國漢、唐稅制皆明定頒布，且極輕。僧侶不務靜修而干政。此其三。中國惟元代有其病。貴族擅權，下情壅隔。此其四。中國自秦以下即無貴族。考試權不獨立，闒冗在位，賢儁老死。此其五。中國自漢以來即力矯其弊。無審駁、監察、彈劾之官，則庶政違失而莫糾。此其六。中國歷漢、唐而諸職盡立。無拾遺、補闕、記注、經筵之官，則君主失德而莫正。此其七。中國自唐以下諸職亦漸備。文化之傳衍淺，則無良法美意足資循式，無嘉言懿行以供考鏡。此其八。中國歷史傳衍之久，美政善俗、至德要道之闡述，自先秦以來，已具規模。中國能造成一廣土眾民之大國家，歷久而轉盛者在此。其遇朝政闕失，在下者以為乃人弊非法弊，故上下之情常通，不致於成敵抗之形。故中國政制無民選代議，不足即據此為中國政制病也。

二　地方政治之整頓

隋唐政府與秦漢之不同，其次則在地方政權方面。

兩漢地方政權，無異於古諸侯，並不一一轄於中央，因此演成漢末分崩的局面。經歷魏晉南北朝，中央政府既不像樣，而地方政治則更糟。

一、軍政、民政不分，州、縣官皆以武吏軍人為之。

漢末及三國，多以諸部都尉為郡。晉郡守皆加將軍，無者為恥。梁、陳太守加督，加都督。魏書甄琛傳，琛表：按：在遷洛後。「邊外小縣，所領不過百戶，而令、長皆以將軍居之。」

二、州、縣為豪強私利而分割。

北齊天保七年詔：「魏自孝昌之季，祿去公室，政出多門。豪家大族，鳩率鄉部，託迹勤王，規自署置。或外家公主，女謁內成，昧利納財，啟立州、郡。」又北史張彝傳：「彝曾祖幸所招引河東人為州，裁千餘家，旋罷入冀州，積三十年，析別有數萬戶。孝文謂彝曰：『終當以卿為刺史，酬先世誠效。』」可見當時州、縣，儼如古代封建。

三、州、縣無限劃分，乃至領戶日削，有名無實。

天保七年詔：「百室之邑，便立州名；三戶之民，空張郡目。」周書盧辯傳，縣令分戶七千以上、四千以上、二千以上、五百以上、不滿五百五等。因此南北朝設縣，皆在千數百以上，較東漢尚過之。

要之魏晉南北朝一時期的地方政治，只在離心勢力下演進，逐步變成封建性之分割，而結果則地方政權轉而日趨削弱。一到隋唐，轉回頭來，地方政權正式再統轄於中央，而那時的地方政權，卻再不能像兩漢般的比較有其獨立性。以隋唐與兩漢相較，中央統治地方之權，更密更大，實為中央集權更進一步之完成。在此方面，隋唐的統一政府，其實際內容，與秦漢又遠異。

唐代地方行政最低級為縣，全國凡一千五百七十三縣。此據玄宗天寶初年。

較西漢略多二百餘縣，所增不到六分之一。武德初，上縣六千戶以上，中縣二千戶以上，下縣一千戶以上。開元中，改上縣六千戶以上，中縣三千戶以上，未滿三千戶為下縣。漢制則以萬戶以上縣為「縣令」，萬戶以下縣曰「縣長」。

縣以上為州或郡。

州長官為刺史，郡長官為太守。自漢季以來，刺史總統諸郡賦政於外，猶如後代之巡撫、總督，較之漢代僅屬司察之任者權位大異。而隋唐刺史，則猶後代之知府及直隸知州，與太守僅為互名，已無分別。此為隋唐減削地方政權之一例。又唐制四萬戶以上為上州，二萬戶以上為中州，二萬戶以下為下州。西漢太守一郡戶口有多至二百萬以上者。西漢一縣戶口，亦有四、五萬以上者。可見漢、唐太守權位之迥乎不侔。

全國州府凡三百五十八。

較西漢增至兩倍外，此又唐代減削地方政權之一例。隋郡一百九十，雖視兩漢為多，然較南北朝已大減矣。唐則視隋又增。

上州刺史只從三品，即第六級官。中、下州刺史正四品。即第七級官。刺史的地位權任，既遠非漢比，又掾吏辟署之權亦削，大部均歸中央。

北齊武平中，後主失政，多有佞幸，乃賜其賣官，分占州、郡，下及鄉官，多降中旨，故有敕用州主簿、郡功曹者，自後州、郡辟士之權寖移於朝廷。後周蘇綽傳：「令刺史府官則命於天朝，其州吏以下，並牧守自置」，則猶存古意。隋開皇二年，明令罷辟署，令吏部除授品官，為州、郡佐官。唐雖間有辟署，然仕進之途大抵由科目矣。沈既濟疏：「今諸道節度、都團練、觀察、租庸等使，自判官、副將以下皆使自擇，則辟吏之法已試於今，但未及州、縣耳。」韓佽傳云：「佽為桂管觀察使，部二十餘州，自參軍至縣令三百餘員，吏部所補纔十一，餘皆觀察使量才補職」，則并州、縣亦有為觀察所置者。然桂管偏區，自與腹地不同也。

於是中央政務日繁，地方事權日輕。

牛弘問劉炫：「魏、齊之時，令史從容而已，今則不遑寧處，其事何由？」炫曰：「往者州惟置紀綱，郡置守、丞，縣惟令而已。其具僚則長官自辟。受詔赴任，每州不過數十。今則不然，大小之官悉由吏部，纖介之跡皆屬考功，所以繁也。」

這又是隋唐大一統政府與秦漢不同一要點。

第二十四章　新的統一盛運下之社會情態 盛唐之進士府兵與農民

要把握住盛唐的社會情態，最好亦從當時幾項制度方面去看。

一　唐代之貢舉制

唐代士人出身，可分三途：一生徒，由學館。此沿漢代博士弟子制。二鄉貢，由州、縣。此沿漢代郡國察舉孝廉制。三制舉。此沿漢代賢良方正制，標目求才，由天子親臨試。州、縣貢舉又分諸目，最著者有秀才、明經、進士。外有明法、明字、明算、一史、三史、開元禮等諸種。貢舉每年一次，為求出身者所集中。制舉無定期，不常有。學館往往有名無實。其生徒亦參加貢舉。而尤以「進士」科為盛。

「秀才」須高才博學傑出者始可應。貞觀中有舉而不第者，坐其州長，由是此科遂絕。「明經」只試帖經記誦，士人不貴。

貢士得懷牒自列於州、縣。

貢舉自北魏已推行，齊、隋選置多由請託，議者以為「與其率私，不若自舉。與其外濫，不若內收」。是以罷州、府之權而歸吏部。

集試於中央。

初屬吏部考功員外郎，後以員外郎望輕，遂移禮部，以侍郎主之。事在開元二十四年。

這一個制度，亦像上舉尚書六部制以及州、縣劃分制度一般，同為後世所遵用，直到清末，不能改變。

此制用意，在用一個客觀的考試標準，此項標準，一則求其公平，不容舞弊營私。二則求其預備之單純與統一，減免經濟上之限制，使貧民亦有出身。又間接助成國內風俗教化之統整，以輔成大一統政府之團結與鞏固。來不斷的挑選社會上優秀分子，使之參預國家的政治。

此制的另一優點，在使應試者懷牒自舉，公開競選，可以免去漢代察舉制必經地方政權之選擇。

在此制度下，可以根本消融社會階級之存在。人民優秀分子均有參政機會，新陳代謝，決無政治上之特權階級。

可以促進全社會文化之向上。政治權解放，民間因按年考試之刺激，而文藝、學術普遍發展。

可以培植全國人民對政治之興味而提高其愛國心。全國除王室有較永久之地位以外，國家政權全部公開於民眾。

可以團結全國各地域於一個中央之統治。各地域按名額獲得其進士參政權，而歷年全國各地士子羣集中央會試，對於傳播國家意識，交換地方情感，融鑄一體，更為有力。

這一個制度的根本精神，還是沿著兩漢的察舉制推進，並無差別，這是中國史意味深厚處。漢、唐繁盛的花朵，從同一根本上壅培出來。不過是更活潑、更深廣的透進了社會的內層。

魏晉南北朝時期之門第，自一方面看，固若近似於古代封建勢力之復活。然自另一方面看，實為先秦、西漢以來士人地位之繼續增強。故至隋、唐而有普遍的貢舉制度之產生，此乃士人地位自門第下出頭而更展擴。故隋、唐之中央集權，可以謂政府地位之提高，而非王室地位之加隆。就全史之進程論，魏晉南北朝之門第勢力，在浮面則為一波折，在底層則依然沿文治之大潮流而滾進也。

二 唐代之租庸調制

由北魏之「均田」制演變而成唐代之「租庸調」制。（高祖武德七年。）

凡男女始生為黃，四歲為小，十六為中，二十有一為丁，六十為老。丁年十八以上授田一頃，（五尺為步，二百四十步為畝，畝百為頃。）內八十畝為口分，年老還官。（即北魏之「露田」。）二十畝為永業。（樹榆、棗、桑等，即北魏之「桑田」。）

授田者丁歲輸粟二石，謂之「租」。（此古粟米之征，相當於漢之租。）

丁隨鄉所出，歲輸綾、絹、絁各二丈，布加五之一。輸綾、絹、絁者兼綿三兩，輸布者麻三斤，謂之「調」。（此古布帛之征。「調」本興調、調發之義，相當於古之「賦」。漢有口賦，唐有戶調，其實一也。）用人之力，歲二十日，閏加五日。不役者日為絹三尺，謂之「庸」。有事加役二十五日者，免調；加役三十日者，租、調皆免。通正役不過五十日。（此古力役之征，相當於漢之役。）

這一個有名的租庸調制，所以為後世稱道勿衰者，厥有數端。

第一在其輕徭薄賦的精神。

以租而言，孟子在戰國時，以什一之稅為王者之政；而漢制則什五稅一，常收半租，則為三十稅一。（此見漢代的實際政治，已較戰國學者託古改制的理想，更進一步的寬大。）若以畝收一石計，（除去永業田不論。）唐制只是四十而稅一，（八十石中收二石。）較之漢制更輕更寬大。（以西晉開國百畝課田六十畝相比，減輕二十餘倍。）以庸而言，漢制更役一歲一月，唐則只二十天，只有漢三分之二。（漢尚須為正卒衛士一年，又有戍邊三天。唐因行府兵制，農民不須衛戍，比漢負擔更輕。）調輸布帛，與漢口賦驟難相比。惟西晉戶調，丁男之戶，歲輸絹三匹、綿三斤，比唐多六倍。北魏均田，一夫一婦調帛一匹，比唐亦多一倍。（唐兼調綾、絁，上比稍有出入。要之唐之調法輕於魏、晉。）

唐制庸、調並得視田登耗為蠲免。

要論輕徭薄賦，中國史上首推唐代的租庸調制。在這一個制度下，農民自可安居樂業。

唐初不榷鹽，開元以下始課鹽；（以左拾遺劉彤表。然天寶、至德間，鹽每斗尚僅十錢。其後乃增至四十倍。天下之賦，鹽利居半。）則唐興逾百年矣。唐初無茶稅，建中以下始稅茶。唐初無酒禁，廣德以下始榷酒。唐六典謂「關呵而不稅」，則唐初待工商又甚優。（隋亦所仰惟賦調，唐初仍隋制也。）

又按：就中國史上之商人言之，西漢貨殖傳中人物，其在當時社會上之勢力，勿論矣。即如東漢初，樊重家閉門成市，兵弩器械，貲至百萬，光武資之起。其末年，蜀先主亦得中山大商張世平、蘇雙之助。而麋竺祖世貨殖，僮客萬人，貲產鉅億。進妹於先主，奉奴客二千，金銀貨幣，以助軍資。則其時商人勢力，猶可想見。降及兩晉，多以朝廷大僚而兼營貨殖，如王戎、園田水碓，周偏天下。石崇甚至劫奪。是也。宋元徽中，張興世為雍州刺史，還家，擁資三千萬。而為蒼梧王所劫。世云：「廣州刺史但經城門一過，便得三千萬。」而梁武陵王紀都督益州，在蜀十七年，南開寧州、越嶲，西通資陵、吐谷渾，殖其財用。黃金一斤為餅，百餅為簉，至有百簉；銀五倍之；其他錦罽繒采稱是。又得賈胡為主金帛。見北史何妥傳。同時梁武弟臨川王宏，積錢百萬一聚，黃榜標之；千萬一庫，懸一紫標。如是三十餘間，計見錢已三億餘萬。北齊富商大賈以貨賄得仕宦，屢見史册。隋、唐商業尤盛，而官吏以經商致巨富亦習見。自兩宋以下，此風似不揚。官吏兼務貨殖至巨富者始少，富商大賈在政治、社會各方面活動勢力亦漸絀。其趨勢蓋自唐中葉以後而始變。一則商稅日重，商利日薄。如唐代「公廨錢」亦名「料錢」。有七分生利者。唐武德以後，國家倉庫猶虛，應京官料錢，並給公廨本，令當司令史番官迴易給利，計官員多少分給。貞觀時，褚遂良極論之，然其制終不革。開元六年，祕書少監崔沔議：「五千之本，七分生利，一年所輸，四千二百。兼算勞費，不啻五千。」開元十六年詔：「天下負舉，祇宜四分收利，官本五分收利。」可見當時社會利率之厚。宋王安石行新法，青苗市易皆收息二分，已為一時詬病，亦由其時社會一般利潤自低也。惟其利潤降低，故商人不能進至於大富，而官僚亦無從自商人處一轉手而攫多金。然論社會商業狀況，宋以下若轉較唐前為活潑。市坊制度，皆至宋而廢弛。於是有夜市，有草市。此蓋都市人口增加，財富旺盛，交通便利，勞動生產力發達，故商業交易，隨時隨地而擴大。又如唐以前用錢絹，宋、元以下用銀鈔，皆可見商貨交易之後盛於前也。蓋社會商業情況之盛衰，不必與商人所得利潤之高低為正比。故宋以下社會一般商業轉盛，而資本集中之趨勢則日減。二則貴族特權日削，官方則例日嚴，故宋、明權臣大僚，多務於厚擁田租而止。田租之視商利，固瞠乎後矣。偶有以貨殖見稱巨富，往往得罪，禍不旋踵。如明初吳賈陸某，富甲江右，謂「積而不散，適以釀禍」，盡以與其徒沈萬三，身為道士以終。沈富敵國，明太祖因而罪之，謫戍雲南。蓋社會貧富之懸殊，與貴族特權之存廢，亦相為比例而進退也。此如海上貿易，宋非不如唐，然市舶司制度既立，則利入政府；官僚與商人，皆不能如唐人之多獲厚利。社會自唐中葉以下，既無特貴，亦無殊富，則力量漸趨平均，故此後社會之亂，如王仙芝、黃巢、張獻忠、李自成、洪秀全等，除卻軍隊變叛以外，大抵皆饑民之騷動。求如古社會之所謂豪傑起義者，亦渺不可得。此亦古今社會升降轉變一大節目也。欲知盛唐社會盛況，亦不得不注意及此，故附論及之。

租庸調制的第二優點，則為稅收項目之列舉分明。有田則有租，有身則有庸，有戶則有調。此惟漢代的租稅制度差可相比。自租庸調制破壞以後，更找不到此種項目分明之徵收制度。因此橫徵暴斂，可以隨時增加，有進無已。

更重要的一點，租庸調制的後面，連帶的是一個「為民制產」的精神。及丁則授田，年老則還官，「為民制產」與「為官收租」兩事並舉，此層更為漢制所不及。漢租雖輕，然有無田者，亦須出口賦，應更役，不得已則出賣為奴，亡命為盜。唐無無田之丁戶，則無不能應庸、調之人民矣。在租庸調制下之農民生活，其比較寬舒安恬之景象，可以想像而得。農民生活之寬舒安恬，蒸鬱而生整個社會之繁榮。盛唐時代之富足太平，自貞觀到開元一番蓬勃光昌的氣運，決非偶然。

杜甫詩：「憶昔開元全盛日，小邑猶藏萬家室。稻米流脂粟米白，公私倉廩俱豐實。」此盛唐社會之寫照也。安史之亂，李萼說顏魯公，謂：「平時江、淮、河南錢帛聚於清河，以贍北軍，謂之『天下北庫』。有布三百餘萬匹，帛八十餘萬匹，錢三十餘萬緡，糧三十餘萬斛。昔討默啜，甲兵皆貯清河，今有五十餘萬事。戶七萬，口十餘萬。」顏遂據以拒賊。許遠於睢陽，積糧六萬石，張巡因之以障江、淮。烏承恩以信都降史思明，親交兵馬倉庫，馬三千匹，兵五萬人。當時州、郡猶富實如此。此後雖益衰，然藩鎮之殷實富厚，仍有遠非後世可冀及者。憲宗時，韓弘在汴為宣武節度使，獻馬三千，絹五千，雜繒三萬，金銀器千。而汴之庫廄尚有錢百餘萬緡，絹百餘萬匹，馬七千匹，糧三百萬斛。穆宗時，劉整為盧龍節度使，獻征馬萬五千匹。藩鎮財力殷盛，正見唐代積富於民之厚，故諸藩亦得自捍外寇而久存。顧亭林日知錄謂：「今日所以百事皆廢，正緣國家取州、縣之財，纖毫盡歸之上，而吏與民交困，遂無以為修舉之資。即如唐代驛舍，有沼、有魚、有舟、孫樵書褒城驛壁。有池、有林、有竹；杜甫秦州雜詩。後代驛舍，殆如隸人之垣。」又曰：「余見天下州城，為唐舊治者，其城郭必皆寬廣，街道必皆正直；廨舍之為唐舊創者，其基址必皆宏敞。宋以下所置，時彌近者制彌陋。人情苟且，十百於前代矣。」今按：唐室富盛，固在中央不盡取之於州、郡，尤要者，更在中央不盡取之於民間也。

三　唐代之府兵制

「府兵」制度，沿自西魏、北周，至隋、唐而大成。

唐府兵制定於貞觀十年，天下十道，置折衝府六百三十四，而關內共有二百六十一。

府又分三等，上府千二百人，中府千人，下府八百。府數各說不同。陸贄謂：「諸府八百餘所，關中殆五百焉。」杜牧謂：「凡府五百七十四，有四十萬人。」皆與唐志不合。蓋自有增減變動耳。漢唐事箋謂：「以唐地志每州之府數計之，僅與杜牧同，其說當可據。」所以關中置府獨多者，固為有強本弱枝之意，然亦由府兵制承襲周、隋，因其遺基，故獨以關內為特盛也。

每府置折衝都尉一人，左、右果毅都尉各一人。

士以三百人為團，團有校尉。五十人為隊，隊有正。十人為火，火有長。

民年二十為兵，此指府兵言，非指全體農民言。六十而免。每歲季冬，折衝都尉率之習戰。

府兵皆隸於諸衛。唐踵隋制，設十六衛，將軍總三十員，屬官一百二十八員，以養武臣，其所部兵則散於諸府。凡當宿衛者番上，兵部以遠近給番，五百里為五番，千里七番，一千五百里八番，二千里十番，外為十二番。皆以月上。

按：漢衛卒以歲代，較唐為優，唐太紛擾矣。唐制亦有簡留直衛者，則五百里為七番，千里八番，二千里十番，外為十二番，亦月上。

府兵制的優點，無事耕於野，番上宿衛；有事命將以出，事解輒罷。兵散於府，將歸於朝。府兵雖散在諸道，然折衝都尉並遙隸於諸衛，乃是內任官。漢郡國都尉不隸衛尉，乃外任官。此亦唐代中央集權較漢更進之一例。既免軍人專擅兵隊之弊，亦無耗財養兵之苦。尤要者，府兵制並不是「全農皆兵」，而是「全兵皆農」。亦即選農訓兵。西漢的全農皆兵制，一則教練不易精熟，二則事實上無需發動整個農民來充當兵役。唐制在整個農民中挑選其合格的充當府兵，既不需國家特別的俸給，因其附農於兵。而一般農民從此可以脫免充兵的義務。所以府兵制在一面說來是兵、農合一。如南朝募兵與北朝之部族兵，皆非兵農合一。而在另一面說則為兵、農分離。漢以來農民，自歷史上之傳統觀念言之，皆有充當兵役之義務。自唐以下，則農民除納稅外，並無必充兵役之責任。此在一個社會和平文化進展之過程中，實為應有之階段也。又唐以前兵、役不分，唐以下兵與役離。兵與役離，故兵精。宋之「廂兵」，依然兵、役不分，故不可用。府兵和進士，一文、一武。實為農民出身發迹之兩條路徑。農民中家道殷實而身心武健者，可以加入府兵；貧弱戶在六等以下者，例不能應府選。有聰明雋秀的子弟，在一家耕種餘閒中，如一家三丁，一丁可騰出讀書應科舉。亦可讀書求學，走入貢舉門路。

古代社會中武力與智識兩項，為貴族階級所專有，平民不得預。現在則武力與智識，卽從平民階級中培養，而仍有其政治上特殊保護的地位。此卽府兵制較西漢全農兵役制為優之所在。唐代的租庸調制，奠定了全國農民的生活。唐代的府兵制，建立起健全的武裝。唐代的進士制，開放政權，消融階級，促進了全社會的文化。唐代的政府組織，又把一個創古未有的大國家，在完密而偉大的系統之下勻稱的、合理的凝造起來。事實勝於雄辯，盛唐的偉大，已在事實上明確表出。

唐人之偉大，可以唐六典、唐律，乃至如杜佑通典、其先開元時有劉秩政典，取周禮六官所職，分門撰書，為通典所祖。李吉甫元和郡縣志等著作中覘之。自北方儒統中產生蘇綽、盧辯，繼之而有李文博、隋博陵人，著政道集十卷，大行於時。房玄齡友之。其書不傳。王通，隋文時獻太平十二策，歸而倣古作六經，又為中說擬論語。困學紀聞謂：「世說其言淸以浮，有天下分裂之象。中說其言閎以實，有天下將治之象。」然陳龍川謂：「文中子沒於隋大業十三年五月，是歲十一月，唐公入關，其後攀龍附鳳以翼成三百載之基業者，大略嘗往來於河汾矣。然智不足以盡知其道，而師友之義未成，故朝論有所不及。」今按：中說所傳唐初名臣多受業通之門下，此乃通後人妄為之。然通自是一時大儒，惟亦非平地突起。當時北方儒風已達此境，則聲氣染習，唐初諸臣，固不必定得之於通也。再繼而有唐人對政治、社會上更堅實、更恢宏的建設。至於唐人之詩、文、藝術等，乃自唐代之盛況下所孕育，非由此產生唐代之盛況。若或專從唐太宗等幾個人物身上著眼去窺測，亦難得其眞際。

此種政治、社會各方面合理的進展，後面顯然有一個合理的觀念或理想為之指導。這種合理的觀念與理想，即是民族歷史之光明性，即是民族文化推進的原動力。他不必在某一個人的事業上表出，而是在整個民族的長時期的奮鬭下，篤實光輝地產生。從北魏到北周以及隋、唐，逐步進展，光明在黑暗的氛圍中長養成熟，在和平的階級下達其頂點。至於社會不時的動亂，只是黑暗與盲目勢力給與歷史進展的一些波折。要看當時中國民族新生命之復蘇，應在此等處著眼。

第二十五章　盛運中之衰象（上）唐代租稅制度與兵役制度之廢弛

一項制度之創建，必先有創建該項制度之意識與精神。一項制度之推行，亦同樣需要推行該項制度之意識與精神。此種意識與精神逐漸晦昧懈弛，其制度亦即趨於腐化消失。盛唐的命運，由於當時各項新制度之創建。換言之，即某種意識與精神之達於具體現實化。及此各項新制度日趨崩潰，換言之，即某種意識與精神已喪失或轉變不復存在。而盛唐之盛亦遂不可久保。

一　由租庸調制到兩稅制

租庸調制的精神，不僅在於輕傜薄賦，而尤重於為民制產。推行此項制度，必先整頓籍帳。正如北魏均田，必先成立三長制。

戶籍分九等，共三本。一留縣，一送州，一送戶部。此為租、調之根據。計帳預定翌年之課役數。此為庸之根據。

武德六年制，「每歲一造帳，三年一造籍」。州、縣留五比，尚書省留三比。凡戶口之新附、除籍、絕逃、籍沒，田畝之應退、應授，均須逐年認眞辦理。此即政府上下對此制度必先有一番精神，更不可無一種相當之意識也。

杜佑通典以隋國計之富足，歸功於高熲建輸籍之法。按：熲在煬帝時奏：「人間課稅，雖有定分，年常徵納，除注恆多。長吏肆情，文帳出沒，既無定簿，難以推校。乃為輸籍之樣，請遍下諸州。每年正月五日，縣令巡人，各隨近五黨、三黨共為一團，依樣定戶上下。」帝從之，自是姦無所容。則熲之輸籍法，正有賴於詳密周勤之吏治。

唐自武后亂國以來，民避傜役，逃亡漸多。田移豪戶，官不收授。其時已有括正戶之舉，見蘇瓌傳。到玄宗開元八年，乃重頒庸調法於天下。制度廢弛而求以法令挽回，苟不能喚起推行此項制度之精神與意識，則亦徒然。是時天下戶未嘗升降。監察御史宇文融獻策，括籍外羨田、逃戶。

自占者給復五年，每丁稅錢千五百。諸道括得客戶八十餘萬，田亦稱是。州、縣希旨，張虛數，以正田為羡，編戶為客，歲終，籍錢數百萬緡。當時上下意識，已全不在輕徭薄賦與為民制產上著想。徒借法令求得隱漏，與民爭財，如何得恢復往年創建租庸調制度時之精神！

然版籍之不整理如故。

丁口轉死非舊名，田畝移換非舊額，貧富升降非舊第，戶部徒以空文總其故書。

朝廷再不注意到民生疾苦，而徒務於追徵誅求。

舊制：人丁戍邊者蠲其租、庸，六歲免歸。玄宗方事夷狄，戍者多死不返。邊將怙寵，不以死申，其貫籍之名不除。天寶中，王鉷為戶口使，遂案舊籍，除六年外，積徵其家三十年租、庸。肅宗末，租庸使元載又按江、淮籍，以江淮雖經兵荒，其民比諸道猶有貲產。舉八年租、調之違負及逋逃者，擇豪吏為縣令督之。民蓄穀十斛則重足待命，或聚山林為盜。

創建租庸調制度的意識與精神全不存在，而強欲以法令快上意，終不能有效。

其時政府則誅求苛刻，而社會則兼并熾行。此實一事之兩面。

據天寶十四年統計，戶數共八百九十萬有奇，按：此數即多隱漏不可靠，說見下篇。而課者五百三十四萬有奇，不課者三百五十六萬有奇。口數共五千二百九十萬有奇，課者八百二十萬有奇，不課者四千四百七十萬有奇。不課者戶佔三之二，口佔六之五。唐制：鰥、寡、孤、獨、廢疾，不課；九品以上官，不課；部曲、客女、奴婢，不課。豈有此等得佔三二、六五之理！故杜佑謂：「開元、天寶以來，法令廢弛，并兼之弊，有踰漢成、哀之間也。」據開元十一年詔，其時王公、百官、豪富，或招農民墾闢荒地，熟則擅為私有；或非法收買口分、永業田；或私改簿籍，隱漏戶口，佔為己有；或以自典貼及收奪以為兼并。租庸調制之破壞，蓋至此已達極點。

及安、史亂後，戶籍頓減，更難整理。

肅宗乾元三年，戶一百九十萬有奇，口一千六百九十萬有奇。較之天寶十四年之數，戶激減七百萬，五去其四。口激減三千六百萬。三去其二。戰亂耗折，亦不至如此之鉅。此亦以吏治廢弛，兼并熾行，為其一重要原因也。

於是租庸調制乃不得不廢棄而以「兩稅」制代之。代宗大曆元年詔：「天下苗一畝稅錢十五。以國用急不待秋，方青苗即征之，號『青苗錢』。又有『地頭錢』畝二十，通名『青苗錢』。」此即以畝徵稅也。五年始定法：「夏上田畝稅六升，下田四升。秋上田畝稅五升，下田三升。青苗錢畝加一倍。」此夏、秋分徵也。是皆「兩稅」制之先聲。一制度之創建，必有其開先，無突然出現之理。「兩稅」制始於德宗建中元年，為宰相楊炎所創。

史稱：「肅宗至德後，天下兵起，人戶凋耗，版圖空虛。賦斂之司，莫相統攝，綱目大壞。王賦所入無幾，科斂凡數百名。廢者不削，重者不去。吏因其苛，蠶食於人。富人多丁者，以宦學、釋老得免；貧人無所託，則丁存。故課免於上，而賦增於下。是以天下殘瘁，蕩為浮人。鄉居土著者，百不四五。炎疾其弊，乃請為兩稅法。」

其制：凡百役之費，一錢之斂，先度其數而賦於人，量出以制入。戶無主、客，以見居為簿；人無丁、中，以貧富為差。行商者，在所州、縣稅三十之一。稅夏、秋兩徵。夏輸無過六月，秋輸無過十一月。租、庸、雜徭悉省。

其制簡捷明白，可以止吏姦；而未必能惠民生。

史稱兩稅制行，「人不土斷而地著，賦不加斂而增入，版籍不造而得其虛實，貪吏不誡而姦無所取，輕重之權始歸朝廷。」然當時識者如陸贄等極非之。惟以救時弊，竟不能革也。馬端臨謂：「因授田之名而重其戶賦，田之授否不常，而賦之重者已不可復輕，遂至重為民病，此自魏至唐之中葉是也。自兩稅之法行而此弊革。」可見兩稅制在當時亦自有其所以為補救之意。蓋既已不能為民制產，則視民財力而課稅，亦不失為公平之道也。

以此制與租庸調制比，租庸調制稅目分明，此則並歸一項。授田徵租之制，遂變為僅徵租不授田。「為民制產」之精意全失，而社會貧富兼并，更因此而不可遏。

唐、宋莊園之成立即由此。陸贄奏議謂：「疆理隳壞，恣人相吞，無復畔限。富者兼地數萬畝，貧者無容足之居。依託豪強，以為私屬。貸其種食，賃其田廬。有田之家，坐食租稅。今京畿之內，每田一畝，官稅五升；而私家收租，殆有畝至一石者，是二十倍於官稅也。降及中等，租猶半之，是十倍於官稅也。」均節賦稅恤百姓奏。按：當時私租額比租庸調舊制已增到二十倍，即官稅亦比租庸調制增高。兩種稅制下之社會經濟及其一般景況，自必激變，可想而知。又按：兩稅制戶不問主、客，惟以見居為簿，此後所謂主戶、客戶者，乃全為農田兼并下之一種新名詞。其先則是土著與流移寄居之別。南宋胡宏五峯集與劉信叔書。論主、客戶之關係，云：「蜂屯蟻聚，亦有君臣之義。自都甸至於州，而縣，而都保，而主戶，自主戶至於客戶，遞相聽從，以供王事，不可一日廢。夫客戶依主戶以生，當供其役使，從其約束。客戶或稟性狼悖；或習學末作；或肆飲博；或無妻之戶，誘人妻女而逃；或丁口蕃多，衣食有餘，稍能買田宅三、五畝，出立戶名，便欲脫離主戶而去。」此見客戶亦自有獨立之私產與儲蓄，並有轉變其身分之可能，如史言北宋氾縣李誠莊客，「皆建大第高廩，更為豪民」是也。客戶可免國家之徭役，故有獻產巨室以規免役者。然唐代有戶稅，宋代有丁錢，彼等蓋仍為國家之公民。故北宋主、客戶口丁數皆分別統計。此等特以經濟上之租貸契約關係而受主戶之管束，與漢代所謂奴隸、唐初所謂部曲戶者不同。若認客戶為農奴，則失之。又莊園主亦自向國家納稅。大曆四年有「諸道將士莊田，緣防禦勤勞，一切從九等輸稅」之詔。其取利亦不過在私租重而官稅輕之間。此所謂「兼并」與「封建」之異。若以古代封建貴族目唐中葉以下之莊園田主，亦誤。此可見兩稅制行後農田兼并下之一種情態，若與口分、永業之制相比，自可想見世運隆汙之殊也。北宋真宗天禧五年，主戶六百餘萬，而客戶則達二百六十餘萬，已幾及主戶之半數。仁宗寶元元年，主戶六百四十餘萬，而客戶則三百七十餘萬，逾主戶之半數矣。佃農幾常佔全國戶數三分之一，則世運之慘澹可知。

又此制因出制入，與農業經濟之情況亦不合。

農產有常額，故三年耕，有一年之蓄，以備非常；水旱荒歉，則減免田租。今量出為入，則有不顧田收，隨意加徵之弊。此後租稅日重，頹勢不可復返矣。

以貨幣納稅，亦為妨農利商。

此制行，納稅人以所供非所業，必將增價以市所無，減價以貨所有。而豪家大商，積錢以逐輕重，農人將日困。楊炎此制，本以便政府，不為農民計也。穆宗時，用尚書楊於陵言，兩稅皆易以布帛、絲纊。五代時，吳徐知誥用宋齊邱言，稅收悉以穀、帛、紬、絹。於時皆稱惠益。宋代復輸錢，折變之制，大為民病。為絹者倍折而為錢，再折而為銀。銀愈貴，錢愈難得，穀愈不可售。使民賤糴而貴折，則大熟之歲反為民害，而民生無蘇息之日矣。

以後的稅制，只能沿著楊炎的兩稅制稍事修改，竟不能再回到租庸調制的路上去。正因一個制度的推行，必有與其相副的一種精神與意識，否則此制度即毀滅不能存在。從北魏到唐初，在中國士大夫心中湧出的一段吏治精神，唐中葉以後已不復有，則相隨而起的種種制度，自必同歸於盡。

二　自府兵到方鎮與禁兵

府兵制度亦在同樣命運下消滅。換言之，府兵制度之破壞，全在時人對此制度所與的精神以及意識上之轉變。舊制，諸衛將軍皆選勳德信臣。武后之世則多以外戚無能及降虜處之。

貞觀時，府兵宿衛，太宗常引與共同習射。

上日引諸衛將卒數百人，習射於顯德殿。諭之曰：「戎狄侵盜，自古有之。患在邊境小安，則人主逸遊忘戰。今朕不使汝曹穿池築苑，專習弓矢。居閒無事為汝師，突厥入寇為汝將。庶中國之民，可以少安。」由是人思自勵。數年間，悉為精銳。

其後本衛多以假姻戚家，役使如奴隸。

武后以來，承平日久，府兵為人所賤。百姓恥之，至蒸熨手足以避其役。番上者皆貧羸受雇而來。

舊制，折衝、果毅出身優越。馬周云：「折衝、果毅先入為中郎將，次始補郡守。」後則歷年不遷，為士大夫所恥為。

舊制，府兵征役得授勛級；死事，勅使弔祭，追贈官職。後則勳官、督役與白丁無別，死事更不借問。賞既不行，並多僞勳舞弊。高宗時，劉仁軌、魏元忠等均已極論其事。魏云：「蘇定方定遼東，李勣破平壤，賞絕不行。將吏率多貪暴，所務惟狗馬，所求惟財物。」劉疏比論貞觀、顯慶異同尤詳切。

舊制，府兵皆富室強丁，始得為之。其後則漸成貧弱，府兵出征不賞，則較農民更苦瘁，自必貧弱。無力上番宿衛，遂至逃亡。

唐關內府兵已遠及朔方邊陲，武后時，番上者即已因貧不能自致。

舊制，四方有事則命將以出，事解輒罷，兵散於府，不失田業。其後則征鎮不息。先天二年詔：「往者分建府衛，計戶充兵，裁足周事，二十一入募，六十一出軍，多憚勞以規避匿。今宜取二十五以上，五十而免。屢征鎮者，十年免之。」雖有其言，而事不克行。

舊制，府兵戍邊三歲而代。其後則增至六年。以勞於途路，乃募能更住三年者，賜物二十段，謂之「召募」。遂令諸軍皆募，謂之「健兒」。事始玄宗時。天寶以後，戍兵還歸者無一、二。

杜甫詩：「一從十五北防河，便至四十西營田，去時里正與裹頭，歸來頭白還戍邊。」時戍者，多齎繒帛自隨，邊將誘之寄府庫。既擁兵自重，又雜使營私。晝則苦役，夜縶地牢，利其死而沒其財。其虐如此，而不敢怨叛，以府兵自有家業，恐累親族也。李泌謂：「山東之人，懲天寶之苦，故甘心為賊藩鎮用。」

舊制，府士缺額，須隨時補足。以後則無人注意及此。

府兵制的創建與推行，一面是由於對國家武裝之深謀遠慮，一面是由於對農民生活之忠誠惻怛。在此兩種精神下，始可有府兵制之創建與推行。

社會和平既久，文治日隆，驕縱日恣，對國家武裝，不再有憂勤惕厲之感。非漫不關心，即窮兵黷武，濫用民力。對府兵本身，更沒有一種合理的人道觀念。從精神的轉變，影響到制度，使其不能存在。於是遂有所謂「彍騎」制。

「彍騎」制始於玄宗時張說之建策。彍騎之興，在開元十一年，初名「長從宿衛」，至開元十三年始有「彍騎」名。

以當番衛士因貧弱逃亡略盡，請一切召募強壯，不簡色役，優為條例。逋逃者爭來應募，旬日得精兵十三萬，分繫諸衛，更番上下，以實京師。此即以後所謂彍騎。

其實彍騎與府兵還是大同小異。一樣的於農家中挑募富強。（既以強壯募，又優為條例，則富強仍兼有之。）一面授田耕種，一面輪番宿衛。惟與府兵制不同者，府兵遍及全國，彍騎則只在京師。府兵兼負征戍，彍騎則專於宿衛。

彍騎只是府兵制之縮小範圍，正因其精神不够推行之故。

因為彍騎還只是府兵制之縮小範圍，故至天寶以後，連彍騎亦不能存在。（在上者精神不貫注，則經歷相當時期，折衝府依然無兵可交。以前召募的，現在仍然逃亡。）

自此唐代只有所謂「方鎮」的邊兵，（開元二十五年始募丁壯，長充邊軍。）與中央的禁兵。

邊兵統於番將，禁兵統於宦官。他們既坐食優俸，吮吸人民的膏血，卻並不能對國家社會有絲毫貢獻，只促進唐室之亂亡，使中國史再鑽入黑暗的地獄中去。

劉蕡對策謂：「首一戴武弁，疾文吏如仇讎；足一蹈軍門，視農民如草芥。」唐末軍人意態如此。

唐代的租庸調制與府兵制，是兩個古代社會蛻變未盡的制度，大體精神頗與漢制為近。自唐以下，租稅與兵役都走入新方向，和漢、唐絕然不同。租稅不整頓，農民生活無法繁榮；兵役不整頓，國家武裝無法健全。後世中國遂想望漢、唐之富強而不可幾及，這是重大的一種因素。

第二十六章　盛運中之衰象（下）唐代政府官吏與士人之腐化

唐代的租庸調制和府兵制，結束了古代的社會。其政府組織和科舉制，則開創了後代的政府。但後兩者亦各有其流弊與缺點。

一　政權之無限止的解放

科舉制讓人自由應考，即是廣泛的開放政權。此制度容易引起士人充斥、官少員多之患。而且唐初入仕之途極廣，科舉還不過是其間的一項。

高宗時劉祥道疏：「歲入流千五百，經學、時務比雜色人，三分不及一。」玄宗時楊瑒言：「唐興，二監（指兩京之國子監。）舉者千百數，當選者十之二，考功覆校以第。謂經明行修，故無多少之限。今考功限天下明經、進士歲百人，二監之得無幾。且以流外及諸色仕者歲二千，過明經、進士十倍。」按：貞元十八年又敕：「自今以後，每年考試所取明經不得過百人，進士不得過二十人。」

於是「官員有數，入流無限，以有數供無限，人隨歲積」。（高宗顯慶二年，黃門侍郎劉祥道奏語。）

劉祥道奏謂：「今內外文武官，一品以下、九品以上，一萬三千四百六十五員。年取五百人，三十年得一萬五千人，已有賸無少。」而當時每年入流數過千四百人。武后時納言魏玄同上疏：「諸色入流，歲以千計。羣司列位，無復新加，官有常員，人無定限。選集之始，霧積雲屯，擢敍於終，十不收一。」（東漢以二十萬人舉一孝廉，即最盛時亦不逾三百人。）

其勢循至於為人擇官，而非為官擇人。其時則「官倍於古，士十於官，求官者又十於士。於是士無官，官乏祿，而吏擾人。」（玄宗時劉秩語。）

通典云：「按格令，內外官萬八千八百五員；而合入官者，自諸館學生已降，凡十二萬餘員。其外文武貢士，及應制、軍功、使勞、徵辟、奏薦，諸以親蔭等，大率約八、九人爭官一員。」

在此情勢下，政府的用人，遂至於徒循資格，推排祿位。

開元時選人漸多，有出身二十年不獲祿者。裴光庭為吏部尚書，乃定循資格之制。自下升上，限年躡級。其有異才高行，聽擢不次。然有其制，無其事。有司但守文奉式，循資例而已。庸愚沉滯者皆喜，謂之「聖書」。按：此制崔亮已行之於後魏，裴光庭以後，遂莫能革。

然而祿位仍有限，資格仍無窮。在政海角逐中，漸漸分成朋黨，而使在上者亦束縛困制，無可展布。

唐宰相猶得不次用人。代宗時，崔祐甫為相，日除十數人，未踰年，除吏八百員。或謗其所除多涉親故，祐甫曰：「進擬庶官，必量能補任，若素不知聞，何由察其言行？」識者是之。憲宗時，李吉甫為相，謂學士裴垍曰：「吉甫自尚書郎流落遠地十餘年，後進人物，罕所接識。君多精鑒，幸聞今之才傑。」垍取筆疏其名氏，得三十餘人，數月之內，選用略盡。當時翕然有「得人」稱。自文宗以下，朋黨議興，由是進用一官，遷除一吏，各相顧瞻，恐涉譏議。

以前的弊害，在於社會有特殊階級。門第之存在，政權不公開，政治事業只操於少數人之手。

現在的弊害，則因特權階級逐步衰落，社會各方面人平流競進，皆得有參政之機會，而政權一解放，政治事業時有不易督責推動之苦。

德宗時沈既濟言近代之失「四太」：「入仕之門太多，世胄之家太優，祿利之資太厚，督責之令太薄。」此即申說當時政局之此種病象也。

以上所說，其先並不卽是科舉制之弊病，只是科舉制亦在此種政權公開之趨勢下存在。此後科舉制逐步推進，入仕之途，逐步集中到科舉一門之下，則上述種種病痛，亦全由科舉制來保留。

照理論，國家一面公開政權，一面便應實施教育，好使兩者分途並進。此在貞觀初年頗有其意。

貞觀五年以後，太宗屢幸國學，增創學舍一千二百間。國學、太學、四門學，均增生員額。書、算各置博士。凡三千二百六十員。屯營飛騎，亦給博士，授以經業。高麗、百濟、新羅、高昌、吐蕃諸國，亦遣子弟請入國學。國學之內，八千餘人，其盛為近古所未有。

但一到高宗、武后時，此風凌替。

舊唐書儒學傳：「高宗嗣位，政教漸衰，薄於儒術，尤重文吏。醇醲日去，華競日張。則天稱制，以權道臨下。不吝官爵，取悅當時。生徒不復以經學為意，二十年間，學校頓時隳廢。」新書儒學傳謂其時「諸王、駙馬皆得領祭酒」，其腐敗可想。故劉祥道上疏，謂：「永徽以來，庠序諸生，未聞甄異，獎勵之道未周。」而中宗時，韋嗣立上疏，謂：「國家自永淳以來，二十餘載，國學廢散，胄子衰缺。時輕儒學之官，莫存章句之選。貴門後進，競以僥倖昇班。寒族常流，復因凌替弛業。」蓋武后「重用刑，輕用官」。楊嗣復語。韋氏當國，亦「擅擢士大夫」。楊瑒語。至太平公主亦常推薦天下士，謂儒者多窶狹，厚持金帛謝之，以動大議，遠近翕然歸嚮。經此數番搗亂，士風激變，儒業驟衰，而學校之政終於不振。唐太宗嘗問王珪：「近世為國者益不及前古，何也？」對曰：「漢世尚儒術，宰相多用經術士，故風俗淳厚。近世重文輕儒，參以法律，此治化之所以益衰。」唐高宗、武后以後之弊象，王珪已逆知之矣。

國家既無教育，而空懸一格以為考試。此猶專據科舉言。諸色入流，以及世冑門廕，并此無之。而考試標準又漸漸趨重於進士科之詩賦。

隋大業置進士科，試策問。唐初亦因之。高宗永隆二年，考功員外郎劉思立言：「進士惟誦舊策，無實才。」遂詔進士先試雜文兩篇，通文律然後試策。所謂雜文，即詩賦之類。玄宗天寶十一載，詔：「進士帖經既通，乃試文、試賦各一篇，文通乃試策。」可見進士科在永隆以前止有對策；天寶以前有策、有詩賦；天寶以後有帖經、有策、有詩賦。說者謂隋以詩賦取士，未是。惟對策多可鈔襲，帖經惟資記誦，別高下、定優劣，以詩賦文律為最宜。故聰明才思，亦奔湊於此也。

開元以後，成為風氣。

開元以前，未嘗專尚進士科，故天下名士雜出他途。開元以後始尊崇之，故當時名士中此科者十常七、八。其後則公卿非進士出身不為美。開元二十五年敕：「進士以聲韻為學，多昧古今；明經以帖誦為功，罕窮旨趣」，是當時未嘗不知其流弊，而無以為變。

全國上下尚文之風日盛，尚實之意日衰。

此亦武后時開之。史稱：「永淳以來，臺閣髦彥無不以文章達，而中書舍人尤為朝廷盛選，諸官莫比。」相傳武后天授元年，壽春郡王盛器兄弟初出閣，同日受册，有司撰儀注，忘載册文。及百寮在列，方知闕禮，宰臣相顧失色。中書舍人王勃立召小吏五人，各令執筆，口授分寫，同時須臾俱畢。詞理典贍，時人歎服。當時所豔稱之故事率如此。又，自王通至王勃，一家學術之變，即可覘世尚也。武后詔張昌宗撰三教珠英，文學士李嶠、閻朝隱、徐彥伯、張說、宋之問、崔湜、富嘉謀等二十六人助成之。閻朝隱為武后禱疾少室山，沐浴伏身俎盤，為犧請代。宋之問等至為易之奉溺器。二張誅，朝官房融、崔神慶、崔融、李嶠、宋之問、杜審言、沈佺期、閻朝隱等皆坐竄逐。後之問又諂事太平公主見用。安樂公主權盛，復往諧結。此可見當時朝士風習矣。

詩賦日工，吏治日壞。

杜佑通典論此，曰：「國家貞觀中，有戶三百萬。至天寶末，百三十餘年，纔如隋氏之數。聖唐之盛，邁於西漢，天下編戶合踰元始之間，而名籍所少三百餘萬。直以選賢授任，多在藝文。才與職乖，法因事弊。隳循名責實之義，闕考言詢事之道。習程典，親簿領，謂之淺俗；務根本，去枝葉，目以迂闊。職事委於羣胥，貨賄行於公府，而至此也。」長慶初，給事中丁公著告穆宗：「國家自天寶以後，風俗奢靡，宴處羣飲，以諠譁沈湎為樂。居重位、秉大權者，優雜倨肆於公吏之前，曾無愧恥。公私相效，漸以成俗。由是物務多廢。」此可與杜佑之言相參證。重藝文，習奢靡，其事亦相因也。

唐代政治界的風習，大有從北朝經術轉向南朝文學的意味。這亦是唐代盛運中衰徵之一。宋神宗譏唐太宗「為文學庾信」，鄭毅夫謂太宗「文章纖靡，不與功業稱」。煬帝雖好文，而猶能矯南士之弊；太宗轉溺南風。南方之文采風流，終於戰勝北人之樸厚，為隋、唐統一盛運中一極可注意之事。又會昌四年中書門下奏：「齋月斷屠，出於釋氏。國初風俗，猶近梁、陳。卿相大臣，頗遵此教。」即孔穎達諸人為五經正義，亦多行南廢北。

二　政府組織之無限止的擴大

政權無限制解放，同時政府組織亦無限制擴大。時則有三省、九寺、一臺（御史）、五監（國子、少府、軍器、將作、都水）。唐代的政府組織，其第一可見的缺點，卽為重規叠矩，有許多駢拇無用的機關。

范祖禹謂：「既有太尉、司徒、司空，而又有尚書省，是政出於二。既有尚書省，又有九寺，是政出於三。本朝裕陵。神宗好觀六典，元豐官制盡用之。中書造命，門下審覆，尚書奉行，機事往往留滯，上意亦頗以為悔。」

六部與九寺，職權卽多重叠。

太常、宗正、鴻臚可入禮部，光祿、衛尉、太僕可入兵部，大理即廷尉。入刑部，司農入戶部，少府入工部。大體均可消併。

北周書：「太祖以漢、魏官繁，思革前弊。大統中，命蘇綽、盧辯依周制改創其事。」通典謂：「後周依周禮置六官，而年代短促，人情相習已久，不能革其視聽，故隋氏復廢六官，多依北齊之制。官職重設，庶務煩滯。加六尚書似周官之六卿，又更別立寺監，則戶部與太府分地官司徒職事，禮部與太常分春官宗伯職事，刑部與大理分秋官司寇職事，工部與將作分冬官司空職事。自餘百司之任，多類於斯。欲求理要，實在簡省。」今按：九寺乃古代封建政治之遺骸，為王室之僕傭。南北朝中央勢微，王室衰替，則九寺職權日失其緒。西魏王室最為單孤，故北周君臣獨有意於模古更新。惜乎隋代不能完此美意，隋文存心蔑其前代，改襲北齊，而六尚之制，實則仍蹈北周六卿之體貌，則無怪與九寺為複沓，有如杜氏之譏矣。唐興諸儒，亦未能窮究治要，遂使九寺駢拇，依然存在。玄宗時制唐六典，雖亦意准周禮，不知九寺固非周禮所有，仍不能蕩滌更新，是則北周君臣一番創作之精神，實未為隋、唐所接納也。故隋、唐而後，中國史上雖不復有古昔封建時代之貴族，而仍存古昔封建遺蛻之王室。其詳見論漢制。下益卑，上益崇，君尊臣屈，一成不革，又豈獨官職之重疊而已！是亦讀史者所宜大與惋惜之事也。

新機關產生，舊機關不取消，造成冗官坐食，不僅有損國帑，同時還妨礙整個政治效能之推進。

唐官有流內、官置九品，品各有正、從，四品以下又分上、下，共三十階，謂之「流內」。視流內、流外九品以外別置九級，自動品以至九品，無正、從，謂之「流外」。「視流內」亦自動品至九品。之別。

又有職事官與散官、（散官不帶職事，給俸祿，與朝會，班列依本品之次。皆崇官盛德，罷劇就閒者居之。如開府儀同三司、光祿大夫、驃騎三司，是也。）勳官（出於周、齊交戰之際，本以酬戰士。其後漸及朝流。如上柱國、柱國、上護軍、護軍、輕車都尉、騎都尉等。）之別。又有正官、（階高官卑稱「行」，階卑官高稱「守」。官、階同，無「行」、「守」字。）試官、（未為正命，始於武后時，藉以收人心。當時諺曰：「補闕連車載，拾遺平斗量，把推侍御史，腕脫校書郎」，其濫可想。）員外官（祿俸減正官之半，亦始武后時。李嶠為尚書，員外郎至二千餘員。盧懷慎神龍中疏：「京諸司員外官數十倍，近古未有。」又有「同正員」，祿俸賜與正官同，惟無職田。）之別。（中宗時，韋后、太平公主用事，於側門降墨敕斜封授官，號「斜封官」，亦數千員。李朝隱為吏部員外郎，執罷千四百員，怨誹譁然。）

貴族門第特權階級逐步取消，政權官爵逐步公開解放，引起了官僚膨脹的臃腫病。

太宗省內、外官，定制七百三十員。（此據百官志。新書曹確傳則云：「太宗著令，文武官六百四十三。」）而杜佑通典計唐文武官及諸色胥吏等總三十六萬八千六百六十八人。（元和六年宰臣李吉甫奏：「自漢及隋，十有三代，攝其官員，皆少於國家所置。」）

歷代官數

漢　十三萬二百八十五員。（哀帝時數，兼諸府州郡胥吏在內。）

後漢　七千五百六十七員。

晉　六千八百三十六員。

宋　六千一百七十二員。

齊　二千六十三員。

後魏　七千七百六十四員。

北齊　二千三百二十二員。

後周　三千九百八十九員。

隋　一萬二千五百七十六員。內官二千五百八十一，外郡縣官九千九百九十五。

唐　一萬八千八百五員。內官二千六百二十，外郡縣官一萬六千一百八十五。

與官員日增相因並起的現象，便是官俸日高。

唐初依品制俸，官一品月俸錢三十緡，職田祿米不過千斛。開元時一品月俸至二十六千。天寶數倍於開元，大曆又數倍於天寶，而建中又倍於大曆。大曆中，權臣月俸至九千緡。元載為相，以仕進者多樂京師，惡其逼己。厚增外官俸，刺史月給或至千緡。至常衮相，乃加京官俸，歲約十五萬六千緡，又加諸道觀察使、都團練使、副使以下料錢，使上下有敘。李泌為相，又增百官及畿內官月俸。復置手力資課歲給錢。左右衛上將軍以下，有六項雜給：一糧米，二鹽，三私馬，四手力，五隨身，六春冬服。射生、神策大將軍增以鞋。州、縣官有手力雜給錢。至會昌，三師至二百萬，三公百六十萬，侍中百五十萬，中書令、兩省侍郎、兩僕射百四十萬，尚書、御史大夫百萬，節度使三十萬，上州刺史至八萬。[建中時，沈既濟言：「天下財賦耗數之大者惟二事：最多者兵資，次多者官俸。其餘雜費，十不當二事之一。」]

這一個趨勢，愈走愈失其本意，遂致做官只是發財分贓，而不是辦事服務。一方面又因用人進退之權，完全集中於中央，欲求精密而反不精密。

漢有辟除，故選部不勞。自隋一命之官皆授之朝廷，州郡之官悉歸於吏部，唐承而不革。[按：唐代仕宦多由科目，而辟署亦時有之。有既為王官而被辟者，如張建封辟許孟容、李德裕辟鄭畋、白敏中辟王鐸是也。有登第未釋褐入仕而被辟者，如董晉辟韓愈是也。有強起隱逸，如烏重允之於石洪、溫造，張搏於陸龜蒙是也。有特招智略之士，如裴度於柏耆、杜慆於辛讜是也。所謂隱逸智略之士，亦多起於白衣。故劉攽言：「唐有天下，諸侯自辟幕府，惟其才能，不問所從來。而朝廷常收其俊偉，以補王官之闕。宋時雖有辟法，然白衣不可辟，有出身未歷任者不可辟；可辟者復拘以資格，限以舉主，去古法愈遠。而倜儻弥弛之士，少得自達矣。」]其法始於孟冬，終於季春，天下之士奔走往來，秋往而春歸。歸裝未卸，選期又至。是以遠者、貧者、老者多不能至。至者千百，而授者不能什一。有出身二十年不得祿者。羣天下之士，決於一、二有司之目，察其貌言，考其書判，任公力所不逮，容私何所不至。請託縱橫，奸僞百出。然唐之考課，尚為後世稱美。其法有四善、[以著其德行。]二十七最，[以著其才術。]相為乘除而分九等。上者加階，次進祿，下奪祿，又下解任。置知考使，常以宰相董其任。每能以物望取人而不疑於有司。故唐賢每言選舉之弊，而於考課無異議。[盧承慶考內外官，一官督運漕，風失米，盧考之曰：「監運損糧，考中下。」其人容止自若，無一言而退。盧重其雅量，改注曰：「非力所及，考中中。」既無喜容，亦無媿詞。又改注曰：「寵辱不驚，考中上。」此尤唐代考課中之嘉話也。]

而授官任賢之事，漸變為挨資得官。

劉秩云：「古者封建諸侯，自卿以降，各自舉任。漢室佐史，皆牧守選辟。近則一命拜免，必歸吏部，按名授職，猶不能遺，何暇採訪賢良，搜覈行能？」

中央政府規模擴大，政權集中，官僚充塞，階資增多；地方官權位日落，希求上進的自然羣趨中央，遂連帶引起重內輕外之習。

此弊貞觀時即甚顯。若推溯言之，則遠始晉代。晉李重雜奏議（羣書治要、藝文類聚引）：「秦、漢倚丞相，任九卿，雖置五曹尚書令、僕射之職，始於掌封奏以宣內外，事任尚輕。而郡守牧民之官重。故漢宣稱『所與為治，惟良二千石』。其有殊效，璽書勉勵，或賜爵進秩，禮遇豐厚。及至東京，尚書位漸優顯，然令、僕出為郡守，鍾離意、黃香、胡廣是也。郡守入為三公，虞延、第五倫、桓虞、鮑昱是也。近自魏朝名守，杜畿、滿寵、田豫、胡質等，居郡或十餘年，或二十年，或秩中二千石，假節猶不去郡。此亦古人『苟善其事，沒世不徙官』之義。內官之貴，於今最隆。太始以前，多以散官補羣郎，亦徑補黃門中書郎，今皆數等而後至。百事等級遂多，遷補轉徙如流，能否無以著，黜陟不得彰。此為治之大弊。夫階級繁多而冀官久，官不久而冀治功成，不可得也。」馬周上疏：「古者郡守、縣令，皆選賢德，或由二千石高第入為宰相。今獨重內官，刺史多武夫勛人，或京官不稱職始補外。」張九齡玄宗時疏云：「京輔近處州刺史，猶擇人，縣令或備員。其餘江、淮、隴、蜀、三河等處。但於京官中為閒散者，或身有累，在職無聲，用於牧守，以為斥逐。」武夫流外，積資得官，盡為刺史。縣令以下固不勝言。

中央政府固易趨腐化，而地方政權更難整頓。唐代的地方吏治，因此不易與西漢相比。

西漢選用分於地方；唐則專於吏部，因此選擇不精，並不負責。西漢官少，階位疏闊，故能久於任職而專責成；唐則官多階位密，故速於遷調，而又多掣肘。盧懷慎中宗時疏：「比來州牧上佐，及兩畿縣令，罕終四考。在任多者一、二年，少者三、五月，遽即遷除。」其弊至此。又按：梁朱异立法，分諸州為五品，以大小為牧守高下之差，而定升降之等。凡異國降人邊陲之地悉為下州，論者謂：「以安富遂巧宦之欲，而使頑懦者困邊民，開邊釁。後世南荒、北鄙寇亂不息，莫不自守令召之。」唐制州、縣亦有畿、赤、望、緊、上、中、下、雄之別；明則有邊、腹、衝、疲繁簡調除之法。然邊重於腹，瘠重於饒；而任官者腹、饒為上，邊、瘠為下，何以勸能吏而賤貪風？此等皆多為階級，又重官位而不重官職之病也。漢縣令有遷郡守者（王遵、魏相），有遷刺史者（朱博），有遷諫大夫者（劉輔），有遷京輔都尉者（趙廣漢），有遷御史中丞者（薛宣），亦有吏民所愛，增秩復留者（焦延壽）。地方下級官吏之地位，乃為後世不可想望。

在這一種繁委叢脞的政治情況之下，很容易叫人放棄了宏綱闊節，而注意到簿書案牘上去。

牛弘問劉炫：「令史百倍於前，判官減則不濟，何也？」炫曰：「古人委任責成，歲終考其殿最，案不重校，文不繁悉，府史之任，掌要目而已。今之文簿，恆慮覆治。鍛鍊若其不密，萬里追證百年舊案。故諺云：『老吏抱案死。』事繁政弊，職此之由。」則此種景象，自隋已有之也。張九齡云：「始造簿書，備人遺忘，今反求精案牘，不急人才，何異遺劍中流，而刻舟以求？」

一面在分別流品，看不起吏胥；諸司令史皆「流外」。一面卻把實際的政務，都推放在吏胥手裏。簿書案牘，皆其所掌。這一個情形，自唐以下遂莫能革。

政府的擴大現象中，更可詫駭的，是王室生活之奢靡。太常所屬樂人有數萬員。

唐書禮樂志：「唐之盛時，凡樂人、音聲人、太常雜戶子弟隸太常及鼓吹署，皆番上，總號『音聲人』，至數萬人。」按：李嶠疏：「太常樂戶已多，復求訪散樂，獨持鼗鼓者已二萬餘員。」此在中宗時。至宣宗大中初，尚有太常樂工五千餘人，俗樂一千五百餘人。

供膳至二千四百人。漢太官令宰士二百人。

鹵簿用二萬二千二百二十一人。詳唐書禮樂志。

宦官、宮女之盛，遂為唐政腐敗一要端。詳另述。

種種病痛，自貞觀以後，經過高宗之懈弛，武后之放恣，歷中宗韋后之亂，到玄宗時陸續呈露。然苟有大有為的政府，儘可革新，並非死症。不幸玄宗在盛大光昌的氣運之下，始則肆意開邊，繼則溺於晏安。上述各病痛，反而加甚益厲，遂致終於激起安、史的大變。

第二十七章　新的統一盛運下之對外姿態（唐初武功及中葉以後之外患）

一　安史之亂以前

中國在其統一盛運之下，對外理可有相當之發展。

唐初強敵，厥為北方之突厥。

突厥（即漢之「丁零」，世居金山，即阿爾泰山之南。）初臣於柔然，（蠕蠕。）後漸強。（擊滅柔然。）周、齊爭結姻好，傾府庫事之。其汗佗鉢益驕，謂其下曰：「我在南兩兒常孝順，何患貧也？」

傅奕曰：「自劉、石至後周，皆北狄種類，相與婚姻。高氏聘蠕蠕女為妻，宇文氏以突厥女為后。北齊供突厥歲十萬匹，周氏傾國事之，錦衣玉食長安者恆數千人。周、齊使於突厥，遇其喪，剺面如其國臣。」

隋代突厥內侵，突厥汗沙鉢略妻宇文氏女，曰千金公主。為隋所破。嗣突厥內亂，沙鉢略歸附。千金公主賜姓楊氏，改封大義公主。此在平陳前。後突厥汗染干沙鉢略之子。據通典則為沙鉢略弟處羅侯之子。來求婚，隋使殺千金公主而妻以宗室女安義公主。後拜為啟民可汗。安義公主死，又妻以義成公主。

大抵突厥其勢驟盛，而政治組織，不能堅凝，自分東西，時生內亂。而中國已趨統一，突厥遂終於屈服。

突厥政治組織遠不逮匈奴。匈奴「單于」一統，突厥則分據一方者皆稱「可汗」，其尊卑與「大可汗」不甚殊。楊忠與突厥伐齊還，言於周武帝，曰：「突厥首領多而無法令，何謂難制馭？」頡利入寇，唐太宗謂：「突厥眾而不整，君臣惟利是視。可汗在水西，而酋帥皆來謁我，我醉而縛之甚易。」李百藥云：「突厥雖云一國，然其種類區分，各有酋帥。」此乃突厥在隋、唐初年所以雖盛而遽摧之故。

煬帝大業三年，幸榆林，啟民來朝。帝親巡雲中，幸啟民所居。在今馬邑。啟民躬為帝削帳外草。

隋末，中國亂離，中國人多往歸突厥，始畢可汗啟民子。遂復盛。

史稱其「控弦百萬，東自契丹、室韋，西盡吐谷渾、高昌」，蓋北方幾於混一。

唐高祖起太原，請兵於突厥。曰：「若入長安，土地民衆歸唐，金玉繒帛歸突厥。」突厥遣二千騎助師。時羣雄如竇建德、薛舉、劉武周、梁師都、李軌、王世充等悉臣尊之。

唐初，突厥遂屢為邊患。

武德七年，突厥又入寇。或勸高祖燒長安避之，以太宗諫而止。九年，突厥十萬騎至渭水上，太宗與房玄齡等六騎詣水濱，與其酋頡利啟民弟。隔水語，卒盟而歸。

然突厥勢雖張，其內政未臻凝固。貞觀元年，鐵勒、薛延陀、回紇諸部皆叛。頡利遣突利討之，敗歸，頡利拘之十餘日。頡利又與突利啟民子。失和。並逢大雪，羊、馬皆死。華人逃北者亦屯聚山險。二年，突利請入朝。西漢南匈奴內附，尚在武帝時衛、霍絕漠大勝之後六十餘年。此在唐、突厥交兵之前，形勢大不同。三年，命李靖出討。時突厥北部諸姓多叛頡利，歸薛延陀，唐乘機拜其酋夷男為眞珠可汗。薛延陀既彊，突厥自弱，請和親，唐因而討之。六總管師十餘萬，皆受靖節度。靖驍騎三千，先出馬邑以逼之。四年，進擊定襄，以精騎一萬夜襲。頡利被俘。先後僅半年。

男女來降者十萬口。其酋長至者，皆拜將軍、中郎將，布列朝廷，五品以上百餘人，殆與朝士相半。

因而入居長安者近萬家。

突厥既破，其部落或走薛延陀，或走西域，而四夷君長，遂詣闕請帝為「天可汗」。唐自此即威震塞外。

貞觀十五年，李勣以精兵三千。討破薛延陀。二十年，滅之。薛延陀之盛，始貞觀二年，立國既促，滅之自易。薛延陀既滅，回紇徙居突厥故地而未強，時中國得暫安。

十四年，滅高昌，設安西都護府。十八年，破焉耆。二十二年，破龜茲。唐之聲威，達於葱嶺。

高宗時滅西突厥，唐之威力遂踰葱嶺，西及波斯。高麗亦於高宗時內服。

時蠻夷多內屬，即其部落為羈縻府州，多至八百五十有六。又於沿邊設六都護分統之。

唐對外極盛時代之六都護府

安北都護府屬關內道。治金山，阿爾泰山境，開元二年移治中受降城。領磧北諸府州。龍朔中，分燕然都護府之磧北，領回紇者更號瀚海都護府，總章二年更名。

單于都護府屬關內道。治雲中，今綏遠歸綏縣城南。貞觀二十一年設燕然都護府，龍朔三年名雲中都護府，麟德初改。領磧南諸府州。陰山之陽，黃河之北。

安西都護府屬隴右道。治龜茲，今新疆庫車縣，先治西州，今吐魯番。設於貞觀中，為最先。領西域諸府州。自天山南路至波斯以東。

北庭都護府屬隴右道。治庭州，今新疆孚遠縣北。長安二年設。領天山以北諸府州。金山以西。

安東都護府屬河北道。治平壤，朝鮮境。開元二年徙平州，天寶二年又移於遼西故郡城。設於總章初。領高麗諸府州。

安南都護府屬嶺南道。治交州，安南境。設於調露初。領交趾府州及海南諸國。

其餘則統於營州、契丹、奚、室韋、靺鞨諸部落隸屬之。松州、西羌別種党項等隸之。戎州、南中諸蠻隸之。黔州亦治諸蠻。等都督府。

唐地東西九千五百一十一里，南北一萬六千九百一十八里為極盛。南、北皆如前漢盛時，東不及而西過之。

唐代武功之盛，其關於國內政治之修明，民力之富厚，已詳前述。別有一事當附論者，則為當時馬匹之繁殖。馬盛無如後魏。太武太延二年，於雲中置野馬苑。平朔方、隴右，以河西水草善，以為牧地。馬三百餘萬匹，橐駝半之。孝文遷洛，宇文福為都牧給事，規石濟以西、河內以東，據黃河南北千里為牧地。歲自河西徙牧漸南，欲其習水土。（高歡說朱爾榮，謂：「聞公有馬十二谷，色別為羣，將此竟何用？」）時江、淮有馬不過十萬，強弱之形即此而見。（宋周朗上書獻讜言，謂：「人知不以羊追狼、蟹捕鼠，而令重車弱卒與肥馬悍胡相逐，其不能濟固宜。漢之中年能事胡者，以馬多也。既兵不可去，車騎應蓄。」）唐馬政殆承北朝遺風，故亦稱盛。唐初太僕少卿張萬歲領羣牧，自貞觀至麟德四十年間，馬七十萬六千匹。（此據張說羣牧頌。舊唐書卷一四一云：「四十萬匹在河、隴間。」）置八使，設四十八監，跨隴右、金城、平涼、天水四郡地，幅員千里。猶為隘狹，更析八監，布於河曲豐曠之野，乃能容之。玄宗開元初，惟得二十四萬匹，至十九年復成四十四萬匹。（每東封，取牧馬數萬匹，每色一隊，相間如錦繡。）魏元忠云：「師行必藉馬力，不數十萬不足與虜爭。」時即「步軍皆有私馬」。（舊唐書高仙芝傳。）杜牧謂：「冀州產健馬，下者日馳二百里，所以兵常當天下。」（罪言）郭子儀謂：「吐蕃之來，稱四節度，將別萬人，人兼數馬。臣所統士不當賊四之一，馬不當賊百之二。」唐自失河隴，失冀北，而惟恃歲市回鶻之羸馬，則國力亦遂不競。鹽鐵論：「一馬伏櫪，當中家六口之食，亡丁男一人之事。」宋代產馬地皆歸遼、夏，中原畜馬費不貲，而氣不高肅，地不寬曠，水草不豐，馬不肥健。唐、宋國力進退，此亦一因。

然國運展擴，亦有其相當的限度。中國以農立國，地兼寒、溫、熱三帶，國內貿易足可自給，國外通商非必需。往往以我日用品易彼奇珍異玩，徒足引起國內之貧富不均，以及風俗之奢華，而於整個國民生計，無大補益。故對外戰爭，除防止侵略外，常無所利。殖民、通商，皆非當時所急需。惟因國力豐盈，往往易於激起君主之好大喜功，而流於窮兵黷武。煬帝即因此失敗。太宗之伐高麗，亦超過國防戰爭之外。魏徵、李大亮等均有諫諍。弊中國以事四夷，已為高宗、武后以來一輩人所不滿。神功元年，狄仁傑上疏，請捐疏勒等四鎮以肥中國。又請罷安東以實遼西；停江南之轉輸，慰河北之勞弊。事並不行。

至玄宗時，國內益臻安富，而朝廷之對外經營，亦益趨積極，於四邊境置十節度經略使。

一、安西節度使今新疆庫車。　撫寧西域，統制龜茲、焉耆、于闐、疏勒四鎮。兵二萬四千人。

二、北庭節度使今新疆孚遠。　統瀚海、天山、伊吾三軍，防制突騎施、西突厥別部。堅昆、默啜。兵二萬人。

三、河西節度使今甘肅武威。　隔斷羌、胡之交通。兵七萬三千。

四、朔方節度使今寧夏靈武。　捍禦北狄。兵六萬四千七百。

五、河東節度使今山西太原。　與朔方掎角，以禦突厥、北狄。兵五萬五千。

六、范陽節度使今北平。　臨制奚、契丹。兵九萬一千四百。

七、平盧節度使今熱河朝陽。　鎮撫室韋、靺鞨。兵三萬七千五百。

八、隴右節度使今青海樂都。　備禦吐蕃。兵七萬五千。

九、劍南節度使（今四川成都。）西抗吐蕃，南撫蠻獠。兵三萬九百。

十、嶺南五府經略（今廣東廣州。）綏靖夷獠，以鎮南海諸國。兵萬五千四百。

上列十節度經略使，共兵額四十八萬六千九百人。

開邊太廣，則邊兵不得不增。而府兵制既壞，此等邊兵多出招募。一面形成外強中弱之勢，一面又因坐養巨額軍隊，而影響及於全國之經濟。

開元初，每歲邊費約用錢二百萬貫。及末年，至一千萬貫。天寶末，更加四、五百萬。每歲用衣千二十萬匹，糧百九十萬斛。時關輔及朔方、河、隴四十餘郡，河北三十餘郡，每郡官倉粟多者百萬石，少不減五十萬石，至天寶末無不罄。

唐制，州、（郡。）縣以上有十道按察使，（本為都督，以權重改。）督察地方行政。開元中，或加採訪、觀察、處置、黜陟等名目；此皆理民事。至邊疆，有事出征，則有大總管；無事鎮守，則有大都督，主兵事。（兵之戍邊者，大曰「軍」，小曰「守捉」，曰「城」，曰「鎮」，皆有使。總之者曰「道」，有大將一人，即大都督。）高宗永徽以後，都督帶使持節，（猶全權印信。）謂「節度使」。（時猶未以名官。及景雲二年，賀拔延嗣為涼州都督、河西節度使，始有「節度使」官名。）然亦止統兵，不侵及民事。邊帥皆用忠厚名臣，不久任，不兼統。功名著者，往往入為宰相。唐初如李靖、李勣、劉仁軌、婁師德等。開元以來如薛訥、郭元振、張嘉貞、王晙、張說、杜暹、蕭嵩、李適之等。開元以來，邊將久任，十餘年不易。乃至朔方、隴右、河東、河西諸鎮皆置節度使，以數州為一鎮，節度使即兼統此數州，而州刺史盡屬之。故節度使多兼按察、安撫、度支諸使，土地、人民、甲兵、財富皆有之。此為地方政制上一大變化。又玄宗相李林甫，嫌儒臣以戰功進，尊寵間己，乃請顓用蕃將，於是諸道節度多用胡人，如安祿山、高仙芝、哥舒翰等。其所帶鎮兵，間亦雜有大量之胡卒。其先本用兵防胡，其後乃變為豢胡為兵，全失本意。

近人有主李唐為蕃姓者，其事信否無確據。然唐高祖李淵母獨孤氏，太宗母竇氏，外祖母宇文氏，高宗母長孫氏，玄宗母竇氏，皆胡族也。則李唐世系之深染胡化，不容諍論。如太宗子承乾行徑可證。即唐初女禍頻仍，如武、韋、太平公主等，亦北朝家庭女權伸張之遺風。唐人對種族觀念，亦頗不重視。太宗貞觀十八年，突厥俟利苾可汗來降，有眾十萬，自請處勝、夏之間，太宗許之，曰：「夷狄亦人耳，與中夏不殊。以德治之，則可使如一家。」唐室之夷、夏一視，自始即然。即據宰相世系表九十八族三百六十九人中，其為異族者有十一姓二十三人。據丁文江中國列代人物之地理分布統計，前漢外族比數為·九六，後漢·二一，唐三·九，北宋·六一，南宋〇，明·七九。時人遂有「華、戎閥閱」之語。舊唐書七十二李守素傳。柳沖論人物，亦分山東、江左、關中、代北四部。崔慎猷宣、懿時。至謂：「近日中書，盡是蕃人。」指白敏中、畢諴。又唐初已多用蕃將，見陔餘叢考。甚至禁軍亦雜用蕃卒。建成募幽州突厥兵三百，納宮中。貞觀百騎亦為蕃口，見舊書王毛仲傳。開元八年勅：「于兩京及諸州揀取十萬人，務求灼然驍男，不須限以蕃、漢。」唐人既不嚴種姓之防，又不能注意於國家民族的文化教育，而徒養諸胡為爪牙，欲藉以為噬搏之用，唐武宗尚命李德裕為異域歸忠傳。則宜釀成此曠古未有之大禍矣。

安祿山本營州雜胡，而玄宗授以大權。

開元二十九年為營州都督，天寶元年兼平盧節度使，天寶三年兼范陽節度使，九年賜封東平郡王，唐將帥封王始此。兼河北道採訪處置使，十年兼河東節度使，幾乎今遼寧、熱河、河北、山西諸省盡入其掌握。

擁兵至十八萬。內雜同羅、奚、契丹、室韋諸族。祿山養諸族「曳落河」八千餘人為假子，其軍號「父子軍」。又以蕃將三十二人盡代去其部下之漢將。祿山事迹：「祿山專制河朔，其中契丹委任尤重。一國之權，十得二、三。行軍用兵，皆在掌握。」

安祿山的勢力，是唐室用中國財富豢養成的胡兵團。此種胡兵團，只朘吸了唐室的膏血，並沒有受到唐室的教育。他們一旦羽翼成長，自然要撲到唐室的內地來。所謂安、史之亂，終於天寶十四年的十一月爆發。

安、史之亂，蔓延大河南北，破兩京，延及九年。討平安、史亂的諸將，亦幾乎盡是胡人。

惟郭子儀乃漢人。其他如李光弼，契丹人。僕固懷恩，鐵勒之僕骨族。渾釋之，渾族。王思禮，高麗族。賀蘭進明，鮮卑人。荔非元禮，羌人。安抱玉，安息人。白孝德，龜茲人。

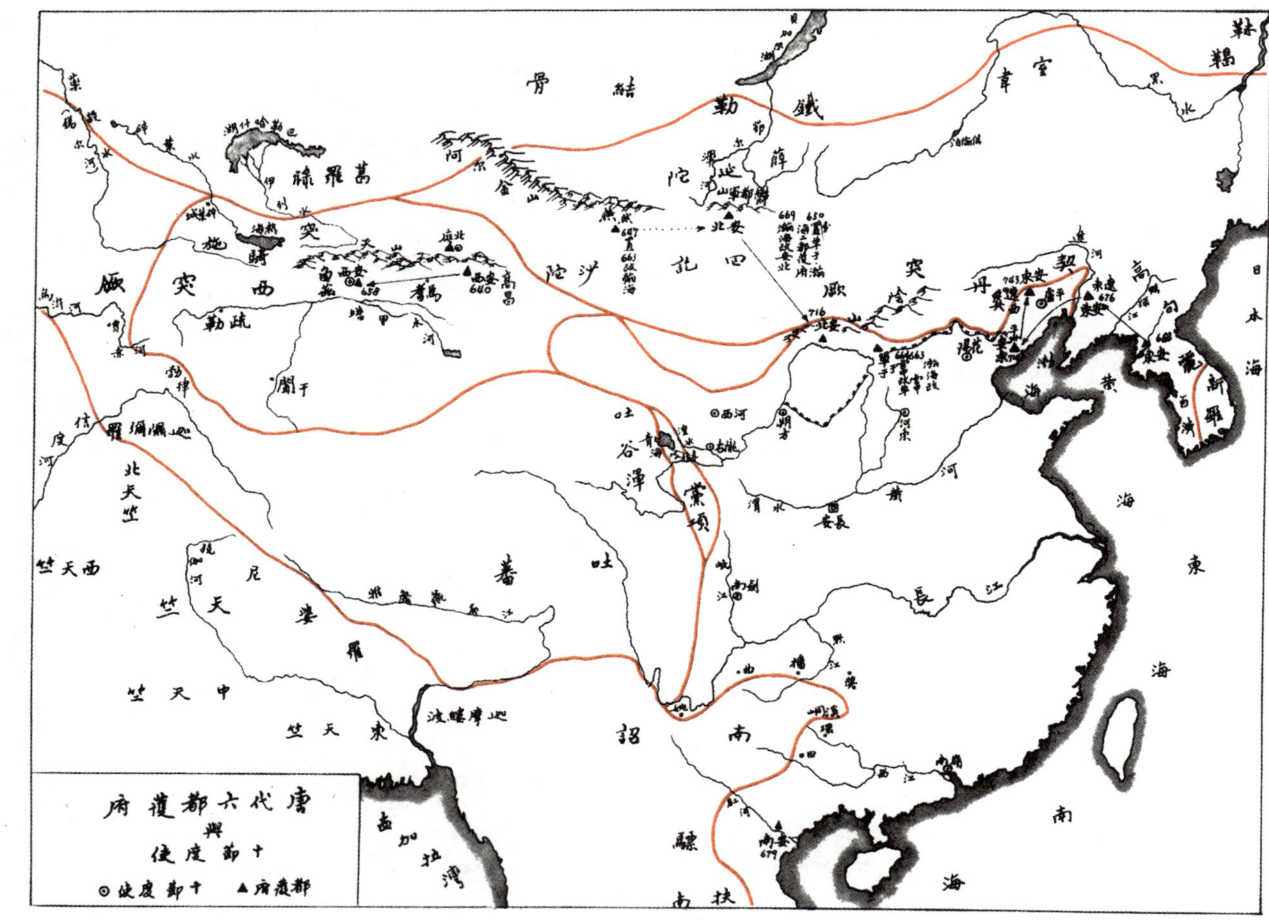

唐代六都護府
與
十節度使
▲都護府
⊙十節度使

安、史餘孽以及討安、史有功的將領，全部擁兵割地，造成此後藩鎮之禍。而藩鎮的籍貫，亦幾乎大部分是胡人。詳下章。唐代的中葉，一面好大喜功，無限止的開邊；一面又寬大為懷，全泯種姓之防；宜乎食此惡果。

二 安史之亂以後

唐人以過分的開邊，激起內亂，及中國內部發生動搖以後，而其對外情勢，遂突然大變。最為中國患者為回紇。

回紇其先本匈奴，元魏時號高車，或曰敕勒，居薛延陀北。突厥亡，惟回紇與薛廷陀最強。及攻殘薛延陀，并有其地。遂南踰賀蘭山境。

安祿山反，肅宗乞兵於回紇，東京慘遭焚掠。

唐與回紇約曰：「克城之日，土地士庶歸唐，金帛子女皆歸回紇。」此等條約，唐高祖入長安，借突厥兵，已先有之。大軍入西京，葉護回紇太子。欲如約。廣平王俶肅宗長子，時為天下兵馬元帥，後改名豫，即位為代宗。拜於葉護馬前，曰：「今始得西京，若遽俘掠，則東京之人皆為賊固守。願至東京如約。」後入東京，回紇遂縱兵大掠。廣平王欲止，不可；耆老以繒錦萬疋賂之，始止。

自此唐歲遺回紇絹二萬匹。使就朔方軍受之。

寶應元年，肅宗死，代宗立。又徵回紇兵討史朝義，太子見辱。

雍王适，代宗太子，即位為德宗時為天下兵馬元帥。與僚屬從數十騎往見回紇可汗於河北，可汗責王不拜舞。藥子昂對以「禮不當然」。回紇將車鼻曰：「唐天子與可汗約為兄弟，可汗於雍王，叔父也，何得不拜舞？」子昂曰：「雍王，天子長子，今為元帥，安有中國儲君向外國可汗拜舞乎！且兩宮在殯，不應舞蹈。」力爭久之。鞭其從臣至死。藥子昂、魏琚、韋少華、李進各鞭一百。以适年少未諳事，遣歸營。琚、少華均一夕而卒。

回紇再入東京，又肆行殺掠。

士女皆遁保聖善、白馬二寺塔避之，回紇燒塔，傷死者萬計，火燄累旬不止。時中國軍亦因回紇為暴而掠汝、鄭間，鄉不完廬，皆蔽紙為裳，更虐於回紇。

自此回紇至橫於長安，唐不能禁。

回紇留京師者常千人，商胡僞服而雜居者倍之。縣官日給饔餼。殖貨產，開第舍，市肆善利皆歸之。日縱暴橫，吏不敢問。

廣德元年，回紇十五人犯含光門，突入鴻臚寺，門司不敢遏。

永泰元年，僕固懷恩誘回紇、吐蕃入寇，郭子儀說回紇共攻吐蕃。是歲，回紇胡祿都督等二百餘人入見，前後贈賚繒帛十萬匹；府藏空竭，稅百官俸以給之。

大曆七年正月，回紇使者擅出鴻臚寺，掠人子女；所司禁之，攻擊所司，以三百騎犯金光、朱雀門。是日，宮門皆閉。代宗遣中使諭之，乃止。七月，回紇又擅出鴻臚寺，逐長安令邵說，至含光門街，奪其馬。說乘他馬去，弗敢爭。

每歲和市，無異於行賂。

自乾元以來，回紇歲求和市，一馬易四十縑，馬動至數萬匹，皆駑瘠無用。唐不能盡市，回紇待遣、繼至者，常不絕於鴻臚寺。大曆八年，代宗命盡市之。七月，回紇辭歸，載賜遺及馬價，用車千餘乘。八月，復遣使者以馬萬匹來，有司請只市千匹，郭子儀以為逆其意太甚，自請輸一歲俸為國市之。終於十一月命市六千匹。

直到德宗時，回紇始稍衰。

回紇本來風俗樸厚，及得唐賂，可汗始自尊大，築宮殿以居，婦人有粉黛文繡之飾。中國為之虛耗，而虜俗亦壞。文化不長進的民族，驟與以物質上的享受，只是害了他。

然而唐代還是不得不與回紇和親。

李泌請北和回紇，南通雲南，西結大食、天竺，以困吐蕃，凡十五餘對，德宗始允。不忘寶應之恥。然知恥無勇，亦徒然也。以咸安公主妻其可汗，歸其馬價絹五萬匹。回紇上書：「昔為兄弟，今婿乃半子，願為唐捍西戎。」吐蕃。

至文宗開成後，回紇內亂，遂不振。

唐中葉以後的外患，回紇以外，尚有吐蕃。

吐蕃，今西藏地。貞觀時，其君棄宗弄贊英略有大志，太宗妻以文成公主。時唐破吐谷渾、高昌，徙安西都護於龜茲，初治西州，貞觀十四年平高昌，以其地置。高宗顯慶三年，徙治龜茲。統于闐、焉耆、疏勒，號「安西四鎮」。

高宗時吐蕃連西突厥餘眾，逼安西都護府，天山南路盡沒。

玄宗時，收黃河積石，置神策軍於臨洮西，置澆河郡於積石西，置宛秀軍實河曲地，置朔方、隴右、安西、北庭諸節度使以禦吐蕃。極輪臺、伊吾，所在屯田積粟。軍城戍邏，萬里相望。中國無斥候警，幾四十年。是時中國盛強，自長安安遠門（西面北來之第一門），西盡唐境，萬二千里，閭閻相望，桑麻翳野，天下稱富庶無如隴右。

安祿山反，潼關失守。盡徵河、隴、朔方鎮兵入國靖難，謂之「行營」。邊州無備，吐蕃乘間侵蹙。數年之後，鳳翔以西，邠州以北，盡為蕃戎之地，湮沒者數十州。

自此屢為邊寇。

肅宗時歲入寇。

代宗廣德元年，隴右地盡亡。又進圍涇州，破邠州，入奉天，代宗幸陝。吐蕃入長安，立廣武王承宏為帝，改元，擅作赦令，署官吏，留京師十五日，大掠乃去。（長安中蕭然一空。）

是年，劍南西山諸州亦入於吐蕃。

永泰元年僕固懷恩誘之入寇。

唐以藩鎮未靖，乃與吐蕃和，盟於清水。（甘肅。）約唐地涇州右盡彈箏峽，（今甘肅平涼縣西百里。）隴州右極清水，（甘肅清水縣西。）鳳州西盡同谷，（甘肅成縣。）劍南盡西山、（蜀西之山。）大度水。（四川西部，上流即四川大、小金川，下流於樂山（即嘉定）入江。）然其後仍數寇，涇、隴、邠、寧，民物蕩然。

武宗後，吐蕃始衰。

宣宗時，始復秦隴、河湟之地。然自此唐亦垂亡。

唐中葉以後的外患，大要在西北，而東北有契丹、奚、室韋、靺鞨諸族，其勢亦漸盛。惟因藩鎮擅地，務自安，障戍斥候甚謹，不生事於邊，（俾可專力內向。）故諸族亦鮮入寇。然休養生息，日以繁滋。

尤著者為渤海，本粟末靺鞨，寶應元年詔為國，有五京、十五府、六十二州地。其國數遣諸生詣京師太學，習識古今制度，遂為海東盛國。

唐以後中國的外患，遂自西北漸漸轉移到東北來。

就文物氣象而言，西北已耗竭不振，而東北精華未泄，元氣猶存。此因西北經吐蕃長期蹂躪，兵燹之餘，自不如東北之完固。而此後所謂東北之外患，其內裏乃無不挾有中國社會自身力量之一部分。

第二十八章 大時代之沒落唐中葉以後政治社會之各方面

盛唐的光輝，終於因安、史之亂而沒落。自此以往，唐室政治，常在黑暗與混亂的狀態下敷衍或掙扎。

一 唐中葉以後之藩鎮

唐自安、史之亂以後，武夫戰卒，以功起行陣，列為侯王者，皆除節度使。由是方鎮相望於內地，大者連州十餘，小者猶兼三、四。自國門以外，幾乎盡是方鎮的勢力。而此等武人中，多半又是歸化的胡人。

開元前，胡人為節度使者二人。天寶間九人，肅宗時八人，代宗時九人，德宗時十七人，憲宗時七人，穆、敬、文、武、宣時共十一人，懿、僖時十二人，昭宗時九人，先後共八十四人。

此等胡人，大抵全未受到國家好好的教育，而驟付以極大的權任。他們中間好一點的，是傲慢不受命令，壞的便生心反叛。

著者如李光弼，本營州契丹，其父始仕中國，在武后時。與郭子儀齊名，封臨淮王，知河南、淮南東、西、山南東、荆南五道節度行營事。吐蕃寇京師，不赴援。拜東都留守，不就任。晚節不終。因與宦官魚朝恩、程元振嫌隙。又如僕固懷恩，鐵勒人，其祖始仕中國，在貞觀時；世襲都督。一門死王事者四十六人，封大寧郡王，官至尚書左僕射，兼中書令，河北副元帥，朔方節度使。又進拜太保。恐賊平寵衰，請裂河北分大鎮以授安、史餘孽，遂成後患，而懷恩自身亦終於一反。

在戡平安、史的功臣，尚且如此，至於安、史餘孽得授節鎮者，更不堪問。

唐平安、史，本未能擣其巢穴。

至德元年李泌語肅宗：「令李光弼自太原出井陘，郭子儀自馮翊入河東，則史思明、張忠志不敢離范陽、常山，安守忠、田乾真不敢離長安。以兩軍縶其四將。又敕子儀勿取華陰，使兩京之道常通。然後以所徵兵軍於扶風，與郭、李互出擊之，使賊往來疲於奔命。賊至則避其鋒，去則乘其弊。不攻城，不遏路。然後命師並塞北出，與李師南北犄角，取范陽，覆其巢穴。」時肅宗以太子受禪位，急欲收復兩京，自見功，遂不用。

又以封其降將，遂成河北之藩鎮。

一、成德　有恆、趙、深、定、易諸州。

始封張忠志，賜名李寶臣，（本范陽內屬奚人。）更二姓，傳五世，至王承宗。（契丹）入朝。明年，王廷湊。（回紇）反，傳六世。

二、盧龍　有幽、莫、媯、檀、平、薊諸州。

始封李懷仙，（柳城胡。）更三姓，傳五世，至劉總入朝。六月，朱克融反，下歷八姓，多以牙將偏裨殺主自代。

三、魏博　有魏、博、德、滄、瀛諸州。

始封田承嗣，（盧龍人。）傳五世，至田弘正入朝。十年復亂，更四姓，傳十世。

此即所謂「河北三鎮」。彼輩皆擁勁卒，自署吏，（諸州、縣各置鎮將領事，收刺史、縣令權。）不貢賦，結婚姻，相聯結。

四、淄青　在河南道東部，有淄、青、齊、海、登、萊、沂、密、德、棣諸州。

始封李懷玉，賜名正己，高麗人。傳五世而滅。

又其次有滄景、宣武、彰義、澤潞等，各傳三、四世不等。

田承嗣在魏博，舉管內戶口壯者皆籍為兵，惟使老弱耕稼，數年間有眾十萬。又選其驍健者萬人自衛，謂之「牙兵」。其他諸鎮率類此。

至德宗時而第一次事變起。

初，田承嗣卒，代宗末。由李寶臣請以其侄田悅繼。及是李寶臣卒，子惟岳謀襲位，自為留後，田悅為代請，不許。田悅、李惟岳、李正己聯合叛命。李正己卒，子納襲位。惟岳將王武俊契丹人。殺惟岳降，嗣又叛。又加入盧龍朱滔，舉滔為盟主，各自稱王。滔，冀王。悅，魏王。武俊，趙王。納，齊王。命淮西節度使李希烈遼西。討之，而希烈亦擁眾反。號建興王，天下都元帥。五賊株連半天下。朝廷又發涇原兵討之，以未得厚賜，不滿，亦反。擁朱泚入長安。稱大秦皇帝。德宗奔奉天，下詔罪己，大赦王武俊、李納、田悅、朱滔，專討朱泚。

自此朝廷遂行姑息之政。

李納卒，子師古立；王武俊卒，子士眞立。諸鎭惟去王號，專擅益驕，而朝廷益弱。德宗在位二十六年，志大才小，心褊意忌，姑息藩鎭，聚斂貨財，委任宦官，皆其弊政也。

至憲宗時而朝廷與藩鎭之衝突又起。

初，憲宗深矯德宗姑息之弊，始用兵討蜀，劉闢，在元年。又誅李錡。自浙西觀察使為鎭海節度使，廣兵自保，選有材力善射者，謂之「挽硬隨身」；胡、奚雜類，謂之「蕃落健兒」；給賜十倍他卒。見誅在二年。時魏博田季安卒，其裨將田興後賜名弘正。舉六州歸命。在七年。而彰義軍在淮西。節度使吳少陽卒，子元濟自稱知軍事，憲宗下詔討之。在九年。徐州自王智興召募凶豪之卒二千，號銀刀、雕旗、門槍、挾馬等軍，後漸驕。田牟鎭徐州，與之雜坐，酒酣撫背，時把板為之唱歌。其徒日費萬計，每有賓宴，必先飫以酒食。祁寒暑雨，卮酒盈前。然猶喧噪，動謀逐帥。事歷五年始平。宰相武元衡，為淄青帥李師道所遣刺客殺於道。裴度傷首，然朝意討伐勿輟，度自出督師。

於是諸鎭相率歸命。成德王承宗卒，弟承元歸命，在十五年。前年，專討李師道，其部將劉悟斬之以降。元和號唐室中興。然憲宗在位十五年，十四年始平李師道，翌年為宦官所弒。憲宗卒未三年，諸鎮又亂。

朱克融（朱滔孫。）據盧龍。

王廷湊據成德。（田弘正既歸命，朝命移鎮成德，廷湊殺之。山東、河南之輕重，常懸在魏，地形使然。田興忠誠歸命，為唐室復收河北最好機會，命其移鎮，實為失策。）

史憲誠（奚人。）據魏博。

自此迄於唐亡，不能復取。藩鎮擅權，先後約一百四十年。始於河朔三鎮，及其末，則國門以外，皆為強敵。

其先是鎮將挾兵以抗朝命，漸次鎮將亦為驕兵所制。

其第一個最大的影響，厥為藩鎮政權下之社會經濟的破產。

田弘正最為忠誠，厚於骨肉，其兄弟子姪在兩都者數十人。競為侈靡，日費約二十萬。弘正輦魏鎮之貨以供之，相屬於道。（昭宣帝時，羅紹威召朱全忠至魏，留半歲，供億所殺牛、羊、豕近七十萬，資糧稱是，所賂遺又近百萬。全忠返大梁，紹威餽運，自魏至長蘆五百里不絕。所過驛亭，供酒饌、幄幕、什器。上下數十萬人，無一不備。蓄積一空。）昭義（澤潞）土瘠賦重，人皆困匱，無以贍軍。李抱眞為節度，乃籍户，丁男三，選一有材力者，免其租徭，給弓矢，令農隙分曹角射，歲終會校，示以賞罰。比三年，得成卒二萬，雄視山東。

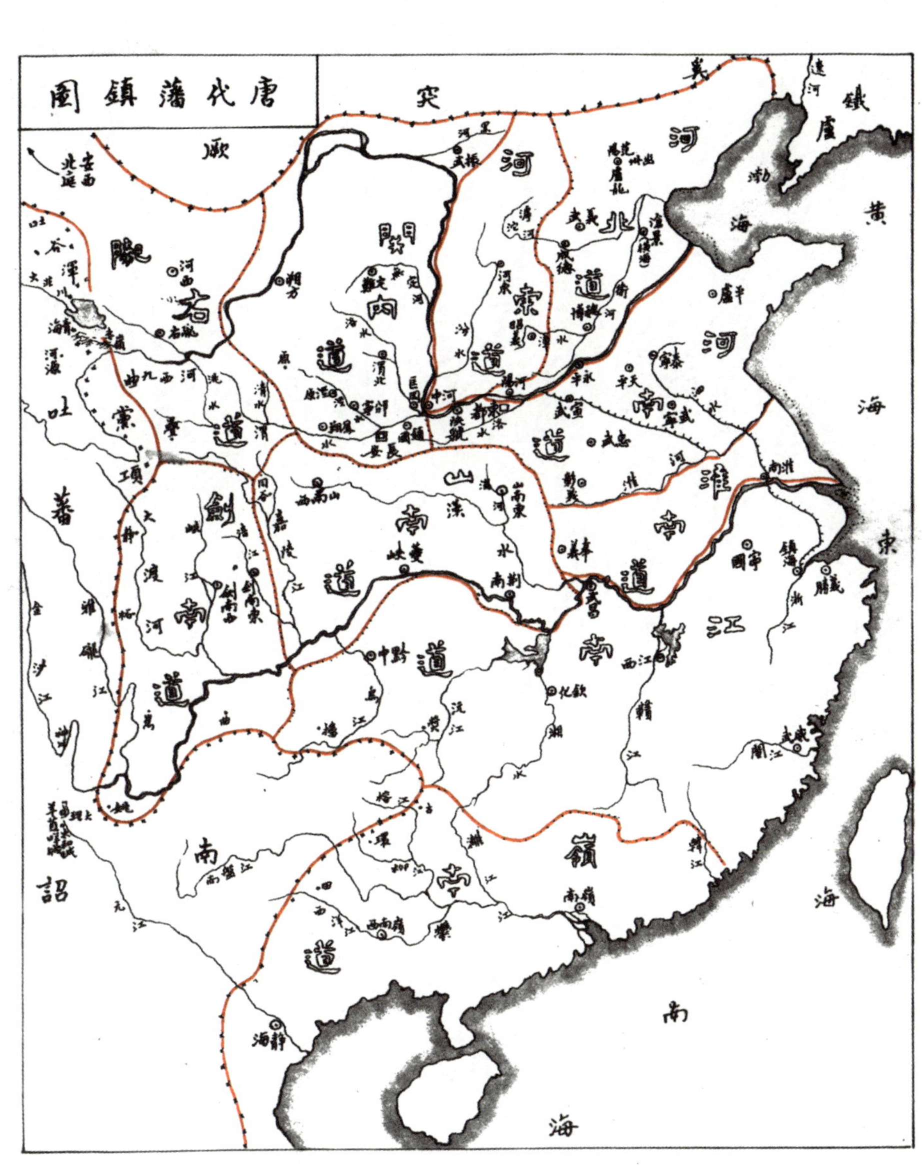

唐代藩鎮圖
突厥
奚
隴右道
關內道
河東道
河北道
河南道
淮南道
山南道
劍南道
江南道
嶺南道
吐蕃
南詔
渤海
黃海
東海
南海

時稱「昭義步兵冠天下」。然武人私廚，日費米六千石，羊千首，酒數十斛，以為常。盧從史日具三百人膳餉牙兵。潞人苦之。汴軍牙兵二千人，皆日給酒食，物力為之屈。舉數隅可以推其全。又按：唐武臣豪侈，不僅在外之節鎮為然。史稱：「安、史之亂，法度墮弛，內臣戎帥，競務奢豪。亭館第舍，力窮乃止。」馬璘經始中堂，費錢二千萬貫。馬燧資貨甲天下。白樂天詩：「不見馬家宅，今作奉誠園。」園乃燧子暢所獻舊第也。王鍔家財富於公藏。李晟子湛，累官至右龍武大將軍，恣為豪侈，積債數千萬。其子貸回鶻一萬餘貫不償，為回鶻所訴。文宗怒，貶湛為定州司法參軍。而郭子儀尤以豪侈聞。歲入官俸二十四萬貫，私利不計。其宅在親仁里，居里中四分之一，中通永巷，家人三千。前後賜良田美器、名園甲館、聲色珍玩，堆積羨溢，不可勝紀。大曆二年，子儀入朝，代宗詔賜輭腳局。宰相元載、王縉，僕射裴冕，戶部侍郎第五琦，京兆尹黎幹等各出錢三十萬宴於子儀第。時田神功亦朝覲在京，並請置宴。於是魚朝恩及子儀、神功等更迭治具，公卿大臣列席者百人，一宴費至十萬貫。據此以推踞地自雄、不服朝命之藩鎮，更可想也。

其第二個更大的影響，則為藩鎮政權下之社會文化水準之降低。

杜牧范陽盧秀才墓誌云：「秀才盧生，自天寶後三代，或仕燕，或仕趙，兩地皆多良田畜馬。生年二十，未知古有人曰周公、孔夫子者。擊球飲酒，射馬走兔，語言習尚，無非攻守戰鬥之事。」杜佑建中時上省用議亦云：「田悅之徒，並是庸瑣，暴刑暴賦，惟恤軍戎，衣冠士人，遇如奴虜。」田弘正上表則曰：「臣家本邊塞，累代唐人，馳驅戎馬之鄉，不覩朝廷之禮。伏自天寶已還，幽陵肇亂，山東奧壤，悉化戎墟。官封代襲，刑賞自專」云云。據此諸條，可以想像當時河北之狀況。在上則藩鎮擅權，擁兵自全，既與中央隔絕。在下則故家大族均隨仕宦而不返，其留者則威脅利怵，習焉忘故，遂自視猶羌狄。張弘靖為盧龍節度使，始入幽州，俗謂安祿山、史思明為「二聖」，弘靖欲變其俗，乃發墓敗棺。眾滋不悅，范陽終以復亂。此在穆宗長慶初，距安、史作亂已六、七十載，其土俗猶如此，則此後更可想。故史孝章諫其父憲誠曰：「天下指河朔若夷狄然。」其與整個中國文化隔閡，至於如此，其影響至五代、宋時而大顯。此誠中國古史上至要一大關鍵也。

五胡亂華之際，胡酋尚受中國教育，尚知愛中國文化，尚想造出一像樣的政府，自己做一個像樣的帝王。彼等尚能用一輩中國留在北方的故家大族，相與合作。唐代的藩鎮，其出身全多是行伍小卒，本無教育，亦無野心，此指文化上的野心。並不懂如何創建像樣的政治規模，只是割據自雄。有地位、有志氣的士人，全離開了他們的故土，走向中央去。彼等亦不知道任用士人，只在農民中挑精壯的訓練成軍，再從軍隊中挑更精壯的充牙兵，更在牙兵中挑尤精壯的做養子。李希烈有養子千餘人。如是朘削農村來供養軍隊，層層駕御。黑暗的勢力，亦足維持到百年以外。除非農村經濟徹底破壞，這一個武裝統治的勢力，還可存在。唐天祐三年，梁攻滄州，劉仁恭調其境內凡男子年十五以上、七十以下，皆黥其面，士人則文其腕或臂，得二十萬人。此為河北藩鎮勢力最後之一幕。待社會上壯丁已盡，則武力統治不得所憑依，亦只有崩倒也。（五代史補謂：「健兒文面自朱溫始。」蓋梁、燕略同時。）因其轄地之小，並不像中央政府之廣土眾民。故不感覺要政治人才，更不感覺要文化勢力。如是，則大河北岸從急性的反抗中央病，變而為慢性的低抑文化病。從此以下的北方中國，遂急激倒退，直退到在中國史上尤其是在文化上。變成一個不關重要的地位。這全是一百五十年武人與胡人兵權統治之所賜。後人尚以為藩鎮可為唐室捍禦外患，卻忘了他的代價。

藩鎮跋扈，另一個影響，使朝廷亦不得不竭財養兵。

唐代錢穀之政，其初專屬戶部。中葉以後，始令他官主判，遂各立使名。如轉運使、水陸運使、專司轉漕。鑄錢使鑄。專掌鼓等。而度支使、鹽鐵使、判戶部，當時謂之「三司」。專主財用出納，皆命重臣領使，後遂以宰相兼之。唐代理財名臣如劉晏、肅、代時。第五琦、代宗時。楊炎，代、德時。皆出於其時。其他尚有青苗使、稅地錢物使、租庸使、常平使、兩稅使等諸名。而德宗之苛稅，至括富商錢、建中三年。稅間架、建中四年。每屋兩架為間。除陌錢公私給與賣買，每緡官留五十錢。等，層見疊出。

憲宗元和時，供賦稅者八道，浙西、浙東、宣歙、淮南、江西、鄂岳、福建、湖南。凡百四十四萬戶，比天寶、開元四之一。而兵食於官者八十三萬，加天寶三之一。通以二戶養一兵。至穆宗長慶時，戶三百三十五萬，兵九十九萬，通以三戶奉一兵。

孫樵云：「度率中五戶，僅能活一兵」，則唐室財政之窘可知。於是有鹽鐵、和糴、鑄錢、括田、榷利、借商、進奉、獻助，靡所不至。

其方鎮兵奉命征討，出境卽仰度支供餽。

德宗時，出境又加給酒肉，本道糧仍給其家，一人兼三人之給。故將士利之，纔踰境即止，月費至錢百三十餘萬緡。

每小捷，輒張其數以邀賞，實欲困朝廷而緩賊。

穆宗長慶二年，白居易疏：「聞魏博一軍，累經優賞，兵驕將富，莫肯為用。況其軍一月之費，計實錢近二十八萬緡！」今按：田弘正歸命，即賞錢百五十萬緡。

朝廷財力竭，則以官爵賞功。

諸將出征，皆給空名告身，自開府、特進、列卿、大將軍下至中郎將，聽臨事注名。唐會要五十七：「天寶以來，每年以軍功授官者十萬數，皆有司寫官告送本道，兵部因置寫官告官六十員。無何，吏部司封、司勳，兵部各置十員。大曆以後，諸道多自寫官告，寫書官無事，遂罷。」諸將但以職任相統攝，不復計官資高下。大將軍告身一通，纔易一醉。凡應募入軍者，一切衣金紫。朝士僮僕，多衣金紫稱大官，而執賤役。張巡在雍邱，一縣千兵，大將六人，官皆開府、特進。德宗避難奉天，渾瑊童奴黃岑力戰，封渤海郡王。僖、昭時，有「捉船郭使君，看馬李僕射」。

至於動議裁兵，則相聚山澤為盜，利未見而禍已成。

穆宗時，兩河底定，宰相蕭俛與段文昌謂武不可黷，勸帝偃革尚文，乃密詔天下鎮兵，歲限十之一為逃死不補，謂之「銷兵」。既而籍卒逋亡無生業，嘯聚山林為盜賊。會朱克融、王廷湊亂燕、趙，一日悉收用之。朝廷調兵不充，乃召募市人，烏合，戰輒北，乃復失河朔。府兵制非吏治上軌道不能行，即裁兵亦非政治有整個辦法，則往往害轉勝於利也。

禁軍糧乏，至脫巾呼於道。

貞元二年，關中倉廩竭，禁軍或自脫巾呼於道，曰：「拘我於軍而不給糧，我罪人耶？」會韓滉三萬斛至陝，德宗喜，遽謂太子曰：「米已至陝，吾父子得生矣。」

而廩賜既優，則遂以營籍為利藪。

長安貴家高貲子弟，乃至行賄賂，竄名軍籍，世襲罔替。既避賦役，又侈服怒馬以詫於市里。一旦寇來，則哭於家，出資雇販區病坊代行。

這全是唐代黷武政策所招的懲罰。

唐藩鎮興滅簡表

時代 鎮名	肅	代	德	憲	穆	敬文武宣懿僖昭
盧龍 治幽州。後改曰幽州，兼稱范陽。		李懷仙 朱希彩 朱泚 朱滔（泚弟）	朱滔 1劉怦	2劉濟 3劉總	劉總 張弘靖 朱克融（滔族孫）	朱克融、李載義、楊志誠、史元忠、陳行泰、張絳、張仲武、(子)直方、張允伸、張公素、李茂勳、(子)可舉、李全忠、(子)匡威、匡籌。并於李克用，使劉仁恭為帥。

成德　治恆州。		1李寶臣	2李惟岳 1王武俊	2王士真 3王承宗	田弘正 王廷湊（武俊養子）	（子）王元逵、（子）紹鼎、紹懿、（子）景崇、（子）鎔。一姓相襲，凡百年并於李存勗。
魏博　治魏州，一名天雄軍。		田承嗣	田悅（承嗣姪） 1田緒（悅從弟）	2田季安 1田弘正（承嗣姪）	2田布 史憲誠	何進滔、（子）重順（弘敬）、（子）全皞、韓君雄、（子）簡、樂彥禎、羅弘信、（子）紹威，并於朱全忠。
昭義　始治相州。後治潞州。改名澤潞。		薛嵩 薛萼（嵩弟） 并於田承嗣			劉悟（李師道將）	（子）劉從諫、（從子）稹，三傳而滅。（在武宗時。）孟方立，并於李克用、朱全忠。
平盧淄青　治青州。後治鄆州。	侯希逸	侯希逸 李正己	1李正己 2李納 3李師古	3李師道（滅亡）		王敬武、王師範，并於朱全忠。

彰義 治蔡州，即淮西，一名淮寧。		李忠臣 李希烈	李希烈 陳仙奇 吳少誠	吳少誠 1 吳少陽（少誠養弟） 2 吳元濟（滅亡）		其地歸朱全忠。
義武 治定州。			1 張孝忠（李惟岳將）	2 張茂昭（入朝）		王處存、（弟）處直，并於李克用。
滄景 治滄州，一名橫海。			1 程日華（張孝忠牙將） 2 程懷直 1 程懷信（日華姪）	2 程　權（入朝）		
宣武 治汴州。		1 劉玄佐	2 劉士寧 1 李萬榮 2 李　迺			

唐各道節度使表

唐貞元十四年，賈耽十道錄，凡三十節度，十一觀察，與防禦、經略、以守捉稱使者凡五十。元和六年，李吉甫上郡縣圖，自京兆至隴右道，凡四十七鎮。王彥威說，則謂自至德迄元和，天下觀察十，節度二十有九，防禦四，經略三。其後紛紜變更無常制。今據元和志列其四十七鎮如下：

道			
關內道：	鳳翔治鳳翔府。	涇原治涇州。	邠寧治邠州。
	鄜坊治鄜州。	靈武（朔方）治靈州。	夏綏銀（定難）治夏州。
	振武治單于都護府。	豐州（天德軍）治豐州或天德。	
河南道：	陝虢治陝州。	汴宋（宣武）治汴州。	鄭滑（義成）治滑州。
	陳許（忠武）治許州。	徐泗（武寧）治徐州。	蔡州（淮西、彰義）治蔡州。
	淄青（平盧）治鄆州。		
河東道：	河中治河中府。	河東治太原府。	澤潞（昭義）治潞州。
河北道：	河陽治懷州。	魏博（天雄）治魏州。	恆冀（成德）治恆州。
	易定（義武）治定州。	滄景（橫海）治滄州。	幽州（盧龍）治幽州。
山南道：	荊南治荊州。	金商治金州。	山南東治襄州。
	山南西治興元府。		

淮南道：淮南治揚州。
　　浙東（義勝）治越州。
　　鄂岳（武昌）治鄂州。

江南道：浙西（鎮海）治潤州。
　　江西治洪州。
　　宣歙（寧國）治宣州。
　　湖南（欽化、武安）治潭州。
　　福建（威武）治福州。
　　黔州（武泰）治黔州。

劍南道：西川治成都府。
　　東川治梓州。

嶺南道：嶺南治廣州。
　　容管治容州。
　　桂管治桂州。
　　邕管治邕州。
　　安南（靜海）治交州。

隴右道：隴右治鄯州。
　　河西治涼州。
　　安西治龜茲。
　　北庭治庭州。

（安、史亂後隴右四節度陷席吐蕃，而鳳翔節度常帶隴右之名，故稱四十七鎮。）

唐藩鎮胡籍表

（一）睿宗景雲時

賀拔延嗣	鮮卑	河西

（二）玄宗開元時

阿史那獻	突厥	磧西			

（三）玄宗天寶六年後　因李林甫言，多用胡人。

安祿山	母突厥，父胡，本姓康，蓋出西域康國。	平盧、范陽、河東。	夫蒙靈詧	羌	安西
李獻忠	回紇	朔方	哥舒翰	突厥哥舒部	隴右
安思順	突厥	朔方、河西。	高仙芝	高麗	安西四鎮
鮮于仲通	未詳，或非胡人。	劍南	趙國珍	牂柯夷	黔中

（四）肅宗時　以平亂功封者。

史思明	突厥	范陽	李光弼	契丹	河東代宗時為河南、淮南等節度使。
王思禮	高麗	關內、澤潞。	賀蘭進明	鮮卑	河南
茘非元禮	羌（見姓纂。）	鎮西、北庭。	安抱玉	安息	鄭陳
僕固懷恩	回鶻僕骨部	朔方代宗時叛。	白孝德	龜茲	鎮西、北庭。

（五）代宗時

僕固瑒	回鶻僕骨部	朔方行營	李寶臣	奚	成德
李懷仙	柳城胡	幽州盧龍	李正己	高麗	淄青至德宗時抗命。

李光進	契丹	滑濮、渭北。
李抱玉	安息	澤潞、鳳翔。

（六）德宗時

李惟岳寶臣子	奚	成德
李懷光	靺鞨	朔方
張孝忠	奚	義武
哥舒曜	突厥哥舒部	東都汝州
尚可孤	鮮卑	商州
論惟明	吐蕃	鄜坊
萬紐于頔	鮮卑	山南東道
王士眞武俊子	契丹	成德

（七）憲宗時

李光進	回鶻阿跌部	振武
王承宗士眞子	契丹	成德
李光顔	回鶻阿跌部	忠武、義成。
渾鐬	回鶻渾部	天德軍

鮮于叔明	未詳，或非胡人。	東川
李納正己子	高麗	淄青
王武俊	契丹	成德
李抱貞	安息	昭義
渾瑊	回鶻渾部	京畿、渭北。
駱元光	安息	鎮國軍
裴玢	疏勒	山南西道
李師古	高麗	淄青
張茂昭	奚	義武
李師道納子	高麗	淄青
李惟簡	奚	鳳翔隴右
渾鎬	回鶻渾部	義武

（八）穆、敬、文、武、宣時

王承元	契丹	義成	王廷湊	回鶻阿布思族	成德
史憲誠	奚	魏博	張茂宗	奚	兗海沂
史孝章	奚	相衛澶	王元逵（廷湊子）	回鶻阿布思	成德
元稹	鮮卑	武昌	苻澈	氐	河東
王紹鼎（元逵子）	回鶻阿布思	成德	王紹懿（元逵子）	回鶻阿布思	成德
李承勳	契丹	涇原	米暨	西域米國	夏州

（九）懿、僖時

王景崇（紹鼎子）	回鶻阿布思	成德	李國昌	沙陀	大同、振武。
于琄	漢、鮮混種。	平盧	李茂勳	回鶻	幽州盧龍
李可舉	回鶻	幽州盧龍	拓拔思恭	党項羌	夏綏
契苾璋	回鶻契苾羽部	振武	赫連鐸	胡、鮮雜種。	雲中
支詳	月氏	感化	李克用	沙陀	雁門、河東。
王鎔（景崇子）	回鶻阿布思	成德	李克修	沙陀	昭義

（十）昭宗以迄唐亡

李存孝	胡	邢洺	劉崇龜	匈奴	清海

李思孝	党項羌	保大
李思諫	党項羌	定難
賀德倫	河西胡	魏博
雷彥恭	武陵洞蠻	武貞
李思敬	党項羌	保大
雷滿	武陵蠻	武貞
雷彥威	武陵蠻	武貞

第二十九章　大時代之沒落（續）

二　唐中葉以後之宦官

唐室在統一盛運之下，一方面窮兵黷武，既招徠四夷，又以寬大為誇張，蕩除中外之防，遂召武人胡人之禍，已如上述。而唐室在統一盛運下，又有一不良習氣，則為王室生活之驕奢。因此連帶引起宦官之跋扈。

歷史上宦官擅權，與王室驕奢成正比。東漢、唐、明三代皆是。西漢與宋代之王室，皆能制節謹度。東晉、南朝王室不像樣，故均無宦寺擅權。

唐宦官之盛，兆自武后，而極於玄宗。

太宗時，內侍不立三品官，不任以事，又定制無得踰百員。漢永平之際，中常侍四員，小黃門十人而已。武后時，稍增其人。至中宗，黃衣乃二千員，唐制流外官服黃。七品以上員外置千員，惟衣朱紫者尚少。唐制三品以上服紫色，四品服緋，五品服淺緋。玄宗時，則宮嬪至四萬。此見新唐書。白樂天長恨歌：「後宮佳麗三千人。」杜子美劍器行：「先帝侍女八千人。」宦官黃衣以上三千，衣朱紫者千餘。袁紹盡誅宦官，無少長皆死，僅二千餘人。甲舍名園，上腴之田，中人所名半京畿。時諸王、公主羣呼高力士為「翁」，戚里諸家尊曰「爹」；肅宗在東宮，亦呼之「二兄」。建佛寺、道觀各一所，鐘成，宴公卿，一扣納禮錢十萬。有至二十扣者，少亦十扣。

肅、代以後，宦官寖橫用事。

李輔國在肅宗時稱「尚父」，矯詔遷上皇玄宗於西內，以憂鬱崩。肅宗崩，殺王后，進爵為王。

代宗時，程元振、魚朝恩用事，譖罷郭子儀兵柄，又譖來瑱賜死。李光弼幾乎叛朝。

及德宗時，宦官遂握兵柄。

德宗以涇師（朱泚）之變，倉卒不及徵集，還京後，以神策、天威等軍置護軍中尉、中護軍等官，於是禁軍遂歸宦寺。

其後又有樞密之職，承受詔旨，出納王命。（始德宗末、憲宗初。）宦寺既握兵權，又外結藩鎮，帝王生死，遂操其手。

憲宗被弒後，穆、敬、文、武、宣、懿、僖、昭八世，宦官立者七君。（除敬宗。而敬宗亦為宦官所弒。）文宗用李訓、鄭注，謀誅宦官，不成，自嘆：「周赧、漢獻尚受制強臣，今受制家奴，更為不如。」（唐自肅宗後，未嘗有正式之皇后。史所載諸后，皆由所生子為帝，奉上尊號。文宗崩，仇士良等廢太子，立武宗。武宗崩，諸宦官廢皇子，立宣宗。宣宗崩，遺命立夔王，王宗實等廢之，立懿宗。宰輔隔在外廷，皇子素無威寵，亦唐代宦官得肆行無忌之一因。）

唐室諸帝在其盛運中所表現者，則為女禍。

太宗納元吉妃楊氏。長孫皇后薨，太宗欲立楊氏為后，以魏徵諫而止。高祖從父兄子廬江王瑗反誅，其姬亦入侍太宗。武后為太宗才人，而高宗納之。韋后私通武三思。玄宗年六十而納其子壽王妃楊氏。當時朝臣亦不甚論列，蓋倫理觀念似非唐人所重。

衰象漸臨，唐之諸帝乃醉心於服丹藥，求長生。憲宗即其一人。在其驕縱的生活下，宦寺自應佔重要的地位。

武宗時，仇士良以左衛上將軍、內侍監致仕，其黨送歸私第，士良教以固權寵之術。曰：「天子不可令閑，常宜以奢靡娛其耳目，使日新月盛，無暇更及他事，然後吾輩可以得志。慎勿使之讀書，親近儒生。彼見前代興亡，心知憂懼，則吾輩疏斥矣。」其黨拜謝而去。今按：唐代王室奢蕩，直至晚運勿替。懿宗時，好音樂。殿前供奉樂工常近五百人，每月宴設不減十餘，水陸皆備。每行幸，內外諸司扈從者至十餘萬人。

三 唐中葉以後之朝士與朋黨

唐代士人，一面在北朝吏治與南朝文學的兩種風氣轉換之下徘徊，此已略論於前。一面則在貴族門第與白衣庶族的兩種勢力消長之下鼓盪。

南北朝門第勢力，在唐初依然有其相當的力量。只在他們歷次編撰氏族譜志的一事上可以看出。

太宗至以朝廷官爵與社會門第爭崇卑。

貞觀中，太宗命高士廉等修氏族志，進上。太宗曰：「我與山東崔、盧、李、鄭，舊既無嫌，為其世代衰微，全無冠蓋，猶自云士大夫，我不解人間何為重之？至今猶以崔、盧、王、謝為重。我平定四海，天下一家，凡在朝士，皆功效顯著，或忠孝可稱，或學藝通博，所以擢用。見居三品以上，欲共衰代舊門為親，縱多輸錢帛，猶被偃仰。我今特定族姓者，欲崇重今朝冠冕，何因崔幹猶為第一等？卿等不貴我官爵耶？不須論數世以前，止取今日官爵高下作等級。」遂以崔幹為第三等。書成一百卷，詔頒於天下。然當時朝中名臣如房玄齡、魏徵等，皆自與山東望族攀姻。舊門第之名望，終不為減。

其後又屢經修動。

高士廉氏族志頒下，時稱允當。李義府恥其家世無名，乃奏改此書。許敬宗等以其書不敘武后本望，贊成之。立格云：「皇朝得五品官者，皆升士流。」於是兵卒以軍功致五品者，盡入書限。更名為姓氏錄。縉紳士大夫恥被甄敘，號其書為「勳格」。先天二年，蕭至忠為中書令，又與柳沖等撰姓氏系錄二百卷。此後韋述又別撰開元譜二十卷。其後有元和姓纂。

當時門第仕進，亦較進士等科第為易。

高宗時魏玄同疏：「今貴戚子弟，例早求官。髫齔之年，已腰銀艾；或童丱之歲，已襲朱紫。弘文、崇賢之生，千牛輦腳之類，課試既淺，藝能亦薄。而門閥有素，資望自高。」書奏不納。玄宗時，源乾曜上疏：「形要之家，併求京職；俊艾之士，多仕外官。王道平分，不克如是。」

建官要職，仍多用世家。大臣恩廕，得至將相。故唐代宰相，尚可以世系列表。

山堂肆考云：「唐宰相三百六十九人，九十八族。其間裴氏五房，崔氏十房，張氏、趙郡李氏皆得宰相十七人。韋氏九房十四人。王氏三房十三人。劉氏七房十二人。隴西李氏四房，唐宗室三十七房，以及楊氏、杜氏皆得十一人。蕭氏二房得十人。鄭氏二房九人。盧氏八人。竇氏二房及魏氏、陸氏皆六人。武氏、蘇氏五人。高、韓、趙、郭皆四人。三人而下者不與。」

可見唐代政權，尚與門閥有至深之關係。

按：唐初如英、衛之類，其子尚襲封。中葉以後，此制盡廢。門閥世襲，在政治上之客觀地位已取消。又永徽元年，尚書左僕射褚遂良，表請千牛不簡嫡庶。謂：「主祭祀之裔，必貴嫡長；擢文武之才，無限正庶。求賢之務，有異承家。河北風俗頓乖，嫡待庶若奴，妻御妾若婢。降及隋代，斯流遂遠，獨孤后普禁庶子不得入侍。聖朝人以才進，不論嫡庶。今簡千牛舍人，方為此制，於理未安。母以子貴，子不緣母。唯才是用，人自甘心。」云云。既主專簡賢才，不問嫡庶，則門廕世襲之制終必替，公開考選之法終必盛。兩種制度之轉換，其後面必有與之相應符之思想及理論也。又按：唐初爭論封建極烈。封德彝謂：「先朝敦睦九族，一切封王，蓋以天下為私，殊非至公馭物之道。」李百藥謂：「內外羣官，選自朝廷，擢士庶以任之，澄水鏡以鑒之。年勞優其階品，考績明其黜陟。爵非代及，用賢之路斯廣。」馬周謂：「以堯、舜之父，猶有朱、均之子。儻有童孩嗣職，萬一驕愚，則兆庶被其殃，國家受其敗，愛之適以傷之。」太宗卒聽諸臣言不封建。又欲割地封功臣，長孫無忌等力辭乃止。就當時民治意識言，已知封建與門第皆無復興之望矣。惟歷史變化以漸不以驟，故門閥勢力尚有延蟬。玄宗屢欲相崔琳、盧從愿，以其族大，恐附離者眾，卒不用。門族上為帝王所忌，下亦不為寒士所護，則其漸趨衰微，亦必然之勢也。

此等門第，以累世仕宦，又逢盛世，其生活豪華，亦可想見。

韋氏世為關中著姓，人物衣冠，奕世榮盛。韋安石子陟，始十歲，拜溫王府東閣祭酒，加朝散大夫。陟門第豪華，早踐清列，侍兒閹閽，列侍左右者十數。衣書藥食，咸有典掌。輿馬僮奴，勢侔於王家主第。每食，庖中所棄，其直猶不減萬錢。然家法修整，勅子允就學，夜分視之。其子勤，旦日問安，色必怡；稍怠，則立堂下不與語。雖家僮數十，然應門賓客，必允主之。此乃門第與王室、宦寺、武人不同之處也；甚可注意。

至於進士們的身分，本不甚高。考試的儀式，已與他們以許多近於侮辱的暗示。

舒元輿憲宗元和中上論貢士書，謂：「臣得備下士貢士之數，到闕下月餘，待命有司，始見貢院懸版樣，立束縛檢約之目，勘磨狀書，劇責與吏胥等倫。臣幸狀書備，不被駁放，得引到尚書試。試之日，見八百人，盡手攜脂燭水炭洎朝晡餐器，或荷於肩，或提於席。為吏胥縱慢聲大呼其名氏，試者突入，棘圍重重。乃分坐廡下，寒餘雪飛，單席在地。唐、虞闢門，三代貢士，未有此慢易。」

而且唐代科舉，本備仕途之一格，故一切規程並不甚嚴。其時有所謂「公卷」與「通榜」之制。

「公卷」者，進士得先投所為文於京師達者，采名譽，觀素學。及臨試，可以不問試藝高下，專取知名士，謂之「通榜」。其榜帖可託人為之。如鄭灝都尉第一榜，託崔雍員外為榜帖。又杜黃門主文第三場，由舉子袁樞為榜帖，樞自列為狀元。榜帖猶言名錄。

故進士乃稱「覓舉」，

薛登天授中上疏：「方今舉士，明詔方下，固已馳驅府寺之廷，出入王公之第。陳篇希恩，奏記誓報。

故俗號舉人，皆稱『覓舉』。」

所以求延譽。

陸贄知貢舉，梁肅、崔元翰所薦皆取。韓愈負文名，延譽舉子，往往得售。

而其卑躬屈節之態，亦已可憐。

文獻通考引宋江陵項氏安世曰：「風俗之弊，至唐極矣。王公大人，巍然於上，以先達自居。天下之士，什什伍伍，戴破帽，騎蹇驢，未到門百步，輒下馬，奉幣刺，再拜以謁於典客者，投其所為之文，名之曰『求知已』。如是而不問，則再如前所為，名之曰『溫卷』。如是而又不問，則有執贄於馬前，自贊曰『某人上謁』者。」按：韓愈一代名臣，其三上宰相書、拜北平王於馬前之類，皆是當時風氣也。

甚至有走門路，通關節，求必得，而既得則肆意輕薄者。

高鍇為禮部侍郎，知貢舉閱三歲。第一榜裴思謙以仇士良文、武時宦官。關節，取狀頭，鍇庭譴之。思謙回顧厲聲曰：「明年打脊取狀頭。」第二年，鍇誡門下不得受書題。思謙自攜士良一緘入貢院，易紫服，趨至階下，白曰：「軍容有狀薦裴思謙秀才。」鍇接書，曰：「狀元已有人，此外可副軍容意。」思謙曰：「卑吏奉軍容處分，裴秀才非狀元，請侍郎不放。」鍇俯首良久，曰：「然則略要見裴學士。」思謙曰：「卑吏即是。」鍇不得已從之。思謙及第後，宿平康里，賦詩曰：「銀釭斜背解明璫，小語低聲賀玉郎。從此不知蘭麝貴，夜來新惹桂枝香。」

惟進士因公開考試得官，被視為正路，到底在政治上佔到他應有的地位。此如東漢「孝廉」一樣。中國史自向合理的路進展，此是一證。至於文學之風尚日盛，以及門第之勢力日衰，則為進士科日益得勢後應有之現象也。中唐以後，進士科遂最為榮重。於是進士科舉與門第任子之兩途，在政治上自然發生衝突。此卽形成穆宗以後的一段朋黨之爭。

朋黨啟端，卽由於考試舞弊。

長慶初，錢徽典貢舉，李宗閔托所親於徽。時李德裕、李紳、元稹在翰林，共白徽取士不實，宗閔亦坐貶。由是結嫌怨，植黨相磨軋凡四十年。是年四月詔：「國家設文學之科，本求才實，苟容僥倖，則異至公。訪聞近日浮薄之徒，扇為朋黨，謂之『關節』。干擾主司，每歲策名，無不先定。永言敗俗，深用興懷。」即為此事發。

門生、座主，遂為朋黨標目。

唐貢舉之士，以有司為「座主」，而自稱「門生」。會昌三年中書覆奏：「國家設文學之科，求眞正之士，豈可懷賞拔之私惠，忘教化之根源？自謂門生，遂為朋比。樹黨背公，靡不由此。」按：明代亦有「座師、門生」之稱，其黨禍亦不減於唐時。

李德裕惡進士，他的言論，卻代表了門第勢力最後的呼聲。

德裕嘗論公卿子弟艱於科舉。武宗曰：「向聞楊虞卿兄弟朋比貴勢，妨平進之路。昨黜楊知至、鄭朴等，抑其太甚耳。有司不識朕意，不放子弟，即過矣。」德裕曰：「鄭肅、封敖子弟皆有材，不敢應舉。臣無名第，不當非進士。德裕以父蔭為備身千牛，或勸應舉，德裕言：「好牛馬不入行。」蓋世家子弟可不藉科目而顯，至是猶然。然臣祖李栖筠。天寶末以仕進無他伎，勉強隨計，一舉登第。自後家不置文選，蓋惡其不根藝實。朝廷顯官，須公卿子弟為之。何者？少習其業，自熟朝廷事，臺閣之儀，不教而自成；寒士縱有出人之才，固不能閑習也。」

他以文選不足為取士標準，固有理由。然當從此推進一層，為國家建立教育人才之至計。時應進士試者，僅知工詩賦謀進取而已。獨一韓愈唱為古文，曰「文以載道」，「為古之文，將以學古之道也」；又以師道自居，當世怪笑之。人有請師柳宗元者，宗元謝不迭，謂：「世人之詫師道，猶如蜀犬之吠日也。」稍知事學問，則入寺訪釋子論佛理，或訪道士求長生耳。世家子弟猶知循禮法，又熟聞朝廷典制掌故，宜乎德裕之以此自傲矣。直到北宋，始將韓愈一番意思發揮光大。又次當謀考試制度之整頓與改進。此亦至北宋而始有。如考試之糊名，與科目之改進士詩賦為經義等。不應倒退轉來只想任用公卿子弟，為門第苟延殘喘。

> 鄭覃以經術位宰相，亦深嫉進士浮薄，屢請罷之。文宗曰：「敦厚、浮薄，色色有之。進士科取人二百年矣，不可遽廢。」今按：鄭覃、李德裕皆不喜進士，為李宗閔、牛僧孺所排抑。

當時政治上最患者是有資格做官的人太多，因此而朝廷不尊，宰相權不重，政事不易推行。故主張排抑進士者，同時常是主張裁減官吏，而亦帶有主張貴族政治的意味，李德裕即其代表。

> 德裕大意欲尊朝廷，肅臣下，而使政出宰相。深嫉朋黨，嘗謂：「省事不如省官。省官不如省吏。」乃請罷郡、縣吏二千餘員，衣冠去者皆怨。德裕父李吉甫，亦疾吏員廣，謂：「置吏不精，流品厖雜。存無事之官，食至重之稅。職局重出，名異事離者甚眾。財日寡而受祿多，官有限而調無數。」奏省冗官八百員，吏千四百員。德裕政見，正承其家教而來。所惜者不能從一更高的理論上出發，則不免為一種代表門第勢力之政論也。

李德裕的見解，雖不免褊狹。

文獻通考引李德裕論「朝廷顯官，須公卿子弟為之」一節，評云：「德裕之論偏異如此。」今按：德裕時代與馬端臨時代絕不同，故德裕議論，在端臨視之，覺可詫異。此是歷史進展。若自東晉、南北朝人看德裕議論，便全不感其可異矣。

然當時進士浮薄，則實為不可否認之事實。

晚唐以「輕薄」、「浮薄」為詬厲朝臣之口頭禪，故朱全忠斥御史大夫趙崇，謂為「輕薄之魁」；李振勸朱全忠殺朝士，亦以「浮薄」為罪名。馬端臨謂：「進士科當唐之晚節，尤為浮薄，世所共患。」

鄭綮以「歇後」為相，可以整個看出唐末的政局。

鄭綮為相，省史走其家上謁，綮笑曰：「諸君誤矣，人皆不識字，宰相亦不及我。」史言不妄。俄聞制詔下，歎曰：「萬一然，笑殺天下人！」既視事，宗戚詣慶，搔首曰：「歇後鄭五作宰相，事可知矣。」按：綮每以詩謠託諷時政，本善詩，其語多俳諧，故使落調，世共號「鄭五歇後體」。中人有誦之昭宗前者，昭宗意其有所蘊未盡，故超用之。史稱綮「立朝侃然，無復故態，而不為人所瞻望，纔三月，以疾乞骸」。或問鄭綮：「相國近有詩否？」答曰：「詩思在灞橋風雪中、驢子上，此處那得之？」太原兵至渭北，朝廷震恐，急於攘卻之謀，綮請於文宣王字號中加一「哲」字。其為廬州刺史，黃巢掠淮南，綮移檄請無犯州境，巢笑為斂兵。唐末文人輕薄，綮已為其中之卓者。要之亦不足擔當國家重任。黃巢兵逼潼關，士子方流連曲中待試，為詩云：「與君同訪洞中仙，新月如眉拂戶前。領取嫦娥攀取桂，任從陵谷一時遷。」黃宗羲行朝錄序謂：「其時中土文人無心肝如此！」尤可為輕薄作例。較之鄭綮，抑天壤矣。

至於黃巢、李振等，皆是屢舉進士不第的人物，結果進士清流，遂受極禍。

巢粗涉書傳，屢舉進士不第，遂為盜。李振亦屢舉進士不中第。朱全忠入汴，振勸盡誅搢紳，曰：「朝廷所以不理，良由衣冠浮薄之徒，紊亂綱紀。」全忠然之。於是門胄高華，或科第自進，居三省臺閣，以名檢自處，聲迹稍著者，皆指為浮薄，貶辱無虛日。搢紳為之一空。又曰：「此輩自謂清流，宜投之黃河，使為濁流。」全忠笑而從之，聚裴樞、獨孤損等朝士貶官者三十餘人，一夕盡殺之，投屍於河。

但晚唐進士的輕薄，只是一時事象，推不翻以公開考選來代替門蔭世貴的理論。宋以後，進士考試遂獨佔了政治上的崇高地位。

嚴華、夷之防，民族觀念之提醒。重文、武之別，中唐以迄五代的武人，代表了不受教育，不講道理。宋代下的重文輕武，只是要人人讀書，受教育、懂道理，並不是絕對的認為可以去兵廢戰。裁抑王室貴族之奢淫，太監自然無地位。讓受教育、講道理的讀書人徒事詞章者不算。為社會之中堅，這是宋以下力反唐人弊病的新路徑。

第三十章　黑暗時代之大動搖（黃巢之亂以及五代十國）

一　流寇與唐室之傾覆

唐末的中國，用橫剖面來說，大體可分為三部：一是大河以北的藩鎮所轄地。二是大河以南唐兩京及其迤東一帶。三是長江以南。

藩鎮所轄地，雖則文化、經濟逐步破毀，然以極單純的武力來壓制較小的區域，一時不致搖動。中部兩京及其迤東一帶，經安、史亂後，殘破最甚。

代宗聽程元振謀遷洛京，郭子儀諫曰：「東周之地，久陷賊中。宮室焚燒，十不存一。百曹荒廢，曾無尺椽。中間畿內，不滿千戶。井邑榛棘，豺狼所嗥。東至鄭、汴，達於徐方，北自覃、懷，經於相土，人煙斷絕，千里蕭條。」劉宴與元載書：「函陝凋殘，東周尤甚。過宜陽、熊耳至武牢、成皋五百里中，編戶千餘而已。居無尺椽，人無煙爨。蕭條悽慘，獸遊鬼哭。」

江南為財賦所出。

肅、代中興，即靠東南之財賦，自此唐政府始仰東南財賦維持。至元和，東南財賦始重。韓愈謂：「當今賦出天下，而江南居十九」，是也。至咸通又加甚，故陸龜蒙言：「元和中國家用兵，江南之賦已重，逮今盈六十年，賦又數倍於前也。」

大時代沒落之大騷亂，即在中部發動而蔓延遍及於南部。

其先已有裘甫起浙東，龐勛以徐泗兵戍桂林作亂，自湘浮江下掠淮南至徐州，皆不久即平。

王仙芝先發。

聚盜起濮陽，陷曹、濮、鄆諸州，歷陳、許、襄、鄧，陷江陵、洪州，王鐸斬之於亳州。先後歷五年。僖宗乾符元年至五年。

次之為黃巢。

巢，曹州冤句人，王仙芝同里，以販鹽為生。王仙芝既死，巢即繼統其眾。攻亳州不下，襲沂州，過淮南，掠襄邑、雍丘，寇葉、陽翟。軍敗乞降，又叛去。從宣州（安徽宣城。）寇浙東，踰江西，破虔、吉、饒、信等州。趨建州，陷桂管，進寇廣州。會大疫北還。自桂編大筏沿湘下衡、永，破潭州。（長沙。）渡江，攻鄂州，（武昌。）轉掠江西。再入饒、信，陷婺、睦、宣州。由采石渡江，又渡淮攻汝州，陷東都，攻潼關，陷京師。羣臣迎謁灞上，巢從騎士數十萬，（安祿山陷東都，兵五萬。黃巢攻關，兵六十萬。）國號大齊。嗣敗而東，眾猶十五萬，略鄧、許、孟、洛，東入徐、兗。（數十州人大饑，倚死牆塹，賊俘以食，日數千人，以巨碓靡骨皮，并啖之。）先後凡七年。（巢中和四年死，連王仙芝共十一年。）

又次之為秦宗權。

宗權師行未嘗轉餉。每指鄉聚，曰：「啖其人，可飽吾眾。」官軍迫躡，獲鹽尸數十車。其師亦遍擾南中各地，（寇荊南，攻襄州，破東都，寇淮、肥，略江南，亂岳、鄂，自關中薄青、齊，南繚荊、郢，北亙衛、滑，千里無舍煙。）先後凡五年。（連前共十六年。時江、淮之間，廣陵富甲天下，亦經亂四、五年不息，雄富掃地。）

經此十幾年的大騷亂，唐代三百年的統一政府，終於傾覆，世襲的節鎮，徧及東南，而有所謂五代十國。

二　五代十國

五代十國之國都及據地

國號	國都	據地
梁	汴	河南、關內、河東一部、河北一部、山南等地。有州七十八。
唐	洛陽	河東、河南、關內、河北、隴右、山南、劍南等地。有州百二十三。
晉	汴	同唐。除幽、薊十六州，有州百有九。
漢	汴	同晉。有州百有六。
周	汴	河東、河南、關內、河北、隴右、山南、江北等地。有州一百一十八。

吳	廣陵（後徙金陵。）	淮南、江南兩道。有州二十八。
南唐	金陵	同吳。後失江北。有州二十一。
前蜀	成都	劍南、山南兩道。有州四十六。
後蜀	成都	同前。
南漢	番禺	嶺南六管。有州四十七。
楚	長沙	湖南、嶺北地。有州十五。
吳越	杭	浙東、西。十三州。
閩	侯官	全閩。有州五。
荊南	江陵	荊南及歸峽。有州三。
北漢	太原	太原以北。十州。

五代十國分合表

唐——梁（二主十七年）——後唐（四主（三姓）十四年）——後晉（二主十一年）——後漢（二主四年）——後周（二主（二姓）十年）——宋

梁：朱溫（黃巢部下）

後唐：李存勗（沙陀）

後晉：石敬瑭（西夷）

後漢：劉知遠（沙陀）

後周：郭威（李繼韜軍卒）

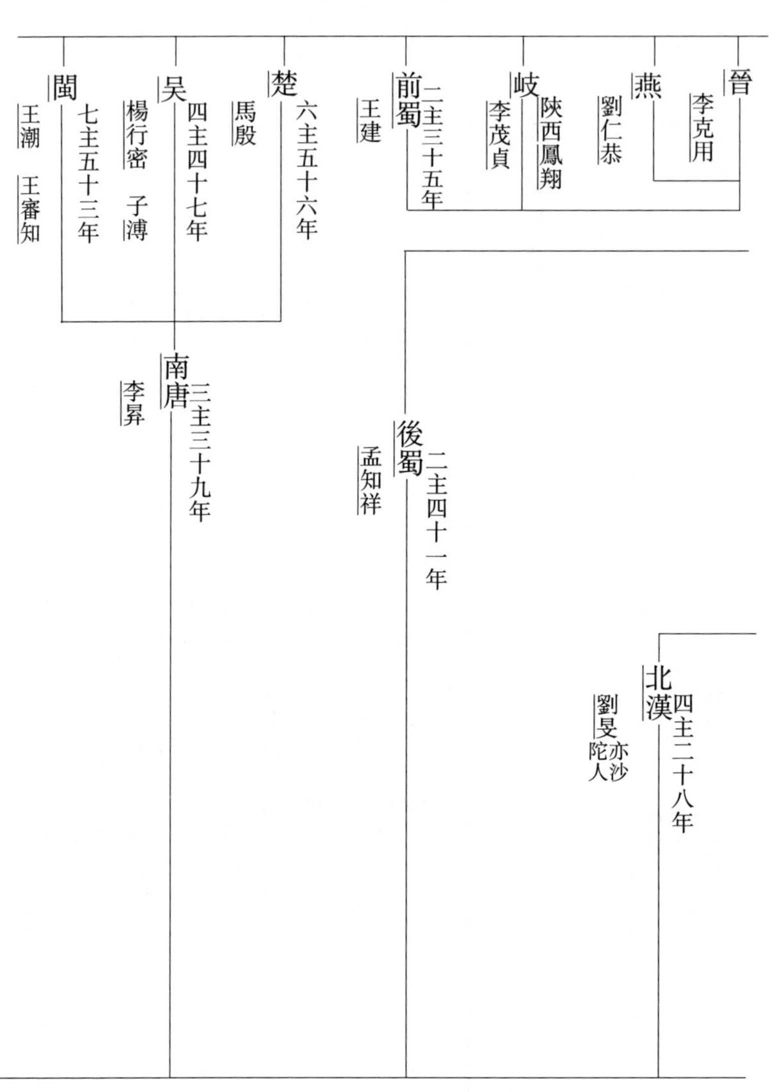

晉
李克用
燕
劉仁恭
岐
陝西鳳翔
李茂貞
前蜀
二主三十五年
王建
楚
六主五十六年
馬殷
吳
四主四十七年
楊行密　子溥
閩
七主五十三年
王潮　王審知
南唐
三主三十九年
李昪
後蜀
二主四十一年
孟知祥
北漢
四主二十八年
劉旻亦沙陀人

吳越 五主八十三年
錢鏐

南漢 五主六十七年
劉隱

荊南 五主五十七年
高季興

五代帝系表

（一）後梁

（一）太祖朱全忠（六）——（二）末帝（一一）

後梁凡二主，十七年。

（二）後唐

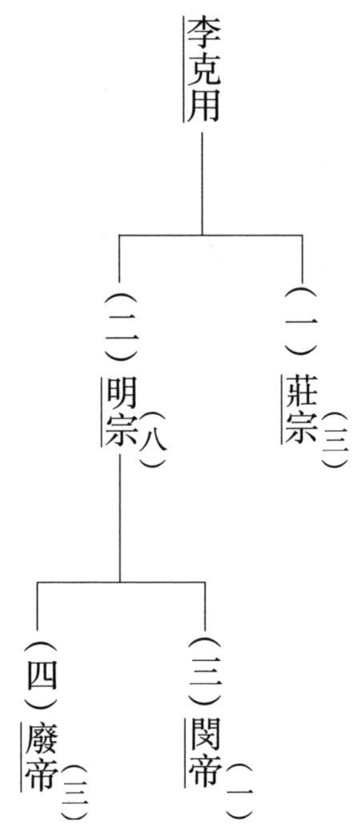

後唐凡四主，十四年。

（三）後晉

（一）高祖石敬瑭（七）

（　）——（二）出帝（四）

後晉凡二主，十一年。

（四）後漢

（一）高祖劉知遠（一）——（二）隱帝（三）

後漢凡二主，四年。

（五）後周

（一）太祖郭威（三）——（二）世宗（六）——（三）恭帝（一）

後周凡三主，十年。

此所謂五代十國，其實只是唐室藩鎮之延續，惟其間有極可注意者數事。

一、關中自李茂貞（昭宗時，鎮鳳翔，再犯闕，封岐王，為朱全忠所敗，遂不振。）以外，別無割據之雄，此足證西北一帶之殘破，至是已不夠割據建國之資力。長安代表周、秦、漢、唐極盛時期之首腦部分，常為中國文化之最高結集點。自此以後，遂激急墮落，永不能再恢復其已往之地位。

二、不僅陝西如此，即甘隴一帶文物亦臻破滅。河西自武帝始置郡、縣。東漢以來，民物富庶，與中州不殊。晉代自張軌以後，呂光、禿髮、沮渠迭據建國，經制文物，俱能仿效中華。亦因其地貨賄殷富，可以無求於中土，故能五涼相繼，與五胡角立。而中州人士，多往避難，見其風土之可樂。唐天寶以後，河西、隴右沒於吐蕃。大中、咸通雖復河湟，而名存實亡。五代以及於宋，河隴為西夏所據。元昊雖倔強構逆，其土地亦過於五涼，（五涼止有河西五郡，無靈、夏，元昊有夏、寧、綏、宥、靜、靈、鹽、勝、會、甘、涼、肅、瓜、沙等州。慶曆初，復陷豐州。其地東據河，西至玉門，南臨蕭關，北控大漠，延袤萬里。）然苟絕其歲賜互市，則不免衣皮食酪，幾不能以為國。是以亟亟屈服。北事遼，南事宋，僅足自存。蓋河西自唐中葉以後，淪於異域，漸化為龍荒沙漠之區，無復昔之繁華。（甘、涼之間以諸河為溉。興靈有古渠曰「唐梁」，曰「漢源」，皆支引黃河，仍是漢、唐人遺烈也。）自長安既毀滅，中原之風聲氣習，文物禮樂，益與甘、涼隔絕，遂若有夷、夏之分，傖荒復數百年。中國西北部文物驟衰，實為唐中葉以後一極要之轉變。

三、五代中只後唐都洛陽，尚是東周、東漢、西晉、北魏之舊都。（亦是隋、唐之陪都。）其他四代皆都汴，（開封。）直到宋代不能遷都。（其理由下詳。）此證黃河流域之氣運，不僅關中以西不復興，即中部洛陽一帶亦

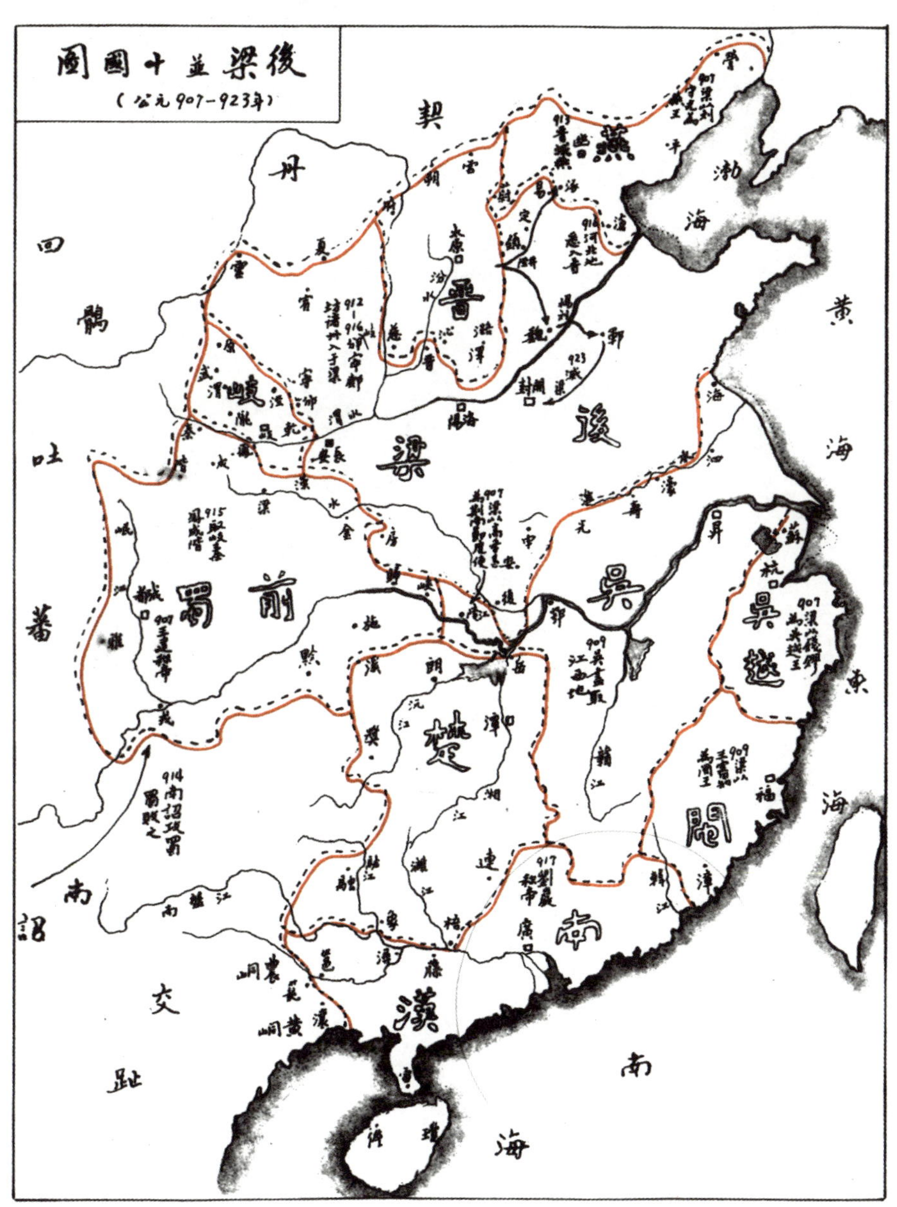

後梁並十國圖
（公元907—923年）

後唐並七國圖
（公元923—936年）

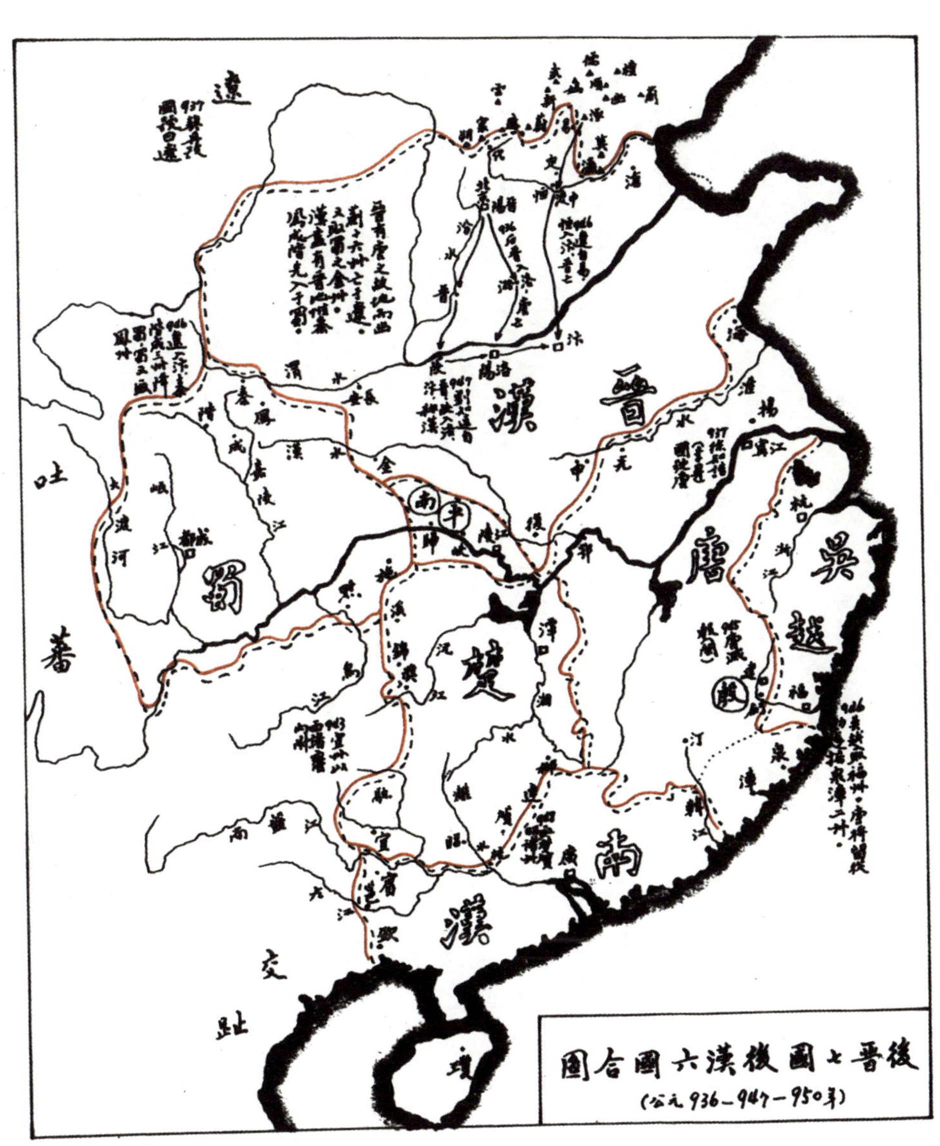

後晉七國後漢六國合圖
(公元936—947—950年)

後周並七國圖

（公元951—960年）

不够再做文化、政治的中心點。中國社會的力量，漸漸退縮到東邊來。

四、五代均在黃河流域，十國（除北漢。）均在長江以南。五代名義上雖上承唐，下啟宋，號為王室遞禪之正統，其實前後五代，共止五十四年，而已有八姓、十三君。就其開國之君而言，三位是胡人，（唐、晉、漢。北漢亦胡人。）一位是流寇，（梁。）一位是募兵；（周。）正可說明那時的北方中國，已到了最不像樣的時代。而南方九國，（十國，除北漢只九國。）比較氣運長，（其中過半數以上，每一國之年代，皆超過五代之全時期；其少數亦均超過五代全時期之一半。）文物隆，還有一個樣子。自此以後，南方社會，遂漸漸跨駕到北方社會的上面去。（此和南北朝情形又不同。尤著者，如吳徐知誥之輕賦恤民，越錢鏐之大興水利，江、浙一帶，至宋遂為樂土。又如南漢劉巖所用刺史無武人，皆北方所萬不能及也。而南唐文物，尤為一時之冠。宋太祖建隆元年，有戶九十六萬餘，嗣平荊南、湖南、蜀、廣南、江南，得戶一百六十萬。蜀五十餘萬，江南六十餘萬，即兩地戶數已超過中原矣。此亦與三國、南北朝相異也。）

五、是晉石敬瑭稱臣契丹，（事以父禮。）割贈幽、薊十六州。自此下至元順帝退出中國，其間凡四百二十四年，那一帶土地，可以說長受異族的統治。（雖此諸族均受漢化，然要之不能與中國本部相比。）若嚴格言之，則此十六州中之某幾部分，自安、史以來，早已不能直接沾受到中國傳統政治與文化之培養。如是則先後幾將及六百年之久。

十六州州名如下：

幽（今北平。） 薊（河北薊縣。） 瀛（河北河間縣北。） 莫（河北任丘縣北。） 涿（河北涿縣。） 檀（河北密雲縣北。） 順（河北順義縣。） 新（察哈爾涿鹿縣。） 媯（察哈爾懷來縣。） 儒

（察哈爾延慶縣。）武（察哈爾宣化縣。）雲（山西大同縣。）應（山西應縣。）寰（山西朔縣東。）朔（山西朔縣。）蔚（察哈爾蔚縣。）幽、薊、瀛、莫、涿、檀、平、順為山前八州，新、嬀、儒、武、雲、應、朔、蔚為山後八州。平州先沒，（劉仁恭以營、平二州遺契丹，在石晉前。山前八州增營為九。）寰州并於應。（後唐明宗時。）故十六州或數平，或數寰。又應、朔、寰、雲、蔚，亦稱代北。瀛、莫，周世宗已復取之；為宋河間、文安郡地。（全祖望燕雲失地考，謂石晉所賂不止十六州。）

此十六州既為外族所踞，從此中國北方迤東一帶之天然國防線，全部失卻，大河北岸幾無屏障。（惟山西尚有雁門內險，故宋征北漢，遼不能救；太原尚能為中國所有。然宋都汴京，地偏東，仍非山西所能掩護。）中國遂不得不陷於天然的壓逼形勢下掙扎。借援外兵，引入內地，唐代亦屢有其事。後世責石敬瑭不當借援契丹，卻忘了石敬瑭自身早是一個胡人。（其於耶律德光自稱「兒皇帝」，為之假子，亦自安祿山以來相沿遺風。）唐代對於民族觀念之不重視，流害遂至於此。（唐人政制，均沿北朝周、隋。惜當時北朝周、隋諸儒，以環境關係，未能發明民族華、夷之防，唐人遂亦模糊過去。）

六、是中國東北部契丹族之驟盛。

三　契丹之興起

中國的東北，在歷史上很早便有其地位。殷商箕子卽避地朝鮮半島。戰國時，遼河兩岸全屬

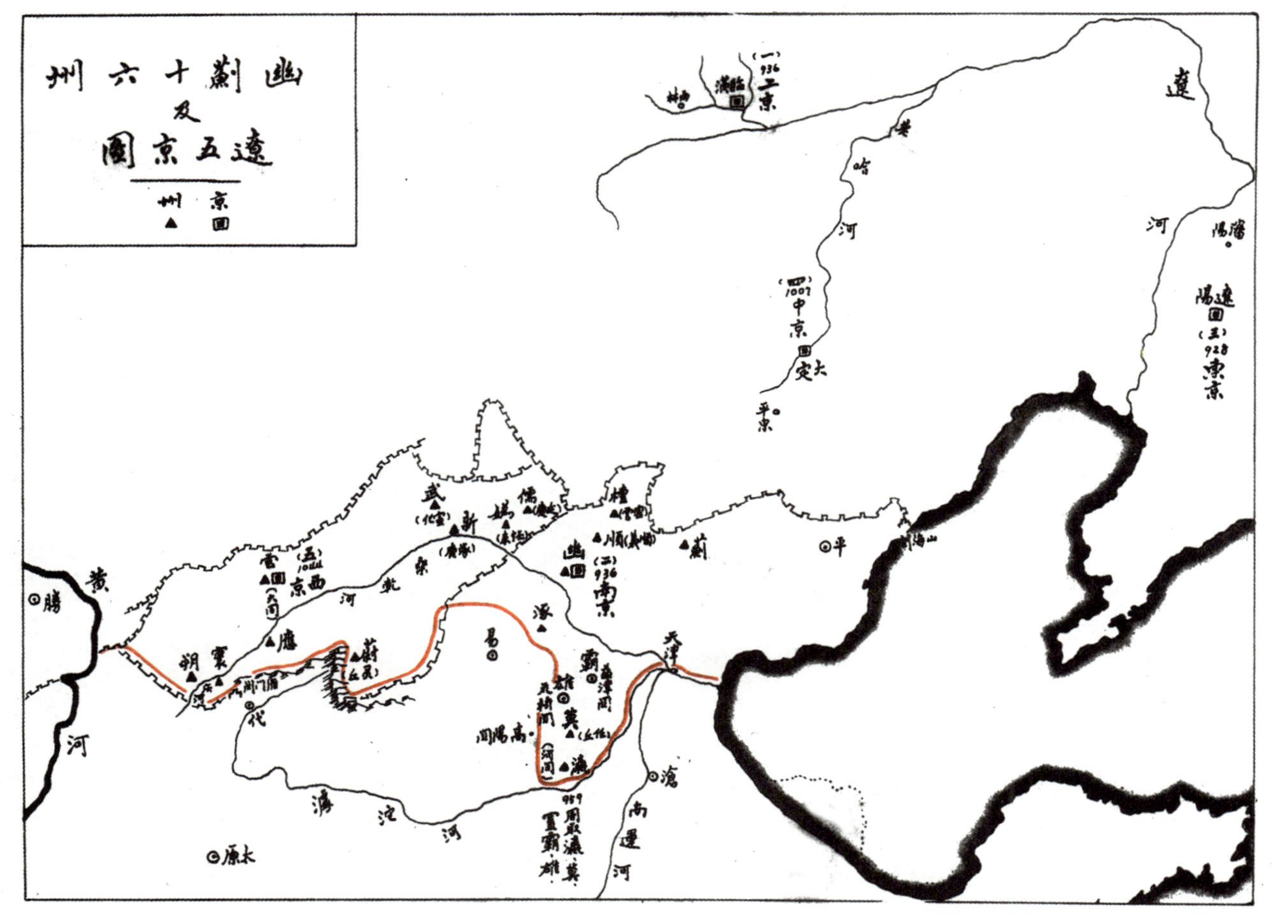

幽薊十六州
及
遼五京圖
京
州

燕國版圖。（燕並略屬眞番、朝鮮，為置吏築障。（見漢書地理志。戰國策已謂「燕東有朝鮮、遼東」。）眞番即此後漢武所置四郡之一，地跨今鴨綠江。朝鮮乃平壤故名。則燕遼東邊界，較今中、韓國界為遠。）秦長城東端，直至樂浪。（此見晉書地理志。樂浪亦漢武置四郡之一，今黃海、平安二道地也。漢初，遼東與朝鮮以浿水（今大同江）為界；秦界則更在浿水東。）秦亂，中國人衛滿自王其地。（此如尉佗之王南粤。）漢武既滅衛氏，以其地置眞番、玄菟、（今咸鏡南道。）樂浪、臨屯（地在今漢江北。）四郡。三國時，公孫度王於遼東。（此乃中國內部之割據分裂，惟因地遠，故獨立以後，乃與內地交涉較疏。公孫氏傳四世，晉初仍屬中國為郡縣，自戰國以來五百年矣。）五胡慕容氏亦起遼東，而其漢化之程度，較之劉淵匈奴五部久居山西者有過之無不及。可見其時遼河東、西地帶之文化，較之內地河北、山西一帶，無多遜色。唐安東都護府設治在平壤。（亦朝鮮境。）其後經安、史之亂，中央與東北的關係永為隔絕。然東北漢族文化根基已深，故渤海建國十餘世，乃有五京、十五府、六十二州之規模。可證其國全是城郭耕稼，用其部族的武力，與漢人的經濟、文化相結合，而凝成一個較進步的國家。（其事略如五胡與北魏。又按：渤海自唐武氏聖曆二年，迄後唐明宗天成三年，前後十二世，二百三十年；而契丹自天贊四年閏十二月丁巳興兵，至翌年正月辛未，渤海王即降，前後僅半閱月。渤海臣門藝之言曰：「昔高麗盛時，士三十萬，今我眾比高麗不過三之一。」蓋渤海種人不繁，又建國既久，不尚武事，故其亡忽焉。（渤海故都在今吉林寧安南，牡丹江畔之東京城。其城不依山險，而位於四面開朗之原地，亦渤海以和平立國之一證也。）其後遼滅於金，亦數年事。此皆由其立國本多賴漢人，漢人不為效死，故易滅也。其後劉豫向金乞師，金調渤海漢兒軍五萬應之。金亮南侵，先計女貞、契丹、奚三部眾，又起中原漢兒與渤海軍共一十七路。而渤海一軍卒叛歸會寧。大金國志引許亢宗奉使行程錄，第三十三程：「自黃龍府六十里至托撒孛堇寨府，為契丹東寨。當契丹強盛時，擒獲異國人，則遷徙散處於此。南有渤海，北有鐵離、吐渾，東南有高麗、靺鞨，東有女貞、室韋，北有烏舍，西北有契丹、回鶻、党項，西南有奚。故此地雜諸國俗。凡聚會處，諸國人言語不通，則各為漢語以證，方能辨之。」此可證渤海建國本仗漢人，及漢族在東北方面文化勢力之盛。）契丹建國亦和渤海情形略相仿。

契丹（其先出自鮮卑，為宇文氏別種，遞屬於突厥、回鶻。）很早即為一種耕牧兼營的民族。（遼史稱：「皇祖勻德實，為大迭烈府夷離堇，喜稼穡，善畜牧。」又云：「太祖仲父述瀾，始興版築，置域邑，教民種桑麻，習織組。」

耶律阿保機（即遼太祖。）建國，自始即依仗漢人之歸附。

時劉守光暴虐，幽、涿之人多亡入契丹，阿保機為建漢城，在炭山東南灤河上。有鹽鐵之利，其地可植五穀。阿保機率漢人耕種，治城郭、邑屋、廛市，如幽州制度，遂基之以併八部。契丹始建國。

及其立皇都，（地在臨潢，今熱河東北，西遼河上流，巴林旗境。事在神冊三年，即梁末帝貞明四年，距宋興尚四十二年。）滅渤海，（史稱「得城邑之居百有三」，事在明宗天成元年。是歲遼太祖阿保機卒，距宋興尚三十四年。）已經是一個規模很像樣的國家。（其會李克用於雲中，以兵三十萬。伐代北，兵四十萬。後事在唐天祐二年，距宋興五十五年。）其後耶律德光（阿保機子，遼太宗。）又得幽、薊十六州。（並得晉歲輸金、帛三十萬。距宋興亦二十六年。）其官制分南、北院，北面治宮帳、部族、屬國之政，南面治漢人州縣、租賦、軍馬之事。襲用唐制三省六部、臺院寺監、諸衛東宮之官，藉以招徠中國人。（然共國任事，則惟宗室耶律、外戚蕭氏二族。）

以耶律德光與石敬瑭、劉知遠相較，一樣是胡人，一樣不瞭解中國傳統文化，然而耶律德光的政治成績要比石敬瑭、劉知遠好得多。此因耶律德光誠心想模仿中國，而石敬瑭、劉知遠還只是想用兵力霸住地位。此正是唐藩鎮與五胡、北朝之相異點。因一面有理想求上進，一面無理想只求霸佔。所以想上進者，因其為一部族中之優秀領袖，能知為遠大永長之計。所以只想霸佔者，因其本來出身行伍，徒藉兵強馬大，非有遠志。

遼廷多用漢人，如太祖之於韓延徽，太宗之於張礪。范仲淹疏：「契丹得山後諸州，皆令漢人為之官守。」諸帝皆通漢學，遼族亦多好文學。參看二十二史劄記。

以遼與北朝比，則遼之文化尚遠遜北朝。此因北朝時中國門第勢力未衰，故雖在部族統治下，而漢族文化仍得發榮滋長。契丹建國時，中國社會已無門第勢力，故契丹雖亦酌取漢化，而漢人則並不能自保其文化之傳統，以與異部族之統治勢力相抗衡。蓋北朝大體上猶是漢人為主，而遼則漢人為屬矣。

其後遼國遂備五京之制。宋統一前，遼已有上京、南京、東京三京。

上京。梁貞明四年，阿保機始城臨潢，謂之「皇都」。晉天福初，德光稱為「上京」。在臨潢。今熱河林西縣東南。

中京。宋景德四年，隆緒城遼西為「中京」，自上京徙都。在大定。今熱河省東南部喀喇沁旗境，平泉縣東北大寧城。

東京。後唐天成三年，德光稱遼陽城為「南京」。晉天福初，改曰「東京」。在遼陽。即遼陽縣治。

南京。晉天福初，升幽州為「南京」，又謂之「燕京」，常為行都。在析津。今北平。

西京。宋慶曆四年，宗眞（興宗）以雲州為「西京」。在雲州。今山西大同。

境內有州、軍、城百五十有六，縣二百有九。東至海，西至金山，暨流沙，北至臚朐河，南至白溝，方萬餘里。有兵一百六十四萬，勝甲冑者盡籍為兵，皮室、屬珊二軍尤重，各隸精兵數十萬。屬珊軍則擇蕃、漢精騎為之也。部族屬國之兵不與焉。

要之，遼之立國，與漢初匈奴、唐初突厥均不同。遼國直是一個漢族分化的國家。

胡嶠陷北記：「上京所謂西樓，有邑屋、市肆。交易無錢而用布。有綾、錦諸工作。宦者、翰林、技術、教坊、角觝、秀才、僧尼、道士等，皆中國人，而并、汾、幽、薊之人尤多。」又按：遼史儀衛志，記晉高祖使馮道、劉昫冊應天太后、太宗皇帝，其聲器與法駕，同歸於遼。又德光入汴，收法物。秦、漢以來帝王文物，盡入於遼。周、宋按圖更製，乃非故物。此即太宗紀所載「大同元年三月，晉諸司僚吏、嬪御、宦寺、方伎、百工、圖籍、曆象、石經、銅人、明堂刻漏、太常樂譜、諸宮縣、鹵簿、法物及鎧仗，悉送上京」是也。

中國的東北方，為安、史以來長期的藩鎮割據所隔絕，久不與中國中央相通。此一部分人遂漸與異部族武力相結合，而形成一個新國家。故云與北朝相似。這一個國家，遂還為中國本部之強敵。

這又是此下歷史上一個重要的變端。

四　中原民衆之疾苦

七、是當時中國黄河流域民眾疾苦之加深。黄河流域的民眾，經黄巢、秦宗權大亂之後，繼續還是經受武人、胡人的不斷爭奪，横征暴斂，火熱水深，幾乎難於想像，難於形容。在政事極端無望之下，有一個張全義。

東都經黄巢之亂，遺民聚為三城以相保。繼以秦宗權、孫儒殘暴，僅存壞垣而已。唐僖宗光啟三年，張全義為河南尹，初至，白骨蔽地，荆棘彌望，居民不滿百戶。全義麾下纔百餘人。乃於麾下選可使者十八人，命曰「屯將」。人給一旗、一榜，於舊十八縣中，令招農戶自耕種，流民漸歸。又選可使者十八人，命曰「屯副」。民之來者撫綏之，無重刑，無租稅，歸者漸眾。又選諳書計者十八人，命曰「屯判官」。不一二年，每屯戶至數千。於農隙選壯者教之戰陣，以禦寇盜。五年之後，諸縣桑麻蔚然，勝兵大縣至七千人，小縣不減二千人。乃奏置令佐以治之。全義為政明察而寬簡，出見田疇美者，輒下馬與僚佐共觀之，召田主勞以酒食。有蠶麥善收者，或親至其家，悉呼出老幼，賜以茶綵衣物。民間言：「張公見聲伎未嘗笑，獨見佳麥良繭則笑耳。」在洛四十年，遂成富庶。

在政事極端無望之下，還有一個馮道。

張全義媚事朱溫，妻妾子女為其所亂，不以為愧。及唐滅梁，又賄賂唐莊宗、劉后、伶人、宦官等，以保祿位。然時稱名臣元老，以其猶能以救時拯物為念也。楊凝式贈全義詩曰：「洛陽風景實堪哀，昔日曾為瓦子堆。不是我公重葺理，至今猶是一堆灰。」馮道歷事五朝八姓十一君，當時羣尊為長者。死年七十三，談者美之，謂與孔子同壽，其時能壽，當眞不易。亦以道能周旋有所存濟也。其對耶律德光曰：「此時百姓，佛出救不得，惟皇帝救得。」論者謂道一言免中國人於夷滅。世運至此，何可更以節義廉恥責當時之人物！其他如鄭韜光事十一君，壽七十。馬胤孫號為「三不開」，一不開口議論，二不開印行事，三不開門延士大夫。

民生其間，直是中國有史以來未有之慘境。

五　中國之南北分裂

至於北方的遼國，政治比較上軌道，其田制有「公田」、有「私田」、有「在官閑田」之別。統和中，耶律昭言：「西北之衆，每歲農時，一夫偵候，一夫治公田，二夫給糺官之役。」當時沿邊各置屯田戍兵，易田積穀以給軍糧。太平七年詔：「諸屯田不輸稅賦」，此公田制也。又統和七年詔：「山前後未納稅戶，並於密雲、燕樂兩縣占田置業入稅」，此私田制也。十五年，募民耕灤河曠地，十年始租；此在官閑田制也。

遼自初年即稱農穀充羨，有振饑恤難之政。景宗保寧七年，漢有宋兵，使來乞糧，詔賜粟二十萬斛。耕種之外有鹽。太祖漢城在炭山南，有鹽池之利，即後魏之滑鹽縣。其後得十六州地，瀛、莫在焉，始得河間煮海之利。

有鐵冶。

太祖始併室韋，其地產銅、鐵、金、銀，其人善作銅、鐵器。又有曷朮部多鐵。「曷朮」，契丹語「鐵」也。後平渤海，有鐵利府，改曰鐵利州，地亦多鐵。又東平縣本漢襄平縣故地，產鐵礦。

有金銀礦。

聖宗太平間，於潢河北陰山及遼河之源，各得金、銀礦，興冶採煉。

因有銀幣。

撒剌的為夷離堇，以土產多銅，始造錢幣。太祖。其子沿而用之。太宗置五冶太師，以總四方錢鐵。石敬瑭又獻沿邊所鑄。其後景宗鑄乾亨新錢。聖宗鑿大安山，取劉守光所藏錢，散諸五計司，兼鑄太平錢。

又有牧畜之饒。

遼盛牧事，羣牧滋繁，數至百有餘萬，諸司牧官以次進階。自太祖及道宗垂二百年，羣牧之盛如一日。天祚初年，馬猶有數萬羣，每羣不下千匹。

冀北宜馬，海濱宜鹽，自古豔稱。鐵冶之富，至今尤為全世界所重視。故其國「典章文物、飲食服玩之盛，得盡習漢風，自謂昔時元魏所不如」。韓琦語。而其「法令簡易，科役不煩，遂使一時民眾絕其南顧之念」。余靖語。如此一傳再傳，待宋室起來，再把中國整頓得成一個樣子，而那隔絕淪陷在東北方面的民眾，早已忘卻他們的祖國了。

我們該從地理的橫剖面上，來認取當時中國史上一種空前未有之大搖動。

錢穆先生全集

錢穆先生全集

〔新校本〕

國史大綱（下）

九州出版社

目次

第七編　元明之部

第四十六章　除舊與開新清代覆亡與民國創建……九五五

第六編　兩宋之部

第三十一章　貧弱的新中央北宋初期

在不堪言狀的分裂與墮落之後，中國又重新建立起一個統一的中央政府來。這一個中央，卻以他特殊的姿態出現於歷史。與秦、漢、隋、唐的統一相隨並來的，是中國之富強，而這一個統一卻始終擺脫不掉貧弱的命運。這是宋代統一特殊的新姿態。

一　北宋帝系及年歷

（一）太祖（一六）

專力對南方求統一，於北方取守勢。

（二）太宗（二二）

吳越來降。

平北漢。

兩次親征契丹，均敗歸。

西夏始建國。

（三）眞宗（二五）

西夏陷靈州。

契丹掠淄齊。

澶淵之盟。

封禪。

此後宋遼一百二十年不交兵。

（四）仁宗（四一）

西夏邊患日盛。

陝西用兵。

富弼使遼，再修和約。

慶曆變政。

─（商王）──（濮王）──（五）英宗（四）──（六）神宗（一八）

王安石相，行新法。

（七）哲宗（一五）

即位甫十齡，

太皇太后高氏臨朝。

司馬光為相，元祐廢新法。

哲宗親政，紹述，復新法。改元紹聖。

（八）徽宗（二五）──（九）欽宗（一）

靖康之難，二帝蒙塵。

排紹聖，復元祐，

改元建中靖國。

蔡京用事，復行新法，改元崇寧。

立元祐黨籍。

聯金滅遼。

北宋凡九主，一百六十七年而亡。

二 宋初中央新政權之再建

自唐代鎮兵擁立留後，積習相沿，直至五代，造成國擅於將、將擅於兵的局面。宋太祖由陳橋驛兵變，黃袍加身，這是五代兵士擁立皇帝的第四次。唐明宗李嗣源、唐廢帝潞王從珂、周太祖郭威，皆由軍士擁立。由不斷的兵變產生出來的王室，終於覺悟軍人操政之危險，遂有所謂「杯酒釋兵權」的故事。此在太祖即皇帝位之第二年，即建隆二年。

自此節度使把持地方政權之弊遂革。

太祖召諸鎮節度，會於京師，賜第留之，而分命朝廷文臣出守列郡，號「知州軍事」。自此諸節度使並不食本鎮租賦，藩府除授帶都督名銜者，實不行都督事。諸路觀察、採訪、防禦、團練、刺史皆遙領，不親本州務。

而地方長官遂得重用文臣。

五代時不僅諸鎮節度使皆用勳臣武將，即不隸藩鎮之州郡刺史，亦多以軍功為之。至是始革。

繼之置諸州通判。

凡地方軍民政務，均須通判簽議連書，方許行下。通判事得專達，與長吏鈞禮。又令節鎮所領支郡，皆直隸京師。

縣令亦分由朝官兼攝，稱為知縣。

知州、知縣，論名義皆屬臨時差遣，非本職。故宋代州縣守令，皆帶中朝職事官銜。

從此地方官吏，又得均由中央任命。

五代凡曹掾簿尉之齷齪無能，以至昏老不任驅策者，始注縣令。故其時地方政治，惟有刻剝誅求，猥迹萬狀。優諢至多以令長為笑資。宋祖以朝官出知縣事，猶北齊武成時以世胄子弟為縣令，亦一時救弊，非必全出於私天下之心。

各州又置轉運使，處理各地方財政，除諸州度支經費外，悉輸京，毋占留。唐代地方財政有「留州」、「送使」、「上供」之別。從此地方財富亦歸中央。嚴懲贓吏，亦宋開國政治要政之一。

又命諸州縣各選所部兵士，才力武藝殊絕者送都下，有「兵樣」，為挑選標準。先以人，後以木梃為之。補禁旅之闕。稱「禁兵」，為天子之衞軍。其老弱者始留州。此為「廂兵」，屬地方兵，罕教閱，多以給役。五代無政，凡國之役皆調於民，宋悉役廂軍，凡役作工徒營繕，民無與焉。既不能一時復兵於農，則此亦不失為權道。從此地方兵力亦移歸於中央。

吏治、兵權、財賦三項，脫離了地方軍權藩鎮之分割，而統一到中央來，中國始漸漸有一個像樣的、上軌道的中央政府。

三　宋代對外之積弱不振

宋太祖憑藉那一個比較像樣的、上軌道的中央政治機構，便可先來平復南方。先荊南，次蜀，次南漢，次南唐，（時貶號「江南」。）漸次敉平。

太祖雖以杯酒釋侍衞諸將兵柄，然其時在外郡以節度掌兵者猶近三十州。乾德中，或因其卒，或因遷

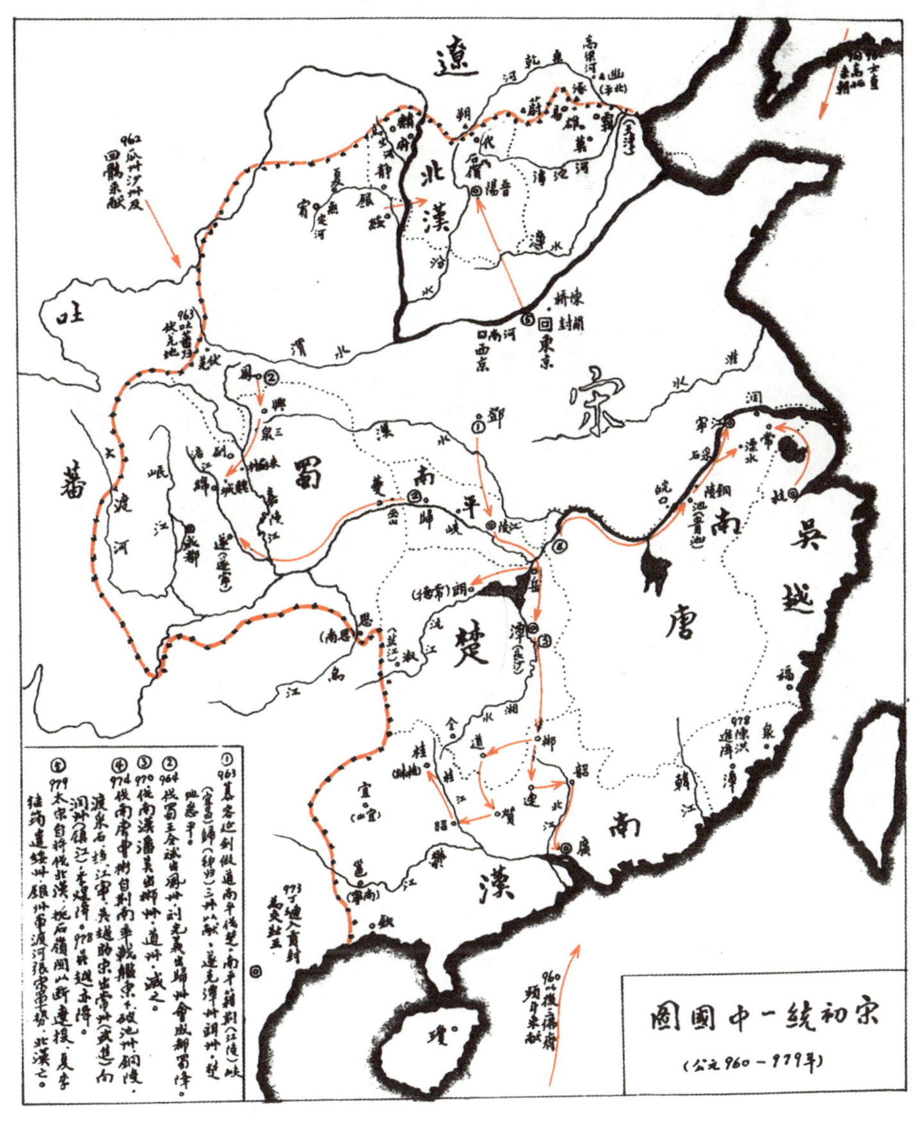

宋初統一中國圖

(公元960—979年)

徙，或因致仕，漸以文臣代之。然守將之控制西北者類多久任。郭進守西山凡二十年，李漢超守關南凡十七年，董遵誨守通遠凡十四年。其餘十許年、八九年不可悉數。所部筦榷之利悉與之，軍中事許從便宜。邊臣皆富於財，得養募死士。蕃寇每入，多致克捷。以此無西北之虞，得以盡力東南。仁宗至和二年范鎮疏：「恩州自皇祐五年秋至至和元年冬，纔踰一歲。知州者凡七換，河北諸州大率如是。欲望兵馬練習，安可得也？」

南方諸國在經濟上雖比中原為優，而政治情形並不長進。

東晉、南朝，有大批北方士族南渡，故衣冠文物為北方所宗。五代時，南方諸國，僅得唐末進士詩賦遺風，政治上並無傳統可言。

故宋室政治，稍有頭緒，便能將南方諸國逐次收拾。

至太宗時，吳越降附。江南統一，再平北漢，而終於不能打倒契丹，這是宋室惟一主要的弱徵。

太宗兩次親征，均敗歸，其死傳係箭瘡發。石晉開運陽城之戰，耶律德光幾不免，周世宗一舉而下三關，契丹非不可勝。但太宗才弱，又無賢輔耳。周世宗用兵欲先取幽州，則吳蜀不足平。宋則以趙普謀，先南後北為持重。兵力已疲，而貽艱鉅於後人，則太祖之失也。

宋代建國本與漢唐不同。宋由兵士擁戴，而其建國後第一要務，亦即宋室政權惟一生路。卽須裁抑兵權。而所藉以代替武人政治的文治基礎，宋人亦一些沒有。

宋初文臣，出五代南唐之遺，皆猥瑣浮薄，無堪建樹。古者三公坐而論道，唐五代宰相見天子議大政事，亦必命坐賜茶。宋初，周世宗舊臣范質等為相，憚帝英睿，請每事具劄子進呈。由是奏御寢多，始廢坐論之禮，而宰臣見天子亦立談矣。太祖謂宰輔中能循規矩，愼名器，持廉節，無出質右，但欠為世宗一死。質與王溥為世宗顧命大臣，王溥時以擬馮道，蓋皆不為宋祖重視。宋所信賴者惟趙普。然普為相後，宋祖常勸其讀書，乃時時披覽論語。以宋初大臣與唐代相較，所遜遠矣。此宋治之所以不逮於唐也。

北方的強敵，契丹。一時既無法驅除，而建都開封，尤使宋室處一極不利的形勢下。藩籬盡撤，本根無庇。這一層，宋人未嘗不知。然而客觀的條件，使他們無法改計。

張方平曾論其事，見續資治通鑑長編二百六十九。謂：「今之京師，古所謂陳留，天下四衝八達之地，非如函秦洛宅，形勝足恃。自唐末朱溫受封於梁國而建都，至於石晉割幽薊之地以入契丹，遂與強敵共平原之利。故五代爭奪，其患由乎畿甸無藩籬之限，本根無所庇也。祖宗受命，規模必講，不還周漢之舊而梁氏是因，豈樂而處之，勢有所不獲已者。大體利漕運而贍師旅，依重師而為國也。則是今日之勢，國依兵而立，兵以食為命，食以漕運為本，漕運以河渠為主。」張語止此。張洎亦論汴漕。謂：「漢兵甲在外，惟有南北軍、期門、羽林孤兒，以備天子扈從藩衛之用。唐承隋制，置十二衛府兵，皆農夫也。及罷府兵，始置神武、神策為禁軍，不過三數萬人，亦以備扈從藩衛而已。今天下甲卒數十萬眾，戰馬數十萬匹，並萃京師，比漢唐京邑民庶十倍。」張語止此。太祖末年欲卜都洛陽，曰：「終當居長安，據山河之勝以去冗兵，循周漢故事以安天下。」而晉王即太宗。力請還汴。太祖終不以為然，曰：「不出百年，天下民力殫矣。」范仲淹又力主於洛陽廣儲蓄，繕宮室，為遷都計，而呂夷簡目為迂闊。其先則畏難因循，其後又偷安苟且，一誤再誤，而宋事終不可為矣。

大河北岸的敵騎，長驅南下，更沒有天然的屏障，三四天即到黃河邊上，而開封則是豁露在黃河南岸的一個平坦而低窪的所在。所以一到眞宗時，邊事偶一緊張，便發生根本動搖。其時王欽若主遷南京，陳堯叟主遷四川，而並無主遷洛陽、長安者。正見此兩地文化經濟之衰落，至是仍一無恢復也。幸而寇準主親征，始得有澶淵之盟。然而到底是一個孤注一擲的險計。

此後宋遼遂為兄弟國，宋兄遼弟，遼蕭太后為叔母。宋歲輸遼銀十萬兩，絹二十萬匹。自是兩國不交兵一百二十年。

宋都開封，不僅對東北是顯豁呈露，易受威脅。其對西北，亦復鞭長莫及，難於駕馭。於是遼人以外復有西夏。

唐僖宗時，夏州裨將拓拔思敬，本党項族。預破黃巢功，賜姓李氏，拜夏州節度使。三傳軍亂，擁立李仁福，不知於思敬親疏；其後即西夏。然則西夏仍是唐胡籍藩鎮之最後遺孽也。

眞宗時，西夏已陷靈州。其時李繼遷卒，子德明立。至仁宗，西夏驟強，德明卒，子元昊立。邊患遂盛。范仲淹、韓琦以中朝名臣到陝西主持兵事，結果還是以和議了事。陝西用兵只五、六年。宋歲賜西夏銀、綺、絹、茶共二十五萬五千。

從對夏的示弱，又引起遼人的欺凌。富弼使遼，重固和議，歲增銀、絹各十萬。契丹主欲於誓書用「獻」字，宋以「納」字許之。遼史云用「貢」字，不可信。

四　宋室內部之積貧難療

宋代對外既如此不振，而內部又終年鬧窮。而且愈鬧愈兇，幾於窮得不可支持。以中國已往歷史而論，只要國家走上統一的路，以廣土眾民供養一個中央政府，除非窮奢極慾，絕不至於患貧。宋室之患貧，則因有幾個特殊的原因：

第一還是由於養兵。

（一）宋代之冗兵

無論秦、漢、晉、隋、唐，每一度新政府創建，在天下平一之後，必隨著有一個兵隊的復員。只有宋代因事態特殊，唐末藩鎮的積重難返，外寇的逼處堂奧，兵隊不僅不能復員，而且更逐次增加。

太祖開國時　二十萬。

太祖開寶時　三十七萬八千。內禁兵十九萬三千。

太宗至道時　六十六萬六千。內禁兵三十五萬八千。

眞宗天禧時　九十一萬二千。內禁兵四十三萬一千。

仁宗慶曆時　一百二十五萬九千。內禁兵八十二萬六千。

英宗治平時　一百十六萬二千。內禁兵六十六萬三千。

以上祇是一個約略的計數。

陳襄云：「藝祖時有兵十二萬。張方平則云：不足十五萬。眞宗時，三十餘萬。曾公亮云：三十八萬。張方平云：咸平中五十餘萬。揮麈錄：咸平後增至六十萬。乾興中眞宗末年。始及八十餘萬。慶曆時，一百餘萬。」揮麈錄：皇祐初兵一百四十萬。

要之可以見宋代兵額之遞增。直到仁宗時，先後百年，而全國兵額增至七、八倍以上。軍隊大半來自招募。並有營伍子弟聽從本軍，及有罪配隸等，然以招募為主要來源。其他尚有鄉兵，由土人在所團立。應募者非游手無籍，即負罪亡命。又往往因歲兇募饑民，遂使長大壯健者游惰，而留耕者胥老弱。如是久之，農村生產力日漸減削。

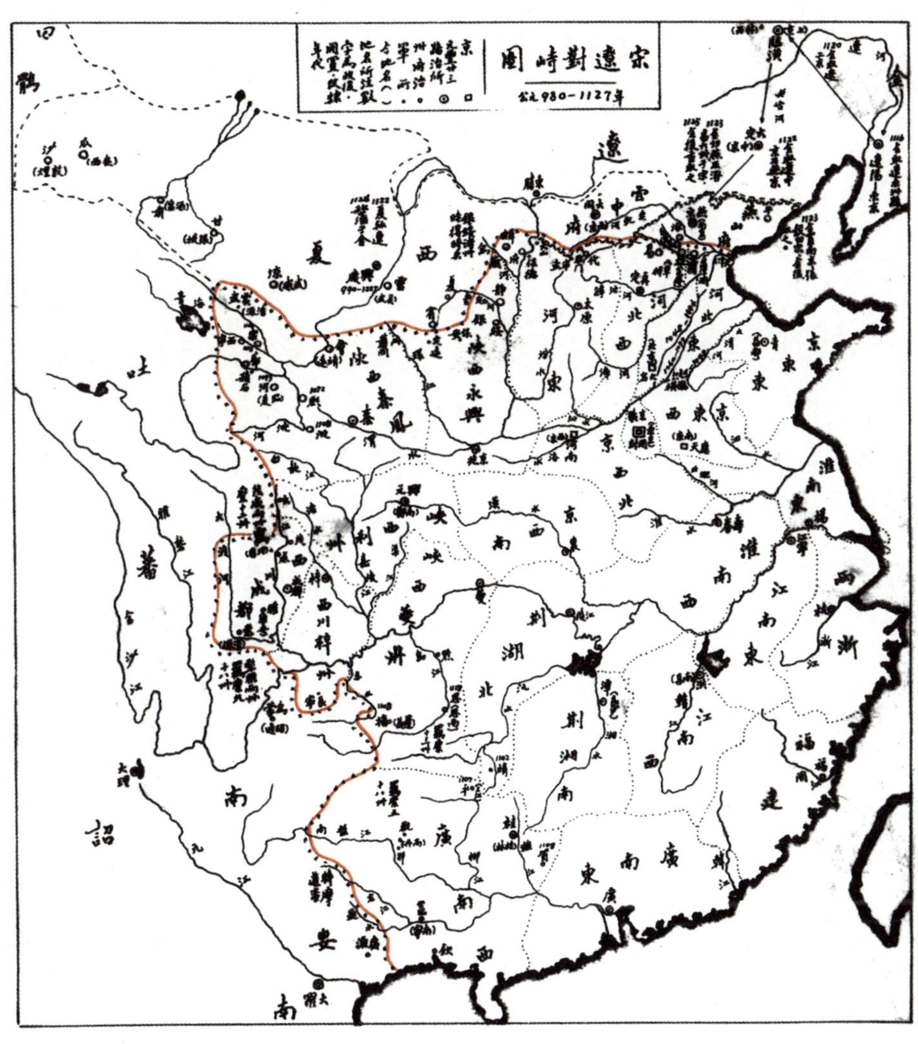
宋遼對峙圖
公元980－1127年
遼
夏
吐
蕃
大理
詔
安
南
回
鶻

且募兵終身在營伍，自二十以上至衰老，其間四十餘年，實際可用者至多不過二十年。廩之終身，實際卽是一卒有二十年向公家無用而仰食。孫洙謂：「謂之兵而不知戰，給漕輓、服工役、繕河防、供寢廟、養國馬，乃至疲老而坐食者，皆兵也。」如此的軍隊，最易流於驕惰。宋兵制以廂軍伉健者升禁衞，然衞士入宿，卽不自持被而使人持之，給糧不自荷而雇人荷之。

太祖因怕兵卒驕惰，故定禁兵分番戍守郡縣。然三歲一遷，卽無異一出征。故雖在平時，而軍費時時等於征討。

那時的軍隊，沿著五代積習，月廩歲給外，還有各項額外的賞賜。尤著者為三年一次的郊賚。

郊祀竭府庫犒賞軍卒，其事起於唐。肅、代以後，國用不給，乃不得不廢祀。舊五代史梁太祖開平三年，唐莊宗同光二年，周太祖顯德元年，皆有祀天大赦頒賞之記載。宋承積弊，不能蕩滌，遂以三年一次為定例。南郊執仗兵士一萬七千四百餘人。

宋室的郊費，亦逐步增漲。

太宗至道時　五百餘萬緡。以金、銀、綾、綺、絁、紬平直賜給。

眞宗景德時　七百萬緡。又東封八百餘萬。

仁宗皇祐時　一千二百萬緡。

英宗治平時　一千三百萬緡。

其他復雜賜稠疊。

每歲寒食、端午、冬至，有特支。戍邊，每季加給銀、鞋。環慶緣邊艱於爨給者，有薪水錢。苦寒，或賜絮襦袴。戍嶺南者，增月奉。自川廣戍還者，別予裝錢。川廣遞鋪卒，或給時服、錢、屨。

據英宗時治平二年。統計，禁兵數約七十萬，一夫錢糧賜予歲不下五十千，則七十萬人有三千五百萬緡之費。廂軍數約五十萬，一夫錢糧賜予歲不下三十千，則五十萬人有一千五百萬緡之費。廂禁軍共費五千萬，而此時天下所入財用，大約只有緡錢六千餘萬。養兵費占了全部歲入之六分五。神宗時陳襄上疏。又孫洙云：「總戶口歲入，以百萬之兵計之，每十戶而資一廂兵，十畝而給一散卒。」至於戍卒，則歲費一卒達二萬。

尹洙息戍（在神宗時。）云：「西北涇原、邠寧、秦鳳、鄜延四帥戍卒十餘萬，一卒歲給無慮二萬。平騎卒與冗卒，較其中總廩給之數，恩賞不在焉；以十萬較之，歲用二十億。自靈武罷兵，計費六百餘億。」

所以王安石要大聲疾呼的說，倘不能理兵稍復古制，則中國無富強之理也。

神宗君臣雖力主省兵，然熙寧禁軍籍尚五十六萬八千六百八十八人，元豐又至六十一萬二千二百四十三人。蔡京用事，兵弊益滋。軍士逃竄死亡，闕而不補，悉取闕額封樁為上供之需。又闕額不以實，上下共為姦利。靖康之難，种師道將兵入援，止得萬五千人。京師衛士，亦僅三萬。宋竭國力養兵，而結果未得一兵之用。

（二）宋代之冗吏

為宋代財用之蠹者，第一是冗兵，第二則是冗吏。

收復北方失地，此乃宋王室歷世相傳的一個家訓。

太祖始平僭亂，收其府庫，別藏之封樁庫，國用之餘悉入焉。嘗曰：「俟滿五百餘萬緡，當向契丹贖燕薊。」又曰：「北人若敢犯邊，我以二十匹絹購其一人首，料其精兵不過十萬，我用絹二百萬匹，其人盡矣。」太宗兩次親征，均失敗歸來。眞宗以下用歲幣買和，與太祖設封樁庫意義相差過遠，自為宋王室所不能忍。

但是不能再讓軍人操握政權，亦是宋王室歷世相傳更不放棄的另一個家訓。宋室既不能蕩平北寇，自然不能作消兵之想，而同時又不讓軍人操握政權，故宋王室的第三個歷世相傳的家訓，厥為優待士大夫，永遠讓文人壓在武人的頭上。

宋祖謂趙普曰：「五代方鎮殘虐，民受其禍。朕今用儒臣，分治大藩，縱皆貪濁，亦未及武臣十之一也。」又太祖有誓約，藏之太廟，云「不殺大臣及言事官」。徽宗被虜於金，尚以此事命使臣反告高宗。

宋代進士一登第即釋褐，待遇遠較唐代為優。

唐進士及第，未得即登仕牒，尚須再試於吏部。進士由禮部主試。有屢試屢黜者。其中格人，僅補畿赤丞尉。不中格者，或例赴選曹之集，或應地方官辟署。俟外效有著，再正式轉入仕途。宋則一登第即釋褐。

而登科名額，亦遠較唐代為多。

隋唐初設進士，歲取不過三十人。咸亨、上元中增至七、八十，尋復故。開成中連歲取四十人，又復舊制。進士以外，明經中科者亦不過百人。在宋太祖開國時，進士登科寥寥，歲無十數。其時進士甲科亦不過授司寇，或幕職官。至太宗時，親御便殿臨試貢士，博於采拔，待以不次。太平興國二年時以郡縣缺官。賜進士諸科五百人遽令釋褐。或授京朝官，或倅大郡，或即授直館。進士中第多至七百人，後遂為例。

應進士試者，太平興國八年多至萬二百六十人，淳化二年至萬七千三百人。見曾鞏文集。進士應試已遍及全國，遂定三年一試之制。

唐雖以進士、明經二科取士，然其時貴族門第勢力尚未全消，又地方長官亦得自辟署，仕進路廣，不專科第。又閩嶺黔峽，士人殊鮮。兩河之外，復為寇境。故禮闈可以歲開。宋則貴族門第已滅，地方官亦不能自辟署，用人之權集於中央。社會文教之風更普遍，踰劍度嶺者，往返需時，故禮部試不能歲開。

以後進士御試，又例不黜落。

以前殿試皆有黜落，有累經省試取中，而擯斥於殿試者。相傳張元以落第積忿降元昊，為中國患。宋室始因張之家屬，未幾復縱之。於是羣臣建議歸咎於殿試。仁宗嘉祐二年，遂詔進士與殿試者皆不黜落。

狀元及第，更為士人無上光榮。

太宗臨軒放牓，三五名以前，皆出貳郡符，遷擢榮速。陳堯叟、王曾初中第，即登朝領太史職。此後狀元及第者，不十餘年皆望柄用。每殿廷臚傳第一，則公卿以下，無不聳觀，雖皇帝亦為注視。自崇政殿出東華門，傳呼甚寵，觀者擁塞通衢。

竟至有人說：「狀元及第，雖將兵數十萬，恢復幽薊，逐出彊寇，凱歌勞旋，獻捷太廟，其榮無以加。」儒林公議引尹洙語，不知確否。然即非尹洙語，必其時有人作此語，存此想也。仁宗朝進士前三名，凡三十九人，不至公輔者僅五人。

宋代如此優獎進士，無非想轉移社會風氣，把當時積習相沿驕兵悍卒的世界，漸漸再換成一個文治的局面。

宋代既立意要造成一個文治的局面，故一面放寬了進士的出路，一面又提高文官的待遇。處處要禮貌文官，使他不致對武職相形見絀。

> 五代以來，藩鎮節度使諸武臣，非重祿厚賜不足饜其欲。宋既積重難返，又深懲武人跋扈之病，意望提獎文吏，退抑武臣。既以高官厚祿奪武臣之權，自不得不以高官厚祿慰文吏之心。

宋室優待官員的第一見端，即是官俸之逐步增添。

> 眞宗咸平四年楊億上疏，極論當時吏俸之薄。謂：「左右僕射乃百僚之師長，月俸所入，不及軍中千夫之帥，豈稽古之意？」其後乃逐有增益。茲舉宰相、樞密使言之，有正俸，（錢月三百千。使相、節度使月四百千。）有祿粟，（月一百石。使相月二百石，節度使一百五十石。）有職錢，有從人衣糧，（七十人。使相、節度使百人。）又有冬春服，各綾二十疋、絹三十疋，冬棉一百斤。此外復有茶酒廚料、薪蒿炭鹽、飼馬芻粟、米麵羊口各項。（此等盡是陋規，蓋大半沿自五代而不能革。）至外官有公用錢，（自二萬貫以下。）有職田，（四十頃以下。）有茶湯錢，（無職田者如使臣之屬，給之。）又有添給。（外任官不得挈家屬赴任者，許分添給錢贍家。）

當時稱「恩逮於百官，惟恐不足；財取於萬民，不留其餘」。可以想見宋朝優待官吏之情態。

官吏俸祿既厚，而又有祠祿，為退職之恩禮。

真宗置玉清昭應宮使，以王旦為之。後旦以病致仕，命以太尉領玉清昭應宮使，給宰相半俸。祠祿自此始。其後日漸增多。宋朝優禮士大夫，極少貶斥，誅戮更屬絕無。王安石乃以祠祿處異己，著令宮觀無限員數，又聽從便居住。要之為吃閒俸而已。

又時有額外恩賞。

此蓋亦始於武臣。如雷有終平蜀，特給廉鎮公用錢歲二千貫。既歿，宿負千萬，官為償之。戴興為定國軍節度使，賜銀萬兩，歲加給錢千萬。王漢忠出知襄州，常俸外增歲給錢二百萬。自此波及文臣，若李符、（為三司使，賜銀三千兩。）李沆、宋湜、王化基、（初入為右補闕，各賜錢三百萬。湜知制誥，又賜銀五百兩，錢五十萬。）楊徽之、（遷侍御使，賜錢三十萬。）魏廷武、（為轉運使，賜錢五十萬。）宋搏（為國子博士，賜錢三十萬。）等，而宰執大臣更不得不優渥。故李沆病，賜銀五千兩。王旦、馮拯、王欽若之卒，皆賜銀五千兩。仁宗崩，遺賜大臣各直百餘萬。司馬光率同列上言辭賞，不許。

復有恩蔭。兵卒武人既三年得一次郊賚，自然文臣不應向隅，於是每逢郊天，即推恩封蔭。文臣仍得郊賜。故事宰臣樞密使銀帛四千疋兩，執政官三千，三司使千，此下遞減有差。慶曆二年，節冗費，執政以上各減一千，三司使減三百，餘亦遞減，遂為定制。

曹彬卒，官其親族、門客、親校十餘人。李繼隆卒，官其子，又錄其門下二十餘人。雷有終卒，官其子八人。則加蔭亦從武臣始。

蔭子蔭孫，乃至於蔭期親、蔭大功親，甚至蔭及異姓親，乃至門客。總之是朝廷恩意，沒有子孫近親，便只有鬻賣朝恩，把異姓及門客來充數。金安節疏：「致仕遺表恩澤，不宜奏異姓親，使得高貲為市。」甚至甫蒞位即得蔭。故范仲淹請在職滿三年始得蔭。甫蔭即給俸，故閻日新疏，請自二十以上始給。甫蔭即服章。故李會奏云：「尚從竹馬之遊，已造荷囊之列。」孫沔亦云：「未離襁褓，已結搢紳。」甚至未應娶妻，已得任子。亦李會語。一歲郊天，任子可得四千人。十年之後，即須萬二千員。趙思誠疏。任學士以上官經二十年，即一家兄弟子孫可出京官二十人，仍接次陞朝。范仲淹疏。此種優待條件，亦是逐步成立。

誕節之恩，起於至道。郊禋之恩，起於祥符。致仕之恩，濫於明道。遺表之恩，繁於眞宗。又嘉祐推恩數十人，治平二百人，熙寧六年乃至四、五百人。政和六年，郊恩奏補一千四百六十人。又按：唐制郊祀行慶止進勳階，五代肆赦例遷官秩，宋亦因之。眞宗後以有諫者而罷，遂定三年磨勘法，則依然是朝三暮四也。

在此情形下，不免官吏日多，俸給日繁。

眞宗景德時　官一萬餘員。

仁宗皇祐時　官二萬餘員。張方平奏（樂全集卷二十五）：「臣向在翰林，見本院天聖中具員，兩制、兩省官不及三十員，今五十餘員。近領御史中丞，見本臺天聖中京朝官班簿，不及二千員，今二千七百餘員。先領三班院，見本院景祐中使臣不及四千員，今六千餘員。」此奏約在仁宗慶曆七年。

英宗治平時　總二萬四千員。內幷幕職州縣官三千三百餘員。

以吏員冗祿言，

眞宗時　九千七百八十五萬。

仁宗時　一萬二千萬。

英宗時　視皇祐增十之三。元祐時一倍皇祐，四倍景德。

文武兩班，均如此受朝廷優待，皇帝的宗室，照例亦不應向隅。故宗室吏員受祿者，

真宗天禧時　九千七百八十五員。

仁宗寶元時　一萬五千四百四十三員。

所以當時是冗官冗兵的世界。冗官耗於上，冗兵耗於下，財政竭蹶，理無幸免。雖國家竭力設法增進歲入，到底追不上歲出的飛快激增。

太宗至道末。	歲入二二、二四五、八〇〇緡。	歲出	餘大半。
真宗天禧末。	一五〇、八五〇、一〇〇緡。	一二六、七七五、二〇〇緡。	餘二四、〇七四、九〇〇緡。
仁宗皇祐元。	一二六、二五一、九六四緡。		無餘。

英宗 治平二。	一一六、一三八、四〇五緡。	一二〇、三四三、一七四緡。又非常（臨時費）一一、五二一、二七八緡。	不足一五、七二六、〇四七緡。

將仁、英兩朝與太宗時相比，歲入加了六倍。太宗時猶餘大半，而仁、英時反鬧不够。財政趨勢如此，再不加以挽回，如何得了。

按：此據宋史。朝野雜記所記有異，蓋本鄭湜劄子。謂：「國朝混一之初，天下歲入緡錢千六百餘萬，太宗皇帝以為極盛，兩倍唐室矣。天禧之末，所入增至二千六百五十餘萬緡。嘉祐間，又增至三千六百八十餘萬緡。其後月增歲廣，至熙、豐間，合苗、役、稅、易等錢，所入乃至六千餘萬。元祐之初，除其苛急，歲入尚四千八百餘萬。」晁說之元符三年應詔上疏，謂：「宋賦、役幾十倍於漢。」林勳政本書則謂：「宋二稅之數視唐增七倍。」宋之疆土民庶遠不如漢唐，而國家稅入遠過之，此其所以愈貧而愈弱矣。

茲再舉景德與慶曆兩朝幾種商稅之比數以見一斑。此據張方平樂全集。又見朝野雜記。

時代＼稅項	商稅	酒課	鹽課	和買紬絹	茶鹽酒稅總計
景德	四五〇餘萬貫	四二八	三五五	景祐中諸路所買不及二〇〇萬疋	一、五〇〇餘萬緡
慶曆	一、九七五	一、七一〇	七一五	三〇〇萬疋	三倍

茲再將景德、慶曆全部稅收，作一簡比如下表。（據包拯奏議。）

	天下財賦	在京
景德	歲入 四七、二一一、〇〇〇匹、貫、石、兩。 歲支 四九、七四八、九〇〇匹、貫、石、兩。	歲入一八、三九二、〇〇〇匹、貫、石、兩。 歲支一五、四〇四、九〇〇匹、貫、石、兩。
慶曆八年	歲入一〇三、五九六、四〇〇匹、貫、石、兩。 歲支 八九、三八二、七〇〇匹、貫、石、兩。	歲入一八、九九六、五〇〇匹、貫、石、兩。 歲支二二、四〇〇、九〇〇匹、貫、石、兩。

包拯云：「天下稅籍有常，今則歲入倍多者，祖宗世輸稅只納本色，自後每從折變之故。」

宋朝之所以積貧難療，大體如上述。

宋朝竭力想抑制武人，然而卻根本不能去兵。宋朝又竭力想提高文治，然而亦根本不能對文吏有一種教育與培養。結果雖有兵隊而不能用。兵隊愈不能用，則愈感兵隊之少而兵隊反日增。文臣雖極端優待，而亦得不到文臣之效力。結果文臣氣勢日高，太阿倒持，文臣一樣像驕兵悍卒般，只來朘吸國家的精血。

這是宋室在仁宗以前的內部情形。加上北方的遼，西方的夏，兩面逼桚，內外交攻，一個太太平平的統一政府，正如犯上了肺癆，雖無大病，卻日就死路，這是宋朝的一個絕症。

五　宋代政制上的另外兩個弱點

宋代政制，大體上沿襲唐規，而亦另自有他的弱點。

第一是中央集權過甚，地方事業無可建設。

宋之地方行政分三級，曰「路」，相當於唐代之「道」。曰「府、州、軍、監」，相當於唐代之「州、府」。曰「縣」。

至道三年，分天下為十五路。仁宗初，為十八路。下府、州、軍、監三百二十二，縣一千二百六十二。熙寧二年，又析為二十三路。京府四，次府十，州二百四十二，軍二十七，監四，縣一千一百三十五。

外官分「親民」與「釐務」兩種。親民官皆由京朝官差遣，不設正官。而釐務官則專治一事，直屬中央。如此則全部官吏幾乎在性質或名義上，盡是為中央服務，而沒有正式特設的地方官。葉適謂：「文臣知州事，使名若不正，義若不久者，以輕其權。」諸路分設帥、漕、憲、倉四司，謂之「監司官」。有缺一二不併置者，亦有兼他使事務者。

帥　安撫使。　掌一路之兵民，領軍旅禁令賞罰肅清。

漕　轉運使。　掌一路之財賦，領登耗上供經費儲積。

憲　提刑按察使。　掌一路之司法，領獄訟曲直囚徒詳覆。

倉　提舉常平使。　掌一路之救恤，領常平義倉水利斂散。

此謂之「部使」。唐之州、縣，其上臨之者不過一使；漢之州牧，則並不預事，僅司考察。唐貞觀時，亦專任刺史、縣令，數年一遣大臣，以六條巡行，而吏治日蒸。開元末，始增置按察諸司，而官吏轉失職。宋有四監司，則州縣更難奉承展布。然宋代如寇準知巴東縣、蘇頌知江寧縣、范純仁為襄邑令、周敦頤知南昌縣、王安石為鄞令、程頤為晉城令，地方親民官尚多大賢，亦得躋高位，與後世尚不同。而四司中尤要者為轉運使，務令地方金穀財貨全集中央，而地方政事的性質，似乎只在為中央聚斂。

漢刺史以六條察郡國，不主金穀財貨事。唐中葉亂後，亟於兵食，計臣始兼轉運諸筦榷之名。而諸路置巡院官，掌賦調之式，委輸之藏，然並不揔州郡吏民之政事。其揔者則有按察、採訪、黜陟之使。宋則外權之重惟轉運，一道百城，號令千里。官吏之黜陟、財賦之弛斂、恩澤之流壅、民政之慘舒，郡縣觀聽其風棱，國朝倚辦乎外務。提眾職之綱轄，實方面之師表。顧名思義，以轉運司為一路長官，豈非專於為中央務聚斂乎？

宋代的政制，既已盡取之於民，不使社會有藏富；又監輸之於中央，不使地方有留財；而中央尚以厚積鬧窮。宜乎靖康蒙難，心臟受病，而四肢便如癱瘓不可復起。

此層可與唐安史亂時相比較，便知宋政之失。又王安石新政，尚注意於挹地方注中央，可知荊公不知先務也。

第二是宋代的諫官制度，又使大權揔集的中央，其自身亦有掉轉不靈之苦。

諫官始秦漢。

秦諫議大夫無定員，多至數十人，屬郎中令。兩漢屬光祿勛。

隋唐屬門下省、中書省，有給事中、諫議大夫、拾遺、補闕、司諫、正言等。為宰相僚屬。諫官所以糾繩天子，非糾繩宰相。故宰相用舍聽於天子，諫官予奪聽之宰相，天子得失聽之諫官。

天子→宰相→諫官（→天子）

按：此意猶稍存漢代宰相得兼統內朝之遺風。太宗詔宰相入內平章大計，諫官得隨入與聞。肅宗詔諫官論陳政事，不必先知宰相。則唐之崇諫官可知。

諫官與御史，雖俱為言責之臣，然其職各異。諫官掌獻替以正人主，御史掌糾察以繩百寮。

唐重諫官而薄御史。中丞溫造道遇左補闕李虞，恚不避，捕從者笞辱。左拾遺舒元褒等建言：「故事供奉官惟宰相外無屈避。遺補雖卑，侍臣也。中丞雖高，法吏也。」乃詔臺官、供奉官共道路聽先後，行相值則揖。

至宋代三省制廢，

宋中書置禁中，稱政事堂，與樞密為兩府。尚書、門下在外，不復與朝廷議論。咸平四年楊億疏：「尚書但吏部銓選，秩曹詳覆，自餘租庸筦榷由別使總領，尺籍伍符非本司校定。事有所分，政非自出，周之六官，於是廢矣。」是尚書之權至宋大削，而其端皆起於唐。諫議、司諫等官在門下、中書者亦廢，遂有諫院。別置諫院在天禧時。乃脫離宰相而獨立。仁宗慶曆初，詔除諫官，毋得用見任輔臣所薦之人。當時稱「臺諫」，幾於並為一職。權勢氣力，乃與宰相等。

> 時稱任用諫官、御史，必取天下第一流。非學術才行俱備，為一世所高者，莫在此位。而當者曾不十年，徑登臺輔。又自建隆以來，未嘗罪一言者。縱有薄責，旋即超升。許以風聞，而無官長。

世譏仁宗世宰相但奉行臺諫風旨。見蘇軾上神宗書。

諫官既以言為職，不能無言，時又以言為尚，則日求所以言者，但可言即言之。而言諫之對象，則已轉為宰相而非天子。

宰相欲有作為，勢必招諫官之指摘與攻擊。

於是諫垣與政府不相下，宰執與臺諫為敵壘，廷臣水火，迄於徽、欽。（靖康元年，詔宰執毋得薦舉臺諫，當出親擢，立為定制。南宋後臺諫遂不振，緣向來太惡習也。）又文臣好議論，朝暮更張，常為政事之大害。即以財政一端論之，後世史臣固已力言其弊矣。

宋史食貨志謂：「大國制用，如巨商理財，不求近效而貴遠利。宋臣於一事之行，初議不審，行未幾，即區區然較得失，尋議廢格。後之所議未有瘉於前，其後又復訾之如前。上之為君莫之適從，下之為民無自信守。因革紛紜，是非貿亂，而事弊日益以甚。」此論宋代好議論之病極切，要亦與諫官制度有關係。

其三尤要者，為宋代相權之低落。宋代政制，雖存唐人三省體制，而實際絕不同。宋初宰相，與樞密對稱「兩府」，（亦曰「兩地」。）而宰相遂不獲預聞兵事。

樞密一職，起唐代宗後，僅如漢之中書謁者令。雖時稱其權任侔宰相，然特以宦者任之，非朝廷正職。五代更用士人，權位眞埒宰相。宋因之，分文事任宰相，武事任樞密。故太宗命曹彬取幽州，而宰相李昉等不知。其伐遼，一日六召樞密院計議，而中書不預聞。宰相之失職可知。

又財務歸之三司，亦非宰相所得預。

三司者，為戶部司、鹽鐵司、度支使司。亦由唐代、德以來，兵寇頻仍，經費竭蹶，故每以宰相兼判度支、鹽、鐵。宋初猶襲其遺制，其後則三司駸駸脫離相權而獨立。宋史職官志謂：「天下財賦，內廷諸司，中外筦庫，悉隸三司」是也。其後王荊公為相，創立制置三司條例司，以整頓全國之財政，司馬溫公議其非，謂：「三司使掌天下財，不才可黜，不得使兩府侵其事。」

宰相之權，兵財以外，莫大於官人進賢，而宋相於此權亦絀。

宋史蘇紳奏：「太宗皇帝始用趙普，議置考課院以分中書之權，今審官是也。」涑水紀聞亦云：「太宗患中書權太重，置審官院、審刑院。至淳化三年置三班院，考殿最，自後多命近臣主之。」

又宰相坐論之禮，亦自宋而廢。

舊制，宰相早朝上殿命坐，有大事則議，常從容賜茶而退。自餘號令除拜、刑賞廢置，事無巨細，並熟狀，擬定進入，由禁中印畫，降出奉行。自唐歷五代不改。宋初，范質、王溥、魏仁溥在相位，引嫌具劄子面取進止，啜茶之禮尋廢，執政皆立而奏事。相體失其尊嚴，異乎古制矣。

故宋代雖稱中央集權，而其權實不在宰相。人主雖猜忌相臣，加以裁抑，亦不能如明代之直廢相臣，集大權於一身。則宋制乃適成其為一種弱徵，雖遇大有為之君臣如神宗、王安石者，乃亦束手而莫如何矣。

故就王室而論，雖若唐不如宋。宋無女禍，無宦寺弄權。然唐承北朝方興之氣，宋踵五代已壞之局。唐初天下文教已盛，規模早立。故漸弛漸圮，乃以奢縱敗度。宋建天下，垢汚方濃，蕩滌難淨。雖漸展漸朗，而終止於以牽補度日。

待到治平無事百年之久，而慶曆、熙寧之間，乃有人起來要想從新改造，這自然是更難了。

第三十二章　士大夫的自覺與政治革新運動慶曆熙寧之變法

一　學術思想之新曙光

宋朝養士經歷百年之久，終於要收到他的成效。

宋朝對士大夫，並不能有教育指導的能力，祇能嫗姁涵育，讓他們自己發榮滋長，這是一件費時而沒把握的事。

在眞宗時，宋朝文教算是培養到相當程度了，然而一旦強敵侵凌，則相率主張遷都。和約簽定後，又誘導皇帝來做封禪巡狩的勾當。說是「欲假以動敵人之聽聞，而潛銷其窺伺之心」。

那時的文學，只是有名的所謂「西崑體」，汲晚唐、五代之餘潤。那時的政治，最高不過養尊持重，無動為大，敷衍場面捱日子。如李沆等。呂東萊謂：「自李文靖抑四方言利害之奏，所以積而為慶曆、皇祐之綏勢也。」那時稍稍帶有教育和思想意味的，只在出世的和尚們，乃至求長生的道士們那裏。士大夫中間，最為舉世推重的，便有一些所謂隱士，如陳摶、种放、魏野、林逋之流。居然在讀書人中而能無意於做官。

宋朝的時代，在太平景況下，一天一天的嚴重，而一種自覺的精神，亦終於在士大夫社會中漸漸萌茁。

所謂「自覺精神」者，正是那輩讀書人漸漸自己從內心深處湧現出一種感覺，覺到他們應該起來擔負著天下的重任。並不是望進士及第和做官。范仲淹為秀才時，便以天下為己任。他提出兩句最有名的口號來，說：「士當先天下之憂而憂，後天下之樂而樂。」這是那時士大夫社會中一種自覺精神之最好的榜樣。

范仲淹並不是一個貴族，仲淹乃唐宰相范履冰之後，然至仲淹時已微。其父早死，母改嫁。仲淹隨母易姓朱，後復宗姓范。亦未經國家有意識的教養，他只在和尚寺裏自己讀書。當時讀書人大半到佛寺、道院中去，因國家並無正式教育機關，私人亦極少從事講學，無師弟子之傳授。在「斷虀畫粥」的苦況下，而感到一種應以天下為己任的意識，這顯然是一種精神上的自覺。然而這並不是范仲淹個人的精神無端感覺到此，這已是一種時代的精神，早已隱藏在同時人的心中，而為范仲淹正式呼喚出來。此即是范仲淹之偉大處。

范仲淹曾至睢陽書院，書院源於戚同文。同文幼孤，邑人楊慤教授生徒，同文日過其學舍，得受學。時當五代晉末喪亂，絕意祿仕，且思見混一，因名同文。慤依將軍趙直。慤卒，直為同文築室聚徒，請益者千里而至，登第者五十六人，皆踐臺閣。惟仲淹已不及見。仲淹生太宗端拱二年。仲淹讀書處為山東長白山之醴泉寺。眞宗祥符三年睢陽應天書院賜額成立，翌年仲淹至書院。是時仲淹年二十三，戚同文已先卒矣。據史，戚長子維，為隨州書記，戚就養而卒，年七十三。書院復建於曹誠。宋史、宋元學案謂范依同文學，誤也。惟仲淹之在睢陽，其精神上當有得於同文之感發者甚多。史稱同文純質尚信義，人有喪，力拯濟之，宗族同里貧乏者，周給之，冬月解衣裘與寒者。不積財，不營居室，終身不仕，以教育後進為務，而有志於天下之混一。其為人意趣志行如此。仲淹亦幼孤力學，而以天下為己任。其後貴顯，為宗族建義莊，恤貧樂施，蓋亦近同文之遺風，而規模益恢宏耳。

在仲淹同時，尚有有名的學者胡瑗，偕孫復兩人，在泰山一個道院中讀書。唐為棲眞觀，周朴居之，後為普照寺。相傳胡瑗接家信，胡，江蘇如皋人。苟有「平安」二字，即投之山澗，不復啟視。如此苦學十年，終於得到他精神上的內心方面的。自信而回去。這都是在時代精神的需要下，並不需師承而特達自興的。胡瑗投書澗畔的十年，和范仲淹僧寺裏「斷虀畫粥」日作粥一器，分四塊，早暮取二塊，斷虀數莖，入少鹽以啗之。如是者三年。的日常生活，無疑的在他們內心深處，同樣存著一種深厚偉大的活動與變化。他們一個是北宋政治上的模範宰相，范。一個是北宋公私學校裏的模範教師。胡。北宋的學術和政治，終於在此後起了絕大的波瀾。

與胡、范同時前後，新思想、新精神蓬勃四起。他們開始高唱華夷之防。這是五胡北朝以來，直到唐人，不很看重的一件事。又盛唱擁戴中央。這是唐代安史亂後兩百年來急需提出矯正時弊的一個態度。宋朝王室，只能在政制上稍稍集權中央，至於理論思想上正式的提倡，使人從內心感到中央統一之必需與其尊嚴，則有待於他們。他們重新擡出孔子儒學來矯正現實。他們極崇春秋，為「尊王攘夷論」之擁護與發揮。最著如孫復。他們用明白樸質的古文，即唐韓愈所倡「文以載道」，即文道一貫之理論。來推翻當時的文體。最著如柳開、石介，乃至歐陽修。他們因此闢佛老，如石介、歐陽修。尊儒學，尊六經。他們多推崇易經，來演繹他們的哲理思想。他們在政制上，幾乎全體有一種革新的要求。他們更進一步看不起唐代，連帶而及於漢。而大呼三代上古。三代上古是他們的理想。根據此種理想來批評漢、唐之現實。他們說唐代亂日多，治日少。他們在私生活方面，亦表現出一種嚴肅的制節謹度，適應於那時的社會經濟，以及他們的身世，與唐代貴族氣氛之極度豪華者不同。而又帶有一種宗教狂的意味，非此不足有「以天下為己任」之自覺精神。與唐代的士大夫恰恰走上相反的路徑，而互相映照。他們對於唐人，只看得起韓愈，而終於連韓愈也覺得不够，因此想到隋末唐初的文中子王通。因此他們雖則終於要發揮到政治社會的實現問題上來，而他們的精神，要不失為含有一種哲理的或純學術的意味。范仲淹至陝，張載年十八，慨然有志功名，上書謁，言軍事。范知其遠器，責之曰：「儒者自有名教可樂，何事於兵？」手授以中庸一編。又按：太宗淳化三年，詔刻禮記儒行篇賜近臣，及京朝官受任於外者，並以賜進士孫何等。眞宗天聖五年，賜進士王堯臣以下中庸，八年賜進士王拱辰以下大學，後登第者必賜二書及儒行篇。是此諸篇本為當時所重，故仲淹亦以賜張。下至程、張輩，此諸篇乃發揮益臻精妙。所以唐人在政治上表現的是「事功」，此乃貴族學者之意態。即貴族傳統家教，大抵不過保泰持盈，傳世永福，而仍不脫事功的意味。而他們則要把事功消融於學術裏，說成一種「義理」。此乃平民學者之精神，彼輩要出來轉移世道，而不為世道所轉移。雖亦不離事功，却不純從事功出發。「尊王」與

「明道」，遂為他們當時學術之兩骨幹。（尊王明道，即宋學之內聖外王。一進一退，在朝在野，均在此兩點著眼。）宋朝王室久已渴望著一個文治勢力來助成他的統治，終於有一輩以天下為己任的秀才們出來，帶著宗教性的熱忱，要求對此現實世界，大展抱負。於是上下呼應，宋朝的變法運動，遂如風起浪湧般不可遏抑。

又按：春秋末，孔子自由講學，儒家興起。下逮戰國，百家競興，遊士聲勢，遞增遞盛。一面加速了古代封建統治階層之崩潰，一面促成了秦漢以下統一大運之開始，中國四民社會以知識分子「士」的一階層為之領導之基礎於以奠定，是為中國史上士階層活動之第一期。兩漢農村儒學，創設了此下文治政府的傳統，是為士階層活動之第二期。魏晉南北朝下迄隋唐，八百年間，士族門第禪續不輟，而成為士的新貴族，是為士階層活動之第三期。晚唐門第衰落，五代長期黑暗，以迄宋代而有士階層之新覺醒。此下之士，皆由科舉發迹，進而出仕，退而為師，其本身都係一白衣、一秀才，下歷元明清一千年不改，是為士階層活動之第四期。此四期，士之本身地位及其活動內容與其對外態勢各不同，而中國歷史演進，亦隨之而有種種之不同。亦可謂中國史之演進，乃由士之一階層為之主持與領導。此為治中國史者所必當注意之一要項。

二　慶曆變政

由於當時士階層之覺醒，而促起了在朝的變法運動。

宋朝變法，前後共有兩次。一在仁宗慶曆時，范仲淹為相。一在神宗熙寧時，王安石為相。

仁宗正值遼夏交侵，而國內財政到達將次崩潰的時候。為西夏用兵特起范仲淹，任以方面。由韓琦所薦，陝與韓共事。在迨夏事稍緩，范仲淹、韓琦、富弼同時為相。仁宗屢次催他們條陳改革政治的意見。仲淹語人曰：「上用我至矣，然事有後先。且革弊於久安，非朝夕可能。」是韓、范等雖有改革政治之大志，而審慎迴翔，未敢輕舉。一日特開天章閣，召對賜坐。此於宋為殊禮矣。給筆札，使當面疏奏。仲淹等不得已，始請退而列奏。可見宋朝變法，亦由王室主動，不僅神宗於王安石如此，即仁宗於范仲淹亦然。（時韓琦不在朝。）

范仲淹因此提出十項政見，為變法張本。這是有名的所謂十事疏。

一、明黜陟。二、抑僥倖。三、精貢舉。興學校、黜詞賦，已先王安石言之。四、擇官長。五、均公田。此條注重州縣職田之均配，使地方官皆得以厚俸盡其職責。六、厚農桑。七、修戎備。此條主於近畿召募壯丁，仿唐府兵制行之。八、減徭役。此條側重在并省縣邑，則公人可歸農，徭役可省。特舉京西言之，次及大名，與王安石免役用意稍不同。

九、覃恩信。十、重命令。

范仲淹的十事，大致可分三項。前五事屬於澄清吏治。（前一、二項從消極方面說，三、四、五三項就積極方面說。）後三事屬於富強的問題。（第六項主求富，第七項主求强，第八項則為消極的減政主義。）最後兩項，係屬前八項之運用。信賞必罰，為使法必行之法。（韓琦陳八事在前。一、選將帥，二、明按察，三、豐財利，四、抑僥倖，五、進有能，六、退不才，七、去冗食之人，八、謹入官之路。大體主張與范相似。）仲淹的意見，大致是欲求對外，先整理內部。欲求強兵，先務富民。而欲行富民之政，則先從澄清吏治下手。

仲淹在敷陳十事前有一冒頭，說：「我國家革五代之亂，富有四海，垂八十年。綱紀制度，日削月侵。官壅於下，民困於外。夷狄驕盛，盜賊橫熾。不可不更張以救之。然欲清其流，必澄其源。」將此與下陳十事，先後次序比觀，其意顯然。

要澄清吏治，治標的先務是明黜陟，抑僥倖，讓賢能者上升，不肖者下退。「明黜陟」是針對當時「磨勘」的制度而發。

仲淹說：「文資三年一遷，武職五年一遷，謂之『磨勘』。不限內外，不問勞逸，賢不肖並進。假如庶僚中有一賢於眾者，理一郡縣，領一務局，思興利去害，眾皆指為生事，必嫉沮非笑之。稍有差失，隨而擠陷。故不肖者素餐尸祿，安然而莫有為。雖愚暗鄙猥，人莫齒之，而三年一遷，坐至卿監、丞郎者，歷歷皆是。誰肯為陛下興公家之利，救生民之病，去政事之弊，葺紀綱之壞哉！」按：磨勘始祥符後。

「抑僥倖」是針對當時「任蔭」的制度而發。

仲淹云：「眞宗皇帝恩意漸廣，大兩省至知雜、御史以上，每遇南郊并聖節，各奏子充京官。假有任學士以上官經二十年者，則一家兄弟子孫出京官二十人，仍接次陞朝。此濫進之極也。」

「精貢舉」，最為根本之事，一時難見成效。

仲淹主罷「糊名」，參考履行。糊名制始太宗淳化三年，自是科場規制日趨嚴密。然其弊則在僅憑一日文字之短長，而無從稽考其人平日之行義。進士先策論，後詩賦。諸科取兼通經義者。而尤要在興學校。時詔州縣立學，士須在學三百日，乃聽預秋試。

「擇官長」，則從選各路監司官按察使，由轉運使兼。下手，讓每路的按察使來甄別各該路的官吏。

仲淹選監司，取班簿，視不才者一筆勾之。富弼曰：「一筆勾之甚易，焉知一家哭矣。」仲淹曰：「一家哭何如一路哭耶？」遂悉罷之。遂委各路按察使自擇知州，知州擇知縣，不任事者悉罷。

仁宗對仲淹十事全部的接受了，（獨仲淹主復府兵（第七項），以朝臣不贊同而止。）然而仲淹的政策，到底引起了絕大的反動。宋朝百年以來種種的優容士大夫，造成了好幾許讀書做官人的特有權利，范仲淹從頭把他推翻，天下成千成萬的官僚乃至秀才們，究竟能「以天下為己任」的有多少？能「先天下而憂後天下而樂」的有多少？暗潮明浪，層疊打來。不到一年，仲淹只得倉皇乞身而去。（慶曆三年七月，仲淹為參知政事，四年六月出外。）仁宗雖心裏明白，也挽不過舉國洶湧的聲勢，終於許他卸責。（史稱：「按察使出，多所舉劾，人心不悅，而任子恩薄，磨勘法密，僥倖者不便。於是謗毀行，朋黨之論寖聞於上。」）

三　熙寧新法

宋朝事實上變法的要求，依然存在，范仲淹雖失敗，不到三十年，王安石又繼之而起。

然而王安石的遭遇，與范仲淹不同。反對范仲淹的，全是當時所謂小人；而反對王安石的，則大多是當時的所謂君子。

甚至連當時贊同范仲淹變法的諸君子，如韓琦、富弼、歐陽修等，亦反對王安石。

仁宗比較溫和，因朝臣反對卽不堅持。神宗則乾綱獨斷，儘人反對，依然任用。遂使後人對范、王兩人評判迥異。

大抵崇范者並不在其事業，而為其推獎人才。詆王者亦非在其人品，而在其為小人所利用。對仁宗、神宗兩人評論亦異，因仁宗能從眾，而神宗主獨斷。

就熙寧新政與慶曆變法對照，其間亦有差別。

熙寧新政之犖犖大者，如青苗，

以常平糴本散與人戶，出息二分，春散秋斂。

均輸，

以發運之職改為均輸，假以錢貨，凡上供物皆得徙貴就賤，用近易遠，預知在京倉庫所當辦者，便宜蓄買。

市易，

出公帑為市易本，市賤鬻貴，以平物價，而收其餘息，並聽人賒貸縣官財貨，出息二分，過期不輸加罰錢。

方田，

以東西南北若干步為一方，量地，驗其肥瘠，定其色號，分五等定稅數。此法始於郭諮、孫琳，歐陽修、王洙皆推稱之。其法以東西南北各千步為四十一頃六十六畝。一百六十步為一方，即古萬畝之田。百步為一小方，即古百畝之田。名「千步開方法」。

免役，

五代以來，以衙前主官物之供給或運輸。以里正、戶長、鄉書手課督賦稅，負償逋之責。以耆長、弓手、壯丁逐捕盜賊。以承符、人力、手力、散從給官使奔走。縣曹司至押錄，州曹司至孔目官，下至雜職、虞候、揀掐等，各以鄉戶等第差充。民不勝其苦，而衙前為尤甚。今聽免役，據家貲高下出錢，由官雇役。單丁、女戶原無役者，概輸錢，謂之「助役」。

保甲，

籍民二丁取一，十家為保，保丁授弓弩，教之戰陣。

保馬，

凡五路義保，願養馬者，戶一匹，以監牧見馬給之，或官與直使自市，歲閱肥瘠，死病補償。

大抵相當於范仲淹十事之六、七、八諸項。似乎王安石並不十分注重仲淹十事中之前幾項。似乎王安石是徑從謀求國家之富強下手，而並不先來一套澄清吏治的工作。因此後人說范仲淹是儒家，而王安石為申韓。至王之自負，則為孟子。因范之政見，先重治人而後及於治法；王則似乎單重法不問人。只求法的推行，不論推行法的是何等樣的人品。神宗亦謂：「終不以吏或違法之故而為之廢法。」那時的官僚們，情形還是和范仲淹時代差不多。他們既不免為做官的立場來反對范仲淹，自亦不免要為做官的立場來奉迎王安石。范主先清吏治，只可反對。王主推行新法，便可奉迎。而王則謂范仲淹「結游士，壞風俗」。王安石的新法，不免要為推行不得其人而全失立法之本意。陸佃受經於安石，其告安石，亦謂：「新法非不善，但推行不如初意，還為擾民。」其時招受反對最烈者如青苗，反對派的理論多就實際人事言。如州縣以多散為功，有錢者不願借而勒借。患無錢者不易償，因而不許借。出入之際，吏緣為姦，法不能禁。而王安石則就立法本意言。安石嘗謂：「使十人理財，其中容有一二敗事，要當計利害多少。」此為當時兩派相爭一要端。即論新政立法本意，亦有招受當時反對處。

如司馬光論保甲：「籍鄉村民二丁取一，是農民半為兵。又無問四時，五日一教，是耕耘收穫稼穡之業幾盡廢。」又按：王安石嘗言，終始言新法便者惟曾布。保甲之事，適布判司農寺，條畫多出其建請。然紹聖時，章惇、蔡卞皆乞復行保甲，而布獨不欲。蓋知其事繁擾，不欲輕舉。又荊公廢弓箭社行保甲，正猶廢常平行青苗，仲淹十事之七已不能行，則安石保甲法自不能得時人之同意。韓琦主鄉兵，司馬光亦反對之。至如市易法等，更不易得人同情。當時曾布即不謂然。荊公則謂：「行市易勞費精神，正以不負所學為天下立法故。」

尤其是安石對財政的意見，似乎偏重開源；而當時一輩意見，則注重先為節流。

如青苗官放錢而取息二分，在安石之意，則為一面抑富民之兼并，而一面可增國家之收入。在一輩反對者，則謂朝廷與民爭利。又如免役法，一面便民，而一面亦借助役錢增歲收。論者則謂其聚斂，於庸外又征庸。

而安石之開源政策，有些處又跡近為政府斂財。

劉摯上疏，謂：「陛下有勸農之意，今變而為煩擾。陛下有均役之意，今倚以為聚斂。」又陳次升讜論集謂：「免役法乃便民之最大者，有司不能上體德意，務求役錢增羨，元祐大臣，得以為辭。」又按：熙寧青苗取息二分，提舉使復以多散為功，遂立各郡定額，而有抑配之弊。其行助役，既取二分寬剩，復徵頭子錢，民間輸錢日多，遂至寬剩積壓。至紹聖復行新法，則青苗取息止一分，且不立定額，不加抑配。助役寬剩錢亦不得過一分，而蠲減先於下五等人戶。聚斂之意反不如熙、豐之甚。此亦可見荊公之剛愎，當時未能斟酌盡善，並為羣小所誤矣。熙寧七年七月，呂惠卿以免役出錢未均，五等丁產簿多隱漏不實，由官定立物價，使民各以田畝、屋宅、資貨、畜產，隨價自占，居錢五當蓄息之錢一，稱「手實法」，則較之漢武算緡更為煩瑣擾民矣。故陳傅良謂：「太祖皇帝垂裕後人，以愛惜民力為本。熙寧以來，用事者始取太祖約束一切紛更。諸路上供歲額，增於祥符一倍。崇寧重修上供格，頒之天下，率增之十數倍。以理財之名而務聚斂之實，其端實自荊公啟之也。」

而且宋朝那時已嫌官冗，安石推行新法，又增出許多冗官閒祿。

宋聚兵京師，外州無留財，天下支用悉出鹽鐵、度支、戶部三司。王安石用事，先立制置三司條例司，為修訂財政法令之新機關。司馬光謂：「三司使掌天下財，不才可黜，不可使兩府侵其事。」又為推行新法，諸路增置提舉官凡四十餘人。司馬光非之曰：「設官則以冗增冗，立法則以苛益苛。」又曰：「天下之事當委之轉運使、知州知縣，不當別遣使擾亂其間。」又曰：「自置將以來，每將下又各有部隊將、訓練官等一、二十人，而諸州又自有總管、鈐轄、都監、監押，設官重複，虛破廩祿。」神宗亦謂增置官司費財，而安石則謂增置官司所以省費。又增吏祿歲至緡錢百一十萬有奇。主新法者皆謂吏祿厚則人自重，不敢冒法。然良吏寡，賕取如故。曾鞏於元豐時中書議經費，謂：「臣待罪三班，國初承舊，以供奉官、左右班殿直為三班。初吏員止於三百，或不及之。天禧間乃總四千二百有餘。至於今乃總一萬一千六百九十。宗室又八百七十。景德員數已十倍於初，今殆三倍於景德。略以三年出入之籍考之，熙寧八年入籍者四百八十有七，九年五百四十有四，十年六百九十，而死亡退免出籍者，歲或過二百人，或不及之；則是歲歲有增，未見其止也。臣之所知者三班，吏部東西審官，審官東院為尚書左選，掌銓文臣。審官西院為尚書右選，掌銓武臣。與天下他費，尚必有近於此者，惟陛下試加考察。」曾鞏與王安石為文學摯友，而政治意見不同。神宗謂：「曾鞏以節用為理財之要，世之言理財者未有及此。」可見安石新政諸人，少有以此等言進者。蘇轍元祐會計錄序謂：「以宗室言，皇祐節度使三，今則九。三倍。皇祐兩使留後一，今則八。八倍觀察使一，今十五。十五倍。防禦使四，今四十二。十倍以百官言，景德大夫時為諸曹郎中。三十九，今二百三十。七倍景德朝奉郎以上時為員外郎。一百六十五，今六百九十五。五倍承議郎時為博士。一百二十七，今三百六十九。三倍奉議郎時為三丞。一百四十八，今四百三十一。三倍官冗之勢，有增無已。」若依范仲淹所論，豈得至是。南宋寶祐四年朱熠言：「境土蹙而賦稅日繁，官吏增而調度日廣。景德、慶曆時以三百二十餘郡之財賦，供一萬餘員之俸祿；今以一百餘郡之事力，而贍二萬四千餘員之冗官。」蓋宋之不振，始終病於官冗也。朝野雜記甲集卷十七謂：「祖宗時中都吏祿兵廩之費，全歲不過百五十萬緡。元豐間，月支三十六萬。宣和崇侈無度，月支百二十萬。渡江之初，月支亦不過八十萬。淳熙末，朝廷無事，乃月支百二十萬，擬於宣和。非泛所支，及金銀緜絹不與焉。」官冗則費不節，此又自然必至之勢也。

冗官不革，政治絕無可以推行之理。

羣書考索續編：「嘉祐推恩裁數十人，治平三百人，熙寧之六年，乃至四、五百人。日暮途遠，求田問舍之不暇，何暇謀國家事哉！」元豐三年行新官制，仍無救於官冗。元祐三年翟思奏：「昔以一官治之者，今析為四、五。昔以一吏主之者，今增為六、七。官愈多，吏愈眾，祿愈廣，事愈繁。朝廷文移下尚書省，又付吏部，又下寺監，又下所領庫務。自下達上亦然。」又云：「有吏部，又有太常寺。有膳部，又有光祿勛。戶部之有司農，主客之有鴻臚，駕部之有太僕，庫部之有衛尉，工部之有將作軍器，水部之有都水監，皆重疊置官，例可減省。」按：元豐改制，一依唐規。不知唐代政府組織，已嫌臃腫膨大，宋在冗官極甚之世，而效唐制，自不能徹底。漢之中都官，不及宋什一，郡守少於宋而令長過之，此宋代治政所以終不足以追古。

亦有明明可省的費，而安石不主節省。

熙寧元年（時安石尚未相。）十一月郊，執政以河朔旱傷，國用不足，乞勿賜金帛。司馬光謂：「救災節用，當自貴近始。」主聽之。安石謂：「大臣不能當辭職，不當辭祿。國用不足，只緣無善理財之人。善理財則不加賦而國用足。」光曰：「天地所生，財貨百物，不在民則在官。設法奪民，害甚於加賦。」今按：南郊賜賚，本屬陋規。大臣辭賞，其意甚是，與辭祿不同。農業經濟的社會，生產量亦不能急激增進。依宋室當時實況，頗多可撙節處。安石只謂「自古治世未嘗以財不足為患，患在治財無其道」，（上仁宗皇帝萬言書中語。）不知治財之道，亦有一部分必從撙節入手。否則徒求開源，而浪費日增，如與影競走，終無及理。

若說再在百姓身上設法括取，則那時的百姓，實有不堪再括之苦。

宋初歲入，已兩倍於唐，至熙寧時當不啻二、三十倍。韓琦論青苗，謂：「今天下田稅已重，又隨畝有農具、牛皮、鹽錢、麴錢、鞋錢之類，凡十餘名件，謂之雜錢。每遇夏秋起納，官中更將紬絹斛斗低估價例，令民將此雜錢折納。又每歲將官鹽散與人戶，謂之蠶鹽，令民折納絹帛。更有預買，轉運司和買兩色紬絹，如此之類，不可悉舉。取利已厚，傷農已深。奈何更引周禮，謂放青苗取利，乃周公太平已試之法！」今按：宋代租額，已七倍於唐。（見林勳政本書。又謂：「加夏稅錢通計無慮十倍。」）今復於兩稅外增免役、助役錢，（役即庸也，兩稅中已兼租庸調。）反對者謂「上戶則便，下戶實難」，語非無理。又於額用已足外，復增取二分謂之「寬剩」，則下戶、單丁、女戶更困。又青苗免役賦斂多責見錢，農民何以堪？

而熙寧、元豐的財計，居然一時稱富，則掊克聚斂，自然難免。

蘇轍謂：「善為國者藏之民，其次藏之州郡。熙寧以來，言利之臣，不知本末，（欲求富國，而先困轉運司。轉運司既困，則上供不繼。上供不繼，而戶部亦憊。）內帑別藏，雖積如丘山，而委為朽壞，無益於筭。」畢仲游與司馬光書謂：「以諸路所積錢粟，一掃地官，經費可支二十年之用。」安燾亦謂：「熙寧、元豐間，中外府庫，無不充衍，小邑所積錢米，亦不減二十萬。」（據此不僅中央多積，雖州縣亦有盈，惟民力為難繼耳。）陳次仲讜論集上徽宗論中都費用狀亦謂：「臣聞元豐庫昔年所積財帛甚多，近歲開邊，支遣殆盡。」

安石推行新政的又一缺點，在於只知認定一個目標，而沒有注意到實際政治上連帶的幾許重要事件。

程顥本贊成新法，其後亦轉入反對派方面。嘗謂：「眾心睽乖，則有言不信。萬邦協和，則所為必成。舉一偏而盡沮公議，因小事而先失眾心，權其輕重，未見其可。」

而且還帶有急刻的心理。

范純仁告神宗：「道遠者理當馴致，事大不可速成，人才不可急求，積弊不可頓革。儻欲事功急就，必為憸佞所乘。」程、范所言，實中安石新政之膏肓要病。曾鞏亦曾致書安石細論之，惜乎安石不之悟也。

安石以神宗熙寧二年為相，至熙寧六年，先後共五年，新法次第成立。

二年二月　王安石參知政事，立制置三司條例司。

四月　遣劉彝、謝卿材、侯叔獻、程顥、盧秉、王汝翼、魯伉、王廣廉八人行諸路，察農田、水利、賦役。五月，翰林學士鄭獬、知制誥錢公輔罷。六月，御史中丞呂誨罷。

七月　立淮、浙、江、湖六路均輸法。八月，侍御史劉琦、御史裏行錢顗貶。知諫院范純仁罷。條例司檢詳文字蘇轍罷。

九月　行青苗法。十月，宰臣富弼罷。

十一月　頒農田水利約束。

閏月　置諸路提舉官。

三年十二月　改諸路更戍法，立保甲法，及募役法。三月，貶知審官院孫覺。四月，貶御史中丞呂公著。罷監察御史裏行程顥、張戩，右正言李常。九月，宰臣曾公亮罷。十月，翰林學士范鎮致仕。

四年二月　更定科舉法。四月，出直使館蘇軾。七月，監察御史裏行劉摯罷。又貶御史中丞楊繪。

五年三月　行市易法。

五月　行保甲養馬法。

八月　頒方田均稅法。

六年九月　收免行錢。四月，樞密文彥博罷。

此等新法，即謂用意全是，大體上非長時間慎密推行，不易見效。

如方田均稅法，亦先有行者，而不勝其弊。歐陽修初亦主均田，（見文忠集卷百三。）嗣乃謂其不便。（詳長編一百九十二。）其他如保甲等法，更需推行有漸，又必有善體法意之良吏。其利弊全看實際吏治的情況。

> 熙寧六年張商英上五事劄子謂：「陛下即位五年，更張改造者數十百事。其中法最大、議論最多者有五：曰和戎，曰青苗，曰免役，曰保甲，曰市易。和戎之策已效，青苗之令已行。惟免役、保甲、市易三者，有大利害焉。得其人而緩圖之，則為大利；不然則為大害。願陛下與大臣安靜休息，擇人而行之。苟一事未已，一事復興，終莫見其成矣。」張氏此言，可與上引范純仁說同看。新法利弊，盡在此中也。

如青苗、市易等，無論立法用意如何，並不是必須激急推行，不可復緩。安石為力持此等新法之推進，至不惜犧牲許多不應放過的人事上之助力，實在是他的失策。（如歐陽修為竭力獎進王安石之前輩，司馬光為安石同時好友，程顥為很有意襄助安石的人，均不能與安石始終共事，實為安石失敗之最大原因。蘇軾奏論新法，謂：「臣非敢歷詆新政，苟為異論。如近日裁減皇族恩例，刊定任子條式，修營器械，閱習鼓旗，物議既允，臣安敢有辭？」時反對新法者大體皆君子，安石寬以圖之，未必無和衷共濟之路。）所以當時人說他性情執拗，不曉事。（唐介言安石「好學泥古」，孫固言安石「狷狹少容」，皆中其病。）又說他只能做翰林學士，不該做宰相。（此韓琦語。）

熙寧七年四月，權罷新法，安石去位。八年二月復相，九年十月又去。以後神宗依然照著安石所定新法推行。至元豐八年神宗卒，先後一共不過十七年。即使舉朝一致，盡力推行，此等各項新制，均牽涉全國經濟民生，未必即可有穩固之基礎與確定之成效。何論其常在議論喧豗、意見水火之中？而神宗一死，新法即廢。所以王安石新法的失敗，一部分是行政技術上的問題。

安石未免自視過高。

反對他的，他便罵他們「不讀書」。安石初相，爭新法，議論不協，安石曰：「公輩坐不讀書耳。」說他們是「流俗」。安石告神宗：「陛下欲以先王正道勝天下流俗，故與天下流俗相為重輕。流俗權重，則天下之人歸流俗。陛下權重，則天下之人歸陛下。」神宗信之，故益依安石，不顧羣情矣。又固執不受人言。常時謂安石有「天變不足畏，祖宗不足法，議論不足恤」之狂論。

而結果為羣小所包圍。當時批評安石者大致如此。

至於如呂誨等遽罵安石為大姦大詐。時新法尚未行，即司馬光等亦覺呂誨彈之太過，宜乎不足以動神宗之信託。

安石的最大弊病，還在僅看重死的法制，而忽視了活的人事。依照當時情況，非先澄清吏治，不足以寬養民力。非寬養民力，不足以厚培國本。非厚培國本，不足以遽希武功。安石的新政，一面既忽略了基本的人的問題，一面又抱有急功速效的心理。在國內新政措施全無頭緒的當日，卻同時引起邊釁，對外便覬開疆用武。此亦安石看事太易處。因此更是加意聚斂，而忽略了為國家的百年長計。

> 熙寧元年，富弼入覲，神宗問邊事，弼曰：「願陛下二十年口不言兵。」時神宗年二十，方銳意有為，聞弼語，為之默然。安石相，始務拓境。神宗問王韶邊費，安石喻韶不必盡對。然自王韶開熙河，种諤開綏州，而徐熙卒有永樂之敗。事在元豐五年。史稱：「官軍、熟羌、義保死者六十萬人，錢、粟、銀、絹以萬數者不可勝計。帝臨朝痛悼，而夏人亦困弊。」對遼則割讓河東地七百里。事在熙寧八年。惟先有意於邊功，遂不期而亟亟於聚斂耳。

南宋時，陳亮評安石新政，從宋代建國的本原立論，可謂中其癥結。

> 亮謂：「唐自肅、代以後，上失其柄，藩鎮自相雄長，卒以成君弱臣強，正統數易之禍。藝祖皇帝興，藩鎮拱手以趨約束，列郡各得自達於京師，兵皆天子之兵，財皆天子之財，郡、縣不得以一事自

專。二百年太平之基，從此而立。然契丹遂得以猖狂恣睢，與中國抗衡。慶曆諸臣，亦嘗憤中國之勢不振矣，而其大要則使羣臣爭進其說，更法易令，而廟堂輕。嚴按察之權，邀功生事，而郡、縣又輕。豈惟於立國之勢無所助，又從而朘削之。卒發神宗皇帝之大憤，王安石以正法度之說，首合聖意。其實欲藉天下之兵，盡歸朝廷，別行教閱以為強。括郡、縣之利，盡入朝廷，別行封樁以為富。彼蓋不知朝廷立國之勢，正患文為之太密，事權之太專；郡、縣太輕於下，而委瑣不足恃；兵財太關於上，而重遲不易舉。而安石竭之不遺餘力，不知立國本末，眞不足以謀國也。」

但安石新政，雖屬失敗，畢竟在其政制的後面，有一套高遠的理想。

舉要言之，約有三項。如保甲制度等，則欲造成一個兵農合一，武裝自衛的社會。方田、青苗、均輸、市易制度等，則欲造成一個裁抑兼并，上下俱足的社會。興學校、改科舉制度等，則欲造成一個開明合理，教育普及的社會。安石自謂「經術所以經世務」，又勸神宗「為治首擇術，當法堯舜，何必唐太宗」，正在此等處也。

這一種理想，自有深遠的泉源，決不是只在應付現實、建立功名的觀念下所能產生。因此在王安石新政的後面，別有所謂「新學」。

於是有所謂三經新義之頒行。（王氏詩、書、周禮注，稱「三經新義」。）劉靜春謂：「王介甫不憑注疏，欲修聖人之經；不憑今之法令，欲新天下之法；可謂知務。後之君子，必不安於注疏之學，必不局於法令之文。此二者既正，人才自出，治道自舉。」按：宋學實盡於劉之二語。

安石的新政雖失敗，而新學則不斷的有繼起者。

安石新法，雖為同時反對；其新經義，則雖同時政敵，亦推尊之。司馬光只謂其「不合以一家之學，蓋掩先儒」而已。劉摯亦謂：「王安石經訓，視諸儒義說，得聖賢之意為多。」呂陶亦謂：「先儒傳注未必盡是，王氏之解未必盡非。」時國子司業黃隱覬時迎合，欲廢王氏經義，竟大為諸儒所非。（事在元祐元年十月。）蓋就大體言，則當時反對新政諸人，固自與安石仍在同一立場也。

直到朱熹出來，他的四書集注，成為元、明、清三代七百年的取士標準。其實還是沿著王安石新經義的路子。

范仲淹、王安石革新政治的抱負，相繼失敗了，他們做人為學的精神與意氣，則依然為後人所師法，直到最近期的中國。

第三十三章　新舊黨爭與南北人才 元祐以下

一　熙寧新黨與南人

王安石的新法，不能說有成功，然而王安石確是有偉大抱負與高遠理想的人。他新法之招人反對，根本上似乎還含有一個新舊思想的衝突。

所謂新舊思想之衝突，亦可說是兩種態度之衝突。此兩種態度，隱約表現在南北地域的區分上。

新黨大率多南方人，反對派則大率是北方人。

宋室相傳有「不相南人」的教戒。無論其說確否，要之宋初南方人不為相則係事實。然而南方人的勢力，卻一步一步地侵逼到北方人上面去。眞宗時的王欽若，仁宗時的晏殊，都打破了南人不為相的先例。

宋史王旦傳：「眞宗欲相王欽若，旦曰：『臣見祖宗朝未嘗有南人當國者。雖稱立賢無方，然須賢乃可。臣為宰相，不敢沮抑人，然此亦公論也。』眞宗乃止。旦沒後，欽若始大用。語人曰：『為王公遲我十年作宰相。』」或謂眞宗問王旦：「祖宗時有祕讖，云南人不可作相。此豈立賢無方之義」云云。見曲洧舊聞。眞宗景德初，晏殊以神童薦，與進士並試，賜同進士出身。寇準曰：「惜殊乃江外人。」帝顧曰：「张九齡非江外人耶？」又陸游謂：「天聖以前多用北人，寇準持之尤力。」

而南方人在當時，顯然是站在開新風氣之最前線。

晁以道嘗言：「本朝文物之盛，自國初至昭陵仁宗時，並從江南來。二徐兄弟鉉、鍇。以儒學，二楊叔侄億、紘。以詞章，刁衎、杜鎬以明習典故，而晏丞相殊、歐陽少師修。巍乎為一世龍門。紀綱法度，號令文章，燦然具備。慶曆間人材彬彬，皆出於大江之南。」

在野學校之提倡，晏殊知應天府，延范仲淹教生徒。自五代以來學校廢，興學自殊始。及仲淹守蘇州，首建郡學，聘胡瑗為師。在朝風節之振厲，范仲淹為祕閣校理，每感激論天下事，奮不顧身，一時士大夫矯厲尚風節，自此始。文章之盛，尤著者為歐陽修，獎引後進，如恐不及。賞識之下，率為聞人。曾鞏、王安石、蘇洵，洵子軾、轍，皆以布衣，修游其聲譽。宋之文學，莫盛於是。朋黨之起，晏殊平居好賢，當世知名士，如范仲淹、孔道輔，皆出其門。仲淹以殊薦為祕閣校理，承殊風益進。學者從質問，為執經講解，亡所倦。推俸以食四方之遊士，諸子至易衣而出。仲淹罷知饒州，尹洙、歐陽修、余靖皆坐貶，朋黨之論自是興。皆由南士。

司馬光與歐陽修為貢院逐路取士起爭議，這裏便已十分表見出當時南方文學風氣已超駕北方之上遠甚。

司馬光謂：「古之取士，以郡國戶口多少為率。今或數路中全無一人及第，請貢院逐路取人。」歐陽修非之，謂：「國家取士，惟才是擇。東南俗好文，故進士多；西北人尚質，故經學多。科場東南多取進士，西北多取明經。東南州軍進士取解，二、三千人處只解二、三十人，是百人取一。西北州軍取解，至多處不過百人，而所解至十餘人，是十人取一。比之東南，十倍優假。東南千人解十人，初選已精。西北之士，學業不及東南，發解時又十倍優假，初選已濫。廣南東西路進士，絕無舉業，諸州但據數解發。其人亦自知無藝，一就省試即歸，冀作攝官。朝廷以嶺外煙瘴，亦許其如此。」據司馬、歐陽兩人主張，可見當時北方文風已遠遜南方。不僅取解人數不能相比，且北方多考明經，南方多考進士。自唐以來科第，即以進士為美，非進士及第不得美官，非善為詩賦、論策不得及第。後世遂謂文學詩賦盛於南方，不知中唐以前，殊不爾也。進士、明經，難易榮辱絕不同。唐人語：「三十老明經，五十少進士。」宋人則曰：「焚香禮進士，撤幕待經生。」（歐陽修詩句。）

試進士日，設香案於階前，主司與舉人對拜。（此唐人故事。）有司具茶湯飲漿。試經生，悉撤帳幕、氈席之屬，亦無茶湯。渴則飲硯水，人黔其吻。又曰：「焚香取進士，瞋目待明經。」設棘監守，惟恐其傳義。蓋明經試先帖文，掩其兩端，中間惟一行，裁紙為帖，凡帖三字。得四、五、六即為通。帖文後口試大義。後停口試，改墨義十條。宋呂夷簡應本州鄉試卷：「『作者七人矣』，請以七人之名對」。對云：「七人某某也。謹對。」又：「『見有禮於君者，如孝子之養父母也』，請以下文對。」對云：「下文曰：『見無禮於君者，如鷹鸇之逐鳥雀也。』謹對。」又題：「請以注疏對。」則對：「注疏曰云云。」如有不能對，則曰：「未審。」明經僅於記誦，故為人賤視。史稱：「五代干戈搶攘，而貢舉未嘗廢，惟每年所取進士，其多僅及唐盛時之半。三禮、三傳、學究、明經諸科，唐時所取甚少，而晉、漢後明經諸科，中者動以百計。」然則北方士人多考明經，蓋自五代喪亂，文章墜廢。而南土較安，故詩賦文學日盛也。

熙寧間，王安石罷詞賦、帖經、墨義，併歸進士科，而齊、魯、河朔之士，往往守先儒訓詁，質厚不能為文辭，榜出多是南人，北人極少。哲宗以後，遂許齊、魯、河朔五路北人皆別考，然後取人南北始均。元祐諸老即北人為多。時謂「北人質厚，不能為文辭」，其實中唐以前擅文辭者，多北人也。中唐以下，則詩人以江南為多矣。陸佃在元豐八年有乞添川、浙、福建、江南等路進士解名劄子，謂：「京東、西、陝西、河東、河北五路，多是五、六人取一人；川、浙、福建、江南往往至五、六十人取一人。」則在南人意見中，尚覺南士機會不如北人。然南北分卷之制，直至明代，依然不能革。誠使公開競選，北人到底爭不過南人，不得不以此為調節也。又按：唐韓愈歐陽詹哀辭言：「閩人舉進士自詹始。」則當時閩人舉進士者必甚少。此後三百年，至宋中葉，閩進士常六、七百人，居天下五之一。流寓他處，及占名數京師入太學者，尚不在內。新黨人亦以閩人為盛。當時稱吳、楚、閩、蜀。

南北兩方文風盛衰之比較，後面卽反映出南北兩方經濟狀況之榮枯。

司馬光謂：「非游學京師者，不善為詩賦、論策。每次科場及第進士，大率皆是國子監開封府解送之人。」蓋文學、政事必待於師友風尚之觀摩，社會聲氣之染習。大抵當時北方社會，經濟日趨枯竭，故士人不能游學京師。南方經濟較優，故游學者盛。當時如晏殊、范仲淹以及歐陽修輩，皆以南人居京朝，為名士之領袖，風氣之前導也。

因此當時南人，頗有北方人政治上待遇較優，南方人經濟上負擔較重之感。

李覯長江賦謂：「國家重西北而輕東南。彼之官也特舉，此之官也累資。斂於此則莫知其竭，輸於彼則惟恐不支。官以資則庸人並進，斂之竭則民業多隳。為貪為暴，為寒為饑。如是而不為盜賊，臣不知其所歸。」此乃一種極激昂之不平鳴也。

而在北人眼中，則南人在政治上勢力日擴，似乎大非國家前途之福。

宋人筆記謂：「治平英宗中，邵雍與客散步天津橋上。聞杜鵑聲，慘然不樂。曰：『不二年，上用南士為相，多用南人，專務變更，自此天下多事。』」此說本不可信，然在此故事中，卻充分表現出北人討厭南人當權用事之心理。

以中國疆域之廣大，南北兩方因地形、氣候、物產等等之差異，影響及於社會之風習，以及人民之性情；雙方驟然接觸，不免於思想態度及言論風格上，均有不同，易生牴牾。

神宗相陳旭，升之問司馬光：「外議云何？」光曰：「閩人狡險，楚人輕易，今二相皆閩人，曾公亮、陳旭。二參政皆楚人，王安石、唐介。必援引鄉黨之士，充塞朝廷，風俗何以更得淳厚？」此說不知確否，然必當時北人有以此論南人者。又司馬光與呂惠卿在講筵，因論變法事，至於上前紛挐。上曰：「相與論是非，何至乃爾？」既罷講，君實光。氣貌愈溫粹，而吉甫惠卿。怒氣拂膺，移時尚不能言。人言：「一個陝西人，一個福建子，怎生廝合得著！」

所以王安石新政，似乎有些處是代表著當時南方智識分子一種開新與激進的氣味，而司馬光則似乎有些處是代表著當時北方智識分子一種傳統與穩健的態度。劉摯謂：「今天下有喜於敢為，有樂於無事。彼以此為流俗，此以彼為亂常。畏義者以進取為可恥，嗜利者以守道為無能。此風浸盛，漢、唐黨禍必成。」摯對神宗，自言：「臣東北人，不識安石。」其言正足代表當時兩派之態度也。除卻人事偶然方面，似乎新舊黨爭，實在是中唐安史之亂以後，在中國南北經濟文化之轉動上，為一種應有之現象。王安石新法，有些似在南方人特見有利，而在北方人或特見為有害的。

羅從彥遵堯錄謂司馬光所改法，無不當人心，惟罷免役失之。王安石免役，正猶楊炎之均稅，東南人實利之。今按：羅亦南人，其言必信。政繁則役重，當時東南之役，諒必較重於北方也。治平四年九月，司馬光論衙前有云：「臣見國家以民間苦里正之役，改置鄉戶衙前，又以鄉貧富不同，乃立定衙前人數，選物力最高為一戶補充。行之十年，民困愈甚。向差里正，例有更番，借使鄉有上等十戶，一戶應役，則九戶休息，可以耑意營生。今衙前乃一概差遣。其有力人戶常充重役。自非家計淪落，則永無休息之期。以為抑強扶弱，寬假平民，殊不知富者既盡，貧者亦必不免。臣嘗行村落中，見農民生具甚微，問之，曰：『不敢為也。多種一桑，多置一牛，蓄二年之糧，藏十匹之帛，鄰里已目為富室，指抉以為衙前矣。況敢益田疇、葺廬舍乎！』」據此，則北方苦役亦甚矣。蓋當時官戶不役，客戶不役，官戶既北多於南，客戶亦以江、浙為獨少。北方社會既貧困，而又免官戶、客戶，貲力高者不多，則被差更密，（如富鄉一等戶十五戶，計貲三百萬，貧鄉一等戶五戶，計貲五十萬。富鄉十五年一周，貧鄉五年一周。富鄉猶有休息，貧鄉敗亡相繼。）故輪役者更見其苦。然則北方之反對免役者，必為盛擁客戶之官戶可知。文彥博告神宗：「祖宗法制具在，不須更張以失人心。」神宗曰「更張於士大夫誠多不悅，然於百姓何所不便？」文彥博曰：「陛下為與士大夫治天下，非與百姓治天下，正在此等處也。」推而言之，如均輸法當亦於南方特利；而保甲、保馬諸政皆推行於黃河以北，民間覺其騷擾，南方則不知也。王巖叟謂：「保甲之害，三路之民，如在湯火。」又韓魏公家傳卷九有云：「西川四路鄉村，民多大姓，每一姓所有客戶，動是三、五百家。賴衣食貸借，仰以為生。今若差官置司，更以青苗錢與之，則客於主戶處從來借貸既不可免，又須出此一重官中利息。其他大姓固不願請領苗錢」云云。則反對青苗者又必為盛擁客戶之大姓，而客戶固以江、浙三路為獨少。此又新法南人便之、北人惡之之一例。田賦宋代最不均，景祐時諫官王素及歐陽修等皆主均賦，至嘉祐時復遣官分行諸路均田，然俱無成功而止。歐陽修初主均田，後遂言其不便。元豐間，天下墾田凡四百六十一萬六千五百五十六頃，馬端臨謂：「前代混一時，漢元始定墾田八百二十七萬五千餘頃，隋開皇時墾田一千九百四十萬四千餘頃，唐天寶時，應受田一千四百三十萬八千餘頃。比之宋朝，或一倍，或三、四倍有餘。雖宋之土宇，北不得幽薊，西不得靈夏，南不得交趾；然三方半為邊障屯戍之地，墾田未必倍蓰於中州。」治平會計錄謂：「田數特計其賦租以知其頃畝，而賦租所不加者，十居其七。率而計之，天下墾田無慮三千餘萬頃。祖宗重擾民，未嘗窮按。」宋制，官戶占田多得免賦。如宋史高觀傳：「王蒙正恃章獻太后勢，多占田嘉州。詔勿收租賦，覿極言其不可。」又食貨志：「上書者言賦役未均，田制未立，因詔限田，公卿以下無過三十頃。」又柳約傳：「紹興元年，約以軍興科需百出，請官戶名田過制者，與編戶一同科賦，從之。」然則仁宗限田，亦限其不科賦之額耳。此亦宋田賦不均一要端。然則此所謂「擾民」者，官戶亦其主矣。又食貨志言：「天下荒田未墾者多，京、襄、唐、鄧尤甚。至治平、熙寧間，相繼開墾。然凡百畝之內，起稅止四畝。欲增至二十畝，則言者以為民間苦賦重，遂不增。」以是觀之，田之無賦稅者，又不止於十之七而已。此等脫逃租賦之田，惠澤豈真下及於貧民？朝廷一行均田，豪強必多方阻撓，結果則所謂均者，依然不均。史稱：「元豐八年，神宗知官吏奉行方田多致騷擾，詔罷之。」則均田之難行可想。哲宗時，畢仲游上疏：「田制未均，患在迫於富家大室而恤之甚。名田不行，則在上之人貴者。」徽宗時，蔡京等又言方田，臣僚言：「方量官憚於跋履，一任之胥吏，有二百餘畝方為二十畝者，有二頃九十六畝方為一十七畝者，虔之瑞金縣是也。有租稅十有三錢而增至二貫二百者，有租稅二十七錢而增至一貫四百五十者，虔之會昌縣是也。望詔常平使者檢察。」遂詔罷之。南渡後，林勳政本書論此甚詳。朱子知漳州，條奏經界狀，細民鼓舞，而貴家豪右，胥為異端以搖之，卒格不行。迄於賈似道而有買公田之舉。是方田實宋代一要政，而其行之難見效而易滋弊亦可知。

初，歐陽修請於亳、壽、蔡、汝四州擇尤不均者均之。田京知滄州，均無棣田。蔡挺知博州，均聊城、高唐田。王安石行均田自京東路始。疑當時田租不均，亦北方為甚。以其沿五代而來。則反對均田者，恐亦北人為多矣。宋代逃田之外，又多逃丁。西漢戶口，率以十戶為四十八口有奇。東漢十戶為五十二口。唐盛時十戶至五十八口。宋元豐至紹興戶口，率十戶二十一口，一家僅兩口。蓋詭名子戶漏口者眾也。在上賦稅之輕重，與在下私弊之多少，亦相比例。政府不先務輕賦，則此等弊亦難革。王明清揮麈後錄謂：「祖宗開國以來，西北兵革既定，故寬其賦役。民間生業，三畝之地，止收一畝之稅，緣此公私富庶。政和間，盡行根刷，人不堪命，皆去而為盜。胡馬未南，河北蜂起。其後散為巨寇於江、淮間，如張遇、曹成、鍾相、李成之徒皆是也。」然則借為法治之名，而圖括削之實者，其為禍又可見矣。

及元祐新政，王安石一黨盡斥，而所斥的卽多是南人。

元祐元年，王巖叟入對，言：「祖宗遺戒不可用南人，如蔡確、章惇、張璪皆南人，恐害於國。」

其後蔡京擅權，南人又得勢。

陳瓘彈蔡京云：「重南輕北，分裂有萌。」按：陳乃南劍州人，其論蓋就當時實情為持平也。又按：元祐朝首主

「紹述」之論者為李清臣，乃大名人，韓琦之壻。當時譏其「趨時，嗜權利，意規宰相」。此所論新舊南北之分，特就大體言，未能一一吻合也。

所以宋史姦臣傳中，幾乎全是南方人。

蔡確，泉州晉江人。附吳處厚，邵武人。呂惠卿，泉州晉江人。章惇，建州浦城人。父俞徙蘇州。曾布，江西南豐人。安惇，廣安軍人。在四川。蔡京，興化仙游人。弟卞，安石壻。此皆與新法有關。此下如黃潛善邵武，汪伯彥祁門，秦檜江寧，丁大全鎮江，賈似道台州，亦皆南人。故陸游謂：「班列之間，北人鮮少。」而陳亮謂：「公卿將相，大抵多江、浙、閩、蜀之人，而人才亦日以凡下也。」蘇天爵滋溪集謂：「故老云：宋在江南時，公卿大夫多吳、越士，起居服食，驕逸華靡，北視淮甸，已為極邊，當使遠方，則有憔悴可憐之色。」

而元祐諸君子，則大多是北方人。他們中間卻又分洛、蜀、朔三派。這三派裏面，便無閩、楚南方的分。當時所指楚人，乃江西以東耳。湖北荊襄不在其列。春秋楚人亦南方文化一大結集。自戰國經秦白起之兵禍，流亡竄散，迄西漢二百年而元氣始復。故西漢所謂楚人，皆指江、淮之間。而荊襄闃焉無一人物出於二百年間也。光武起於南陽，迄於東漢之季，而荊楚甚盛。不惟民戶繁實，地著充滿，材智勇力之士，又森然出其中，孫、劉資之以爭天下。及其更唐、五代不復振起，至宋皆為下州小縣，乃至無一士生其間。而閩、浙之盛自唐而始，乃獨為東南之望。一地人文之興衰，大抵觀其所受兵禍洗蕩之程度也。蜀人自荊襄轉中原，其風氣乃與大江下游轉不接。

二　洛蜀朔三派政治意見之異同

熙寧、元祐新舊黨爭後面帶有南北地域關係，而元祐北方諸君子洛、蜀、朔三派分裂，洛，程頤為領袖，朱光庭、賈易等為羽翼。蜀，蘇軾為領袖，呂陶等為羽翼。朔以劉摯、王巖叟、劉安世為領袖，羽翼尤眾。至紹聖初，同以元祐黨竄嶺海外。後面也帶有政治意見之不同。

其中洛派中原派。所抱政見，大體上頗有與王安石相近處。他們都主張將當時朝政徹底改革。

程顥上神宗皇帝陳治法十事，即力勸神宗勿因一時反對而灰其改革之氣。其十事中重要者如論帝王必立師傅，及井田、學校、兵歸於農，及吏胥用士人等，皆與王安石議論相合。

他們對政治上最主要的理論，是有名的所謂「王霸之辨」。

大抵唐、虞、三代是「王道」，秦、漢、隋、唐是「霸道」。他們主張將唐、虞、三代來換卻秦、漢、隋、唐。

熙寧元年，王安石以翰林學士越次入對。神宗問為治所先，曰：「先擇術。」神宗曰：「唐太宗何如？」曰：「陛下當法堯舜，何以太宗為哉！堯舜之道，至簡、至要、至易，但末世學者不能通知，以為高不可及耳。」

其實所謂唐、虞、三代，只是他們理想的寄託。他們的政治見解，可以稱之為「經術派」，或「理想派」。他們主張將理想來徹底改造現實，而古代經籍，則為他們理想辯護之根據。

同時關中張載與洛陽二程相呼應，其政治理想，亦大體相似。謂：「周禮必可行於後世。治天下不由井地，終無由得平。井田至易行，但朝廷出一令，可以不笞一人而定。」嘗欲買田一方，畫為數井，以推明先王之遺法，未就而卒。又謂：「朝廷以道學、政術為二事，此正自古之可憂者。」此即安石所謂「經術正所以經世務」之意。以呂公著薦得召見，問治道，曰：「為政不法三代，終苟道也。」神宗大悅。然張氏主復封建、世臣、宗法，此皆泥古太深；若施之政事，當較安石更為迂闊。

其先程顥本助安石。熙寧二年，安石遣劉彝等八人察農田水利，其中即有程顥。

安石因廷臣反對乞退，程顥等尚想法挽留。事在熙寧三年二月。安石復視事，顥等乃私相賀，見長編記事本末卷六十八。

最後程顥終與安石分手，則因安石偏執，不惜與舉朝老成破裂之故。言論已見前引。

程顥嘗言：「治天下不患法度之不立，而患人材之不成。人材不成，雖有良法美意，孰與行之？」此乃洛學與安石根本相異處。二程嘗謂：「介甫拒絕言路，進用柔佞之人，使之奉行新法。今則是他已去，不知卻留下害事。」又曰：「王氏之教，靡然而同，是莫大之患也。天下弊事一日而可革，若眾心既定，風俗已成，其何可遽改？」又曰：「介甫之學，壞了後生學者。」至於論及識見，尚謂安石「高於世俗」。程頤云：「介父所見，終是高於世俗之儒。」故洛派於元祐排斥新政，並不完全贊成。

> 上蔡語錄：「溫公欲變法，伊川使人語之曰：『切未可。』」又伊川曰：「今日之禍，亦是元祐做成。」又曰：「至如青苗，且放過，又是何妨。」伊川十八歲上仁宗書，謂應時而出，自比諸葛；及後應聘為哲宗講官，則自講讀之外無他說；可見程氏在元祐時，並不能大張其學。當時謂：「伊川與君實語，終日無一句相合。明道與語，直是道得下。」蓋二程論學本與溫公不同，惟明道性氣較和易溫粹耳。

朔派是正統的北方派。他們與洛陽的中原派不同。一主理想，（洛。）而一重經驗。（朔。）一主徹底改革，（洛。）而一則主逐步改良。（朔。）司馬光謂：「治天下譬之居室，敝則修之，非大壞不更造。」故一為「經術派」，而一則為「史學派」。

> 新學者以通鑑為元祐學術。政和時，詔士毋得習史學，即以斥元祐。陳了翁則云：「變故無常，惟稽

考往事，則有以知其故而應變。王氏乃欲廢絕史學，而咀嚼虛無之言，其事與晉人無異。」又了翁彈蔡京云：「滅絕史學似王衍。」此皆以元祐為史學也。新黨則奉王安石為經學，與洛學路徑較似。南渡以下，洛學漸盛，遂與新學興爭端。秦檜、趙鼎迭相，鼎主程頤，檜主王安石。檜死，高宗乃詔：「毋拘程頤、王安石一家之說，務求至當之論。」孝宗淳熙五年，以侍御史謝廓然言，敕「有司毋以程頤、王安石之說取士」。朱陸意見不同，亦尚隱有一祖伊川、一護荊公之迹。蓋新學與洛學自為近也。

故洛學、新學同主「王霸之辨」，程顥上神宗皇帝書，有一篇專論「王霸」。而司馬光則不信此說，可為他們中間最顯著的區別。

洛、蜀、朔分黨，司馬光已死，光不在黨派中。惟朔派多係司馬光弟子。光謂：「合天下而君為王。分天下而治為伯。方伯，瀆也。天子，海也。小大雖殊，水之性奚以異？」又曰：「後世學者以皇帝王霸為德業之差，謂其所行各異道，此乃儒家之末失。」

惟其不信王霸之辨，故亦不主三代之道與秦、漢、隋、唐絕異。因此他們不肯為復古之高論。他們的政術似乎只主就漢、唐相沿法制，在實際利害上，逐步改良。

王安石行保甲，期復兵農合一之古制，此為洛學所贊同。司馬光則謂：「太祖定天下，曷嘗用民兵？」此等議論，頗近於蜀派矣。後朱子謂：「京畿保甲，荊公做十年方成，元祐時溫公廢之，深可惜。」朱子承洛學，政見亦與荊公近也。又洛學與新學皆推尊孟子，而司馬光著疑孟。孟子論政偏於理想，王霸之辨即從孟子來。熙寧初，王安石欲復經筵坐講之制，元祐間程頤亦爭坐講。陸佃陶山集卷十一。謂：「安石性剛，論事上前，有所爭辯時，辭色皆厲，上輒改容為之欣納。」蓋自三代而後，君臣相知，義兼師友，言聽計從，了無形迹，未有若茲之盛也。陸象山荊公祠堂記即發揮此義。程顥上神宗書極論帝王必立師傅，新學、洛學皆欲以師傅之尊嚴，駕漢、唐君臣形迹之上。此義亦本孟子。而蜀、朔兩派則毋寧謂其態度乃偏於尊君。此亦經史、王霸之大辨也。洛黨、新黨主尊師，即主尊相，總之求以學術超駕於君權之上也。此等理論接近儒家，偏於理想而為趨新。朔黨、蜀黨則主尊王，僅就漢、唐以下歷史事態立說，偏於現實而為守舊，又近似於法家也。南宋時朱子尚極論之，謂：「古者三公坐而論道，才可仔細說得。如今莫說教宰執坐，奏對之時，頃刻即退，文字懷於袖間，只說得幾句，便將文字對上宣讀過。且說無坐位，也須有個案子，令開展在上，指畫利害，上亦知得仔細。今頃刻便退，君臣間如何得同心理會事？」（語類一二八。）朱子此等議論，正與陸象山荊公祠堂記抱同一態度。黃仁卿問：「自秦始皇變法之後，後世人君皆不能易之，何也？」曰：「秦法盡是尊君卑臣之事，所以後世不肯變。」（語類一三四。）若照當時洛黨、新黨理論，所謂王霸之辨，政治必須有一番徹底改革。張浚之報苗傳，亦謂：「廢立之事，惟宰相大臣得專之」，此等皆所謂宋儒議論也。此後元、明、清三朝，正向此項理論加以迎頭之挫壓。元、清兩代以狹義的部族政權為骨幹，自不樂此項理論。明太祖雖驅逐元人，却見解不能到此。其後張居正乃大呼尊君卑臣，謂是祖法，深仇講學之士，遍燬天下書院，則眞是中國傳統之所謂法家，即朔黨、蜀黨亦不致出此耳。

這一種態度，其好處，在於平穩不偏激，切於事情。而其弊病則在無鮮明之理想，因應事實不徹底，結果陷於空洞與懈弛。

神宗初議併營，文彥博、蘇軾等皆以兵驕已久，遽併之必召亂，帝卒從王安石議。時又議揀汰衛兵年四十以上稍不中程者，司馬光、呂公弼、陳薦、李常先後論奏以為非宜，帝手詔揀五十以上願為民者聽。舊制兵至六十一始免，猶不即許，至是冗兵大省。自熙寧至元豐，兵餉歲有銷併。此等處見新黨之銳氣敢為。舊黨論節財省用，固為勝於新黨。然節財省用之大者，莫如去冗卒，而舊黨顧又因循持重。此正襮露舊黨之弱點。

元祐力反熙寧，大部即由朔派主持，而操之過激。

元祐初，安石聞朝廷變其法，夷然不以為意。及聞罷助役，復差役，愕然失聲曰：「亦罷至此乎？」即范純仁、蘇軾亦皆爭之。哲宗始親政，三省言役法尚未就緒。帝曰：「第行元豐法，而減去寬剩錢，百姓何有不便？」可見紹聖之政，亦元祐諸老有以激成之矣。蔡確新州之貶，遂造循環報復之端，范純仁、蘇軾亦力爭之。此皆其已甚也。

他們除罷免熙、豐設施外，自己卻並無積極的建樹。

後人謂：「元祐諸君子，若處仁、英之世，遂將一無所言，一無所行，優遊卒歲。」此正道著元祐病痛。至擁戴高后，謂以母革子，借母后臨朝之力，置哲宗於不顧，更為失策。無論理論不圓滿，而幼主年事漸長，高后一崩，反動遂起，亦元祐諸臣自有以召之。在尊王理論之下，亦惟有如此。

財政無辦法，更不足以關折主持新政者之口。

元祐元年四月，王安石卒。八月，范纯仁即以國用不足，請再立常平錢穀斂散出息之法，此即「青苗」也。以臺諫交爭而罷。然可以見元祐之不可久矣。曾布謂：「神宗時，府庫充積，元祐非理耗散，又有出無入，故倉庫為之一空；乃以為臣壞三十年之大計，恐未公。」通鑑長編。畢仲游洛派。與司馬光書謂：「當使天子曉然知天下之餘於財，則不足之論不得陳於前，然後新法永可罷。」元祐諸老徒責王安石用言利臣，然政府不能常在無財乏用中度日。元祐能廢新法，而不能足財用，則宜乎新法之終將復起。

大程似乎頗見司馬光才不足負當時之艱難。

二程語錄：「伯淳道君實自謂如人參、甘草，病未甚時可用，病甚則非所能及。」

而溫公於伊川經筵進講，亦有不滿。

劉元城言：「哲宗嘗因春日折一枝柳，程頤為說書，遽起諫曰：『方今萬物生榮，不可無故摧折。』哲宗色不平，因擲棄之。溫公聞之不樂，謂門人曰：『使人主不樂親近儒生者，正為此等人也。』」

這兩派在政見上本不相近，只為反對王安石只求行法、不論人品的一點上，兩派卻綰合起來了。

司馬光嘗謂：「治亂之機在於用人，邪正一分，則消長之勢自定。」每論事，必以人物為先。（見遵堯錄。此處確又是儒家正統也。）又仁宗時，光上疏論理財三事，乞置總計使，云：「寬恤民力，在於擇人，不在於立法。」又曰：「為今之術，在隨材用人而久任之，在養其本原而徐取之，在減損浮冗而省用之。」則光非不主理財，惟其意見自與安石大異。（惟此等意見，在安石未相，政局未動搖前，尚有濟效。在安石相後，政局已變，則僅此不足救時。大抵溫公之人與學，俱是人參、甘草也。）

又一為蜀派。（西南派。）蜀派的主張和態度，又和洛、朔兩派不同。他們的議論，可以蘇氏兄弟（軾、轍。）為代表。上層則為黃老，下層則為縱橫。尚權術，主機變，其意見常在轉動中，不易捉摸。他們又多講文學，不似洛、朔兩派之嚴肅做人。

王安石主廢科舉、興學校，此事在洛派極端贊成，而蜀派則認為「多事」。蘇軾反對興學校之理論云：「治人在於知人，知人在於責實。治宮室，養游士，置官立師，不帥教者屏之遠方，是為多事。」

王安石又主改詩賦為經義，此層洛學自所贊成，朔派亦不反對。

治平元年，光有定奪貢院科場不用詩賦，已開王氏先聲。又治平二年，乞令選人試經義，則光對此事，見解與安石一致。故謂：「神宗皇帝罷詩賦及經學諸科，專以經義論策試進士，此誠百世不易之法。但王安石不當以一家私學，欲蓋掩先儒。」

而蘇軾仍生異議。

謂：「興德行在於修身格物。設科立名，是教天下以偽。策論、詩賦，自政事言之，均為無益。自唐至今，以詩賦為名臣者，不可勝數。」畢仲游西臺集。則謂：「漢、唐諸儒，多抱經白首，然後名家。近世如孫復治春秋，居泰山四十年，始能貫穿自成一說。熙寧、元豐之進士，今年治經，明年應舉，經術但為利祿之具，尊經術而反卑之。舉子止問得失，王安石在位，則經義欲合王安石；司馬光在位，經義欲合司馬光。風俗傷敗，操行陵夷，未必不由之。詩賦雖欲取合而無由。習詩賦，必須涉獵九經，泛觀子史。策論之中，又自有經義。涉獵泛觀，必麤知前言往行，治亂得失。而聰明特起之士，因此自見於大。至於經義，則為書者不為詩，為詩者不為易。知一經而四經不知。詩賦聲律易見，經義散文難考。詩賦出題無窮，經義問目有盡。詩賦必自作，經義可用他人。詩賦惟校工拙，經義多用偏見。」劉摯立論亦略似。似較蘇辨更為就實。王安石謂：「少壯時正當講求天下正理，乃閉門學詩賦；及其入官，世事皆所不習。此乃科法敗壞人材，致不如古。」自為正論。蘇氏輕為立異，殊若無謂。至畢、劉所爭，則事後流弊實情，王安石亦悔之。曰：「本欲變學究為秀才，不謂變秀才為學究。」此亦唐宋人才轉變一大關鍵也。清乾隆三年，兵部侍郎舒赫德，力言科舉時文之弊，請將考試條款改移更張，別求遴拔真才實學之道。章下，禮部覆奏，全用蘇氏議論，舒議遂寢。文人一時標新立異，其見解乃足貽誤六、七百年後人，亦可怪也。

又如免役，蘇氏兄弟初亦反對。蘇轍謂：「役人必用鄉戶，如衣之必用絲麻，食之必用五穀，不得以他物代換。」其後司馬光復差役，蘇氏卻又不贊成。蘇軾云：「役可雇，不可差，雖聖人復起，不能使農民應差。王安石但不當於雇役實費之外多取民錢。若量入為出，不至多取，則自足以利民。」又按：英宗治平四年，司馬光亦曾極論衙前之害，至是乃排眾議而復役，亦可惜也。他們的學術，因為先罩上一層極厚的釋老的色采，所以他們對於世務，認為並沒有一種正面的、超出一切的理想標準。此層所以與洛學異。他們一面對世務卻相當練達，憑他們活的聰明來隨機應付。他們亦不信有某一種制度，定比別一種制度好些。此層所以與朔學異。但他們的另一面，又愛好文章詞藻，所以他們持論，往往渲染過分，一說便說到盡量處。近於古代縱橫的策士。此層卻得到南方派中一部分的同情，因南人大率好文詞也。歐陽修、張方平等較前輩的南方文人，亦頗有近於蜀學者。

後人說他們（蘇氏兄弟。）「勇果於嘉祐之制策，而持重於熙寧之奏議，轉手之間而兩論立」。（陳龍川語。）但就其對新學之反對而言，則蜀、朔兩派早就志同道合。（最先反對荊公者為呂誨、蘇洵、張方平。張方平南人，其學卻與蜀派相似。三蘇自蜀來，張方平、歐陽修為之延譽。荊公獨不許老泉，由其學術路徑不同。相傳荊公淮南雜說初出，見者以為孟子；老泉文初出，見者以為荀子。可見荊、蜀路脈早別矣。）迨朔派力改新政，蜀派卻又有些處似與洛派的意見較近。（此便是蜀派態度始終一貫處，並非先後有變。）但就學術意味言，則洛、蜀兩派的裂痕，畢竟最難彌縫。（以後朱子承洛學，極詆蜀學，謂：「東坡早拾蘇、張之緒餘，晚醉佛、老之糟粕。」又謂：「荊公、東坡門人，寧取呂吉甫，不取秦少游輩。以吉甫猶看經書，少游翰墨而已。」（此劉後邨轉述，見文獻通考。））先秦諸子，雖則異說爭鳴，但他們都沒有實際把握到政權，因此在學術上愈推衍，愈深細、愈博大，各家完成他各家的精神面目。（只李斯為秦相，便弄出焚書坑儒的事來。西漢竇太后在朝，趙綰、王臧亦見殺。）北宋諸儒，不幸同時全在朝廷，他們的學術意見，沒有好好發展到深細博大處，而在實際政治上，便發生起衝突。既為羣小所乘，正人見鋤，學術不興，而國運亦遂中斬。

三　道德觀念與邪正之分

宋儒的自覺運動，自始卽帶有一種近於宗教性的嚴肅的道德觀念，因此每每以學術思想態度上的不同，而排斥異己者為姦邪。這又足以助成他們黨爭意見之激昂。

溫公論張方平為姦邪，而蘇氏父子則推之為巨人長德。程頤，洛學奉為聖人，而蘇軾謂：「臣素疾程某之姦邪。」孔文仲其人亦極論新法之非。劾伊川疏謂：「其人品纖汚，天資憸巧。」劉安世至目程頤、畢仲游諸人為「五鬼」。謂：「搢紳之所共疾，清議之所不齒。」劉摯則謂頤「以迂闊之學，邀君索價」。

劉彝、胡瑗弟子。程顥明明是君子，但他們亦贊成新法。劉彝因贊成新法，宋史與沈括同傳。然沈括輩亦未必是小人。

王安石主新政，至多亦只能說他學術差了，不能說他人品姦邪。此層朔黨人亦言之。劉安世元城語錄謂：「金陵亦非常人，其質樸儉素，終身好學，不以官爵為意，與溫公同。但學有邪正，各欲行其所學，而諸人輒溢惡，謂其為盧杞、李林甫、王莽，故人主不信。此進言之過。」

盡目熙寧新黨諸人為姦邪，其事在當時洛學一派即所反對。

溫公在朝，欲盡去元豐間人。伊川曰：「作新人才難，變化人才易。今諸人才皆可用，且人豈肯甘為小人？若宰相用之為君子，孰不為君子？此等事教他們自做，未必不勝如吾曹。」侯仲良曰：「若然，則無紹聖間事。」

范純仁亦主消合黨類，兼收並用。曾子開謂：「范公之言行於元祐，必無紹聖大臣報復之禍。」按：純仁乃仲淹子，亦反對新法，元祐時為相。然其政見實與朔黨不盡同，曾向溫公爭差役不得，歎曰：「若欲媚公為容悅，何如少年合安石以速富貴？」元祐元年四月，再散青苗錢，議出范純仁。時議貶故相蔡確，范持國體欲營救，劉安世等力彈之。

惜乎當時朔派諸人，「忠直有餘，疾惡已甚，遂貽後日縉紳之禍」。（此邵伯溫語，見宋史本傳。）且過重道德，轉忘所以重道德之本意，循致官場皆重小節，忽大略，但求無過，不求有功。

李清臣著明責篇（宋文鑑一〇四。）謂：「古者用人，視成不視始，責大不責細。今較小罪而不觀大節，恤浮語而不究實用，惟固己持祿避事隨時之人，乃無譴而得安。故庸平者安步而進，忠憤者半途氣折。天下之事，靡靡日入於衰敝。夫拔一臣加之百官之上，非求其謹潔無過，將任以天下之責。今罷退宰相，皆攻其疵瑕，未嘗指天下之不治為之罪。糾劾守令，皆以小法，未嘗指郡邑之不治為之罪。遷謫將帥，以庖廚宴饋之間，微文細故之末，未嘗以蠻夷驕橫兵氣弗強為之罪。故上下莫自任其責，局局自守，惟求不入於罪。朝廷大計，生民實惠，卒無有任者。天下之大，萬官之富，常若無人。英績偉烈，寂寂於十數載，抱才負志不得有為而老死沉沒者，相望於下，可不惜哉！」

南方一種奮發激進之氣，暫時為北方的持重守舊所壓倒。但是不久卽起反動，於是有所謂「紹述」之說。（哲宗親政，遂反元祐之政。改元「紹聖」。）元祐諸君子盡見黜逐，嗣是遂有所謂「建中靖國」。（哲宗崩，徽宗立，又盡罷新黨，復元祐舊臣。嗣改元「建中靖國」，欲立中道，消朋黨。）蔡京用事，（司馬光盡罷熙、豐之政，惟罷雇役，復差役，最於人情未協，又為期五日，同列皆病其太迫。時蔡京主開封府，獨如約。光喜曰：「使人人奉法如君，何不可行之有？」及紹聖時，章惇相，議復免役法，講議久而不決，蔡京謂惇曰：「取熙寧成法施行之耳，何以講為？」惇然之，雇役遂定。）新舊相爭的結果，終於為投機的官僚政客們造機會。相激相盪，愈推愈遠。貧弱的宋代，卒於在政潮的屢次震撼中覆滅。徽宗時，陸佃言：「今天下之勢，如人大病向愈，當以藥餌輔養，須其平安。苟輕事改作，是使之騎射也。」宋室即在新舊兩派更互改作中斷送。新派亦非無賢者，而終不勝意氣私利之洶湧。兩黨皆可責，亦皆可恕也。

第三十四章　南北再分裂宋遼金之和戰

一　金起滅遼

宋、遼在長期和平過程中，兩國內政乃至國防均趨懈弛而腐化。金人突起乘其隙，兩國乃繼踵覆沒。

金起於混同江、長白山之間。初為靺鞨氏，元魏時分七部，唐初有黑水（黑龍江）、粟末（松花江）兩靺鞨。粟末建渤海國，黑水為役屬。契丹滅渤海國，黑水之附屬契丹者為熟女眞，不在契丹籍者為生女眞。金則生女眞也。

其先常以航海攻掠高麗、日本。眞宗天禧三年，遼聖宗開泰八年，女眞曾以巨艦五十艘由圖們江口泛海南航。其船長九十餘丈，或六、七十丈不等；一船之檝三、四十，載人五、六十。越高麗東岸，抵日本對馬島、壹岐島，並攻入福岡灣，虜殺甚大。事見日本記載。並類此者不止一次。據史載，遠自宋太祖建隆年間，即曾泛海至宋賣馬。蓋女眞與渤海同族，據日史記載，渤海盛時，與日交通見記錄者不下五十餘次。渤海覆亡不久，女眞崛起，遂變和平之商路為征伐之航程。及其海上之活躍漸歇，乃轉而為陸地之侵擾。

其始抗遼，兵不滿萬。

遼天祚帝荒淫，常市名鷹海東青，道出女眞境，女眞苦之。宋徽宗政和四年十月，女眞叛遼，諸部皆會，得兵二千五百人。十一月再勝遼，兵始滿萬。時遼人已大震懼，有「女眞不滿萬，滿萬不可制」之諺。

及其吞遼取五京，前後不出九年。

政和五年，女眞始稱帝，國號金。遼使議和不成。遼主親征，又內亂，中途歸，金躡敗之，取遼黃龍府。時金兵有二萬。政和六年金取遼東京。重和元年，宋遣使浮海約金夾攻遼。宣和二年，金取遼上京。三年，侵遼中京。四年，取之，又取西京。宋童貫襲遼敗績，金又克遼燕京。至是遼五京全為金有。金自始起至是，前後九年，侵地及吉、遼、熱、冀、察、晉六省。

自金始起至遼滅，前後不出十二年。

宣和七年二月，金獲遼主延禧，遼亡。自阿骨打稱帝至是，凡十一年。自始起至是十二年。

二　遼帝系及年歷

（一）太祖阿保機（二〇）——（二）太宗德光（二一）——（四）穆宗（一八）

太祖阿保機：北擊室韋、女眞，西取突厥地，滅奚，東并渤海，南據營、平二州。

太宗德光：石敬瑭割獻十六州，南侵至汴。

穆宗：稱「睡王」，被弑。宋初興。

（　）——（三）世宗（五）酖酒色，被弒。——（五）景宗（一四）宋滅北漢。——（六）聖宗（四八）遼全盛。澶淵之盟。（以白溝河為界。）建五京。

——（七）興宗（二四）宋增幣修和。——（八）道宗（四六）遼始衰。——（　）——（九）天祚帝（二五）

遼凡九主，二百十九年。遼亡後，建西遼國，復延八十八年。然西遼立國，亦多仗漢人。

三　金滅北宋

遼亡，金氛遂及宋。

宣和五年，宋金始搆兵。是年，金阿骨打死，弟吳乞買立。

七年十月，金分兩道入寇，一路自西京入太原，一路自南京入燕山。徽宗傳位太子欽宗。尊徽宗為「教主道君太上皇帝」。

於是有靖康之難。

欽宗靖康元年正月，金人渡河。取小舟以濟，凡五日，騎兵方絕，步兵猶未渡。旋渡旋行，無復隊伍。金人笑曰：「南朝可謂無人。若以一、二千人守河，我豈得渡？」圍京師，議和條件如下：

宋輸金金五百萬兩，銀五千萬兩，表段百萬匹，牛馬萬頭。

尊金主為伯父。

割中山、太原、河間三鎮。

以宰相、親王為質。

時金兵號六萬，宋勤王師集城下者已二十餘萬。金兵不待金銀足，二月即退師。宋括汴京金銀及倡優家，僅得金二十萬兩，銀四百萬兩。

宋悔約，詔三鎮固守。十一月，金兵復渡河圍京師。九月陷太原，十月陷眞定，斡離不自眞定趨汴，僅二十日。宋勤王兵已撤，至是無一至者。要欽宗至金營議和。索金一千萬錠，銀二千萬錠，帛一千萬疋。欽宗自金營還，士庶及太學生迎謁，欽宗掩面大哭，曰：「宰相誤我父子。」觀者皆流涕。歸即大括金銀。二年正月，金人重邀帝去。云：「候解金足乃放。」搜八日得金三十萬八千兩，銀六百萬兩，表段一百萬疋。復搜十五日，又得金七萬兩，銀一百十四萬兩，表段四萬疋，納金營。二月，金劫上皇、后妃、太子、宗戚前後凡得三千人。金檄開封尹徐秉哲，秉哲令坊巷五家為保，毋得藏匿。京城巡檢范瓊，送上皇、太后御犢車出宮，金人又逼上皇召皇后、太子；百官軍吏奔隨號哭，太子呼云：「百姓救我！」哭聲震天。三月，金人立張邦昌為帝。四月，以二帝及后妃、太子、宗戚三千人北去。北宋遂亡。金人北歸，凡法駕、鹵簿，皇后以下車輅、鹵簿、冠服、禮器、法物，大樂、教坊樂器，祭器、八寶、九鼎、圭璧，渾天儀、銅人、刻漏，古器、景靈宮供器，太清樓祕閣三館書、天下州府圖，及官吏、內人、內侍、技藝、工匠、倡優，府庫蓄積為之一空。其所失殆尤過遼之入汴。

金自滅遼至滅宋，前後不出二年。自始起至滅宋，前後不出十四年。

四　南宋與金之和戰

金既驟滅北宋，其惟一政策，厥為在黃河南岸建立一個非趙姓的政權，而黃河北岸則歸自己統治。於是有張邦昌之擁立。

金人滅遼之速，已出自己意外。吞併了偌大一個國家，須得慢慢消化。若使宋人應付得宜，（不示弱，不召侮。）金人本不想急速南侵。及金人渡河，亦並無意滅宋，故得割讓三鎮之約即北去。第二次回師南犯，自覺與宋結下深讐，防宋報復，故盡虜宋二帝、后妃、太子、宗戚，而立張邦昌為楚帝。只因黃河南岸，金人實在無暇顧及，惟求不與他為難，他便可慢慢地整頓黃河之北。這是金人當時的政策。

逮南宋高宗既立，金人徹底消滅趙姓政權之計劃失敗，他們一面仍想在黃河南岸留一非趙姓的政權做緩衝，故張邦昌之後，繼之以劉豫。

自四月金人北去後，五月康王構即皇帝位於南京，（歸德。）是為南宋高宗。（改稱建炎元年。）九月，張邦昌伏誅。十月，高宗如揚州。十二月，金又分道入寇。一面是高宗怕金兵，故愈避愈南。另一面是金兵也不放心高宗，故愈逼愈緊。

建炎二年，金兵犯東京，宗澤敗之。七月，宗澤卒。河南遂失屏障。建炎三年二月，高宗奔鎮江，如杭州。六月，金兀朮（宗弼。）大舉入寇。十一月，渡江入建康，高宗奔明州。金兵陷臨安，高宗航入海。四年正月，金兵陷明州，襲高宗於海，高宗走溫州。二月，金人引兵北還。九月，立劉豫為齊帝。

金兵此次大舉渡江南下，本想捉住高宗，永絕南顧之憂。及高宗入海，目的難達。其時黃河南岸，金人依然無法統治，更何論長江之南。金人只有引兵北返，而在黃河南岸另立一個劉豫。如是則好讓他做一緩衝，阻住宋人北來報復，而金人則乘此躲回黃河北岸，好好休息整頓。這依然是四年前建立張邦昌時的政策。

金人一面擁立劉豫，讓他做緩衝，一面卻還試探與南宋進行和議。如是則可讓金人緩緩消化他十餘年急遽獲得的疆土和民眾。因此九月劉豫立為齊帝，而十月秦檜自金放歸。

檜以靖康二年反對金人議立異姓張邦昌。被執，其實主持反對之議者乃馬伸，非秦檜，後檜乃攘為己功。馬伸門人何兌發其事，檜竄之眞陽。揮麈錄餘話作「何珫」。在金太宗弟撻懶所，主立劉豫者即撻懶。與檜同拘者尚有孫傅、張叔夜、何㮚、司馬朴，獨檜回南。自言殺監己者奪舟而來，然與妻王氏及婢僕一家同逃，以此為當時所疑。金人固不必其時即一意欲和，要之不失為一著遠遠的閒棋，而終於在這一著閒棋上得了勝算。建炎二年六月，檜在金曾為徽宗草書與粘罕。宗維議和；金人必夙知其能任此事，故特放歸。金宣宗議遷汴，其臣孫大鼎上疏，亦謂：「既不可以威取，復結怨之已深，勢難先屈，陰有以從，遂縱秦檜以歸，一如忠獻（粘罕謚）所料。」則金臣固不諱而明言之也。

同時高宗亦畏金，久想乞和。

初立時不信李綱、宗澤，而用黃潛善、汪伯彥，從歸德退避到揚州。渡江後，金兵北去。又不肯到建康，而居臨安。皆是畏金的表示。建炎元年，即遣祈請使赴金，名為請還二帝，實則意在乞和休兵。

而劉豫則與宋勢不兩立。（宋政權存在，劉豫即難安全，其處境不啻張邦昌。）又不能獨力對宋。豫為宋敗，自然只有乞援於金。如是則劉豫並不能為宋、金交兵之緩衝，而實做了宋、金言和之障礙。（紹興三年，宋使王倫自金還，金粘沒喝（宗翰）已對倫吐露許和意。惟以宋廷方謀討劉豫，其議遂格。紹興四年，趙鼎相，金、齊分道入寇，鼎決議親征，捷於大儀，金、齊俱退。五年，楊么平，東南無盜患。六年，偽齊入寇，又有藕塘之捷。）這一層不久便為金人所了解，於是便毅然廢棄劉豫，（在紹興七年。）而直接與宋言和。（主立豫者為撻懶，而主廢豫者亦為撻懶。王倫再自金還，撻懶送之，曰：「好報江南，自今道途無壅，和議可成。」則金之態度，居可見矣。）

和約大體如次：

一、許宋稱臣。

建炎二年，高宗已使祈請使宇文虛中稱臣奉表於金。故稱臣為宋高宗自己請求之條件。

二、以河南、陝西地予宋。

黃河南岸，金既無法顧及，則已廢劉豫後，自然直接歸還宋室，只要宋室不向黃河北岸啟釁。

三、幷歸梓宮及高宗生母韋太后。

金人所虜，徽宗及鄭后為高宗父母。韋賢妃是高宗生母。欽宗及朱后為高宗兄嫂。邢夫人為高宗妻。朱后於北虜時道殂，徽宗、鄭后於紹興五年崩。金廢劉豫，即揚言欲送回淵聖，即欽宗。擁立之於南京，歸德。蓋隱以此為對高宗之一種要挾。故秦檜云：不和則太后韋賢妃。不歸，而金且擁立欽宗。金使北還，王倫偕行，趙鼎告以：「上登極既久，四見上帝，君臣之分已定，豈可更議？」足見當時金使必以歸淵聖復辟相要挾也。時秦檜力勸屈己議和，鼎持不可，鼎卒罷相。及後和議定，金人許歸徽宗、鄭后、邢后之喪，邢后卒於紹興九年。與帝母韋后，而朱后之喪及欽宗獨留不遣。紹興九年正月，王倫充奉護梓宮迎請皇太后交割地界使北行赴金，並不及淵聖。以後屢次通使，均無奉迎淵聖語。可見非金不許，乃宋自不請。建炎三年苗、劉之變，已謂：「將來淵聖皇帝來歸，不知何以處？」太后詔：「敵人以皇帝不當即位，今宜稱皇太弟。」高宗正以乞和易得自己皇位之承許，與欽宗之長拘也。韋后南旋，將發，欽宗赴車前泣曰：「歸語九哥高宗。與丞相，秦檜。我得為太乙宮使，足矣，他不敢望。」后許之，且誓而別。及歸，始知朝議不欲欽宗南歸，遂不敢言。張邵與秦檜書，言金人有歸欽宗意，斥為外祠。金使來取趙彬輩三十人家屬，洪皓請俟淵聖及皇族歸乃遣，遂謫外。是皆檜之所以獨得高宗之眷顧也。

當時宋臣對和議一致反對。最要者在第一款。金為宋之大仇，向之屈膝稱臣，道義上萬萬講不過。高宗只得專以韋太后為口實。時反對和議最烈者為胡銓，上書極論，都人喧騰，數日不定。高宗謂秦檜曰：「朕本無黃屋心，今橫議若此，據朕本心，惟有養母耳。」銓遂遠謫。只有秦檜，一方知道金國之內情，若金國不渴欲議和，或秦檜不深知金人欲和之真情，則檜在南方，亦不敢獨排眾議，力主和局。因和乃雙方事，萬一一方肯和，一方不肯，和局即破。檜無把握，不肯冒昧肩此重擔。魏矼為檜力陳敵情難保，檜曰：「公以智料敵，檜以誠待敵。」矼曰：「相公固以誠待敵，第恐敵不以誠待公。」夫檜豈以誠待人者？檜自以智料敵，而魏矼輩特為檜所蒙耳。一面窺破高宗之隱私，紹興八年之和議，高宗態度極堅決。以前高宗欲和，由畏懼金兵，故不聽李綱、宗澤，而用黃潛善、汪伯彥。現在是深恐金人擁立欽宗，於己不利，故又重用秦檜。遂出來力主和議，因此再登相位。

秦檜第一次相在紹興元年八月，其時檜主「南自南，北自北」，以河北人還金，中原人還劉豫，與金人「還俘畫江」之議脗合。故知檜之與金，當先有默契。惟其時南宋國勢漸穩定，高宗畏金心理漸淡，故每每游移於和戰兩途間。帝謂：「檜議南自南、北自北，朕北人，將安歸？」然終謂檜樸忠過人。蓋檜之敢於出負和議重任之一點，已為高宗所賞識矣。檜於紹興二年六月罷相，及金人廢劉豫，揚言「請汝舊主人少帝（欽宗）來此坐位」，高宗乃又一意求和。七年十一月豫廢，而八年三月，秦檜復為右僕射。高宗與檜君臣互為狼狽，朱子謂：「檜藉外權以專寵利，竊主柄以遂姦謀。」蓋實語也。（靖康時，金人攻汴，求三鎮，檜上兵機四事，力關和議，遂以知名。後相高宗，力持和議，謂曾開曰：「公自取大名以去，如檜但知濟國事耳。」自前言之何其激，自後言之何其平。檜之為人，先後不符，誠大奸哉！）

南方一致反對和議的空氣，好容易為秦檜所壓下，而北方對和局的政策忽然變了。

蒲盧虎、（宗磐。）訛魯觀（宗雋。）以謀叛被誅，撻懶亦以與宋交通罪見殺。緩進派失敗，急進派（兀朮等。）得勢。他們反對和議的主要點在第二條，放棄河南劉豫故地。

紹興九年，金兀朮毀成約，執宋使，分道南侵，再取河南、陝西州郡，宋亦出兵。（因對方主戰，而這一面的主戰派重見抬頭。）

宋兵在這一次戰事中，得到好幾回勝利。如：

劉錡順昌之捷。此捷最著，在十年六月。宋汝為上丞相書謂：「承平日久，人不知兵，今諸將人人知奮，故順昌孤壘，力挫敵鋒，使之狼狽逃遁。」繫年要錄引順昌破敵錄：「兀朮未敗，秦檜已奏俾錡擇利班師。」

吳璘扶風之捷。事在紹興十年六月。璘屢敗金人，亦以有詔班師而止。

岳飛郾城之捷。郾城之捷在十年七月。六月，命司農少卿李若虛往湖北京西宣撫使岳飛軍前計事，若虛見飛於德安府，諭以面得上旨，兵不可輕動，宜且班師。飛不聽，若虛曰：「事既爾，勢不可還。矯詔之罪，若虛當任之。」飛遂進兵。是役金史阿魯穎傳，亦言飛襲取許、潁、陳三州，旁郡皆響應。惟相傳飛軍至朱仙鎮，始見於岳飛孫珂之金陀粹編，而李心傳繫年要錄、徐夢莘北盟會編皆不載。又繫年要錄謂：「飛既得京西諸郡，會詔書不許深入，始傳令回軍。軍士應時皆南鄉，旂靡轍亂。飛望之口呿不能合，良久曰：『豈非天乎！』」惟飛軍之得利，要為事實。繫年要錄又載飛將梁興渡河趨絳州事，金史宗弼傳亦謂：「出兵涉河東，駐嵐、石、保德之境，以相牽制」，則飛兵勢遠及河北，亦事實也。

劉錡等柘皋之捷。事在紹興十一年二月。

金人主戰派銳氣已挫，於是重伸和議。在紹興十一年。若金兵得利，則和局不能再成。條約大要如次：

一、宋稱臣奉表於金。金主冊宋主為「皇帝」。金曰「下詔」，宋曰「奉表」。「大宋」去「大」字，「皇帝」去「皇」字。金使來廷，皇帝起立，問金主起居，降坐受詔。館伴之屬，皆拜金使。宋使至金，同於陪臣。金主生辰及正旦，遣使致賀。

二、宋歲輸銀、絹各二十五萬兩、匹。金使至，又有餽贈。大使金二百兩、銀二千兩，副使半之，幣帛稱是。

三、東以淮水，西以大散關為界。宋割唐、鄧二州，及陝西餘地。

就當時國力言，宋兵並非不能抗金。兩國情勢，不能以靖康為例。

一、因將帥人材不同　靖康時，中國太平已久，人生不見兵革，廟堂之相，方鎮之將，皆出童貫、蔡京、王黼、梁師成之門，無一可倚仗者。至南渡諸將帥，皆自營伍戰陣建功自顯。陳亮所謂「人才以用而見其能否」，又曰：「東西馳騁而人才出。」韓、岳諸將皆一時良選也。而金則老帥宿將，日就死亡，所用之人，未能盡如開國時之盛。

二、因南北地理不同　金以騎兵勝，在大河南北，平原曠野，東西馳突，為其所利。及至江淮之間，騎兵失所便。王庶謂：「淮上虛荒，地無所掠，大江浩渺，未可易渡，兵勢不同曩時」，是也。呂頤浩疏：「臣頃在鄜延、環慶路，見我師與夏人接戰，每迭勝迭負，未有敗衂如今日之甚者。蓋皆山險之地，騎兵非所利也。金人起燕、薊，歷趙、魏，至汴宋，皆平原曠野，騎兵馳突，步人不能抗。」今按：金勢之挫，亦始於關陝。如吳玠和尚原、仙人關諸捷是也。

三、因兵甲便習不同　北族以騎勝，宋非不知，故北宋防遼，常開塘濼植榆柳以限馬足，唐書地理志：「漁陽有平虜渠，傍海穿漕以避海難。又其北漲海為溝以拒契丹，皆神龍中滄州刺史姜師度開。」則此制已遠始唐代。又有拒馬車、陷馬槍等兵器。惟承平久則漸弛。熙寧六年置軍器監，兵械精利，稱於一時。然至徽、欽時又濫惡。呂頤浩疏：「臣嘗觀夷人之軍，兵器便利，衣甲堅密，所以多勝；中國之兵，兵器不便利，衣甲不堅密，所以多敗。夷人皆是民兵，平時賦斂至薄，而緩急以丁點軍，器甲鞍馬，無非自辦。平時家居，日逐擐甲冑而習弓矢，所以器甲各適用。中國之軍莫非黥卒，器甲從官給，身軀短小者或得長甲，修長者或得短甲，不能挽七斗弓者或授以一石弓，力能勝兩石弩者付之以三石弩。致弓弩不適用，反與短兵同。寒餓之卒，無力自辦器甲。」今按：此為宋、金初交兵時強弱勝負一大原因。不僅器甲弓弩不適用，亦以承平日久，官庫器甲率皆朽鈍，雖有若無，宜不能與塞外以戰鬬為生命之新起民族相較。然積之十數年，各軍自謀生存，此等弊病漸漸革除。韓、岳有「背嵬軍」，皆別置親隨，精選軍中勇健者充之，屢建戰功。順昌之戰，兀朮責諸將喪師，皆曰：「南朝用兵非昔比，元帥臨陣自見。」兀朮用「鐵浮屠軍」，皆重鎧甲，戴鐵兜鍪，錡軍以鎗標去其兜鍪，大斧斷其臂，碎其首。又兀朮「拐子馬」，而岳飛以麻紮刀入陣破之。以長刀、長斧破騎兵，郭子儀敗安祿山已然。軍事必漸習而強，不能因其初弱，疑其後盛。而金人多用簽軍，亦不如其初起部族軍之強悍。

四、因心理氣勢不同　繫年要錄卷三十七謂：「金人犯中國，所過名都大邑，率以虛聲喝降，如探囊得之。積勝之威，直至兀朮渡江，南兵皆望風披靡。」汪藻論諸將，時在建炎四年。謂：「張俊守明州，僅能少抗，敵未退數里間，遽狼狽引去，使明州無噍類。韓世忠八、九月間兀朮渡江在十一月。已掃鎮江所儲，盡裝海舶，焚城郭為逃遁計。」此皆金兵先聲奪人，使諸軍無鬬志。其後兀朮在江南，形勢窮蹙，自引北去，韓世忠遂橫截之於江中。縱謂因金人飽掠，韓之兵卒利其財物，然其時韓軍膽量，畢竟與前不同。世忠以八千人與金兵十萬相持凡四十八日，自是金兵不復再有渡江之志。世忠一人，前後勇怯迥異，正為當時諸將於積敗之後，漸漸神志甦醒、勇氣復生之一好例。後世讀史者專據如汪藻等疏，以建炎以前事態，一概抹殺紹興之抗戰，實為不明當時心理氣勢轉變之情形。宋人自言十三處戰功無黃天蕩，蓋是役雖相持近五十日，而韓軍終敗。然其先已有張俊明州城下之捷，為十三處戰功之第一處。又有陳思恭太湖之捷，繼之遂有黃天蕩之拒戰。要之宋軍不復如以前之望風奔潰，確然為事實也。

五、因地方財力不同　宋削方鎮太過，然太祖時，如環州董遵誨、西山郭進、關南李漢超，皆尚優其祿賜，寬其文法。諸將財力豐而威令行，間諜精審，吏士用命，故能以十五萬人而獲百萬之用。張方平語。而其時如江淮諸郡，皆毀城隍，收兵甲，撤武備，書生領州，大郡給二十人，小郡減五人，以充常從。號曰長吏，實同旅人。名為郡城，蕩若平地。王禹偁語。北方自太宗以下，亦漸隳祖法。故時臣謂舉西北二垂觀之，若濩落大瓠，外示雄壯，其中空洞了無一物。葉清臣語。欲兵之強，莫如多穀與財。宋祁語。而熙寧以來，財務益集中，州郡廂兵亦籍歸中央，為置將領。地方無財無力，何以應急？南渡以來，諸將擅兵於外，稍自攬權，財力漸充，兵勢自壯。高宗、秦檜，乃亟亟以收武臣兵柄，集權中央為務，至不惜屈膝金夷。何不對諸帥稍假借，猶足勉自樹立也！胡寅論當時軍隊，（輪對劄子，見斐然集，文中有云：「陛下克己臨政，九年於此」，則在紹興五年也。）謂：「不屯田積粟，開口待哺。功狀皆言不令斫級，行賞至於全隊轉授，以官命隊。煮海榷酤之入，奄而有之。闤闠什一之利，半為所取。衣糧仰給大農，器械取於武庫。總兵者以兵為家。自建炎以來，易置宰執凡四十餘人，獨將帥不可進退。近者四、五年，遠者八、九年，軍籍何自而無缺？」此皆所謂文史之見，乃為秦檜所借口。葉正則論四屯，亦極斥當時軍隊紀律之壞，而曰「秦檜慮不及遠」，則出事後持平之論也。

縱說宋軍一時不能恢復中原，直搗黃龍，然使宋室上下決心抗戰，金兵亦未必能再渡長江。強敵在前，正是策厲南方奮興振作的一個好材料。惜乎高宗自藏私心，一意求和。殿中侍御史常同言：「先振國威，則和戰皆在我；一意議和，則和戰常在彼。」且紹興十一年之和議，實為戰勝而議和，戰勝而割地，更與紹興八年情節不同。

對內則務求必伸，對外則不惜屈服。

高宗非庸懦之人，其先不聽李綱、宗澤，只是不願冒險。其後，不用韓、岳諸將，一意求和，則因別有懷抱。紹興十一年淮西宣撫使张俊入見，時戰事方殷，帝問：「曾讀郭子儀傳否？」俊對以未曉。帝諭云：「子儀時方多虞，雖總重兵處外，而心尊朝廷。或有詔至，即日就道，無纖介怏望。故身享厚福，子孫慶流無窮。今卿所管兵，乃朝廷兵也。若知尊朝廷如子儀，則非特一身饗福，子孫昌盛亦如之。若恃兵權之重，而輕視朝廷，有命不即稟，非特子孫不饗福，亦有不測之禍，卿宜戒之。」此等處可見高宗並非庸弱之君。惟朝廷自向君父世仇稱臣屈膝，而轉求臣下之心尊朝廷，稍有才氣者自所不甘，故岳飛不得不殺，韓世忠不得不廢。紹興八年，趙鼎言：「士大夫多謂中原有可復之勢，請召諸大將問計，恐他時議論，謂朝廷失此機會。」帝曰：「不須恤此，不和則梓宮、太后、淵聖無可還之理。」湖北京西宣撫使岳飛請增兵，帝曰：「上流地分誠闊遠，寧與減地分，不可添兵。尾大不掉，古人所戒。」是高宗決心對內加强統治，而無意於對外恢復，其意態豈不十分鮮明乎？

岳飛見殺，正士盡逐，國家元氣傷盡，再難恢復。這卻是紹興和議最大的損失。

朱子語類：「門人問中興將帥還有在岳侯上者否？朱子凝神良久，曰：『次第無人。』」武穆卒時，朱子已二十餘歲，豈有見聞不確？武穆對高宗曰：「文官不愛錢，武官不怕死，天下自平。」能道此十

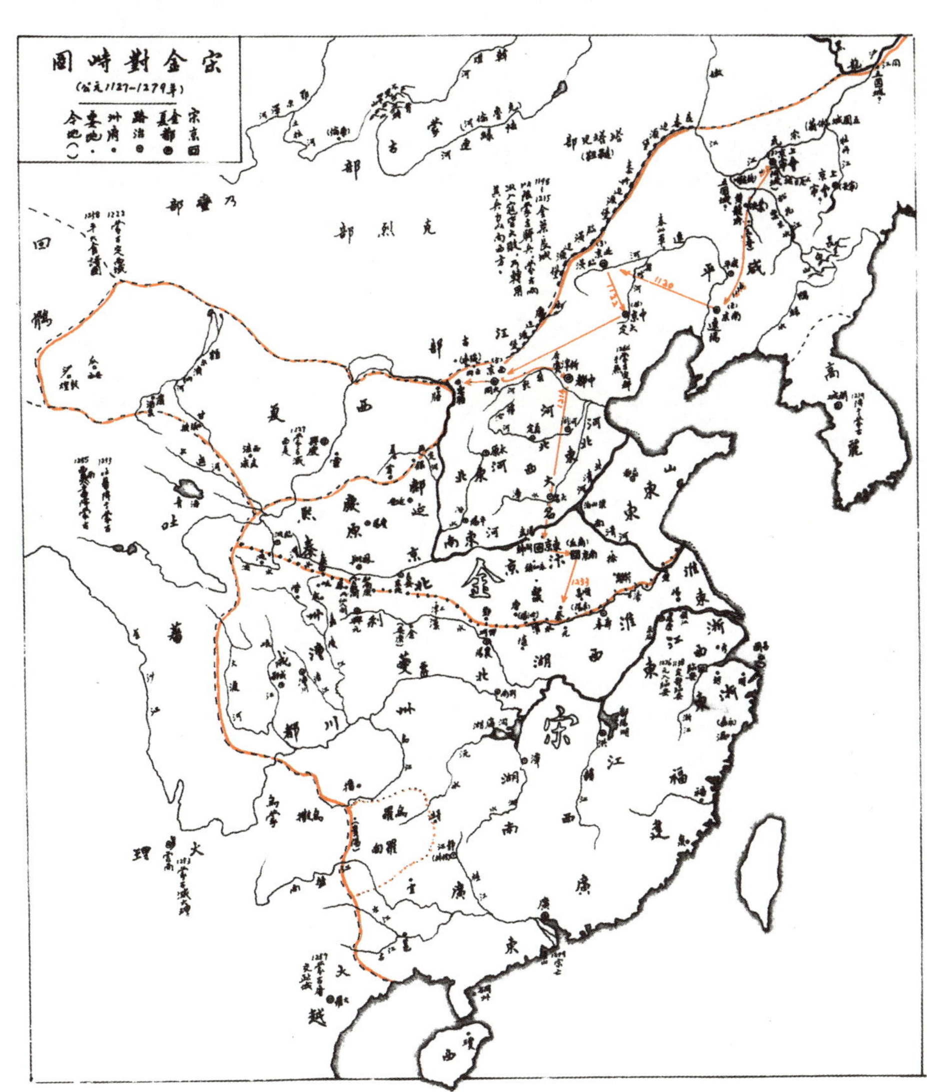
宋金對峙時圖
(公元1127—1279年)
宋京 ◉
金都 ◉
路治 ◎
州府 •
要地 •
今地 ( )
金
宋
西夏
蒙古
高麗
大理
吐蕃
回鶻
克烈部
乃蠻部

字，武穆已足不朽矣。（古今人自有不相及，近人以當世軍閥誤疑武穆，非也。）

金人得此和議，可以從容整理他北方未定之局。一面在中原配置屯田兵，（事始紹興十年十二月。）一面遷都燕京。（事在紹興二十三年。本都上京，在吉林哈爾濱東之阿城縣南方。）中間休息了二十年，結果還是由金人破棄和約，而有海陵之南侵。（事在紹興三十一年。金主亮弒熙宗，又遷都汴，遂大舉南伐，幸為虞允文敗於采石磯，金兵殺亮北還。又按：紹興十七年，兀朮死，尚言：「南軍勢強，宜加好和，十數年後，南宋衰老，然後圖之。」）南方自和議後，秦檜專相權十五年，（卒在紹興二十五年。）忠臣良將，誅鋤略盡。

察事之卒，布滿京城，小涉譏議，即捕治，中以深文。而阿附以苟富貴者，爭以擠陷善類為功。自檜用事，易執政二十八人，皆世無一譽，柔佞易制者。秦檜主和，自謂「欲濟國事」，試問和議完成後，檜之政績何在？則其為人斷可見矣。夫對外和戰，本可擇利為之。而自檜以後，遂令人竟認對外主和為正義公論所不容。明懷宗以不敢與滿洲言和誤國，則檜猶不僅為南宋之罪人矣。

人才既息，士氣亦衰。高宗不惜用嚴酷手段，壓制國內軍心士氣，對外屈服，結果免不了及身再見戰禍，亦無顏面再臨臣下，遂傳位於孝宗。（在紹興三十二年。）孝宗頗有意恢復，然國內形勢已非昔比。

前有將帥，無君相。今有君相，無將帥。朱子言：「言規恢於紹興之間者為正，言規恢於乾道以後者為邪。」故當孝宗初政，朱子上封事陛對，尚陳恢復之義，後乃置而不論。淳熙十五年戊申十一月上封事，謂：「區區東南，事猶有不勝慮者，何恢復之可言乎！」遂極論當時弊政。而孝宗則謂：「士大夫諱言恢復，不知其家有田百畝，內五十畝為人強佔，亦投牒理索否？士大夫於家事則人人理會深，於國事則諱言之，此其志可知矣。」不知力言恢復者，早已於高宗時誅逐殆盡。人才士氣，須好好培養。不能要他即有，不要他即無。一反一覆，只有讓邪人乘機妄為。

適金亦方盛。

時為金世宗，在位二十八年，號稱文治。一時有「小堯舜」之譽，文物遠勝遼、元。然大定中亂民獨多。時金上下已漸染華風，金主嘗謂宰臣曰：「朕嘗見女直風俗，迄今不忘。今之歆讌音樂，皆習漢風，非朕心所好。東宮不知女直風俗，第以朕故猶尚存之，恐異日一變此風，非長久之計。」又禁女直人不得改漢姓，學南人衣裝，犯者抵罪。又曰：「女直舊風，凡酒食聚會，以騎射為樂，今則弈棋雙陸。宜悉禁止，令習騎射。」又曰：「遼不忘舊俗，朕以為是。海陵習學漢人，是忘本也。」金主對於種族之見，深摯如此，其行政措心，如何得平？則宜乎亂民四起矣。是金人統治中原，始終未臻穩定之地位。宋能惕厲自強，始終不以和局苟安，未見必難恢復也。就實際言，則當時南方政治尚不如北方。

僅得稍改和約。

宋主稱金主為「叔父」。（宋得稱「皇帝」，改「詔表」為「國書」，易「歲貢」為「歲幣」，餘禮不能盡改。）

歲幣銀、絹各減五萬兩、匹。

疆界如紹興時。

孝宗抱志未伸，亦不願老做此屈辱的皇帝，遂禪位於光宗。光宗又禪寧宗，乃鬧出韓侂胄的北伐。侂胄乃寧后韓氏之季父，排趙汝愚得政，因此遂極為當時士大夫清議所鄙厭。宋人雜說小記有云：「許及之對之屈膝，遂命同知樞密院事。值侂胄生辰，及之後至，閽者拒之，俯由門中闖僂而入。時稱『由竇尚書，屈膝執政』。侂胄與眾賓飲南園，過山莊，顧竹籬草舍，曰：『此眞田舍間氣象，但欠犬吠雞鳴。』俄聞犬嘷叢薄間，視之乃侍郎趙師睪也。程松市一妾獻侂胄，名曰『松壽』。侂胄曰：『奈何與大諫同名？』（時松為諫議大夫。）曰：『欲使賤名常達鈞聽，亦得同知樞密院。』」此等事未知盡可信否。要之，此一大臣集團，在其國內未能得多數之擁戴與信任，則斷可知。宋本積弱，侂胄初得政，即魯莽用兵，其惟有誤國則亦宜矣。

結果宋兵敗求和，殺韓侂胄自解。自孝宗和定以來，又四十餘年。和約如次：

宋金為「伯姪」。如靖康故事。

銀、絹各增十萬兩、匹。宋別犒軍三百萬兩。

餘如舊。

然侂胄兵敗議和之年，卽蒙古鐵木眞稱帝斡難河之歲。此後宋、金皆衰，只坐待著蒙古鐵騎之來臨。史彌遠繼侂胄後，相寧宗十七年；立理宗，又獨相九年。賈似道繼之，襄陽圍已急，尚坐葛嶺，與羣妾鬭蟋蟀。私與蒙古議和而稱鄂州圍解，詔論功行賞。元人來申好，且徵歲幣，則密令拘之。以利啖太學生，厚其餽給，諸生啖其利而畏其威，亦莫敢言者。南宋自秦檜以下，相臣皆非，遂以不振。至成吉思汗之伐金，距海陵南遷，不過五十八年，而女眞已衰。則金、宋之存，正因其互不振作而已。

五 南宋之財政

宋之南渡，對金既不能伸其撻伐，屈膝求和，則惟有敲脂剝髓，以奉歲幣；而其國內又仍不得不養軍以自守；於是財用遂陷絕境。

南宋疆域，較之全宋時僅及其半，而其國用賦入，乃超出於全宋之最高額。陳止齋云：「方今版圖僅及承平之半，而賦入過宣和之數」是也。當時學者至謂「自有天地，財用未有如今日之比者」。葉水心語。

葉水心外稿應詔條奏財總論有云：「祖宗盛時，收入之財，比於漢、唐之盛時一再倍。熙寧、元豐以後，隨處之封樁，役錢之寬剩，靑苗之結息，比治平以前數倍。而蔡京變鈔法以後，比熙寧又再倍。渡江以至於今，其所入財賦，視宣和又再倍。」

若以追比唐代，徵斂之目，所增且十倍。

李心傳建炎以来朝野雜記論宋代丁錢本末，謂：「唐初之庸，楊炎已均入兩稅，而後世復有差役，是取其二。王安石令民輸錢免役，而紹興以後所謂耆戶長、保正雇錢復不給，是取其三。又有丁錢，是取其四。一有邊事，免夫之令又不得免，是力役之征，取其五矣。若論調，則有折稅，有和預買，川路有激賞，東南有丁絹，是布縷之征亦三矣。論租，則有稅米，有義倉，有和糴，而斗面加耗之輸不與，是穀粟之征亦三矣。通而論之，蓋用民力，已超唐十倍，民安得不困？」

然此猶曰正供也。其他雜取無藝，更不堪言。舉其尤著，有曰「經、總制錢」者。

經制起於宣和，總制起於紹興。所謂經制錢者，由宣和末陳亨伯為經制使所創之一種雜征，建炎中復行之。紹興五年，以總制司為名，遂因經制之額又增析為總制錢。其法如添酒錢、添賣糟錢、典賣田宅增牙稅錢、官員等請給頭子錢、樓店務增三分房錢等，當時謂其「斂之於細而積之甚眾」者是也。

又有曰「月椿錢」者。

此制亦起於紹興，以軍資供億，令本路計月椿辦，故名。當時稱其「名色類多違法，最為一方細民之害」者。其可數說者，有麴引錢、納醋錢、賣紙錢、戶長甲帖錢、保正牌限錢、折納牛皮筋角錢；訟者敗有罰錢，勝則令納歡喜錢。

又有曰「板帳錢」者。

此亦軍興後所創。時稱：「輸米則增收耗剩，交錢則多收糜費。幸富人之犯法而重其罰，恣胥吏之受贓而課其入。索盜贓則不償失主，檢財產則不及卑幼。亡僧絕戶，不俟覈實而入官。逃產廢田，不為消豁而抑納。」諸如此類，有司固知其非法，蓋以板帳額重，亦別無他策也。

其尤無理者曰「折帛錢」。

折帛原出於和買，其制始北宋咸平中。方春預支錢與民濟其乏，至夏秋令輸絹於官。是則其先由官給錢，故稱「預買」。繼則官不給錢而白取，又後則反令以每匹之價折納現錢而謂之「折帛」。陳止齋曰：「今之困民莫甚於折帛。然建炎初行折帛止二貫，戶部每歲奏乞指揮，未為常率。四年為三貫省。紹興二年為三貫五百省，四年為五貫二百省，五年七貫省，七年八貫省，至十七年有旨稍損其價。」林大中、楊萬里疏，皆謂「兩縑折一縑之直」也。

州郡上供錢亦逐年增升，極朘削之能事。

> 淳熙五年，湖北漕臣言：「鄂、岳、漢陽自紹興九年所收財賦，十分為率，儲一分充上供。如十三年年增二分，鄂州元儲一分錢一萬九千五百七十緡，今已增至一十二萬九千餘緡；岳州五千八百餘緡，今增至四萬二千一百餘緡；漢陽三千七百緡，今增至二萬二千三百餘緡。民力凋弊，無所從出」云云，是尚在孝宗時也。

南宋政府，所以取於民者如此，其民烏得而不困，其國亦烏得而不亡！

六　南宋金帝系及年歷

（一）南宋

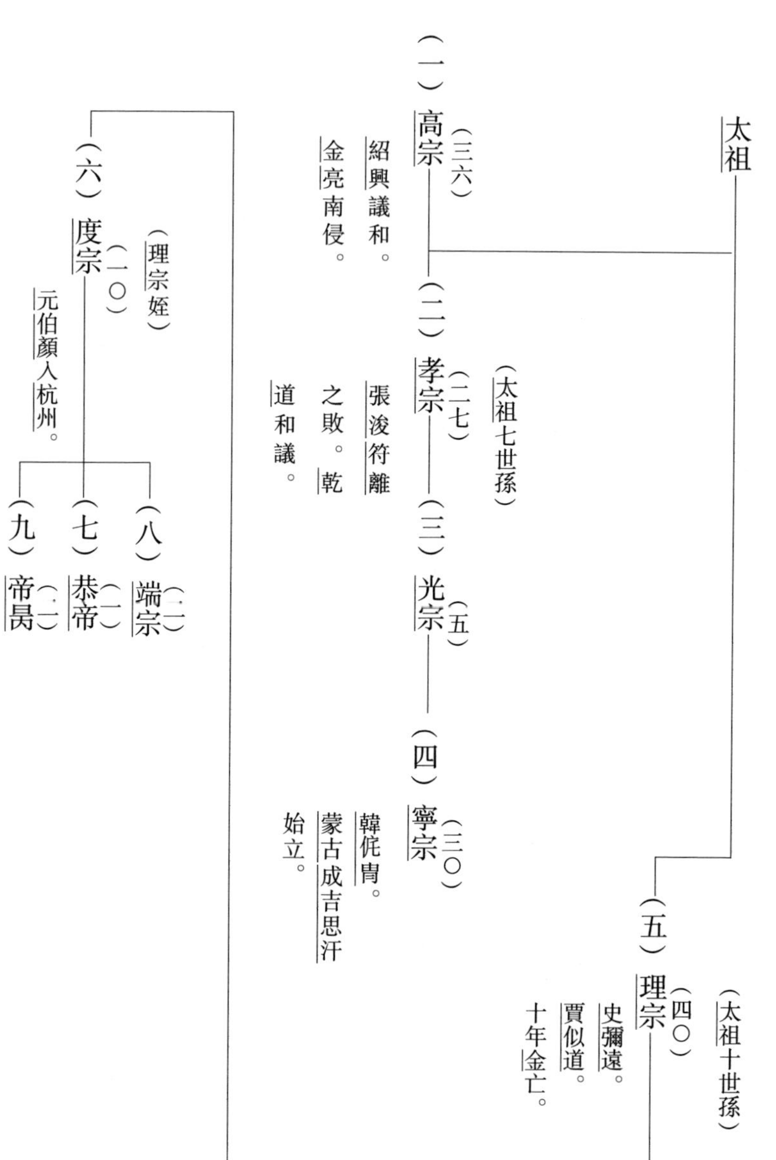
太祖
（一）高宗（三六）
紹興議和。
金亮南侵。
（太祖七世孫）
（二）孝宗（二七）
張浚符離之敗。乾道和議。
（三）光宗（五）
（四）寧宗（三〇）
韓侂胄。
蒙古成吉思汗始立。
（五）理宗（四〇）
（太祖十世孫）
史彌遠。
賈似道。
十年金亡。
（六）度宗（一〇）
（理宗姪）
元伯顏入杭州。
（八）端宗（二）
（七）恭帝（二）
（九）帝昺（二）

南宋凡九主，一百五十三年。

（二）金

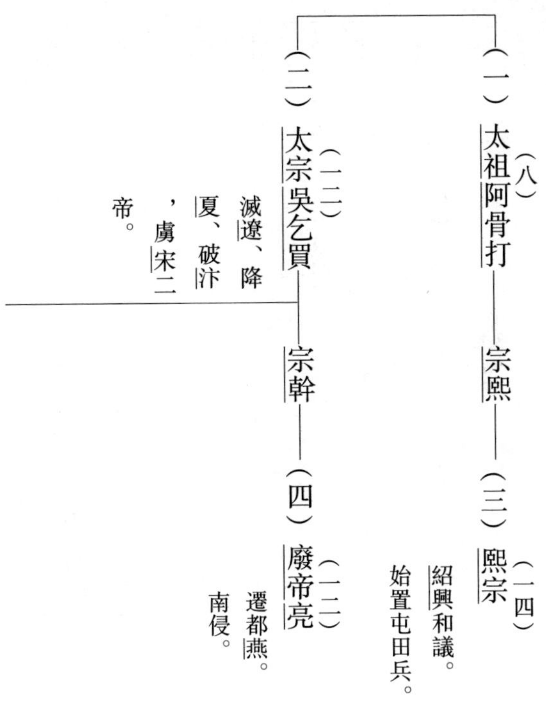

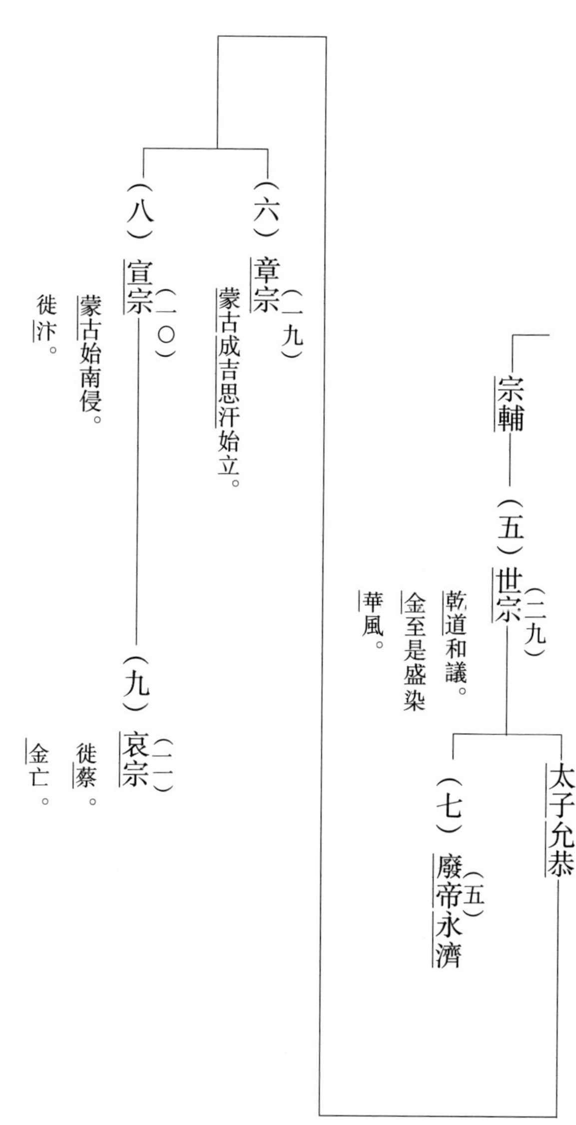
宗輔
（五）世宗（二九）
乾道和議。
金至是盛染華風。
太子允恭
（七）廢帝永濟（五）
（六）章宗（一九）
蒙古成吉思汗始立。
（八）宣宗（一〇）
蒙古始南侵。
徙汴。
（九）哀宗（一一）
徙蔡。
金亡。

金九主，百二十年。

第七編　元明之部

第三十五章　暴風雨之來臨 蒙古入主

一　蒙古之入主

南宋代表的是中國的傳統政權，他漸漸地從北方遷到南方，而終於覆滅。蒙古民族入主中國，中國史開始第一次整個落於非傳統的異族政權的統治。中國的政治社會，隨著有一個激劇的大變動。蒙古入主，對中國正如暴風雨之來臨。

蒙古的兵力，震鑠歐、亞兩洲。在蒙古騎兵所向無敵的展擴中，只有中國是他們所遇到的中間惟一最強韌的大敵。他們分著好幾個步驟，纔把整個中國完全吞併。

蒙古未入中國以前之世次

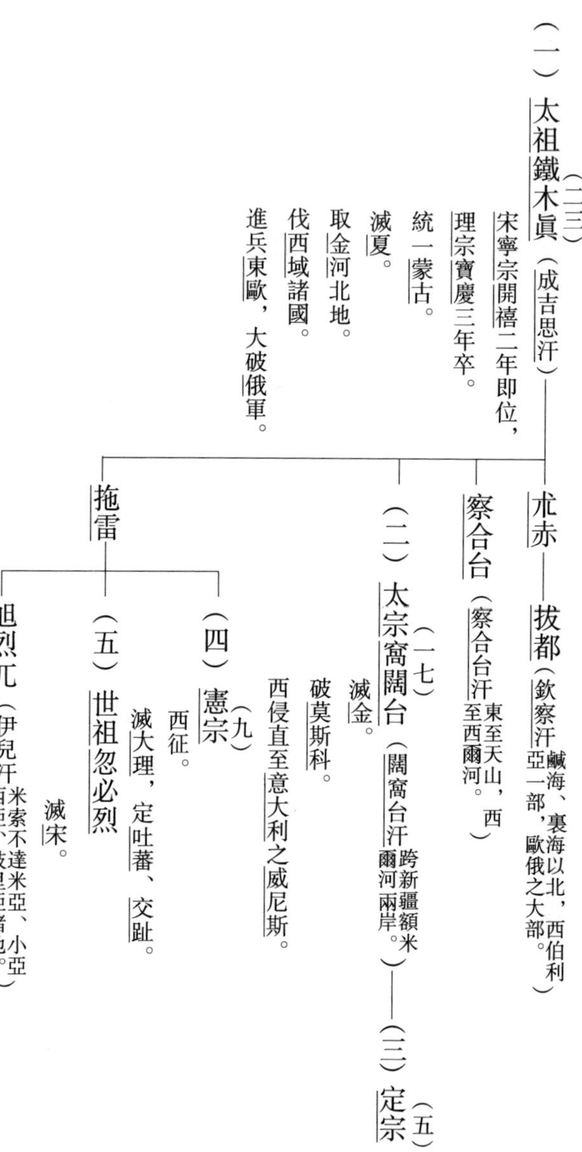

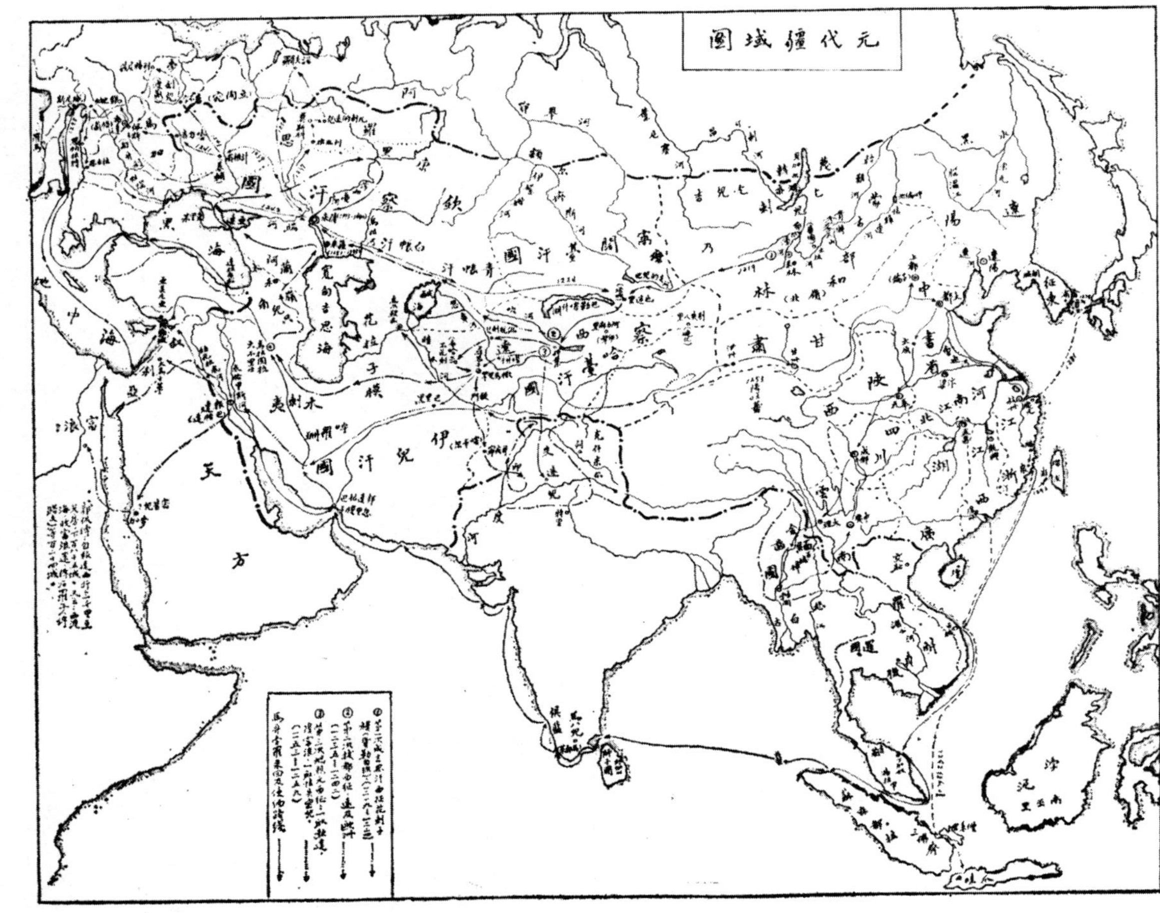
元代疆域圖
欽察汗國
察合台汗國
伊兒汗國
天方
地中海
甘肅
陝西
四川
河南江北
江浙
江西
湖廣
雲南
遼陽
中書省
和林
沙泥

自成吉思汗卽位，至忽必烈滅宋，凡歷五世，七十四年。那時中國本分三部：一宋、一金、一夏。而元人用兵，亦分三大步驟。先取金黃河以北地，滅夏。再取金黃河南岸。再得長江流域及南方，滅宋。而每一階段，皆費了不少的力量。金人既失河北、山東、關陝，併力守河南，成吉思汗賫恨而卒。成吉思汗道卒於六盤山，臨卒謂左右曰：「金精兵在潼關，南據連山，北限大水，難以遽破。宋、金世讎，若假道於宋，下兵唐、鄧，直擣大梁，破之必矣。」此後蒙古兵果自唐、鄧下汴。其後自紹定元年至六年，蒙古人費了六年的力量，纔算把汴京打下。金哀宗走蔡州，宋兵與蒙古合圍，逾年始陷。至蒙古與宋啟釁，亦用大迂迴的戰略，先從西康繞攻大理，事在理宗淳祐十二年、寶祐元年。再回攻荊襄。但只攻陷襄陽一城，自度宗咸淳四年至九年。已先後費時六年。圍樊城亦四年。自襄陽陷後至宋滅，自咸淳十年起。又六年。

如無劉整、呂文煥之降，宋尚不致速滅。金兀朮雖渡江，而無擁眾降附之人，即不能安而去。又元世祖多用漢人，如王文用、劉秉忠、許謙、姚樞、史天澤、张文謙、宋子貞、董文炳、楊果、賈居貞、董文忠、趙良弼、劉肅、李昶、徐世隆、竇默、王鶚、董文用、商挺、郝經之流，故元在北方，政治已略有規模，得以繼續南侵。及既滅宋，漢臣漸疏，元政亦衰。

中國疆境遼廓，到處崇山大水。天然的形勢，既極壯偉，又富變化。而且列城相望，百里之間，必有一城。以此蒙古兵雖橫行全世界，宋、金雖均已積弱，而就蒙古兵隊征服的各地而言，只有中國是最強韌、最費力的一處。五胡係就中國內部起變亂，然始終未侵及長江流域。金承遼後，亦只佔到黃河兩岸而止。秦、漢間之匈奴，隋、唐間之突厥，皆以數十年積強之勢，乘中國之內亂，而未能入塞逞志。近人治國史，每謂中國易受外族侵凌，意在警策國人之奮發，非史實也。

蒙古人既得中國，遂把他主腦部分遷來，造成中國史上一種新的統治階層，綿歷一百餘年之久。

二　元代帝系及年歷

（一）——（六）泰定帝（四）——（七）天順帝（一）

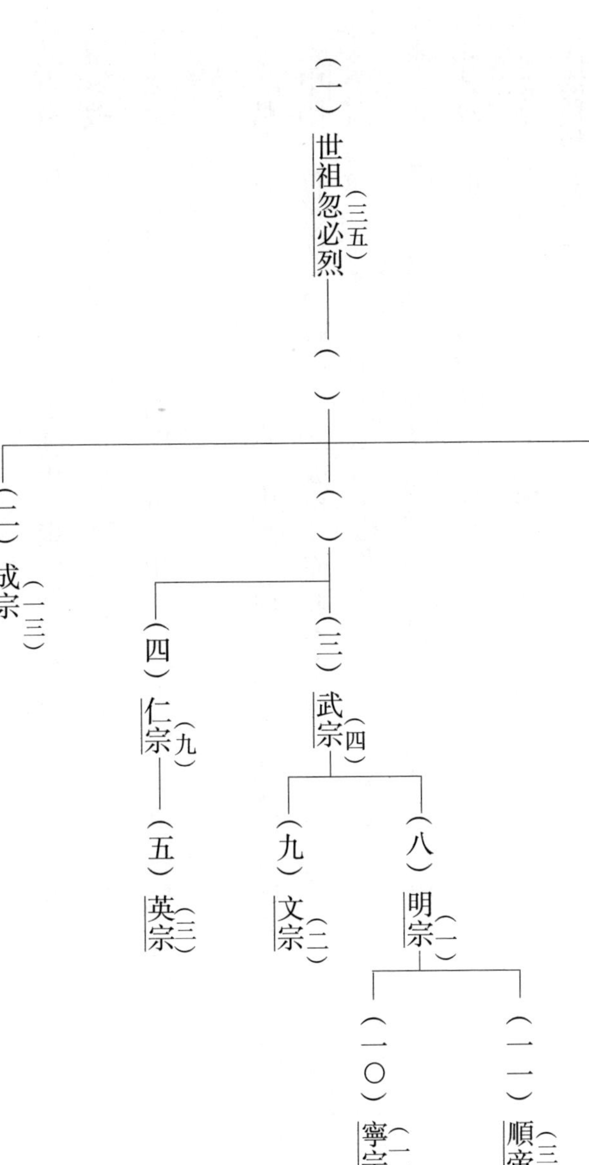

元代入主中國，凡十一主，一百零九年。自滅宋凡九十年。除世祖、順帝外，中間九主共僅三十九年。

三　元代之政治情態

在此百有九年中，世祖的三十餘年，幾於無歲不用兵。甫定南宋，世祖以至元十六年滅宋，此下尚有十五年。又規海外。內用聚斂之臣，外興無名之師，嗜利黷武，並不能在文治上樹立基礎。

此下因蒙古未有早定儲位之制度，帝位相續，均由諸王大臣擁戴，故屢起紛爭。此自憲宗、世祖時已然。武宗以下，權臣負擁立功，擅威福者三十年。直至順帝而國亡。

且蒙古恃其武力之優越，其未入主中國以前，已有本部及四大汗國，疆土跨亞、歐兩洲。故其來中國，特驚羨其民物財富之殷阜，而並不重視其文治。太祖西征以後，倉廩府庫，無斗粟尺帛。中使別迭等僉言：「雖得漢人亦無所用，不若盡去之，使草木暢茂以為牧地。」太祖然其言，以耶律楚材諫而止。直至世祖入治中國，此種觀念仍未徹底變去。故元之諸帝，多不習漢文，甚至所用官吏，有一行省之大而無人通文墨者。崔斌傳，世祖時尚書留夢炎等奏：「江淮行省無一人通文墨者。」至元二十九年，河南、福建行省請詔用漢語。詔以蒙古語諭河南，漢語諭福建。

因此其政治情態，乃與中國歷來傳統政治，判然絕異。

第一最著者，為其政治上之顯分階級，一切地位不平等。

元代依種類分四等。

一、蒙古。亦稱「國人」。

二、色目。包括西域各部族，共三十餘族。亦稱「諸國人」。

三、漢人。即黃河流域之中國人，原受金人統治者。

四、南人。即長江流域及其以南之中國人，為南宋所統治者。

此四階級在政治上之待遇，顯分優劣。

漢人、南人不為正官。

丞相平章政事、左右丞諸職，漢人不得居。參知政事，中葉後，漢人為者亦少。終元世非蒙古而為丞相者止三人。內一係回回人，漢人為史天澤、賀惟一二人。史在世祖時。賀則已在順帝時，初以為御史大夫，猶賜姓拓跋，改名太平，而始得之。金史文藝傳謂：「世宗、章宗之世，庠序日盛，士由科第位至宰輔者接踵，以元方之蔑矣。」

世祖時，南人間有入臺省者。成宗以後，臺省有漢人，無南人。

至元以下，執政大臣多由吏進。虞集經世大典敍錄：「元入官之制，自吏業進者為多，卿相守令於此焉出，故補吏法最為詳密。」蘇天爵滋溪集亦謂：「國家用人，內而卿士大夫，外則州牧藩宣，大抵多由吏進。」

中州小民粗識字能治文書，得入臺閣共筆劄，積日累月，可致通顯。士人則見用者益寡。南人地遠，不能自至於京師，其士人又往往不屑為吏，故見用者尤寡。余闕語，見續通典二十二。

余闕謂：「因此南北之士，亦自町畦相訾，甚若秦、晉不可同中國。故夫南方之士微矣。」可見當時中國士人在政治上地位特微，而南方士人的地位更微。又按：金世亦有漢人、南人之分。先取遼地人為漢人，繼取宋河南、山東人為南人。金世宗謂賀揚庭曰：「南人獷直敢為，漢人性姦，臨事多避難。異時南人不習詩賦，故中第者少。近年河南、山東人中第者多，殆勝漢人」云云。謂「漢人性姦，臨事多避難」者，以其人久陷異族，受迫茹荼之久，而德性漸墮也。謂「河南、山東人不習詩賦」者，其士人高門多隨宋南遷，留者或遭屠割之慘，或抱種姓之痛，不願應試，故若習詩賦者轉不如在遼漢人之多。及金人統治漸久，漢化漸深，而河南、山東人亦漸起而與之合作耳。

順帝時，（至正十三年以江淮兵起。）始詔：「南人有才學者得依世祖舊制，中書省、（總政務者。）樞密院、（秉兵柄者。）御史臺（司黜陟者。）皆用之。」（然順帝時南人入中書者惟危素一人。又韓元善傳：「丞相托克托奏事內廷，以事關兵機，元善及參知政事韓鏞皆漢人，使退避。」則仍參用其名，排拒其實。丞相伯顏並有「盡殺張、王、劉、李、趙五姓漢人」之請。）

地方行政長官，其先均由世襲。

世祖時，廉希賢疏：「國家自開創以來，凡納土及始命之臣，皆定世守。至今將六十年，子孫皆奴視其部下。郡邑長吏，皆其僮僕。此前古所無。」

直至至元二年，始罷州縣官世襲。四年，又罷世侯，置牧守。

因世襲為封君，故元初百官皆無俸。至元十九年，集賢直學士程文海陳五事，一曰「給江南官吏俸」，則至是江南官吏仍未有俸也。後魏百官初亦無祿，至孝文太和八年始頒祿。

創為行中書省，以便其分區宰割之私意。

唐中樞三省，元廢尚書、門下，獨留中書。又置行中書省，掌國庶務，統郡縣，鎮邊鄙，與都省為表裏。其初有征伐之役，分任軍民之事，皆稱行省，未有定制。中統、至元間，始分立行中書省，因事設官，不必備。皆以省官出領其事。其丞相皆以宰執行處省事繫銜。其後嫌於外重，改為某處行中書省。軍國重事，無不領之。此由中央政府常派重臣鎮壓地方之上，實為一種變相之封建。而漢、唐州郡地方政府之地位，渺不再得。此制大體上為明、清所承襲，於地方政事之推進，有莫大損害。自此遂只有中央臨制地方，而中央、地方共同推行國政之意義遂失。

行省長官，貴倨如君長，同列跪起稟白，同於小吏。各道廉訪使，必擇蒙古人。缺則以色目世臣子孫為之。其次始參以色目人及漢人。文宗時，詔：「御史臺、各道廉訪司官用蒙古二人，畏兀、河西、回回、漢人、南人各一人。」是漢人、南人僅得五之二。又至元二年詔：「以蒙古人充各路達魯花赤，（守城池倉庫的長官。）漢人充總管，回回人為同知，永為定制。」

州縣官或擢自將校，或起自民伍，率昧於從政。宋子貞傳。縣尉多係色目，並年小不諳事，以承蔭得之，不識漢文，盜賊滋溢。元典章十二。漢人、南人既不得為臺省要官，草木子云：「萬中無一、二。」亦惟有謀為州縣卑秩。後有納粟、獲功二途，富者以此求進。

及後求者衆，亦絕不與。有功而無錢，事多中輟。見續通典二十二。又按：輟耕錄卷七：「至正乙未春，中書省臣進奏，遣兵部員外郎劉謙來江南，募民補路府州司縣官，自五品至九品，入粟有差，非舊例之職專茶鹽務場者比。雖功名逼人，無有顧者。既而抵松江，時知府崔思誠，曲承使命，拘集屬縣巨室點科十二名，輒施拷掠，抑使承伏，塡空名告身授之，竟無一人應募者。」然則以納粟求進，亦只限於鄉里無賴，自好者未必爾也。

蒙古的「怯薛」，略當於古代之侍衛，本以貴族子弟的資格，選當內衛近侍之任，為封建政治裏面一種正途的出身。然而在承平積久之後，腐敗習氣，到處瀰漫，怯薛亦可以購買得之。

鄭介夫成宗時奏云：「『怯薛』，古稱侍衛。周禮膳夫、庖人、內饔、外饔、漿人、烹人、籩人，今之『博兒赤』也。幕人、司服、司裘、內宰，今之『速古兒赤』也。掌舍、掌次，今之『阿察赤』也。閽人，今之『哈勒哈赤』也。縫人、屨人、典婦功，今之『王烈赤』也。宮人，今之『燭剌赤』也。不限以員，不責以職。但挾重資，有梯援投門下，便可報名字，請糧草，獲賞賜，皆名曰『怯薛』。屠沽下隸，市井小人，及商賈之流，軍卒之末，甚而倡優奴賤之輩，皆得以涉跡宮禁。又有一等流官胥吏，經斷不敘，無所容身，則夤緣投入，以圖陞轉。趨者既多，歲增一歲，久而不戢，何有窮已。」鄭氏以怯薛擬之周官，甚是。蒙古制度本多帶有古代封建社會之意味。漢初郎官入仕，亦與怯薛差似。惟漢代經董仲舒、公孫弘諸人提倡以孝廉及博士弟子補郎，遂將封建意味改革。蒙古則只是封建政治自己之腐爛。又按：怯薛所屬，鄭奏未盡。有火兒赤、昔寶赤、怯憐赤，主弓矢、鷹隼之事。有札里赤，主書寫聖旨。必闍赤，為天子主文史。云都赤、闊端赤，侍上，帶刀及弓矢。答剌赤，掌酒。兀剌赤、莫倫赤，典車馬。帖麥赤，主牧橐駝。火你赤，主牧羊。忽剌罕赤，主捕盜。虎兒赤，掌奏樂。皆領於怯薛之長，分番更直。

蒙古人既看不起漢人、南人，因此也不能好好的任用漢人、南人，而只用了他們中間的壞劣分子。金章宗明昌四年，奏見在官一萬一千四百九十九員，內女直四千七百五員，漢人六千七百九十四員。金之官職亦分女直與漢人界限，惟不如蒙古之不平等。要之，他們欠缺了一種合理的政治理想，他們並不知所謂政治的責任，因此亦無所謂政治的事業。他們的政治，舉要言之，只有兩項：一是防制反動，二是徵斂賦稅。

四　元代之稅收制度與經濟政策

因此元代稅收有「撲買」之制。按：撲買制始於金。

蒙古太宗十一年，富人劉廷玉等請以銀一百四十萬撲買天下課稅，以耶律楚材諫而止。後回回人奧都剌合蠻請以二百二十萬兩撲買，楚材雖力爭，竟不得。

雖以世祖為開國賢主，亦專用財計之臣，務於聚斂。始用阿合馬（回人），繼用盧世榮，又用桑哥。各種商稅課額，日增月漲，靡有所已。

至元七年，諸路課程定額四萬五千錠。十八年，京兆等路歲辦課額自一萬九千錠增至五萬四千錠。阿合馬尚欲求增，世祖止之。二十六年，以丞相桑哥請，大增天下商稅，腹裏二十萬錠，江南二十五萬錠。已視七年定額增十倍以上。又世祖十三年置榷茶都轉運司於江州，三分取一，徵一千二百餘錠。至十八年，增額至二萬四千錠。至仁宗皇慶時，漸增至一十九萬二千八百錠。至仁宗延祐七年，增至二十八萬九千餘錠。視原額幾及三百倍。延祐元年，中書右丞相鐵木迭兒言：「課額比國初已倍五十。」食貨志謂：「天曆總入之數，視至元七年所定之額不啻百倍。」蘇天爵滋溪集記兩淮鹽價，至元十三年一引中統鈔九貫，二十六年增為五十貫，元貞二年增為六十五貫，至大以來遂增至一百五十貫。

常賦外，復有「科差」，其額又極重。

元於常賦外加取於民者，太宗時尚只有絲料、丁稅兩種。至憲宗時又增包銀，世祖時又增俸鈔。全科戶當出絲一斤六兩四錢，包銀四兩，俸鈔一兩，丁稅粟三石。此等皆兩稅額外之科差也。

惟元世祖初有中原，方經兵燹之後，又多用中國士人，故以注意稅收之故，而尚能留心及於民間之農事。

至元七年立司農司，專掌農桑水利，仍分布勸農官及知水利者巡行郡邑。

虞集云：「元有中原，置十道勸農使，總於大司農，皆慎擇老成厚重之士，親歷原野，安輯而教訓之。功成，省歸憲司，憲司以耕桑之事上大司農。天下守令皆以勸農繫銜，郡縣大門兩壁皆畫耕織圖。」

又於農村設「社長」。

時定制，縣邑所屬村疃，凡五十家立一社，擇高年曉農事者一人為之長，以教督農桑，立牌橛於田側，書「某社某人」。社長以時點視，勸誡不率教者，籍其姓名以授提點官。此在世祖初年雖有此制，惟自平南宋後，對漢人任用即稍衰，一時方務於財利之朘括，地方政事不得人。趙天麟上策云：「至元六年，每社立義倉，自是以來，二十餘年，社倉多有空乏，伏望普頒明詔，凡一社立社長社司」云云，可見其制在世祖時即廢。又世祖紀至元二十三、二十五、二十八諸年，大司農司所上諸路學校數，至二萬有餘，明太祖謂其「名存實亡」，良信。蓋元自吞宋以後，即無意於漢人之所教導矣。蘇天爵滋溪集亦謂：「農桑世皆視為具文，鄉校皆以醫卜雜流為之師」，此則言末季至正間事。

而開浚水利之功，頗可稱道。

其時能興水利者，以郭守敬為最著。其他如董文用之於西夏、鄭鼎之於平陽、廉希憲之於江陵、趙志之於長葛、耶律伯堅之於清苑、張立道之於昆明、王昌齡之於衛輝，成宗時皮元之於溫州、烏古孫澤之於雷州，皆因地制宜，民獲其利。

喪亂滮臻後之民生，賴以稍甦。

惟自滅宋以後，他們意態卽不同。設官分職，財務重於民事。

世祖初卽位，尚多用漢人。當時如王文統、許衡、劉秉忠之徒，為之討論古今，參酌時變，定內外官秩，稍具規模。惟自滅宋以後，卽一意於財利，漢人漸失職。歷成、武二宗，定制廕補官自六品以降，由省銓，先掌金穀，第其上中下，以歲月為差，至滿，始受朝命許典民政。尚書省竟為鈎考財賦之地，銓調不關白中書，以官為市，法紀蕩然。甚至一玉石之微，一弓劍之細，無不有數官以董之，名位冗雜，前所未有。

而貪汙乃為元代政治上一尋常之事件。

成宗大德時，七道奉使宣撫使罷贓汙官吏萬八千七十三人。順宗時，蘇天爵撫京畿，糾貪吏九百四十九人，竟以忤時相坐不稱職罷歸。

又元代專行鈔法。

楮鈔始行在北宋時，蜀人先有「交子」，楮幣之行，與其時印刷術發明有關。至南宋又有「會子」，始紹興時。金人至禁用見錢以推行鈔法。宣宗貞祐三年，時鈔價每貫僅值一錢，乃禁用見錢，錢多入於宋。然宋、金末運，鈔法皆甚弊。元承金制，亦專行鈔幣而錢幾廢。

其先民間尚稱便。

先造「中統鈔」，以銀為率，名曰「銀鈔」，一貫值銀一兩，五十貫為一錠。後造「至元鈔」，以一當五。至元寶鈔一貫文，當中統交鈔五貫文。子母相權，要在新者無冗，舊者無廢。凡歲賜、周乏、餉軍，皆以中統鈔為準。中統尋以費工本多，不印行，而至元鈔獨行。

至其末，則鈔料十錠易斗粟不得。

武宗時以物重鈔輕，改造「至大銀鈔」。大抵至元鈔五倍於中統，至大鈔又五倍於至元。不五十年鈔法三變，而其價亦二十五倍。未期年，仁宗即位，以倍數太多，輕重失宜，有罷銀鈔之詔。及順帝至正中，又改造至正印造中統交鈔，名曰「新鈔」，二貫準舊鈔十貫。亦五倍。遂至鈔料十錠易斗粟不得，而元亦亡矣。

明起，鈔法竟不能復行，而銀幣代起，亦為中國史上一重要之變更。

秦漢以來，民間交易，惟穀帛與錢，無用銀之例。（銀為器飾寶藏。）唐代租出穀，庸出絹，調出繒布。兩稅法行，令出錢。宋代諸州歲輸緡錢，故後世相沿謂之「錢糧」。（宋府庫輸入，錢、穀外為絹、紬、絲、布、茶、蠟。惟閩、廣間許以銀易緡錢。元祐會計錄：「歲入銀止五萬餘兩。」）金章宗時，因錢鈔法弊，乃權以銀貨。繼復罷錢而專用銀鈔。（鑄銀名「承安寶貨」，每兩折錢二貫。當時俸給軍須，皆銀鈔相兼。）哀宗時，鈔竟不行，民間一以銀交易，是為後世社會用銀之始。（元貢賦仍徵穀帛，成宗本紀載，歲入銀數不過六萬兩。）明初田賦亦未用銀。（惟以銀為坑冶之課。）民間交易以銀，有厲禁。然鈔法既不行，銀終起而代之。（英宗時始令南畿、浙江、江西、湖廣、福建、廣東、廣西，應輸米麥折銀，後概行於天下。「太倉銀庫」之名，起於明之中葉也。）

五　元之軍隊與禁令

他們的軍隊，亦分為各等級。

蒙古軍。

探馬赤軍。以諸部族為之，乃鎮衛邊境者。

漢軍。以中原漢人為之。

新附軍。南方宋人為之。

正相當於蒙古、色目、漢人、南人之四級。

兵籍守祕密，漢人莫之知。

立里甲之制，二十家為一甲，以蒙古人為甲主。衣服飲食惟所欲，童男少女惟所命。見徐大焯燼餘錄。

又多立防禁。禁漢人田獵，世祖紀，仁宗、英宗紀。成宗大德五年，有詔弛山澤之禁，聽民捕獵。禁漢人習武藝，英宗紀。禁漢人持兵器，世祖、武宗、仁宗、順帝歷代，各有禁令。按：遼、金亦禁民間兵器。禁集眾祠禱、元史一〇五刑法志。集眾買賣，元典章亦有「禁聚眾」。禁夜行。元史一〇五刑法志：「諸江南之地，每夜禁鐘以前點燈買賣，曉鐘之後，人家點燈讀書工作者並不禁。」元典章禁夜：「夜間禁通行。一更三點鐘聲絕，禁人行。五更三點鐘聲動，聽人行。」

又屢次收括民間馬匹。世祖至元二十三年，民間收馬總計十萬二千匹。至元二十七年，九千一百匹。至元三十年，十一萬八千五百匹。成宗大德二年，十一萬餘匹。武宗至大三年，四萬餘匹。仁宗延祐四年，二十五萬五千匹。延祐七年，二萬五千匹。天順帝天曆元年，十一萬餘匹。數十年間，括民間馬七十餘萬匹。

而文武分途之弊制，遂為明清兩代所沿襲。

漢世良家子得以材力入官，或隸期門、羽林，或為三署郎，而軍功大者為卿大夫，小亦為郎。後漢將帥罷兵，大抵內為列卿，外為郡守。魏晉將軍之官，多選清望之士居之。如裴頠、以國子祭酒為右軍將軍。王恬以中書郎為後將軍。等例是也。以至州鎮方伯，無不兼將軍、都督之稱。其為州而無將軍者，謂之單車刺史。當時文武選授，尚不拘資格，迄南北朝皆然。至唐吏部、兵部分為二選，文武始各有定闕。然諸州兵政掌之刺史，悉帶使持節，並無專閫武員。吏職、兵官，未嘗判然區別。宋太祖患五季藩鎮跋扈，命文臣出守列郡，而別置鈐轄都監以司軍旅屯戍之政令，遂分職而治。然當時內外官仍文武參用，願換授者亦許改職。自元世祖至元十五年定軍民異屬之制，以萬戶府、鎮撫司領戍兵，以知府、縣尹領民事。明因其制，於是州縣、營衛，建置攸殊；出身既截然不同，銓注亦有一定之格；自督撫大吏外，武官除授，乃無一不歸於兵部。今按：元之軍民異屬，本自有其用意。吳萊淵潁集書急就章後謂：「國家起自北土，經理中原。中原豪傑，保有鄉里，因而降附，使據其境土如古諸侯。大開幕府，辟置官屬，錢穀獄訟，一皆專制，而不復關乎上。已而山東猘子，地富兵強，跳踉負固，卒貽誅滅。而後天下郡縣一命之官，悉歸吏部。兵則自近戍遠，尺籍伍符各有統帥。但知坐食郡縣租稅，不復繫守令事矣。」此蓋元人私武力以便宰制之用心。明襲元弊，不能大事蕩滌者多矣。至清則同為盜憎主人，自樂於循用矣。

蒙古長於戰陣，而不善於理財，故賦斂之事則多委之色目、回人。其先軍隊所至，多掠人為私戶。遼有「頭下軍、州」，大臣從征，俘掠人戶，自置郛郭。此頗近之。

張雄飛傳：「至元十四年，荊湖行省阿里海牙以降民三千八百戶沒入為家奴，自置吏治之，歲責其租賦。」世祖紀：「至元十七年，詔覈阿爾哈雅等所俘三萬二千餘人，並赦為民。」他如宋子貞、張德輝、雷膺、王利用、袁裕諸傳，皆有散見。

政府亦以分賜民戶為恩典。

至元十八年，江南平，以江南民戶分賜諸王、貴戚、功臣。先後受賜者諸王十六人，后妃公主九人，勳臣三十六人。自一、二萬戶以上，有多至十萬戶者。勳臣自四萬戶以下，至數千、數百、數十戶不等。見食貨志。

奴隸的獻賜、鬻賣、投靠，成為一時常態。

他們一面盛擁奴隸，一面又廣佔田地。

趙天麟上太平金鏡策，謂：「今王公大人之家，或占民田，近於千頃，不耕不稼，謂之草場，專放孳畜。」

牧場與農田雜糅，屢起衝突。

和尚傳：「諸王牧地、草地，與民田相間，互相侵冒，有司視強弱為予奪。」又塔里赤傳：「南北民戶主客良賤雜糅，蒙古軍牧馬草地，互相佔據」云云。此均在至元時。

政府又盛行賜田。

尤著者為江南平江田。張珪疏：「累朝以官田賜諸王、公主、駙馬，及百官、宦者、寺觀之屬。其受田之家，各任土著姦吏為莊官，巧名多取。又驅迫郵傳，折辱州縣。請令民輸租有司，有司輸省部，省部輸大都，以分給諸受田者。」不從。

蒙古人以軍人而兼貴族，既享有政治上種種特權，又多用回人為之經營財利，剝削生息。

黑韃事略：「韃人只是撒花，找外快錢。無一人理會得賈販。只是以銀與回回，令其自去賈販以納息。回回或自轉貸與人，或自多方賈販，或詐稱被劫而責償於州縣民戶。」又曰：「其賈販則自韃主以至偽諸王、偽太子、偽公主等，皆付回回以銀，或貸之民而衍其息，一錠之本展轉十年後，其息一千二十四錠，錠五十兩。謂之『羊羔兒息』。民間普通以緡取三分為常。」見牧庵集十三。

回民相率殖產卜居於中原，尤以江南為盛。周密癸辛雜誌續集。

而漢、回待遇亦種種不平等。

成吉思汗法令，殺一回教徒罰黃金四十巴里失，殺一漢人其償價與一驢相等。世祖至元二十三年六月，括諸路馬，凡色目人有馬者三取其二，漢民悉入官。成宗大德四年，定諸職官廕敍之制，諸色目人視漢人優一等。

大抵回民地位，大體是代表的商人，而漢人則代表了佃戶與農民。

漢人地位中較高者為工匠。

軍臨屠城，惟匠得免。

靜修文集二十一：「保州屠城，惟匠者免。予冒入匠中，如予者亦甚眾。」又蒙古入汴，依舊制，攻城不降則屠之，耶律楚材諫不聽，乃曰：「凡弓矢、甲仗、金玉等匠，皆聚此城，殺之則一無所得。」乃詔原免，汴城百四十萬戶得保全。

匠人特籍為戶，得不與平民伍。

靜修文集十七：「金人南徙，遷諸州工人實燕京。」元史張惠傳：「滅宋，籍江南民為工匠凡三十萬戶。選其有藝業者十餘萬戶為匠戶。」事在至元二十一年。又至元十七年，詔江淮行中書省括巧匠。未幾，賜將作院工匠銀鈔幣帛。旋勅逃役之民竄名匠戶者復為民。

元人設官，亦以軍、民、匠三者分列。

元官制分內、外任，外任中又分民職、軍職、匠職等名。匠職官甚多，與軍、民職官相等，亦謂之「局院官」。世祖時，有渾源人孫成善為甲，贈至神川郡公，謚忠惠。子拱世其業，亦贈至神川郡公，謚文莊。回回人阿老瓦丁以善製礮，世襲副萬戶。回回人亦思馬因亦以善製礮，世襲職。尼波羅國人阿尼哥以善裝塑，贈至太師涼國公，謚敏慧。劉元繼之，亦官至昭文館大學士。元人又頗重醫，醫人皆經選試著籍，故元代名醫特多。至天文星曆、陰陽卜筮，元人皆與匠、醫一例視之。

蒙古人的統治，在大體上說來，頗有一些像古代貴族封建的意味。元初以宗正寺遙領諸路刑獄，則司法亦歸私戚。只是春秋時代的貴族階級，自身有一種珍貴的文化修養，即所謂「詩、書、禮、樂」。而蒙古人無之。他們在武力的鎮壓與財富的攫佔之外，缺少一種精神生活的陶冶。他們只有一種宗教的迷信，算得是他們的精神生活。元人崇奉佛教，乃今西藏之喇嘛教，與漢魏以來中土所行佛教亦有別。又按：重工匠，重僧道，此亦金人已然。據弔伐錄：「金人特檄宋發遣工匠教坊，又命宋共議薦舉異姓，列舉僧道耆壽軍人百姓」，可證。

六　元代之僧侶

因此在蒙古的政治局面裏，僧侶佔到很高的位置。

如國師八思巴於世祖至元六年。為蒙古創新字，自此以前，蒙古尚為一無文字之蠻族。其必需使用文字時，則借用畏兀兒文。遇世祖號之曰「大寶法王」。泰定帝泰定二年，以鮮卑僧言，為全天下立祠比孔子。而楊璉眞伽世祖時為江南釋教總統，尤驕縱，發掘故宋趙氏諸陵在錢塘、紹興者及其大臣冢墓，凡一百零一所。私庇平民不輸公賦者達三萬二千戶。成宗大德三年，放江南僧寺佃戶五十萬為編民，悉楊璉眞伽冒入寺籍者也。又元制於帝師、國師下，僧侶有王公之封。

皇室佛事，佔國家政費之泰半。

世祖至元三十年間，醮祠佛事之目百有二。成宗大德七年，再立功德使司，增至五百餘。成宗至大時，張養浩上時政書，謂：「略會國家經費，三分為率，僧居其二。宣徽院使歲會內庭佛事之費，以斤數者麵四十萬九千五百，油七萬九千，酥蜜共五萬餘。仁宗延祐五年，給書西天字維摩經金三千兩，歲費較大德又不知增幾倍。至明宗時，中書省言佛事以今較舊，增多金一千一百五十兩，銀六千二百兩，鈔五萬六千二百錠，幣帛三萬四千餘匹。」

寺廟亦擁有盛大之產業，與貴族王公等，同樣為封建勢力之一種。

至元二十八年，宣政院上天下寺宇四萬二千三百一十八區，僧尼二十一萬三千一百四十八人。其著者如大承天護聖寺，順帝至正七年撥山東十六萬二千餘頃地屬之。前後兩次賜達三十二萬三千頃。又有大護國仁王寺，水陸田地十萬頃，賜戶三萬七千五十九。元史刑法志：「諸庶民有妄以漏籍戶及土田於諸王、公主、駙馬呈獻者，論罪。諸投下輒濫收者，亦罪之。」又成宗紀：「大德六年詔：江南寺觀續置民田，及民以施入為名者，並輸租充役。八年又詔免天下道士賦稅。」蓋僧道與貴族同樣有豁免田賦之優待。又世祖中統四年，令在京權勢家為商賈及以官銀買賣之人，並須輸稅。至元三十年，敕僧寺邸店物貨，依例抽稅。仁宗元祐七年，禁京城諸寺邸舍匿商稅。又見僧寺與貴族同樣經營商業，又同樣有避免課稅之勢力也。

而僧侶之為患於社會，更難盡述。

武宗至大三年，監察御史張養浩上時政書，九曰「異端太橫」。謂：「釋老之徒，畜妻育子，飲醇咍腴，萃逋逃游惰之民，為暖衣飽食之計。」泰定帝二年監察御史李昌言：「臣嘗經平涼府靜會、定西等州，見西番僧佩金字圓符，絡繹道路。傳舍不能容，則假館民舍。因迫逐男子，姦污婦女。奉元一路，自正月至七月，往返者百八十五次，用馬至八百四十餘匹，較之諸王行省之使，十多六七。」

順帝父子竟以亡國。

順帝信西天僧演揲兒法，譯言大喜樂也。又有西番僧伽璘眞，授帝祕密大喜樂禪定，帝皆習之。醜聲穢行，初為太子所惡，帝曰：「祕密佛法，可以延壽。」令禿魯帖木兒以教太子，太子亦悅之。曰：「李先生教我儒書多年，我不省書中所言何事？西番僧教我佛法，我一夕便曉。」李先生，太子諭德好文也。其時順帝父子既溺惑於西番佛法，而社會起事者如韓山童、劉福通等，亦以白蓮教為號召。

元代社會上的上層階級，大體言之，有皇室、貴族、軍人、此與貴族不能十分分別，皆蒙古部族也。僧侶、商人、此皆色目西域人為多。地主、凡皇室以下皆地主也。惟漢人、南人亦有為大地主者，由其前承襲而來，而以非法手段保持之。此尤以江南為多。王艮傳：「有詔中書省訴松江富民包隱田土，為糧至一百七十萬石者。」元廷屢行經理之法，使民自實田。仁宗時，遂致召贛民蔡五九之亂。官吏，官吏來源即上列諸種。而一般平民之政治地位則甚低。

當時社會因有十色之傳說。

一官、二吏、三僧、四道、五醫、六工、七獵、八民、九儒、十丐，此見陶宗儀輟耕錄。「官、吏」為貴族，「僧、道」為宗教，亦相當於貴族。「醫、工」即平民中地位之較高者，如匠戶之類。「七獵、八民」者，元特有捕獵鷹人，籍隸鷹房總管府；蘇天爵滋溪集十九：「中原甫定，江左未下，朝廷嘗因畋狩閱武功，鷹師所至，威若神明。或旁緣為姦而下不勝其虐。」又十五謂：「國家草昧之初，南北未一，政教未洽，常因畋狩講武功，鷹師之職，貴幸隆寵。承平既久，猶恐武備寖弛。或者不究其意，馳騁豪縱，因為奸利，民始不勝其困。」元史兵志謂：「元制自御位及諸王，皆有昔寶赤，蓋鷹人也。是故捕獵有戶，使之致鮮食，以薦宗廟，供天庖，而齒革羽毛又皆足以備用，此殆不可闕焉。」又云：「打捕鷹房人戶，多取析居、放良及漏籍孛蘭奚、還俗僧道，與凡曠役無賴者，及招收亡宋舊役等戶為之。」此雖賤民，而為貴族所御用，故較之農民猶高。春秋時工、商、虞人，亦視農民為高也。所謂「民」，則漢人、南人之業農者也。「九儒、十丐」者，「儒」為民間自由學者，而與僧侶宗教不同，本由春秋時代封建社會漸次破壞後所產生，為中國社會自秦漢以後一特別重要之流品。惟就蒙古人眼光及其政治設施言之，則不能了解其地位。彼輩既不能執干戈入行伍，又不能持籌握算為主人殖貨財，又不能為醫匠打捕，供主人特別之需求，又不能如農民可以納賦稅，故與「丐」同列。黑韃事略：「蒙古賦斂謂之差發。漢地差發，每戶每丁以銀折絲綿之外，每使臣經從，調遣軍馬、糧食、器械，及一切公上之用，又逐時計其合用之數科率民戶。諸亡國之人，甚以為苦，怨憤徹天，然終無如何。」又曰：「韃主不時自草地差官出漢地定差發，霆在燕京，（宋端平二年）見差胡丞相（胡土虎）來，黷貨更可畏，下至教學行及乞兒行亦出銀作差發。」教學行即儒，乞兒行即丐，此皆窮行，無力作差發，宜乎其相為類。別有一說為「官、吏、僧、道、醫、工、匠、娼、儒、丐」十色，既有「工」，又重出「匠」，列「娼」於「儒、丐」之前，蓋由不明獵民之意義而妄易之。

大概當時的社會階級，除卻貴族軍人（此乃二而一、一而二者。）外，做僧侶信教最高，其次是商人，再其次是工匠，（包括各種特殊技能如醫生等。又按：金代於天文、醫術等頗造精妙，元亦承金遺緒。）又次是獵戶與農民。（獵戶所以在農民之上者，以蒙古貴族眼光視之當如此。）而中國社會上自先秦以來甚佔重要位置的士人，（當時稱「儒」，即讀書人。）卻驟然失卻了他們的地位。

七　元代之士人與科舉制度

最初的士人與普通平民一樣的被俘掠為奴隸。

黑韃事略：「亡金之大夫，混於雜役，墮於屠沽，去為黃冠者，皆尚稱舊官。王宣撫家有推車數人，呼運使，呼侍郎。長春宮（今北平之白雲觀。）多有亡金朝士，既免跋焦，（薙髮。）免賦役，又得衣食，最令人慘傷也。」

蓋蒙古初入中國，其野蠻最甚。長春眞人邱處機以宗教得成吉思汗之信仰，其徒得免賦役，全眞教遂大行，文人不能自存活者多歸之。

經有懂得漢化者之勸告而稍得解放。

太宗時，免儒士之被俘為奴者，立校試儒臣法。得淮、蜀士遭俘沒為奴者凡四千三十人，免為奴者四之一。見耶律楚材傳。又憲宗四年，制為士者無隸奴籍。世祖取鄂州，俘獲士人贖還者五百餘人。中統二年，詔軍中所俘儒士，聽贖為民。至元十年，勅南儒為人掠賣者，官贖為民。又廉希憲傳：「世祖以廉為京兆宣撫使，國制為士者無隸奴籍，京兆多豪強，廢令不行。希憲至，悉令著籍為儒。」

他們對士人的觀念，似乎亦是一種仿佛的工匠。

太宗時，耶律楚材言：「制器者必用良工，守成者必用儒臣。儒臣之事業，非積數十年殆未易成。」因此遂令隨郡考試儒人被俘為奴者。

而終於在這些俘虜中間，偶然把南宋的儒學流到北方去。

蒙古破許州，先得金軍資庫使姚樞。時北庭無漢人士大夫，惟樞特加重。及闊端南侵，命即軍中求儒、釋、道、醫卜之人。拔德安，得趙復，其徒稱江漢先生。樞挾以北行，建太極書院，河朔始知道學。許衡、竇默皆從姚樞得程朱書。衡為國子祭酒，教蒙古諸貴人子弟，稍稍知中國禮義。

結果於國族勳舊之外，亦有科舉取士之制。

元科舉定制於仁宗皇慶二年。其考試程式，蒙古、色目人第一場經問五條，大學、論語、孟子、中庸內設問，用朱氏章句集註。第二場策一道，以時務出題。漢人、南人第一場明經、經疑二問，大學、論語、孟子、中庸內出題，並用朱氏章句集註。經義一道，各治一經，詩以朱氏為主，尚書以蔡（沈）氏為主，周易以程（頤）氏、朱氏為主。以上三經兼用古注疏。春秋用三傳及胡（安國）氏傳，禮記用古注疏。第二場古賦、詔、誥、章、表內科一道。古賦、詔、誥用古體，章、表四六，參用古體。第三場策一道，經、史、時務內出題。今按：科舉以四書義取士始此。自此相承直至清末，實中國近世一至要之創制也。（與四書取士同為明、清所因襲者，尚有行省制。此二制度影響明、清兩代六百年之歷史。）

然此僅有名無實，在實際政治上極少影響。

一、舉行時間不久，次數甚少。開科取士，定制在仁宗皇慶二年，始開科在延祐二年，已在宋亡後近四十年。科場三歲一開，至順帝至元元年科舉即罷，前後共二十年。嗣於至元五年（選舉志謂「六年詔復科舉」。）復有科舉，共不過二十次。

二、科舉出身者實際並不多。續通典：皇慶、延祐中，由進士入官者僅百之一，由吏致顯要者常十之九。順帝時罷科舉，許有壬爭之，謂：「通事、知印等，天下凡三千三百餘名，今歲自四月至九月，白身補官受宣者七十三人，而科舉一歲僅三十餘人。」

三、科場舞弊，全失考試本意，亦全無考試眞相。詳見輟耕錄卷二十八。至正四年有長篇四六文揭發江、浙鄉試黑幕，又至正二十二年復有作彈文者，舉此可例其餘。

四、蒙古、色目人與漢人、南人分榜考試，右榜為蒙古、色目人，左榜為漢人、南人，其眞才實學多不屑應舉。陶氏輟耕錄卷二謂：「今蒙古、色目人為官者，多不能執筆，花押例以象牙或木，刻而印之。宰輔及近侍官至一品者，得旨則用玉圖書押字，非特賜不敢用。」陶氏生當元、明之際，其書刊於明代，則所謂「今」者，指元之晚季。其時蒙古、色目人在官者尚多不能執筆，則科舉取士之為效可想。余闕曰：「至元以下浸用吏，中州之士見用者浸寡，南方尤寡。其久則南北之士亦自畦町相訾。故夫南方之士微矣。延祐中，初設科目，亦有所不屑而甘自沒溺於山林之間者，不可勝道也。」惟元代政治，雖學術的氣味極薄，而社會上則書院遍立，學術風氣仍能繼續南宋以來，不致中輟。明祖崛起，草野績學之士，乃聞風而興，拔茅彙征，羣集新朝，各展所蘊，以開有明一代之規模。如劉基、宋濂、章溢、陶安、錢用壬、詹同、崔亮、劉三吾等彬彬文雅，郁乎其盛，一時何止數十百人，皆元代之所貽也。

可見元代入主中國，經歷一百餘年，中國自秦漢以來傳統的文治政權的意識，始終未接受過去。他們的政治，始終不脫古代貴族封建、武裝移殖的氣味。然而當時一般社會文化、經濟的水準，卻比春秋時代在貴族封建下的農民，高出百倍。蒙古人的倒退政治，到底不能成功，因此社會變亂百出。

至元二十年，崔彧上疏，謂：「江南盜賊，相挺而起，凡二百餘所。」又至元二十四年詔：「江南歸附十年，盜賊迄今未靖。」世祖至元時如此，其他可知。

蒙古人震鑠亞、歐兩洲的武力，終於在漢人的蜂起反抗下，退讓出他們的統治。

第三十六章 傳統政治復興下之君主獨裁（上） 明代興亡

除卻漢高祖，中國史上由平民直起為天子的，只有明太祖。元末羣雄，如河南韓山童、韓林兒，乃白蓮教師。湖廣徐壽輝，為販布者。其部將陳友諒，乃漁父。江蘇張士誠，為運鹽舟人。浙江方國珍，乃販鹽者。安徽郭子興，則賣卜者之子。朱元璋，皇覺寺僧。四川明玉珍、福建陳友定，及明太祖部下徐達，皆農民。常遇春則為盜。元末羣雄，較之秦末，更見其為平民色彩。這是說明蒙古人的政權之下，絕沒有漢人的地位。因此在蒙古政權被推翻的過程中，沒有讓政權之自身醞釀出權臣或軍閥來操縱這個變局。如東漢以來歷史上之慣例。

一 明代帝系及年歷

（一）——（二）惠帝（四）

靖難之變。

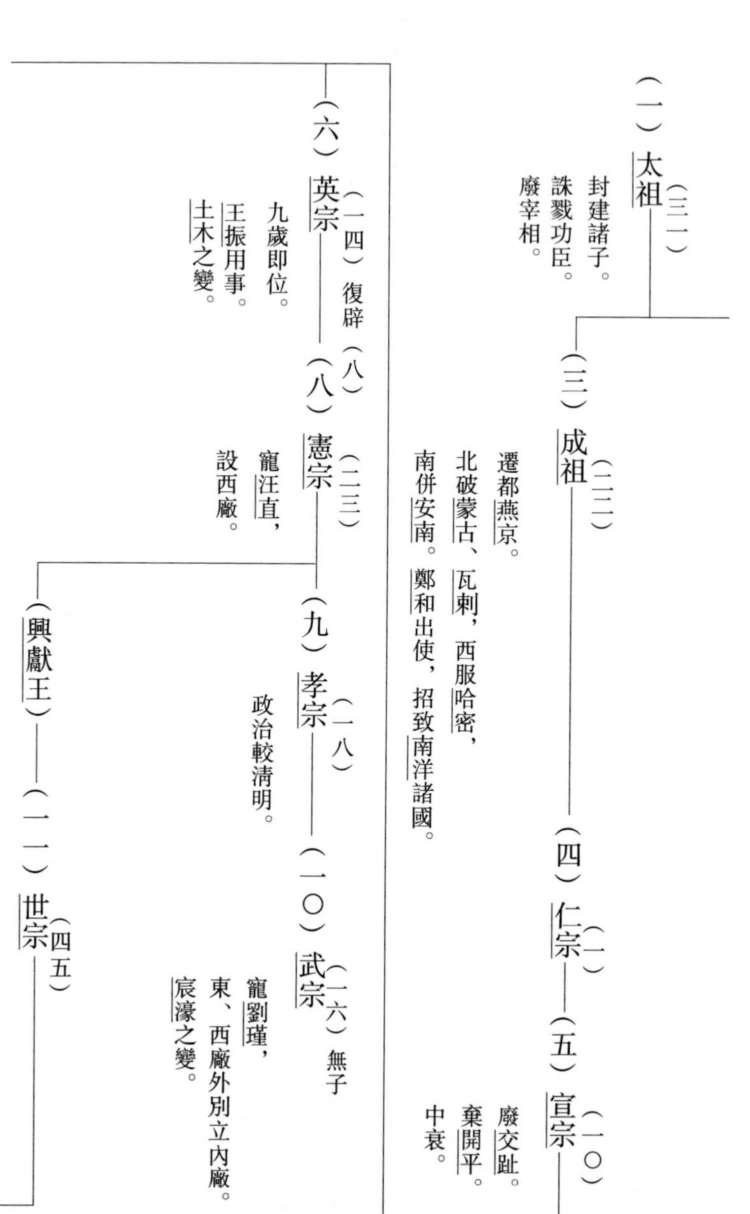
（一）太祖（三一）
封建諸子。
誅戮功臣。
廢宰相。
（三）成祖（二二）
遷都燕京。
北破蒙古、瓦剌，西服哈密，
南併安南。鄭和出使，招致南洋諸國。
（四）仁宗（一）
（五）宣宗（一〇）
廢交趾。
棄開平。
中衰。
（六）英宗（一四）復辟（八）
九歲即位。
王振用事。
土木之變。
（八）憲宗（二三）
寵汪直，
設西廠。
（九）孝宗（一八）
政治較清明。
（一〇）武宗（一六）無子
寵劉瑾，
東、西廠外別立內廠。
宸濠之變。
（興獻王）
（一一）世宗（四五）

（七）景帝（七）

于謙擁立。

奪門之變。

大禮議。

二十餘年不視朝。

嚴嵩柄政，吏治始壞。

棄哈密，棄河套。

俺答入寇。

倭寇為患。

（一二）穆宗（六）

張居正為相。

倭寇平。

俺答和。

（一三）神宗（四八）

張居正為相。

親政後怠荒，

二十餘年不視朝。

東林講學。

滿洲始起。

梃擊之案。

（一四）光宗（一）

紅丸之案。

（一五）熹宗（七）

移宮之案。

寵魏忠賢與客氏。

（一六）毅宗（一七）（莊烈帝）

流寇大起。

明亡。

明代共十六主，二百七十七年。若並南明三帝，計當為十九帝，二百九十四年。

二 傳統政治之惡化

明代是中國傳統政治之再建，然而惡化了。惡化的主因，便在洪武廢相。

太祖是一個雄猜之主。

天下大定，年已六十餘，太子死，孫孱弱，故為身後之慮。一面封建諸子，各設衛兵三千，乃至一萬九千，一面盡誅功臣宿將。

洪武十三年左丞相胡惟庸誅，遂廢宰相。

太祖詔：「以後嗣君毋得議置丞相，臣下有奏請設立者，論以極刑。」朱國禎皇明大訓記卷九謂：「臣下敢有奏請設立宰相者，羣臣即時劾奏，將犯人凌遲，全家處死。」

自秦以來輔佐天子處理國政的相位，至是廢去，遂成絕對君主獨裁的局面。

第二個惡化的原因，在於明代不惜嚴刑酷罰來對待士大夫。此亦起於太祖。

史稱：「太祖懲元政廢弛，治尚嚴峻。」胡惟庸之獄，株連被誅者三萬餘人。又藍玉之獄，株連一萬五千餘人。史又稱：「太祖懲元季貪冒，重繩贓吏。戶部侍郎郭桓，贓七百萬，而自六部侍郎下連直省諸官吏，繫死者數萬人。覈贓所寄借徧天下，民中人之家大抵皆破。」草木子謂：「京官每旦入朝，必與妻子訣。及暮無事，則相慶以為又活一日。」故其時文人多不仕。據明詩綜，如汪廣洋、魏觀、高啟、朱冏、蘇伯衡、張孟兼、王彝、楊基、張羽、徐賁、王行、孫蕡、黃哲、郭奎諸人咸死非命。如李仕魯、王朴之死，尤暴殘。太祖又有「士大夫不為君用」之科。靖難之變，方孝孺夷十族，坐死者八百四十七人。

鞭笞捶楚，成為朝廷士大夫尋常之辱。

洪武九年，葉伯巨上書：「今之為士者，以混迹無聞為福，以受玷不錄為幸。以屯田工役為必獲之罪，以鞭笞捶楚為尋常之辱。」伯巨竟以此死獄中。又解縉疏：「今內外百司，捶楚屬官，甚於奴隸。」是明初捶辱官吏之風，又不僅於朝廷之上矣。

終明之世，廷杖逮治不絕書。

廷杖亦始太祖時，如永嘉侯朱亮祖父子皆鞭死，工部尚書夏祥斃杖下，其後流而愈甚。武宗正德三年，劉瑾矯詔百官悉跪奉天門外。頃之，下朝官三百餘人獄。及諫南巡，十四年。命朝臣一百零七人罰跪午門五日，晚並繫獄，晨出暮入。又各杖三十。餘繼疏爭者，杖四十、五十，有死者。廷杖者百四十六人，死者十一人。世宗時嘉靖三年。大禮議，逮下詔獄廷杖者一百三十四人，編修王思等病創卒者十八人。四十餘年間，杖殺朝士倍蓰前朝。有杖畢趣治事者，有朝服予杖者。公卿之辱，前此未有。十一年徐石麟疏言：「皇上御極以來，諸臣麗丹書者幾千，圜扉為滿。」十四年，大學士范復粹疏請清獄，言：「獄中文武纍臣至百四十有奇，大可痛。」不報。莊烈帝時，用刑頗急，大臣多下獄。明廷之濫刑、濫殺，終使其自陷於不救之地。明史流寇傳評莊烈帝，謂：「敗一方即戮一將，隳一城即殺一吏，賞罰太明，而至於不能罰。制馭過嚴，而至於不能制。」其甚者如袁崇煥之見殺，則并非罰之明而馭之嚴矣。

其慘酷無理，殆為有史以來所未見。

魏叔子集載廷杖事，言：「每廷杖，必遣大璫監視，眾官朱衣陪列。左中使，右錦衣衛，各三十員，下列旗校百人，皆衣襞衣，執木棍。宣讀畢，一人持麻布兜，自肩脊下束之，左右不得動。一人縛其兩足，四面牽曳。惟露股受杖。頭面觸地，地塵滿口中。受杖者多死；不死，必去敗肉斗許，醫治數月乃愈。」

而監杖用內官，行杖用衛卒，遂使士大夫懸命其手。

而尤甚者在使內監審獄。此如漢之黃門北寺，而酷毒恐猶過之。

史稱：「成化以後，凡大審錄，太監齎勅，張黃蓋，於大理寺為三尺壇，中坐。三法司左右坐。御史中郎以下捧牘立，唯諾趨走惟謹。三法司視成案有所出入輕重，俱視中官意，不敢稍忤。」

宋太祖懲於唐中葉以後武人之跋扈，因此極意扶植文儒。明太祖則覺胡元出塞以後，中國社會上比較可怕的只有讀書人。（功臣、宿將多已誅死，兵卒多已散歸田畝。）但是所謂傳統政治，便是一種士人的政治。明太祖無法將這一種傳統政治改變，（這是廣土眾民的中國為客觀條件所限的自然趨向。）於是一面廣事封建，希望將王室的勢力擴大。（古代封建只如後世一小縣，故可以宗法統治。後人封建，連州接郡，依然是一個中央政府之縮影。於封建區域內，依然得用士人政治，非一宗一族所能統。）一面廢去宰相，正式將政府直轄於王室。（秦、漢以來，中國政治之長進，即在政府漸漸脫離王室而獨立化。王室代表貴族特權之世襲，政府代表平民合理之進退，而宰相為政府領袖，君權、相權，互為節制。李德裕謂：「宰相非其人，當亟廢罷，至天下之政，不可不歸中書。」宋蔡承禧神宗時上疏：「乞除命大臣、臺諫之外，事無巨細，非經二府（中書、樞密），不得施行。」此中國傳統政治之精神也。明祖惡宰相弄權，謂可以篡奪王室之統緒，故深忌之。）既不能不用士人，（宗室同姓不足恃，軍人而非宗室更可慮，宦官、外戚則明祖早見其更不可用。而當時士人在社會上之勢力，亦更非漢、唐、宋初年可比。除非如蒙古、滿洲為整個部族之統治，（然亦需借用社會士人力量合作。）否則一姓一家，捨援用士人，即無他道。）遂不惜時時用一種嚴刑酷罰，期使士人震慴於王室積威之下，使其只能為吾用而不足為吾患。（及王威漸弛，則以太監代帝王。）這是明太祖一人的私意。一人的私意，不足以統治一個天下，只有使明代的政治，走上歧途。

張居正屢言祖宗法度，謂：「本朝立國規模與前代不同。宋時宰相卑主立名，違道干譽之事，直僕之所薄而不為者。」又曰：「迂闊虛談之士，動引晚宋衰亂之政以抑損上德，撟扞文綱。不知我祖宗神威聖德，元與宋不同。哺糟拾餘，無裨實用。」蓋中國自宋以下，貴族門第之勢力全消，宋儒於科舉制度下發揮以學術領導政治之新精神。尊師相，抑君權，雖亦有流弊，要不失為歷史之正趨。明太祖、張居正則皆此潮流下之反動也。黃宗羲明夷待訪錄置相篇，謂明「閣下之賢者，盡其能事則曰法祖，非為祖宗必足法，其位既輕，不得不假祖宗以壓後王，以塞宮奴」。若張居正此論，則又假祖宗以抗朝議矣。既不敢以師相自居，即不得為大臣。無論何事，非託王命，則只有上述祖旨也。

三　廢相後之閣臣與宦官

明代廢相以後，析中書政歸六部。

去中書省，特存中書舍人，為七品官，職書翰而已。去門下省，特存給事中，雖七品官，而有封駁之權。尚書省不復設令、僕，升六司尚書分為六部，秩二品。

以尚書任天下事，侍郎副之。六部之上，更無領袖，而天子總其成。

其外有都察院司糾劾，通政司達章奏，大理寺主平反，為九卿。然惟都察院權較重，並六部尚書為七卿。明官蓋有卿而無公。（明初立中書省總文治，都督府統兵政，御史臺振紀綱，略師漢丞相、太尉、御史大夫三公分職之意。及罷中書省，同時罷御史臺，（後更置都察院。）又分大都督府為五，而征調隸於兵部。外省設都、布、按三司，分隸兵、刑、錢穀，而考核聽之府部。如是則吏、兵、戶三部之權稍重，而總裁則歸之皇帝也。）

另設內閣大學士，為天子襄理文墨。

授餐大內，常侍天子殿閣下，故名「內閣」。時設大學士者共四殿：中極、（舊名「華蓋」。）建極、（舊名「謹身」。）文華、武英；兩閣：文淵閣、東閣。

並正五品，朝位班次在尚書、侍郎下。

洪武時，大學士特侍左右備顧問，奏章批答，皆御前傳旨當筆。

孫承澤春明夢餘錄載洪武十七年九月，給事中張文輔言：「自十四日至二十一日，八日之間，內外諸司奏劄凡一千一百六十件，計三千二百九十一事。」故君主獨裁，非精力過絕人，其勢必不可久。

成祖以後，始有「內閣」之稱。

由翰林院侍講、侍讀、編修、檢討等官簡用，無定員，使參預機務。不置官屬，不得專制諸司。

永樂、洪熙兩朝，每召內閣造膝密議，然批答亦出自御筆，不委他人。

成祖時，解縉、胡廣等既直文淵閣，猶相繼署院事。

仁宗後，閣權漸重。

楊溥、楊士奇、楊榮稱「三楊」，以東宮師傅舊臣，領部事，兼學士職，地位漸隆，禮絕百僚，始不復署院事。

至宣德時，始令內閣用小票墨書，貼各疏面以進，謂之「條旨」。此由君主生長深宮，一兩代後，精力智識皆不如前，遂漸漸不親政事，懶於接見大臣；愈懶愈疏，愈不明白外面事理，遂愈不敢與大臣直接對面辦事。「條旨」始宣德，據弇山堂別集、明史宰輔年表，謂「至仁宗而後，裁決機宜，悉由票擬」是也。又王瓊雙溪雜記云：「英宗九歲登極，有詔：凡事白於張太后（英宗祖母），然後行。太后令付內閣議決，每數日必遣中官入閣，問連日曾有何事商榷，具帖開報驗看。不付閣議者，即召司禮監責之。內閣票旨始此。」則謂始正統。殆至是始成定制耳。

詔誥起草，唐時屬中書舍人，後翰林學士越職代之。內閣擬旨，正似翰林之知制誥，並非宰相職也。至明代中書舍人乃七品官，專職書寫而已。

中易紅書批出。

太祖定制，內侍毋許識字。至宣宗時，始立內書堂，內官始通文墨，掌章奏，照閣票批硃，與外廷交結往來。

然遇大事，尚猶命大臣面議。

其後始專命內閣條旨。皇帝深居內殿，不復常與大學士相見。甚至憲宗成化以後，迄於熹宗天啟，前後一百六十三年，其間延訪大臣者，僅孝宗弘治之末數年，而世宗、神宗則並二十餘年不視朝。羣臣從不見皇帝之顏色。

野獲編卷一有明代召對趣話一則云：「先是憲宗以微吃，賜對甚稀。一日，召閣臣萬眉州（安）、劉博野（吉）、劉壽光（珝）等人，訪及時政，俱不能置對，即叩頭呼『萬歲』，當時有『萬歲相公』之誚。今上（萬曆）淵默歲久，自庚寅元旦召吳門（申時行）、新安（許國）、太倉（王錫爵）、山陰（王家屏）入對以後，又二十五年而為乙卯之四月，以張差闖宮一事，召方德清（從哲）、吳崇仁（道南）二相入內商榷。方唯叩首唯唯，不能措他語，吳則噤不能出聲。及上怒，御史劉光復越次進言，厲聲命拏下，羣閹閧聚毆之。事出倉卒，崇仁驚怖，宛轉僵仆，乃至便液並下。上回宮，數隸扶之出，如一土木偶，數日而視聽始復。蓋崇仁自登第後，尚未覩穆若之容，一旦備位政本，不覺失措至此。」又趙翼陔餘叢考，有「明中葉天子不見羣臣」條，可參看。

大學士王鏊論視朝，曰：「上下不交，未有如近世之甚者。君臣相見，不過視朝數刻。君或不識其臣，臣或不交一言於君。上下不過章疏批答相關接，刑名法度相把持而已。非獨沿襲故常，亦其地使然。何也？本朝視朝於奉天門，未嘗一日廢。明常朝有御殿儀、御門儀。每日晨興，御奉天門，午、晚復出坐朝，一日而三朝焉，可謂勤政。其後御殿禮廢，午、晚朝亦廢，世宗、神宗，則並常朝御門，亦數十年不一舉。然堂陛懸絕，威嚴赫奕，將軍持鉞，御史糾儀，鴻臚舉不如法，通正司奏上，特是之，命所司知之而已。謝恩見辭，惴惴而退，上何嘗聞一事？下何嘗進一言？欲上下之交，莫若復古內朝之法。周時有三朝，庫門之外為『外朝』，詢大事在焉。非常朝。路門之外為『治朝』，日視朝在焉。常朝。路門之內曰『內朝』，亦曰『燕朝』。視朝而見羣臣，所以通上下之情。聽政而適路寢，所以決可否之計。漢制，大司馬、左右前後將軍、侍中、散騎諸吏為『中朝』，丞相以下至六百石為『外朝』。蓋外朝為尊，中朝為親。周制常朝旅揖、特揖，其儀甚簡。漢常朝儀不著，殆亦近古。叔孫通朝儀，非常朝之儀。唐、宋重常朝，其儀特備，已非秦、漢之舊。唐皇城之南一門曰承天，正旦、冬至取萬國之朝貢則御焉，蓋古之外朝也。其北曰太極門，其內曰太極殿，朔、望視朝在焉，蓋古之治朝也。又北曰兩儀門，其內曰兩儀殿，常日聽朝而視事，蓋古之內朝也。貞觀初，每日臨朝，十三年三日一朝，永徽中五日一朝，文官中五品以上號「常參官」。玄宗怠於政事，乃有紫宸殿入閤，所見惟大臣，百官俟朝正衙者無復見天子。中葉以還，又有開延英召對，則並非正殿。宋時常朝則文德殿，五日一起居則垂拱殿，正旦、冬至、聖節稱賀則大慶殿，賜宴則紫宸殿，或集英殿，試進士則崇政殿。侍從以下五日一員上殿，謂之『輪對』，則必及時政利害。內殿引見，亦或賜坐，漢、唐君臣決事殿廷，皆列坐。宋初范質為相，始請皆立。漢、唐有不時之朝，如汲黯見武帝於武帳，魏徵見太宗於便殿。宋以下則待召而入。盍亦三朝之遺意。太祖、太宗時，華蓋、謹身、武英殿筵宴奏事，則內朝也。今久不御，上下之交絕而不通，天下之弊由是而積。外朝或可間歟，內朝必以時舉。六部諸司以次奏事，大臣五日一次起居，侍從、臺諫五日一員上殿輪對，或不時召見。咫尺相對，略去威嚴。上不難於問，下不難於對。人才賢否、政事得失、風俗善惡、閭閻疾苦、古今治亂，皆得畢陳於前，則上下之情可通，內外之壅蔽可決，天下之事有何不可為者？」王鏊之言，特欲復明初之規模，而明室帝王之昏惰，則並有不止如鏊之言者，明政烏得不亂？

獨裁的皇帝不問政事，最著者自推神宗。

萬曆二十九年，兩京缺尚書三、侍郎十、科道九十四。天下缺巡撫三、布按監司六十六、知府二十五。朝臣請簡補，不聽。三十四年，王元翰疏：「朱賡輔政三載，猶未一覲天顏。九卿強半虛懸，甚者闔署無一人。監司、郡守亦曠年無官，或一人綰數符。兩都臺省，寥寥幾人。行取入都者，累年不被命。庶常散館，亦越常期。御史巡方事竣，遣代無人。九邊歲餉缺至八十餘萬。天子高拱深居，章疏一切高閣。」四十一年葉向高疏：「自閣臣至九卿臺省，曹署皆空。南都九卿，亦止存其二。天下方面大吏，去秋至今，未嘗用一人。陛下萬事不理，以為天下常如此，臣恐禍端一發不可收也。」俱不省。全國政事歸皇帝獨裁，皇帝又不向任何人負責，朝政嬾廢墮弛至此，亦歷史中奇聞也。

自然有權臣應運而生。

世宗時，夏言、嚴嵩遂弄大權。嚴嵩柄政達二十年。世宗初亦威柄自操，用重典以繩下，而弄權者即借以行私。明代君主非重法即怠荒，皆足以敗事。

自此以後，內閣學士朝位班次升六部上。惟終明世，大學士秩止正五品，其官仍以尚書為重。署銜必曰「某部尚書兼某殿閣大學士」，本銜轉在下，兼銜反在上。然皇帝與內閣不相親接，其間尚隔著一層太監的傳遞。閣權最高僅止於票擬。

朝廷命令傳之太監，太監傳之管文書官，管文書官傳之內閣。內閣陳說達之管文書官，管文書官達之太監，太監乃述之御前。

皇帝不赴內閣親視政務，故令閣臣票擬。皇帝在內寢仍不親政務，則批紅亦由太監代之。或皇帝降旨，由司禮監在旁寫出事目，付閣臣繕擬。

於是實際相權或竟稱君權。一歸寺人。

因此明代司禮監，權出宰輔上。

英宗時王振，其時票擬尚在內閣，然涂棐疏已言，英宗時批答多參以中官。武宗時劉瑾，則專攬益甚。劉健疏：「近者旨從中下，略不與聞。有所擬議，竟從改易。」則正德初已然。皆是。以後司禮監遂擅權。瑾每奏事，必偵帝為戲弄時。帝厭之，亟麾去，曰：「吾用若何事？乃溷我！」自此遂專決，不復白。每於私第批答章奏，辭率鄙冗，焦芳為之潤色，李東陽頫首而已。李氏嘗有疏自白，謂：「臣備員禁近，與瑾職掌相關。凡調旨撰勑，或被駁再三，或徑自改竄，或持回私室，假手他人，或遞出謄黃，逼令落稿，眞假混淆，無從別白。臣雖委曲匡持，期於少濟，而因循隱忍，所損亦多。」此正可見內閣票擬，必經皇帝批答，司禮監既竊此權，自可箝制閣臣也。又按：洪武十七年鑄鐵牌，置宮門中，曰：「內臣不得干預政事。」宦官出使、專征、監軍、分鎮、刺臣民隱事諸大權，皆自永樂間始。又太祖制，內臣不許識字。宦官通文墨，自宣宗時設內書堂始。然非朝臣附麗羽翼之，虐燄亦不若是烈。首以閣臣比內侍，則焦芳也。

因此宦官逐漸驕橫跋扈。

張東白云：「自余登朝，而內閣待中官之禮幾變。天順間，李文達賢為首相，司禮監以議事至者，便服接見之。事畢，揖之而退。彭文憲時繼之，門者來報，必衣冠見之。與之分列而坐，閣老面西，中官面東。中官第一人，對閣老第三人，虛其上二位。後陳閣老文則送之出閣。後商文毅輅又送之下階。後萬閣老安又送至內閣門矣。今凡調旨議事，掌司禮者間出，使少監並用事者傳命而已。」文震孟傳則謂：「大臣入閣，例當投刺司禮大奄，兼致儀狀。」又嘉靖中，有內官語朝臣云：「我輩在順門上久，見時事凡幾變。昔日張先生璁進朝，我們要打恭。後來夏先生言我們只平眼看看。今嚴先生嵩與我們恭恭手纔進。」世宗馭內寺最嚴，其先後不同已如此。

而閣臣中想實際把握政權者，最先便不得不交結內監。時謂：「大臣非夤緣內臣不得進，非依憑內臣不得安。」即如張居正，亦交結內侍馮保也。

其次又須傾軋同列。

閣臣不止一人，職任上並無嚴格分別之規定。嚴嵩傾去夏言，與許瓚、張璧同為大學士，而瓚、璧不得預票擬，大權遂一歸嵩。自是以後，票擬專首揆，餘旁睨而已。萬曆十一年，御史張文熙言閣臣專恣，其一即指票擬不使同官預知。申時行爭之曰：「票擬無不與同官議者。」可見閣臣票擬權，在當時理論上仍不許首揆專制也。萬曆之季，疏多留中，首揆亦閒坐終日。

國家並未正式與閣臣以大權，閣臣之弄權者，皆不免以不光明之手段得之。此乃「權臣」，非「大臣」。權臣不足服眾。楊繼盛劾嚴嵩，謂：「祖宗罷丞相，設閣臣，備顧問、視制章而已。嵩乃儼然以丞相自居。」御史劉臺劾張居正，亦謂其「偃然以相自處」。又曰：「祖宗朝，一切政事，臺有奏陳，部院題覆，撫按奉行，未聞閣臣有舉劾也。居正定令撫按考成章奏，每具二冊，一送內閣，一送六科，撫按延遲則部臣糾之，六部隱蔽則科臣糾之，六科隱蔽則內閣糾之。夫部院分理國事，科臣封駁奏章，舉劾其職也。內閣銜列翰林，止備顧問，從容論思而已。居正創為是說，欲脅制科臣，拱手聽令，祖宗之法若是乎？」居正因此上書乞休，自謂：「臣之所處者危地，所理者皇上之事，所代者皇上之言。今言者方以臣為擅作威福。」可見一切癥結，實在內閣制度之本身也。又明史七卿年表：「洪、宣以後，閣體既尊，權亦漸重，於是閣部相持，凡廷推考察，各騁意見，以營其私，而黨局分焉。科道庶僚，乘其閒隙，參奏紛拏。馴至神宗，厭其囂聒，置而不論。」此豈非政體失調有以致之乎？故雖如張居正之循名責實，起衰振敝，為明代有數能臣，而不能逃眾議。

張居正為相，治河委潘季馴，安邊委李成梁、戚繼光、俞大猷。太倉粟支十年，太僕積貯至四百萬。及其籍沒，家貲不及嚴嵩二十之一。然能治國，不能服人。法度雖嚴，非議四起。繼之為政者，懲其敗，多謙退緘默以苟免。因循積弊，遂至於亡。

黃梨洲謂：「有明一代政治之壞，自高皇帝廢宰相始。」（明夷待訪錄。）眞可謂一針見血之論。明代一面廢去宰相，一面又用嚴刑繩下。錦衣衛、（錦衣衛獄又稱「詔獄」，始太祖時。）東廠、（永樂設，掌緝訪謀逆妖言、大奸惡等，由宦者領之，與錦衣衛均權。）西廠，（憲宗寵汪直設，命詗刺外事，所領緹騎倍東廠。武宗時，劉瑾又設之。神宗時，馮保擅權，又建「內廠」，即西廠之變相。於是名東廠曰「外廠」。魏忠賢秉政，內、外廠備極刑慘。）成為皇帝的私法廷，可以不經政府司法機關（刑部、都察院、大理寺，稱三法司。刑部受天下刑名，都察院糾察，大理寺駁正。）而擅自逮捕鞫訊朝臣，乃至於非刑虐殺，其權全操於內寺。

初領五都督府者，皆元勳宿將。永樂間，始設內監監其事。沿習數代，勳戚紈綺司軍紀，而內監添置益多。邊塞皆有巡視，四方大征伐皆有監軍，而內監之權又侵入於軍事。其他明代如皇莊、礦稅、上供、採造種種擾民事，亦皆奄寺主之，則奄權又侵及於財政。（明祖著令：內官不得預政事。永樂中，遣鄭和下西洋，侯顯使西番，馬騏鎮交趾，且以漠北諸將皆洪武舊人，以中人參之。又設東廠預事，宦官浸任用。明祖之廢宰相，與永樂之任宦寺，皆出一時私意。明代規模定於二君，禍根亦胥種於是矣。）

內寺之權，極盛於熹宗時之魏忠賢。

天啟六年，浙撫潘汝楨始為忠賢立生祠，天下爭廢書院應之。監生陸萬齡請祀忠賢於國子監，又請以忠賢配孔子。崇禎時定逆案，首逆淩遲者二人，為忠賢、客氏。首逆同謀決不待時者六人，交結近侍秋後處決者十九人，結交近侍次等充軍者十一人，又次等論徒三年贖為民者一百二十九人，減等革職閒住者四十四人，共二百零九人。忠賢本族及內官黨附者又五十餘人。其時文臣有崔呈秀等「五虎」，武臣有許顯純等「五彪」，又有「十狗」、「十孩兒」、「四十孫」之號。自內閣六部至四方督撫，無非逆黨，駸駸乎可成篡弒之禍。忠賢目不識丁，弄權至多不過六、七年，少僅三、四年，蟠結攀附之盛已如此，則其時士風官方，亦可知矣。

在一種黑暗的權勢下面，鼓盪出舉世諂媚之風，而同時激起名節之士之反抗，而黨禍於此興。

明朝一種諂媚結附之風，蓋由中葉以後，政治混濁而引起。嚴嵩當國，朝士為乾兒義子者至三十餘輩。張居正臥病，六部大臣九卿、五府公侯伯俱為設醮。翰林、科、道繼之，部屬、中、行繼之，諸雜職又繼之，外官南京、楚、閩、淮、漕又競起應之。黠者以獻媚，次亦避禍不敢立崖岸。時獨一顧憲成，削名不屈。無論為張居正，為魏忠賢，自趨權附勢者視之，則同樣為權勢之代表。而自守正不阿者論，則此等權勢亦同樣應該反對。反對此等權勢者，醞釀於講學，結集於書院。而張居正亦盡力摧毀天下書院，魏忠賢則前後兩次殺六君子十二人，黨禍至於不可收拾矣。

又按：黑暗政權之普通象徵，厥為賄賂。王振時，每朝覲官來見，以金為率，千金者始得醉飽而出。

稗史類編。振籍沒時，金銀六十餘庫，玉盤百，珊瑚六、七尺者二十餘株。振傳。李廣歿後，孝宗得其賂籍，文武大臣餽黃、白米各千百石，蓋隱語，黃者金，白者銀也。廣傳。劉瑾時，天下三司官入覲，例索千金，甚有至四、五千金者。蔣欽傳。稗史則謂「布政使須納二萬金」。科、道出使歸，亦例有重賄。許天錫傳。瑾敗後，籍沒之數，大玉帶八十束，黃金二百五十萬兩，銀五千萬餘兩，他珍寶無算。據王鏊筆記。瑾竊柄不過六、七年耳。其後錢寧籍沒時，亦黃金十餘萬兩，白金三千箱，玉帶二千五百束。寧傳。魏忠賢史不載其籍沒之數，其富當更勝於瑾也。顧不必宦官為然。嚴嵩為相二十年，籍沒時黃金三萬餘兩，白金二百餘萬兩，他珍寶不可數計。嵩傳。又稗史載：「嚴世蕃與其妻窖金於地，每百萬一窖，凡十數窖。」當時文武遷擢，但問賄之多寡。楊繼盛疏。吏、兵二部持簿就嵩填註。董傳策疏。邊臣失事納賕，無功可賞，有罪不誅。文武大臣贈謚遲速予奪，一視賂之厚薄。周冕疏。雖州縣小吏，亦以貨取。沈鍊疏。戶部發邊餉，朝出度支門，暮入嵩府。輸邊者四，餽嵩者六。邊鎮使人伺嵩門下，未饋其父子，先饋其家人。家人嚴年已踰數十萬。張翀疏。政府帑藏不足支諸邊一年之費，而嵩所積可支數年。王宗茂疏。水陸舟車載還其鄉，月無虛日。董傳策疏。又徐學詩疏謂：「都城有警，密運財南還，大車數十乘，樓船十餘艘。」嵩本籍袁州，乃廣置良田美宅於南京、揚州，無慮數十所。鄒應龍疏。其後陳演罷相，以貲多不能行，遂為闖賊所得。賄隨權集，貪黷黑暗，諂媚趨附，胥可於此見之。然則又何怪於黨禍之興與流寇之起也！

直待全國正人都捲入黨禍，而國脈亦遂斬。

第三十七章 傳統政治復興下之君主獨裁（下）

一 明初的幾項好制度

但明初政治，亦有幾點特長處。

（一）明初之學校貢舉制度

明祖一面廢宰相，用重刑，一面卻極看重學校。明祖蓋知政治不得不用讀書人，故一面加意培植養成，一面卻設法削其權任，殺其氣燄。

洪武八年，頒行學校貢舉事宜。此據永樂大典，見全祖望集。生員分二等。

一、府州縣學舍之生員。有定額，自四十人以下為差，日給廩餼。

二、鄉里學舍之生員。無定額，三十五家置一學，名「社學」。

府、州、縣學舍生員之資格，以官員子弟，及民俊秀、年十五以上、讀過四書者充之。

其學科有經、史、分九經、四書、三史、通鑑、莊老、韜略等。禮、律、樂、射、算等項。晨習經、史、律，飯後治書、禮、樂、算，晡後習射。餘力學為詔誥、箋表、碑版、傳記等應用文字。

其考試分按月考驗，及三年大比。

貢至行省，拔尤送京師，並妻、子資送。

貢士天子臨軒召見，說書一過，試文字、射、算。分科擢用。有經明行修、工習文詞、通曉四書、人品俊秀、言有條理、精習算法諸科，以諸科備者為上，以次降，不通一科者不擢。

其任用有為御史、知州、知縣、教官、經歷、縣丞、部院書吏奏差、五府掾史不等。

其鄉里學舍之師資，由守令擇有學行者教之。在子弟為師訓，在官府稱「秀才」。教科自百家姓、千字文以至經、史、律、算。

考試亦三年一大比，師生皆有升進。行省拔秀才之尤者貢之朝，守令資送其妻、子入京。天子臨軒試，加以錄用。生員俊秀者入學，補缺食餼。不成材者聽各就業。

學校之盛，為唐宋以來所不及。

明府、州、縣、衛所皆建儒學，教官四千一百餘員，弟子無算。又凡生員入學始得應舉，則學校與考試兩制度已融合為一，此實唐宋諸儒所有志而未逮者。至其末流，漸廢漸壞，有名無實，則又當別論。

至國子監有「歷事監生」之制。

國子學改稱「國子監」，監生分赴諸司先習吏事，謂之「歷事監生」。亦有遣外任整理田賦、清查黃冊、興修水利等事，學十餘年，始撥歷出身。

出身優異。

洪武二十六年，盡擢國子生六十四人為布政、按察兩使，及參議、副使、僉事等官，為四方大吏者尤多。臺諫之選，亦出於是。常調亦得為府、州、縣六品以上官。

布列中外，一時以大學生為盛。

明代國學，即至後來，亦比唐宋較見精神。

學生既得歷事，又有優養，而尤重司成之選，特簡大學士、尚書、侍郎為之。及至中葉，名儒輩出。如李時勉、陳敬業、章懋、羅欽順、蔡清、崔銑、呂柟分教南北。晝則會饌同堂，夜則燈火徹旦，如家塾之教其子弟。故成材之士，多出其門。

（二）明代之翰林院制

明制中尤堪稱述者，在其翰林院。

翰林院之設始於唐，其先本內廷供奉藝能技術雜居之所。

此猶秦漢初年之博士及郎官。舊唐書職官志言：「翰林院有合練、僧道、卜祝、術藝、書弈，各別院以廩之。」（其見於史者，天寶初，嵩山道士吳筠。乾元中，占星韓穎、劉烜。貞元末，弈棋王叔文，侍書王伾。元和末，方士柳泌，浮屠大通。寶曆初，善弈王倚，興唐觀道士孫準。並待詔翰林是也。）亦有名儒學士，時時任以草制。（此亦視為藝能之一。）乾封以後，始號「北門學士」。（因其常於北門候進止。）玄宗初，置「翰林待詔」，（以張說、陸堅、張九齡、徐安貞、張垍等為之。）掌中外表疏批答、應和文章。此則猶漢武帝侍中內朝多任文學之士也。嗣乃選文學士號「翰林供奉」，分掌制誥、書勑。此則以內廷漸分外朝之權，正與漢武以侍中諸文士參預國政奪宰相權相似。

玄宗時，開元二十六年。別置學士院，在翰林院之南，始正式與翰林院分而為二，然猶冒翰林院之名。因唐別有弘文館學士、麗正殿學士故也。自此學士與待詔有別。

趙璘因話錄：「文宗賜翰林學士章服，續有待詔欲先賜，本司以名上，上曰：『賜君子小人不同日，且待別日。』」又文紀寶曆二年，省「教坊樂官、翰林待詔、技術官」云云。此種分別，猶如漢博士專尊五經儒士，而百家盡黜也。

專掌內命。凡拜免將相，號令征伐，皆用白麻。

其後選用益重，禮遇益親，至號為「內相」。

此則相權內移，正如漢代尚書代三公之實權矣。興元元年，翰林學士陸贄奏：「學士私臣，玄宗初待詔內庭，止於應和詩賦文章。詔誥本中書舍人職，軍興之際，促迫應務，權令學士代之。今朝野乂寧，合歸職分。」識者是之。

宋代則翰林學士，亦掌制誥、侍從備顧問，並有侍讀、侍講、說書等經筵官，亦與翰苑同為政府中清美的缺分。

而館閣之選，更為士人榮任。

凡直昭文館、直史館、直集賢院、此為國史三館。太宗時新建三館，賜名「崇文院」。直祕閣，端拱初，就崇文院中堂建。與集賢殿修撰、史館修撰、直龍圖閣，皆為館閣高等。其次曰集賢校理，曰祕閣校理。官卑者曰館閣校勘，曰史館檢討。均謂之「館職」。記注官闕，必於館職取之。非經修注，不除知制誥。元豐以前，館職非名流不可得。凡狀元制科一任還，及大臣論薦，乃得召試，入格乃授，謂之「入館」。時人語曰：「寧登瀛，不為卿。寧抱槧，不為監。」其貴如此。

實為當時政府一種儲才養望之清職。

劉安世謂：「祖宗之待館職，儲之英傑之地，以飭其名節。觀以古今之書，而開益其聰明。稍優其廩，不責以吏事。所以滋長德器，養成名卿賢相也。」

至於明代，翰林院規模，益臻崇宏，經筵官、史官均歸入翰苑，翰林院更明顯的變成一個中央政府裏面惟一最高貴的學術集團。這一個集團，與王室在在保有很緊密的關係。內閣學士，即從翰林院分出。

英宗正統七年，翰林院落成，學士錢習禮不設楊士奇、楊榮座，曰：「此非三公府也。」二楊以聞，乃命工部具椅案，禮部定位次，以內閣固翰林職也。嘉、隆以前，文移關白，猶稱「翰林院」，以後始逕稱「內閣」。

至詹事府主輔導太子。官職，亦為翰院旁支，與侍講、侍讀等同為王室導師。

而明代翰林院一個更有意義的創制，則為庶吉士之增設。

翰林院有庶吉士，正如國子監有歷事生，以諸進士未更事，俾先觀政，候熟練然後任用。

大率進士第一甲得入翰林，而二甲、三甲則得選為庶吉士。

進士徑入翰林，始洪武十八年。永樂以後，惟第一甲例得入翰林，二甲、三甲必改庶吉士，乃得銓注。

自有庶吉士而翰林院遂兼帶有教育後進之性質。

其先庶吉士命進學於內閣。

永樂三年，命學士兼右春坊大學士解縉等，新進士中選材質敏美者，俾就文淵閣進學。其先洪武六年，已有鄉貢舉人免會試，擇年少俊異者肄業文華堂之制。又洪武十四年六月，詔於國子諸生中選才學優等、聰明俊偉之士，得三十七人，命之博極羣書，講明道德、經濟之學，以期大用，稱之曰「老秀才」，禮遇甚厚。此皆為後來庶吉士制度之先聲。可見明祖未嘗不思作育人才，後人謂明祖創為八股文以愚世，非也。後景帝時，又有東閣進學之事。

並時經帝王御試。

永樂中，召試庶吉士多在文華殿。宣宗時，又有齋宮考藝。正德後，庶吉士止隸翰林，遂罕御試。

其間有經長時期之教習。

遠則八、九年，近則四、五年，而後除授。有不堪者，乃改授他職。永樂四年，庶吉士陳孟潔、曾春齡輩卒於京師，或以教習已近十年為言，上怒，於是張叔穎等皆除通判。

學成每得美擢。

大抵以授翰林院編修、檢討諸職為常。宣德以前兼授部屬、中書等官，正統間始有授科、道者。

翰林院本為儲才養望之地，明初洪武、永樂兩代。尤能不斷注意到社會上的名儒耆俊，網羅擢用。皇帝以及儲君，時時與翰林學士接近，既可受到一種學術上之薰陶，又可從他們方面得到很多政治上有價值的獻議或忠告。

> 翰林學士除為講官、史官、修書、視草等規定的職務外，如議禮、審樂，定制度、律令，備問，諍得失，論薦人才，指斥姦佞，以常獲從幸，尤見親密，實多有匡捄將順之益也。

而一輩翰林學士，又因並不負有行政上實際的責任，無專掌，無錢穀簿書之煩。明代翰林亦無青詞齋文等無聊文字之應酬。當時稱之為「玉堂仙」。一甲三人為「天上生仙」，庶吉士則「半路修行」也。而望榮地密，從容中祕，得對古今典章沿革，制度得失，恣意探討，以備一旦之大用。而庶吉士以英俊後起，亦得侍從臺閣，受一種最名貴而親切的教育。實在是國家培植候補領袖人才之一種好辦法。庶吉士亦得建言白事。

在貴族門第的教育此種教育，對於政治傳統，特有關係。消失以後，在國家學校教育未能切實有效以前，此種翰林院教習庶吉士的制度，實在對於政治人才之培養，極為重要。國子監歷事生則與翰林院庶吉士並行兼濟。

元代許衡罷中書，為國子師，所教習蒙古族人侍御貴近子弟，其後皆為重臣。明制實模倣於此。洪武六年開文華堂肄業，太祖謂宋濂等曰：「昔許魯齋諸生多為宰相，卿其勉之。」可證。翰林院制度後為清代所沿襲。清代政治上人物以及學術上之貢獻，由此制度助成者，尚不少也。

（三）其他

明初又厲行察舉之制，罷科舉者凡十年，至十七年始復，而薦舉之法仍並行不廢。

中外大小臣工，皆得推舉。下至倉、庫、司、局諸雜流，亦令舉文學才幹之士。其被薦而至者，又令轉薦，以故山林巖穴、草茅窮居，無不獲自達於上。吏部奏薦舉當除官者多至三千七百餘人，少亦至一千九百餘人。

拔用人才，不拘資格。

由布衣登大僚者不可勝數。有徑拜為大學士者，有起家為尚書、侍郎者。永樂間，薦舉起家，猶有內授翰林、外授藩司者。

又俾富戶、耆民皆得進見，奏對稱旨，輒予美官。

又獎勵人民上書言事。

凡百官、布衣、百工、技藝之人，皆得上書。並許直至御前奏聞。沿及宣、英，流風未替。雖升平日久，堂陛深嚴，而逢掖布衣、刀筆掾史、抱關之冗吏、荷戈之戍卒，朝陳封事，夕達帝閽。採納者榮顯，報罷者亦不罪。英、景之際，尚不可勝書。

有六科給事中掌封駁，謂之「科參」。

給事中原屬門下省，明代罷去門下省長官，而獨存六科給事中。旨必下科，其有不便，給事中得駁正到部，謂之「科參」。六部之官，無敢抗科參而自行者。又廷議大事、廷推大臣、廷鞫大獄，給事中皆預。

位雖低而權重。

如此，只要上面有精明強幹的皇帝，如洪武、永樂。下面學校貢舉制度能繼續不懈，社會優秀分子逐漸教養成才，逐漸加入政府。又有翰苑制度，為政府特建一個極富學術意味的衙門，做政府的領袖人才的迴翔地。既以通上下之志，又以究古今之變，使常為全部政治的一個指導機關。又使下級官僚乃至地方民眾，常得風厲奮發，在政府中有不時參加及相當發言的地位。此種政治，宜可維持一個相當時期，不致遽壞。明祖鑒前代女禍，首嚴內教。終明一代，宮壼肅清，論者謂其超軼漢、唐。刑法已寬於建文，而重峻於永樂。援用宦豎，亦始成祖。若明無靖難之變，其政制或可不如以後之所至。

故洪武以來，吏治澄清者百餘年。

其時地方官每因部民乞留而留任，且有加擢者。守牧稱職，增秩或至二品，監司入為卿貳者比比。又常特簡廷臣出守，有尚書出為布政使，而侍郎為參政者。又常由大臣薦舉，又時遣大臣考察黜陟。府、州、縣官廉能正直者，必遣行人齎、勅往勞，增秩賜金。仁、宣之際猶然。又重懲貪吏。故明之吏治，且駕唐、宋而上之，幾有兩漢之風。英、武之際，雖內外多故，而民心無土崩之虞，由吏鮮貪殘故也。惟英宗天順以後，巡撫之寄漸專，監司、牧守不得自展布，乃成重內輕外之勢。

其他又如明初衛所制度，頗得唐府兵遺意。

自京師達於郡、縣，皆立衛所。地係一郡者設所，連郡者設衛。大率以五千六百人為一衛，千一百二十八人為一千戶所，一百一十二人為百戶所。外統於都司，內統於五軍都督府。征伐則命將充總兵官，調衛所軍領之。既旋，則將上所佩印，官軍各回衛所。每軍給田五十畝為一分。或百畝、七十、三十、二十畝，以土地肥瘠為差。最盛時，中外衛所軍百餘萬。洪武二十三年，京師二十萬六千二百八十人，外九十九萬二千一百五十四人，為最盛。歲得糧五百餘萬石，官俸兵糧皆於是出。太祖曰：「吾養兵百萬，要不費百姓一粒米。」稅額：官給牛者十稅五，自備者稅四或三。亦較魏、晉為優。

黃册、魚鱗册整頓賦役，清代因之不能革。

魚鱗册始行於洪武二十年。其全國完成，當在二十六年。故明會典有洪武二十六年全國土田統計。時兩浙富民畏避徭役，以田產寄他戶，謂之「貼腳詭寄」。是年命國子生武淳等分行州、縣，隨糧定區，區設糧長。元制，民夏輸絲絹，秋送米粟，鄉推一人總其事，若鄉官然。明糧長即仿此。糧長以田多者為之。其先，歲七月，州、縣委官偕詣京，領勘合以行。糧萬石，長、副各一人。輸以時至，得召見。語合，輒蒙擢用。然其制頗多流弊。其後官軍兌運，糧長不復輸京師，而在州里間頗滋害。量度田畝方圓，次以字號，悉書主名，及田之丈尺，編類為册，狀如魚鱗，號曰「魚鱗圖册」。先是，詔天下編黃册，在洪武十三年。以戶為主，詳具舊管、新收、開除、實在之數為四柱式。而魚鱗圖册以土田為主，諸原坂、墳衍、下濕、沃瘠、沙鹵之別畢具。魚鱗册為經，土田之訟質焉。黃册為緯，賦役之法定焉。

明初武功亦足方駕漢、唐。

安南自唐後淪於蠻服者四百餘年，永樂時復隸版圖，設布政司。暹羅、緬甸亦通朝貢。朝鮮在明，雖稱屬國，而無異域內。朝貢絡繹，錫賚便蕃。迄於明亡，猶私心嚮明不已。成祖親征漠北，遠使南洋，季年朝貢者，殆三十國。

故明代的政治設施，雖論其用心，未得為當，而亦與兩漢、唐、宋諸朝並為中國史上之一段光昌時期。嘉、隆以後，吏治日媮，民生日蹙，國遂以亡矣。

二　明代政制之相次腐化

惟承平日久，科舉進士日益重，而學校貢舉日益輕。學校可以造成所欲期望之人才，科舉則只就社會已有人才而甄拔之。又薦舉亦益稀，出身全由場屋。

顧亭林謂：「明科舉尤重進士，神宗以來遂有定例。州、縣印官以上中為進士缺，中下為舉人缺，最下乃為貢生缺。舉貢歷官雖至方面，非廣西、雲、貴不以處之。以此為詮曹一定之格。間有一、二舉貢受知於上，拔為卿貳大僚，則必盡力攻之，使至於得罪譴逐，且殺之而後已。於是不由進士出身之人，遂不得不投門戶以自庇。資格與朋黨二者，牢不可破，而國事大壞。邱橓疏：「薦則先進士，劾則先舉監。同一官也，不敢接席而坐，比肩而立。」賈三近疏：「撫、按諸臣，遇州、縣率重甲科而輕鄉擧。同一寬也，在進士為撫字，在擧人為姑息。同一嚴也，在進士為精明，在擧人為苛戾。是以為擧人者，非頭童齒豁不就選。」二氏之說，皆可與顧語相證。今按：科目之弊，自宋已見。項安世謂：「科目盛自李唐，而唐之取士，猶未盡出於此。有上書得官，有隱逸召用，有出於辟擧，有出於延譽。自太平興國以來，科名日重，至於今二百餘年，擧天下人才，一限於科目之內。入是科者，雖檮杌、饕餮必官之。出是科者，雖周公、孔子必棄之。上不以為疑，下不以為怨。一出其外有所取捨，則上蓄縮而不安，下睥睨而不服。共知其弊而甘心守之。使諸葛亮、王猛處此，必當自出意度，別作鑪鞴，以陶鎔天下之人物，以收拾天下之才智，以共了當時之事。自王導、謝安以下，隨世就事之人，欲於妥帖平靜中密致分數劑量之效，則必不敢變今之說矣。」此南宋時人議論也。中間斷於元，至明而其弊又漸滋。昔人謂「自宋以來為擧子之天下」，此固與東漢以下至於唐中葉之門第勢力不同，而同樣足以操縱一時之世界也。至於翰林之官，又以清華自處，而鄙夷外曹。科第不與資格期而資格之局成，資格不與朋黨期而朋黨之形立。」

英宗天順以後，非進士不入翰林，非翰林不入內閣。翰林人才亦為科目所限。

時南、北禮部尚書、侍郎及吏部右侍郎，非翰林不任；而庶吉士始進，已羣目為儲相。明一代宰輔一百七十餘人，由翰林者十九。科擧已視前代為盛，而翰林之盛，則又前代所絕無。此明史選擧志語。

而教習庶吉士漸漸變成有名無實。

庶吉士在外公署教習，始自正統初年，寖與文華堂、文淵閣時舊規不同。內閣仍有按月考試，僅詩文各一篇，第高下，揭帖開列名氏，發院立案。有志者甚或謝病去。天順八年庶吉士，於次年相率入內閣求解館。大學士李賢謂曰：「賢輩教養未久，奈何遽欲入仕？」計禮應聲對曰：「今日比永樂時教養何等？且老先生從何處教養來？」賢大怒，請旨，各授職，罰禮觀政刑部。弘治六年，學士李東陽、程敏政教庶吉士，至院閱會簿，悉注病假。其流弊至此。

庶吉士散館，則資格已成，便可坐望要職。

明代甚拘資格，一與詞林之選，便可坐躋華膴，往往優遊養望。進士散館後，率請假回籍。吏部輒案原資起用。有家居數十年，遷至尚書、侍郎，始入朝供職者。偶有一、二調外及改部郎，輿論喧嘩，互相詛訽。謝肇淛謂：「唐宋之代，出為郡守，入為兩制，未嘗有此格。」邱橓疏。

翰林為貯才之地，吏部為掄才之所，此兩官特為明世所重。

明制，六部吏、兵為貴，以主文、武之銓選也。而吏部執掌尤重。吏部凡四司，文選掌銓選，考功掌考察，其職尤要。明史選舉志言：「選舉之法，大略有四：曰學校，曰科目，曰薦舉，曰銓選。學校以教育之，科目以登進之，薦舉以旁招之，銓選以布列之。天下人才，盡於是矣。」可見明吏部之權重。霍韜疏：「邇年流弊，官翰林院者不遷外任，官吏部者不改別曹，陞京官者必由吏部。人輒以二官為清要，中外臣工不畏陛下而畏吏部，百官以吏部以內閣為腹心。」

及翰林院既不能培養人才，而吏部選舉，又漸漸有拈鬮、掣籤之法，而選舉遂不可問。

明史選舉志：「在外府、州、縣正佐，在內大、小九卿之屬員，皆常選官，選授遷除，一切由吏部。其初用『拈鬮法』，萬曆間文選員外郎倪斯蕙條上銓政十八事，其一曰『議掣籤』。尚書李戴擬行，報可。孫丕揚踵而行之。」陳鼎東林列傳孫丕揚傳：「先是大選外官，競為請託，丕揚創為『掣籤法』。分籤為四隅：曰東北，（北京、山東為主。）東南，（南京、浙江、福建、江西、廣西為主。）西北，（陝西、山西為主。）西南。（湖廣、四川、雲南、貴州為主。）」于慎行筆麈謂：「一時宮中相傳以為至公，下逮閭巷，翕然稱頌。」

至於科舉方面，經義漸漸變成為八股。

元皇慶二年考試程式，始以四書義取士。明制考三場。初場四書義三道，（依朱注。）經義四道。（大率用程、朱，永樂時編四書五經大全。）二場論一道，判五道，詔、誥、表內科一道。三場經、史、時務策五道。惟主司閱卷多就初場所中卷，而不深求其二、三場，因此學者精力全集中於四書義、經義。八股文者，乃一種有格律的經義，有一定之體裁與格式，猶之唐之有律詩、律賦。其體蓋起於成化以後。（顧炎武謂：「經義之文，流俗謂之八股，蓋始成化以後。股者，對偶之名。天順以前，經義之文不過敷演傳注，或對或散，初無定式。其單句題亦甚少。成化二十三年會試，『樂天者保天下』，起講先提二句，即講『樂天』四股。中間過接四句，復講『保天下』四股。復收四句，再作大結。弘治九年會試，『責難於君謂之恭』，起講先提三句，即講『責難於君』四股。中間過接二句，復講『謂之恭』四股。復收二句，再作大結。每四股之中，一反一正，一虛一實，一淺一深。其兩扇立格，則每扇之中各有四股。其次第之法亦復如之。故今人相傳謂之八股。若長題則不拘此。嘉靖以後，文體日變，問之儒生，皆不知八股之何謂矣。」

昔人謂：「八股之害等於焚書，而敗壞人才，有甚於咸陽之坑。」顧炎武語。

科舉推行既久，學者只就四書一經中，擬題一、二百道，竊取他人文記之，富家延師，一經擬數十題，課文論價。入場抄謄一過，便可僥倖中式。本經全文有不讀者。禮喪服不讀，檀弓不讀，書五子之歌、湯誓、盤庚、西伯戡黎、微子、金縢、顧命、康王之誥、文侯之命不讀，詩淫風、變雅不讀，易訟、否、剝、遯、明夷、睽、蹇、困、旅諸卦不讀。

丘濬謂：大學衍義補。在天順、成化時。「士子登名朝列，有不知史冊名目、朝代先後、字體偏旁者。」王鏊謂：制科議。在弘治十四年。「人才不如古，原於科舉。」楊慎謂：「士子專讀時義，一題之文必有坊刻。明坊刻凡四種：一曰程墨，三場主司及士子之文。二曰房稿，十八房進士之作。三曰行卷，舉人之作。四曰社稿，諸生會課之作。一科房稿之刻有數百部，皆出於蘇、杭，而中原北方之賈人市買以去。天下惟知此物可進取科名、享富貴，此之謂「學問」，此之謂「士人」，而他書一切不觀。稍換首尾，強半雷同。使天下盡出於空疏不學，不知經史為何物，是科舉為敗破人才之具也。」顧炎武謂：「舉天下惟十八房之讀，明制，會試用考試官二員總裁，同考試官十八員分閱五經，謂之「十八房」。其事始萬曆。後增至二十房。匯其範作，供士子之揣摩。讀之三年、五年，而一幸登第，則無知之童子，儼然與公卿相揖讓，而文、武之道，棄如弁髦。故八股盛而六經微，十八房興而二十一史廢。此法不變，則人才日至於消耗，學術日至於荒陋，而五帝、三王以來之天下，將不知其所終。」又曰：「時文敗壞天下之人才，而至士不成士，官不成官，兵不成兵，將不成將，夫然後寇賊姦宄得而乘之，敵國外患得而勝之。」

學問空疏，遂為明代士人與官僚之通病。

顧亭林日知錄稱：「石林燕語：『熙寧以前，以詩賦取士，學者無不先徧讀五經。余見前輩雖無科名人，亦多能雜舉五經。蓋自幼時習之，故終老不忘。自改經術，人之教子者，往往以一經授之，他經縱讀亦不能精。其教之者亦未必皆通五經，故雖經書正文亦多遺誤。若今人問答之間，稱其所習為「貴經」，而自稱為「敝經」，尤可笑也。』」今按：元袁桷國學議謂：「自宋末年尊朱熹之學，脣腐舌弊，止於四書之注。凡刑獄簿書、金穀戶口，靡密出入，皆以為俗吏而爭鄙棄。清談危坐，卒至國亡而莫可救。近江南學校教法，止於四書，髫齔諸生，相師成風，尚甚於宋之末世。知其學之不能通，大言以蓋之。議禮止於誠敬，言樂止於中和。其不涉史者，謂自漢以下皆霸道。不能辭章，謂之玩物喪志。」是學風之陋，南宋以來已然。荊公早自悔：「本欲變學究為秀才，不謂變秀才為學究。」學究者，即學究一經之謂也。朱子有學校貢舉私議，亦謂：「人材日衰，風俗日薄，朝廷、州、縣，每有一事之可疑，則公卿大夫、官人百吏，愕眙相顧而不知所出。必欲乘時改制，以大正其本而盡革其末流之弊」云云。袁桷所舉，固非朱子所逆料也。蓋朱、王皆欲提倡一種新學風，而皆為科舉功利所掩，其提倡之苦心深意皆失，而流弊轉無窮。陽明繼起，力倡良知而斥功利。然良知之說，仍為空疏不學者所逃。荊公、朱子、陽明皆有驅虛就實之意，而皆不勝世變之滔滔，則以學校之教不立故也。在上者僅知懸一標準以取士，而不知教育，則無論東漢之察孝廉，隋、唐之考詩賦，宋、明之試經義，其末流之不能無弊皆一矣。

掌握獨裁權的皇帝，往往深居淵默，對朝廷事不聞不問，舉朝形成羣龍無首之象，而明代風習又獎勵廷臣風發言事。於是以空疏之人，長叫囂之氣，而致於以議論誤國。

明自正德、嘉靖以後，羣臣言事漸尚意氣。時論言路四弊：一曰傾陷，二曰紛更，三曰苛刻，四曰求勝。至萬曆末，怠於政事，章奏一概不省，廷臣益務為危言激論自標異。明末以廷議誤國，事不勝舉。要之不度時勢，徒逞臆見，是非紛呶，貽誤事機。舉其要者，流寇既起，內外相乘，若暫和關外，猶可一意治內；而思宗迫於言路，不敢言和，廷臣亦無敢主和事者。陳新甲主兵部，力持議款，帝亦嚮之；事洩於外，羣臣大譁，為殺新甲。孫傳庭守關中，議者責其逗撓，朝廷屢旨促戰；傳庭曰：「往不返矣，然大丈夫豈能再對獄吏！」遂敗死。賊既渡河，有請撤吳三桂兵迎擊者，議者責其自蹙地，遂不果。及賊勢燎原，或請南幸，或請以皇儲監國南京，議者又斥其邪妄。明事終至於一無可為而止。

諂媚與趨附，奮發與矯激，互為摩盪，黨禍日烈。

至於地方生員，則有養無教，日益滋增，徒蠹公帑。

宣德中，生員定增廣之額，初食廩者謂之「廩膳生員」，增廣者謂之「增廣生員」。嗣後又於額外增取，附於諸生之末，謂之「附學生」。人愈多，習愈惡。遐陬下邑，亦有生員百人。俊士之效賒，遊手之患切。

又在地方仗勢為惡，把持吞噬，實做土豪劣紳。

崇禎之末，開門迎賊，縛官投偽，皆出生員。

當時比之「魏博之牙軍，成都之突將」。（此顧亭林語，猶今人擬學生為「丘九」也。）士習官方，至於萬曆之末而極壞。

顧亭林日知錄痛論之，謂：「萬曆以上，法令繁而輔之以教化，故其治猶為小康。萬曆以後，法令存而教化亡，於是機變日增而材能日減。」又曰：「孔子對哀公，以老者不教，幼者不學，為俗之不祥。自余所逮見五、六十年國俗民情舉如此。不教、不學之徒，滿於天下，而一、二稍有才知者，皆少正卯、鄧析之流。」又曰：「昔之清談談老莊，今之清談談孔孟。不習六藝之文，不考百王之典，不綜當代之務，以明心見性之空言，代修己治人之實學。股肱惰而萬事荒，爪牙亡而四國亂。神州蕩覆，宗社丘墟。」又曰：「舉業至於鈔佛書，講學至於會男女，考試至於鬻生員，此皆一代之大變，不在王莽、安祿山、劉豫之下。」又曰：「萬曆間人看書不看首尾，只看中間兩三行。」又曰：「今代之人，但有薄行而無雋才，不能通作者之意，其所著書，無非盜竊。」又曰：「科名所得，十人之中八、九皆白徒。一舉於鄉，即以營求關說為治生之計。在州里則無人非勢豪，適四方則無地非游客。欲求天下安寧，斯民淳厚，如卻行而求及前人。」又曰：「自神宗以來，黷貨之風，日甚一日。天下水利碾磑，場渡市集，無不屬之豪紳，相沿以為常事。」又曰：「萬曆以後士大夫交際，多用白金，乃猶封諸書册之間，進自閽人之手。今則親呈坐上，徑出懷中。交收不假他人，茶話無非此物。」又曰：「世尚通方，人安媟慢。搖頭而舞八風，（祝欽明。）連臂而歌萬歲。（閻知微。按：祝、閻皆唐人，顧氏引以況晚明也。）去人倫，無君子，而國命隨之。」又曰：「今世士大夫纔任一官，即以教戲唱曲為事。官方民隱，置之不講。」又曰：「自萬曆季年，搢紳之士，不知以禮飭躬，而聲氣及於宵人，詩字頒於輿皁。至於公卿上壽，宰執稱兒，而神州陸沉，中原塗炭矣。」又曰：「嚴分宜之僕永年，號曰鶴坡。張江陵之僕游守禮，號曰楚賓。不但招權納賄，而朝中多贈之詩文，儼然與搢紳為賓主。名號之輕，文章之辱，異日媚閹建祠，此為之嚆矢。」

而承平既久，武備亦弛。「本兵」高踞在上，武臣氣折。

明自英、憲以還，軍伍廢弛，而兵政盡歸於兵部，疆埸有警，調兵撥餉及戰守事宜皆主之。武臣自專閫以下皆受節制，黜陟進退胥由之。總兵官領勅，至長跪部堂，而弁帥奔走盡如鈐卒。兵部權重，時號「本兵」。其後衛所漸空，至於無軍可交，而有募兵。

明室政治之支撐點，上面靠有英明能獨裁的君主，下面靠有比較清廉肯負責的官僚。逮至君主不能獨裁，則變成宦官擅權。官僚不能負責，則變成官僚膨脹。於是政治、教育破產之後，兵制、田賦明末屢次加賦，見後。等相繼崩潰，而緊接著的便是一個經濟破產。

明室財政，自英宗後即告絀。其弊端之大者，一曰內府。

明自孝宗以後，內府供奉漸廣。單舉膳食一項言之。明制，額解光祿寺銀米，皆直送本寺，不由戶部，清釐無法。又令中官提督寺事，每以片紙傳取錢糧，寺官即如數供億。弘治十四年，劉健疏：「今光祿歲供增數十倍，諸方織作務為新巧，齋醮日費鉅萬。至嘉、隆間，光祿歲用逾四十萬，廚役多至四千一百餘名。提督中官杜泰，乾沒歲鉅萬，為少卿馬從謙所發。」再以建築言之。武宗修乾清宮，至於加徵田賦一百萬。蓋內寺奪工部權，擅興工役，侵漁乾沒，不可殫計。世宗中葉後，營建齋醮，用黃、白蠟至三十餘萬斤，沉、降、海、漆諸香至十餘萬斤。採木、採香、採珠玉寶石，天下大騷。王室之驕奢，與內官之跋扈相為因果，牽引至於無極。乃至如傳奉冗官之薪俸，成化十一年王瑞、張稷等競言之。二十一年，李俊又言：「祈雨雪者得美官，進金寶者射厚利。方士獻煉服之書，伶人奏曼延之戲。掾史胥徒皆叨官祿，俳優僧道亦玷班資。一歲而傳奉或至千人，數歲數千人，其祿歲以數十萬計。」內府工匠之餼廩，曾鑑孝宗時上疏：「往年尚衣監、兵仗局、軍器局、司設監，各收匠一、二千人不等。今針工局又乞收千人。弊源一開，其流無已。」武宗時，蔣瑤上疏：「內府軍器局軍匠六千，中官監督者二人，今增至六十餘人，人占軍匠三十。他局稱是。」世宗初立，裁汰錦衣諸衞、內監局旗校二役，為數十四萬八千七百人。歲減漕糧百五十三萬二千餘石。至穆宗隆慶初，內府工匠數又至萬五千八百人。萬曆時，畢鏘陳言：「錦衣旗校至萬七千四百餘人。內府諸監局匠役數亦稱是，此冗食之尤。」皆歲增月積，有加無減。神宗益黷貨，礦稅之害遍天下。富者編為礦頭，貧者驅之墾采。中使四出，橫索民財。自萬曆二十五年至三十三年詔罷開鑛，凡九年，諸璫所進礦銀幾三百萬兩，金珠寶玩、貂皮名馬，雜然並進。

二曰宗藩。

唐宋宗親，或通名仕版，或散處民間。明則分封列爵，不農不仕。明制，諸王子嫡長襲爵，支子為郡王；郡王支子為鎮國將軍，遞次輔國、奉國將軍，又鎮國、輔國、奉國中尉。自親王至奉國中尉八世拜爵，而奉國中尉以下亦世世拜中尉，傳無窮。衣冠祿食，不與四民之業。凡嫁娶、喪葬、生子、命名，必聞朝廷厚贍焉。正德間，已有親王三十，郡王二百十五，將軍、中尉二千七百。嘉靖四十一年，御史林潤言：「天下歲供京師糧四百萬石，而各藩祿米歲至八百五十三萬石。山西、河南存留米二百三十六萬石，而宗室祿米五百四萬石。全輸不足供諸府祿米之半。」隆、萬之際，郡王二百五十一，將軍七千一百，中尉八千九百五十一。郡主、縣主、郡君、縣君七千七十三。此林潤所謂「年復一年，愈加繁衍，勢窮弊極，將何以支」也。諸藩又多賜莊田。太祖時，親王得賜莊田千頃。其後及神宗時，福王封國河南，傳旨非莊田四萬頃不行。後詔賜田二百萬畝，跨山東、湖廣境。又奏乞淮鹽數千引，開市洛陽。中州舊食河東鹽，以改食淮鹽，河東引遏不行，邊餉因此大絀。又福王婚費三十萬，營洛陽邸二十八萬，其奢縱至此。諸藩又多使夫役。孝宗時，馬文升上疏：「湖廣建吉、興、岐、雍四王府，江西益、壽二府，山東衡府，通計役夫不下百萬。諸王之國，役夫供應亦四十萬。」

三曰冗官，而尤冗者則在武職。

景泰中張寧言：「京衛帶俸武職，一衛至二千餘人，通計三萬餘員。歲需銀四十八萬，米三十六萬，他折俸物動經百萬。耗損國儲，莫甚於此。而其間多老弱不嫻騎射之人。」嘉靖中劉體乾疏：「歷代官數，漢七千八百員，唐萬八千員，宋極冗，至三萬四千員。本朝自成化五年，武職已踰八萬，合文職蓋十萬餘。至正德世，文官二萬四百，武官十萬，衛所七百七十二，旗軍八十九萬六千，廩膳生員三萬五千八百，吏五萬五千。吏、士分途始於明。天下有以操守稱官者矣，未聞以操守稱吏者。吏無高名可慕，無厚祿可望，夙夜用心，惟利是圖。官或朝暮更易，吏可累世相傳。官深居府寺，吏散處民間。官之強幹者，百事或察其二、三。至官欲侵漁其民，未有不假手於吏。究之入官者十之三，入吏者已十之五。吏胥為害，明、清兩朝為烈。然明制乃激於元之重用吏胥而矯枉過正者。其祿俸糧約數千萬。明官吏制祿之薄，亦前代所未有。最高正一品月俸八十七石，最下從九品月俸五石。洪武時，錢、鈔兼給。錢一千、鈔一貫，抵米一石。永樂以還，米、鈔兼支。其折鈔者，每米一石，給鈔十貫。嗣鈔價日賤，初猶增鈔隨高下損益，成化中，以十貫為例。時鈔法久不行，新鈔一貫，時估不過十錢。舊鈔一貫，僅一、二錢。十貫鈔折俸一石，實得數十錢。又準鈔二百貫，折布一匹，匹布價僅值二、三百錢；而折米二十石，是石米僅值十四、五錢。久之，又定布一匹折銀三錢。又幹役、職田皆廢，官吏恃俸，絕不足自活，勢必至於貪墨。及明之中葉而風漸盛，嚴嵩當國而大熾。徐階承嚴嵩後，號能矯其弊。然致政歸，尚連舟百餘里，籯載囊裹，不可勝計。（相傳徐階有田二十四萬。）隆、萬以下，無缺不鑽，無官不賣。縉紳家高甍大厦，良田美池，並一切金寶珍玉，歌舞宴戲，皆以非分非法得之。則明之應有李自成、張獻忠久矣。

天下夏、秋稅糧大約二千六百六十八萬四千石，出多入少。」

王府久缺祿米，衞所缺月糧，各邊缺軍餉，各省缺俸廩。此後文、武官益冗，兵益竄名投占，募召名數日增，實用日減。積此數蠹，民窮財盡。於是明代便非亡不可。

第三十八章　南北經濟文化之轉移（上）自唐至明之社會

唐中葉以前，中國經濟文化之支撐點，偏倚在北方。黃河流域。唐中葉以後，中國經濟文化的支撐點，偏倚在南方。長江流域。這一個大轉變，以安史之亂為關捩。

一　經濟方面

（一）論漕運

以漕運一事而言，漢初只言漕山東粟給中都官。漢書食貨志：「五鳳中，大司農耿壽昌奏言：『故事，歲漕關東穀四百萬斛以給京師。』」三國鼎立，乃至南北朝對峙，各自立國，不聞北方仰給南方。

隋煬帝大開運河。大業元年開通濟渠，自西苑引穀、洛水達於河，又引河通於淮海。四年開永濟渠，引沁水南達於河，北通涿郡。置洛口回洛倉，穿三千三百窖，窖容八千石，以納東南、東北兩渠所輸。他把北齊、北周與南朝三分鼎足的形勢打通一氣。東南、東北，均與水運，並不是北方要仰賴南方粟。

唐代江南戶口日多，租、調日增，漕運遂幾成問題。

開元十八年裴耀卿言：「江南戶口多，而無征防之役，然送租、庸、調物，以歲二月至揚州，入斗門，四月以後，始渡淮入汴，常苦水淺。六、七月乃至河口，而河水方漲，須八、九月水落，始得上河入洛。而漕路多梗，船檣阻隘。江南之人不習河事，轉雇河師水手，重為勞費。其得行日少，阻滯日多。可於河口置武牢倉，鞏縣置洛口倉，使江南之舟不入黃河，黃河之舟不入洛口。水通則舟行，水淺則寓於倉以待。則舟無停滯，物不耗失。」開元二十二年裴耀卿為江淮、河南轉運使，凡三歲，運米七百萬石。

開元二十五年，始用「和糴法」，令江南諸州租竝廻納造布。可見當時中央賴北方粟已够。

新唐書食貨志：「韋堅開廣運潭，歲漕山東粟四百萬石。」只云山東，不言吳、越江南。

天寶八年諸道倉粟表

道名＼倉名	正倉	義倉	常平倉
關內	一、八二一、五一六石	五、九四六、二一二石	三七三、五七〇石
河北	一、八二一、五一六	一七、五四四、六〇〇	一、六六三、七七八
河東	一、五八九、一八〇	七、三〇九、六一〇	五三五、三八六
河西	七〇二、〇六五	三八八、四〇三	三一、九〇〇
隴右	二七二、七八〇	二〇〇、〇三四	四二、八五〇
劍南	二二三、九四〇	一、七九七、二二八	七〇、七一〇
河南	五、八二五、四一四	一五、四二九、七六三	一、二一二、四六四
淮南	六八八、二五二	四、八四〇、八七二	八一、一五二
江南	九七八、八二五	六、七三九、二七〇	六〇二、〇三〇
山南	一四三、八八二	二、八七一、六六八	四九、一九〇

據上表，知天寶八年前，諸道米粟最盛者首推河南、河北，次則關內與河東，更次乃及江南、淮南。就此以推南北經濟情況，明明北勝於南尚遠。

安史亂起，唐室遂專賴長江一帶財賦立國。直至以後河北、山東藩鎮割據，租稅不入中央，唐室的財政命脈，遂永遠偏倚南方。

其時則自江入河之漕運，尤為軍國重事。德宗時，緣江、淮米不至，六軍之士，脫巾呼於道。

劉晏為肅、代時理財名臣，主要的便在能整理漕運。

晏之辦法，大體仍是裴耀卿遺規，使江船不入汴，江南之運積揚州。使汴船不入河，汴河之運積河陰。河船不入渭，河船之運積渭口。渭船之運入太倉。又史稱：「晏為河南、江淮以來轉運使，每歲運米數十萬石給關中，或至百餘萬斛。」

然此乃一時政治形勢所致，北方經濟依然可以自立，其仰賴於南方者尚不甚大。

貞元八年陸贄奏：「頃者每年自江、湖、淮、浙運米百一十萬斛至河陰，留四十萬斛貯河陰倉，至陝州又留三十萬斛貯太原倉，餘四十萬斛輸東渭橋。今河陰、太原倉見米猶有三百二十餘萬斛，京兆諸縣斗米不過直錢七十，江淮斗米直百五十錢。請令來年江淮止運三十萬斛。」文宗太和以後，歲運江淮米不過四十萬斛。宣宗大中時，裴休為轉運使，乃增至百二十萬斛。

宋都汴京，主要原因，即為遷就漕運。（石晉自洛遷汴，已為此。）據當時定制，（太平興國六年。）漕運凡有四線。

一、汴河　米三百萬石，（景德中至四百五十萬石。至道初，至五百八十萬石。大中祥符初，至七百萬石。大率以六百萬石為常。）菽一百萬石。來自江南、浙東西、淮南、荆湖南北，自江入淮，自淮入汴。

二、黃河　粟五十萬石，（後歲漕益減耗，纔運粟三十萬石。嘉祐四年詔罷之，以後惟漕三河。）菽三十萬石。來自陝西，自三門、白坡轉黃河入汴。

三、惠民河　粟四十萬石，（治平二年，二十六萬七千石。）菽二十萬石。來自陳、蔡，自閔河、蔡河入汴。

四、廣濟河　粟十二萬石。（治平二年，至七十四萬石。）來自京東，自五丈河歷陳、濟及鄆。

江、淮所運謂之東河，亦謂裏河。（即第一線。）懷、孟等州所運，謂之西河。（即第二線。）潁、壽等州所運，謂之南河，亦謂外河。（即第三線。）曹、濮等州所運，謂之北河。（即第四線。）宋代在全國統一的局面下，國家財賦，始正式大部偏倚在南方。南宋歲收，轉更超出於北宋之上。

宋初歲入千六百餘萬緡，已兩倍唐代。熙寧時至五千餘萬緡。南渡後，更增至六千餘萬。地狹而賦轉多。

元代建都燕京，米粟依然全賴江南，當時遂創始有海運。海運自秦已有，唐人亦轉東吳粳稻以給幽、燕，（見杜詩。）惟僅以給邊而已。

元海漕其利甚溥，其法亦甚備。船三十隻為一綱，大都船九百餘隻，漕米三百餘萬石。船戶八千餘戶，又分其綱為三十。每綱設押官二人。正八品。行船又募水手，移置揚州，先加教習。領其事者則設專官，秩三品，有加秩，無易人。創議者朱清、張瑄，本海盜，自用事，父子致位宰相，弟姪甥壻皆大官，田園宅館遍天下，庫藏倉庫相望，巨艘大舶交番夷中。成宗大德七年，封籍其家貲，拘收其軍器、船舶等，並命其海外未還商船，至亦依例籍沒。蓋二人仍皆營盛大之海外貿易也。

元世祖至元二十八年，海運二百五十餘萬石。其後累增至三百五十餘萬石。文宗天曆二年為最高額。

元代歲入糧數總計

腹裏今河北、山東、山西及內蒙等地。 二、二七一、四四九石

遼陽	七二、〇六六	（8）
河南	二、五九一、二六九	（2）
陝西	二三九、〇二三	（6）
四川	一一六、五七四	（7）
甘肅	六〇、五八六	（9）
雲南	二七七、七一九	（5）
江浙	四、四九四、七八三	（1）
江西	一、一五七、四四八	（3）
湖廣	八四三、七八三	（4）

據上表，除江西外，其他自遼陽以下七地糧數總計，尚不及江浙一處；而江浙、江西、湖廣三處合計，又恰當其他六地之一倍。亦又超出於腹裏及其他六地，即全國總數之上。

就西晉時言，下游糧食多仰給於荆襄。至此則江浙遠超湖廣之上矣。又若以整個南方（江浙、江西、湖廣、四川、雲南。）與北方比，則南北相差更遠。

明漕運凡五變：一、河運。（兼用水陸，自淮入河，始永樂元年。）二、海陸兼運。（永樂四年。）三、支運。（九年開會通河，十三年始興支運。）四、兌運。（宣德六年。）五、改兌。

支運規定蘇、松、常、鎮、杭、嘉、湖諸地糧，撥運淮安倉。揚州、鳳陽、淮安撥運濟寧倉。以三千艘支淮安糧運到濟寧，以二千艘支濟寧糧運赴通州。自淮至徐以浙、直軍，自徐至德以京衛軍，自德至通以山東、河南軍，以次遞運。歲四次，可運三百餘萬石，謂之支運。自後又寖增五百萬石。終明世，其定制為四百餘萬石。

兌運者，民間但運至淮安、瓜州，兌與衛所官軍，運載至京，給與運費及耗米。初皆支運，後漸為兌運。

改兌者，令裏河官軍運赴江南水次交兌，而官軍長運，遂為永制。

運船在天順以後，（永樂至景泰，大小無定，為數甚多。）定數萬一千七百七十隻，（三年小修，六年大修，十年更造。）官軍十二萬人。以糧數比：（成化八年定額。）

北糧　七五五、六〇〇石。

南糧　三、二四四、四〇〇石。（內兌運米，計蘇州一府六十五萬五千石，超過浙江全省（六十萬石）之上。松江一府二十萬三千石，超過江西全省（四十萬石）之半數。常州一府一十七萬五千石，超過湖廣全省（二十五萬石）之半數。蘇、松、常三府合計，占南糧全數三之一。）

北糧幾只及南糧五之一。地荒、人荒，遂為北方二患。（日知錄卷十七。）整個的中央，幾乎全仰給於南方。而自南赴北之糧食運輸，亦成國家每年一次大耗費。

清代漕運額，亦定四百萬石。據清初漕運例纂規定，各省漕運原額，約為南四北一之比。惟據清會典乾隆十八年奏銷冊計之，則為南八北一。又據戶部則例，乾隆四十四年漕運額則為南十北一之比也。

（二）論絲織業與陶業

耕、織為農事兩大宗，粟米與布帛亦為國家租、調兩大類。蠶桑事業，中國發明甚早，其先皆在北方。（春秋時北方地名用「桑」字者，散見各處。）漢代絲織物，在黃河流域，已有幾個著名的中心地點。（如山東之臨淄、河南之襄邑，此已超過家庭手工業之上。故曰「兗、豫：漆、絲、絺、紵」。蜀錦亦極有名。惟江南則絕不見有蠶絲事業。）北魏均田制，特有「桑田」，可證當時種桑養蠶、調絲織帛，為北方農民一極普遍之生業。

顏氏家訓謂：「河北婦人織紝組紃之事，黼黻錦繡羅綺之工，大優於江東。」貴族如此，平民諒亦爾也。隋代以清河絹為天下第一。唐代桑土調絹絁，麻土調布。

開元二十五年，令江南諸州納布折米，可見其時江南諸州尚不為桑土。又令河南、河北不通水利處，折租造絹。

越人的機織，由北方傳授。

李肇國史補：「初，越人不工機杼，薛兼訓為江東節制，乃募軍中未有室者厚給貨幣，密令北地娶織女以歸。由是越俗大化，更添風樣，綾紗妙稱江左。」左思吳都賦有「八蠶之緜」。宋文帝亦極奬桑麻。沈瑀令民每家植桑十五株。南方蠶事，起源甚早。惟精進美盛，則在後也。

唐代全國各州郡貢絲織物數量，以定州為第一。品質列第四。

太平廣記引朝野僉載：「定州何明遠資財巨萬，家有綾機五百張。」續通鑑長編四十三：「宋開封官綾錦院綾機四百張。」

如亳、如滑，皆為當時絲織要地。

景龍三年，宋務光疏：「自頃命侯，莫居墝埆，專擇雄奧。滑州地出縑紈，人多趨射。列縣為七，分封有五。」唐六典：開元時，絹分八等，宋、亳第一。二、三、四、五等皆在黃河南北，不及淮水流域。六、七、八等皆在四川境內外。大江以南僅泉、建、閩三州，位居最末。又大中六年中書、門下奏：「州府絹價，除果、閬州外，無貴於宋、亳州。」

唐十道貢賦絲布織物表 據唐六典，開元十道貢賦，擇其有關衣織者錄之。

地點	名稱	備考
關內道	賦絹、綿、布、麻。	開元二十五年敕：「關輔既寡蠶桑，每年庸、調，折納粟米。其河南、河北不通水運州，宜折租造絹以替關中。」
河南道	賦絹、絁、綿、布。	貢紬、絁、文綾、絲葛。
河東道	賦布、繭。蒲州調以繭，餘並用麻、布。	
河北道	賦絹、綿及絲。	貢羅、綾、平紬、絲布、綿紬。
山南道	賦絹、布、綿、紬。	貢布、交梭白縠、紬紵、綾、葛、綵綸。
隴右道	賦布、麻。	貢白氎。
淮南道	賦絁、絹、綿、布。	貢交梭、紵、絺、熟絲布。
江南道	賦麻、紵。	貢紗、編、綾、綸、蕉、葛。
劍南道	賦絹、綿、葛、紵。	貢羅、綾、綿、紬、交梭、彌牟布、絲、葛。
嶺南道	賦蕉、紵、落麻。	貢竹布。

大體論之，重要的蠶桑織作，在北不在南。

五代河南北皆俵散蠶鹽斂民錢。石晉尚能歲輸契丹絹三十萬匹。

史稱：「五代時，湖南民不事桑蠶，楚王殷用高郁策，命民輸稅以帛代錢，民間機杼大盛。吳徐知誥令稅悉輸穀、帛、紬、絹，匹直千錢，當稅三千。由是江淮間曠土盡闢，桑柘滿野。」知其時南方蠶事漸盛。

汴宋錦織，尤為有名。

博物要覽載宋錦名目多至四十二種。陸游老學菴筆記載：「靖康初，京師織帛及婦人衣服花紋，皆四時景物，謂之『一年景』。」又載：「定州有刻絲煙霧紗。」靖康元年，金兵入汴，索絹一千萬疋，河北積歲貢賦為之掃地。浙絹悉以輕疏退回。

宋、金分峙以後，宋歲幣以銀、絹分項。是絲織品又漸漸地要北仰於南之證。又按：宋、遼議和後，遼於振武軍及保州置榷場，歲以羊皮毛易南絹。

金泰和六年，尚書省奏：「茶，飲食之餘，非必用之物。商旅多以絲絹易茶，所用不下百萬。」又泰和八年，言事者以「茶乃宋土草芽，而易中國絲、綿、錦、絹有益之物，不可」。是其時中原絲織物尚有輸於江南者。惟恐多係民間粗品，不敵南宋政府歲幣所輸於金政府者遠甚矣。

元代北方尚見有大規模之種桑區域。

至順二年，冠州有蟲食桑四十餘萬株。元冠州於漢為館陶縣地，明屬山東東昌府。又按：金有徵桑皮故紙錢者，明代遷安蓺桑甚盛，然皆剝皮造紙。惟遷安有蠶姑廟，是其先曾治蠶，而後稍廢耳。

元初並有按戶稅絲之制。

太宗八年，耶律楚材為元定制，每戶出絲一斤供官用，五戶出絲一斤給受賜貴戚、功臣之家。

然而蠶桑絲織事業之自北南遷，在大勢上終於不可挽。明初南北絹稅數，恰成三與一之比。

洪武二十六年各布政司幷直隸府州夏稅絹數表

地點	數量
浙江	一三九、一四〇疋
江西	一五、四七七
湖廣	二六、四七八
福建	二七三
四川、廣東、廣西、雲南四省	無
南直	三二、九九九
（內蘇州一府）	（占一四、一五七）
總計	二一四、三六七

以上南方。

地點	數量
北平	三二、九六二疋
山東	二三、九三二
河南	一七、二二六
山西、陝西二省	無
總計	七四、一二〇

以上北方。

此後更是照著南進北退的趨勢進行。

萬曆六年各布政司幷直隸州府夏稅絲絹大數表

地點	名稱	數量
浙江	絲棉幷荒絲	二、七一五、〇四七兩
	農桑絲折絹	三、五〇九疋

地區	項目	數量
江西	絲棉折絹	八、〇二五疋
	農桑絲折絹	三、四八六疋
	本色絲	八、二〇九斤
湖廣	稅絲折絹	二三、八九〇疋
	農桑絲折絹	四、九九七疋
福建	絲棉折絹	二八〇疋
	農桑絲折絹	三一九疋
廣西	本色絲	一四八斤
南直	絲棉折絹	三、八〇九疋
	農桑絲折絹	八、九一〇疋
	稅絲折絹	一六、九七六疋
	稅絲	一〇二、四七八兩

以上南方。

地點	名稱	數量
山東	絲棉折絹	二三、一六五疋
	農桑絲折絹	三三、八二五疋
	稅絲	二、〇八九斤
山西	農桑絲折絹	四、七七一疋
河南	稅絲	三五二、九〇一兩
	農桑絲折絹	九、九六三疋
陝西	農桑絲折絹	九、二二一疋
北直	人丁絲折絹	二五、二六二疋
	農桑絲折絹	一二、五〇八疋

以上北方。

按：此表北方各省折絹數乃過於南方，然折絹未必實納。正統八年，令各處不出蠶絲處所，每絹一疋，折銀五錢，解京支用。蓋唐以前北方輸絹，至是相承，僅為一種名色而已。如單論絲兩，則南北幾至八一之比。弘治十五年數與此大同。惟四川有荒絲六三三斤，而此無之。

又明代織染局有浙江、杭州、紹興、嚴州、金華、衢州、台州、溫州、寧波、嘉興。江西、福建、福州、泉州。四川、河南、山東、濟南。南直鎮江、蘇州、松江、（徽州、寧國、廣德。）各處。至嘉靖七年，以江西、湖廣、河南、山東等省不善織造，令各折價，惟浙江與南直每年徵本色至二萬八千餘疋。至清代，惟有江寧、蘇州、杭州三織造。而兩稅盡納銀糧，亦無折絹名色。於是令人漸忘河域自古為絲織先進之區矣。

又如陶磁，亦是北方農民很早就發明的一種副業。唐代河南府有貢瓷，至宋，精美著名的陶業，尚多在北方。

定窯在河北定州，以宋政和、宣和間為最良。南渡後稱南定，北貴於南。汝窯在河南，柴窯亦在河南。惟昌窯（即景德鎮。）在江西，龍泉窯、哥窯在浙江處州。

至元明則最精美的磁業，全轉移到江南來。

元有浮梁磁局，見元史職官志，專掌景德鎮磁器，世稱「樞府窯」。民間有宣州、臨川、南豐諸窯。明景德窯最盛。宜興陶業始萬曆間。

木棉亦為宋後大利所在，而其種植，亦南盛於北。元世祖至元二十六年，置浙東、江西、湖廣、福建木棉提舉司，可見木棉盛植於此諸處也。又邱濬大學衍義補謂：「漢、唐之世，木棉雖入貢中國，未有其種，民未有以為服也。宋、元間，始傳其種。關陝、閩、廣，首得其利。」是關陝亦植木棉，惟不如南之盛。

這是北方經濟情形漸漸不如南方的顯徵。換辭言之，亦可說北方農人的聰明精力，及其品性習慣，似乎在各方面都漸漸地轉變到不如南方。

再以商業情況而論，亦是南方日見繁榮，北方日見萎縮。

此有關於天然界之出產者：如鹽、茶為唐以後國利兩大項，鹽以兩淮為主，茶則均產於南方。茶飲至唐始盛，茶稅始唐德宗時。銅鐵礦冶，亦南盛於北。漁業尤為南方所獨擅。此亦至清代猶然。礦課，北惟山西一省，南則湖南、兩廣、雲、貴。茶課，北惟甘肅一省，南則江西、兩湖、四川、雲、貴、江蘇、安徽、浙江。（據戶部則例，乾隆間十省歲辦茶引數，約當於南十北一之比。）漁課，北惟奉、吉，南則蘇、皖、贛、閩、浙、兩湖、廣東、四川、雲、貴。亦有關於交通者：南方水利日興，舟楫之便遠超北地。亦有關於人工製造者：如前舉絲織、陶磁之類。文獻通考載宋熙寧十年以前天下諸州商稅歲額，四十萬貫以上者有三處，北占其二，南占其一。在蜀。二十萬貫以上者五處，皆在南方。皆在蜀。十萬貫以上者十九處，北得其一，南得十八。五萬貫以上三十處，北十二，南十八。五萬貫以下者五十一處，北得二十五，南得二十六。三萬貫以下者九十五處，北得四十五，南得五十。一萬貫以下者三十五處，北得二十，南得十五。五千貫以下者七十三處，北得十九，南得五十四。南北相較，已見北絀南贏。及明代有「市肆門攤稅」，共設於三十三處，南得二十四，北得其九。南：應天、蘇州、松江、鎮江、淮安、常州、揚州、儀眞、杭州、嘉興、湖州、福州、建寧、武昌、荊州、南昌、吉安、臨江、清江、廣州、桂林、成都、重慶、瀘州。北：順天、開封、濟南、濟寧、德州、臨清、太原、平陽、蒲州。又明代商稅開始有「船鈔」，此見商業全走入水路交通。設關處所凡七：曰河西務，直隸。曰臨清，曰九江，曰滸墅，曰淮安，曰揚州，曰杭州。全國商業，漸漸集中至長江下游與運河兩條線上。萬曆六年，各地商稅課鈔數，南直各府、州全數達一千三四百萬貫，殆占全國四分之一。而淮安一府獨有二百餘萬貫，浙江省又三百萬貫。可證當時全國經濟集中在長江下游太湖流域，而由運河貫輸到北方的大概。四川在宋代極盛，而元、明兩代則劇跌，亦由全國經濟狀態之變動。此種演進，直到清代，大體仍舊。據清會典，光緒十三年全國各省釐金冊報，南方各省幾占北方之八倍。又據光緒二十九年戶部報告，則超過十二倍。

二　文化方面

這一種趨勢，反映在社會文化上，亦可見北方人物在逐漸減少，而南方則在逐漸增多。此只就數量上論之。

如以應科舉人數論。

唐武宗會昌五年限定各地應送明經進士額數表

	國子監	宗正寺	東監、同、華、河中。	鳳翔、山南東道、山南西道、荆南、鄂岳、湖南、鄭滑、浙西、浙東、宣商、鄜坊、涇邠、江南、江西、淮南、西川、東川、陝虢等道。	河東、陳許、汴、徐泗、易定、齊德、魏博、澤潞、幽孟、靈夏、淄青、鄆曹、兗海、鎮冀、麟勝等道。	金汝、鹽豐、福建、黔府、桂府、嶺南、安南、邕、容等道。
明經	二〇〇人 舊三五〇人		五〇	二〇	一五	一〇
進士	三〇	二〇	三〇	一五	一〇	七
明經隸名	二〇〇					

這已在唐代晚年。南方地位已高，但並不能跨駕中原之上。北宋則南人考進士，人數又多；北人考明經，人數又少；顯分優劣。不得不限定南北名額以求平衡。詳見前。

元代一樣逃不出南盛北衰之象。蘇天爵滋溪集十四：「國家既以文藝取士，於是人人思奮於學，而中州老師存者無幾，後生或無從質正。」又曰：「江南三行省，每大比，士多至數千人，考官必得碩儒，士方厭服。」此記延祐、至治間事，南北學風盛衰皎然。

明代亦定南北取士額。

明列朝鄉試額數表

	洪武3	洪熙1	正統5	景泰4	嘉靖14	嘉靖19	嘉靖25
南京國子監并南直隸	100	80	100	135			
江西	40	50	65	95			
浙江	40	45	60	90			
福建	40	45	60	90			
湖廣	40	40	55	85		90	
廣東	25	40	50	75			
四川		35	45	70			

雲南		10	20	30	40		
廣西	25	20	30	55			
貴州					25		30
交阯		10					
北京國子監并北直隸	40	50	80	135			
河南	40	35	50	80			
陝西	40	30	40	65			
山西	40	30	40	65			
山東	40	30	45	75			
比數	200/310	178/370	255/485	420/725			

按：此表北直額數，其中實多南人。又兩廣、雲、貴西南人文之激進，亦可注意。

明會試額數表

南卷	浙江、江西、福建、湖廣、廣東、應天（直隸）、松江、蘇州、常州、鎮江、徽州、寧國、池州、太平、淮安、揚州，十六省府。 廣德，一州。	55%
北卷	山東、山西、河南、陝西、順天（直隸）、保定、眞定、河間、順德、大名、永平、廣平，十二省府。 延慶、保安，二州。 遼東、大寧、萬全，三都司。	35%
中卷	四川、廣西、雲南、貴州、廬州、鳳陽、安慶，七省府。 徐、滁、和，三州。	10%

洪熙元年，定南卷取十之六，北卷取十之四。後復以百名為率，南北各退五卷為中卷，然中卷其實即南卷也。又北卷中順天額亦多南人，則北卷之見絀多矣。景泰初，禮部請「取士不分南北」，給事中李侃等奏，謂：「江北之人文詞質直，江南之人文詞豐贍，故試官取南人恆多，北人恆少。向制不可改。」後竟復分南、北、中卷，則分卷正為北人。又李侃等所言，以「江南」、「江北」為別，南北界線，較之宋歐陽、司馬爭論時，又見南移矣。

洪武二十年，以北方學校無名師，生徒廢學，特遷南方學官教士於北，復其家。

又洪武四年至萬曆四十四年，凡二百四十六年間，每科狀元、榜眼、探花及會元，共計二百四十四人，其籍貫如次表。據陳建皇明通紀。

北方	人數	南方	人數
北直隸	七	南直隸	六六
山東	七	浙江	四八
山西	四	江西	四八

河南	二	福建	三一
陝西	九	湖廣	八
		四川	六
		廣東	六
		廣西	二
合計	二九		二一五

清乾隆丙辰詔舉博學鴻詞，先後舉者二百六十七人。滿洲五、漢軍二、直隸三、奉天一、江蘇七十八、安徽十九、浙江六十八、江西三十六、湖北六、湖南十三、福建十二、河南五、山東四、山西三、廣東六、陝西四、四川一、雲南一。可見此種演進，至清無變。

再就宰相籍貫言之，唐宰相世系多在北方。（唐宰相世系表，三百六十九人，九十八族，十九皆北人。）宋中葉以後，南方便多，北人便少。

明宰輔一百八十九人，（此據明史宰輔年表計。）南方占了三分之二強。（明江、淮以北，鼎甲甚不易得，蓋以科第影響及於仕宦。）

地點	人數	備註
江南	三五	
浙江	三二	
江西	二六	
直隸	二〇	
湖廣	一三	
山東	一三	
河南	一一	
四川	一〇	
福建	一〇	
山西	七	
廣東	五	
陝西	二	
廣西	二	
雲南	一	貴州無。不知籍貫者一人。

三　南北政治區域之劃分及戶口升降

社會南北文化經濟之升降，還可以政治劃分區域的大小繁簡來看。茲將唐、宋分道列一簡表如下：

唐太宗時十道及轄州數	玄宗時十五道	宋太宗時十五路及轄府軍州數	神宗時二十三路
關內22	關內	京東23	京東東
河東18	京畿	京西19	京東西
河南28	河東	河北39	京西南
河北23	河南	河東25	京西北
山南33	都畿	陝西31	河北東
淮南14	河北	淮南23	河北西
江南42	山南東	江南20	河東
			永興
			秦鳳
			淮南東
			淮南西
			江南東

隴右20	山南西	荊湖南8	江南西 荊湖南 荊湖北 兩浙 福建 成都 梓 利 夔 廣南東 廣南西
劍南26	淮南	荊湖北12	
嶺南68	江南東	兩浙16	
	江南西	福建8	
	黔中	西川29	
	隴右	陝西24	
	劍南	廣南東16	
	嶺南	廣南西26	

觀上表，即知自唐至宋的政治區分，大體上是南方愈見衝繁，故分割愈細。北方無分而有併。與政治區域相隨而可知者，最要為戶口之盈縮。

開元州郡等級，所謂「六雄」、陝、懷、鄭、汴、魏、絳。「十望」，虢、汝、汾、晉、宋、許、滑、衞、相、洛。皆在北方。時望縣八十五，而南方只有二十縣。二十縣中在四川省占其九，江浙、荊襄僅占十一縣。

宋代北方戶口，即遠遜南方。

宋元豐三年四京十八路戶口主客數目表

路	戶	戶（主）	戶（客）	口	口（主）	口（客）	丁	丁（主）	丁（客）
東京開封二十二縣		一七一、三三四			二九五、九一二	八五、一八○		二一二、四九三	
京東十五州七十八縣	(2)	八一七、九八四	五五二、八一七	(5)	一、六六○、九○三	八八五、七七四	(2)	九五七、五五四	五六五、六九三
京西十四州七十九縣	(11)	三八三、二二六	二六八、五一六	(14)	六四四、七五七	四五八、一三○	(14)	四○○、七四○	二六九、六二三
河北二十三州一○四縣	(7)	七六五、一三○	二一九、○六五	(9)	一、四七三、六八三	四○七、五○一	(9)	七七三、八九一	二○五、四六七
陝府西二十六州一一八縣	(8)	六九七、九六七	二六四、三五一	(4)	二、○一五、四三六	七四六、三六八	(3)	一、○六七、九三六	四二五、六五一
河東十四州七十三縣	(14)	三八三、一四八	六七、七二一	(16)	七五二、三○一	一三八、三五八	(16)	三七二、三九○	七七、四六二
淮南十八州六十九縣	(4)	七二三、七八四	三五五、二七○	(7)	一、三九三、五五五	六三七、三二六	(4)	一、三二○、三○六	一五二、三○○
兩浙十四州七十九縣	(1)	一、四四六、四○六	三八三、六九○	(2)	二、六○五、四八四	六一八、二一五	(1)	一、六二九、五三二	二九八、○二七
江南東七州四十八縣	(5)	九○二、二六一	一七一、四九九	(8)	一、六○九、六一二	二八九、八四三	(6)	一、○一九、一三四	一八六、○二七
江南西六州四十七縣	(3)	八七一、七二○	四九三、八一三	(3)	二、○一○、六四六	一、○六五、二○一	(7)	八八四、三二九	三八○、七九八

荊湖南 七州 三十三縣	(9) 四五六、四三一 三五四、六二六	(10) 一、一五三、八七二 六七四、二五八	(11) 六二二、九三三 三二二、五四六
荊湖北 九州 四十五縣	(12) 三五〇、五九三 二三八、七〇九	(12) 七〇二、三五六 五〇九、六四四	(15) 二八五、五二六 二〇七、六二四
福建 六州 四十五縣	(6) 六四五、二六七 三四六、八二〇	(6) 一、三六八、五九四 六七四、四三八	(5) 七九〇、七一九 五六〇、二三〇
成都 十二州 五十八縣	(10) 五七四、六三〇 一九六、九〇三	(1) 二、七八九、二二五 八六四、五二三	(10) 六八五、〇二〇 二七〇、七二四
梓州 十一州 四十九縣	(16) 二六一、五八五	(11) 八八五、五〇一 五二八、二一四	(13) 三七四、六六九 三〇五、五二九
利州 九州 三十九縣	(15) 一七九、八三五 一二二、一五六	(17) 四〇二、八七四 二四五、九九二	(17) 一九五、三八七 一四四、五九一
夔州 九州 三十一縣	(18) 六八、三七五	(18) 二一五、五九五 二五二、四七二	(18) 一四九、〇七〇 一七一、〇一七
廣南東 十四州 四十縣	(13) 三四七、四五九 二一八、〇七五	(13) 八一二、一四七 三二二、五一二	(8) 七三五、七四七 二六二、〇五九
廣南西 二十四州 六十縣	(17) 一六三、四一八 七八、六九一	(15) 五八四、六四一 四七〇、九四六	(12) 二七三、六七四 四一九、三一六
總計	南 四、五九一、二四九 北 九、九五二、〇一六	九、五六四、三〇三 二三、六八七、六八六	五、三二八、九〇〇 一二、六四六、八三四

按：有隋盛時，總江、浙、閩中不盈三十萬戶。自唐以來，浸以孳息，更五代至宋，增至五百餘萬戶。而中原戶口之數，因五代亂亡相繼，周顯德六年，總簡戶僅二百三十萬九千八百一十二。宋熙、豐盛時，分天下為二十三路，淮、漢以北居其八，（京西北路、京東兩路、陝西兩路、河北兩路、河東路，共八路。）淮、漢以南居其十有五。

即東晉、南朝十五路之地。總天下戶千有六百五十萬，而淮、漢以北纔當五百餘萬戶，淮、漢以南乃當千有百餘萬戶。大率當天下三之二。不出東晉、南朝之地，而增十五倍之人。

范仲淹十事疏謂：「唐會昌中，河南府有戶一十九萬四千七百餘戶，置二十縣。今河南府主、客戶七萬五千九百餘戶，仍置一十九縣。鞏縣七百戶，偃師一千一百戶，逐縣三等，而堪役者不過百家。請依後漢故事，遣使先往西京，併省諸邑為十縣。所廢之邑，並改為鎮。候西京併省，則行於大名府。」據是言之，北方政治區域，若以實際戶口衡之，在北宋盛時，其可省并者已多矣。

又按：以主、客戶比數而言，諸路情形大率略似。客戶俱當主戶三之一乃至半數以上。獨兩浙、江南東及成都三路不然，客戶比數，只當主戶之四之一乃至五之一。又可見其經濟狀況之獨優矣。北方河東一路，客戶比數亦少。此恐由其特為貧瘠之故，不得與南方三路比。

再就元明兩代之行中書省及布政司之區分，列表如下：

元十一中書省：

嶺北	遼陽	河南	陝西
四川	甘肅	雲南	江浙
江西	湖廣	征東	

明兩京十三布政司：

京師八府二州。　南京十四府四州。　山東六府。　山西五府三州。

陝西八府。　河南八府一州。　江西十三府。　湖廣十五府二州。

四川八府六州，及羈縻軍民等府。　浙江十一府。　福建八府一州。　廣東十府一州。

廣西七府及羈縻諸府。　雲南五府及軍民羈縻等府。　貴州八府及羈縻軍民等府州。

唐初十道，南北各半。明十三布政司，南得其九，北僅得四。南佔一倍以上。即此已見南北經濟文化輕重之不平衡。

元代南北戶口，成十與一之比。

戶	北	一、四三五、三六〇
	南	一一、三九五、九〇九
口	北	四、五五八、二三五
	南	五一、八二八、六五一

明代北方情形較佳，但依然趕不上南方。

明萬曆六年天下戶口南北計數

省	戶	口
浙江	一、五四二、四〇八（2）	五、一五三、〇〇五（6）
江西	一、三四一、〇〇五（4）	五、八五九、〇二六（2）
湖廣	五四一、三一〇（7）	四、三九八、七八五（8）
福建	五一五、三〇七（9）	一、七三八、七九三（12）
四川	二六二、六九四（12）	三、一〇二、〇七三（10）
廣東	五三〇、七一二（8）	二、〇四〇、六五五（11）
廣西	二一八、七一二（13）	一、一八六、一七九（14）
雲南	一三五、五六〇（14）	一、四七六、六九二（13）
貴州	四三、四〇五（15）	二九〇、九七二（15）
南直	二、〇六九、〇六七（1）	一〇、五〇二、六五一（1）
總計	七、二〇〇、一八〇	三五、七四八、八三一

以上南方。

山東	戶 口	一、三七二、二〇六（3） 五、六六四、〇九九（3）
山西	戶 口	五九六、〇九七（6） 五、三一九、三五九（4）
河南	戶 口	六三三、〇六七（5） 五、一九三、六〇二（5）
陝西	戶 口	三九四、四二三（11） 四、五〇二、〇六七（7）
北直	戶 口	四二五、四六三（10） 四、二六四、八九八（9）
總計	戶 口	三、四二一、二五六 二四、九四四、〇二五

以上北方。

按：上表戶口比數，特見增進者，莫如東南，而西南次之。戶口比數特見凋落者，西北為甚，而東北次之。

又按：南直蘇州府戶六〇〇七五五，口二〇一一九八五。松江府戶二一八三五九，口四八四四一四。常州府戶二五四四六〇，口一〇〇二七七九。蘇、松、常三府合計，戶數超過於湖廣、福建、四川、廣東、廣西、雲南、貴州、山西、河南、陝西、北直諸省，口數超過於福建、四川、廣東、廣西、雲南、貴州諸省，其繁榮可見。又按：清代以江南（江蘇、安徽）、浙江、江西、福建、湖南、湖北為大省，順天（河北）、山東、山西、河南、陝西、甘肅、四川、廣東為中省，廣西、雲南、貴州為小省。

萬曆六年十三布政司並南北直隸府州實徵夏稅秋糧約數

省	夏稅小黍麥	秋糧米
浙江（夏稅小黍 秋糧米）	一五二、八六三石（8）	二、三六九、七六四石（3）
江西（麥 米）	八八、〇七二（10）	二、五二八、二六九（2）
湖廣	一三一、九七六（9）	二、〇三〇、二〇七（4）
福建	七〇六（14）	八五〇、四四七（10）
四川	三〇九、八九二（6）	七一八、六五二（11）
廣東	六、一二二（12）	九九三、八二四（9）
廣西	二、四九四（13）	三六九、二〇二（13）
雲南	三五、五六七（11）	一〇七、一二三（14）
貴州	二六六（15）	五〇、五四一（15）

南直	九四三、七一一（1）	五、○六八、一四五（1）
總計	一、六七一、六六九	一五、○八六、一七四

以上南方。

山東	八五五、一七二石（2）	一、九九五、七六四石（5）
山西	五九一、九五一（5）	一、七二二、八五一（7）
河南	六一七、三二二（4）	一、七六三、四三七（6）
陝西	六九○、七四七（3）	一、○四四、九四三（8）
北直	一七八、六三九（7）	四一九、九八三（12）
總計	二、九三三、八三一	六、九四六、九七八

以上北方。

按：蘇州一府秋糧二〇三八八九四石，超過湖廣以下任何諸省，而與浙江、江西二省相彷彿。松江、常州秋糧合一五四六一八〇石，亦超過陝西、廣東、福建、四川、北直、廣西、雲南、貴州諸省，而與山西、河南兩省相彷彿。若蘇、松、常三府秋糧合計，則超過江西、浙江以下任何諸省矣。

自漢迄明南北戶數增減簡表

	北	南	比率 北:南
西漢元始二年（據漢書地理志）	九六五萬	一一一萬	$9^{-}:1^{+}$
晉太康元年（據晉書地理志）	一四九	六五	7:3
唐天寶元年（據新唐書地理志）（又舊唐書、通典）	四九三	二五七	6.5:3.5
宋元豐三年（文獻通考畢仲衍中書備對）	四五九	八三〇	3.5:6.5
明隆慶六年（續文獻通考）	三四四	六五〇	$3.5^{-}:6.5^{+}$

按：諸表中數字難盡精確，然取明大體之升降。

而明代西南諸省之開發，以及南海殖民之激進，尤為中國國力南移之顯徵，而為近世中國開新基運。

斯二者，皆為明代南方繁榮之要徵。西南開發之尤顯見者，則為湖廣、四川、貴州、廣西諸行省土司之設置。西南諸疆，雖早隸國土，然川、滇、湘、嶺嶠之間，盤踞數千里，苗、蠻、僰、爨之屬，種類殊別，自相君長。秦漢以來，雖設郡縣，仍令自保。歷代相沿，宋謂之「羈縻州」。至於明世，踵元故事，為設土官土吏，而視元益恢廓。分別司郡州縣，額以賦役，聽我驅調。漸次規置，為宣慰司者十一，為招討司者一，為宣撫司者十，為安撫司者十九，為長官司者百七十有三。此為明代開發西南一大事。其間如播州、藺州、水西、麓川，皆動大軍數十萬，殫天下力而後剷平。下及清代，漸次「改土歸流」，蓋亦隨諸地經濟民戶之自然展擴而俱起。而近世中國開發西南之大業，遂告完成。至論海外殖民，其起當亦甚早。南海、象郡，已列於秦郡，而漢因之。東漢末季，中國士大夫浮海往交趾者，夥頤至多。東晉、南朝，交、廣海舶，目為利藪。南史王琨傳：「南土沃實，在任者常致巨富。世云：廣州刺史，但經城門一過，便得三千萬。」梁書王僧孺傳：「海舶每歲數至，外國賈人以通貨易。舊時州郡以半價就市，又買而即賣，其利數倍。」唐代始有市舶之稅，然領以宦寺，尚不以為國家之正收。此如秦、漢初以山海池澤稅歸少府也。而宋市舶特設官司，乃為國家度支一要項。明代海上交通日盛，而我民之貨殖海外，立家室、長子孫者乃日眾。成祖時，命太監鄭和造大舶修四十四丈，廣十八丈。六十二，將士卒二萬七千八百餘人，通使海外。先後七奉使，所歷占城、爪哇、眞臘、暹羅、滿剌加、蘇門答剌、錫蘭等三十餘國。其第三次越過印度南境而抵波斯灣。其第四、第五次，且橫跨印度洋而至非洲之東岸。以較西方發現新地之甘馬與哥倫布等，鄭和遠跡，尚在彼輩數十年前也。俗傳三保太監下西洋，為明初盛事。與鄭和奉使同行者尚有王景弘。其後有石顯，亦兩度奉使。皆宦者也。明之聲威既遠屆南海諸國，亦會閩、廣商民能自殖其勢力於海外，如南海人梁道明王據三佛齊，陳祖義亦為舊港頭目。其後閩人某亦據婆羅國而王之，皆見明史。又梁啟超中國八大殖民偉人傳，尚舉廣東人張漣王三佛齊，廣東人某王爪哇順塔國，潮州人鄭昭王暹羅，嘉應人吳元盛王戴燕，嘉應人羅大王昆甸。又嘉應人葉萊，為今英屬海峽殖民地之開闢者。風生勢長，不徒朝廷一使之力也。明中葉受倭寇之患，而海外發展遂致頓挫。直至近世，南海殖民，仍為中國民族進展一大事。

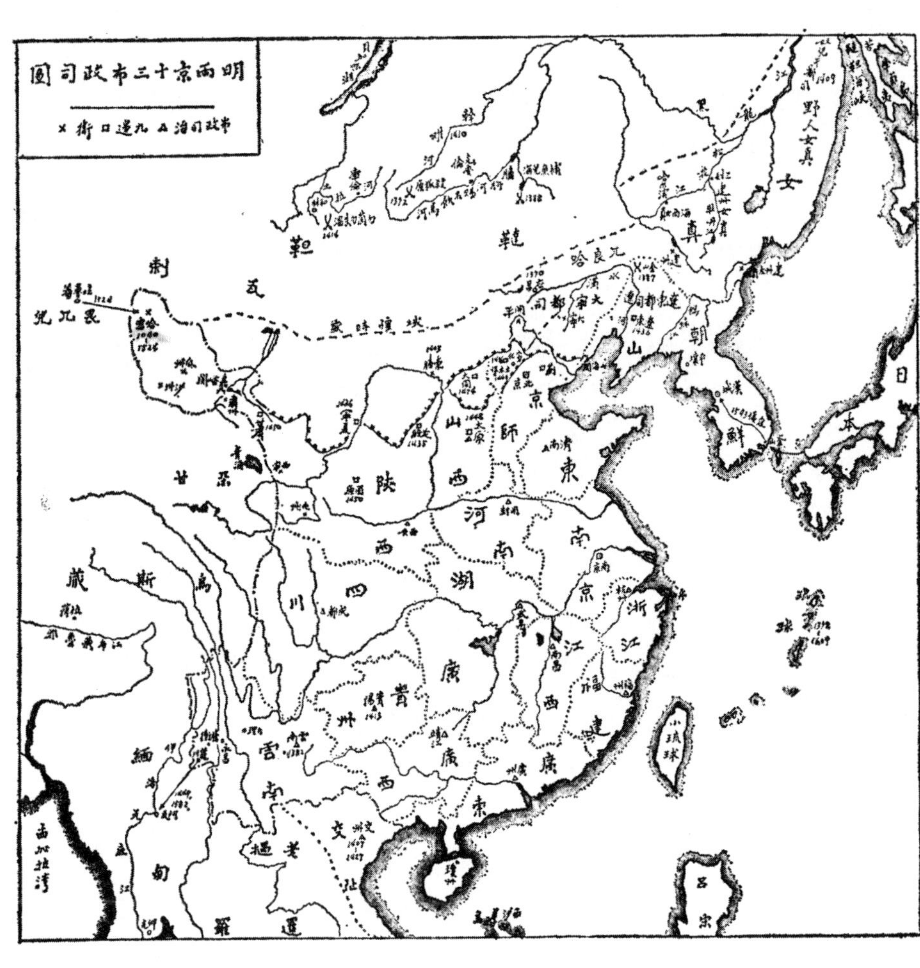
明兩京十三布政司圖
布政司治 △ 九邊口 □ 衛 ×
瓦剌
韃靼
兀良哈
女真
野人女真
京師
山西
山東
陝西
河南
四川
湖廣
南京
浙江
江西
福建
廣東
廣西
貴州
雲南
朝鮮
日本
琉球
小琉球
呂宋
交阯
緬甸
老撾
暹羅
孟加拉灣

第三十九章　南北經濟文化之轉移（中）

中國社會經濟文化之重心，何以有自北移南之傾向，此事論者不一。

或疑北方氣候，古代較溫煖，以後逐漸寒冷。此層據謂古代北方多竹及水稻，而後代之北方竹、稻均少。惟此亦可由於雨量及地土之水分等而異，不必為氣候之轉變。且古代即稱江南之桐、梓、竹箭，竹盛於南，自古已然。後代北方亦未嘗不產竹。杜甫秦州雜詩，詠竹已三見。金章宗明昌三年，定司竹監歲采入破竹五十萬竿，春、秋兩次輸都水監備河防。元河南、懷孟，陝西京兆、鳳翔，皆有在官竹園，掌於司竹監，發賣皆給引至一萬道。（至元四年。）民間住宅內外，竹不成畝，本主自用外，貨賣依例抽分。明代通州、蘆溝、眞定等處，皆設抽分竹木局。此皆黃河流域依然產竹之證，直至近時猶然。至稻田，苟有水利即可得。今北方有水處即可有稻田，是其證。如宋代洛陽以牡丹名，今牡丹轉盛於北平，此是人事，不關氣候。觀月令、豳風及古今詩人歌詠，未見北方氣候有顯著或嚴重之變化。

或疑北方雨量古代較多，以後逐漸減退。此層亦以農田水利及土地性質逐步後退推想。然北方之水患，後盛於前，不應雨量轉為前多於後。

或疑北方民族血統，後代混雜漸多，故見退步。此層亦出臆測。唐代為中國史上之極盛期，唐代北方人已多混血，何以轉較東漢以下為盛？南方先有夷獠蠻俚，北方人避難來南，未見不有混合。

以上諸說，均無切證。

或疑黃河為中國之患，長江為中國之利。此層就歷史言，亦似適得其反。

一 黃河與北方之水患

殷代的文化，孕育長成於黃河之下流。

湯居亳，距河尚遠。其後渡河而北，乃匽就黃河，非畏避。故仲丁遷隞，河亶甲居相，祖乙居耿，殷之都城，始終近河。

自盤庚至紂二百餘年的殷墟，南距朝歌，北據邯鄲及沙邱。建築在黃河下游淇、洹交灌的大三角洲上。西周的文化，脫離不了河、渭流域的灌溉。春秋中原一、二百個侯國的田邑城郭，都錯落散布在大河兩岸。涇、渭、汾、涑、伊、洛、淇、洹、淄、汶、泗廣大的水利網，纓絡其間，做了他們養長文化的血液。

當時的溝洫制度，必然很可觀。只看以後江、浙水利便知。

明嘉靖中，汪鋐奏：「春秋之世，如山東、陝西、河南等處，皆為列國。其時干戈俶擾，一國之賦，足供一國之用，未嘗取給他邦。良以溝洫之制尚存，故旱澇有備，而國用日充。」

黃河水患，始見於周定王五年。（是年為魯宣公七年，入春秋已一百二十年。）此乃河北岸的衛國（乃殷之故墟，詩邶、鄘、衛風所詠，淇澳綠竹，淇上桑田，檜楫松舟，泉源考槃，是一個最可愛的水鄉。而文化在列國中亦最高，觀風詩即知。）為狄所滅，（至河決已六十年。）農田水利失修以後應有的現象。

以後魏文侯居鄴，西門豹、史起大修水利，這一帶依然是樂土。

第二次的河徙在漢武帝元光三年。（上距周定王五年，又已四百七十年。）這一次河患的來歷，蓋因戰國以來長期戰爭，競築堤防。

漢賈讓說：「隄防之作，近起戰國。壅防百川，各以自利。齊與趙、魏，以河為竟。趙、魏頻山，齊地卑下，作堤去河二十五里。河水東抵齊堤，則西泛趙、魏。趙、魏亦為堤，去河二十五里。雖非其正，水有所游盪。水去則填淤肥美，民耕田之。稍築室宅，遂成聚落。大水時至漂沒，則更起隄防以自救。今隄防去水陿者數百步，遠者數里。」

又各以決水浸敵國。

趙世家：「趙肅侯十八年，決河水灌齊、魏之師。」竹書紀年：「梁惠成王十二年，楚決河水灌長垣之外。」趙世家：「趙惠文王十八年，決河水伐魏氏，大潦。」秦始皇本紀：「秦引河灌大梁城，城壞。」孟子云：「以鄰為壑。」

又有壅塞水源以害鄰。

國策：「東周欲為稻，西周不下水。」故始皇碣石刻辭云：「決通川防。」

河道與水利，為兵事所犧牲。遂成西漢間嚴重的水患。直到東漢王景治河功成，明帝時。此後又九百年未見河患。

這正因北方經濟文物，尚在盛時，溝洫河渠，時有興修，故水不為害而為利。觀酈道元水經注，知元魏時北方水道，後世湮絕難尋者，不知凡幾。

黃河為中國患，其事始於宋，歷元、明、清三代千年不絕，卻正是北方社會經濟文化已在逐漸落後的時期。可見水患由於人事之不盡。

宋代河患，遠因則在唐中葉以後河朔一帶之藩鎮割據。

宋敏求謂：「唐河朔地，天寶後久屬藩臣，縱有河事，不聞朝廷，故一部唐書所載，僅滑帥薛平、蕭倣二事。」閻若璩謂：「河災羨溢首尾亙千里外，非一方可治。當四分五裂之際，爾詐我虞，惟魏、滑同患，故田弘正從薛平請，協力共治。否則動多掣肘，縱有溢決，亦遷城邑以避之而已。此河功所以罕紀也。」此皆謂唐中葉以後未必無河患，然亦可謂未必有大患。若遇大潰決，朝廷豈有不知？史書豈有不錄？惟如春秋狄踞衛地，黃河下游兩岸農田水利在藩鎮統治下，失修必多，則可斷言。

近因則在五代時之長期兵爭。

梁、唐夾河相持，決水行軍，事又屢聞。如梁貞明四年、龍德三年、唐同光二年，皆決河。

自此河決時聞。五代時河已屢決，至宋而遽發。而黃河下游一、二千里的河床，遂致屢屢遷移。

河道自春秋以迄近代凡六大變：

一、周定王五年，河決宿胥口，東行漯川，至長壽津與漯別行，東北合漳水，至章武（今河北鹽山縣西北。）入海。（水經謂之「大河故瀆」。）

二、王莽始建國三年，（自周定王五年，至是凡六百一十二年。）河徙魏郡，從清河、平原、濟南至千乘。後漢永平十三年，（自王莽始建國三年至是復五十九年。）王景修之，遂為大河經流。（水經稱「河水」。）

三、宋仁宗慶曆八年，商胡決，（自永平十三年至是，凡九百七十八年。）河分二派。北流合永濟渠至乾寧軍（今河北青縣。）入海。東流合馬頰河至無棣縣入海。二流迭為開閉。

四、金章宗明昌五年，（慶曆八年至是，凡一百四十六年。）河決陽武故堤，一由南清河（即泗水。）入淮。（自此河水大半入淮，而北流猶未絕。）

五、元世祖至元二十六年，會通河成，北派漸微。（自明昌五年至是，凡九十五年。）及明弘治中，築斷黃陵岡支渠，遂以一淮受全河之水。（北流至是永絕。）

六、清咸豐三年，（自至元二十六年至是，凡五百六十四年。）河決銅瓦廂，（河南蘭封西北。）再得改道北徙，由大清河（即濟水。）入海。（自大清河至利津口，為古漯水道，即漢之千乘也。）

其間鉅變劇患，多在宋後。蓋自大伾以東，古兗、青、徐、揚四州之域，皆為其縱橫糜爛之區，而北方元氣為之大耗。

黃河水患的起落，恰與北方社會經濟文化的盛衰，成一平行線。足徵互為因果，非自始黃河卽為中國之害。

宋後河患不絕，約有幾因：

一、常為他種原因而犧牲了河流的正道。

宋初河道與唐、五代略同。（歐陽修謂之「京東故道」。）景德、景祐兩決澶州橫隴埽，（今濮陽東。）遂為大河經流。（歐陽修謂之「橫隴故道」。）「以今地大略言之，乃自河北濮陽東經山東鄆城縣，北出東平、范縣、東阿、陽穀之間也。（至長清而下，與京東故道會。）決商胡後河道，以今地理言之，大體自河北濮陽、大名入山東冠縣、館陶、臨清以至河北之清河，又入山東武城、德縣以至河北之吳橋、東光、南皮、滄青、靜海、天津諸地入海，謂之「北流」。」商胡決口後，有主開六塔河，（六塔，地名，今河北清豐縣西南境六塔集是也。）引商胡決河復歸橫隴故道者。（事在至和二年。）嗣六塔河復決，（嘉祐元年。）京東故道遂廢。乃有主開二股河，（二股河乃商胡決河別派，自清豐、朝城、莘縣、堂邑、清平、夏津、恩縣、平原、陵縣、德平、樂陵，至無棣境入海，為唐馬頰河、古篤馬河故道。）導水東行者。（治平二年、熙寧二年皆開之。）宋人謂之「東流」。（元符二年河決復北，東流竟絕。）北流通快，海口廣深，有合於黃河之古道，而宋人必欲回河使東。六塔、二股相繼失敗。哲宗時，復有主回河者。大意謂：「河尾北向，恐入契丹，則其界踰河而南。彼必為橋梁，守以州郡，中國全失險阻。」蘇轍駁之，謂：「地形北高，河無北徙之道。又海口深浚，勢無移徙。」而紹聖諸臣力主東流，蓋借河事以伸其紹述之說。（王安石用宋昌言、程昉議，主開二股河，在熙寧二年。）元符時，河既決而北，而建中靖國初，尚有獻東流之議者。發言盈庭，以河為戲。金明昌五年，（宋紹熙五年。）河決陽武灌封邱而東，歷長垣、東明、濮、鄆、范諸縣，至壽張，注梁山濼，分二派，北由北清河入海，（濟水故道，即今之黃河道。）南派由南清河入淮。（即泗水故道。）金以宋為壑，利河之南而不欲其北，自是河道去古益遠。

元明兩代，以黃濟運，更不願河道之北。元末河道北徙，而明人以畏運道涸，力塞之。弘治中，二年、五年。兩決金龍口，直衝張秋，議者為漕計，遂築斷黃陵岡支渠。明代二百餘年間，被大害、興大役者，至五十餘見。役夫自五、六萬乃至三十萬。自此以下，迄於清代，莫不以人力強河流。河水日失其性，遂潰決不已。清道光五年，東河總督張井言：「河底日高，堤身遞增，城郭居民，盡在水底。惟仗歲積金錢，抬河於最高之處。」可謂說盡後代治河方策與成績也。今按：明代大河北決者十四，南決者五。清順、康以來，北決者十九，南決者十一。又河自三代以來，行北地者三千六百餘年，南行不過五百餘年也。直至成豐銅瓦廂之決，河道終於北去。鄭曉吾學編餘謂：「我朝黃河之役，比之漢、唐以後不同。逆河之性，挽之東南行，以濟漕運，故河患時時有之。」又按：其他如宋高宗建炎二年，杜充決黃河，自泗入淮，以阻金兵。明末流寇掘堤灌開封，河底墊高。至清順治初，河遂決河南荊隆口。以兵爭毀壞河流之事，後世尚亦時見。

二、政治之腐敗，河工之黑暗，政府常化最多的財力，而收最少的功程。

最要者還是北方整個水利網之破壞。

徐貞明潞水客譚：「昔禹播九河入海，而溝洫尤其盡力。周定王後，溝洫漸廢，而河患遂日甚。河自關中入中原，涇、渭、漆、沮、汾、涑、伊、洛、瀍、澗及丹、沁諸川，數千里之水，當夏、秋霖潦之時，無一溝一澮可以停注。於是曠野橫流，盡入諸川。諸川又會入於河流，則河流安得不盛？其勢既盛，則性愈悍急而難治。今誠自沿河諸郡邑，訪求古人故渠廢堰，師其意，不泥其迹，疏為溝澮，引納支流，使霖潦不致汎濫於諸川，則並河居民得資水成田，而河流亦殺，河患可弭。」周用亦曰：「以數千里之黃河，挾五、六月之霖潦，建瓴而下，乃僅以河南蘭陽以南之渦河，與徐州、沛縣百數里之間，拘而委之於淮；其不至於橫流潰決者，實徼萬一之幸。夫今之黃河，古之黃河也。其自陝西西寧至山西河津所謂積石、龍門，合涇、渭、汭、漆、沮、汾、沁及伊、洛、瀍、澗諸名川之水，與納每歲五、六月之霖潦，古與今無少異。然黃河所以有徙決之變者，特以未入於海，霖潦無所容也。溝洫之用以備旱潦者，容水而已。故溝洫與海，其為容水一也。天下有溝洫，天下皆容水之地，黃河何所不容？天下皆修溝洫，天下皆治水之人，黃河何所不治？水無不治，則荒田何所不墾？一舉而興天下之大利，平天下之大患矣。」明副書亦云：「河能為災，亦能為利。故不知河之利者，則不能抑河之害。禹平水土，亦盡力溝洫。東南無不耕之土，分畦列畛，畝自為澮，頃共為渠，疏而成川，窪而成淵。漏者坊，塞者濬。四野溝洫，皆治水之處。三時耕斂，皆治水之日。家家自力本業，皆治水之人。沿江圩田，重重連隄，即有衝決，詎至為損？故能東橫流而注之海，而利九害一。西北多荒土，種亦黍麥，水不為利，遂反為害。稍暘則傾瀉無所停，淫雨則肆溢無所約。寧夏沿河套地，最號沃壤，神何獨庇此一方？」又謂：「西北不可以稻，則三代之盛都於雍、冀，曷嘗仰給東南？夫天人互勝，利害旋轉。墾田受一分之利，即治河減一分之患。使方千里之水，各有所用，而不至助河為虐，此十全之利也。使方千里之民，各因其利而不煩官府之鳩，此執要之理也。土著之民，各識其水性，因以順為功；其與不習之吏，驟而嘗試，逆施而倒行者，又相萬也。」今按：明代以來治河理論，皆主潘季馴「河不分流，高築堤岸，束水刷沙」之說。然潘說特主河之下游，為救一時之潰決而言。若就北方全水量而為治本之計，莫逾於上述之三家矣。

卽據關中水利言之，唐已不如漢，而唐後又更不如唐。

漢書：「鄭渠成，溉舄鹵之地四萬餘頃，關中始為沃野。」其後又有輔渠、白渠、龍首渠之役。後漢都雒，諸渠漸廢。杜佑云：「秦漢時鄭渠溉田四萬餘頃，白渠溉田四千五百餘頃。唐永徽中，所溉惟萬許頃。洎大歷初又減至六千頃。」蓋因「沃衍之地，占為權豪觀游林苑，水利分於池榭碾磑」。此張方平語。唐書屢有議毀碾磑，保水田之利之記載。宋人以鄭渠久廢，惟修三白渠，溉涇陽、富平等六縣田三千六百頃。熙寧中，更穿豐利渠，溉田二萬五千餘頃。元至正初，以新渠堰壞，復治舊渠口，溉田四萬五千頃。其數乃不減於漢，然未幾卽廢。黃河水患，一因於河汛時期水量之突然盛漲，一由於水中挾帶泥沙量太多。然此二者，主要並不全在黃河之上源，而多為晉、陝、豫諸省之支流所促成。代表中國漢、唐全盛時長安、洛陽兩都會之沒落，其附近四圍一般經濟狀況之衰頹，與夫農田水利之失修，又是促成上述兩因之大原因也。

其他各地，大率皆然。

日知錄謂：「歐陽永叔作唐書地理志，凡一渠之開，一堰之立，無不記其縣之下，實兼河渠一志，可謂詳而有體。然志之所書，大抵在天寶前者居什之七，至河朔用兵之後，則催科為急，農功水道，有不暇講求者。」

觀明人所說河南、山東困於水旱的情形，可見一斑。

周用理河事宜疏：「臣竊見河南府、州、縣密邇黃河地方，歷年親被衝決之患，民間田地決裂破壞，不成隴畝。耕者不得種，種者不得收。中土之民，困於河患，實不聊生。至於運河以東，山東濟南、東昌、兗州三府，雖有汶、沂、洸、泗等河，然與民間田地，支節脈絡，不相貫通。每年泰山、徂徠諸山水發之時，漫為巨浸，漂沒廬舍，耕種失業，亦與河南河患相同。或不幸值旱暵，又無自來修繕陂塘渠堰，蓄水以待雨澤，遂至齊、魯之間，一望赤地。於時蝗蝻四起，草穀俱盡。東西南北，橫亙千里。天災流行，往往有之。」今按：河南、山東在漢、唐時，正猶如江浙之在元、明。所謂「歲漕關東粟數百萬石」者，大部即在此兩省。將明人記載一對比，可見中國南北社會經濟文化轉移之劇烈，而其原因則多半在人事，不必遠推至氣候雨量或人種血統等種種渺茫之臆測也。

而運河的開濬，其目的既專在通漕，對於北方原來水利，亦有損無益。隋煬汴渠，溝通河、淮，說者已謂利害不相掩。

宋丁謂談錄謂：「汴渠派分洪河，自唐迄今，皆以為莫大之利。然迹其事實，抑有深害。凡梁、宋之地，畎澮之利，湊流此渠，以成其大。至隋煬帝將幸江都，遂析黃河之流，築左右堤三百餘里。舊所湊水，悉為橫截，散漫無所。故宋、亳之地，遂成沮洳卑濕。且昔之安流，今乃湍悍。昔之漕運，冬、夏無阻，今則春開秋閉，歲中漕運，止得半載。矧每歲霖澍，決溢為患。自斯觀之，其利安在？」按：東漢王景治河，正使河、汴分流。河東北入海，汴東南入泗。煬帝溝通江、淮、河、汴，雖有南北水運聯貫之利，然如丁說，亦復不掩其害矣。

至元、明會通河，直貫南北，更逆自然之地形。

邱濬大學衍義補云：「運河由江入邗溝，由邗溝亂淮而渡上清口，經徐、呂二洪，沂、沁、泗水，至濟寧。濟寧居運道之中，所謂天井牐者，即元史所謂會源牐也。泗、（出泗水縣。）沂、（出曲阜縣。）洸、（出陽寧縣。）汶（源有三：二出萊蕪縣，一出泰山南。）諸水畢會於此，而分流於南北。北至安民山入於新河，地降九十尺，為牐十有七而達於漳、御。南至沽頭，地降百十有六尺，為牐二十有一而達於河、淮。此蓋居於兩京之間，南北分中之處。迤南接濟之水，有自武陟來之沁，有自瑯琊來之沂。迤北接濟之水，有自金龍口之河，有分滹沱河之水。通論諸牐，天井居其中，臨清總其會，居高臨下，水勢泄易而涸速。凡三千七百里之漕路，此其要害也。」

築壩堰，建堤閘，歲糜巨帑，而鑿者不勝淤，築者不勝潰。堤密於田畔，地破於壞瓜。人力已盡，水患方烈。皆明人語。因運河而牽連損害及於旁近之水系。山東濱海，水勢自宜東注，而元代為以濟運，盡逆之使西。清季沈葆楨謂：「舍運道而言水利易，兼運道而籌水利難。民田於運道勢不兩立。兼旬不雨，民欲啟涵洞，官必閉以養船。運河水溢，官又開閘壩以保堤。堤下民田，立成巨浸。」尤其甚者，為顧全運河水量，而強抑黃水南行，與淮合流。不惟河患頻仍，即淮水亦成大害。

大河自北宋時合泗入淮，淮下游為河所奪者七百七十餘年。淮本無病，此七百七十年中河病而淮亦病。又按：日知錄云：「宋史宦者傳：『梁山濼，古鉅野澤，綿亙數百里，濟、鄆數州，賴其蒲魚之利。』金史食貨志：『黃河已移故道，梁山濼水退，地甚廣，遣使安置屯田。』自此以後，鉅野、壽張諸邑，古時瀦水之地，無尺寸不耕，而忘其昔日之為川浸矣。」按：北方諸湖澤，因黃水倒灌，淤填平滿者甚多。河經河南中部，土益鬆，泥益多，泛濫橫決，而數百里間水利盡為破壞，又不獨一淮受其害也。上游因水利失修，各支流挾帶多量泥沙之黃水，驟然灌注於黃河，激起黃河下游之潰決。又因下游潰決，淤泥停澱，使下游諸湖澤漸次填平，更無蓄水之用，如是而河決之患更烈。此皆互為因果，以造成中國史上愈後愈烈之河患。

豫、魯、蘇、皖四省，天產民力，消耗犧牲於黃、淮、運三水之泛濫防禦方面者，不知凡幾。

若當時一面能改行海運，元人海運，已十達六、七，若自淮口揚帆，不經月即至天津，更無可虞。此事明人主之者，如邱濬、羅洪先、鄭曉等，殊不乏人。而屢議屢格，寧歲擲無量巨金於會通無底之牝，眞可惜也。一面縱河北去，（明人防河之北，如防盜賊，强逆其性，必挽之於東南，故河患終不能弭。）則河、淮皆可安瀾，而豫、魯、蘇、皖四省，凡河、淮潰瀾之區，皆復變為膏腴沃土。一面廣興京東、河北之水利，（如虞集、徐貞明所計畫。）一面再能移民遼、瀋，墾闢漸遠。北京正在陸海之中心，何至必仰哺於江南，為此噭噭之態？（明馬文升已謂：「交納之費，過於所需。」至清代約計運米一石入倉，費銀至十八兩、二十兩乃至三十四兩者。而倉米出售，則一石一兩。（見鄭觀應停漕議。）如此漏卮，而不思為之計，眞可歎也。）

二　北方社會所受外族及惡政治之摧殘

北方水利之逐步變壞，既如上述。而北方社會之疊受摧殘，猶不止此。始見於唐中葉以後藩鎮之長期割據，再見於五代之兵爭。（五代兵爭，北方烈於南方。而石晉所遭契丹南侵之禍為更甚。）此兩期間的政治黑暗，蓋達極點。

三、見於遼、宋之對峙，邊界受蹂躪，不得生聚種養。

遼史兵衛志：「遼每點兵，多在幽州北千里鴛鴦泊。皇帝親征，至幽州，分兵三路，至宋北京，三路兵皆會。出兵不過九月，還師不過十二月。帝不親征，則以重臣統率。進以九月，退以十二月。若春

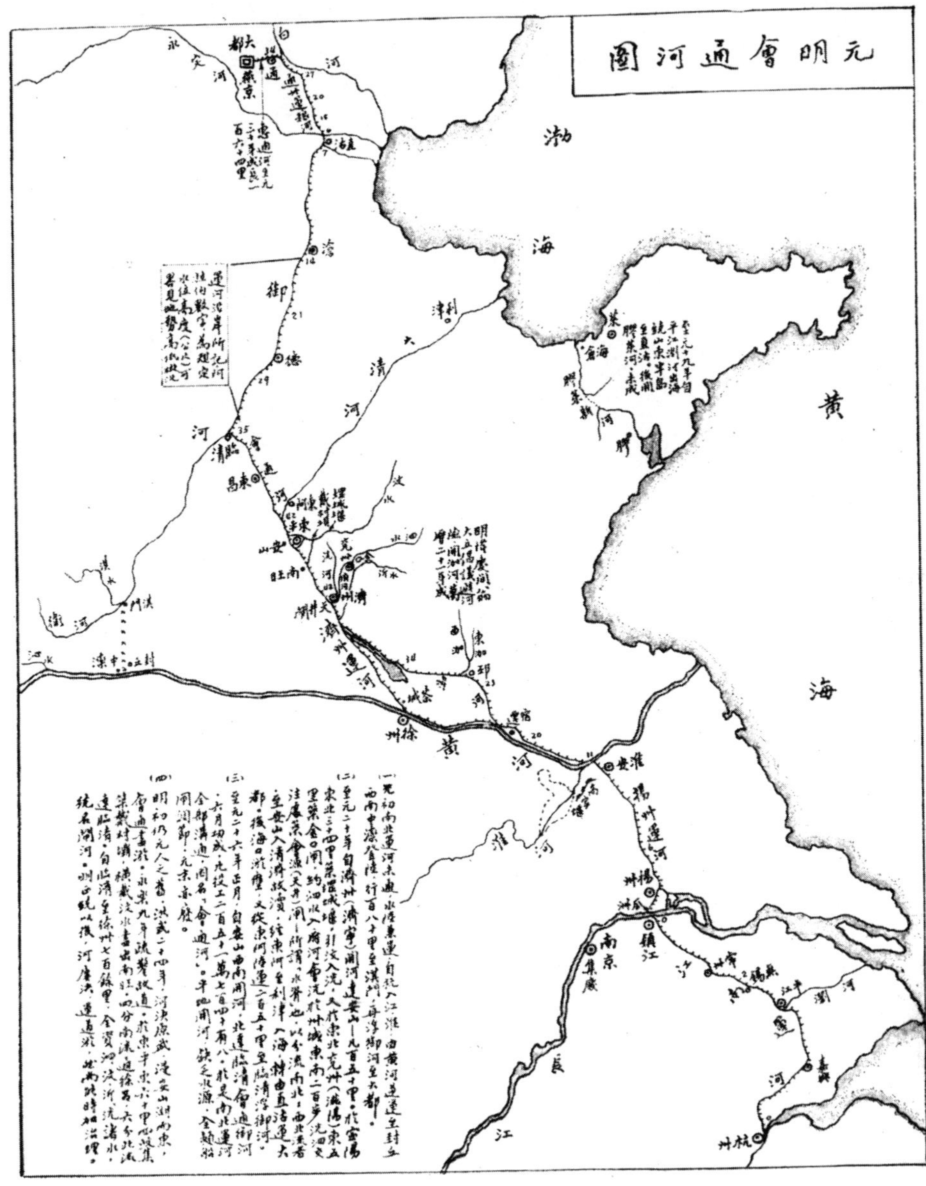

元明會通河圖
大都
燕京
通惠河
白河
直沽
渤海
海
滄
御
德
大
清
河
利津
黃
海
臨清
會
通
河
東平
安山
汶水
泗水
沂水
濟州
徐州
黃
河
淮
揚州
運河
鎮江
南京
長
江
杭州
運河沿岸所記阿拉伯數字為閘之水位高度（公尺）可略見地勢高低情況
(一)元初南北運河未通，水陸兼運，自杭入江、淮，由黃河逆運至封丘，西南中灤登陸，行百八十里至淇門，再浮御河至大都。
(二)至元二十年自濟州（濟寧）開河，達安山，凡百五十里。於寧陽東北三十四里築堽城堰，引汶入洸，又於東北兗州（滋陽）東五里築金口閘，約泗水入府河，會洸於州城東南二百步（洸泗交注處築會源（天井）閘，所謂水脊也），以分流南北；西北流者至安山入清濟故瀆，經東阿至利津入海，轉由直沽達大都。據海口淤塞，又從東阿陸運二百五十里至臨清浮御河。
(三)至元二十六年正月，自安山西南開河，北達臨清會通御河，六月功成，凡役工二百五十一萬七百四十有八。於是南北運河全部溝通，因名「會通河」。○平地開河，缺乏水源，全賴船閘調節，元末亦廢。
(四)明初仍元人之舊，洪武二十四年，河決原武，淺安山湖而東，會通盡淤。永樂九年疏鑿故道，於東平東六十里戴村築壩，橫截汶水盡出南旺，四分南流達徐呂，六分北流達臨清。自臨清至徐州七百餘里，全資泗、汶、沂、洸諸水，統名閘河。○明正統以後，河屢決，運道淤，然尚能時加治理。

以正月，秋以九月，則不命都統，只遣騎兵六萬，於界外三百里，耗蕩生聚，不令種養而已。」

四、見於宋、夏之對峙，東北與西北，受同樣命運。關中、河北社會元氣，在外寇壓迫下，不斷降低。

五、見於金人之統治，一般的政治情況之退步。呼必烈問張德輝：「遼以釋廢，金以儒亡，有諸？」對曰：「遼事未周知，金季乃所親覩。宰執中雖用一、二儒臣，餘皆武弁世爵，及論軍國大事，又不使預聞；大抵以儒進者三十之一。」在兵爭中簽兵制度之騷擾。簽兵正如五胡北朝時發丁為兵。而尤甚者，為金之屯田兵所加於北方農村之損害。一因種姓之別，二因耕稼游牧生活習慣之異。由屯田兵之雜處，北方村落受害極大。

屯田兵始於金熙宗時。

熙宗天眷三年十二月，慮中原士民懷貳，始置屯田軍。凡女眞、奚、契丹之人，皆自本部內徙，與百姓雜處。

計口授田，自燕南至淮、隴之北，皆有之，皆築壘村落間。其千夫長曰「猛安」，百夫長曰「謀克」。朝廷則不斷括民戶良田與之。

大定十七年，世宗謂省臣曰：「女眞人戶自鄉土三、四千里移來，若不拘刷良田給之，久必貧乏。其遣官察之。」章宗承安五年，命樞密使宗浩等於山東等路括地給軍，凡得地三十餘萬。按：章宗明昌元年，亦有括地給軍之敕令。

農民失去田產，另受薄惡之田。

大定二十一年三月詔曰：「山東所括民田，已分給女眞屯田人戶。復有籍官閑地，依元數還民。」七月又詔宰臣曰：「山東刷民田，已分給女眞屯田戶。復有餘地，當以還民。」泰和四年，上聞六路括地時，屯田軍戶多冒名增口，以請官地，及包取民田，而民有空輸稅賦、虛抱物力者。貞祐三年，參政高汝礪謂：「山東撥地時，腴地盡入富家，瘠者乃付貧戶，無益於軍，而民有損。」

而屯田兵得良田美產，卻不肯自己好好耕種。

世宗大定五年，以京畿兩猛安民戶不自耕墾，及伐桑棗為薪鬻之，命大興少尹完顏讓巡察。大定二十一年正月，上謂宰臣曰：「山東、大名等路猛安、謀克之戶，往往驕縱，不親稼穡。盡令漢人佃蒔，取租而已。富家盡服紈綺，酒食遊宴，貧者爭慕效。」六月，又曰：「聞猛安、謀克人惟酒是務，以田租人，而預借三、二年租課。或種而不芸，聽其荒蕪。」二十二年，以附都猛安戶不自種，悉租與民，有一家百口，壠無一苗者，治勸農官罪。明昌元年三月，勅：「當軍人授田，只令自種。」泰和四年九月定制，所撥地十里內自種，餘者許便宜租賃。

他們還只是喜歡出外畋獵。

明昌三年，敕：「猛安、謀克，許於冬月率所屬戶畋獵二次，每出不得過十日。」

漸漸亦有習染中國文學風氣的。

劉祁歸潛志：「南渡後，諸女眞世襲猛安、謀克，往往好文學，與士大夫遊。」

要之不習農事，乃至於鬻田畝、伐桑棗。

泰和元年，用尚書省言，申明舊制：猛安、謀克戶每四十畝樹桑一畝，毀樹木者有禁，鬻土地者有刑。其田多汙萊，人戶闕乏，並坐所臨長吏。

中國的良好農民，則失其祖產，或淪為佃農，因此與猛安、謀克間感情日壞。

李石傳謂：「山東、河南軍民交惡，爭田不絕。」明昌二年，尚書省奏：「齊民與屯田戶往往不睦。若令遞相婚姻，實國家長久安寧之計。」

迨蒙古兵南來，漢人乘機報復，在河北之猛安、謀克戶，多見誅夷。

元遺山完顏懷德碑：「民間讎撥地之怨，睚眦種人，期必殺而後已。尋蹤捕影，不三、二日，屠戮淨盡。」又張萬公碑：「宣宗貞祐間南渡，盜賊羣起，向之乘勢奪田者，人視之為血讎骨怨，一顧盼之頃，皆死鋒鏑之下，雖赤子亦不免。」又見金史張萬公傳。

其避而南遷者，不下百餘萬口。革去冗濫，所存猶四十二萬有奇。見陳規傳。一時又議括地分授。事雖未成，然河南民皆倍徵以給。

高汝礪言：「河北軍戶徙河南者幾百萬口，人日給米一升，歲率三百六十萬石。半給其直，猶支粟三百萬石。河南租地計二十四萬頃，歲徵粟纔一百五十六萬有奇，更乞於經費外倍徵以給。」

民不勝苦，逃亡破殘，遂至兵多於民，其狀更不堪言。

侯摯疏：「東平以東，累經殘毀，邳、海尤甚。海之民戶曾不滿百，而屯軍五千。邳戶僅及八百，軍以萬計。蕭何、劉晏復生，亦無所施其術。」

約計金代猛安、謀克戶數，比漢人約占十之一。口數（連奴婢在內。）約占七之一。

據世宗大定二十三年七月統計，猛安二百零二，謀克一千八百七十八，戶六十一萬五千六百二十四，口六百十五萬八千六百三十六。（內正口四百八十一萬二千六百六十九，奴婢一百三十四萬五千九百六十七。）而大定二十七年統計天下戶，凡六百七十八萬九千四百四十九，口凡四千四百七十萬五千零八十六。是猛安、謀克戶數約占全數十之一，口數約占七之一也。

長期間散布在中國北方，據甚大之田，納極輕之租。

猛安、謀克納稅與平民不同，特稱「牛頭稅」，或「牛具稅」。其制，每耒牛一頭，為一具，限民口二十五受田四頃四畝有奇，歲輸粟大約不過一石。官民占田無過四十具。是最低限度五口之家略可得百畝，而納稅則四百餘畝僅納一石。世宗問魏子平：「古者稅什一而民足，今百一而民不足，何也？」此蓋指猛安、謀克戶言之，實尚不到百一之稅。

國家負擔盡壓在漢族農民身上。

漢戶號為什一而稅，然裒斂刻急，民不堪其苦。見范拱傳。以畝取五升、秋稅。三合夏稅。計，亦一倍唐租有奇。據前引高汝礪言，則百畝租合六石五斗，視唐在兩倍以上。至官田租大概畝徵五斗，據續文獻通考。則百畝須五十石，與西晉五胡相倣矣。

實對中國北方農事，有甚大之損害無疑。明諸葛昇墾田十議謂：「江北荒田，民荒者十之三，軍荒者十之七。」明代北方土地雖曠莽，然棄置不耕者獨以鳳陽為甚，以鳳陽多屬軍屯也。兩淮本與兩江、兩浙並稱，然明代見稱偏瘠，軍屯之害如此，可推金世猛安、謀克之貽禍。

金之王室貴族，亦常因牧事禁民耕種。

世宗大定十年四月，禁侵耕圍場地。十一月，謂侍臣曰：「往歲清暑山西，傍路皆禾稼，殆無牧地，嘗下令使民五里外乃得耕墾。今聞其民以此去之他所，甚可矜憫。其令依舊耕種。」十九年二月，上如春水，見民桑多為牧畜齧毀，詔親王、公主及勢要家牧畜有犯民桑者，許所屬縣官，立加懲斷。二十年五月，諭有司：「白石門至野狐嶺，其間淀濼多為民耕植，官民雜畜，往來無牧放之所。可差官括元荒地，及冒佃之數。」

第六、則見之於蒙古軍隊之殘殺。

宋寧宗嘉定六年，金貞祐元年，蒙古分兵拔金河北、河東諸州郡，凡破九十餘郡。兩河、山東數千里，人民殺戮幾盡。金帛、子女、牛馬羊畜，皆席捲而去。屋廬焚燬，城郭丘墟。惟大名、眞定、青、鄆、邳、海、沃、順、通州堅守未能破。嘉定八年，金貞祐三年，蒙古兵入燕，吏民死者甚眾，室屋為亂兵所焚，火月餘不滅。河北既殘，金宣宗遂遷汴。關中兵火之餘，八州十二縣，戶不滿萬。見元史商挺傳。其後蒙古攻汴，十六晝夜，內外死者以百萬計。又遇大疫，五十日內，諸門出柩九十餘萬。貧不能葬者，不在是數。蒙古兵入汴城，欲屠之，耶律楚材諫而止。時避兵居汴者尚百四十萬戶。蒙古之破夏，其民至穿鑿土石以避鋒鏑，免者百無一、二。

據當時戶口數字計之，殆於十不存一。

金泰和七年極盛時，戶七百六十八萬有奇，口四千五百八十一萬有奇。而元之得金，戶八十七萬有奇，口四百七十五萬有奇，是十不存一也。金章宗明昌元年，金、宋口數約五與三之比。金四千五百萬有奇，宋二千七百萬有奇。而蒙古得宋，較之得於金者，戶數超過十倍，口數超過四倍。戶九百三十七萬有奇，口一千九百七十二萬有奇。其後乃有南十北一之差。蓋由北人多避逃來南，而蒙古亦稍染漢化，其對宋之殘殺，不如對金之甚也。大抵北方狀態，先壞於安史以後，大毀於宋之南渡，及蒙古之滅金而摧殘益甚也。

第七、見之於元代政制之黑暗。

元代亦有軍屯、民屯之制。屯田遍及全國，以今河北、河南兩省為多。於屯田外又有寺田，地多上善，猶過屯田。而僧徒又往往侵奪民田，包庇逃稅。又多官田，至元七年，立司農司，頒農桑之制十四條。官田之制，亦衹以擾民而已。英宗至治三年，張珪上疏曰：「天下官田歲入，所以贍衛士、給戍卒。自至元三十一年後，累朝以是田分賜諸王、公主、駙馬，及百官、宦者、寺觀之屬。其受田之家，各任土著姦吏為莊官，催甲斗級，巧名多取。又且驅迫郵傳，徵求餼廩，折辱州縣，閉償逋負。官司交忿，農民窘竄。」則擾害之情，不下於金之猛安、謀克也。

第八、見之於元末北方之殘破。

元末羣雄起義，大率多在南方，而殘破則以北方為甚。韓林兒僭號凡十二年，橫居中原，蔽遮江、淮。北方飽受兵禍蹂躪，而明祖轉得從容締造南方之新業。其時兩淮之北，大河之南，所在蕭條。燕、趙、齊、魯之境，大河內外，長淮南北，悉為丘墟。直至明初，尚謂山東、河南多是無人之地。靖難兵起，淮以北又鞠為茂草。食貨志。

中國北方社會，自安史亂後，直至明興，五、六百年內，大體上在水深火熱下過日子。明代三百年統一，北方稍得回蘇。然亦承襲元制，盛行賜田，皇室乃至勳戚之莊園，為害於北方農業進展者猶甚大。

明「皇莊」始憲宗時，沒入太監曹吉祥地，為宮中莊田始。及孝宗弘治二年李敏疏，謂：「畿內皇莊有五，共地萬二千八百餘頃。勳戚、中官莊田三百三十有二，共地三萬三千一百餘頃。」如是則北直一省，共計莊田已占四萬五、六千頃，以一戶百畝計之，當有四萬五、六千戶為莊戶也。即據萬曆六年戶口計數，北直一省，不過四十二萬餘戶，則當時莊園戶至少當佔全數十分之一以上。其後又遞有增置。武宗即位，踰日即建皇莊七，其後增至三百餘處。嘉靖初，林俊疏：「竊查皇莊及皇親功臣各莊田，所占各府、州、縣地，自正德十一年以前，已有三百八十餘處；每處土地，動計數千百頃。」世宗時，勘各項莊田，共計二十萬九百十九頃二十八畝。而尤甚者，神宗詔賜福王莊田多至四萬頃。萬曆二十九年。其時諫者謂：「河南已有周、趙、伊、徽、鄭、唐、崇、潞八王莊田，若再增四萬頃，則莊田將佔河南耕地之半數。」其後福王得河南膏腴地一萬一千餘頃，再益以山東、湖廣地，共二萬頃。此項莊田，租額既重，正德初，詔王府莊田畝徵銀三分，歲為常。德莊王見潾奏：「初年，兗州莊田歲畝二十升，獨清河一縣，成化中用少卿宋旻議，歲畝五升。若如新詔，臣將無以自給。」帝曰：「王何患貧？其勿許。」按：即以歲畝二十升計，百畝二十石，較之隋、唐固重七、八倍，較之西晉尚輕三倍。較之金、元，亦不到半數。所以明制尚為黑暗中之較光明者也。騷擾尤滋。皇莊既立，有管理之太監，有奏討之旗校，有跟隨之名色，各處動至三、四十人。勳臣莊田本有司代收，至弘治二年，外戚錢貴乞自收，始命願自收者聽，而禁管莊者橫肆。然此項禁令之為具文，可想知也。嘉靖二年劉麟疏：「皇親、功臣，各設管莊僕、佃人等領種。希勢取寵者，撥置并吞。爭競不明者，朦朧投獻。而土地之在小民者日侵月削。」其情可見矣。其對農業進展之妨礙，不言可知。京畿水利計劃之不能實施，亦為勳貴莊田所阻撓。

臨亡，流寇肆虐，以及滿清屢次入關之鈔掠，崇禎九年入關，俘人、畜十有八萬。十一年入關，俘人口四十六萬有奇，白金百餘萬。十五年入關，俘人民三十六萬九千口，牲畜五十五萬有奇。金、銀、珠、緞稱是。又如入關以後之「圈地」，此即金、元之老格套。其為害皆甚鉅。

清順治元年入北京，即發圈地令。凡近京各州縣無主荒田，及前明皇親、駙馬、公、侯、伯、內監歿於寇亂者，其田盡分給東來諸王、勳臣、兵丁人等。是年即立莊百三十有二。大莊每所地四百二十畝至七百二十畝，半莊每所地二百四十畝至三百六十畝。以後逐年圈地。失產者雖有視產美惡補給之諭，亦僅為具文。而旗人懶於耕種，仍將圈得地絡續典賣與漢人，清廷再為減價收贖。其為害於河北一帶之農戶，亦可想像得之。

大體上可以說，北方是中國史上前方一個衝激之區，因強寇大敵常在其外。而南方則是中國史上的後方，為退遁之所。因此北方受禍常烈於南方。安史亂後，中國國力日見南移，則北方受外禍亦益烈。而且自唐以下，社會日趨平等，貴族門第以次消滅，其聰明優秀及在社會上稍有地位的，既不斷因避難南遷；留者平鋪散漫，無組織，無領導，對於惡政治兵禍天災種種，無力抵抗；於是情況日壞。事久之後，亦淡焉忘之，若謂此等情形，自古已然。漢唐的黃金時代，因此不復在他們的心神中活躍。一民族與國家之復興，一面固常賴有新分子之參加，而同時必有需於舊分子之回蘇與復旺。北方為中國三代、漢、唐文化、武功最彪炳輝煌的發源地。劉繼莊在清初，已力倡北方復興之理論。將來中國新的隆盛時期之來臨，北方復興，必為其重要之一幕。

第四十章　南北經濟文化之轉移（下）

三　南方江浙一帶之水利興修

南方的發展，最顯著的在長江下游江浙一帶。自三國乃至東晉、南朝時，江浙雖已有很大的進步，但是那時的財富，主要還是靠商稅，米糧則賴荊襄接濟，人物則多半是外來的。唐中葉以後的南方，漸漸有他自己的生命，水利農業亦開始發展。

唐陸龜蒙耒耜經始言江南田事。顧炎武天下郡國利病書載江南歷代水利，五代前僅唐元和五年王仲舒治蘇，堤松江為路一事。蘇州有瓦屋，亦自仲舒始。

所謂江浙水利，並非自始卽爾，乃由人事上不斷的精心努力所造成。

五代吳越建國，有專務治水的專官，名「都水營田使」。募卒四部，於太湖旁，號「撩淺軍」，亦謂之「撩清」。凡七、八千人，常為田事，治河築堤。一路徑下吳淞江。一路自急水港下澱山湖入海。居民旱則運水種田，澇則引水出田。又開東府南湖，即鑑湖。立法甚備。當時有以治溝洫過勞叛變者。又撩兵千人，專於錢塘湖芟草濬泉。又營田卒數千人，以淞江闢土而耕。定制墾荒田不加稅，故無曠土。米一石，價不過數十文。

有大規模的圩田以及河塘。

仁宗慶曆時，范仲淹守平江，上奏謂：「江南舊有圩田，每一圩田方數十里，如大城。中有河渠，外有門閘。旱則開閘，引江水之利；潦則閉閘，拒江水之害。旱澇不及，為農美利。又浙西地卑，雖有溝河可以通海，惟時開導，則潮泥不得以堙之。雖有堤塘可以禦患，惟時修固，則無摧壞。臣知蘇州日，點檢簿書，一州之田係出稅者三萬四十頃。中稔每畝得米二、三石，計七百餘萬石。東南每歲上供數六百萬石，乃一州所出。臣詢訪高年，云曩時兩浙未歸朝廷，蘇州有營田軍四部，共七、八千人，專為田事，導河築堤以減水患。於時錢五十文，糴米一石。皇朝一統，江南不稔，則取之浙右；

浙右不稔，則取之淮南；故農政不修。江南圩田，浙西河塘，大半隳廢，失東南之大利。今江浙之米石不下六、七百，足至一貫者，比當時貴十倍。」

仁宗時，有有名的至和塘之計畫和修築。

宋代南方文化日高，自有人出來不斷注意和提倡。

這是江南水利乃賴藉政治推動社會，充分改造天然環境供人利用之顯證。

沈氏筆談：「至和塘自崑山縣達婁門，凡七十里，皆積水無陸途。久欲為長堤，澤國無處求土。嘉祐中，有人獻計，就水中以籧篨為墻，栽兩行，相去二尺。去墻六丈又為一墻，亦如此。漉水中淤泥實籧篨中，候乾，以水車畎去兩墻間水。墻間六丈，皆留半以為堤腳，掘其半為渠。取土以為堤。每三、四里則為一橋以通南北之水。不日堤成。」按：邱與權至和塘記，作於至和二年，立石於嘉祐六年。詳吳郡志。

神宗時，又有有名的崑山人郟亶詳論蘇州水利。

謂：「環太湖之地，有二百餘里，可以為田。而地皆卑下，猶在江水之下，與江湖相連。民既不能耕植，而水面又復平闊，足以容受震澤下流，使水勢散漫，而三江不能疾趨於海。其沿海之地，亦有數百里可以為田。而地皆高仰，反在江水之上，與江湖相遠。民既不能取水以灌溉，而地勢又多西流，不得畜聚春夏之雨澤，以浸潤其地。是環湖之地常有水患，而沿海之地每有旱災。古人因其地勢之高下，井之為田。其環湖之地，則於江之南北為縱浦以通於江。又於浦之東西，為橫塘以分其勢。而棊布之，有圩田之象焉。其塘浦闊者三十餘丈，狹者不下二十餘丈，深者二、三丈，淺者不下一丈。且蘇州除太湖外，江之南北別無水源，而古人使塘深闊若此者，蓋欲取土以為堤岸，高厚足以禦湍悍之流，水亦因之而流耳。堤岸高者及二丈，低者不下一丈。大水之年，江湖之水，高於民田五、七尺，而堤岸高出於塘浦之外三、五尺至一丈，故水不能入於民田，則塘浦之水自高於江，而江水亦高於海，不須決泄而水自湍流。故三江常浚而水田常熟。其堈阜之地，亦因江水稍高，得以畎引灌溉。此古人浚三江治低田之法也。所有沿海高仰之地，近江者因江流稍高可以畎引，近海者又有早晚二潮可以灌溉，故亦於沿江之地，及江之南北，或五里、七里為一縱浦，又五里、七里為一橫浦，其塘港之闊狹與低田同，而其深往往過之。且堈阜之地，高於積水之處四、五尺，七、八尺，遠於積水之處四、五十里至百餘里。古人為塘浦闊深若此者，蓋欲畎引江海之水，周流於堈阜之地，雖大旱亦可車畎以溉，而大水之年，積水或從此而泄耳。至於地勢西流之處，又設堈門、堰門、斗門以瀦畜之。雖大旱，墻阜之地皆可耕。此古人治高田蓄雨澤之法也。故低田常無水患，高田常無旱災。而數百里地常獲豐熟。古人治田高下既皆有法，方是時，田各成圩，圩各有長。每年率逐圩之人，修築堤防，治浦港。低田之隄防常固，旱田之浦港常通。錢氏有國，有『撩清指揮』之名。年祀緜遠，古法隳壞。水田之隄防，或因田戶行舟及安舟之便而破其圩。或因人戶請射下腳而廢其隄。或因官中開淘，而減少丈尺。或因田主只收租課，而不修堤岸。或因租戶利於易田，而故滰沒。或因決破古堤，張捕魚蝦，而漸致破損。或因邊圩之人不肯出田與眾做岸。或因一圩雖完，傍圩無力，而連延隳壞。或因貧富同圩，而出力不齊。或因公私相吝，而因循不治。故堤防盡壞，而低田漫然復在江水之下。其高田之廢，由民不相率治港浦。港浦既淺，地勢既高，沿海者潮不應，沿江者因水田堤防壞，水得潴聚於民田之間，而江水漸低，故高田復在江水之上。至於西流之處，又因人戶利於行舟之便，壞其堈門，不能蓄水，故高田一望盡為旱地。於是蘇州不有旱災，即有水患。」

他說古人治水之迹，縱則有浦，橫則有塘，亶能言者總二百六十餘所。

此項塘浦，既非天生，亦非地出，又非神化，全皆人力所為。亶云：「自來議者只知治水，不知治田。治田本也，治水末也。蘇州水田，東南美利，而堤防不立，溝洫不通，二、三百年間，風波蕩蝕，僅若平湖。議者見其如此，乃謂舊本澤國，不可使之為田。上偷下安，恬不為怪。」

三吳水利，做了宋以來中國一千餘年經濟文化之重要營養線。宋以前一千餘年中國經濟文化之營養線，則在北方。可見北方在當時，亦應有過同樣類似的人力之經營。

試以周禮所記古代井田溝洫之制，與鄭亶所言比看，再實際看近代江浙水脈與研考見於水經注之中國古代北方河流，自可想像其梗概。

當時三吳農事，不僅努力於水利之興修，又注意到種子之選擇。

眞宗大中祥符五年，以江、淮、兩浙路稍旱即水田不登，乃遣使就福建取占城稻三萬斛，分給三路為種，擇民田之高仰者蒔之，蓋旱稻也。其稻比中國穗長而無芒，粒差小。其種早，正與江南梅雨相當，可以及時畢樹藝之功。其熟早，與深秋霜燥相違，可弗費水而避亢旱之苦。其種地不必腴而獲不貲，可以多種，而無瘠蕪之地。眞宗此事，想必有獻議者，其人必南人也。

南方水田之美，既漸漸受人注意，同時南人在政治上的地位，也漸漸增高；於是政府在江南特置提舉官董其事，而南人之有大力者，亦在此盛事殖產，開置大批水田。

文獻通考：「圩田、湖田，多起於政和以來。其在浙間者隸應奉局，其在江東者，蔡京、秦檜相繼得之。」

規模較大的水利農業，仍又隨時經營。

古代及漢、唐北方農田水利所以有成績，亦因封建貴族及世家門第有大力，可以興眾建業。及貴族門第破毀，農民以百畝為志，無從結合成事。專賴政府代謀，其事較難。且宋以後政府中人亦南人多，北人少，熟悉南方利病者較多於北方，則北方大興革，更少一層希望。

然北宋東南漕米，江西居三之一；江、浙一帶，仍未佔江南農事之最高點。

宋室南遷，江南更急激開發。

宋史食貨志謂：「大抵南渡後，水田之利富於中原，故水利大興。」又宋自南渡以來，六師百萬之命，悉寄東南，水利大興，江東、西、明、越圩田、圍田、阪塘、堰閘之制畢設。

那時大批北方難民，都參加了開發南方的工作。

紹興五年，屯田郎中樊賓言：「荊湖、江南與兩浙膏腴之田，彌亙數十里，無人可耕。中原士民扶攜南渡幾千萬人。若使流寓失業之人，盡田荒閒不耕之田，則地無遺利，人無遺力，可資中興。」

水利計畫，繼續有人提出注意。

紹興二十八年七月，大理寺丞周環論太湖地低，杭、秀、蘇、湖四州民田，多為水浸，請復導諸浦，分注諸江。轉運副使趙子潚、知平江府蔣燦言：「太湖數州巨浸，而獨泄以松江一川，宜其有所不可。昔人於常熟北開二十四浦，疏而導之揚子江。又於崑山東開一十二浦，分而納之海。三十六浦後為潮汐沙積，而開江之卒亦廢，於是民田有淹沒之虞。」天聖間，漕臣張綸嘗於常熟、崑山各開眾浦。景祐間，范仲淹亦親至海浦浚開五河。政和間，提舉官趙霖又開三十餘浦。此見於已行者也。乃詔監察御史任古覆視。古至平江，又言：「常熟五浦通江，委是快便。平江四縣舊有開江兵三千人，今乞止於常熟、崑山兩縣，各招塡百人」云云。見建炎以來繫年要錄一八〇、中興小記三八。

其時至於數百年不見水災。

元任仁發水利集謂：「錢氏有國一百有餘年，止天福年間一次水災。宋南渡一百五十餘年，止景定間一、二次水災。蓋由當時盡心經理，其間水利當興，水害當除，合役居民，不以繁難；合用錢糧，不吝浩大。又使名卿重臣，專董其事。又復七里為一縱浦，十里為一橫塘。田連阡陌，位位相承，悉為膏腴之產。遂使二、三百年之間，水患罕見。今以為浙西地土水利，與諸處同一例，任地之高下，任天之水旱，所以一、二年間，水患頻仍。」任氏此論，謂諸處亦與浙西同例。苟能同樣如五代、南宋時對浙西之經營，則亦同樣可以有利民潤生之效也。

遂有「蘇常熟，天下足」之諺。惟兼幷之事，亦因之而起。

理宗淳祐六年，謝方叔言：「國家駐蹕錢塘，百有二十餘年。權勢之家日盛，兼幷之習日滋。百姓膏腴，皆歸貴勢之家。租米有至百萬石者。小民百畝之田，頻年差充保役。官吏誅求百端。不得已則獻其產於巨室，以規免役。小民田日減，而保役不休。大家田日增，而保役不及。以此兼幷寖盛。」又曰：「今日國用邊餉，皆仰和糴。然權勢多田之家，和糴不容以加之，保役不容以及之。」今按：漢、唐兼幷，僅多收私租，少納官稅而止。當北宋時，有「賦租所不及者十居其七」之說。下逮南宋，其勢有增無已。兼幷者田連阡陌，亡慮數千萬計，皆巧立名色，盡蠲二稅，故葉水心謂：「豪強兼幷之患，至今日已極也。」

由此遂有公田制之產生。

宋史：朱勔敗，籍其家田至三十萬畝。建炎元年，籍蔡京、王黼等莊以為官田。開禧三年，誅韓侂胄，又沒入其田。（置安邊所，共收米七十二萬一千七百斛，錢一百三十一萬五千緡。）此皆官田也。景定四年，丞相賈似道欲行富國強兵之術，於是殿院陳堯道等合奏：「限田之法，自古有之。買官戶踰限田，嚴歸并飛走之弊，回買公田，可得一千萬畝，則每歲六、七百萬斛之入，其於軍餉，沛然有餘。」（如是則百畝租六、七十斛，亦與西晉、五胡同。）

一時流弊，不可勝言。

當時先以品官踰限田外回買立說，猶有抑強疾富之意。既而轉為派買，除二百畝以下，餘悉各買三分之一。後雖百畝之家不免。浙西之田，石租有值千緡者。公田立價，以租一石償十八界會子四十。買數少者，全以楮券。稍多，銀券各半。又多，則副以度牒。至多，則加將仕、登仕等告身，幾於白沒。

官田租額之重，為元、明所承襲。

元代多以官田分賜臣下。

元史所記賜田，大臣如拜珠、雅克特穆爾等，諸王如魯王多阿克巴拉、剡王齊齊克圖等，公主如魯國大長公主，寺院如集慶、萬壽二寺，無不以平江田。

蒙古、色目羣趨江南，視為樂土。心史大義略敍：「韃人視江南如在天上，宜乎謀居江南之人，貿貿然來江南。」

回回人家江南者尤多。

北人就食來江南者，亦踵相接。

至元二十年崔彧上疏：「內地百姓移江南已十五萬戶。」至元二十三年，以漢民就食江南者多，又從官南方者，秩滿多不還，遣使盡徙北還。至元二十六年，朝廷以中原民轉徙江南，令有司遣還。嗣不果。

其時江南人之技巧，乃至大為北人所愛重。

至元三十年，禁江南州郡以乞養良家子轉相販鬻，及略賣平民。時北人酷愛江南技藝之人，呼曰「巧兒」。其價甚貴，婦人尤甚。一人易銀二、三百兩。尤愛童男、童女，輾轉貿易，至有易數十主者。北人得之，慮其逃遁，或以藥啞其口，以火烙其足。

而江南兼幷之風，仍是有加無已，有奴使多至萬家者。

武宗至大二年，平章約蘇上言：「江南治平垂四十年，其民止輸地稅、商稅，餘皆無與。富室蔽占王民，奴使之者，動輒百千家，有多至萬家者。乞自今有歲收糧五萬石以上者，令石輸二升於官，仍質一子為軍。」詔如其言行之。

有田租二、三十萬石者。

元典章：「田多富戶，每一年有三、二十萬租了的，占著三、二千戶佃戶，不納係官差發。他每佃戶身上要租了重的，納的官糧輕。」

那時的江南，形成少數大地主，蒙古、色目與漢南人皆有。與多數佃戶的局面，而財賦則占天下之什七。見蘇天爵傳。

明代籍沒土豪田租，一依租額起糧。

此亦自南宋已然。如宋籍沒韓侂冑及其他權倖之田，皆仍私租舊額。賈似道回買官田，亦依私租額也。

天下的租賦，江南居其十九。浙東、西又居江南十九。而蘇、松、常、嘉、湖五府，又居兩浙十九。邱濬大學衍義補。而蘇州尤甚。

蘇州之田，約居天下八十八分之一弱，而賦約居天下十分之一弱。

蘇州一府皆官田，民田不過十五分之一。

張士誠據吳，其所署平章、太尉等官，皆出負販小人，無不志在良田美宅。一時買獻之產，偏於平江。明初遂按其租簿沒入之。

民田以五升起科，而官田一石。詔減什三，猶為七斗。

官、民田租共二百七十七萬石，而官田租乃至二百六十二萬石，民不能堪。糧重處每里有逃去一半上下者。嘉靖以後，官田、民田，通為一則。長洲畝科三斗七升，太倉畝科二斗九升，小民遂代官佃納無涯之租賦。英宗時，松江積荒田四千七百餘頃，皆因重額，久廢不耕，而稅加於見戶。

以蘇州田賦與唐代租庸調制相較，其差至四、五十倍。

吳中畝甚窄，凡溝渠、道路，皆并其稅於田中。畝收多不能至三石，少不過一石餘。私租者重至一石二、三斗，少亦八、九斗。以一畝租一石計之，唐租一百畝僅二石，是相差五十倍也。又按：范仲淹集，姑蘇歲納苗米三十四萬斛，較之明代額差十倍矣。即南宋以東南支軍國之費，其正賦亦只明末五之一。

稍次於蘇州者則為松江。

宋代徵於蘇州者，夏稅科錢，秋糧科米，約其稅額，共計不過三十餘萬。松江科亦同於蘇州，共計歲輸不過二十餘萬。其後因行公田，賦法雜亂。元初仍宋舊，延祐中增定賦額，蘇州徵至八十餘萬，松江徵至七十餘萬。元末張士誠取民無藝，蘇州增至一百萬，松江亦於舊額有加。洪武初，怒蘇民附張，取豪族所收佃戶租入私簿付有司，令如數定田稅，遂一時驟加，有一畝徵糧七斗以上者。自此蘇州多至三百萬石，松江多至一百四十餘萬石。民困弗堪，連歲逋負。洪武十三年命稍減其額。自七斗五升至四斗四升者減十之二，自四斗三升至三斗六升者俱止徵三斗五升，自三斗四升以下如舊。建文二年下詔：「蘇、松照各處起科，畝不得過一斗。」如此則百畝十石較唐尚四倍。永樂奪位，盡革建文之政，蘇、松復罹重賦之厄。宣德、正統間，特遣侍郎周忱巡撫其地，蘇州得減秋糧七十餘萬石，松江得減秋糧三十餘萬石。然十輕二、三，較他處相去猶若天淵。主計者但曰「東南財賦之鄉，減之則國用不足」。自萬曆迄明末，惟有不時額外浮增，無復寬省。然民之實完於官者，亦歲不過十之五、六。蘇、松有司，終明世完及七分者即為上考。又按：明洪武二十六年制，凡戶部官吏不得用浙江、江西、蘇、松人。

此種賦稅不均，直到清代因仍不革。

清代賦稅，一依明萬曆原額，定限考成，並責十分全完。就康熙初年言，直隸錢糧每年共九十二萬餘兩，福建、湖廣共一百二十餘萬兩，廣西僅六萬餘兩，而蘇州一府，每年共銀一百一十八萬餘兩，尚有米、麥、豆一百五萬餘石。松江一府，錢糧每年共銀六十三萬餘兩，米四十三萬餘石。常州、鎮江兩府，每年銀、米亦不下數十萬。一府錢糧之數，可比於一省。蘇州一府不過一州七縣，松、常、鎮三府屬縣亦寥寥無幾，每縣錢糧多者數十萬，少者不下十數萬。同治二年，兩江總督曾國藩、江蘇巡撫李鴻章疏言：「蘇、松太浮賦，上溯之則比元多三倍，比宋多七倍。旁證之則比毗連之常州多三倍，比同省之鎮江等府多四、五倍。比他省多一、二十倍不等。其弊由於沿襲前代官田租額，而賦額遂不平也。」

唐中葉以前北方的財富，到明代已全轉移到南方來。但是明代南方民眾的生活，卻較之唐中葉以前的北方民眾苦得多。

周忱論蘇、松民戶七弊：「一、大戶包蔭，二、豪匠冒合，三、船居浮蕩，四、軍囚牽引，五、屯營隱占，六、隣境藏匿，七、僧道招誘。」太倉一城，洪武二十四年黃冊原額六十七里八千九百八十六戶；至宣德七年造冊，止有一十里一千五百六十九戶，覈實又止有見戶七百三十八，餘皆逃絕虛報之數。可見江南民生之不聊。

這是明代國運不如唐代一絕好說明。

但是政府的重賦與富豪之兼并，雖使江南一帶之小民水深火熱，而巨家富室依然發榮滋長。

張居正謂：「江南豪家田至七萬頃，糧至二萬。古者，大國公田三萬畝，今且百倍於古大國之數。」顧亭林云：「人奴之多，吳中為甚。仕宦之家，有至一、二千人者。諱其奴名，謂之家人。」

亦正因為江南為財富所集中，所以人物日盛，仕宦日達，而他們對於社會興革事宜，到底還有幾分心力顧到，農田水利人事方面，不時有所進修，得久維不壞。

明代有專管蘇、松等七府水利官。初設主事或郎中，正德九年。嗣遣都御史。十二年。又遣工部尚書。十六年。又令巡鹽御史、嘉靖四十五年。巡江御史萬曆三年。督管。永樂二年、弘治七年、發民夫二十萬。正德十六年、發軍、民夫六十餘萬。嘉靖六年、二十四年、隆慶三年、五年、萬曆三年，屢興大工。

至於北方，漸漸從國家的重任下逃離，而民智民力，亦逐漸惰窳萎縮，終至於擔負不起國家重任來；而社會事業，亦遂敗壞於日常墮退之中。

首論北方水利者，為元代之虞集。漢張湛、北齊裴延儁，至宋何承矩，皆於河北興水利。元則有托克托、郭守敬及虞集。言之尤精白者，為明代之徐貞明。有西北水利議，亦名潞水客談。其他如邱濬等亦皆言之。明人尚有袁黃、汪應蛟、左光斗，及清有李光地、陸隴其、朱軾、胡寶瑔、柴潮生、藍鼎元諸人。最後有左宗棠。然所言多限於河北京東一帶。正因北京為仕宦人物所萃集，故猶有議論及之。若其他北方水利，則少有注意者。直至清代，治河官凡三：曰北河，專治京畿諸河。曰東河，分界以治黃。曰南河，治淮，治儀真、瓜州一帶長江。而運河則三河分治之。蓋除治黃通運以外，幾不知再有所謂水利矣。

第四十一章　社會自由講學之再興起（宋元明三代之學術）

一　貴族門第漸次消滅後之社會情形

唐中葉以後，中國一個絕大的變遷，便是南北經濟文化之轉移。另一個變遷，則是社會上貴族門第之逐漸衰落。依照先秦以來傳統的政治理論，社會上本不該有貴族門第之存在。而自東漢下的讀書人，卻因種種因緣造成了他們的門閥。大盛於東晉南北朝，至隋唐統一，科舉制興，始漸衰。

門第衰落後，社會上的新形象，舉其要者約有如下幾點：

一、是學術文化傳播更廣泛。以前大體上保持於幾個大門第大家庭的，現在漸漸為社會所公有。

二、是政治權解放更普遍。以前參預政治活動的，大體上為幾個門第氏族所傳襲，現在漸漸轉換得更快，超遷得更速，眞眞的白衣公卿，成為常事。

三、是社會階級更消融。以前士庶之分，由於家世，現在漸成為個人的事情。農家子弟，可以一躍而為士大夫。士大夫的子弟，亦可失其先業而降為庶民。這一個變動，漸漸地更活潑、更自然。

就第一點而論，唐以後社會，有幾個極顯著又極重要的與前不同處。

第一、是雕版印書術發明，書籍之傳播愈易愈廣。

雕版術最初應始唐代。

印章摹刻，遠始秦世。石經迻寫，則起東漢。此後釋、道兩教之刻印符咒圖畫，蓋為印章摹刻與雕版印刷之過渡。最初雕版印書，應始唐代。格致鏡原引陸深河汾燕閒錄謂：「隋開皇十三年十二月八日敕廢像遺經，悉令雕版。」葉德輝書林清話云：「陸氏此語，本隋費長房歷代三寶記，其文本曰：『廢像遺經，悉令雕撰。』意謂廢像則重雕，遺經則重撰耳。後世或據陸語謂雕版印書起於隋，非也。」今存最初雕版書籍，為敦煌石窟發現之金剛經，卷末云咸通九年造。

其事正與世族門第之衰落，交代迭起。

柳玭家訓序：葉夢得石林燕語引。「中和三年在蜀，閱書肆所鬻書，多陰陽、雜記、占夢、相宅、九宮、五緯之流，又有字書小學，率雕版印紙，浸染不可曉。」又國史志：「唐末益州始有墨版，多術數小學字書。」是當時刻書，多為通俗利貧，略同佛、道兩教之傳播佛像符咒。故家世族，經典大書，尚無刻本。至五代毋昭裔蒲津人。先為布衣時，常從人借文選、初學記，多有難色。昭裔嘆曰：「恨余貧，不能力致。他日稍達，願刻版印之，庶及天下學者。」後為蜀相，乃命工雕版此二書，復雕九經、諸史。西蜀文字由此大興。事見陶岳五代史補，又王明清揮麈錄。

大興則在五代。

舊五代史：「後唐明宗長興三年，宰相馮道、李愚請令判國子監田敏校正九經，刻版印賣。」王明清揮麈錄餘話云：「後唐平蜀，明宗命太學博士李鍔書五經，倣蜀中製作，刊板於國子監，為監中印書之始。」明清家有鍔書印本，五經存焉，後題長興二年也。五代會要：「周廣順三年六月，尚書左丞兼判國子監事田敏進印板九經書：五經文字、九經字樣各二部，一百三十册。」

至宋又有活字板之發明。

活字板為慶曆中布衣畢昇所發明，亦非士大夫之貴顯者。西洋活板印書始於明代，較此後四百餘年。

書籍刻板既多，流傳日廣，於是民間藏書家蜂起。如王欽若家書目四萬三千卷，宋敏求家藏書三萬卷，李淑二萬三千餘卷，田偉四萬七千卷，蘇頌藏書萬卷，李常二萬卷，晁公武二萬四千餘卷，蔡致君二萬卷，葉夢得逾十萬卷，陳振孫五萬餘卷，周密三世積累有書四萬二千餘卷。

讀書者亦自方便。

蘇軾李氏山房藏書記：「余猶及見老儒先生，自言少時欲求史記、漢書而不可得，幸而得之，皆手自書。近歲市人轉相摹刻，諸子百家之書，日傳萬紙。」胡應麟少室山房筆叢亦云：「三代漆文竹簡，冗重艱難。秦、漢以還，浸知鈔錄，楮墨之功，簡約輕省。然自漢至唐，猶用卷軸。卷必重裝，且每讀一卷，檢一事，紬閱展舒，甚為煩數，收集整比，彌費辛勤。至唐末宋初，鈔錄一變為印摹，卷軸一變為書冊，易成難毀，節費便藏，四美具焉。」

此等機會，已不為少數人所獨享。

就著作量而論，亦較唐代遠勝。

舊唐書經籍志，連前代總計，集部凡八百九十二部，一萬二千二十八卷。宋史藝文志，有宋一代，集部凡二千三百六十九部，三萬四千九百六十五卷，較之自戰國迄唐之集部，增二倍有餘。補遼金元藝文志，集部六百六家，七千二百三十一卷。遼、金集部不多，大都皆元代作。舊唐書載唐僅一百一十二家，元人較之，尚多五倍。

第二、是讀書人既多，學校書院隨之而起。學術空氣，始不為家庭所囿。學校本是傳播學術的公器，但只有在貴族門第失其存在時始抬頭。所以西漢學校尚有成績，因那時新士族尚未產生，舊貴族則已消失。—逮東漢晚季，學校卽不為人重視。那時學術已牢籠到新士族的家庭中去。東晉南北朝以迄隋唐中葉，大體上說，除卻幾個大門第故家士族保持其緜延不斷的家庭教育之外，平民庶人要想走入學術的圈子裏去，非常不方便。因既無書籍，又無學校。宗教勢力卽由此擴展。一般享受不到教育讀書利益的聰明分子，只有走到寺廟裏去，滿足他們的精神要求或智識慾。但多數則為讀文選、習詩賦，謀應舉。卽雕板印書亦由寺廟開始。如前舉唐代金剛經之例。宋初印書，亦先佛藏。佛祖統記：「宋太祖開寶四年，勅高品張從信往益州雕大藏經板，至太宗太平興國六年板成進上，凡四百八十一函五千四十八卷。」較印經史注疏在前。宋初的學者，還都往寺廟中借讀。如范仲淹、胡瑗等。但轉而關心世運，治儒術古經典，與唐代士人山林寺廟讀書之風大不同。而有名的四大書院，卽在其時萌芽。

廬山白鹿洞書院、嵩陽書院、嶽麓書院、在長沙。應天府書院，在歸德。多卽山林創建，其掌書院者多稱「山長」。亦模倣寺廟規制也。又有衡州石鼓書院，為唐元和間衡州李寬所建。故後人有數石鼓而不及嵩陽者。

從私人的聚徒講學，漸漸變成書院。

五代戚同文通五經業，以晉末衰亂，絕意祿仕，將軍趙直為築室聚徒數百餘人。後祥符時，有曹誠者，即其舊居建學舍百五十間，聚書千五百餘卷，願以學舍入官，其後遂為應天府書院。晏殊為應天府，以書院為府學，延范仲淹掌教。

從書院的規模漸漸變成國家正式的學校。

范仲淹主蘇州，招胡瑗主蘇學。胡在蘇湖講學二十餘年；皇祐末，為國子監講書，專管勾太學。宋太學章程，即依胡氏蘇湖講學成規。慶曆以後，州郡相繼興學。書院亦由朝廷賜額、賜書、撥田、派山長主教，其性質與稍後學校相同。要之宋代學校教育，乃由書院之私家講學開其端。

私家講學及學校書院漸漸興起，同時卽寺廟的吸引力漸漸降低。雖到元代，世亂和北朝相差不遠，但民間並不爭趨宗教，亦因各地有書院學校傳播學術之故。

可見宗教之盛，亦與貴族門第相引並長，不盡關於世之盛衰。故唐初雖盛世，佛教尚大行；元代雖衰亂，佛教不復振。此因社會聰明穎秀之子弟別有去處，安託身心，不必走向寺廟中也。因此寺廟中佛學亦日就衰微，而社會更看不起佛寺，其事互相為因果。

元代書院較宋為盛。

續文獻通考：「自太宗八年，行中書省楊維中從皇子庫春伐宋，收伊洛諸書送燕京，立宋儒周敦頤祠，建太極書院，延儒士趙復、王粹等講授其間，為元建書院之始。其後昌平有諫議書院，河間有毛公書院，景州有董子書院，京兆有魯齋書院，開州有崇義書院，宣府有景賢書院，蘇州有甫里書院、文正書院、文學書院，松江有石洞書院，常州有龜山書院，池州有齊山書院，婺源有明經書院，太原有冠山書院，濟南有閔子書院，曲阜有洙泗書院、尼山書院，東阿有野齋書院，鳳翔有岐陽書院，郿縣有横渠書院，湖州有安定書院、東湖書院，慈谿有慈湖書院，寧波有貿山書院，處州有美化書院，台州有上蔡書院，南昌有宗濂書院，豐城有貞文書院，餘干有南溪書院，安仁有錦江書院，永豐有陽豐書院，武昌有南湖書院、龍川書院，長沙有東岡書院、喬岡書院，益陽有慶州書院，常德有沅陽書院，福州有勉齋書院，同安有大同書院，瓊州有東坡書院。凡此蓋約略舉之，不能盡載也。」

直至明代，學術在社會上自由傳播的方便，永不能再產生獨擅學術上私祕的貴族門第。

第三、是社會上學術空氣漸濃厚，政治上家世傳襲的權益漸減縮，足以刺激讀書人的觀念，漸漸從做子孫家長的興味，轉移到做社會師長的心理上來。因此私人講學寖後寖盛。

第四、是書本流傳既多，學術興味擴大，講學者漸漸從家庭禮教及國家典制此為貴族家世傳襲之學之兩大骨幹。此外則藝術亦足表示貴族家世之地位，故如書、畫、詩、文，乃至音樂、弈棋等，皆為貴族所重。宋以後，藝術之與道義，漸分上、下等。又其先大寺廟僧侶，亦重律禮及藝術，與貴族相似，惟不講政事耳。唐代自禪宗開新，僧人漸不重律禮及藝術，乃以純粹哲理見長，自居為一世導師。宋以下，此風不革。蓋非此不足與社會上講學之學者相抗衡。中解放到對於宇宙人生整個的問題上來，而於是和宗教發生接觸與衝突。

所以自宋以下的學術，一變南北朝、隋、唐以來之態度，南北朝、隋、唐雖盛衰治亂不同，但學術上同帶有狹義的貴族門第性，故所治多為文藝詩賦，所重多在當代典章。稍稍逸出，求高僧，談玄理，却與世法不相貫。都帶有一種嚴正的淑世主義。

大體上看來，與先秦諸子較相近，因同為平民學者之自由講學也。其治經學，重儒術，又近漢儒。惟漢儒出身，須經長時期郡縣吏事之實際磨練，故漢儒風樸而才練。宋儒意氣較發皇，對朝廷較輕視，較東漢儒益甚，不似西漢儒篤實，而與先秦儒為近。然而時代有不同，宋代士人究不能如先秦士人之活躍。

再就上舉第二點而論，唐以後社會，又另有幾個與前不同的要點：

第一、是政治上沒有了貴族門第，單有一個王室，緜延一、二百年不斷，而政府中官吏，上自宰相，下至庶僚，大都由平地特起，無家世蟬嫣。孤立無援；無門第宗戚婚姻之攀聯。相形之下，益顯君尊臣卑之象。南北朝、隋、唐，在政府則君尊，在社會則臣榮。故唐太宗命朝臣定天下氏族，則山東崔、盧自為上第。甚至即在政府，亦見臣尊於君，如東晉初年之王氏等是。

第二、因同樣關係，各州郡、各地方因無故家大族之存在，亦益顯官尊民卑之象。

於此另有一事應附論者，則為鄉官之存廢。秦漢有鄉官，三老掌教化，嗇夫主收賦稅、聽訟，游徼掌禁盜賊。鄉三老以上有縣三老，並由民選，其權可與縣令、丞、尉以事相教；（此即縣令、丞、尉關於地方行政須詢三老意見，而三老亦得代表民意向地方長官建白。）對天子、王、侯，亦得直接言事。其後此等鄉官漸廢。但郡縣之佐吏，皆由其長官辟用本地士人為之。兩晉以下，承襲漢制，除軍府佐官由中央派人外，其他亦由地方官自辟其本地之士人。至隋開皇十五年，始盡罷州郡鄉官，自是地方遂無代表民意之參政人員。（唐有里正、鄉長，不過供官吏之役使，與秦、漢之鄉官佐治者懸殊。）守令多避本貫，則自漢武以下即然。此雖有利於中央政府之一統，然不免造成各地官高在上，民卑在下，不相通洽之形勢。

因此宋以後的社會，特別需要另一種新的力量，能上面來監督政府，下面來援助民眾。宋、明學術，卽從上述種種社會變動而起。

二　宋明學術之主要精神

南北朝、隋、唐的學者，大體分成兩路。

一是入世講究家庭、社會種種禮法，以及國家政府典章制度。建功業與保門第，一而二，二而一，異流同匯。

一是信從佛教講出世，或從道家講長生。藝術、詩文則兩路均通。

這兩條路的後面，均帶有一種狹義性的貴族氣味。寺廟僧侶，仰賴社會供養，自成一特殊階級。雖非貴族，氣味與貴族一般。所謂「狹義性的貴族氣味」，卽謂其與一般社會可以分離，超然獨立。

宋後的學者絕不是那樣。他們早非門第貴族。他們既不講出世，亦不在狹義的門第觀念上面來講功業、禮教。他們要找出一個比較更接近平民性的即更有一般共通性的。原則，來應用於宇宙、人生、國家、社會、入世、出世生死等各方面。

這一個原則，他們稱之曰「道」，故有「道學」、「道統」之名。或稱「理」。故又有「理學」之名。理亦稱「天理」，「天理」的對面是「人欲」。天理、人欲的分辨，則在公、私之間。公的是天理，私的是人欲。「公、私」的另一名稱，則為「義、利」。利公亦是義，義而私只是利。

這一個公私、義利之辨，從外面客觀來講，卽是「道理」。從各個人的內省審察，則為「心術」。張南軒云：「學莫先於義利之辨。義者，本心之所當為而不能自已，非有所為而為之者也。一有所為而為之，則皆人欲之私，而非天理之所存矣。」朱子謂其「廣前聖之所未發，同於性善養氣之功」。

他們用此來批駁宗教，說佛老所講出世長生無非從自私起見。當貴族特權盛行的社會裏，一個平民要想慕效貴族的生活，即避免過分的勞作及卑汚的徭役，而滿足其智識上之追尋或藝術上之欣賞等，有一個較便易的方法，即逃入寺廟做僧道。

他們又用此來批駁政治，說自漢、唐以來所謂君相事業，只算得是「霸道」，算不得是「王道」。所謂霸道與王道之別，還只在心術的公私上分。先秦儒已說：「五帝官天下，三王家天下。」宋儒則謂：「三代以道治天下，漢、唐以智力把持天下。」所以做君、相、官吏，應該先明白做君、相、官吏的責任。要言之，並不是在要保持君、相、官吏的門第或地位，而在為社會民眾盡其責任。如是則「師道」還應在「君道」之上。王安石在經筵始主坐講，司馬光等不謂然。蓋司馬光主尊君，王安石則主尊道。故王安石講王霸之辨，而司馬光不謂然。後程伊川在經筵亦主坐講，謂：「天下重位惟宰相與經筵。天下治亂係宰相，君德成就責經筵。」而蘇軾諸人亦非之。他們實在想要拿他們的一套理論與態度，來改革當時的現實。

當時一切沿隋唐而來，還是以世族門第做骨子的世界。但是實際上已變，世族門第已消滅，不得不有一套新的理論與設施。

在范仲淹、王安石繼續失敗之後，他們覺悟到要改革現實，更重要的工夫應先從教育上下手。所以關洛學者便一意走上講學的路。

范仲淹、王安石諸人，政治意味重於教育，尚沿南北朝、隋、唐風氣，重文學，而較少嚴肅性。二程、橫渠以來，教育意味重過政治，始不重視文學，而學術上之嚴肅性亦遞後遞增。朱子記李侗語：「李泰伯門下議論，只說貴王賤霸。」又曰：「大抵前輩議論麄而大，今日議論細而小。」如胡瑗、王安石，皆於理學家為前輩也。

直到南宋，此意始終為講學者所保持。

呂東萊與朱子書謂：「向見治道書，其間如欲仿井田之意而科條州郡財賦之類，此固為治之具，然施之當有次第。今日先務，恐當啟迪主心，使有尊德樂道之誠。眾建正人，以為輔助。待上下孚信之後，然後為治之具可次第舉也。儻人心未孚，驟欲更張，則眾口譁然，終見沮格。」又東萊遺集謂：「嘗思時事所以艱難，風俗所以澆薄，推其病源，皆由講學不明之故。若使講學者多，其達也自上而下，為勢固易。雖不幸皆窮，然善類既多，氣燄必大，薰蒸上騰，亦自有轉移之理。」又朱子紹熙三年與趙尚書書謂：「天下之事，決非一人之聰明才力所能獨運。是以古之君子，雖其德業智謀足以有為，而未嘗不博求人才以自裨益。方其未用，而收寘門牆，勸獎成就，已不勝其眾。至於當用之日，推挽成就，布之列位，而無事之不成。又所謂時進陳善閉邪之說，以冀上心之悟者，又在反之於身，以其所欲陳於上者先責之於我。使我之身心安靜，精神專一，然後博延天下之賢人智士，日夕相與切磋，使於天下之事，皆有以洞見其是非得失之心，而深得其所以區處更革之宜。又有以識其先後緩急之序，皆無毫髮之弊。然後并心一力，潛伺默聽，俟其間隙有可為者，然後徐起而圖之，乃庶幾乎其有益。」

他們惟恐「已試不信」，朱子語。失卻社會後世的信仰，所以他們對政治的態度，寧可犧牲機緣，決不肯降低理論。此正統派的道學家所以看不起功利之浙東派，而陳龍川與朱子所以有義利、王霸之辨。浙學起於東萊，頗有近朔派處。朱子則洛學正統。經學、史學之辨，即義理與事功之辨也。所以他們對於在野的傳播學術，較之在朝的革新政治，興味還要濃厚，並不是他們無心於政治之革新。

三 宋明學者之講學事業

他們在野事業，最重要的，便是所謂私家講學。

范仲淹、王安石諸人，本想徹底廢止科舉，重興學校。他們理想上的三代，在以學校作育人材而致郅治。惟興學非一時可企，一因限於經費，二因限於師資，三則地方長官不得其人，則學校亦難收效。因此北宋中葉以後，雖各地相務興學，然或則時興時輟，或則徒有其名，學術風氣依然在私家。

私家講學，與學校性質不同。

一因學校有經費，建齋舍，置書籍，來學者同時數十、百人，又有一相當之時間；私人講學則不然。無地無書，來者亦不同時羣集，只是聞風慕嚮，倏去倏來，有一面數日即去者，有暫留數月者，更互相迭，此去彼來。

所以胡瑗蘇湖講學規模，並不能為伊洛所襲用。

蘇湖教法，分「經義」、「治事」二齋。「經義」則選擇心性疏通，有器局可任大事者，使之講明六經。「治事」則一人各治一事，又兼攝一事，如治民、講武、堰水、曆算等，使以類羣居講習。時時召之，使論其所學，為定其理。或自出一義，使人人以對，為可否之。或即當時政事，俾之折衷。惟胡氏在蘇湖，因有范仲淹、滕宗諒地方賢長官為之主，故得安居教授二十餘年，使來學者各成其材而去。私人講學，則其勢不可能。黃百家宋元學案。謂：「就安定教法，窮經以博古，治事以通今，成就人才，最為的當。自後濂洛之學興，立宗旨以為學的，而庸庸之徒，反易躲閃，語錄之學行而經術荒矣。」

按：語錄惟二程門下有之。濂溪乃近隱士一派，並無弟子及語錄也。又呂東萊云：「古之公卿，皆自幼時便教之以國政，使之通達治體，洞曉國家之本末原委。自科學之說興，學者視國事如秦、越人之視肥瘠，至有不識前輩姓名者。一旦委以天下事，都是杜撰。」此唐人李德裕已論之。安定教法正是補此弊也。惟東萊偏於史學，仍與程、朱有別。

伊洛師弟子往返，別具一種風格。

程明道知扶溝事，謝上蔡往從之。明道肅以客禮，辭曰：「為求師而來，願執弟子禮。」程子館之門側，上漏旁穿。天大風雪，宵無燭，晝無炭，市飯不得溫。明道弗問，謝處安焉。踰月，豁然有省，然後明道與之語。按：其時上蔡習舉業已知名，程、謝初見，非此不足以驗其誠，亦非此不足以發其趣。此等關係，自與學校師生有別。明道在扶溝亦設庠序，聚邑人子弟教之，而召上蔡職學事。此乃學校之教，與程、謝私人講學不同。

他們似乎頗有些處近於禪家之參謁。

佛家禪宗之盛，亦在寺院經典研究相當當達之後，有志者不以此為足，流動各著名高僧處發疑問難。他們所要求者，只在幾點最關緊要處，不重在按部就班，引堂入室，循規矩次第漸磨歲月之功。羅從彥與龜山講易，聞伊川說，鬻田裹糧往洛，見伊川，歸從龜山游二十餘載。惟循而久之，則來者與應者，並非先有基礎上之共同立足點，則徒逞機鋒，轉成相欺之局。

漸漸的所討論講究，盡在高明處。

謝上蔡監京西竹木場，朱子發自太學與弟子權往謁。坐定，子發曰：「震願見先生久矣，今日之來，無以發問，乞先生教之。」上蔡曰：「好，待與賢說一部論語。」子發私念日刻如此，何由親款其講說？已而具飲酒五行，只說他話。茶罷，乃掀髯曰：「聽說論語。」首舉「子見齊衰者」一章，又舉「師冕見」一章，曰：「聖人之道，無微顯，無內外，由洒掃、應對、進退而上達天道，一以貫之。一部論語，只恁地看。」

在這種流動的短時間的謁請，逐漸盛行，學風上自然趨於掃盡枝葉，獨尋根本。（因師弟子雙方學業皆有根底，故重於討論，不重於誦讀講貫，遂有語錄。）而師道之尊嚴，也轉從此種風氣中特別提高。（觀上引程、謝初見事可知。游酢、楊時「程門立雪」，更為後世稱道。其時則龜山年逾四十矣。胡文定為湖北提舉，上蔡宰本路一邑，文定從龜山求書見上蔡，先修後進禮，邑人皆驚知縣不接監司。此等風氣，唐人絕不知之。然若無此，天下將惟以科目官階為人高下矣。（唐人尚有門第與和尚。））惟若學校制度不能推行有效，學者先未有相當基礎，直接從事此種最高理論之參究，雖有人格之活潑薰陶，而學術途徑，終不免要流於空虛放蕩。所以程門弟子，多陷入禪學。

張繹家微，年長未知讀書，為人傭作。一日，見縣官出入傳呼道路，頗羨之。問人何以得此，或曰：「讀書所致耳。」乃始發憤從人受學。後頗能文，入縣學、府學被薦。以科舉之學不足為，因至僧寺見道楷禪師。悅其道，有祝髮從之之意。時周行己官洛中，張亦從之。周曰：「子他日程先生歸，可從之學，無為空祝髮也。」伊川歸自涪陵，張始往從學。按：唐人（此指貴族世家以外者言。）亦多先慕顯達而務讀書。

讀書有悟，覺科舉顯貴有所不足，則入佛老矣。宋學精神，正在使人知讀書為學不在顯貴，自不走入佛老之途。而所以宋學猶多近禪者，不在其講學之旨趣與內容，乃在其講學之風格與方法。從此種風格與方法上，又影響及其日常私人生活之意境，則頗有近於禪學處也。關學所以較少此弊者，因橫渠兄弟以及呂大臨兄弟等，皆僻處關中，又兄弟宗族自為研習，異乎洛中為四方人物往來走動之所湊集也。

南渡以還，學校之教日衰，講學之風日盛。貴族世家已消滅，平民社會中向學分子日多，而國家無教育機關，故私人問學之風更甚。此種往來走動的參究請謁，愈來愈多，於是又從此中醞釀出新的講堂制度來。

象山年譜謂：「先生為國子正刪定勑局，居中五年，四方之賓滿門，房無虛宇，並假於館。先生既歸，學者輻輳。鄉曲長老，亦俯首聽誨。每詣城邑，環座率二、三百人，至不能容，徙寺觀。縣官為設講席於學宮，聽者貴賤老少溢塞途巷。門人彭世昌，於貴溪應天山結廬迎先生講學。先生登而樂之，乃建精舍以居。又得勝處為方丈，學徒各來結廬。先生常居方丈，每旦精舍鳴鼓，則乘山轎至，會揖，陞講座。學者以一小牌書姓名年甲，以序揭之，觀此以坐，少亦不下數十、百。平居或觀書，或撫琴；佳天氣則徐步觀瀑。先生大率二月登山，九月末治歸，中間亦往來無定。居山五年，閱其簿，來見者踰數千人。」

既有講堂，則有講義。一兩人對面談話有語錄，多人羣集一堂則有講義。而此種講學之最大困難，則為來學者之程度不齊與來去無定。

既不能一例施教，又不能規定時日，分深淺高下之步驟，使學者必經相當期間畢其所業而去。

在此情形下，產生講學家的朱陸兩大派。

象山教法，在於因人設教，直指本心。

此源於二程。可稱為「語錄派」。龜山、延平相傳「於靜中看喜怒哀樂未發氣象」，程門見人靜坐，便謂是好學。象山實近此路。而朱子討論講說不倦，轉異二程之高簡矣。象山始至行都，從遊者甚眾，象山能一一知其心術之微，言中其情，多至汗下。亦有相去千里，素無雅故，聞其概而盡得其為人者。陸學教人精神在此。

而朱子則想選定幾部最重要的書本。

此亦源於二程。尤近伊川。此派可稱為「訓注派」。語錄派長於活的指點，訓注派則在使人有軌迹可尋。語錄派在於分別指示，各自參悟，故其精神向裏，而無一定的格套。訓注派則向外求索，共同有一個自淺入深、由簡到繁的門徑與規模。

如尹和靖見伊川半年後始得大學、西銘看。

先為此數書下明白確切的訓注。

宋人皆有志為六經作新注疏。王安石詩、書、周禮三經新義頒於天下，一面為學校誦讀之教本，一面為科舉取士之標準。此下如程伊川易傳等，皆從此風氣來，直至朱子而集其大成。

好讓學者各自研讀，此即補學校教育之一段功能也。補講堂教育之缺陷。另有小學，為幼年家庭習行，亦所以補講堂教育之未備。

象山年譜謂：「先生與晦翁門徒俱盛，亦各往來問學。晦菴門人乍見先生教門不同，不與解說無益之文義，無定本可說，卒然莫知所適從。無何辭去，歸語師友，往往又失其本旨，遂起晦翁之疑。」

此兩派流傳各有所適，朱子的四書集注遂為元代取士準則。

元明考試程式，大抵第一場經義，四書用朱氏章句集注，詩朱氏（集傳），尚書蔡氏（沈集傳），周易程（伊川易傳）、朱（本義），三經兼用古注疏。春秋三傳胡氏（安國傳），禮記古注疏。永樂以後，有四書五經大全，古注疏遂廢。

元人又有學官講書之制。

元制，凡學官朔、望講說，所屬上司官或省憲官至，自教授學官暨學賓、齋諭等皆講說一書。然此等乃官場例行公事。偶有儒生借題發揮，有所諷諭頌揚，失上司意者。要之與講學精神全不似。

而私家講學，則往往容易接近象山的路子。

吳康齋為明儒開先，其居鄉躬耕食力，從遊者甚眾。嘗雨中被簑笠，負耒耜，與諸生並耕說學，歸則解犁，飯糲蔬豆共食。陳白沙自廣來學，晨光纔辨，先生手自簸穀，白沙未起。先生大聲曰：「秀才若為嬾惰，即他日何從到伊川門下！」一日刈禾，鐮傷指，負痛曰：「何可為物所勝！」竟刈如初。嘗歎箋注之繁，無益有害，故不輕著述。按：在如此生活環境中，講學者無有不討厭箋注支離而走上實際經驗之一途，即所謂「篤實易簡」者是。陳白沙、王陽明皆此一脈。清代顏、李亦從此來。

至王陽明提倡良知之學，然後講學家可以不必顧到學校教育之種種方便，如書本、期限、學生資格等。只在幾次談話中收作興人才之效。（最著之例，如傳習錄中與啞者之筆談。惟陽明亦注重小學，此與朱子同，皆以家庭教育為成人植根基也。）此種講學，傳播極快（明儒學案，王門有浙中、江右、南中、楚中、北方、粵閩諸派，幾乎遍布全國。）學校教育，漸漸轉移變成社會教育。（泰州學案中有樵夫朱恕、陶匠韓樂吾、田夫夏叟等。）於是乃有所謂「講會」之興起。

講會與以前講堂精神又不同。講會其先原於陽明之「惜陰會」，陽明弟子如王龍谿、錢緒山諸人，推行尤力。（於是涇縣有水西會，寧國有同善會，江陰有君山會，貴池有光岳會，太平有九龍會，廣德有復初會，江北有南譙精舍，新安有程氏世廟會等。）講會有一定之會場、會期、會籍、會約、會主，所講論之記錄為「會語」等。以前講堂是學者相集從師，講會則由會中延請講者。所請不止一人。會每年可舉，每舉旬日或半月。會所往往借祠堂或寺廟，會畢則主講者又轉至他所。如是輪番赴會，其事較前之講堂，又為活潑展擴。如泰州心齋講堂，則實近於講會。蓋漸次脫離書院性質，而近於社會演講矣。

茲將宋、明學者講學變遷，列一簡表如次：

一、私人寺廟讀書。（如范仲淹、胡瑗等。）

二、書院。（此係私人學塾性質，如孫復泰山書院、周行己浮沚書院等。）

三、州學。（此係由私人設教漸變為地方政府之公立學校性質，如應天書院等是。）

四、太學。（此由地方學規制上推至國學，如胡瑗之主教太學是。）

以上自私人書院至太學為一線，屬學校之進展。惟政治不上軌道，此線之進展即告終止。

五、私人講學之第一期：（如二程。）私人講學為學校之變相，與前一系統不同。

六、私人講學之第二期：（如朱、陸。）兩期之不同處，主要在同時所集門徒之多少，而影響及於其他。

七、私人講學之第三期：（如陽明弟子之講會。）此期講學與前期不同處，在完全脫離學校氣味，變成純粹之社會公開講演與集會研究性質。

以上私人講學之三期為另一線，屬學會之進展。因社會學風，逐步擴大，逐步普遍，而此線之進展，亦逐步膨脹。

要之宋、明兩朝六百年的政府，（除宋慶曆、熙寧一段，及明洪武、永樂一段外。）並不能主持教育，領導學術；而社會上則學術空氣繼長增高，教育之要求亦與日俱進。

宋、明儒講學，實從此環境中產生。

與宋、明儒較近者，惟先秦諸子。惟先秦諸子，大率先受政府（國君。）或貴族（卿大夫、諸公子。）之豢養，而附隨沾潤及其門人子弟。此為當時社會情勢所限。宋、明講學，則純係社會平民學者間之自由結合。縱係身居官位，或大或小，如二程、朱、陸、陽明，皆以在職之身連帶講學。然其講學則純係私人交際，與政府或政治全不相干也。故先秦儒比較傾向於上行性，即政治活動；而宋明儒則比較傾向於下行性，即社會活動。兩漢儒生除太學、郡縣學校外，亦多私門授徒，有一師擁數十、數百生徒者；然所講限於五經，以訓詁考據闡述經義為主，與先秦、宋、明講學以各人之思想學術為主者大不同。

他們熱心講學的目的，固在開發民智，陶育人才。而其最終目的，則仍在改進政治，創造理想的世界。開發民智、陶育人才為第一步，改進政治為第二步，創造理想為第三步。

宋、明儒理論上的世界，是「萬物與我一體」。張橫渠之西銘為其代表作，此即上古先秦相傳之一種全體觀念也。所由認取此萬物一體者，在我謂之「性」，或稱「仁」。「在外謂之「理」。或稱「天」。

程明道之識仁篇，程伊川、朱晦菴之「致知格物」、「居敬窮理」之口號，即由此生。

認識此理後應有之活動或工作，則為大學一書所包括。即「明明德」、「新民」、「止於至善」之三綱領，以及「格物」、「致知」、「誠意」、「正心」、「修身」、「齊家」、「治國」、「平天下」之八條目是也。

其理想境界，則如朱子所云：「當世之人無不學。其學焉者無不有以知其性分之所固有，職分之所當為，而各俛焉以盡其力。此古昔盛時所以治隆於上，俗美於下，而非後世之所能及。」朱子大學章句序。所謂「古昔」，即他們之理想境界也。此後王陽明拔本塞源之論，更暢發此意，見傳習錄卷中「答顧東橋書」末一節。他們可說是一種「秀才教」。可說是范仲淹諸人以來流行於一輩自負以天下為己任的秀才們中間的宗教。

凡內在有一種相互共同的信仰，向外有一種綿歷不斷的教育，而又有一種極誠摯、極懇切之精神，自發自動以從事於此者，自廣義言之，皆可目之為宗教。宋、明儒的秀才教，大體以大羣全體為歸宿可謂一種「新儒教」。即先秦儒家思想之復活與翻新。彼輩與先秦儒不同者，以「理」字代替了先秦儒的所謂「天」。而先秦儒講仁義，似嫌偏於人事，道家遂起犄其後，陰陽家則還取道家之自然觀，以補儒學之不足，遂以陰陽五行求天道，而頗涉於怪迂。宋儒以「理」字釋「天」，亦頗采酌道家、陰陽家之長，以彌縫先秦儒在此方面之缺陷。又為先秦儒所言心性補充了許多存養的工夫。孔子言仁孝忠恕，皆心性也。孟、荀屢言心性，並注意及於心性之存養，然尚不如宋儒之深切著明。宋儒於此方面，提出「敬」、「靜」等字，頗采酌道家、佛家之長。在畸輕畸重之間，遂有程朱「性即理」與陸王「心即理」之分別。亦即在畸輕畸重之間，而有晚明顧亭林、王船山、顏習齋諸人之糾駁。若以和尚、道士方外之學目宋、明儒，則猶未能通觀宋、明儒之大體也。論宋、明學淵源，當著眼范仲淹、胡瑗，則得其眞相矣。

他們對自身同有一種嚴肅的態度，來遵行他們一種純潔高尚而肫摯的信仰。對他人則同時有一種開明的理性來傳播他們的信仰，而形成一種合理的教育。

不幸當時社會智識界之擴大，比他們那一種宗教（或教育。）之進展還要快得多。（即是有機會讀書以及有資格做官的人，比肯以天下為己任的人，數量上超過甚遠。）因此他們對於時代徒抱理想，而無法實現。他們對政治常是悲觀，或持反對的態度。結果政府（為一輩官僚所盤踞。）亦常敵視他們，屢興黨獄。

程伊川、朱晦菴皆列黨禁，王陽明亦幾不免。明代書院屢遭焚燬。

而讓有名的東林黨來結束這一個最後的衝突。

顧憲成嘗言：「官輦轂，念頭不在君父上；官封疆，念頭不在百姓上；至於水間、林下，三三兩兩，相與講求性命，切磨道義，念頭不在世道上；即有他美，君子不齒。」可見東林精神極端注重政治與世道。稍後復社諸子，雖以時文相號召，與東林講性理不同，然其為一種社會結黨，足以上撼政治則一。此種社會講學、結黨干政之風，自宋迄明，彌後彌盛，潮流所趨，至清人入主而中絕。（東漢黨錮之獄，由名士清議所激起。唐代之牛李黨爭，北宋之新舊黨爭，皆由在朝官僚實際政事之爭。與宋、明儒聚徒講學，而引生朝野之爭者有不同。）

四　宋明學者主持之社會事業

宋、明學者徹底改革政治的抱負，始終未有達到；但他們對社會事業，卻有相當成績。舉其要者：

一、義莊　此事起於范仲淹。在一個宗族的單位下，來主持救貧、恤孤、公積及義務教育等事業。

二、社倉　此事起於朱子。「常平倉」始於西漢天鳳中，大司農中丞耿壽昌奏令邊郡皆築倉，穀賤增價而糴，穀貴減價而糶，故曰「常平」。至隋文立「社倉」。常平純為政府事業，社倉則由民間自辦。唐代並置常平（積穀或錢。）及義倉。（專積穀。）天寶中，天下諸色米積九千六百餘萬石，而義倉得六千三百餘萬石，此皆民間積貯以備荒歉也。宋神宗行新法，以常平錢為青苗錢，司馬光非之，謂：「盡壞常平，專行青苗，豐年無錢平糴，荒歉何以賙贍？」至朱子推行社倉，（在孝宗乾道四年，至孝宗淳熙八年，下詔諸路推行。）謂：「常平、義倉皆藏州縣，所恩不過市井遊惰之輩。深山長谷之力農事，至遠離州縣之民，雖饑餓瀕死不能及。又其法太密，吏避事畏法者，雖視民莩亦不肯發。往往全其封鐍，遞相付授，至累數十年無一訾省。」社倉則設置於鄉村，且不僅於饑餓之賑恤。每年夏，貧民得貸粟，秋熟償，加息十之二。若倉積至原本十倍時，則以後貸粟可不徵息，惟一石加耗米三升。其法有似青苗，惟青苗貸金不貸穀，主以官府，不主以鄉里，社倉較可無弊。

三、保甲　此制王安石力主之。以後遞有興廢，要為中國社會組織中一要項。而明人戚繼光倡團練，破倭寇。及清代，曾國藩、左宗棠等亦以湘軍平洪楊。皆保甲之變相而擴大者。蓋古者兵民合一之制既壞，以此補地方之武裝而自衛也。朱子社倉，亦以保甲法推行。以十家為甲，甲置甲首一人，五十家則置社首一人，社首、甲首或保正。負管理社倉之責，縣官則檢點賬簿，於每歲貸付及回收之際，列席監督。

四、書院　書院多由民間私辦。如祥符二年，曹誠即戚同文講學舊居，建學舍百五十間，聚書千五百餘卷，願以學舍入官，遂以曹誠為書院助教。其後以書院為府學，乃正式為官學。孫復起學舍為泰山書院，周行己築浮沚書院講學，皆是。書院有學田，州縣學亦有學田。元至元二十三年，詔江南學校舊有學田復給之以養士。亦由民間捐納。

五、鄉約　此始於關中呂氏大鈞和叔。兄弟。有約正及同約之人，以德業相勵、過失相規、禮俗相交、患難相恤為約。朱子又為增定條例，如前舉社倉、保甲、書院諸制度，皆可以鄉約精神推行之。

宋、明以下之社會，與隋、唐以前不同。世族門第消滅，社會間日趨於平等，而散漫無組織。社會一切公共事業，均須有主持領導之人。若讀書人不管社會事，專務應科舉、做官、謀身家富貴，則政治社會事業，勢必日趨腐敗。其所以猶能支撐造成小康之局者，正惟賴此輩講學之人來做一個中堅。宋、明理學精神乃是由士人集團，上面影響政治，下面注意農村社會，而成為自宋以下一千年來中國歷史一種安定與指導之力量。晚清以來，西化東漸，自然科學之發展，新的工商業與新的都市突飛猛進，亟待有再度興起的新的士階層之領導與主持，此則為開出此下中國新歷史的主要契機所在。

第八編　清代之部

第四十二章　狹義的部族政權之再建（上）清代入主

明太祖驅除蒙古後三百年而滿洲入主，為中國近代史上狹義的部族政權之再建。

一　滿洲興起至入關

滿洲民族其先曾建渤海國與金國。

明代分為三部。

一、海西女真，二、建州女真，三、野人女真。惟野人女真居黑龍江流域，距中國最遠，朝貢無常。海西、建州則每歲至明朝貢。

滿洲族為建州女真，初耕牧於牡丹、松花江之合流點今三姓附近。而統率於明之建州衛。嗣其一部又南遷至圖們江流域。

其祖先景祖、顯祖。為明將李成梁所殺，事在萬曆十一年，張居正卒之翌年。遂與明成仇隙。

時努爾哈赤太祖。年二十五，以父顯祖。遺甲十三副，捕殺仇人尼堪外蘭。其時兵數不過五百人乃至六百人而已。

嗣合併傍近諸部，創後金汗國。事在萬曆四十四年正月。

興師犯明，宣布告天七大恨，取撫順。時步騎有二萬。事在萬曆四十六年。萬曆二十年，日本豐臣秀吉犯朝鮮，明救之，連師七年。二十四年開鑛稅，民間大擾。二十九年太子立。四十二年福王赴河南。四十三年有梃擊案，朝臣分黨水火。

明四路出兵討之。事在萬曆四十七年。

楊鎬為四路總指揮官，駐瀋陽。遼東本有屯軍，嘉靖原額過九萬，至是逃亡相繼，多不能用。明四路兵南自閩、浙，西自隴、蜀，徵調幾遍全國，共二十萬。合朝鮮葉赫兵為二十四萬，每路兵六萬。

敗於薩爾滸。

從撫順至薩爾滸山可七、八十里。中路軍杜松先渡渾河，以四萬兵營薩爾滸山，以二萬攻渾河北之界凡山。努爾哈赤兵八旗，以六旗四萬五千人掩擊薩爾滸山營，以兩旗共萬五千人救界凡山。杜松陣亡，明將領死者三百餘，兵士死者四萬五千餘。滿洲遂連破諸路兵，滅葉赫。此役明以輕敵分兵冒進而敗。又承平既久，軍備懈弛，徐光啟庖言謂：「杜松矢集其首，潘宗顏矢中其背。」總鎮監督尚無精良之甲胄，何論士卒？

於是有熊廷弼經略遼東之命。事在萬曆四十七年六月。

時遼、瀋大震，諸城堡軍民盡竄，數百里無人迹，中外謂必無遼。廷弼兼程冒雪，偏閱形勢，招流移，繕守具，簡士馬，肅軍令，主固守不浪戰，集兵十八萬。其上書謂：「遼東現有兵四種：一曰殘兵，甲死歸乙，乙逃歸丙，或七、八十，或三、二百，身無片甲，手無寸械，隨營糜餉，不肯出戰。二曰額兵，或死於征戰，或圖厚餉，逃為新兵。三曰募兵，朝投此營，領出官家月糧，即暮投彼營。

點冊有名，派役忽去其半；領餉有名，聞警忽去其半。四曰援兵，弱軍羸馬，朽甲鈍戈，而事急需人，不暇發還。將則死降之餘，新敗膽怯；馬則既多瘦損，軍士又多殺馬，圖充步兵以免出戰；器械則堅甲利刃，長鎗火器，喪失俱盡。」徐氏庖言謂：「奴寨北門，鐵匠居之，專治鎧甲，延袤數里。所帶盔甲、面具、臂手，悉皆精鐵；馬亦如之。我兵盔甲皆荒鐵，胸背之外，有同徒袒。賊於五步之內，專射面脅，每發必斃。」此當時兩國對壘之形勢。

廷弼專務守禦備，（滿洲亦不敢輕出兵。）未一年，去任。（廷臣忌者劾其不戰而去，事在天啟元年。）袁應泰代之，於是遂失遼陽。（廷弼嚴，應泰矯之以寬。會蒙古諸部大饑，入塞乞食，應泰處之遼、瀋二城，後遂為變。）

應泰死之，金遂遷都遼陽。（時瀋陽、遼陽以及遼東七十餘城悉降。）

明再起熊廷弼，（事在天啟元年六月。）建三方布置策。

廣寧為前線，以步騎兵守遼河沿岸。天津及登、萊為後援，以海軍衝滿洲之南部。熊為經略，駐山海關，節制三方。

時王化貞為廣寧巡撫，與熊意見不合。

王主戰，熊主守。熊謂守定而後可戰。然實權在王，兵部尚書張鳴鶴信之，所請無不允。廣寧有兵十四萬，而山海關無一卒。

以經、撫不和而影響及於戰略。

熊主固守廣寧，謂：「遼河窄，堡小，不容大兵。駐兵河上，兵分力弱。惟宜置游兵，自遼河至廣寧多置烽堠。遼陽距廣寧三百六十里，寇至易備。」時方震孺亦言：「河廣不七十步，不足恃。沿河百六十里，築城不能，列柵無用。」而化貞謂其怯敵，不守城而守河。

廣寧遂陷。事在天啟二年。熊、王退入關，俱論死。明臣且有專劾熊者。

乃派大學士孫承宗為薊遼經略使，事在天啟二年八月。**而以袁崇煥守寧遠。**

廣寧師潰，廷議扼山海鎮。崇煥時為兵部主事，單騎出關相形勢，返而言曰：「與我兵與餉，關外可守。」孫力主其計，遂築寧遠城。自請督師，分戍錦州、大、小凌河、松、杏、右屯諸要害，拓地復二百里。

承宗在關四年修復大城九、堡四十五，練兵十一萬，立車營、水營，省度支六十八萬，造甲冑、器械、弓矢、礮石、渠答、鹵楯之具合數百萬，開屯五千頃。滿洲亦按兵四載不攻。罷歸，以高第代之。

高，魏忠賢黨。既來，謂關外決不能守，盡撤錦州諸城守具。獨寧遠孤城。

時後金已都瀋陽，事在天啟五年。乘機西犯，兵十萬。為崇煥所敗，努爾哈赤負創死。崇煥守城，蓋仗葡萄牙巨礮之力。

金太祖第四子皇太極立，是謂太宗。時年三十五。先出兵破朝鮮，時滿洲有兵十五萬，袁守關外，難遽破，與明通商亦絕，非得朝鮮，無以自給。再攻寧遠又敗。明人謂之「寧錦大捷」。

明廷又劾罷袁崇煥，以不悅於魏忠賢故。以王之臣代之。復議撤錦州，守寧遠。會熹宗崩，毅宗立，魏忠賢伏誅。袁崇煥復起，而其時明內部流寇亦發。

滿洲兵以間道入關，下遵化，至通州，遂圍北京。其所入隘口，乃薊、遼總理劉策所轄。袁崇煥受反間下獄死。

崇煥聞警入援。都人驟遭兵，怨謗四起，謂崇煥縱敵。滿洲縱間，謂與崇煥有成約，令所獲宦官知之，縱去。其人告帝，遂誅崇煥。事在崇禎二年。

嗣是滿洲陷大凌河，崇禎四年。征服察哈爾，崇禎五年。得出入往來長城各口而擾山西、直隸。其時始改國號曰清。

又漢奸降附者漸多。

崇禎六年有孔有德、耿仲明，乃毛文龍部下，叛據登州，浮海投滿洲。兩人擁兵當踰萬，葡萄牙大礮亦遂輸入滿洲軍。明年，尚可喜降，亦毛部下。毛文龍，明將，據皮島，在鴨綠江東口。崇禎二年，以跋扈不用命。為袁崇煥所誅。

清勢益盛，再四入關。（崇禎七年、九年、十一年連入。十一年之役，陷近畿州、縣四十八，南陷濟南，孫承宗、盧象昇皆死之。）

洪承疇為薊遼總督，兵敗降。（事在崇禎十五年。時洪部下兵十三萬。翌年清太宗即死，世祖福臨即位，僅六歲也。）

流寇陷北京，（事在崇禎十七年。）吳三桂開山海關迎清兵入。

清自努爾哈赤至皇太極，以一小部落兩代近三十年，遽得入關破北京，蓋有數因：

一、明萬曆中年以下，政治極端腐敗。

二、其先以承平日久，武備廢弛，又復輕敵。

三、其後如熊廷弼、袁崇煥、孫承宗等，皆以一人支持邊事有餘，乃明廷或誅或罷，既不顧惜，又無定策。（明廷相傳家法，對誅戮臣僚，曾不重視。又信用宦寺，宜其自壞干城。又崇禎朝十七年中，閣臣至四、五十易，而猶自云：「朕非亡國之君。」蓋徒知責下，不知反躬。明諸帝一脈相傳如此。）

四、因盈廷紛議誤事。

泰昌元年，熊廷弼見黜上疏：「今朝堂議論，全不知兵。冬、春之際，敵以冰雪稍緩，鬨然言師老財匱，馬上促戰。及軍敗，始愀然不敢復言。比臣收拾甫定，而愀然者又復鬨然責戰矣。疆場事當聽疆場吏自為之，何用拾帖括語，徒亂人意，一不從，輒怫然怒哉！」天啟二年與王化貞爭事上疏：「臣以東西南北所欲殺之人，適遘事機難處之會。諸臣能為封疆容則容之，不能為門戶容則去之；何必內借閣臣、外借撫道以相困？」又云：「經、撫不和，恃有言官。言官交攻，恃有樞部。樞部佐鬪，恃有閣臣。今無望矣。」崇禎元年袁入對，言：「以臣之力，守全遼有餘，調眾口不足。即不以權力掣臣肘，亦能以意見亂臣謀。」又言：「恢復之計，不外以遼人守遼土，以遼土養遼人。守為正著，戰為奇著，和為旁著。法在漸，不在驟；在實，不在虛。馭邊臣但當論成敗之大局，不必摘一言一行之微瑕。事任既重，為怨實多，為邊臣甚難。中有所危，不得不告。」（又其時對流寇常以議撫誤兵機，對滿洲又因格於廷議，不得言和，遂致亡國。若先和滿，一意剿賊，尚可救。）

五、漢奸之外附。

孔、耿之去，已挾軍隊俱降。洪承疇、吳三桂部下，皆禦外之精卒，掃數十萬人外附，（吳三桂寧遠兵號五十萬。）中國

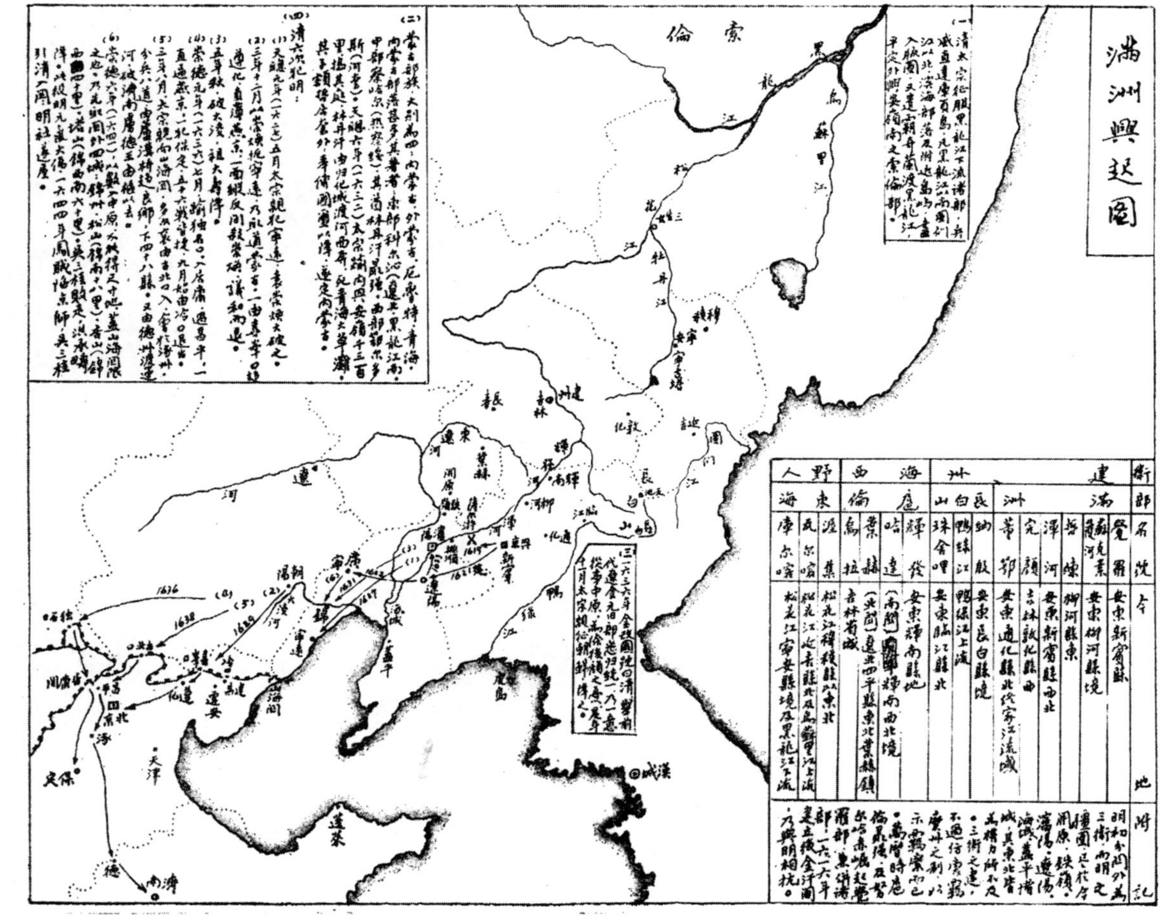

衛	部	名	今地
建州	滿洲	覺羅	安東新賓縣
		蘇克素護河	安東柳河縣境
		哲陳	柳河縣東
		渾河	安東新賓縣西北
		完顏	吉林敦化縣西
		董鄂	安東通化縣北佟家江流域
	長白山	訥殷	安東長白縣境
		鴨綠江	鴨綠江上流
		珠舍哩	安東臨江縣北
海西	扈倫	輝發	安東輝南縣地
		哈達	(南關)……輝南西北境
		葉赫	(北關)遼寧四平縣東北葉赫鎮
		烏拉	吉林省城
野人	東海	渥集	松花江穆稜縣以東北
		瓦爾喀	松花江以東及烏蘇里江上流
		庫爾喀	松花江寧安縣境及黑龍江下流

何以復守？其後如劉良佐、高傑等軍隊，陸續降者尚數十、百萬人。

六、流寇之內潰。（臟腑既爛，四肢何用？）

二　明末流寇

流寇起於陝西。先是明室以遼軍起，屢次加賦。

神宗萬曆四十六、四十七、四十八三年，以遼東兵起，先後共增五百二十萬。（通三年，畝加九釐為定額。）毅宗崇禎三年，又加一百六十五萬有奇。（畝加九釐外，又增三釐。）兩共六百八十五萬有奇，綜名「遼餉」。嗣又增「勦餉」二百八十萬，（十年。）「鍊餉」七百三十萬。（十二年。）先後共加一千六百九十五萬兩。正統以前，天下歲徵共二百四十三萬兩，（萬曆初至四百萬兩。）所增殆超出七、八倍。民窮財盡，為蘊亂之源。

又值荒年。

陝西延安一府食榆皮石塊，乃至以小兒為食。明代北方旱荒時見。成化時，陝西、河南、山西赤地千里，屍骸枕藉，僅存無幾。（李俊、汪奎傳。）嘉靖時，山西大旱三年，百餘里不聞鷄聲，父子夫婦互易一飽，名曰「人市」。（王宗沐傳。）

於是叛卒、崇禎元年陝西欠餉一百三十八萬兩，乃有逃兵。驛夫、崇禎二年議裁驛站冗卒。饑民，結夥羣起。

最先，其魁酋曰高迎祥，竄擾秦、晉、豫、鄂四省。

崇禎二年，自號闖王。崇禎四年，洪承疇督勦克捷，關中患定，走山西。六年又渡河而南，復竄陝。八年大會滎陽，有十三家七十二營，分五部縱掠。

李自成、張獻忠繼之。

崇禎九年，孫傳庭捕誅高迎祥。李自成為闖王，走甘肅。時明廷以盧象昇專辦東南，洪承疇專辦西北。張獻忠為盧象昇所敗，走湖北。

所過悉擄壯丁十五至四十。為兵，逃者殺之。亦有號令法律。

不得藏白金。所過城邑，不得室處，不得攜他婦人。寢具一單布。精兵一人，主芻、掌械、執爨者十人。一兵倅馬四匹。剖人腹為馬槽。軍止，則出較騎射。渡水皆徑過。攻城，迎降不殺。守城一日，殺十之三；二日，十之七；守三日，則屠。擄獲以馬匹為上，弓銃次之，幣帛、珠玉為下。散所掠財物，賑饑民，唱口號，曰：「迎闖王，不納糧。」有舉人李信、牛金星為之謀主。

攻襄陽為襄京。

時寇謀直逼北京，嫌其遇敗無退步。又主下金陵，絕北方糧，嫌其勢緩。遂主攻關中、山西，再向北京。清代洪、楊革命，既得武漢，即走第一、第二路。林鳳祥、李開芳北上敗後，洪、楊踞長江十餘年，而北庭自若。李闖本起關陝，是其熟路，故卒取第三策，而明都遂不保。

是年，清太宗卒，第九子福臨立，年僅六歲。睿親王多爾袞攝政。而流寇直從山西撲北京，吳三桂召清兵入。吳梅村圓圓曲云：「慟哭六軍俱縞素，衝冠一怒為紅顏。」蓋吳有愛姬陳沅，名圓圓，為寇所得；其父吳襄亦沒於寇。襄招三桂，三桂為妾不為父，遂決意納清兵。

明代流寇之不能速平，亦有繫於地方分省制度之不當者。元人分省建置，盡廢唐宋分道之舊。合河南、河北為一而黃河之險失。合江南、江北為一而長江之險失。合湖南、湖北為一而洞庭之險失。合浙東、浙西為一而錢塘之險失。淮東、淮西，漢南、漢北，州、縣錯隸，而淮、漢之險失。漢中隸秦，歸州隸楚，又合內江、外江為一，而蜀之險失。流賊之起，來無所堵，去無所偵。破一縣，一府震；破一府，一省震；破一省，各直省皆震。經略或至七鎮，總督、經理或至八省、七省、五省，又或總督以下並聽節制，地無常界，兵無常將，而藩鎮控制之宜盡失。元明二季，以及清代川、楚、粵之亂，皆坐此弊。又督、撫專任節制，與士兵不屬。且蒞軍者不得計餉，計餉者不得蒞軍。節制者不得操兵，操兵者不得節制。故元、明、清三代無藩鎮專制之憂，而不能禁亂民之平地突起以為禍。

三　南明之抗戰

明北都既陷，南方爭事擁立。

福王在南京。馬士英、阮大鋮以魏忠賢舊黨，擁立擅權，雖有一史可法，不足支此殘局。南京既敗，餘便無望。

唐王在福州。別有魯王，在浙江。

桂王在肇慶。以地最僻遠，故最後亡。

不到二十年，相繼破滅。福王弘光一年，李自成亦敗。唐王隆武一年，張獻忠亦敗。桂王永曆十三年，奔緬甸，見執。復有鄭成功據臺灣，至康熙二十二年始平。

惟清人所以得吞滅南明，其最重要原因，厥為漢奸之助。（金得汴京而不能有江南者，即因未有漢奸為之作倀。又清興已四十年，而金則驟起，亦其異。）清既入關，以洪承疇經略江南五省，孔有德徇廣西，尚可喜、耿仲明徇廣東，吳三桂徇四川、雲南，而三桂功尤大。（破流賊，定陝、川、滇，取永明於緬甸，又平水西土司安氏。）四方精兵猛將，多歸其部下。（張邦昌、劉豫為漢奸，所以無成，因其本無軍隊。至吳三桂部下，尤為明代邊兵精銳所聚。桂王所仗以抗衡立國者，亦皆左良玉、李自成、張獻忠之潰餘。）清既賴漢奸得佔全中國，事定酬庸。

吳三桂封平西王，居雲南。

尚之信封平南王，居廣東。

耿精忠（仲明子繼茂之子。）封靖南王，居福建。（孔有德已先卒。）

「三藩」不自安，於康熙十二年自請撤藩，竟得許，遂反。

耿、尚皆十五佐領，綠旗兵各六千，加以餘丁二千，各有藩兵八千。吳三桂五十三佐領，綠旗萬有二千，加以餘丁四千，不過萬有六千。言其兵餉，康熙十一年左都御史艾元徵疏言：「邊省歲需協撥銀雲南百七十餘萬，貴州五十餘萬，四川八十餘萬，福建百六十餘萬，廣東百二十餘萬，廣西十七、八萬。」除四川外，餘皆三藩協餉，歲五百餘萬；雲、貴不及一半，較順治間雲、貴歲協四百餘萬，已省二分之一。閩海鄭氏尚存，兵餉本重。然則撤藩自是滿廷主意，並非三藩之在所必撤。

吳三桂先起，數日滇、蜀、湘、閩、桂、黔六省皆應，勢甚盛。

然不久即敗。康熙十七年吳三桂死，二十年三藩亂平。

一、因三桂身為漢奸，不得國人信仰。一到湖南，即妄建尊稱，國號「大周」，改元「利用」，更失眾望。

二、三藩不能一致。三桂起兵，耿精忠即應之，至康熙十五年尚之信始以廣東反。十六年福建、廣東又叛附清。臺灣鄭經，亦與耿精忠始合終離。

三、三桂已高年暮氣，起事年六十二。不肯離滇，又不敢越長江。其兵一自長沙窺江西，一自四川窺陝西。康熙十三年，陝西響應，然不出襄、樊，其勢自緩。

四、清主玄燁方少年歲。十九英銳，處置得宜。諭綠旗諸將謂：「從古漢人叛亂，止用漢兵勦平，豈有滿兵助戰？」故三藩之平，仍是藉漢人之力。陝、甘有張勇、趙良棟、王進寶、孫思克。楚有蔡毓榮、徐治都、萬正色。閩有楊捷、施琅、姚啟聖、吳興祚。浙有李之芳。粵有傅宏烈。皆漢軍立功者。

明清之際的轉變，大部分是明代內部自身的政治問題，說不上民族的衰老。以明末人物言之，較唐宋之亡，倍有生色。以整個奮鬬力言，亦為壯旺。

第四十三章　狹義的部族政權之再建（下）

一　清代帝系及年歷

（一）世祖（二八）
- 六歲即位，
- 十二歲親政。

——（二）聖祖（六一）
- 八歲即位，
- 十三歲始親政，
- 十六歲殺鰲拜。
- 元年，明桂王見殺，明亡。
- 二十年，三藩平。
- 二十二年，臺灣平。
- 三十六年，外蒙古平。
- 六次南巡。

——（三）世宗（一三）
- 青海、蒙古略定。
- 西南苗疆平。

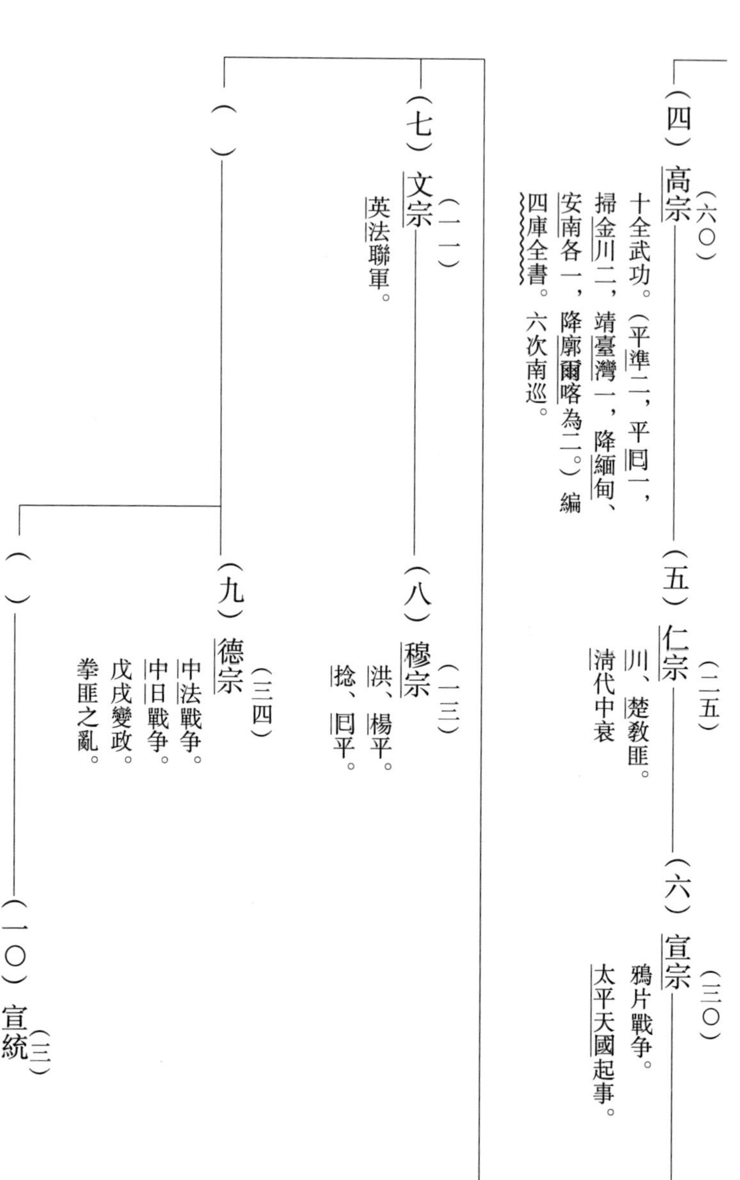
（四）高宗（六〇）
十全武功。（平準二，平回一，掃金川二，靖臺灣一，降緬甸、安南各一，降廓爾喀為二。）編四庫全書。六次南巡。
（五）仁宗（二五）
川、楚教匪。
清代中衰
（六）宣宗（三〇）
鴉片戰爭。
太平天國起事。
（七）文宗（一一）
英法聯軍。
（八）穆宗（一三）
洪、楊平。
捻、回平。
（九）德宗（三四）
中法戰爭。
中日戰爭。
戊戌變政。
拳匪之亂。
（一〇）宣統（三）

清代凡十主，二百六十八年。

二　清代對待漢人之態度

清室對待漢人，無論其為懷柔或高壓，要之十分防猜。

努爾哈赤極端排漢。

得漢人，分賜滿人為奴隸，壯丁十三名為一莊，按滿官階級分與。得儒生，則殺。是其時尚無野心。

太宗則改用懷柔政策。

滿、漢分居，設官治理。天聰三年，許儒生經考試免徭役。

對漢奸尤刻意利用。

孔有德、耿仲明降，太宗以抱見禮待之。洪承疇尤所崇重，嘗譬其下，謂：「君等皆瞽目，今得一引路者，吾安得不樂？」時有永平巡撫張春，被執不屈，太宗自往拜之；春罵，不之罪。祭妻用崇禎年號，太宗命以少牢往，春不受。凡留九年，欲移遼陽，不許；不食而死，乃葬之遼陽。

世祖入關，初則重用降臣，開科取士。大抵在順治十年前多爾袞時代。繼則一轉而用高壓。

蓋因江南已定，顧忌漸少也。清人以崇禎十七年五月初三得北京，初四即下令薙髮，二十四日又聽民自由。及下江南，又下薙髮令，限十日開薙，有「留頭不留髮，留髮不留頭」之命。江陰、嘉定皆招屠城之慘。十七年，張晉彥序劉正宗詩，有「將明之材」語，世祖以其言詭譎不可解，絞正宗而斬晉彥。此為以後文字獄開先例。始立「貳臣」之目，謂明臣而不思明，必非忠臣。大興科場案，又有江南奏銷案，被累者一萬三千餘人，縉紳之家無免者。此等事對晚明積弊，固多所矯正，惟清廷則藉以痛壓士大夫而取悅民眾，實自有其統治上之一番用意也。

直至康熙初年，其勢有增無已。

二年，有湖州莊氏史案，潘力田、吳赤溟等七十人遇難。三年，孫夏峯被告對簿。七年，顧亭林濟南下獄。黃梨洲則四被懸名購捕。

及吳三桂起事，清廷乃又一轉其面目。

十二年，吳三桂反，是年即有詔薦舉山林隱逸。十七年，詔徵博學鴻儒。各地所舉一百四十三人，取一等二十，二等三十，俱授翰林。明年，開明史館，命彼等纂修明史。以國史大業牢籠遺民志士，可謂苦心。然此等應徵而來者，均屬二、三流以下人物耳。如顧亭林、黃梨洲、李二曲諸人，皆不能招致。

逮雍正嗣位，固由其天性刻薄猜忌，亦因中國已俯首帖耳不復反側，趙翼簷曝雜記載：康熙時，科場舞弊，有稱賀於上前者，謂：「國初以美官授漢兒，漢兒且不肯受。今漢兒營求科目，足覘人心歸附。」遂又重施高壓。

其時文字獄迭起。二年，有浙人汪景祺、查嗣庭之獄。汪為年羹堯記室，有西征隨筆。查因江西考試出題為「維民所止」，暗射雍正無頭。四年，有浙人呂留良之獄。湘人曾靜讀呂遺書，勸岳鍾琪反正，興大獄。呂已死，戮屍。七年，有廣西陸生枏之獄。因著通鑑論，主復封建，及關於立太子、兵制、君權諸點。蓋自康熙五十年戴名世南山集興獄以來，清廷以文字誅戮士人之風又大熾。此乃清廷一貫政策，非雍正一人事。

至乾隆朝，清室已臻全盛，漢人反動心理，殆亦消失淨盡，清廷乃益肆高壓，達於極點。

乾隆六十年中，大學士、尚侍、供奉諸大員，無一人不遭黜辱。滿人對王室自稱「奴才」，本欲以教漢人之順。及漢人愈不反抗，則滿人愈無顧忌。其時尚有文字獄，如胡中藻堅磨生詩，有「一把心腸論濁清」；徐述夔一柱樓詩詠正德杯，有「大明天子重相見，且把壺兒擱半邊」，及「明朝期振翮，一舉去清都」語；均得罪，較之雍正朝獄益瑣細。又創編四庫全書，自三十八年至四十七年，藉徵書之名，燒燬犯禁書籍共二十四次，五百三十八種，一萬三千八百六十二部。直至五十三年，尚有嚴諭禁書，謂：「東南諸省，尚未禁絕。」無論明清之際事，即上至關涉遼金事，亦多所更易。即一字一語，亦不放鬆。用意深刻，前無倫比。

三　清代政制

清代政制，沿明代不設宰相，以大學士理國政，以便君主獨裁。乾隆書程頤經筵劄子後，謂：「為宰相者，居然以天下之治亂為己任，至目無其君，此尤大不可。」

命官則沿元代，滿、漢分別，如內閣大學士，滿、漢各二人。協辦大學士，滿、漢各一人。餘倣此。而實權多在滿臣。且滿洲、蒙古無微員，從六品首領、佐貳以下官，不以授滿洲、蒙古。宗室無外任。外任道以下官不以授宗室。其督、撫、藩、臬由特旨簡放者，不在此例。君尊臣卑，一切較明代尤遠甚。

明朝儀，臣僚四拜或五拜，清始有三跪九叩首之制。明大臣得侍坐，清則奏對無不跪。明六曹答詔皆稱「卿」，清則率斥為「爾」。而滿、蒙大吏摺奏，咸自稱「奴才」。又按：清初漢大臣對滿洲親王亦長跪。鶴徵錄：「康熙二十六年正月，諸王大臣議禮，閣臣白事，向諸王長跪移時，李之芳年老踣地。高層雲官給諫，抗章彈奏，遂令會議時大臣見諸王不得引身長跪。」又東華錄：「康熙二十七年，給事中高層雲疏參大學士王熙向康親王傑書等跪語，王俱坐受。」

雍正時別設軍機處，自是內閣權漸輕，軍機處權漸重。然軍機處依然非相職。

軍機處並無特出之首長，亦無權向各部及各督、撫直接發布命令。蓋軍機處仍不過為清王室一御用機關，不得目之為政府中之最高樞機。

並有所謂「廷寄諭旨」，最高命令以軍機性質行之，更無外廷參預意見之餘地。

清制，凡巡幸上陵、經筵、蠲賑、內臣自侍郎以上。外臣自總兵、知府以上。黜陟，及曉諭中外事，用明發上諭，交內閣，以次交部、科。凡誥誡臣工、指授兵略、查核政事、責問刑罪之不當者等事，用寄信上諭，由軍機大臣面承後撰擬進呈，出發即封入紙函，用辦理軍機處銀印鈐之，交兵部加封，發驛馳遞。

六部僅為中央行政長官，其權任亦大削。

清六部長官均無權對各省督、撫直接發布命令，則不得謂是總轄全國之行政長官。又各部尚書、侍郎均有單獨上奏之權，則各部尚書亦並不得謂是統率各該部之惟一長官。清制六部尚書、左右侍郎俱滿、漢各一人，則一部而長官六人。此等各無專事，甚或朝握銓衡，夕兼支計，甫主戎政，復領容臺；一職數官，一官數職，曲存稟仰，遑論建樹。明廢宰相而提高六部實權，吏、兵諸部尚書，在明代多卓著聲績。清則既無宰相，而六部亦幾下儕於具員。光緒三十一年，王大臣奏言政治積弊，謂：「名為吏部，但司掣籤之事，並無銓衡之權。名為戶部，但司出納之事，並無統計之權。名為禮部，但司典禮之事，並無禮教之權。名為兵部，但司綠營兵籍、武職升轉之事，並無統御之權。」此種情形，蓋自清初即爾。

雖仍設給事中，然其性質，轉為御史官之一部，對朝廷詔旨，無權封駁。

清代重要摺奏皆歸軍機處，外廷無可預聞。設六科給事中，並隸於都察院。都察院有給事中三十人，監察御史四十四人，皆得單獨參劾上奏。臺、諫合一，給事中以稽查六部百司為主，與御史職務相同，完全失卻諫官本意。事亦始雍正初。漢臣有抗疏力爭者，竟不獲。

用人大權，則全出帝王意旨。既不屬之宰執，亦無所謂「廷推」。

南朝宋營陽王時，景平元年。以蔡廓為吏部尚書，廓謂傅亮曰：「選事若悉以見付，不論。不然，不拜。」亮以語錄尚書徐羨之，羨之曰：「黃散以下，悉以委蔡，宋黃門第五品。吾徒不復措懷。自此以上，故宜共參異同。」廓曰：「我不能為徐干木署紙尾。」黃紙錄尚書與吏部尚書連名。遂不拜。唐制有「敕授」，有「旨授」。敕授者，五品以上，宰臣奏可除拜之。旨授者，六品以下，吏部銓材授職，然後上言，詔旨但畫聞從之，而不可否。韋貫之嘗言：「禮部侍郎重於宰相。」憲宗詰之曰：「侍郎是宰相除。」貫之曰：「然侍郎為陛下柬宰相，得無重乎？」是自古用人，皆歸相職與吏部也。明廢宰相而吏部權重，銓政主於文選司，自部、院屬官，府、縣正佐，皆聽吏部擇人注授，而大僚則由廷議會推。明制內閣大學士、吏部尚書由廷推，或奉特旨。侍郎以下及祭酒，吏部會同三品以上廷推。太常卿以下部推。通參以下，吏部於弘政部會選。在外官，惟督、撫廷推，九卿共之，吏部主之。布、按員缺，三品以上官會舉。惟廷推大權，實在吏部。可參看趙翼二十二史劄記明吏部權重條。朝臣用舍，權仍在外。孝宗時，陝西缺巡撫，吏部尚書王恕推河南布政使蕭楨；詔別推，恕執奏不可，帝卒用楨。又中旨復欽天監革職監正李華官，大學士徐溥等拒不可，謂：「即位以來，未嘗有內降。倖門一開，末流安底？臣等不敢奉詔。」又穆宗時殷士儋藉太監陳洪力，取中旨入閣；御史趙應龍劾之，殷不安其位而去。此皆明代皇帝在法理上無權直接用人之史證也。清代首罷廷推之制，內外大員皆由特簡。即一命以上，由部案例注闕者，亦必經引見，然後給憑赴職。用人行政，事事悉仰君主一人之獨斷，務求柄不下移，實中國有史以來之創局也。

政權既集中於中央，其實只是集中於內廷。而各省又總督、巡撫常川監臨，殆於常以兵政凌駕於民政之上。

明代地方長官，以布政使為主，巡撫、總督皆係朝官臨時出使。事畢復命，職亦消滅。清制，督、撫常駐各省會，總督皆稱「總督某某等處地方、提督軍務糧餉」，或「兼巡撫事」云云。巡撫則云「巡撫某某等處地方、提督軍務糧餉」云云。又或作「節制各鎮兼理糧餉」云云。是明為軍職矣。而總督又兼「右都御史」銜，巡撫兼「左副都御史」銜，均得單獨上奏參劾。而布政使則掌宣化承流，帥府、州縣官廉其錄職能否，上下其考，報督、撫上達吏部。大計之權，又全在督、撫，地方官吏黜陟，憑其意見。督、撫權乃日重，布政使僅如其屬吏。康熙親政，以親民官須諳利弊，命督、撫舉賢能。雍正元年，諭督、撫甄別知府。嘉慶親政，以知府承上接下要職，嚴諭各督、撫考覈。咸豐時，軍書旁午，民生凋敝，申諭督、撫隨時嚴察。此皆清代地方政事付之督、撫，不付布政使之證。

而國家有大兵役，又必特簡經略大臣、參贊大臣，親寄軍要，督、撫仍不過承號令，備策應。

經略大臣、大將軍、將軍皆簡王、貝勒、貝子、公或都統親信大臣為之。遇大征伐，則置。終清世，漢大臣拜大將軍，滿洲士卒隸麾下受節制，惟岳鍾琪一人。

及其承平無事，各省皆用滿人為駐防將軍。

八旗駐防，簡將軍、都統領之，將軍乃專為滿闕。

甚至綠營亦多用滿員。

雍正六年，副都統宗室滿珠錫禮言：「京營參將以下，千總以上，不宜專用漢人。」得旨。滿洲人數本少，補用中外要缺已足。若京營參將以下，悉用滿洲，則人數不敷，勢必有員缺而無補授之人。乾隆間，揀發各省武職，率以滿人應選。帝曰：「綠營將領，滿、漢參用。若概將滿員揀發，行之日久，將綠營盡成滿缺，非所以廣掄選而勵人才。」飭所司議滿、漢間用之法。然至三十八年，兵部復疏言：「直隸、山西、陝西、甘肅、四川五省，自副將至守備，滿缺六百四十七。各省自副將至守備，千一百七十九缺，向以綠營選補，現滿、蒙在綠營者逾原額兩倍」云云，則滿員仍充塞於綠營也。

國家收入，盡以養兵。

梁詩正疏：（乾隆三年。）「各省錢糧，大半留充兵餉。不敷，鄰省協撥。解部之項日少。」又云：（乾隆十年。）「每歲天下租賦，以供官兵俸餉。各項經費，惟餘二百餘萬，不足備水旱兵戈之用。」

而各省督、撫，亦以用滿員為主，參用漢人特其不得已。

順治入關，初議各省督、撫盡用滿人，魏裔介為給事中，抗疏力爭而止。康熙時，三藩平，僅議山、陝兩撫不用漢人。時漢人為督、撫者尚多，故議用滿人巡方以監察之。雍正朝，督、撫十七八皆漢軍旗，硃批諭旨，常斥漢軍卑鄙下賤。乾隆朝，直省督、撫，滿人為多，漢人仕外官能洊至兩司，已為極品。及季年，各督、撫凡二十有六缺，漢人畢沅、孫士毅、秦承恩等不足半數。太平天國起，滿督、撫無敢抗。咸豐以後，始汰滿用漢。同治初，官文總督湖廣官罷，滿人絕迹者三年。僅英翰擢至安徽巡撫。當同治己巳、庚午間，各省督、撫、提、鎮，湘、淮軍功臣占其大半。然不久滿人勢力復盛。甲午後，滿督、撫又遍各省，以迄於亡。

其援用漢人，則先旁省而抑江、浙。

乾隆八年，杭世駿奏：「天下巡撫尚滿、漢參半，總督則漢人無一焉。又果於用邊省之人，而十年不調者，皆江、浙之人。」

內外官制分別又嚴，地方親民官甚少昇遷之望。

明有行取之制，在外推官、知縣等可以入任科道。清乾隆中停止之。

亦無展布餘地。

清制於縣、府上加道，省、布政司。道、府、廳、州。縣，已成四級。上有督、撫為五等。長上加長，臨制益密。地方親民官，仰承奉迎之不暇，何論實濟政事？

「三藩」亂後，各省錢糧，掃數解京，地方絕無存留，更不必言建設。

康熙以前，各項錢糧，除地丁正項外，雜項錢糧不解京者尚多。自「三藩」之變以來，軍需浩繁，遂將一切存留款項盡數解部。其留地方者，惟俸、工等項。此外則一絲一粒，無不陸續解京。雖有尾欠，部中亦必令起解。地方扣留財賦，不解中央，其事始咸豐時。正是各省滿員淘汰，漢人重復起用之際也。

雍正以後，並以「火耗」歸入正項，地方更無餘款，更說不到實濟。

乾隆十年柴潮生上疏，謂：「康熙間法制寬略，州、縣於地丁外，私徵火耗。其陋規匿稅，亦未盡釐剔。自耗羨歸公，一切弊竇，悉滌而清。然向者本出私徵，非同經費，端介有司不敢苟取，賢能者則以地方之財治地方之事，故康熙間循吏多實績。自耗羨歸公，輸納比於正供，出入操於內部。地方有應行之事，應興之役，一絲一忽，悉取公帑。有司上畏戶、工二部之駁詰，下畏身家之賠累，但取其事之美觀而無實濟者，日奔走之以為勤，遂成天下之大弊。」

雖內如翰林編、檢，外如道、府長官，亦不得專摺言事。

清制，京官除各部、院堂官及道科外，外官除督、撫、藩、臬外，均不准專摺言事。翰林院編修、檢討，皆由庶吉士授職，士林欣羨，以為榮遇，然謀議不參，諫諍不納。寮友過從，但以詩、賦、楷法相砥礪，最高討論經籍訓詁止矣。較之明代以翰林儲才之初意，差失甚遠。翰、詹授日講起居注官得遞摺。道領數郡，府領數縣，職位於外官不為不崇，然清代既上臨以督、撫、藩、臬，又禁不許專摺言事，以視漢之太守得直達天子者，相去已遠；就明代百官布衣皆得上書言之，更難相擬。

又嚴禁士人建白軍民利病。

順治九年，立臥碑於各直省儒學之明倫堂。凡軍民一切利病，不許生員上書陳言。如有一言建白，以違制論，黜革治罪。又生員不許糾黨多人，立監結社，把持官府，武斷鄉曲。所作文字，不許妄行刊刻，違者聽提調官治罪。按：明史選舉志：「洪武十五年，頒禁例十二條，鐫立臥碑。」有云：「一切軍民利病，農、工、商賈皆可言之，惟生員不許建言。」惟並不禁立監結社與刊刻文字。即不許建白之禁，在明代實係具文。故生員把持地方，至顧亭林擬之為「魏博牙軍、成都突將」。至清代始對士人言論、結社、出版三大自由，皆切實嚴禁。清初如金聖歎諸人，即因此橫罹非辜。自後士人遂無敢犯者。又按：明臥碑又有一條云：「生員內有學優才贍，深明治體，年及三十願出仕者，許敷陳王道，講論治化，述作文詞，呈稟本學教官，考其所作簽名具呈，然後親齎赴京奏聞，再行面試。如果真才實學，不待選舉，即行錄用。」是明制不許生員建言軍民利病，而許其敷陳治道，與清制用意自別。

清廷又劃山海關以外稱東三省，其政制不與內地同。

按：遼河東、西岸，其地久為中國之一部分。如燕太子丹之逃秦，衛滿之獨立，以至三國時公孫度之稱帝，其合則為中國之郡縣，其分亦中國人之事業。滿洲起於吉林長白山外，遼河兩岸皆逐步取之於明。及入關以後，惟恐中國不能久踞，故特以關外為其禁地，備作退步。稱奉、吉、黑為東三省，悉以將軍、都統治之，不許漢人出關。往來過山海關，必憑文票。奉天地方，非貿易營運人不准前往；准往者，仍不得冒濫入籍。吉林則不准再有流民踵至私墾。不惟吉、黑兩省不能開發，而遼寧一省因與中國隔絕，其地文化亦有退無進。直至光緒末年，始仿內地行省例設立道、府、州、縣，並開放直、魯各省人得出關開墾。中國近代東北文化之落後，實由清人以私意閉塞之也。又山西歸化城、大青山今綏遠境。種地民戶，亦禁令不許私添。直隸平泉、建昌、朝陽、赤峯四州縣，今熱河境。亦不准多墾一畝，增居一戶。臺灣亦禁止內地人民偷渡。此等禁令，皆至光緒時始廢。

其對蒙古、西藏、青海，則一以舊俗羈縻。

扶植喇嘛勢力，禁止漢、蒙通商，皆以政令特意造成閉塞之情勢。新疆一省，亦劃為滿員衣食之禁地。直至左宗棠率兵平回以後，其禁遂弛，漢人接踵移殖，故其地開發情況較佳。

理藩院無漢人，使漢、蒙不相接，以便其箝制統治之私。

理藩院管理院務大臣滿洲一人，（特簡大學士為之。）尚書、左右侍郎俱各滿洲一人，（間亦有蒙古人為之。）額外侍郎一人。（以蒙古貝勒、貝子之賢能者任之。）

其用刑殘虐，則亦沿襲元明之制。

光緒三十一年，修訂法律大臣沈家本等奏：「請刪除重法三事：一曰凌遲、梟首、戮屍。凌遲，唐以前無此名目。遼史刑法志始列入正刑。宋熙寧以後，漸亦沿用。元明至今，相仍未改。梟首在秦漢時惟用之夷族之誅。六朝梁、陳、齊、周諸律，始於斬外別立梟名。自隋迄元，復棄不用。今之斬梟，仍明制。戮屍惟秦時成蟜軍反，其軍吏皆斬戮屍，見於始皇本紀。此外歷代刑制，俱無此法。明自萬曆十六年定有戮屍條例，專指謀殺祖父母、父母而言。國朝因之，更推及於強盜。（按：雍正時呂晚村即戮屍寸斲，則不止於推及強盜而已。）一曰緣坐。緣坐之制，起於秦之參夷，及收司連坐法。漢高后除三族令，文帝除收孥相坐律。惟夷族之誅，猶間用之。晉以下仍有家屬從坐之法。唐律惟反叛、惡逆、不道，律有緣坐。今律則姦黨、交結近侍、反獄、邪教諸項俱緣坐。一案株連，動輒數十人。一曰刺字。刺字乃古墨刑，漢文帝廢肉刑而黥亦廢。魏晉六朝雖有逃奴劫盜之刺，旋行旋廢。隋唐皆無此法。石晉天福間，始創刺配之制，相沿至今。」據此知清代用刑，實襲用歷代之重法。雖無明代廠衛廷杖之慘，而文字獄之深刻，則過於明尤遠。

大臣稍失意旨，輒下外廷判罪，陽示至公極仁，而外廷仰承鼻息，加苛倍刻，遂開有史未有之先例。

最著者，如年羹堯逮至京師，以雍正三年十二月。下議政大臣、三法司、九卿會鞫。具獄辭：「年羹堯大逆之罪五，欺罔之罪九，僭越之罪十六，狂悖之罪十三，專擅之罪六，忌刻之罪六，殘忍之罪四，貪黷之罪十八，侵蝕之罪十五，凡九十二款，當大辟。」然後由雍正下諭貸其死。凡清廷殺大臣例如此。其尤可笑者，清制，國恤，諸臣當於百日後薙髮。乾隆孝賢皇后崩，有錦州知府金文醇被劾違制，逮下刑部擬斬。乾隆以為不當，責尚書盛安沽譽，予重譴。而江蘇巡撫安甯又舉江南河道總督周學健薙髮如文醇，因並命逮治。且詔諸直省察屬吏有違制薙髮者，不必治罪，但以名聞。時塞楞額為湖廣總督，亦薙髮，具疏自陳。乾隆諭文醇已擬斬決，豈知督、撫中有周學健，豈知滿洲大臣中有塞楞額，因釋文醇、學健，賜塞楞額自盡。然學健終因此以他罪誅。蓋積威之下，廷臣惟務刻深免禍，乃至以薙髮一小節誅兩大臣。而清廷滿、漢歧視之心，更昭然若揭矣。

以清代與元代相比，清代漢化之程度特高，元恃武力，故輕視中國。滿洲無所恃，故刻意模倣漢化。而其為狹義的部族政權則一。

四　清代之武功

至言清代武力，其得久踞遼河兩岸並以入關，胥由明政黑暗，又獲漢奸之助。谷應泰明史紀事本末，記吳三桂敗李自成軍；至乾隆五十一年，令據開國方略修改。此下平南明，破李自成、張獻忠，要之明降將之力為多。

及平「三藩」，亦全用漢將。綠營正式代旗兵而起。

時勒爾錦駐防荊州，埋南懷仁製造之大礮而先自退卻。有欲舉襄陽以北降者，賴蔡毓榮持之以免。見熙亭雜錄。康熙明詔罪滿洲親王、貝勒以下畏怯誤事者近二十人。可見其時滿洲士氣已不堪用。其前與明交鋒，亦未佔絕對勝利也。其時所用綠旗兵，多至四十萬。雲、貴多山地，皆以綠營步兵居前，而旗兵繼之。其後準部、回疆、金川，亦皆綠旗勛績。

及至中國內部統一，則對外例可有一段武功。秦、漢、隋、唐、明代皆然，惟宋為例外，其故已詳前。又清軍已知用砲，蒙古、準、回之敗頗以此。

其時有名大將，實以漢人為多。

如康熙時勘定臺灣之姚啟聖、施琅。雍正時征厄魯特之年羹堯、岳鍾琪，苗疆改流之張廣泗。乾隆時金川之役之岳鍾琪。嘉慶時湖、貴征苗之傅鼐，東南靖海之李長庚，征勦川、楚教匪之楊遇春、楊芳、劉清。道光之時定回疆之楊芳等。大抵為大帥、事定得封爵極賞者多滿人，而幹濟成功者多漢將。如平三藩多陝、甘將，平三省教匪多蜀將，平東南海盜多閩將。魏源聖武記謂：「近人紀皇朝武功七篇，往往言勝不言敗，書功不書罪。按：此指趙翼皇朝武功紀盛七卷。如三藩之役，順承郡王、簡親王逼迫於楚，貝勒洞鄂失機於陝，將軍舒恕觀望於粵；準噶爾之役，蒙古王丹津縱寇於鄂爾昆河；一概不書。即如傅爾丹和通泊之敗，額楞特喀喇烏蘇之敗，亦略及之而不詳。參贊額勒登額逗援於緬甸，溫福僨事於金川，巴忠、成德、鄂輝賄和於西藏，恆瑞老師於臺灣，亦一概不書。」岳鍾琪為大將軍，赴京師，命紀成斌攝其事。紀命滿人副參領查廩領卒萬人驅牧駝馬。廩畏寒避山谷間，以偏裨五十人放牧。及馬駝為敵所掠，廩棄軍逃。成斌收縛欲斬之，會鍾琪至，驚曰：「君今族矣。滿洲為國舊人，吾儕豈可與抗，以干其怒？」遂釋廩。及查郎阿巡邊，故廩戚，因控鍾琪入之罪。其時滿、漢情形如此。尤甚者，則如乾隆之終為福康安殺柴大紀。

至於乾隆十全武功，已成強弩之末，徒為粉飾，自耗國本。

乾隆初次金川之役，兵費二千餘萬兩。準、回之役，三千三百餘萬兩。緬甸之役，九百餘萬兩。二次金川之役，七千餘萬兩。廓爾喀之役，一千有五十二萬兩。臺灣之役，八百餘萬兩。總計在一萬五千萬兩以上。緬甸事發難於乾隆三十一年，終了於乾隆五十四年，閱二十餘載。帥臣屢易，費帑九百餘萬，而功終未竟。魏源聖武記謂：「亦小夷氣數未熸，天姑少延之。」又謂：「刺虎持鷸，功在乘時，固不在勤天下之力以求之。」（或謂緬甸數攻不下，乾隆乃重賄其酋，使貢象數匹以博「十全老人」之頭銜。故魏源謂：「金川西南之役，難於新疆；安南緬甸之功，讓於西藏。」）金川始事，溫福、阿桂皆奏言：「滿兵一人，費至綠營三人。（八旗兵餉較綠營兵餉大率相差一倍。）不如止滿兵，多用綠營。」川、楚之役，勒保亦言：「徵黑龍江一人，可募鄉勇數十人，不如舍遠募近。」是十全武功亦多漢人力。

此種不健全的統制，到底要維持不下去，而清代自乾隆以後，遂走入不可挽的頹運中。

第四十四章　狹義的部族政權下之士氣（清代乾嘉以前之學術）

一　明末遺民之志節

清人入關，遭遇到明代士大夫激昂的反抗，尤其是在江南一帶。他們反抗異族的力量是微薄的，（因其非世家貴族。）然而他們反抗異族的意識，則極普遍而深刻。（隨於社會文化傳播之廣，北宋不如南宋，南宋不如明末。）中國人的民族觀念，其內裏常包有極深厚的文化意義。（此種觀念，遠自春秋時代已極鮮明。故說：「夷狄進於中國，則中國之。」反過來說：「諸夏而夷狄，則夷狄之。」這是極端重視民族文化的表示。）能接受中國文化的，中國人常願一視同仁，胞與為懷。（故曰：「聞以夏變夷，未聞變於夷。」既主放棄褊狹的、侵略的國家主義，而採取文化的、和平的世界主義，則自然可以有此態度。）兩漢的對待匈奴、西羌諸族，招撫懷柔，引之入塞。南北朝時北方士族與諸胡合作，大率多抱有此種思想。

遼、金的割據，雖則他們亦都慕嚮漢化，然而那時中國北方社會的文化基礎，本已削弱，所以同化異族的能力，不够深強。因此北朝對中國史上尚有貢獻，而遼、金則無。元人以武力自傲而鄙視漢化。清人則並無眞可恃的武力，一進中國，卽開科取士，公開政權，依照著中國傳統政體的慣例作實際的讓步。

北方一部分士大夫，便開始與清政權妥協。這在他們是承認一個異族的君主，而交換到傳統政體之存在與參政權之繼續。但清室煞有手段，一面公開政權作實際的讓步，一面厲行薙髮令，要中國士大夫內心承認一個文化的屈服。因此激起了南方的反抗。非叫中國人承認一種文化上的屈服，滿清統治權亦難久存。當時南方士民擁護明政權之熱心，遠不如其擁護衣冠制度之甚。只要政體不變更，王室推移，無關重要。至於衣冠文物，則為民族文化之象徵，不肯輕變。惟南方士民臨時義憤的結合，抵不住漢奸手下三十年有訓練、有經驗的正規軍隊。

結果中國士民在自身組織不健全的痛苦下屈服了。然而大部分南方士民反抗清廷的心理，卻依然存在。當時南北兩方對異族統治的心理上之反應，正與他們社會經濟文化之相差成正比。

中國社會機構，自漢武以下，不斷以理想控制事實，而走上了一條路向，卽以士人為中心，以農民為底層，手工業與兵士為農民之分化。而商人只成旁枝。因此社會理想除卻讀書做官，此種人在唐以前卽為門第中之家長，宋以下則為社會大眾學業上之師長。便是沒世為老農。市井貨殖，不是一條正道。此種傾向，自宋以後更顯著。宋人所講學問，與經商牟利意義極端衝突。因此好利貪財者，亦盛置田產，而不事貨殖。民族文化正統的承續者，操在讀書人的手裏。而讀書人所以能盡此職責，則因其有政治上的出路，科舉仕宦。使他們的經濟生活，足以維持在某種水平線之上。中國社會自漢以下，宗教勢力始終有限制，亦為此故。若使讀書人反對科舉，拒絕仕宦，與上層政權公開不合作，則失卻其經濟憑藉，非躬耕為農，卽入市經商，而從此他們亦再不能盡其負荷民族傳統文化之職責。魏晉南北朝之士大夫，其門第家業皆可退守，又寺廟亦可藏身。宋、明以來，士大夫不能有退守之基業，而寺廟亦再不佔社會上文化之重要性。所以一個士人，要想負荷民族傳統文化之職責，只有出身仕宦。即專以教授為生，而來學者之出路，仍以仕宦為終極，否則此教授一業即無生源。明末遺民，雖則抱有極強烈的民族觀念，到底除卻他們自身以外，他們的親戚朋友以至他們的子孫，依然只能應舉做官；這樣便走上與異族政權的妥協。亦惟有如此，他們還可負荷他們最重視的民族文化。

顧炎武本崑山世家，然鼎革以後，家奴叛變，使其不獲安居。在南北朝、初唐，奴隸部曲盛行時，其情形便不同。又清初江南奏銷案，縉紳無或幸免，西晉、北魏戶調均田，豈有此力量？這可見後代的所謂「故家」，與中唐以前的門第大族，勢已大異。顧氏浪迹北方，對耕殖經商，均甚留意。以故其私人經濟，可無問題。然欲從此中打出一個基礎，長與政治絕緣，而來擔任文化事業的營養，則其事非易。

明末遺民的生活狀況，大體可如下列：

一、出家。如方密之等。（元代全眞教盛行，亦由此背景來。）如是則中國士階層傳統之文化理想及文化事業，即及身而絕。寺廟本不為中國傳統文化學術結集之所，要在寺廟中傳播中國傳統學術，殊不容易。

二、行醫。如呂晚村等。（金、元兩代醫術發達，亦從此背景來。）醫業好則妨其志業與學業，醫業壞則不足維持其生業。故張楊園屢勸晚村不要因此荒了自己工夫。如晚村友高旦中，則竟以醫師畢世；而呂晚村亦復以此意勸之。

三、務農。如孫夏峯、顏習齋、張楊園等。此項生活，極刻苦，仍不能發皇完成其學業傳統。湯潛菴學於夏峯，出而仕宦。李恕谷學於習齋，出而游幕。楊園則晚年在呂晚村家處館。若來學者依然歸耕，則耕漸勤，學漸荒，而傳統絕。

四、處館。如張楊園等。來學者多要學八股應舉，則是間接的妥協。惟晚村則借八股制業來發揮民族思想，身後竟獲奇禍。

五、苦隱。如徐俟齋、李二曲、王船山等。此等生活亦及身而止。復有避地海外，如朱舜水之至日本。文化傳至異邦，自國則無影響。

六、游幕。如李恕谷、劉繼莊、顧景范等。此等雖志節皎然，然踪跡近人，過一關即入仕宦之途。

七、經商。如顧亭林在晉北墾牧、呂晚村刻書等。此方面最少。純粹經商，便與學術文化事業脫離。

社會機構不能激劇變動，則「遺民不世襲」此徐狷石語。的話，很容易在當時人口中吐出。顧亭林與人書謂：「人人可出，而炎武不可出。」若純以民族觀點論，則人人不可出也。當時遺老，非不能唱高調，惟事實有所不許耳。

若埋頭從事反抗工作，則遺老們多半是從反抗工作中退身下來，纔致身於學術文化事業的。

中國以廣土衆民之故，政治一穩定下來，便不易激動。故明末遺老，多主張恢復封建，甚有主張恢復氏族大門第者。因封建則國體分割，易於搖動。社會有大氏族、大門第，則易於揭竿而起。他們以力量單薄的書生，而要來發動廣大民衆從事於大一統的政權爭奪，其勢實不易，故輾轉而思及於此。

中國社會，實已走上了一條比較和平而穩定的路，而適為狹義的部族政權所宰制。然明末遺民，他們雖含荼茹蘗，賚恨沒世，而他們堅貞之志節，篤實之學風，已足以深入於有清一代數百年來士大夫之內心，而隱然支配其風氣。直到清末，還賴藉他們人格之潛力，來做提唱革命最有效之工具。明末一般社會風氣之墮落，學者之空虛欺詐，名士之放誕風流，經歷亡國之慘禍而態度激變。刻苦、堅貞、强毅、篤實、博綜，遂為晚明諸遺老治學為人共有之風格。諸老大抵皆少歷艱苦，晚臻耋壽。（如夏峯年九十二，梨洲八十六，二曲七十九，船山七十四，亭林、習齋皆七十。）此皆民族之元氣，巋然獨存於凶喪耗散之餘。彼輩莫不有體有用，形成多方面圓滿完整之人生。其為人立身與成學著書，皆卓然有以起後世之敬慕。北宋諸儒無其剛毅，東漢諸儒無其博實。實中國學術史上一段極有光輝之時期也。（關於諸儒學術詳情，請閱拙著近三百年學術史。）而清廷雖因勢乘便，以一時的兵力，攫奪到中國全國的疆土，亦終不能不顧忌到社會上文化的和平勢力，而公開解放其政權。此即蒙古與滿州易地而處，亦不得不然。明末南方一般文化傳播，較之南宋已遠過；而北方的文化情形，在明代三百年統治下，較之遼、金沿襲下來的北方，亦不可同日而語。故縱使蒙古人在明末入主中國，恐亦不能不學滿洲人的辦法。

清初諸帝努力漢化的程度，亦相當可贊美。

尤其如康熙之好學。年十七、八時，以讀書過勤咯血，猶不肯廢。初，講官隔日進講，帝令改按日進講。三藩變起，帝猶不肯廢進講之制。修葺宮殿，則移居瀛臺，仍令講官進講。二十三年南巡，泊燕子磯，夜至三鼓，猶不輟誦。於天文歷算，皆所通曉。為清代帝王中第一人。

而屈膝清廷的中國士人，因遺民榜樣擺在一旁，亦足使他們良心時時發露，吏治漸上軌道。

師生如孫夏峯之於湯潛菴，朋友如呂晚村之於陸稼書，親戚如顧亭林之於徐乾學兄弟，此等舉不勝舉。

清初的政治情況，所以比較明中葉以下猶算差勝者在此。

然言世運物力，則實在清不如明。康熙五十午所謂盛世人丁者，尚不及明萬曆時之半數。

康熙五十年各直省丁口數

省名	人數	備註
直隸	三、二七四、八七〇	較萬曆減九十九萬餘。（按：萬曆六年各省人口統計，已詳前。）

奉天	八三、四五〇	
吉林	三三、〇二五	
山東	二、二七八、五九五	較萬曆減三百三十五萬餘。
又屯丁	二六、二一〇	
山西	一、七二七、一四四	較萬曆減三百五十五萬餘。
又屯丁	三三、二一九	
河南	三、〇九四、一五〇	較萬曆減二百零九萬餘。
江蘇		較萬曆減六百四十一萬餘。連安徽合計。
江寧布政司	一、〇五六、九三〇	
又屯丁	三三、〇三二	
蘇州布政司	一、五九九、五三五	
又屯丁	八一三	
安徽	一、三五七、八二九	

又屯丁	四〇、八五五	
江西	二、一七二、五八七	較萬曆減三百六十八萬餘。
又屯丁	二、一七九	
福建	七〇六、三一一	較萬曆減一百零一萬餘。
又屯丁	二〇、四二六	
浙江	二、七一〇、三一一	較萬曆減二百四十三萬餘。
又屯丁	四、二七七	
湖北	四三三、九四三	較萬曆減三百六十二萬餘。連湖南合計。
又屯丁	七一九	
湖南	三三五、〇三四	
又屯丁	一、二九〇	
陝西	二、一五〇、六九六	較萬曆減一百八十七萬餘。連甘肅合計。
又屯丁	一〇六、九六三	

甘肅		三六八、五二五。民屯	
四川		三、八〇二、六八九	較萬曆增七十餘萬餘。（按：各省人口，惟此一處較萬曆為增。）
廣東		一、一四二、七四七	較萬曆減三百八十八萬餘。
	又黎丁	一、一八二	
	又屯丁	六、七三六	
廣西		二一〇、六七四	較萬曆減九十七萬餘。
雲南		一四五、四一四	較萬曆減一百二十九萬餘。
	又軍丁	二九、八九三	
	又舍丁	八、三九四	
貴州		三七、七三一	較萬曆減二十五萬餘。

在長期喪亂凋殘之餘，社會秩序，亦比較容易維持。循而久之，社會元氣漸復，清室的帝王便不免漸漸驕縱起來。如乾隆已不能如康熙、雍正之操心深慮。而一輩士人則事過境遷，亦漸漸的腐化。

二　乾嘉盛時之學風

那時的學術文化，卻漸漸與政治事業宣告脫節。

江、浙一帶，本為南宋以下全國經濟文化最高的結集點，亦即是清初以來對滿清政權反抗思想最流行的所在。

他們以鄙視滿清政權之故，而無形中影響到鄙視科舉。在明季將次覆亡時，已有一輩學者感覺科舉之可鄙賤，無實用。又因鄙視科舉之故，而無形中影響到鄙視朝廷科舉所指定的古經籍之訓釋與義訓。

因此宋、元、明三代沿襲下來對於古經籍的義訓，一致為江、浙新學風所排斥。亦有因激於亂亡之慘，而猛烈攻擊傳統學風者，如顧炎武之於王守仁，顏習齋之兼及程、朱等。（時蘇州有唐甄，其議論態度與顏相似，可見不論南北，皆激於時變而然。）因有所謂「漢學」與「宋學」之目。「宋學」的後面，是朝廷之功令，為科舉取士之標準。

當時江、浙學者間，有不應科舉以家傳經訓為名高者。如吳學領袖惠棟，其家四世傳經。其第一代名有聲，字樸菴，明歲貢生，明亡，即足跡不入城市，與徐枋為莫逆交。其子周惕，孫士奇，曾孫即棟，治經皆尊漢儒，遂有「漢學」之稱。亦有一涉科第，稍經仕宦，即脫身而去，不再留戀者。如錢大昕、全祖望等。此輩已到乾隆時代，與遺民漸無交涉矣。要之，在清代這一輩學者間，實遠有其極濃厚的反朝廷、反功令的傳統風氣，導源於明遺民，而彼輩或不自知。

所以他們反朝廷、反功令的思想不至露痕迹者，一因順、康、雍、乾歷朝文字獄之慘酷，使學者間絕口不談朝政時事。

清臣不敢自刻奏議，恐以得罪。清代亦無好奏議。又不敢記載當代名臣言行。如尹嘉銓即以著名臣言行錄遇禍。乾隆八年，杭大宗以進士應御史試，偶及朝廷用人不宜分滿、漢畛域，即遭嚴譴，幾至不測。放還終身，更不錄用。全祖望與杭略同時，著書刻意收羅鄉邦宋、明遺民，此其意態之有所鬱結，極可想像得之。

二因清代書院全成官辦性質，以廩餼收買士氣。

袁枚書院議謂：「民之秀者已升之學矣，民之尤秀者又升之書院。升之學者歲有餼，升之書院者月有餼。士貧者多，富者少，於是求名賒而謀食殷。上之人探其然，則又挾區區之廩假以震動黜陟之，而自謂能教士，過矣。」按：書院厚其廩餼，臥碑嚴其禁令，開其為此，抑其為彼，士非愚癡，豈有不知？

一時名儒碩望，主書院掌教務者，既不願以八股訓後進，惟有趨於篤古博雅之一途。

如盧文弨、全祖望、錢大昕、李兆洛等一時通儒，無志仕宦者，惟有居一書院，尚可苟全生業。其所教督，既不肯為科舉俗學，又不敢涉於人生實事。明人如良知家社會講學風氣，亦不為清儒所喜。不媚古研經以自藏，復何以自全乎？

三則江、浙一帶經濟狀況，繼續發榮滋長，社會上足可培植一輩超脫實務的純粹學術風氣。

明萬曆六年全國戶口六千零六十九萬餘，而江、浙已佔一千零五十萬。乾隆時，直隸一省，不敵揚州一府。山西、陝西、甘肅、河南各省，均不敵松江一府。明季以來，江、浙兩省藏書家之多，尤勝前代遠甚。而揚州為鹽商所萃，其經濟力量，足以沾潤江、浙學士者更大。乾隆朝四庫全書凡七本，內廷占其四，（文淵在紫禁城內東南隅，文源在圓明園，文溯在奉天，文津在熱河。）而江、浙亦占其三。（文匯在揚州，文宗在鎮江，文瀾在杭州。）此亦可見當時學術偏聚江、浙之一斑。

四則自印刷術發明，書籍流通方便之後，博雅之風，自宋迄明，本已每展愈盛。

唐人博學，以當代典章制度為主，如杜佑通典之類是也。宋學之博，遠超唐賢，只觀通志堂經解所收，可見宋代經學之一斑。至史學如司馬光資治通鑑、鄭樵通志、李燾續資治通鑑長編等，其博大精深，尤非唐人所及。而南宋尤盛於北宋。即易代之際人物，如王應麟、胡身之、馬端臨等，其博洽淹雅，皆冠絕一代。世疑宋學為疎陋，非也。即如朱子，其學浩博，豈易窺其涯涘？明代雖承元人絕學之後，又深中科舉八股之害，然博雅之風，亦且掩且揚。清代考證學，頗亦承襲明人。社會書本流傳既易，博雅考證之學，自必應運而興。惟宋、明更有氣魄大、關係大者鎮壓其上，故南宋必先數朱陸，明代必先數陽明，而博古之家，只得在第二、第三流地位。不得謂宋、明學者皆疎陋，至清始務篤實也。惟清儒承宋、明之後，更易為力，又無別路可走，只得專走此一路，遂若清代於此特盛耳。

顧亭林日知錄嘗謂：「自宋之末造，以至有明之初年，經術人才，於斯為盛。自八股行而古學棄，大全出而經說亡，十族誅而臣節變。洪武、永樂之間，亦世道升降之一會矣。」而潘次耕序日知錄，則謂：「自宋迄元，人尚實學，若鄭漁仲、王伯厚、魏鶴山、馬貴與之流，著述具在，皆博極古今，通達治體，曷嘗有空疎無本之學？明代人才輩出，而學問遠不如古。是書（日知錄）惟宋、元名儒能為之，明三百年來殆未有也。」顧氏日知錄最為後來博雅一派所推，然其師弟子自相稱許，亦不過在宋、元之間。然清儒即如吳學惠家，以漢學治經負盛名，其為學亦兼及文史。同時如全祖望、錢大昕等，其文史之學亦皆足繼踵宋賢。專以經學誇清儒，亦復失之。

故江、浙考證漢學，其先雖源於愛好民族文化，厭惡異族統治，帶有反抗現實之活氣；其後則變為純學術之探討，鑽入故紙堆中，與現實絕不相干。

三　政治學術脫節後之世變

江、浙學風這一種的轉變，雖於古經典之訓釋考訂上，不無多少發明；但自宋以來那種以天下為己任的「秀才教」精神，卻漸漸消沉了。至少他們只能消極的不昧良心，不能積極的出頭擔當，自任以天下之重。

清代雖外面推尊朱子，（自康熙命李光地等編纂朱子大全書，至五十一年朱子在孔廟升祠十哲，特表崇重。）但對程朱學中主要的「秀才教」精神，則極端排斥。

> 乾隆有御製書程頤論經筵劄子後云：「夫用宰相者，非人君其誰？使為人君者，以天下治亂，付之宰相，己不過問，所用若韓、（琦）范，（仲淹）猶不免有上殿之相爭，所用若王、（安石）呂，（惠卿）天下豈有不亂？且使為宰相者，居然以天下之治亂為己任，而目無其君，此尤大不可也。」以天下為己任，此乃宋、明學者惟一精神所寄，而為清廷所最極端反對。又如雍正時，謝濟世注大學，不從四書集注本，順承郡王錫保參其謗毀程朱，雍正批諭謂：「朕觀濟世所注之書，意不止謗毀程朱。乃用大學內『見賢而不能舉』兩節，言人君用人之道，借以抒寫其怨望誹謗之私也。其注有『拒諫飾非，必至拂人之性，驕

泰甚矣』等語，則謝濟世之存心，昭然可見。」九卿議謝罪斬立決，後得旨免死，發往新疆充軍。又乾隆時尹嘉銓案，羅尹罪狀，有尹著名臣言行錄序列本朝大臣，諭謂：「朱子當宋式微，今尹嘉銓欲於國家全盛之時，妄生議論，實為莠言亂政。」又尹稱大學士、協辦大學士作「相國」，諭謂：「明洪武時已廢宰相，我朝相沿不改。祖宗至朕臨御，自以敬天愛民勤政為念，復於何事藉大學士之襄贊？昔程子云『天下治亂繫宰相』，止可就彼時闒冗而言」云云。大學士等擬尹凌遲處死，家屬緣坐，特旨改絞立決，免其凌遲、緣坐。則清廷之所謂尊程朱者，其情居可見。

他們只利用了元明以來做八股應舉的程朱招牌，他們絕不願學者認真效法程朱，來與聞他們的政權。

四庫館臣作四庫全書提要，對程朱宋學，均濫肆慢罵。此非敢顯背朝廷功令，實是逆探朝廷意志，而為奉迎。東吳惠氏有楹帖云：「六經尊服鄭，百行法程朱。」清廷科舉功令，只是六經尊程朱而已。另一面則推波助瀾，假意提倡江、浙考證之學，務期學者只埋頭不張眼，則是百行法服鄭也。清廷能自以私意操縱學風，正為其對中國學術文化有相當了解之故。

此等風氣，恰恰上下相浹洽，而學者精神，遂完全與現實脫離。應科舉覓仕宦的，全只為的是做官，更沒有絲毫以天下為己任的觀念存在胸中。清代中葉以後學術雖日盛，而吏治卻日衰，正為此故。

清代統治中國的傳統政策，一面箝制士大夫，社會中層。而一面則討好民眾。社會下層。

清代討好下層平民最有名之著例，莫如丁賦攤入地糧，自康熙五十年以後，永不加賦一事。王慶雲石渠餘紀謂：「清初丁徭之法，悉依明舊。順治十八年編審，直省人丁二千一百六萬有奇，至康熙五十年編審，二千四百六十二萬有奇。五十年間，滋生不過十分之二。蓋各省未以加增之丁盡數造報也。先是巡行所至，詢民疾苦，或言戶有五、六丁，只納一丁，或言戶有九丁、十丁，止納二、三丁。於是康熙五十一年定丁額，諭曰：『海宇承平日久，戶口日增，地畝未廣，應將現今丁數，勿增勿減，永為定額。自後所生人丁，不必徵收錢糧，惟五年一編審如故。』雍正初，定丁隨地起之法，直省丁賦以次攤入地糧。於是丁徭口賦，取之田畝，而編審之法愈寬。」今按：以丁歸田，其實唐楊炎兩稅已如此。然自楊炎兩稅以後，仍自有差役。王安石令民輸錢免役，而紹興以後，戶長、保正催錢復不免。李心傳謂：「合丁錢論之，力役之征蓋取其四；而一有征事，征夫之事又仍不免，是取其五矣。」及明代一條鞭法，實亦地丁合一也。清之田賦悉照萬曆年間則例征收，惟除天啟、崇禎諸加派，則丁糧固已在租中，而復有丁徭，是正如唐行兩稅而五代、宋室復有差役也。及將丁糧攤入田賦後，其後仍不斷有差役，則亦仍是一種朝三暮四，為狙公之賦芧而已。清代賦役，較之晚明固見輕減，若以與唐代租庸調制之確立一代規模者相比，則未可同日語。且清代此項政制，其先亦起於不得已。其時各直省對丁糧各有積虧，江蘇巡撫所屬七府五州，自康熙五十一年至雍正四年，積虧地丁錢糧至一千十一萬。甘肅自康熙末至雍正初，亦虧帑金一百六十餘萬。清賦本重，民力已竭，故康熙五十年詔，有「戶口漸繁，地不加增，民生有不給之虞」之說。此後丁糧既不加征，則惟有攤丁於地之一法。且清初征納錢糧，照例有「火耗」。每兩加三分。官吏舞弊濫收。據東華錄：「康熙二十四年，山西各州、縣每兩加至三錢、四錢不等。三十六年諭：『山、陝火耗有每兩加至二、三錢不等者。』雍正元年諭：『火耗日漸加重，每兩加至四、五錢。』」田文鏡最為雍正依信，亦謂：「山東錢糧積虧二百餘萬，雍正六年應屆完限，完不及五成；實由火耗太重，私派太多。」清廷雖時頒禁令，而民間未見實惠。其後乃明定其額而歸之公。當時爭者謂：「耗羨歸公，即為正項。今日正項之外加正項，他日必至耗羨之外加耗羨。」清廷不納，而其後果然。火耗之外又繼之以「平餘」。火耗猶可說，平餘則明為不平矣。又復有「重戥」。錢糧又有所謂「浮收」。始乾隆三十年後。未幾而又有「折扣」。始猶每石折耗數升，繼乃至五折、六折不等。仍有「淋尖」、「踢脚」、「灑散」，多方糜耗。此皆在雍、乾盛時，更不論中、晚以後也。則清之討好民眾，固僅騰口惠，與確立一代規模之善政有辨。又清代有捐納之制，官吏可以貲進。其始蓋以初入關，中國士大夫意存觀望，清廷藉以網羅社會雄於資財之一部分人，亦可減削一時反對之氣勢，而補開科取士之所不足。文官捐始於康熙十三年三藩事起之後，既可不加稅而餉足，又以官爵餌社會、安反側，其用意至深毒。然其後寖失本意，乃專為彌縫一時經費之急需。捐例大率不出三途：曰拯荒、河工、軍需。名器不尊，登進日濫，仕途殽雜。清廷徒守「永不加賦」之美名，而捐例迭開，不啻縱數十、百餓虎饞狼於民間，其害較之加賦為更烈。

但到士大夫腐化了，吏治振作不起來，則民衆只有受苦，絕對沾不到惠澤。因此待到士大夫階層反抗清代的意志漸漸消滅，即箝制成功，而士大夫趨於腐化。卽下層社會反抗清廷的氣燄漸漸熾盛。因吏治敗壞，民不聊生。嘉慶十八年，蔣攸銛疏：「我朝累代功德在民，而亂民愍不畏法，此皆由於吏治不修所致。」可謂道破此中消息矣。這是狹義的部族政權不可避免的一種厄運。

第四十五章　狹義的部族政治下之民變（清中葉以下之變亂）

一　乾嘉之盛極轉衰

清康、雍、乾三朝，比較過的有秩序承平的日子；然到乾隆中葉以後，清室即入衰運。

一、因帝王精神，一代不如一代。　乾隆好大喜功，不如雍正之勵精圖治。雍正刻薄，不如康熙寬仁。惟以國富論，仍以乾隆為最盛。康熙六十一年，戶部庫存八百餘萬。雍正間，積至六千餘萬。自西北兩路用兵，動支大半。乾隆初，部庫不過二千四百餘萬。及新疆開闢，動帑三千餘萬，而戶庫反積存七千餘萬。及四十一年，兩金川用兵，費帑七千餘萬，然是年詔稱庫帑仍存六千餘萬。四十六年詔，又增至七千八百萬。且普免天下錢糧四次，普免七省漕糧二次，巡幸江南六次，共計不下二萬萬兩，而五十一年之詔，仍存七千餘萬。又逾九年歸政，其數如前。康熙與乾隆，正如唐貞觀與開元、天寶也。

二、因滿族官僚，日益貪污放肆。　此與前一事相因而至。滿族對中國戒備之心日懈，則其自身缺點劣性日露。乾隆晚年之和珅，為相二十年，所抄家產，珍珠手串二百餘，大珠大於御用冠頂。寶石頂數十，整塊大寶石不計數。藏金錢、衣服逾千萬。夾牆藏金二萬六千餘兩，私庫藏金六千餘兩，地窖埋銀三百餘萬兩。人謂其家財八萬萬，敵全國當時歲入十年以上。遂有「和珅跌倒，嘉慶吃飽」之謠。其時外省疆吏亦望風貪黷。滿臣伍拉納為浙閩總督，籍產得銀四十萬有奇，如意至一百餘柄。乾隆謂其「如唐元載之胡椒八百斛」。乾隆雖對貪黷時加嚴懲，然其風終不戢。

三、漢人亦志節日衰，吏治日窳。　此復與前一事相因。先論中央。洪亮吉嘉慶四年疏，謂：「十餘年來，士大夫漸不顧廉恥。有尚書侍郎甘為宰相屈膝者；有大學士七卿之長，且年長以倍，而求拜門生為私人者；有交宰相之僮隸，並樂與抗禮者。太學三館，風氣之所由出，今則有昏夜乞憐，以求署祭酒者；有人前長跪以求講官者。翰林大考，國家所據以陞黜詞臣，今則有先走軍機章京之門，求認師生，以探取御製詩韻者。行賄於門闌侍衛，以求傳遞，代倩藏卷而去，製就而入者。大考如此，何以責鄉、會試之懷挾替代？士大夫之行如此，何以責小民之誇詐夤緣？輦轂之下如此，何以責四海九州之營私舞弊？」此則在嘉慶初也。曾國藩謂：「十餘年間，九卿無一人陳時政之得失，司道無一摺言地方之利弊。」此則在道光朝矣。次論地方。清制，州、縣分選、調為二等，而督、撫又得請揀發人員到省試用。故部選之缺，扣留者常十之七、八，銓選之權移於督、撫。督、撫權愈重，州、縣包苴愈不可禁。每一缺出，鑽營得之者，輒不惜盈千累萬之賄，而墨吏日甚一日。外省鬻缺，其弊尤甚於明吏部之掣籤。洪亮吉謂：「十餘年督、撫、藩、臯之貪欺害政，比比皆是」，是也。又當時道、府官，由州、縣起家者十之二、三，由部員外擢者十之七、八。而當時司員則甚少才望。一則由滿洲之廕生太易，一則由漢員之捐班太多。當時督、撫既多滿員貪黷，道、府少清望，州、縣尚在府、廳、司、道之下，層層管轄，層層剝削，有志節者亦無以自保。故其時讀書稍自好者，苟非入翰林得清顯，即退為書院山長，或浮沉郎署，或寧為一教官。故乾嘉經學極盛時期之學者，仕宦率多不達。如是而望州、縣之清廉，吏治之振飭，自不可能。章學誠論其時官場貪婪，曰：「上下相蒙，惟事婪贓瀆貨。始則蠶食，漸至鯨吞。初以千百計者，俄而非萬不交注，俄而且數萬計，俄而數十萬、數百萬計。」洪亮吉亦曰：「今日州、縣之惡，百倍於十年、二十年之前。無事則蝕糧冒餉，有事則避罪就功。」又曰：「吾未成童，侍大父及父時，見里中有為守令者，戚友慰勉之，必代為慮曰，此缺繁，此缺簡，此缺號不易治，未聞其他。及弱冠之後，未入仕之前，二、三十年之中，風俗趨向頓改。里中有為守令者，戚友慰勉之，亦必代為慮曰，此缺出息若干，此缺應酬若干，此缺一歲可入己者若干；民生吏治，不復掛齒頰矣。然吾又嘗驗之，三十年以前，守令之拙者，滿任而歸，或罷任而返，其贏餘雖不多，然恆足以溫飽數世。今則連十舸，盈百車，所得未嘗不十倍於前，而不十年，不五年，及其身已不能支矣。」此言夫守令也。又其言吏胥，曰：「吏胥為官者百不得一。登進之途既窮，營利之念益專。世門望族，以及寒畯之室，類不屑為。其為之而不顧者，四民中之奸桀狡偽者耳。姓名一入卯簿，或呼為『公人』，或呼為『官人』。公人、官人之家，一室十餘口，皆鮮衣飽食，咸不敢忤其意，即官府亦畏之。何則？官欲侵漁其民，未有不假手於吏胥者。鄉里貧富厚薄，自一金至百金、千金之家，吏皆若燭照數計。家之入於官者十之三，入於吏胥者已十之五矣。不幸一家有事，則選其徒之壯勇有力、機械百出者，蠭擁而至，不破其家不止。今州、縣之大者，胥吏至千人，次者七、八百，至少一、二百人。大率十家之民不足以供一吏，至有千吏，則萬家之邑亦囂然矣。」此又言胥吏也。

因吏治之不振，而各省遂有所謂「虧空」。其事起於乾隆四十年以後。始則大吏貪啉者利州、縣之賄賂，僨事者資州、縣之攤賠，州、縣匿其私橐，以公帑應之，離任則虧空累累。大吏既餌其資助，乃抑勒後任接收。其後循至以敢接虧空為大員，以稟揭虧空為多事。州、縣且有藉多虧挾制上司，升遷美缺。自後地方政治，遂惟有所謂「彌補」。寬則生玩，胥吏因緣為奸。急則張皇，百姓先受其累。而民事遂無問者。劉蓉謂：「天下之吏，未聞有以安民為事者，而賦斂之橫，刑罰之濫，朘民膏而殃民者，天下皆是。」則天下幾何不亂！

四、因戶口激增，民間經濟情形轉壞。

乾隆十四年總計，直省人丁一萬七千七百四十九萬有奇，距康熙五十年方三十年餘，所增達七、八倍。又三十餘年，至乾隆四十八年，為二萬八千四百有三萬有奇。又十歲，五十八年，為三萬七百四十六萬。又二十歲，嘉慶十七年，為三萬六千一百六十九萬有奇。此由丁隨地起，自無減匿之弊，或有增造以博盛世之名者。然乾嘉人口激增，自為事實。洪亮吉意言治平篇：「人未有不樂為治平之民者。然言其戶口，視三十年以前增五倍，視六十年以前增十倍，視百年、百數十年以前，不啻增二十倍。試以一家計之，高、曾之時，有屋十間，有田一頃，夫婦二人，寬然有餘。以一人生三計之，至子之世，父子四人各娶婦，即有八人。子又生孫，孫又娶婦，已不下二十餘人。又自此而曾焉、元焉，視高、曾時已不下五、六十倍，不分至十戶不止。隙地閒廛，增六倍、五倍而止矣。田與屋之數常處其不足，而戶與口之數常處其有餘。又況有兼併之家，一人據百人之屋，一戶占百戶之田。何怪乎遭風雨霜露，饑寒顛踣而死者之比比乎？」又生計篇云：「今日之畝，約凶荒計之，歲不過出一石。今時之民，約老弱計之，日不過食一升。率計一歲一人之食，約得四畝；十口之家，即須四十畝，其寬廣即古之百畝也。工、商賈所入，至少者人可餘百錢。士傭書授徒所入，日亦可得百錢。是士、工、商一歲之所入，不下四十千。聞五十年以前，吾祖、吾父之時，米升錢不過六、七，布丈錢不過三、四十。一人歲得布五丈，為錢二百；得米四石，為錢二千八百。是一人食力可以養十人。今則不然，農十倍於前而田不加增，商賈十倍於前而貨不加增，士十倍於前而傭書授徒之館不加增。且升米錢須三、四十，丈布錢須一、二百。所入愈微，所出益廣。於是士、農、工、賈，各減其值以求售；布帛、粟米，各昂其價以出市。此即終歲勤動，畢生皇皇，而自好者居然有溝壑之憂，不肖者遂至生攘奪之患矣。何況戶口既十倍於前，游手好閒者更數十倍於前。遇有水旱疾疫，其不能束手以待斃也明矣。」洪氏正值乾嘉盛極轉衰之際，此兩文正為指出當日由戶口激增而影響一般生活之最好例證也。

乾隆末葉，民變之事已數見不鮮。

一、乾隆三十九年王倫臨清之亂，唱清水教，運氣治病，教拳勇，為白蓮教之遺。

二、乾隆四十六年甘肅回叛。

三、乾隆六十年湘、桂苗變。

四、即川、楚教匪。

尤大者則為川、楚教匪，直延至嘉慶七年始平。

川、楚教匪徒黨二百萬，波及燕、齊、晉、豫、秦、蜀諸省。其口號為「官逼民反」，自詭稱明裔朱姓。清廷歷時九載，軍費至二萬萬兩，殺教徒數十萬。其兵士、鄉勇之陣亡及良民之被難者無計。清廷僅能制勝者，惟恃鄉勇與堅壁清野之法。陝西總督長齡云：「團練有益於今日，有大害於將來。」蓋滿族武力不足平亂，平亂者全賴民間之自力。逮民間自力一旦成長，則狹義的部族政權，再不能凌駕其上也。又按：雍正八年，鄂爾泰平西南夷烏蒙之亂，始用鄉兵。乾隆三十八年，用兵小金川，多用鄉兵。自後遂設屯練鄉兵，其餉倍於額兵。嘉慶苗事，傅鼐以鄉兵功冠諸將。川、楚之亂，文臣如四川按察使劉清，武臣如四川提督桂涵，湖北提督羅思舉，皆鄉兵功也。洪、楊起事，湘軍始以團練衛鄉里，蓋承歷朝鄉兵之風而起。

嗣是復有浙、閩海寇，十五年定。山東天理教，十八年定。更互迭起。至道光末年，乃有洪、楊之大亂。

二　洪楊之亂

洪、楊先起，亦以「官逼民變」、「天厭滿清」、「朱明再興」等語為號。農民騷動主因，必由於吏治之不良，再促成之於饑荒。在官逼民變的實況下，回憶到民族的舊恨，這是清中葉以後變亂的共通現象。饑荒可以促動農民，卻不能把農民組織起來，要臨時組織農民，便常賴於宗教。

> 秦末東方革命，皆有貴族勢力主持，故變亂最像樣，有規模。西漢末，如光武以宗室起事，然其先綠林、赤眉等皆饑民集為羣盜而已。故騷擾之時期長，社會元氣損失大，而成事不易。東漢末年始有黃巾，為民間以宗教結合起事之始。直至清代，十之七不得不賴於宗教之號召。洪亮吉征邪教疏：「楚、蜀之民，始則惑於白蓮、天主、八卦等教，欲以祈福；繼因受地方官挾制萬端，又以黔省苗氛不靖，派及數省，賦外加賦，橫求無藝，忿不思患，欲借起事以避禍。邪教起事之由如此。」

為要在短期唱亂而臨時興起的宗教，決無好內容。這是農民革命自身一個致命傷。明太祖其先屬於韓林兒，亦以白蓮教號召；其後能完全一變為民族的立場，實為明室成事主因。

因中國疆域之廣，饑荒災歉，只能佔大地之一角。而且饑荒有其自然限制，一兩年後，情形即變。因一時一地的饑荒而激動變亂，要想乘機擴大延長，勢必採用一種流動的恐怖政策，裹脅良民，使他們無家可安，無產可依，只有追隨著變亂的勢力；這便是所謂「流寇」。最著者如唐末之黃巢，明末之張獻忠、李自成。這一種變亂，騷擾區域愈大，虐殺愈烈，則裹脅愈多。然而到底違逆民意，依然成為其自身的又一種致命傷。元末羣雄並起，則不須為流寇，此亦見元代政治之普遍黑暗。用邪教的煽惑起事，用流動的騷擾展開，這是安靜散漫的農民所以能走上長期叛變的兩條路子。可惜這兩條路子，開始便已注定農民革命的命運，使他們只能破壞，不能成功，除非中途能自己改變。

洪、楊起事的第一因，在其有一種宗教性之煽惑；而將來所以招惹各方面反對，限制其成功，而逼到失敗路上去的，便是這一種宗教。

洪、楊因地理的關係，洪秀全廣東花縣人，其先由嘉應州客民移去。開始附會採用西洋的耶教。洪秀全「天父、天兄」的造託，一面攫到廣西深山中愚民的擁戴，一面卻引起傳統的讀書人之反感。

忠王李秀成供狀謂：「天王常在深山內藏，密教世人敬拜上帝。亦有讀書明白之士子不從，從者俱是農夫寒苦之家，積歲成眾。知欲立國深遠圖者，皆東王楊秀清、西王蕭朝貴、南王馮雲山、北王韋昌輝、翼王石達開、天官丞相秦日昌六人。除此未有人知道天王欲立江山之事。自教人拜上帝之後，數年未見動靜。至道光二十七、八年上下，廣西賊盜四起，擾亂城鎮。各居戶多有團練，與拜上帝之人，兩有分別。拜上帝人與拜上帝一夥，團練與團練一夥，各自爭氣，各自逞強，因而逼起。」

其起事既利用上帝之團結，其擴大依然是恐怖裏脅政策的效用。

李秀成供狀云：「凡是拜上帝之家，房屋俱要放火燒了。寒家無食，故而從他。鄉下之人，不知遠路，行百十里外，不悉回頭，後又有追兵。」這是農民決意叛變從事革命之眞供狀。

然而他們已與乾嘉以來屢次的變亂不同，他們能在中國近代史上留下一更重大的影響，正因他們能明白揭舉出種族革命的旗號。

太平天國二年，有奉天討胡檄，謂：「滿洲之眾不過十數萬，而我中國之眾不下五千餘萬。以五千餘萬之眾，受制十萬，亦孔之醜矣。」當時洪、楊提出種族觀念，實為制勝清政府一個最有利之口號。又廣東有三合會，流行於南洋、珠江流域一帶。洪王告人，謂：「三合會之目的，在反清復明。其會組織在康熙朝，目的亦可謂適當。然至今二百年，今日反淸可也，復明未見其是。吾既恢復舊山河，不可不建立新朝。」可見民族舊恨，明清之際已往的歷史，數百年來流傳民間，未嘗熄滅。惟洪、楊之起，似乎只可謂利用此種民間心理，而非純由此發動。所以雖在美、法革命之後，洪、楊諸人依然不脫以前帝王思想之舊習。他們只知援用西方耶教粗迹牢籠愚民，卻沒有根據西方民主精神來創建新基。此雖似責備洪、楊太苛，然彼輩自始即著意在憑藉宗教，並未能更注意到革新政體，這不能不說亦是他們一弱點。

他們在政制上及軍事上，亦略有規模。

洪、楊官制，王分四等，侯第五等，其次六官丞相、（天、地、春、夏、秋、冬。）殿前檢點、殿前指揮、將軍、總制、監軍、軍帥、（領一萬二千五百人，轄五師。）師帥、（轄五旅。）旅帥、（轄五卒長。）卒長、（各分領百人，轄四兩司馬。）兩司馬，（領伍長五人，卒二十人，共二十五人。）共十六等。又自檢點以下至兩司馬，皆有職司名目。其制大抵分朝內、軍中、守土三途。朝內官如掌朝、掌率、尚書、僕射、承宣、侍衛、左右史之類，名目繁多，日新月異。軍中官為總制、監軍以下。凡攻城略地，常以國宗（當指丞相以上有爵者。）或丞相領軍。而練士卒，分隊伍，屯營結壘，接陣進師，皆責成軍帥。由監軍、總制上達於領兵大帥，以取決焉。守土官為郡總制，州、縣監軍，鄉軍帥、師帥、旅帥、卒長、兩司馬。凡地方獄訟錢糧，由軍帥、監軍區畫，而取成於總制，民事之重，皆得決之。自都金陵，分克府、廳、州、縣，即其地分軍，立軍帥以下各官，而統於監軍，鎮以總制。軍帥以下至兩司馬為鄉官，以其鄉人為之。軍帥兼理軍民之政，師帥以下，以次相承如軍制。又有女官、女兵。總計男、女官三十餘萬，女兵十萬。其行軍陣法有四：曰牽陣法、螃蟹陣、百鳥陣、伏地陣。又立水營，則未經訓練，不能作戰。蓋洪、楊初起，其治軍有規劃，有組織。及到達金陵，即已志驕氣盈，不能再有所改進，乃即以軍職為民司。又踞長江之險，而徒仗掠奪民船，不再精練水軍。宜其致敗也。

在政治上亦有幾點比較純樸的理想，如天朝田畝制度等是。

天朝田畝制度，分田為九等。各按家口多寡（不論男女。）以行分田。凡天下田，男女同耕，此處不足則遷彼處。凡天下田，豐荒相通，此處荒則移彼豐處，以賑此荒處，務使天下共享天父上主皇上帝大福。有田同耕，有飯同食，有衣同穿，有錢同使。無處不均勻，無人不飽暖。凡當收成時，兩司馬督伍長除足其二十五家每人所食，可接新穀外，餘則歸國庫，凡麥、豆、麻、布、帛、雞、犬各物及銀、錢亦然。蓋天下皆是天父上主皇上帝一大家，天下人人不受私物，物歸上主，則主有所運用，處處平勻，人人飽暖矣。凡天下每一人有妻、子、女約三、四口，或五、六、七、八、九口，則出一人為兵。其餘鰥、寡、孤、獨、廢疾免役，頒國庫以養。二十五家中設國庫一，禮拜堂一，兩司馬居之。凡二十五家中所有婚娶、彌月喜事，俱用國庫。但有限式，不得多用一錢，通天下皆一式。凡二十五家中陶、冶、木、石等匠，俱用伍長及伍卒為之，農隙治事。其二十五家中童子，俱日至禮拜堂，兩司馬教讀聖書。凡禮拜日，伍長各率男、婦至禮拜堂，分別男行、女行，講聽道理，頌讚祭奠天父上主皇上帝焉。爭訟則兩造俱訴於兩司馬，不服更訴之卒長，以次達於軍帥。凡天下官民總遵十款天條，及盡忠報國者，由卑陞至高，世世官爵。或違犯十款天條，及逆命令受賄弄弊者，由高貶至卑，黜為農。凡天下每歲一舉，以補諸官之缺。凡天下諸官，三歲一陞黜，以示天朝之公。保舉之法，先由伍卒之中，查其遵守條命及力農者，兩司馬申之卒長，以次經歷各上司以達於天王。

他們並禁纏足，禁買賣奴婢，禁娼妓，禁畜妾，禁吸鴉片。他們有一部分確是代表著農民素樸的要求。

然而一到南京，距離事業的成功尚遠，而內部便禁不住內訌起來。

南王馮雲山死於全州，西王蕭朝貴死於長沙。抵南京後，大權均操於東王楊秀清，專擅甚過。北王韋昌輝、翼王石達開同謀殺秀清。初議殺東王一人，乃北王盡殺東王統下親戚、屬員，文武、大小、男婦，盡行殺淨。翼王怒之，復殺北王。洪秀全乃專用安、福二王。安王乃秀全長兄洪仁發，福王乃秀全次兄洪仁達。自此眾情離叛，翼王一去不返。時為咸豐七年事。洪、楊之敗，已定於此時。

他們前後倡亂十五年，踞金陵十二年，蹂躪及十六省，淪陷六百餘城。然而到底沒有成事。

三　湘淮軍與咸同中興

削平洪、楊的，並不是滿清政府及其朝臣，（洪、楊初起不過二千人，廣西一省額兵即二萬三千，又土兵一萬四千，乃不能蕩平，任其外潰。直至金陵，所過各省，無能阻者。）而是另外一批讀書人和農民。

洪、楊起事以前，漢人皆不得專閫寄。「鴉片」之役，能卻敵者皆漢人，辱國者皆旗籍，然猶譴漢臣之立功者以袒旗員。西人固無意於戰，旗員以利啖之即止。太平軍則與清不兩立，不用漢臣無可收拾。金陵既下，曾國藩仍推官文領銜奏捷。蓋夙知朝廷意旨，不敢以漢臣自居大功也。

洪、楊的耶教宣傳，（並非眞耶教。）激動了一輩傳統的讀書人之反感。洪、楊的騷擾政策，惹起了一輩安居樂業的農民之敵意。曾國藩的湘軍即由此而起。

曾國藩世世業農，以在籍（母喪）侍郎幫辦團練。自咸豐二年十二月始，至四年出師湖北。有討賊檄，謂：「粵匪自處於安富尊榮，而視我兩湖、三江被脅之人，曾犬豕牛馬之不若。竊外夷之緒，崇天主之教。農不能自耕以納賦，謂田皆天主之田也。商不能自賈以納息，謂貨皆天主之貨也。士不能誦孔子之經，而別有所謂耶穌之說、新約之書，乃開闢以來名教之大變。凡讀書識字者，焉能袖手坐觀，不思一為之所也。」又曰：「李自成至曲阜不犯聖廟。張獻忠至梓潼亦祭文昌。粵匪焚柳州之學官，毀宣聖之木主。所過州、縣，先毀廟宇。忠臣義士如關帝、岳王之凜凜，亦污其宮室，殘其身首。」相傳太平軍圍長沙，左宗棠謁見天王，獻攻守建國之策，並勸天王棄天主耶穌，專崇儒教。天王不能用，左遂逃去，為後來削平洪、楊之重要人物。如羅澤南、彭玉麟等，皆激動於民族文化禮教之保全，以及社會民生秩序之自衛，而奮起殺賊。彼輩不私財，不受朝廷官祿，以書生督領鄉民，自衛地方，而漸次推及於近鄰，乃一躍而為削平洪、楊之惟一勢力。湘軍與粵軍即洪、楊。同樣抱有一種民族觀念。粵軍的缺點，在於沒有注意到民族文化傳統勢力之重要，只圖激起革命；甚至對於傳統文化加以過分的蔑棄，一切目之為妖，而別擁偽造的天父天兄，讀聖書，做禮拜。此與滿洲入關薙髮令，一在外面，一入內裏，同樣對於眞受民族文化之薰陶者為一種難堪之損傷。但湘軍諸帥，雖自謂受有傳統文化之澆培，以保護民族文化自任，而他們對於民族大義，亦早已喪失。晚明顧亭林。王船山。黃梨洲。呂晚村。諸儒之議論，早已為狹義的部族政權所摧殘而泯滅。湘軍諸帥寄託在異族政權的卵翼下來談民族文化之保存與發皇，豈異夢寐！因此一方面粵軍。只注意到民族政權之爭取，一方面湘軍。只注意在民族文化之保全。他們都不知一個民族的文化與政權之不可分離，而結果乃演出同族相殘之慘劇。

粵軍的領導人，對於本國文化，既少瞭解；對於外來文化，亦無領略。他們的力量，一時或夠推翻滿清政權，而不能搖撼中國社會所固有的道德信仰以及風俗習慣。這是洪、楊失敗最主要的原因。（就此點論，洪、楊之天父、天兄等等愚民政策，與八卦教、天理教等，還是一鼻孔出氣。）而且洪、楊最先用以愚民的旗幟，他們並未悟到早已向全民族傳統文化樹敵；而他們軍事上的實際活動，卻又並沒有一個預定的全盤計畫。

李秀成供狀云：「天王攻長沙未下，欲由益陽靠洞庭湖邊到常德，欲取湖南為家。到益陽，忽搶到民舟數千，改作順流而下。到南京後，天王與東王欲分兵鎮守江南，而取河南為業。後有一駕東王坐船之湖南水手大聲揚言，親稟東王，不可往河南。云：『河南水小而無糧，敵困不能救解。今得江南，有長江之險，又有舟隻萬千，南京城高水深，尚不之都，而往河南，何也？』後東王復想見這老水手之言，故而未往。」據此，粵軍其先本未有直搗幽燕之計畫，只欲在湖南謀一窠穴。因得舟船之利，遂沿洞庭直下長江而到南京。其所以建都南京不北上者，亦因在長江有舟船利用，故不欲捨之北去也。（但又不從此積極訓練水軍。）

湘軍則雖係地方團練，而一起即有蕩平天下之整個準備。

曾國藩在咸豐二年奉諭幫同辦理本省團練，而咸豐三年，郭嵩燾、江忠源即議用戰船肅清江面，遂定湘軍興水師、造戰船之計畫。明年，咸豐四年，靖港戰敗，又重整水師，克武漢，順流東下。是年，水師挫於湖口，截分內湖外江，不得合併。直至咸豐七年克湖口，內湖外江水師始復合。此後湘軍所以能控制長江，直下南京者，憑水師舟船之力為大。

其用兵次第，亦始終牢守一個計畫，按步推進。

曾國藩於咸豐三年奉諭酌帶練勇馳赴湖北。嗣皖事日棘，又奉諭趕辦船隻，自洞庭駛入大江順流東下，與江忠源會戰皖賊。咸豐四年，水師挫於湖口。五年，羅澤南回援武昌。六年，羅澤南卒。七年，曾丁憂回籍。湘軍克復湖口。八年五月，曾奉諭令馳驛前往浙江辦理軍務。七月抵九江、南昌，途次奉諭，即以援浙之師，移剿閩省各匪。十月，李續賓敗於三河鎮。十一月，又奉諭移軍赴皖，著斟酌具奏。九年（是年作聖哲畫像記。）六月，奉諭著即前赴四川夔州扼守。八月行抵黃州，奉諭飭緩赴川，暫駐湖北，為進剿皖省之計。十年十月，奉諭著統籌全局，保衛蘇、常。又奉諭，迅速馳往江蘇，署理兩江總督。六月，奉諭補授兩江總督，並授為欽差大臣督辦江南軍務。十一年，克復安慶。是年，胡林翼卒。十月，奉諭統轄江蘇、安徽、江西三省並浙江全省軍務。左宗棠援浙。同治元年，李鴻章赴滬。三年，克復金陵。此數年間，清廷雖知曾國藩才力可依，然並不曾想以削平洪、楊事業全付湘軍之仔肩。忽而令之援浙，忽而令之援閩。忽而令之入川，又忽而令之赴蘇。若使曾國藩遵從清廷意旨，必致一事無成，全局失敗而止。惟曾之意中，早有一整個討平洪、楊之腹本。因此清廷命令，彼必宛轉因應，令其與自己計畫相應而止。其前鋒則由九江逐步推進而至安慶，其後部則由湖南逐步推進而至武漢。穩紮穩打，一面應付洪、楊，一面應付清廷。又一面則團結共事之人才，如駱秉章、胡林翼等。直至咸豐十年，有統籌全局之旨，始稍得舒展。然當時朝意命其馳往江蘇，江、浙地方乞援者，又連翩而來。而曾之步驟，依然不變。直至同治元年，始發出浙、蘇援師。先後十三年，雖兵事利鈍，瞬息千變，而進退計畫，前後一貫。反觀洪、楊，自三王內鬨以後，石達開遠行，內部即少可仗之才。李秀成、陳玉成僅為戰將，雖東西馳突，不無一逞之威，然中樞不能發蹤指示，閫外不能利害專斷，狼奔豕突，漫無把握。兩兩相較，成敗自判矣。

曾國藩雖在軍中，隱然以一身任天下之重。網羅人才，提唱風氣，注意學術文化，而幕府賓僚之盛，冠絕一時。薛福成有湘鄉幕府賓僚記。

其時滿臣如賽尚阿、訥爾經額，既先後以欽差大臣失律被譴。文慶為大學士直樞廷，屢請破除滿、漢畛域，用人不拘資地。曾國藩初以擊賊失利，謗議紛起，文慶獨主宜專任討賊。胡林翼以貴州道員留帶楚勇，以國藩薦拔，一歲間擢湖北巡撫。袁甲三督師淮上，駱秉章巡撫湖南，文慶薦其才，請勿他調。時軍事方殷，迭飭疆吏及各路統兵大臣，奏舉將才。林翼舉左宗棠，予四品京堂，襄辦國藩軍務。沈葆楨、劉蓉、張運蘭，命國藩、林翼調遣。他如塔齊布、羅澤南、李續賓、李續宜、彭玉麟、楊岳斌等，俱以末弁或諸生，拔自戎行。當時稱曾、胡知人善任，薦賢滿天下。曾、胡之得自由薦擢人才，實為湘軍成功又一因。

至於洪、楊，自東、北、翼三王內鬨以後，天王惟用兄弟、戚屬為親信。

李秀成供狀：「主上因東、北、翼三王弄怕，未肯信外臣，專信同姓之臣。重用者：第一、幼西王蕭省和。第二、王長兄洪仁發，王次兄洪仁達。第三、干王洪仁玕。第四、駙馬鍾姓、黃姓。第五、英王陳玉成。第六方是秀成也。」

文治制度方面，在南京十二年，可算絕沒有些微上軌道的建設。亦不能搜羅原來團體以外之人才。如錢江、王韜等，氣局遠不能與左、李、羅、彭相比擬，然粵軍並此不能用。

卻妄想以天父、天兄之欺妄深山愚民者，欺盡天下。

此層雖粵軍中將領亦各自知之。如李秀成供狀即再四提及此層，慨乎言之，謂：「主又不問國事，一味靠天，置軍務、政務於不問。」又曰：「不問軍情，一味靠天，別無多話。」又曰：「我主不問政事，只是教臣認實天情，自有升平之局。」又曰：「天王號為天父、天兄、天王之國。此是天王之計，天上有此事，瞞及世人。天王之事，俱是那天話責人，我等為其臣，不敢與駁，任其稱也。那天朝、天軍、天民、天官、天將、天兵等，皆算渠一人之兵，免我等稱為我隊之兵。稱為我隊我兵者，責曰：『爾有奸心。』恐人之佔其國，此實言也。何人敢稱我兵者，五馬分尸。」

如此何得不敗？

明太祖所以能成事，一因元朝不能用漢人，一因明太祖自己極開明，能用劉基、宋濂等像樣人物。洪秀全所以不成，一因清朝尚知利用漢人，不易推倒。一因自己太昏愚，始終不脫江湖草澤意味。因此他們雖揭舉了民族革命的大旗，終因領袖人物之不夠標格而不能成功。

東南洪、楊始平，西北捻、回又熾。清廷一無能力，依然仰賴於湘軍。

曾國藩於同治三年六月克復南京，十月，即奉諭：江寧已臻底平，即著酌帶所部，前赴皖、鄂交界，督兵勦捻。迅速前進，勿少延緩。十一月奉諭：曾國藩無庸前赴安慶，亦無須交卸督篆，仍駐金陵，妥協調度。四年五月，奉諭令至淮、徐一帶，督率水陸援軍，相機勦賊。又奉諭即前赴山東一帶，督兵勦賊。兩江總督著李鴻章暫行署理，而命曾國藩節制直、魯、豫三省。五年，曾薦李自代。六年捻平。洪、楊憑長江之險，湘軍特練水師制之。捻以騎兵馳騁，曾又定為長圍之法。自有此法，流寇亦失其作用。李以淮軍遵曾意制勝。甘、新回亂，則左宗棠平之。皆曾一系人物也。

曾、左、胡、李號稱同治中興功臣。然此等人物，僅能平亂，卻不能致治。

一因清政府種族觀念太深，不能推誠大用。

曾、胡皆以文慶主持於內，始得稍有展布。胡林翼為湖北巡撫，委曲交驩於湖廣總督官文，始克盡其為湘軍後方之職責。咸豐遺詔：「無論何人，克南京封郡王」，而曾國藩僅得封一等勇毅侯，曾國荃、李鴻章、左宗棠皆為一等伯。南京於同治三年六月克復，十月即命曾國藩離守勦捻。此後曾即往返於兩江、直隸兩督任，未得為中央官。清廷曾諭國藩保薦督、撫大員，國藩引嫌，謂：「宜防外重內輕之漸，兼杜植私樹黨之端。」洪、楊平，即亟亟謀遣散湘軍，以淮軍自代。曾、胡皆善處當時之變局，以自成其所欲達之目的。

二則因胡既早卒，曾、左諸人皆馳驅軍旅，效命疆埸，未得為中央大吏，於朝政少可獻替。

曾氏同治元年五月七日日記，詳論洋務，謂：「欲求自強之道，總以修政事、求賢才為急務，以學作炸礮、學造輪舟等具為下手工夫」云云。知曾氏並非專知有兵事，不知有民政者。曾氏對當時朝政極抱不滿，然方其在翰院為部臣時，尚敢稍為論列；其後出外操握軍權，因種種牽掣顧慮，對朝政即嘿不發言，一意以平亂為主。逮平亂以後，畏讒避謗，急流勇退。遣散湘軍，以淮軍代之。平捻之任，交付與李鴻章。如江南製造局、譯學館及派遣留學生等，只就疆吏可辦者辦之，於朝政綱領，更無獻替。其幕府賓僚，亦極少為清廷重用者。

因此軍事上雖足平亂，而吏治官方，依然腐敗。釀亂之源，依然存在。只為社會元氣大損，一時再鼓不起亂來。

急病不死，變成慢病。而其病已成絕症，不可救藥。

太平天國圖

一、太平軍於清咸豐元年（一八五一）八月自廣西桂平金田村出發，三年三月十九日占領南京。

行軍路線 ——→

二、李開芳、林鳳祥統軍北伐：

1. 進軍路線 ---→
2. 退回路線 -·-·→
3. 援軍路線 ····→
4. 咸豐三年四月初一日自揚州出發，至五年四月十六日殘滅於山東高唐馮官屯，為期二十五個月（四年閏七月）。
5. 孤軍直入，百折不回，轉鬥萬里，外人譽為「世界史上最奇異的戰役」。

三、翼王石達開之長征

1. 咸豐七年（一八五七）八月自安慶出發，同治二年（一八六三）四月廿七日至西康大渡河南岸紫打地陣。
2. 全軍歷十三省，行五萬里。本部軍路線 —·—→

其別遣偏師 ……→

四、地名附註阿拉伯數字為攻達或攻下年月日。

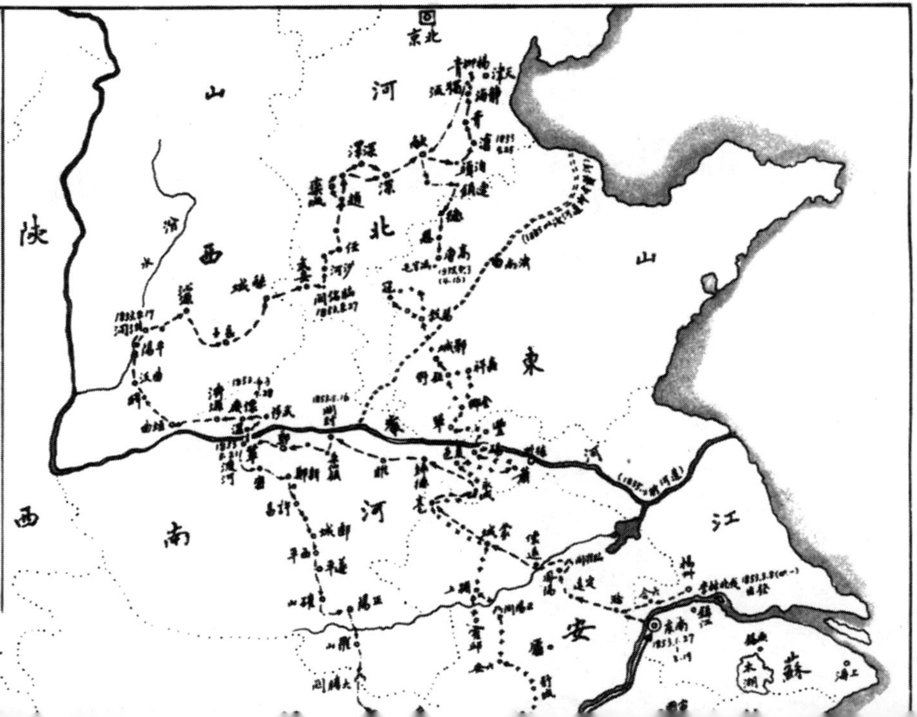

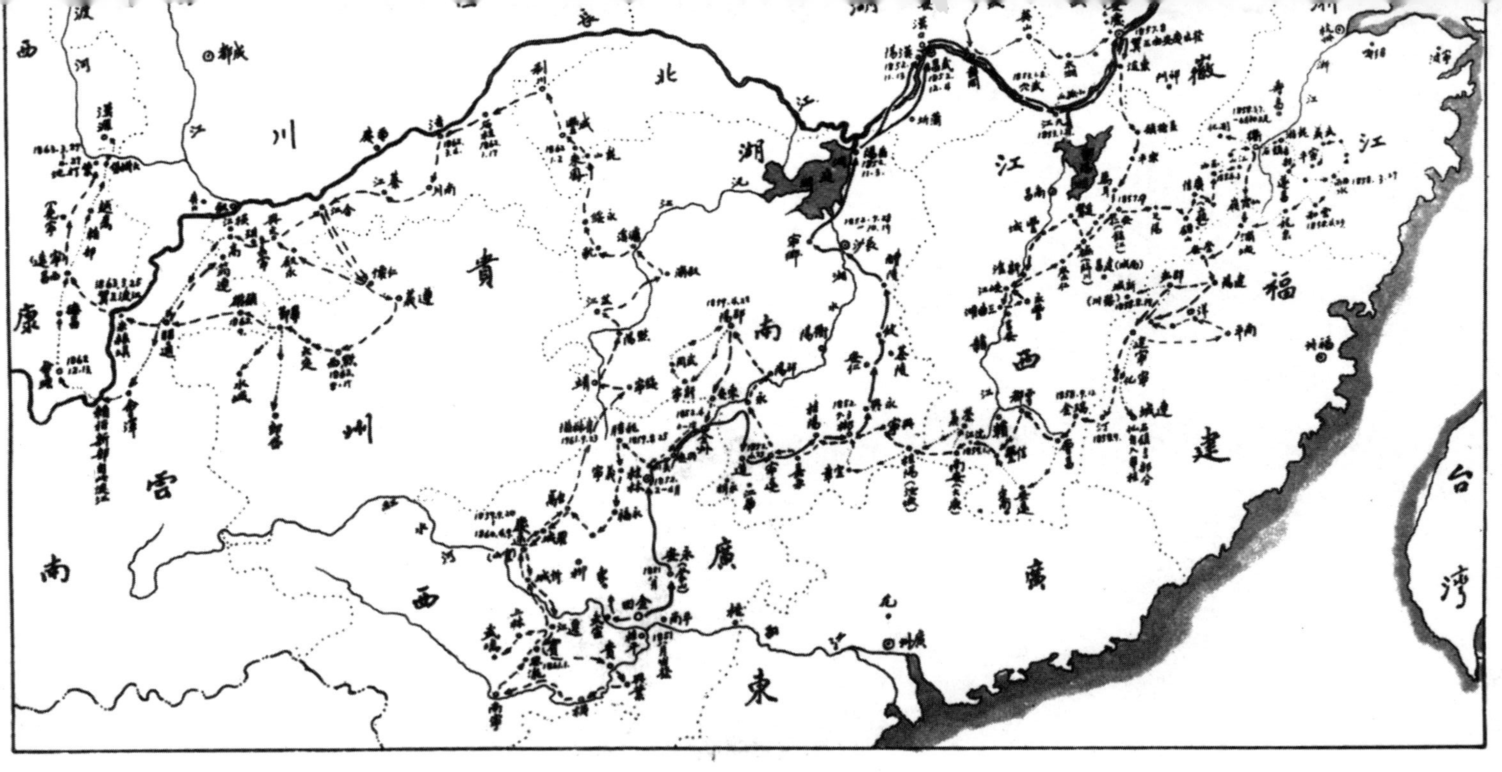

湖北
四川
貴州
湖南
江西
福建
廣東
廣西
雲南
台湾

第四十六章　除舊與開新 清代覆亡與民國創建

一　晚清之政象

清代狹義的部族政治，雖經所謂「咸同中興」，苟延殘喘，而終於不能維持。

第一、是外患之紛乘。

自道光十八年以林則徐為欽差大臣，查辦鴉片事務，至二十二年與英議和，訂南京條約，割香港，許五口通商，是謂「鴉片戰爭」，為中國對外第一次之失敗。此後咸豐七年英、法同盟軍陷廣州，八年至天津，陷大沽礮臺。十年，再至天津，陷通州，入北京，燬圓明園，咸豐避難熱河，為外兵侵入國都之第一次。光緒五年，日本滅琉球。六年，曾紀澤出使俄國，議改收還伊犁條約。八年，與俄定喀什噶爾東北界約。十年，中、法戰起，十一年議和，失安南。十二年，與英訂緬甸條約，失緬甸。十九年，英、法共謀暹邏，廢止入貢。二十年，中、日戰起，二十一年議和，割臺灣，失朝鮮。二十三年，德佔膠州灣。二十四年，俄借旅順、大連，英租威海衛。二十五年，法佔廣州灣。二十六年，八國英、俄、日、法、德、美、意、奧。聯軍入北京，光緒避難西安。二十七年訂辛丑和約。二十九年，日、俄戰起，以我東三省為戰場。三十一年與日訂滿洲協約。宣統二年，外蒙庫倫攜貳，日本併滅朝鮮。三年，英兵侵據片馬。

東西勢力初次接觸，中國昧於外情，因應失宜。

東西兩文化，其先本無直接之接觸。其始有直接接觸，已近在明清之際。其先中國文物由間接關係傳入歐西者，舉其尤要者言之，如養蠶法、東漢蠶絲已入羅馬。南朝梁簡文帝大寶元年（西曆紀元五五〇年），波斯人始將中國蠶種傳至東羅馬都城君士坦丁。造紙法、當唐玄宗時，大食在西域獲得紙匠，因在撒馬爾罕設立紙廠，為大食造紙之始。時歐邦皆用羊皮紙，大食專利數百年。於十二世紀，造紙法始入歐洲。羅盤、宋書禮志謂：「周公作指南車，經馬鈞、祖沖之以後，其法不傳。」至北宋又見於沈括之夢溪筆談（卷二十四）。歐人製磁針作航海用，始於西元一三〇二年，當元成宗大德六年，較沈括所記尚遲二百年。其法蓋由亞拉伯人傳入歐洲。火藥、中國古時即有火藥。據三朝北盟會編，北宋靖康時，宋、金交戰已用火砲。其後南宋虞允文造霹靂砲，以紙包石灰、硫磺。孝宗時，魏勝創砲車，火藥用硝石、硫磺、柳炭，為近代火具之始。元順帝至正十四年（西元一三五四年），德人初造火藥。印刷術，雕版始於唐中葉。宋仁宗時，畢昇發明活版印書術。明英宗正統三年（西元一四三八年），德人始製活字版，後於我四百年。皆有關近世文明者甚大。歐邦學者謂元代中西交通，乃將彼土中古時期之黑雲一掃而淨。蒙古人屠殺之禍雖慘，亦殊可以警奮數世紀來衰頹之人心，而為今日全歐復興之代價也。至於彼中所流被於我者，則除景教、摩尼教等幾種宗教思想之稍稍傳布於民間以外，他固無得而稱焉。觀於馬可波羅所稱述，在我固平淡無奇，在彼至於驚詫莫信。其先中西兩大文化之成績，我固未見絀於彼也。晚近一、二世紀以來，彼乃突飛猛進，而我懵然不知。彼我驟相接觸，彼好譏我為自傲。夫一民族對其固有文化抱一種自傲之情，此乃文化民族之常態，彼我易地則皆然。且彼之來也，其先惟教士與商人；彼中教義非我所需，彼挾天算、輿地、博物之學以俱來，我納其天算、輿地、博物之學而拒其教義，此在我為明不為昧。彼不知我自有教義，乃以天主、天國相強聒，如其入非洲之蠻荒然，則固誰為傲者耶？且傳教之與經商，自中國人視之，其性質遠不倫。經商惟利是圖，為中國所素鄙，奈何以經商營利之族，忽傳上帝大義？中國人不之信，此情彼乃不知。抑商人以販鴉片營不規之姦利，教士籠絡我愚民以擾猾我之內政，此皆為我所不能忍。而彼則以堅甲利礮壓之，又議我為排外，我何能服？且彼中勢力所到，亦復使人有不得不排拒之感。與彼中勢力相接觸而不知所以排拒者，是非洲之黑奴、美洲之紅人也。排外而得法者，如亞洲之日本，乃至彼歐之互自相排。知必有以排之而不得其法者，則為中國。日本小邦淺演，內顧無所有，惕然知懼，急起直追，以效法彼之所為。而我則為自己傳統文化所縛，驟不易捨棄其自信。雖亦知外力當排，而終未有所以排之者。自我屢為所敗，則強弱即成是非。然此特我衰世敝俗，一時因應之失宜。急起直追，所以孫中山先生有「頭彩藏在竹槓梢頭」之譬也。

主和主戰，翻覆無定。內則言官嘩呶，仗虛憍之氣，發為不負責任之高論。外則疆吏復遇事粉飾，不以實情報政府。而內政腐敗，百孔千瘡，更說不上對外。

第二、是內政之腐敗。

當時內政上，最感問題者，首為財政之竭蹶。

清自乾隆中葉以後，貪黷奢侈之風盛張，各省積虧累累，財政已感支絀。經嘉慶川、楚教匪長期內亂，至道光而對外商業，漏卮日大。黃爵滋疏，道光十八年。謂：「近年銀價遞增，每銀一兩易制錢一千六百有零。非耗銀於內地，實漏銀於外洋。自鴉片流入中國，道光三年以前，粵省每歲漏銀數百萬兩；自道光三年至十一年，歲漏銀一千七百萬兩。十一年至十四年，歲漏銀二千餘萬兩。十四年至今，漸漏至三千萬之多。浙江、山東、天津各海口，合之亦數千萬兩。各省、州、縣地丁錢糧，徵錢為多，及辦奏銷，以錢為銀。前此多有贏餘，今則無不賠貼。各省鹽商賣鹽得錢，交課用銀。昔爭為利藪者，今視為畏途。」王慶雲咸豐即位奏：「鹽課歲額七百四十餘萬，實徵常不及五百萬。生齒日繁，而銷鹽日絀。南河之費，嘉慶時止一百餘萬，而邇來遞增至三百五十六萬。地丁歲歲請緩，鹽課處處絀銷，河工年年保險。入少出多，置之不問。」今按：此等情形，一方起於官場之腐敗中飽，一方亦由銀價日昂，錢價日跌，經濟狀態轉惡，生活程度提高所致。清廷之決心禁煙，亦由於此。厥後鴉片戰爭失敗，五口通商，漏卮益增。並歷次賠款，國庫益窘。

其次則為官方之不振。

清自乾嘉以後，納貲之例大開，洎咸同而冗濫益甚。王凱泰同治十二年應詔陳言，首請「停捐例」。謂：「自捐俸減折，百餘金得佐雜，千餘金得正印，即道、府亦不過三、四千金。家非素豐，人思躁進。以本求利，其弊何可勝言？」其時有以洋行挑水夫而為糧儲道者，見殷兆鏞疏。「捐納」外復有「勞績」一途。捐納有「遇缺儘先」花樣，勞績有「無論題選咨留遇缺即補」花樣。捐納官或非捐納官，於本班上輸資若干，俾班次較優，銓補加速，謂之「花樣」。而正途轉相形見絀。甲榜到部，往往十餘年不能補官，知縣遲滯尤甚。王凱泰應詔陳言第二項，曰「汰冗官」。謂：「捐納、軍功兩途，入官者眾，部寺額外司員，少者數十，多則數百。補缺無期。各省候補人員，較京中倍蓰。」按：雍正中，查嗣廷、汪景祺等論列時政，已言部員壅滯，有「十年不調，白首為郎」之語。及乾隆間舉人知縣銓補，有遲至三十年者。廷臣屢言舉班壅滯，然每科中額千二百餘人，綜十年且二千餘人，銓官不過十之一。謀疏通之法，始定大挑制。六年一舉，三科以上舉人與焉。仕途之壅滯，為自唐以來科舉制下必有之現象，何況又加之以納貲、勞績異途雜流之競進？疆吏既競務保舉，多請吏部停止分發。保舉大者有二途：一曰「軍功」，一曰「河工」。光緒二十年，御史張仲炘言：「山東河工保案，近年多至五、六百人。圖保者以山東為捷徑，捐一縣丞、佐雜，不數月即正印矣。」此見保舉與捐納之狼狽相倚。其次復有「勸捐」。順天賑捐一案，保至千三百餘人。山東工賑，保至五百餘人。他省歲計亦不下千人。時吏部投供月多至四、五百人，分發亦三、四百人。吏途充斥無軌道至此，官方如何得振！

照當時的政象，絕對抵不住當時的外患，於是遂有當時之所謂「變法自強」。

二　晚清之變法自強

變法自強，本屬相因之兩事，非徹底變法不足自強。而當時人則往往並為一談。所變只有關自強之法。一則清廷以專制積威統治中國，已達二百年，在滿洲君臣眼光裏，祖法萬不可變。滿洲君臣之傾心變法，不過求保全滿洲部族之地位。令變法而先自削弱其地位，滿君臣雖愚不出此。

二則漢人在此專制積威政體下亦多逐次腐化。當時政府裏眞讀書明理，懂得變法自強之需要與意義者亦少。

乾嘉樸學，既造成訓詁考據瑣碎無當大體之風尚；而道光朝科舉惟遵功令，嚴於疵累忌諱，一時風氣，更使學者專心於小楷點畫之間。此風肇於曹振鏞。曹歷事三朝，凡為學政者三，典鄉、會試者各四，為軍機大臣，殿廷御試必預校閱。沒諡「文正」，蓋以循謹為專制政體下之模範大臣也。自道光以來，科場規則亦壞，請託習為故常。寒門才士為之抑遏。咸豐八年，大學士柏葰以典順天鄉試舞弊罹大辟，科場法稍肅，然至光緒中又漸弛。當時所謂正途出身者，已乏通材，何論捐貲、勞績異途之紛紛！此輩本不知變法圖強為何事，且變法無異先妨礙彼輩之地位與前途。彼輩既不能走上前面襄助成事，彼輩又將躲在後面掣肘壞事。張之洞、劉坤一會奏變法，論及用人，云：「承平用人，多計資格。時危用人，必取英俊。今之仕途，不必皆下劣，同一才具，依流平進者多騎牆，精力漸衰者憚改作，資序已深者恥下問。其所謂更事，不過痼習空文，於中外時局素未講求，安有閱歷？而迂談謬論，成見塞胸，不惟西法之長不能採取學步，即中法之弊，亦必不肯銳意掃除。」此奏已在戊戌後，更可推想以前政界中狀況也。

在這一種政治的積習與氛圍中，根本說不到變法自強。縱有一、二眞知灼見之士，他們的意見，亦浮現不到政治的上層來。郭嵩燾謂：「西人富強之業，誠不越礦務及汽輪舟車數者。然其致富強，固自有在。竊論富強者，秦、漢以來治平之盛軌，其源由政教修明，風俗純厚，百姓家給人足，以成國家磐石之基，而後富強可言也。豈有百姓困窮，而國家自求富強之理？今言富強者，一視為國家本計，與百姓無與。官俗頹敝，盜賊肆行，水旱頻仍，官民交困，岌岌憂亂之不遑，而輕言富強，祇益其侵耗而已。」嵩燾以此告李鴻章，鴻章則曰：「西洋政教規模，弟雖未至其地，留心諮訪考究，幾二十年。（此光緒三年語。）人才風氣之固結不解，積重難返，由於崇尚時文小楷誤之。」其實即以鴻章言，恐亦未能深切瞭解郭氏之意。晚清大臣能語此者惟曾國藩，曾氏已死，郭氏此等議論，索解人不得矣。

一時言富強者知有兵事，不知有民政；知有外交，不知有內治；知有朝廷，不知有國民；知有洋務，不知有國務。（此梁啟超語。）即僅就兵事、外交、洋務等而論，亦復反對之聲四起。（文祥光緒二年疏：「能戰始能守，能守始能和，宜人人知之。今日之敵，非得其所長，斷難與抗，稍識時務者亦詎勿知？乃至緊要關鍵，意見頓相背。往往陳義甚高，鄙洋務為不足言。抑或苟安為計，覺和局之深可恃。是以歷來練兵、造船、習器、天文、算學諸事，每興一議而阻之者多，即就一事而為之者非其實。至於無成，則不咎其阻撓之故，而責創議之人。甚至局外紛紛論說，以國家經營自立之計，而指為敷衍洋人。所見之誤，竟至於此。」）

在此情形下，遂使當時一些所謂關於自強的新事業之創興，無不遲之又遲而始出現。

舉其著者，如鐵路之興築，同治季年直督李鴻章已數陳其利，竟不果行。光緒初，英人築淞滬鐵路，購回燬廢。三年始有商建唐山至胥各莊鐵路八十里。六年，劉銘傳入覲，力言鐵路之利，李鴻章又力贊之，而江督劉坤一以影響民生釐稅為言，臺官亦合疏反對，詔罷其議。十三年，始造津沽鐵路一百七十里。明年，李鴻章唱議自天津接造至通州，朝議駭然，張之洞乃創蘆漢幹路說為調停。後又中輟，直至二十四年始再定議，三十二年全路始成。（滬寧路始於二十九年，京奉路成於三十一年，津浦路成於宣統三年。）又以輪船言之，江寧條約後，外輪得行駛海上。天津條約後，外輪得行駛長江。同治十一年，直督李鴻章建議設輪船招商局。十三年，又疏請，始定議。直至光緒十年，猶申明禁令，小輪不得擅入內河。十六年，有疏請各省試行小輪者，總署王大臣仍以為不可。（時江輪、海輪統名「大輪」。）逮各水道外輪先後行駛，華商小輪始弛禁。（日本始有東京、橫濱鐵道在同治十一年，大阪商船會社設立在光緒十一年。又按：歐洲機械方面重要之發明，如瓦特始得蒸汽機專利權在乾隆三十四年，福爾登始造汽船在嘉慶十二年。第一道汽機鐵路之通車，在道光五年。利用汽力，為歐洲近世文化最要一特點。若中國能在同治季年即切實仿行，先後最遠亦不能出百年之外也。其後法拉第發明發電機，在道光十一年，鄂圖氏發明內燃機，在光緒二年，而後近代機械之日新月異，變化益速。使天地為之異形，人生為之轉觀者，胥此一百數十年內事耳。中國則因有二百年來滿洲部族政權之橫梗作病，使之雖欲急起直追而不可得。其後則激盪益遠，於政治革命之後，繼之以文化革命、社會革命，於中國內部不斷掀起徹底震盪之波瀾，而歐洲之科學與機械，遂終無在中國社會安寧保養，徐徐生長成熟之機會。過激者乃益復推而遠之，希望於驅逼中國投入世界革命中求出路。不知社會愈動擾，則科學機械之發展愈受摧抑。而中國社會之所以趕不上近世文化之階段者，其惟一機括，只在科學機械方面之落後。道在邇而求之遠，歧途亡羊，此之謂也。

外患刻刻侵逼，政事遲遲不進，終於使當時人的目光，轉移到較基本的人才和教育問題上去。

三　晚清之廢科舉興學校

當時興學沿革，略可分為兩期。自同治初年以迄光緒辛丑為第一期，辛丑以後迄清末為第二期。

首先創設之學校，大抵不外乎以養成繙譯（而研究語言文字。）與軍事（而連帶及於機械製造。）之人才為主。

如京師同文館、（始同治元年，初止教授各國語言文字，六年議於館內添設算學館，京僚謗讟繁興。）上海廣方言館、（始同治二年，以蘇撫李鴻章請。）福建船政學校、（始同治五年，左宗棠督閩，）

創設船廠，並設隨廠學堂。十二年，沈葆楨陳選派學生分赴英、法學習。清季海軍將領多閩人，由此。天津水師學堂、始光緒八年，北洋大臣李鴻章奏設。天津武備學堂、始光緒十一年，亦李鴻章奏設，規制略仿西國陸軍學堂。廣東水陸師學堂、始光緒十三年，粵督張之洞奏設。湖北武備學堂、始光緒二十一年，張之洞調任鄂督後奏設。湖北自強學堂、亦張之洞創設，初分方言、格致、算學、商務四門，其後專課方言。陝西諸省格致實學書院光緒二十一、二年間，各省學堂未能普設，多以變通整頓書院為請，遂有各省格致實學書院。等。可見當時人對於創建學校之旨趣。且此等學校，十九皆創於外省一、二督撫，非由中樞發動。

漸次乃有普通學校之創立，其目光亦稍稍擴大及於法政、經濟諸門。然要之仍不脫於為一時之實用，而以學校為附屬於政治之一機構。

光緒二十三年，盛宣懷始於上海創設南洋公學。先是光緒二十一年。盛為津海關道，於天津創設頭、二等學堂。頭等學堂課程四年，分工程、電學、鑛務、機器、律例五門。二等學堂課程亦四年，遞升至頭等。南洋公學如津學制，分四院：曰師範，曰外、中、上院。外院為附屬小學，上、中院即頭、二等學堂。課程大體分中文、英文兩部，注重法政、經濟。擇尤異者資送出洋。蓋以公學為預備學校，而以外國大學為究竟。中國學校之稍有系統雛形者始此。及光緒二十四年，始有國立京師大學堂之籌辦。庚子政變後，至二十七年，漸有復興學校之議。首創議者山東督撫袁世凱。二十八年，派張百熙為管學大臣，奏設速成科，分仕學、師範二館。可見其時對學校觀念，仍認為係政治上一種附屬機關，所謂「學而優則仕」，仍脫不了一種科舉傳統思想也。師範教育亦為當時所重，不為官則為師，亦合於中國傳統舊習。學校生命，並非從一種對於學術真理向上探尋之根本精神中產生；其發動不在學術界自身，嚴格言之，當時已無所謂學術界。而在幾個官僚與政客；則宜乎其浮淺搖動，不能收宏深之效。因此晚清興學，在政治上，其效力不能與北宋時代之書院講學相比。在接收外來文化上，其成果亦不能與魏晉南北朝時代之佛學寺院相比。

其時進新式學校乃至於被派出洋的，其目的亦只為在政界乃至於社會上謀一職業、得一地位，因此近人譏之為「洋八股」與「洋翰林」。如是則最多僅能學習到別人家的一套方法與智識，而學習不到別人運用此方法以探求此智識之一段精神。因此近人又譏之為「智識之稗販」，以學校為「智識之拍賣場」。

在此情形下，乃發生學校與科舉之衝突。學校與科舉之衝突，正如科舉與捐班之衝突，以其同為一種政治上之出身故也。

光緒二十九年，張之洞與榮慶、張百熙會商學務，奏稱：「奉旨興辦學堂此所謂辛丑以後之辦學。兩年有餘，至今各省未能多設，以經費難籌。經費所以不能捐集，以科舉未停，天下士林謂朝廷之意並未專重學堂。科舉不變通裁減，人情不免觀望，紳富孰肯籌捐？按：晚清捐資興學者，如楊斯盛、葉澄衷、武訓之流，皆非紳富。朝廷以私唱，求國民以公應，豈可得耶？入學堂者，恃有科舉一途為退步，不肯專心嚮學，且不肯恪守學規。」就事理論，必須科舉立時停罷，學堂辦法方有起色，經費方可設籌。光緒三十一年，袁世凱、張之洞會奏：「科舉一日不停，士人有僥幸得第之心。民間相率觀望，私立學堂絕少，擬請立罷科舉。」遂詔自丙午科始，停止各省鄉、會試及歲科試。尋諭各省學政，專司考校學堂事務。

隋、唐以來沿襲千餘年的科舉制度，終於廢絕，而以學校為替代。

二十九年，張之洞等奏定章程：通儒院畢業，予以翰林升階，或分用較優官、外官。大學分科畢業，最優等作為進士出身，用翰林院編修、檢討。優等、中等均作為進士出身，分別用翰林院庶吉士、各部主事。大學預備科及各省高等學堂畢業，最優等作為舉人，以內閣中書、知州用。優等、中等均作為舉人，以中書科中書、部司務、知縣、通判用。

如是則學校再不能專以造就繙譯與軍事人才為主。於是乃有「中學為體，西學為用」之理論出現。

梁啟超擬京師大學章程：（光緒二十四年。）「中國學人之大弊，治中學者則絕口不言西學，治西學者亦絕口不言中學。夫中學體也，西學用也，二者相需。不講義理，絕無根柢，則浮慕西學必無心得。前者各學堂之不能成就人才，其弊由此。」同時張之洞為勸學篇，亦云：「中學為內學，西學為外學；中學治身心，西學應世事。」（外篇會通。又兩湖經心書院改照學堂辦法片亦云：「大指皆以中學為體，西學為用，既免迂陋無用之譏，亦杜離經畔道之弊。」）光緒定國是詔亦謂：「以聖賢義理之學植其根本，又須博采切於時務者，實力講求，以救迂謬空疏之弊。」

一個國家，絕非可以一切捨棄其原來歷史文化、政教淵源，而空言改革所能濟事。況中國歷史悠久，文化深厚，已綿歷四、五千年，更無從一旦捨棄以為自新之理。則當時除卻「中學為體，西學為用」，亦更無比此再好的意見。惜乎當時已屆學絕道喪之際，根本就拿不出所謂「中學」來。學術之培養與成熟，非短時間所能期望。學校教育之收效，因此不得不待之十年、二十年之後。而外患之侵逼日緊，內政之腐敗依然，一般人心再不能按捺，於是對全部政治徹底改革之要求蓬勃四起。此即走上變法圖强之根本義。

四　戊戌政變與辛亥革命

晚清全部政治徹底改革之運動，亦可分兩節。第一節是戊戌變法，第二節是辛亥革命。二者同為對於當前政治要求一種全部徹底之改革。惟前者戊戌變法。尚容許清王室之存在。待清王室與滿洲部族以及一般舊官僚結合一氣，以阻礙此種改革之進行，於是乃有後者辛亥革命。續起，連清王室一并推翻。

戊戌變政，又稱「百日變政」。這一個變政的生命，前後只有九十八天。四月庚戌召見工部主事康有為，命充總理各國事務衙門章京；至八月丁亥，皇太后復垂簾訓政。

這一個變政之失敗，第一原因，在於他們當時依靠皇帝為變政之總發動，而這個皇帝，便根本不可靠。

光緒以四歲入宮，撫抱為帝，屈服長養於那拉氏孝欽慈禧太后，同治帝之生母。光緒帝之母為孝欽妹，以是得立。積威之下。長日跪起請安，守家人兒子禮惟謹，十六歲大婚，太后撤簾，然實權仍在其手。移海軍衙門費修建頤和園。戶部尚書閻敬銘節款千萬，備築京漢路，孝欽逼之辭職。太監李蓮英用事，海、陸軍將領丁汝昌、衛汝貴、葉志超皆拜門下，稱受業。時稱「海底魚雷」、「開花彈子」，皆以鐵滓、泥沙代火藥。滿洲親貴，乃至宮中宦寺，皆知有太后，不知有皇帝。光緒又體弱多病，易動感情，而機警、嚴毅皆不足。在內廷讀康有為書如波蘭亡國記、突厥亡國記等，至於涕泗橫流。蓋一軟性富傷感而無經驗閱歷之青年，不足當旋乾轉坤之任。

第二原因，在於他們鼓動變法，一切超出政治常軌，而又並不是革命。

康有為係一工部主事，命在總理各國事務衙門即外務部、外交部之前身。行走，無權無位。此係四月事。六月命康有為督辦上海官報，康留京不出。居間傳而以軍機四章京七月命內閣候補侍讀楊銳、刑部候補主事劉光第、內閣候補中書林旭、江蘇候補知府譚嗣同，均賞加四品卿銜，在軍機章京上行走。有為告德宗：「大臣守舊，當廣召小臣，破格擢用」，故有此命。

遞消息。要以內面一個有虛位、無實權的皇帝，和外面一無名義、無權位的不相干人（督辦上海官報的康有為。）來指揮操縱全部政治之徹底改造，其事自不可能。

第三原因，由於一時政令太驟，主張「速變」、「全變」，而無一個按部就班切實推行之條理與方案。

梁啟超戊戌變政記新政詔書恭跋謂：「三月之間，所行新政，雖古之號稱哲王英君在位數十年者，其可記政績，尚不能及其一、二。」其實此等並非新政，更無所謂政績，僅是一紙詔書而已。時人或勸康有為：「今科舉既廢，惟有盡力多設學校，逐求擴充，俟風氣漸變，再行一切新政。」（有為弟有溥與人書，亦謂：「伯兄（有為）規模太廣，志氣太銳，包攬太多，同志太孤，舉行太大。但竭力廢八股，俾民智能開，則危崖上轉石，不患不能至地。今已如願，力勸伯兄宜速拂衣，以感激知遇不忍言去。」）康謂：「列強瓜分，即在目前，此路如何來得及？」故康氏上皇帝書謂：「守舊不可，必當變法。緩變不可，必當速變。小變不可，必當全變。」速變、全變，惟有革命。宋神宗、王荊公在熙寧時，尚不能速變、全變，清德宗之強毅有力遠不如宋神宗，康有為之位望資歷遠不如王荊公，如何能速變、全變？康氏所以主張速變、全變者，以謂非此不足救亡。此等意見，亦仍與數十年前人一色。從前是祇為自強而變法，現在則只就救亡而變法，均是將變法降成一個手段，沒有能分清觀點，就變法之本源處逐步走上軌道。（「若不變法，則亡國滅種之禍迫在眉睫」，此等語用以聳人聽聞，亦有流弊。若自己真抱此等感覺，則日暮途窮，倒行逆施，斷不能從容中道，變出一個規模來。正如百孔千瘡，內病未去，而遽希富强，其不能走上切實穩健之路，一也。此等意見，不外兩病：一則正面對於當時所以必需變法之本原理論並無深切認識，又一則對於外面國際形勢亦復觀察不清。郭嵩燾已言：「西人以通商為義，本無仇害中國之心。五、六十年來，樞府諸公，不一研求事理，考覽人才，懸一『防堵』之名，莫辨其緩急輕重，一責以防勦。虛求之而虛應之。一轉盼間，又懸一『富强』之名，索之杳茫冥昧之中，以意揣其然。」郭氏之言是矣。不謂再一轉盼間，「富强」之名又一變為「救亡」。昔之岌岌然謀富强者，今乃岌岌然曰救危亡。而於郭氏所謂「行之有本，積之有基」者，要之皆不理會也。時（戊戌秋）嚴復以召對稱旨，退草萬言書，略謂：「中國積弱，由於內治者十之七，由於外患者十之三。而天下洶洶，若專以外患為急，此所謂目論也。今日各國之勢，與古之戰國異。古之戰國務兼幷，今之各國謹平權。百年以降，船械日新，軍興日費，量長校短，其各謀於攻守之術亦日精。兩軍交綏，雖至强之國，無萬全之算。勝負或異，死喪皆多。難端既構，累世相仇。是以各國重之。使中國一旦自强，則彼將隱銷其侮奪覬覦之心，而所求於我者，不過通商之利而已。是以徒以外患而論，則今之為治，尚易於古叔、季之世。易為而不能為，其故由於內治不修，積重難反。外患雖急，尚非吾病本之所在。大抵立國建羣之道，一統無外之世，則以久安長治為要圖；分民分土、地醜德齊之時，則以富國强兵為切計。顧富强必待民之智勇，而民之智勇，又必待有所爭競磨礱而後日進。今西國以舟車之利，闖然而破中國數千年一統之局。且挾其千有餘年所爭競磨礱而得之智勇富强，以與我相角。使中國之民，一如西國，則見國勢傾危，方且相率自為，不必驚擾倉皇，而次第設施，自將有以救正。顧中國之民有所不能。民既不克自為，其事非倡之於上不可。然今日相時審勢，而思有所變革，則一行變甲，當先變乙；及思變乙，又宜變丙。設但支節為之，則不特徒勞無功，且所變不能久立。又況興作多端，動靡財力，使為而寡效，積久必致不支。」其言為大臣所嫉，格不達。大抵當時變法，牽一髮，動全身。苟求全變，勢不能速。若使有統籌全局之君、相，愼思密慮，徐以圖之，庶乎有濟。而清室諸帝，自咸豐以下皆非其人。咸豐二十歲即位，三十一歲卒。同治八歲即位，二十一歲卒。光緒四歲即位，三十七歲卒。宣統三歲即位，六歲遜國。即以年齡言，皆不足擔此重任。同治時，東（同治之嫡母）西（同治之生母）太后垂簾聽政，繼續至光緒時。母后臨朝，更難濟此危局。以大臣言，智慮氣魄足以勝者惟一曾國藩，既已老於兵旅封疆，未能對整個政局一展其抱負。李鴻章繼曾而起，智局氣量已不如曾，清廷亦從未用之中樞，使有一統籌全局之機會。同、光以來，世稱軍機權重，然特領班王、大臣主其事，次者僅乃得參機務。樞臣入對，席次有定。後列者非特詢不得越言。後葉領以尊親，勢尤禁格。然則曾、李縱入中央，仍不能有略展經綸之希望。相傳李歷聘歐洲，見德相俾斯麥，叩之曰：「為大臣者，欲為國家有所盡力，而廷臣羣掣其肘，欲行其志，其道何由？」俾斯麥告以：「首在得君，得君既專，何事不可為？」李曰：「苟其君惑於眾口，居樞要、侍近習者，假威福而挾持大局，則如之何？」俾氏良久曰：「大臣以至誠憂國，度未有不能格君心者。惟與婦人女子共事，則無如何矣。」李默然。此可見當時李鴻章之苦悶也。事勢推盪，遂使康有為以一局外之人，而來發動整個政局之改革，其事固必失敗。然就晚清全部歷史進程而論，康氏此舉，不啻即為一種在野對於在朝之革命，戊戌政變乃成為辛亥革命之前驅。前後相隔，亦不過十三年之時間而已。光緒三十三年，于式枚奉命出使德國，充考察大臣。瀕行疏言：「日本維新之初，即宣言立憲之意。後十四年始發布開設國會之勅諭，二十年乃頒行憲法。蓋預備詳密遲慎如此。今橫議者自謂國民，聚眾者輒云團體。數年之中，內治外交，用人行政，皆有干預之想。豈容欲速等於取償，求治同於論價。」于氏此論，為政局常態而言，未嘗不是，然其時清廷絕不足以言此。在上者圖變愈遲，在下者求變愈速。要求立憲之後一幕，自應為革命爆發也。

第四原因，由於當時政治上舊勢力尚相當濃厚，足以阻礙革新運動之進展。

滿洲親貴，與一輩舊官僚，依附於皇太后之下，而將皇帝之革新事業，全部推翻。政局驟變，不過一轉瞬之間而已。其時新黨諸人，謀欲劫脅太后，擁護皇帝親政。此等舉動，在當時情勢下，絕無成功希望。文悌告康有為，謂：「勿徒欲保中國，而置我大清於度外。」是時滿人反對變法之意態極鮮明。凡於變法下將失其地位之漢人，以及可以於反對變法下高升其地位之野心者，均依附於滿族政權之下。康等過激之態度，亦不為一輩中和者所同情。然反動勢力之抬頭，皇帝被幽，康、梁逃亡海外，戊戌六君子同日就戮，此等心理上之刺激，卻更催滿洲政權之覆滅與革命之崛起。

緊隨著戊戌政變而來者，為庚子拳亂。

洪亮吉嘉慶四年上書，謂：「士大夫皆不務名節。幸有矯矯自好者，類皆惑於因果，遁入虛無，以蔬食為家規，以談禪為國政。一、二人倡於前，千、百人和於後。甚有出則官服，入則僧衣，惑眾驚愚，駭人觀聽。亮吉前在內廷，執事曾告之曰：『某等親王十人，施齋戒殺者已十居六、七。羊、豕、鵝、鴨皆不入門。』及此回入都，而士大夫持齋戒殺，又十居六、七矣。深恐西晉祖尚元虛之習，復見於今。」蓋清自乾嘉以下，世道日壞，學者惟有訓詁考據，不足以安心託命，禮樂已衰，方術將興。乃轉而逃於此。曾國藩在軍中，為聖哲畫像記，末附長論，亦為此種風氣發也。下之則為天理教、八卦教、白蓮教、紅燈教、上帝會之此仆彼起，上之則有朝廷親貴大臣，倚信拳民以排外，而釀成庚子之禍。清代士大夫研佛學，其事亦起於乾、嘉之際。直至清末，即如康有為、譚嗣同輩，皆讀佛書。此雖異於洪、曾所指摘，要之為一種風氣下演變而來，足以說明清中葉以下思想界之空虛徬徨與不安寧也。

庚子拳亂，雖挾有不少可笑的迷信，然其為中國上下不能忍受外侮壓迫之情感上之爆發則一。所以繼續於辛丑和議以下的，還是國內一片變法維新的呼聲。然而滿洲狹義的部族政權，還想掙扎其固有之地位。所以他們歡迎拳民而排拒新政。拳民排外不變法，於他們地位有利無害。

庚子、辛丑以後，國家危機日益暴露，而滿洲部族政權之意識，亦日益鮮明。因知國政已到不得不變之時，而一變則滿洲部族政治已往之地位，必先搖動也。於是滿洲貴族，遂蓄意造成一排漢之中央集權。光緒三十二年之內閣，滿七人，蒙一人，漢軍旗一人，漢四人。剛毅有言：「漢人强，滿洲亡。漢人疲，滿洲肥。」滿族當時狹隘的部族觀念，既自促其政權之崩潰，亦於國家前途，有莫大之損害也。及清德宗與慈禧太后同日逝世，溥儀即位，醇親王載灃溥儀父。為攝政王監國，袁世凱被逐。李鴻章卒，以直隸總督及兼北洋大臣席薦袁，袁已隱然為當時漢大臣之領袖矣。載灃自統禁衛軍，而以其弟載洵主海軍、載濤為軍諮大臣。即參謀大臣也。相傳載灃辛丑議和赴德謝罪，德親王亨利告之曰：「攬握兵權，整頓武備，為皇族集權之第一著。」辛亥三月，新內閣成立，滿人九，內皇族五人，漢人四，滿、漢畛域益顯。

在狹義的部族政治下，乃惟有革命爆發之一路。

五　辛亥革命以後之政局

辛亥革命之爆發，這是告訴我們，當時的中國，由政治領導改進社會之希望已斷絕，此乃文祥、曾國藩、李鴻章、光緒帝、康有為諸人所想望者。不得不轉由社會領導來改進政治。前者犧牲較少，進趨較易；此即日本明治維新所取之路徑。後者則犧牲大而進趨難。然而為兩百多年滿洲狹義的部族政權所橫梗，當時的中國，乃不得不出此途。

辛亥革命爆發，滿洲王室退位，一面是狹義的部族政權已解體；然在此政權下所長養遺留的種種惡勢力，卻因舊政權之解體而潰決，有待於逐步收拾與逐步清滌。另一面則社會民眾的力量，雖則已夠有推翻舊政權之表現；而對於創建另一種理想的新政權之努力，則尚有待於逐步試驗與逐步磨練。因此辛亥革命只是中國民眾一種新的艱苦工作之開始，而非其完成。

舊政權解體後緊接著的現象，便是舊的黑暗腐敗勢力之轉見抬頭，而新力量無法加以統制。

袁世凱誤認此種狀態之意義而帝制自為，康有為又誤認此種狀態之意義而參加復辟。

政局在此幾度動盪中益增其阢隉，而舊的黑暗腐敗勢力益見猖獗。

此種舊的黑暗腐敗勢力之活動，大率以各省的軍權割據為因依。

辛亥以後的各省軍權割據，遠則導源於元、明以來行省制度之流弊。

行省制度起於元，而明、清承襲之。此項制度之用意，在利於中央之管轄地方，而並不為地方政治之利於推進。若使地方政治能活潑推進，各地俱得欣欣向榮，則中國自來文化傳統，本為一大一統的國家，各地方決無生心離叛中央而不樂於推戴之理。故漢、唐盛時，皆無防制地方，存心集權中央之政策。漢末之州牧，乃在東漢王室已臻腐爛之後；而唐之藩鎮，則起於唐政府無限度之武力對外；皆非地方勢力無端反抗中央。宋代懲於唐末藩鎮割據之禍，乃始刻意集權中央。然行省制度則尚與中央集權不同。行省制實近似於一種變相的封建，乃是一種分權統御制也。元人所謂「行中書省」，即是活動的中書省，即中樞政權之流動分布。其意惟恐一個中央政權不足控馭此廣土眾民，乃專為蒙古狹義的部族政權而設此制度。明人不能徹底蕩滌，明太祖廢行中書省，而以布政使為各地行政長官，較元制遠為合理。惟惜行政區域之劃分仍依元舊，而其後復有巡撫、總督凌駕於布政使之上。清代則有意利用。故明代督、撫尚非常設之官，而清則各行省必設督、撫，而大體又必使滿族任之。故行省長官乃地方官之臨制者，而非地方官之領袖與代表。明、清總督、巡撫皆帶「都御史」銜，以此。名義上雖以布政使為行省長官，而實際則權在督、撫。同時此等長官，皆偏重於軍事統治之性質。故其名官曰「總督」、「巡撫」。此種制度在平時足以障礙地方政事之推進，而增加地方與中央之隔閡；而待一旦中央政權削弱，各行省轉易成為反抗中央，分區割據之憑藉。

近則導源於洪、楊以後各省督、撫離心態度之演進。

清代督、撫權任本重。洪、楊之亂，滿人為外省督、撫者，皆無力蕩平，於是不得不姑分一部分督、撫之權位與漢人。自是以來，外省督、撫，漸與中央異趨。晚清中國各地之略略有新政端倪者，胥由一、二漢人為督、撫者主張之。庚子之變，東南各督、撫不奉朝命，相約保疆，超然事外；辛亥革命，各省宣布獨立；皆此種離心態度之繼續演進也。

於是由清末督、撫之變相，而有民國初年之督軍。

舊中央既倒覆，新中央又搖動，經過帝制、復辟兩事變，此輩乃生心割據。各地軍閥，紛紛四起。歷史無必然之事變，若使袁世凱能忠心民國，中央政權漸臻穩定，則此等事態，亦可不起。其時全國各地軍隊之多，至少當踰二百萬以上。

光緒中葉，各省綠營、清末存額尚四十六萬二千三百八十二名。防軍光緒二十四年各省防軍、練軍總三十六萬餘人。兵額七十七萬，時已有以饟巨主裁減者。

民國以來之軍隊，至少當超過清末三倍。

不斷的兵變與內亂，遂為民國以來惟一最常見之事態。

或人統計民國十一年以前各地兵變，共達一百七十九次。分年計之：元年二十八次，二年四次，三年十三次，四年三次，五年二十四次，六年十七次，七年八次，八年七次，九年十九次，十年十一次，十一年四十五次。以省區分之：直隸九次，奉天三次，吉林四次，黑龍江六次，山東十五次，河南二十次，江蘇十次，安徽十四次，江西十一次，湖北二十七次，湖南十一次，福建十六次，廣東八次，廣西一次，雲南二次，貴州一次，四川五次，陝西五次，甘肅、新疆各一次，山西五次，京兆四次，綏遠四次，川邊二次，察哈爾一次，阿爾泰一次，惟浙江獨無。然自民十三年齊盧戰後，浙江亦非乾淨土。又民國二十一年十一月，路透通訊員謂：「四川自民國以來，今方為第四百六十七次之戰爭。」

而此輩軍閥之私生活，尤屬不堪言狀。

有一人而納姬妾四、五十人之多者，其私產業大抵無可訾省。其相與間關於軍事、政治問題之商決，皆於鴉片煙、麻雀牌之集合中進行之。因此非能沉湎於此種嫖賭生活之中者，即無法與彼輩相接觸。於是無論彼輩之自方乃至對方，官場習氣之腐敗，乃較遜清猶遠過。

其時則全國無所謂中央，政治無所謂軌道，用人無所謂標準，各省地方官吏皆由各省自派，中央不能過問。馬弁、流氓皆踞民上。財務無所謂公私。專就政治情態之腐敗黑暗而論，唐末、五代殆不是過。所異者社會情形較不同。民生極度憔悴之下，田租預徵至數十年之外，附加稅名目至百餘種之多。惟有轉以從軍為出路。軍閥皆可以借外債，買軍火，而農民革命為不可能。為掃蕩此種軍閥，與此種軍閥之相互噬搏。而國家民族之元氣大傷。代表舊政權之最後惡態者，為此輩軍閥之腐化與惡化。而代表新政權之最先雛形者，則為議會與政黨之紛擾。

革命後之政治理論，厥為民主共和。於是創設國會，用以代表民意，制定憲法。又組織政黨以為議員競選之準備。然此等皆鈔襲歐美成法，於國內實情不合，因此不能真實運用。各黨黨綱，既無大差別，實則當國難嚴重，變動激劇之際，根本上便不能有兩套顯然相異的黨綱。又各黨背後皆無民眾為之基礎。中國政制，本求政府領導民眾，不能遽覬民眾操縱政府。清政府以不能盡領導民眾之使命而推翻，而民國以來之政治理論，忽變為民眾指導政府。於是政府躲卸其責任，民意亦無法表現，而變成兩頭落空。政黨既不能有真實之精神，國會與憲法徒為相聚而鬨之題目與場合。

當時的政黨，似乎誤認分黨相爭為政治上最高的景象。其時殆不知所謂和衷共濟與舉國一致。

分黨相爭的勝負，不能取決於民眾，民眾無力來操縱他們的勝負。轉而各自乞援於軍人。如是則新舊兩潮流，匯為同趨。

一般黨員，則憑藉黨爭的美名，來公開無忌憚的爭權奪利。其時則有「黨棍」、「黨痞」、「吃黨飯」諸名稱。有激而唱為「毀黨」、「造黨」之論者。要之仍以分黨相爭為政治無上境界也。國家民族之元氣，又在此種紛擾中損傷了不少。直到民國十七年國民革命軍再度北伐，而上述兩種情況軍閥與黨爭。始見摧廓。以革命的武力來掃蕩軍閥，以一黨專政的理論來停止黨爭。

六　文化革命與社會革命

在此國家社會繼續震盪與不斷損傷中，過激思想亦逐步成長。康有為的「速變、全變」兩語，可算是海通以來中國過激思想之最扼要的標語。同、光之際，所變在船礮器械。戊戌以後，所變在法律政制。民國以來，則又有「文化革命」與「社會革命」之呼號與活動。

文化與歷史之特徵，曰「連綿」，曰「持續」。惟其連綿與持續，故以形成個性而見為不可移易。惟其有個性而不可移易，故亦謂之有生命、有精神。一民族文化與歷史之生命與精神，皆由其民族所處特殊之環境、所遭特殊之問題、所用特殊之努力、所得特殊之成績，而成一種特殊之機構。一民族所自有之政治制度，亦包融於其民族之全部文化機構中而自有其歷史性。所謂「歷史性」者，正謂其依事實上問題之繼續而演進。問題則依地域、人事種種實際情況而各異。因此各民族各自有其連綿的努力，與其特殊的創建。一民族政治制度之眞革新，在能就其自有問題得新處決，闢新路徑。不管自身問題，強效他人創制，冒昧推行，此乃一種「假革命」，以與自己歷史文化生命無關，終不可久。中國辛亥革命，頗有一切推翻故常而陷於「假革命」之嫌。辛亥革命之易於成功，一部分由於以排滿為號召，此在我民族自身歷史中有生命、有淵源。至於民主共和之新政體，以理論言之，與我先民以往政治理論及政制精神靡不合。然就實際政情言之，一國政制，有其一國之軌道。即以王室而論，如英、如日，至今猶有王室。如德、如俄，當時王室亦存在。中國以滿族堅持其狹義的部族政權之故而不得不推翻王室，而為推翻王室之故，不免將舊傳政制一切推翻。當時似誤認以為中國自秦以來，即自有王室以來，一切政制習慣多是要不得。於是乃全棄我故常之傳統，以追效他邦政制之為我所素不習者，此則當時一大錯也。即如考試與銓選，乃中國政制上傳襲甚久之一種客觀用人標準，民國以來亦棄去不惜。如是則民治未達，官方已壞，政局烏得不亂？政制既已一切非我之故常，其政制背後支撐政制之理論，亦必相隨動搖，則一變而俱不能不變。而所以猶謂之「假革命」者，以我民族所遇之問題，猶是我民族特有之問題，卻不能亦隨別人之政制與理論而俱變也。故於辛亥革命之後，而繼之有文化革命、社會革命之發動，亦勢之所必趨也。然而離題愈遠，失卻解決眞問題之癥結所在矣。

文化革命之口號則有「禮教吃人」、「非孝」、「打倒孔家店」、「線裝書扔毛廁裏」、「廢止漢字」、「全盤西化」等。

社會革命則以組織工、農無產階級攘奪政權，創建蘇維埃政府為職志。

以上四步驟，最先為武備革命，牽涉範圍最狹。進一步則為政治革命，其對象始偏及政治之全部。又進一步則為文化革命，其對象又擴大及於全體社會中層讀書識字之智識分子。更進一步為社會革命，則其對象更擴大及於全體社會下層工、農大眾無產階級。又武備革命之呼號則曰「自強」，政治革命之呼號則曰「救亡」，文化革命則主推翻中國以往自己傳統文化、歷史教訓，而社會革命更進而主張推翻經濟組織，與相隨而有之一切文化制度。其意態愈奮昂，其對象愈廣廓。而此四步驟，同可以康氏「變」之一字包括之，同可以康氏「全變、速變」之要求說明之也。

政治不安定，則社會一切無出路。社會一切無出路，則過激思想愈易傳播流行，愈易趨嚮極端。要對此加以糾正與遏止，又不知費卻國家民族多少元氣與精力。繼續此種國內政治之不安定，社會之無出路，而引起更嚴重的外患。其時歐西則以自己大戰而對我放鬆，日本則以獨收漁人之利而對我加緊。自民國四年「五九」對日屈服，直至民國二十年「九一八」瀋陽事變，東四省被佔，以至民國二十六年「七七」蘆溝橋事變，開始全國一致之對日抗戰。

七　三民主義與抗戰建國

在此艱鉅的過程中，始終領導國人以建國之進向者，厥為孫中山先生所唱導之三民主義。

三民主義主張全部的政治革新，與同、光以來僅知注重於軍備革命者不同。

三民主義自始卽採革命的態度，不與滿洲政府狹義的部族政權求妥協，此與光緒末葉康有為諸人所唱保皇變法者不同。

三民主義對當前政治、社會各項汚點、弱點，雖取革命的態度，而對中國已往自己文化傳統、歷史教訓，則主保持與發揚；此與主張全盤西化、文化革命者不同。

三民主義對國內不主階級鬭爭，不主一階級獨擅政權；對國際主遵經常外交手續，蘄向世界和平；此與主張國內農、工無產階級革命，國外參加第三國際世界革命集團者不同。

三民主義之革命過程，分為軍政、訓政、憲政三階段，仍主以政治領導社會；「軍政」所以推翻舊政權，「訓政」則以政治領導社會前進而培植新政權，「憲政」乃為社會新政權之正式成立。此與偏激的急速主義，專求運用社會力量來做推翻政治工作者不同。光緒時，于式枚疏：「行之而善，則為日本之維新；行之不善，則為法國之革命。」「維新」與「革命」之辨，正為一由政府領導社會，一由社會推翻政府。其犧牲之大小與收效之多寡，適成反比。惟惜清政府不足語此。然革命要為萬不得已，政治苟上軌道，終必經此軍政、訓政、憲政之三步驟也。

可惜三民主義之眞意義與眞精神，一時未能為信從他的一般黨員所切實瞭解。此本孫中山先生自述「知難行易」。因此三民主義在建國工作上，依然有不少頓挫、不少歧趨。然而辛亥革命、民國十七年之北伐，以及當前之對日抗戰，全由三民主義之領導而發動。將來三民主義之充實與光輝，必為中華民國建國完成之惟一路向。

八　抗戰勝利建國完成中華民族固有文化對世界新使命之開始

本節諸項，為中國全國國民內心共抱之嚮往，亦為中國全國國民當前乃至此後共負之責任。不久之將來，當以上項標題創寫於中國新史之前頁。

《錢穆先生全集》總書目

甲編

國學概論
四書釋義
論語文解
論語新解
孔子與論語
孔子傳
先秦諸子繫年
墨子　惠施公孫龍
莊子纂箋
莊老通辨
兩漢經學今古文平議
宋明理學概述
宋代理學三書隨劄
陽明學述要
朱子新學案（全五冊）
中國近三百年學術史（一、二）
中國學術思想史論叢（全十冊）
中國思想史
中國思想通俗講話
學籥
中國學術通義
現代中國學術論衡

乙編

周公
秦漢史
國史大綱（上、下）
中國文化史導論

中國歷史精神
國史新論
中國歷代政治得失
中國歷史研究法
中國史學發微
讀史隨劄
中國史學名著
史記地名考（上、下）
古史地理論叢

丙編

文化學大義
民族與文化
中華文化十二講
中國文化精神
湖上閒思錄
人生十論
政學私言
從中國歷史來看中國民族性及中國文化
文化與教育
歷史與文化論叢
世界局勢與中國文化
中國文化叢談
中國文學論叢
理學六家詩鈔
靈魂與心
雙溪獨語
晚學盲言（上、下）
新亞遺鐸
八十憶雙親師友雜憶合刊
講堂遺錄（一、二）
素書樓餘瀋
總目